HEINZ LUDWIG ARNOLD
Gespräche mit Autoren

S. FISCHER

© S. Fischer Verlag GmbH, Frankfurt am Main 2012

Satz: Druckerei C. H. Beck, Nördlingen
Druck und Bindung: GGP Media GmbH, Pößneck
Printed in Germany
ISBN 978-3-10-001534-1

INHALT

Heinrich Böll Köln, 20. Juni 1971 — 7

Günter Grass Berlin, 28. November 1970 — 59

Martin Walser Nußdorf, 1972 — 99

Hans Magnus Enzensberger Berlin, 11. / 12. September 1973 — 183

Max Frisch Zürich, 24.–27. November 1974 — 271

Friedrich Dürrenmatt Neuchâtel, 7. / 8. März 1975 — 349

Günter Wallraff Köln, 18. März 1975 — 407

Peter Handke Paris, 29. September 1975 — 463

Rolf Hochhuth München, Herbst 1976 — 499

Peter Rühmkorf Hamburg, 13. Dezember 1976 — 527

Helmut Heißenbüttel Göttingen, 6. Mai 1981 — 557

Peter Weiss Stockholm, 19. September 1981 — 603

Jurek Becker Berlin, 11. November 1983 — 661

Wolfgang Hildesheimer Poschiavo, 18. August 1984 — 711

Nachweis der Erstdrucke — 725

GESPRÄCH MIT HEINRICH BÖLL

Köln, 20. Juni 1971

»Im Grunde ist alles realistisch ...«

Aus welchen Motivationen und Antrieben heraus haben Sie begonnen, nach Ihren Kriegserfahrungen zu schreiben?

Ich habe schon vor dem Krieg geschrieben, ich wollte immer schreiben, aber die politischen Umstände haben es mir nicht erlaubt. Ich habe immer vorgehabt zu schreiben oder Schriftsteller zu werden, wie man das nennt.

Also als Schüler schon?

Natürlich, mit siebzehn, achtzehn habe ich Erzählungen, Kurzgeschichten, Romane, Gedichte geschrieben, die ich nicht sonderlich wichtig genommen habe, muss ich gestehen, aber es war mein Wunsch, mich schreibenderweise auszudrücken. Und nach dem Krieg war ich in einem Alter, wo man das ernsthaft versuchen konnte, und auch frei.

Publizieren konnten Sie vor dem Krieg naturgemäß nicht …

Habe ich nicht versucht, auch während des Krieges nicht.

Haben Sie während des Krieges Tagebuch geführt?

Nein, ich habe kein Tagebuch geführt, hatte aber eine sehr umfangreiche Korrespondenz mit meiner späteren Frau, die möglicherweise tagebuchartigen Charakter hat.

Woher kommen denn die ersten Motivationen zum Schreiben?

Ich glaube, das ist ganz einfach, man will sich ausdrücken …

Und ausgerechnet in dieser Zeit, in der Nazizeit!

Warum nicht? Ich glaube, dass man die Geschichte, die einem Autor oder auch einem Zeitgenossen auferlegt wird oder die er miterlebt, als Motiv überschätzt. Wenn ich, hypothetisch gesprochen, 1880 geboren wäre und hätte dann ungefähr 1900 angefangen zu schreiben, im Frieden oder relativen Frieden, dann hätte ich wahrscheinlich auch geschrieben. Natürlich sind die Widerstände in einer Zeit der Diktatur und des Krieges größer.

Erkannten Sie damals, als Sie Ihre Beziehung zum Schreiben entdeckten, auch bereits den Zwang, unter dem Sie standen: dass Sie eben nicht publizieren konnten?

Ich habe das gar nicht versucht, und ich weiß nicht, ob ich's versucht hätte, wenn die politischen Umstände anders gewesen wären. Ich habe sie auf jeden Fall durchschaut, das ergab sich aus meiner Biographie und auch aus meinen Erlebnissen. Ich glaube nicht, dass ich, wenn kein Krieg gekommen wäre und ich 1942 mit 25 Jahren meinen ersten Roman geschrieben hätte, versucht hätte, den unter dem politischen Regime zu publizieren. Das ist natürlich hypothetisch, aber ich glaube nicht.

In welcher »Richtung« haben Sie damals geschrieben?

Ich vermute, dass ich unter dem Einfluss Dostojewskijs stand; dann haben wir sehr früh – ich sage wir, weil meine Frau und ich uns sehr lange kennen – und auch meine Geschwister, meine Familie, sehr gegensätzliche Autoren zu schätzen begonnen, also gegensätzlich zu Dostojewskij, etwa Chesterton, Bloy, Bernanos, wo dann natürlich wieder eine Beziehung zu Dostojewskij entsteht.

Vorwiegend katholische Schriftsteller, die Sie nennen ...

Ja, mehr oder weniger: vielleicht die ersten ernstzunehmenden katholischen Artikulationen dieses Jahrhunderts. Das ist nicht ganz gerecht, es gab auch im neunzehnten Jahrhundert einige.

Wissen Sie, diese Frage ist uninteressant; wer einen Autor beeinflusst hat, das kann man nie genau sagen, weil man die Zusammenhänge nicht rekonstruieren kann. Der Übergang vom Lesen zum Schreiben, oder auch der Übergang von nicht ernster Lektüre zu ernster, ist ja sehr plötzlich. Sie können bis zu Ihrem fünfzehnten Lebensjahr Karl May lesen, und plötzlich mit sechzehn lesen Sie Dostojewskij. Deshalb ist die Rekonstruierung des inneren Vorgangs fast nicht nachzuvollziehen.

Das ist sicher richtig. Nur, was ich hier meine: Hat es so etwas gegeben wie das Nachschreiben eines bestimmten Stils?

Nicht Stils; aber ganz sicher war das von Bloy und Dostojewskij sehr stark beeinflusst, ganz bestimmt; aber man schreibt ja nicht bewusst den Stil nach, praktisch wohl, sondern sucht seinen eigenen Ausdruck innerhalb der Spannungen des Autors, den man im Augenblick für vorbildlich hält. Der Vorgang ist interessant; aber ich glaube nicht, dass es irgendetwas über die Qualität eines Autors sagt, von wem er beeinflusst ist. Manchmal z. B. werde ich angeregt von einem blödsinnigen Film, den ich sehe, wo in irgendeiner Ecke eine Idee ist, die ich interessant finde und die vielleicht kitschig dargestellt ist Das kann viel wichtiger sein, als Einstieg wichtiger werden, als die Gesamtlektüre von etwa Camus, der für mich sehr interessant, sehr wichtig war. Verstehen Sie, das ist so kompliziert: Ich mache deshalb diese Einschränkung, weil es einfach nicht möglich ist, den Kontext wiederherzustellen; selbst für den Autor nicht. Und wenn er versucht, es exakt zu erklären, schwindelt er nicht gerade, aber er versucht etwas auszudrücken, was nicht präzise ist.

Aber zur inhaltlichen Darstellung dessen, was Sie damals geschrieben haben. Was war das, was hat Sie interessiert, welche Themen haben Sie in Ihrer Jugend interessiert?

Soweit ich mich erinnern kann, ich habe diese Sachen alle nicht mehr, war es sehr sozialkritisch. Die ersten Arbeiten stehen ganz sicher unter dem Einfluss der Dostojewskij-Lektüre. Das Ambiente von »Raskolnikow« und »Arme Leute« fand ich in der Nachbarschaft, in den Mietskasernen, in denen mein Vater seine Werkstatt hatte; das ganze Milieu war mir sehr vertraut. Das waren einfach Wohnviertel, die durchaus vergleichbar waren mit dem sozialen Material, dem Milieu- und Viertelmaterial, das ich aus dieser Lektüre kannte.

Wurde in Ihrem Hause dieses sozialkritische Engagement gepflegt?

Nein, nicht bewusst, das ergab sich aus der Geschichte des Milieus. Mein Vater war Bildhauer und Schreinermeister zugleich, er hatte also Bildhauer als Handwerk gelernt – das gab es im 19. Jahrhundert noch –, und er war ein sehr guter Handwerker bzw. Kunsthandwerker. Und wir haben den wirtschaftlichen Niedergang des Kleinbürgertums, soziologisch gesprochen, mit voller Wucht und sehr bewusst miterlebt: die Wirtschaftskrise, das alles, was mit der Arbeitslosigkeit zusammenhing; und daraus ergab sich natürlich eine sozialkritische Einstellung: aus dem Erlebnis und der Erfahrung.

Haben sich diese Motivationen durch den Krieg noch verstärkt, bis hin zur Nachkriegszeit und zur Erzählung »Der Zug war pünktlich«?

Ich glaube, dass der stärkste Eindruck von der sozialen Frage, nennen wir es so, in den frühen 30er Jahren liegt, stärker als während des Krieges und nach dem Krieg, weil ich doch ziemlich bewusst schon etwa 1945 diesen Zustand als Konsequenz des so intensiv Erlebten empfand. Die politische Entwicklung von 1933 an habe ich, obwohl ich sehr jung war, sehr bewusst verfolgt. Das ergab sich durch Gespräche mit meinen Eltern, Geschwistern, Freunden, wir hatten sehr viel Betrieb zu Hause, viel Besuch. Und so war 1945 für mich ganz klar die Konsequenz von 1933. Das intensive Erlebnis des sozialen Elends aller Schichten liegt früher, weil es unmittelbar war und auch in einem Alter, wo ich selber gar nichts daran ändern konnte, während ich nach dem Kriege immerhin Ende zwanzig war, verheiratet und eigene Verantwortlichkeit hatte für mein wirtschaftliches Weiterkommen oder Durchkommen.

Gibt es in den 30er Jahren auch schon frühe Begegnungen mit sozialistischer Theorie oder sozialistischen Parteien?

Nein, überhaupt keine; es war eine ziemlich vage Sympathie, die sich während des Krieges, merkwürdigerweise in der deutschen Wehrmacht, verstärkt hat, wo ich zufällig lange Zeit mit ehemaligen Kommunisten zusammen war, zum Teil Berliner Kommunisten, die in irgendeiner Division auftauchten. Und dann hatte ich in der deutschen Wehrmacht einen Bekannten, ich möchte fast sagen Freund, der ein ganz bewusster Marxist war, mit dem ich zusammen im Lazarett lag und mit dem ich lange Transporte von Frankreich in die Sowjetunion erlebte, und der hat mir dann einiges beigebracht: ein bisschen dialektischen Materialismus – seltsamerweise also in der deutschen Wehrmacht. Bis 1933, ich war damals ja erst fünfzehn Jahre alt, war das mehr eine vage und ziemlich romantische Sympathie, die bestärkt wurde durch eine ziemlich radikale Haltung meiner Mutter, die nicht ideologisch geschult war, nicht im Geringsten, aber emotional und gut artikuliert Partei ergriff.

Waren Sie »jugendbewegt« in irgendeiner Weise?

Ja, aber sehr kurz; ein paar Monate oder ein halbes Jahr war ich in einem katholischen Jugendclub, den ich verließ, sobald die anfingen, Gleichschritt zu üben …

Was Ihnen nicht sonderlich behagt hat …

Nein, überhaupt nicht; das war sehr militärisch und sehr puritanisch von Jesuiten geleitet, und diese Art von Fithalterei durch die katholische Jugendbewegung passte mir nicht.

Also kann man in etwa sagen, dass der Krieg die Motivation des Schreibens vielleicht etwas verstärkt hat, aber dass sich das, was der Schriftsteller Böll 1945 zu publizieren begann, bereits von 1933 an kontinuierlich entwickelt hat?

Ich glaube das, aber ich kann das nicht beweisen, weil es ja hypothetisch ist. Meine eigene Biographie ist eben so verlaufen. Ich glaube nicht, dass es der Krieg war, ich vermute eher, dass das Erlebnis des sozialen Elends der zwanziger und 30er Jahre das Entscheidende war.

Haben Sie, als Sie 1949 »Ein Zug war pünktlich« publizierten, bereits damals so etwas wie Leserwirkung gespürt?

Nein; ich habe die ersten Kurzgeschichten 1945 und 1946 publiziert, gleich nach dem Krieg, und da gab es eine gewisse Leserwirkung, weil diese Zeitschriften damals vor der Währungsreform ziemlich hohe Auflagen hatten. Die ersten vier Buchpublikationen blieben völlig ohne Resonanz – nicht bei der Kritik, sondern beim Publikum. Für meinen ersten Roman, der im Großen und Ganzen sehr gut besprochen wurde, hat mein Verleger sechs oder sieben Jahre gebraucht, um 3000 Exemplare zu verkaufen. Deshalb bin ich nicht verwöhnt.

Aber irgendwelche Reaktionen auf das, was Sie geschrieben haben, haben Sie doch gespürt ...

Natürlich. Die Reaktion der Kritik war damals sehr wichtig, weil sich ja zwischen 1948 und 1955 ein neues intellektuelles Bewusstsein bildete. Und die ersten jungen Leute fingen an zu schreiben, Kritiker auch, die mehr oder weniger unbefangen diese komische neue deutsche Literatur betrachteten. Da bildeten sich einfach Beziehungen aus; auch bei Treffen, etwa der Gruppe 47 und von Rundfunkanstalten, bildete sich eine gewisse Kommunität. Insofern war das schon ein Echo, kein Publikumsecho, etwas aber das Echo einer neuen Publizistengeneration.

Das war aber ein gemeinschaftliches Echo ...

Ja, aber es war nicht unkritisch, das bedeutet es nicht; es war die Hoffnung auf eine neue, man könnte sagen, Linke, die damals entstand unter den Schriftstellern, Intellektuellen und Rundfunkleuten vor allem.

Hatten Sie damals schon Beziehungen zu den Schriftstellern um den »Ruf«, woraus sich dann ja die Gruppe 47 entwickelt hat?

Keine persönlichen, die hatte ich erst ab 1950.

Wann stellte sich denn so etwas wie Erfolg für den Schriftsteller Heinrich Böll ein?

Das kam mit dem zweiten Roman »Und sagte kein einziges Wort«, der, verglichen mit heutigen Bestsellerverkaufsvorstellungen, einen sehr bescheidenen Erfolg hatte. Ich glaube, mein Verleger war geradezu erstaunt und fast verwirrt, als die zweite Auflage innerhalb eines Jahres fällig wurde; das war offenbar sensationell. Wenn Sie bedenken, dass zwischen 1945 und 1955 der Nachholbedarf an versäumter und internationaler Literatur sehr groß war, war es für einen deutschen Autor, der damals anfing, natürlich fast unmöglich, sich durchzusetzen gegen etwa Sartre, Camus, Hemingway, Faulkner – das waren Entdeckungen, ein legitimer Vorgang, ein Nachholbedarf, ein großes Bedürfnis, ein großer Hunger, den ich selber auch empfand.

Wonach haben Sie am meisten verlangt?

Ich habe alles gelesen, was ich bekommen konnte an ausländischer und versäumter Literatur, auch solche, die zum Teil noch während der Nazizeit erschienen ist, etwa Faulkner. Wir haben das alles regelrecht verschlungen.

Wie sah die erstmals gespürte Resonanz bei den Lesern aus? Sie haben ja nicht nur Zustimmung erfahren.

Nein, im Gegenteil; es schreiben ja meist die Leute, die böse sind, so einfach ausgedrückt. Und in dem Roman »Und sagte kein einziges Wort« sind ja sehr oder einige sehr kritische, scheinbar kritische oder auch für kritisch gehaltene Elemente, die sich gegen den Amtskatholizismus wenden – da habe ich schon ziemlich böse Briefe bekommen, auch Drohungen, sogar schon vor 1953, weil offenbar das katholische Milieu böse oder erstaunt war und sich wehrte gegen diese Art, die ihnen neu erschien ...

Und die sie gar nicht gewöhnt waren ...

Diesen Ton waren sie nicht gewöhnt, und vor allen Dingen diese Frechheit und Freiheit, mit der ich diesen Ton anwandte, das war offenbar für das Milieu ein Schock.

Wie wirkt nun die Wirkung des Autors beim Publikum auf den Autor zurück?

Die Schwierigkeit ist, dass ein Autor überhaupt keine Möglichkeit hat, die Wirkung zu kontrollieren. Wenn ich vier Briefe bekommen oder damals vielleicht zehn bekommen habe – meistens böse –, und das Buch hatte vielleicht eine Verbreitung von 15 000, dann kann ich nicht wissen, was es bei den anderen angerichtet hat. Man weiß nicht, was man anrichtet, positiv und negativ nicht; deshalb kann das für mich, ob es böse oder zustimmend ist, beides bestärkend sein – auch das Böse. Aber es gibt keine Möglichkeit, auch nur annähernd die Gesamtwirkung zu beurteilen.

Bekommt man auch Briefe, aus denen man etwas lernt?

Selbstverständlich; das sind aber meistens Briefe von sehr aufmerksamen Lesern, die einen auf sachliche Fehler aufmerksam machen. Das ist natürlich schon eine wichtige Korrektur.

Aber über die sachlichen Fehler hinaus?

Die Gesamtwirkung – das kann ich aber erst heute sagen, nachdem ich sehr viel geschrieben habe und sehr viel höre und zu hören bekomme –, die Gesamtwirkung ist die, dass man als Autor möglicherweise zu viel oder zu wenig voraussetzt. Das kann ich nicht ändern. Ich schreibe das, was ich für richtig halte im Augenblick, und auch gegen das Publikum, wenn es sein muss. Ich denke gar nicht daran.

Sie sehen das Publikum überhaupt nicht?

Das interessiert mich gar nicht. Es kann mich auch gar nicht beeinflussen; aber das ist eine sehr späte Erkenntnis, dass man – nicht bei Romanen und bei erzählerischen Dingen, sondern bei Reden, bei Essays, bei publizistischen Arbeiten – zu viel voraussetzt, was einem selbst selbstverständlich geworden ist. Das nenne ich die Unmöglichkeit, den inneren und äußeren Kontext herzustellen. Es gibt tausend Dinge, die einen beeinflussen: es sind intellektuelle Vorgänge; es kann eine Stimmung, es kann eine schlaflose Nacht sein, in der man nachdenkt, oder ich sehe auf die Straße, irgendeine Handbewegung: diesen Kontext wiederherzustellen ist unmöglich. Und alle diese Dinge finden ihren Ausdruck – nicht nur diese Dinge, die ich aufzähle, es können auch tausend andere sein: Wohlbefinden, Missbehagen körperlicher Art gemischt mit psychischem usw.; und das drückt sich nicht immer böse aus, aber manchmal ironisch oder missverständlich, lebensfreudig, und offenbar ist das Sensorium für Ironie, Spott und auch gelegentliche Bosheit schlecht entwickelt in Deutschland, nicht nur in der Bundesrepublik, das kann man wohl von Deutschland sagen, weil die literarische Tradition, auch die literarische Polemik, zu wenig bekannt ist. Das nenne ich dann: zu viel vorausgesetzt. Aber indem man's macht, indem man sich diesem Missverständnis aussetzt – das Missverständnis kann in der Zustimmung oder einer Ablehnung bestehen –, schafft man möglicherweise ein Sensorium für diese Dinge. Es gibt so wenig Satirisches und wenig Ironisches in der deutschen Literatur, und das wird offenbar missverstanden.

Nun werden Sie ja in der letzten Zeit immer ironischer.

Ja? Würde ich nicht sagen ...

Ihr »Ende einer Dienstfahrt« ist zwar keine Ironie im Sinne Thomas Manns; denn die Thomas Mann'sche Ironie, finde ich, ist inhuman* ...

---

* Das war eine ignorante und dumme Bemerkung, die mich schon lange ärgert. H. L. A.

Ja, sie ist auch zu bürgerlich ...

Sie seziert; während Ihre Ironie doch in vielem, was Sie geschrieben haben, eigentlich Partei ergreift für die Außenseiter der Gesellschaft; für das, was eben nicht Norm ist.

Ich weiß eben nicht, ob das noch Ironie ist. Ironie heißt ja Verstellung; und ich weiß nicht – ich meine jetzt gar nicht positiv oder negativ, das ist mir gleichgültig –, ob Ironie dafür noch das richtige Wort ist, ob die Distanz, die zur Ironie gehört, noch so stark ist. Es mag sein, dass sie noch zu stark ist, dass man also selber als Autor nicht so verletzlich ist wie der Zustand, den man ironisch darstellt. Ich glaube, dass die Verletzlichkeit des Autors – nicht meine nur, sondern aller anderen auch – größer geworden ist. Das ist gut, ich finde es gut ...

Verletzlichkeit in Hinsicht auf was?

Verletzlich auch dem dargestellten Stoff oder der dargestellten Story gegenüber und auch verletzlich im soziologischen Sinne. Es ist nicht mehr der abgeschlossene Herr oder die Dame, die da sitzen und irgendetwas schreiben und völlig unberührt bleiben; die Multiplizität der Publikationsmittel schließt das schon aus. Ich glaube, dass man diesen Unterschied noch nicht wahrgenommen hat. Nicht nur was die Literatur betrifft, auch was die Politik, was kirchliche Kreise betrifft. Ich glaube, die Leute wissen nicht, dass die Quantität des Ausgesetztseins größere Verletzlichkeit schafft für den, der irgendwas macht, ob es nun für die einen gut und für die anderen schlecht ist und umgekehrt. Wenn Sie sich vorstellen, dass ein Nachrichtensprecher wahrscheinlich an einem Tag von dreißig Millionen Menschen gesehen wird – das ist irre; oder wenn Sie sich vorstellen, dass der Papst, wenn er nur eine kleine Ansprache auf dem Petersplatz hält, wahrscheinlich von 150 Millionen Menschen gesehen wird! Ich glaube, dass die Politiker, die Kirchenleute und alle Leute, die sich dieser sogenannten Massenmedien bedienen, noch nicht kapiert haben, was das bedeutet.

Zu unserm Glück vielleicht ...

Nein, zu ihrem eigenen Unglück eher. Ich benutze das Fernsehen, wenn ich etwa ein Interview habe, ganz bewusst als Instrument, um mich auszudrücken, um etwas Bestimmtes für möglichst viele auszudrücken, und wenn es nur eine halbe Million sind – das ist eine lächerliche Fernsehsendung mit einer halben Million Zuschauern – stellen Sie sich das mal vor! Wenn früher ein Filmstar von drei Millionen Menschen gesehen worden ist, dann war der Film ein sensationeller Erfolg. Heute hat jede Sendung im Abendprogramm das Fünffache. Ich glaube, dass man das noch nicht erkannt hat und auch noch nicht erkannt hat, wie viel Verletzlichkeit dadurch entsteht bei dem, der sich da produziert und möglicherweise prostituiert.

Er setzt sich natürlich einem sehr viel größeren Kreis von Menschen aus, die ihn verletzen können.

Und die er auch verletzen und angreifen kann.

Aber ist es nicht auch so, dass die Automatik des Fernsehens eigentlich auch wieder sehr viel an Wirkungsmöglichkeiten nivelliert, eben weil es permanent Möglichkeiten gibt, etwas zu produzieren?

Selbstverständlich, weil so viel widersprüchliche oder einander widersprechende Dinge an einem Tag gesendet werden und auch weil die Aufnahmefähigkeit und das Präzisionsvermögen verlorengehen. Das ist klar. Aber ich habe gar nichts dagegen, wenn sich Politiker bewusst dieses Mediums bedienen. Sie haben's noch nicht kapiert und entblößen sich sehr stark. Aber ein Autor – da hat Enzensberger mal darüber geschrieben, über die Manipulationen, und er hat gesagt, ich hoffe, dass ich das richtig zitiere, dass man sich ganz bewusst dieses Mittels bedienen soll. Soweit man überhaupt in diesem ganzen Ambiente mit Kameras usw. noch bewusst reagiert, sollte man sich dieses Instruments bedienen. Aber wir kamen drauf durch die Quantität oder auch die sogenannte Publicity: Da entsteht die Verletzlichkeit, die niemandes Schuld ist, die aber doch sehr stark reflektiert auf denjenigen, der sich so exponiert. Das ist ein neues Element.

Und Sie merken auch ganz andere und größere Wirkungen, wenn Sie mal im Fernsehen etwas gemacht haben.

Ja selbstverständlich, das merke ich sofort. Die Leute auf der Straße, die ich kenne, die reden mich an und erkennen mich wieder. Und ich bin ja relativ sehr wenig im Fernsehen – und trotzdem, das haben sie kapiert, den kennen sie auch; ihre optische Wahrnehmensfähigkeit ist sehr groß. Sie wissen natürlich nicht immer: das ist der Schriftsteller X, der hat das und das gemacht, aber das Gesicht kennen sie noch.

Dazu noch zweierlei: Einmal zum Sich-des-Fernsehens-Bedienen – das vertreten auch Leute wie Wallraff, die wirklich daran arbeiten, die Gesellschaft zu verändern, und die, soweit sie können, sich dieses Mediums bedienen, die da aber auch auf sehr starke Widerstände stoßen. Zum anderen: Würden Sie denn eben der Wirkung wegen nicht lieber für das Fernsehen arbeiten als für die Literatur, für die geschriebene und gedruckte Literatur?

Nein. Ich glaube, dass es sehr viele verschiedene Wirkungsmöglichkeiten gibt. Das Fernsehen ist eine hauptsächlich politische. Und ein Buch oder einen Artikel lesen, das ist eine ganz andere Möglichkeit der Wahrnehmung.

Es setzt auch eine ganz andere Aktivität voraus.

Ich sehe auch keine Alternative darin, entweder das eine oder das andere zu machen. Was mich abhält, für das Fernsehen zu arbeiten – ich mache es sehr selten unmittelbar –, sind die ermüdende Bürokratie, die Prozedur, der entsetzliche Apparat und die Tatsache, dass man die Sache nicht ganz in der Hand hat. Wenn ich einen Roman schreibe, habe ich den wirklich in der Hand, so gut oder schlecht er werden mag. Ich bin allein und voll verantwortlich dafür.

Sie sind sozusagen halbwegs im Besitze der Produktionsmittel ...

Ja, natürlich, ich produziere ihn wirklich allein bis zur letzten Korrektur und sage: Hier ist er, das ist wirklich meine Arbeit, das habe ich produziert. Das ist natürlich bei allen anderen Ausdrucksmöglichkeiten (nur bei einem Artikel ist es so oder bei einer Rezension), wo irgendwelche Medien wichtig sind zum Ausdruck, also Fernsehen, Theater, Film, nicht so, da kann man nicht immer für einstehen – und desto schlimmer ist die Verletzlichkeit, weil man sehr schwer jemandem klarmachen kann: Das habe ich zwar gemacht oder das ist von mir gewesen, das wurde verfilmt, aber im Grunde ist das nicht mein Ausdruck.

Ist das etwa so mit der Verfilmung von »Ende einer Dienstfahrt« gewesen?

Ja, ich fand die nicht gut; das Drehbuch war ausgezeichnet, das habe ich auch gebilligt, und dann hat man mich festgelegt darauf, dass ich gesagt habe, das Drehbuch sei gut; aber das Drehbuch ist kein Film. Ich glaube, es war, obwohl ich mit Herrn Hans Werner Schwarze lange darüber geredet habe, doch zu sehr rhenanisiert und verklamottet. Und das Ding war offenbar ein ziemlicher Erfolg, sowohl in der Kritik wie beim Publikum. Aber ich glaube, ich werde das nicht mehr machen. Ich habe jetzt noch einen Film gemacht fürs Fernsehen: »Ansichten eines Clowns«; aber der Roman wird verfilmt von einem Regisseur, den ich gut kenne und dessen Sensibilität mir entspricht. Aber ich glaube: wenn, dann werde ich einfach einen Film schreiben. Das ist, glaube ich, das legitimere Mittel. Die Verfilmung ist eine zweideutige Sache.

Und was die Wirkungen angeht, da ist ja auch die Aktivität des Lesers, der in den Buchladen geht, sich ein Buch bewusst kauft oder irgendwo etwas darüber liest und es sich kauft oder sich ausleiht, sehr viel größer als die des Fernsehzuschauers, der nur rezipiert.

Ja; und der bekommt oft auch einzig nur den Plot mit, nicht die differenzierten Details.

In welchem Verhältnis standen Sie zur Kirche und zur Religion, als Sie zu schreiben anfingen?

Das kann ich sehr schwer rekonstruieren. Ich will es versuchen. Ich nannte schon die Autoren, die mich damals sehr beeindruckt haben, Bernanos, Bloy, Dostojewskij, Chesterton. Diese anvisierte katholische Eleganz von Chesterton, die mir dann zeitweise sehr verdächtig wurde, die ich heute wieder ganz liebenswürdig finde, wenn ich sie historisch sehe – den haben wir 1937 / 38 verschlungen. Damit ist die kritische Einstellung zur Institution Kirche – oder nennen wir es Amtskirche oder Behördenkirche – schon da, die war sehr früh da. Das hat sich auch ergeben durchs Milieu, durch Erfahrungen meines Vaters mit diesen Behördenkirchen als Handwerker und Kunsthandwerker, er hatte viel damit zu tun – und zwar sehr unerfreuliche Dinge. Und auch früh schon, wahrscheinlich, kann ich nur sagen, die Erfahrungen der Unsolidarität dieser Amtskirche mit den, nennen wir es so, hungernden, notleidenden Menschen sowohl ihrer Konfession wie auch derer, die nicht dazugehören, die ich bewusst ab 1933 / 34 gesehen habe und die ich fortschreitend sehe. Sie wird immer größer, die Unsolidarität der Kirchen mit den Menschen, die einfach ihr Fressen verdienen müssen auf dieser Welt – ich kann das nur sehr proletarisch und vulgär ausdrücken. Die Entfernung zwischen den Behördenvertretern und diesen Menschen, ganz gleich, ob sie Arbeiter sind oder Manager – auch ein Manager muss ja schwer arbeiten –, wird immer größer. Das hat wahrscheinlich damals angefangen – insofern habe ich möglicherweise sogar als Siebzehnjähriger, Sechzehnjähriger, Achtzehnjähriger eine viel radikalere Einstellung gehabt als heute.

Das wollte ich eben gerne wissen. Wie hat sich das Verhältnis zur Kirche und zur Religion mit der Zeit verändert?

Kirche und Religion müssen wir völlig trennen, das sei vorausgesetzt. Über Religion rede ich nicht, das ist mir zu peinlich, das ist mir auch zu privat. Ich glaube, die Schuld der Kirche – ich muss jetzt sagen, der katholischen Kirche in Deutschland, und alles was für mich problematisch daran ist, ist hauptsächlich auf die Bundesrepublik bezogen – hat sich verstärkt nach 1948 mit der Währungsreform, diesem sehr wichtigen Wirtschaftsdatum für diesen Staat, mit der Gründung der Bundesrepublik, mit der Hinnahme oder Annahme von Restitutionen, die ich für nicht gerechtfertigt halte, wenn man die politische Verhaltensweise der Kirche während der Nazizeit sieht – die zwei Seiten hatte, das ist ganz klar, es gab ungeheuer viele Kleriker, die im KZ waren und auch konsequent gewesen sind, konsequenter als viele Laien. Aber das Einverständnis mit dieser wirtschaftlichen Entwicklung und die Partizipierung daran via Kirchensteuer wie ein Aktionär – im Grunde hat die Kirche, haben die Kirchen eine Aktie, deren Wert mit dem Sozialprodukt ständig steigt –, das halte ich für kriminell und unhaltbar. Meine Radikalität ist gemindert, weil es mich fast nicht mehr interessiert.

Hätten Sie eher geglaubt, dass die katholische Kirche, die doch sehr straff organisiert ist ...

Das täuscht ...

Das täuscht? Aber die doch zumindest eine Organisation hat ...

Ja; ich glaube aber, dass da viele Missverständnisse von Nichtkatholiken entstehen: so straff ist sie nun nicht organisiert. Das Gefährliche daran ist, dass der Apparat natürlich steht, aber der Gehorsam war nie so stark, wie man glaubt. Ich bin auch nicht in diesem Gehorsam erzogen worden.

Aber glauben Sie, dass vielleicht nach 1945 die katholische Kirche eine Aufgabe gehabt hätte, sich insofern auch ins politische Spiel zu bringen, als sie das Gegenteil davon hätte machen sollen, was sie getan hat, nämlich nicht antikommunistisch werden, sondern im Gegenteil sich sozialistischen Prinzipien zu öffnen?

Selbstverständlich; ich glaube, es ist gar nicht die Frage von pro- oder antikommunistisch; es wäre – aber das ist alles hypothetisch, und es ist vorbei, ich glaube, dass die Chance vertan ist, wenn nicht die Kirche morgen ihren ganzen Besitz preisgibt; ich halte das für unmöglich – 1945 eine Solidarität erforderlich gewesen mit diesem geschlagenen Volk, nennen wir es so, unabhängig von seiner politischen Schuld oder Unschuld im Einzelnen oder im Kollektiv. Und die ist nicht erfolgt. Die gravierendste, scheinbar oberflächliche Erkenntnis war die, dass also die Pfarrer, die in ihren Pfarrhäusern hockten, sehr wenige Leute aufgenommen haben, während die meisten Menschen keine Wohnung hatten. Man hat sich also auf seinen Besitz und in seine Burg zurückgezogen, und dieses Detail, das ich für sehr wichtig halte, das wir immer beobachtet haben in den Dörfern und in den Städten, hat eigentlich die Haltung bestimmt, die Haltung von Leuten, die auf Besitz aus sind und auf ihren Besitz pochen. Man hätte sich solidarisieren können mit diesen geschlagenen, hungernden, verwirrten oder verworrenen Menschen, und das hat man nicht getan. Das Verhängnisvolle kam dann durch Adenauer, der ein Katholik war, und man hat die Identifizierung von Christentum, Katholizismus und CDU bis zum Schwachsinn betrieben, merkt vielleicht inzwischen, dass das falsch war; es gab natürlich einen legitimen, nicht Antikommunismus, aber einen legitimen Antiatheismus, den hatte es gegeben, theologisch, warum nicht – damit kann man sich auseinandersetzen. Dabei ist der Fehler gemacht worden, dass man die Menschen in der Sowjetunion oder in Polen oder in der DDR einfach für Atheisten erklärt hat: einer der größten Irrtümer der Geschichte. Man hat sie identifiziert mit ihrem System, hat auch da keine Verbindung gefunden. Es ist durchaus nicht wahr, dass die Bewohner der Sowjetunion alle Atheisten sind, es stimmt einfach nicht, hat nie gestimmt. Und diese Abgrenzung der Welt, westlich ist Christentum und östlich der Atheismus, war einfach schwachsinnig. Das war der geistliche oder sagen wir: theologische Schwachsinn, und der politische ergab sich daraus, und dann setzte man eindeutig und total auf den Kapitalismus.

Nun hat der Kommunismus als sozialistischer Bürokratismus ja aber immer antichristliche Elemente gehabt.

Die hat die kirchliche Bürokratie auch noch, das hat jede Bürokratie. Es ist sogar so, dass ich in dem bürokratischen Modell des sowjetischen Kommunismus und des dort dogmatisierten Sozialismus den Klerikalismus wiedererkenne; ich erkenne das Prinzip des hochdotierten Prälaten in der sowjetischen Bürokratie, der ...

Des kommunistischen Funktionärs?

Natürlich, des hochdotierten Funktionärs, den ich Prälat nenne, auch kommunistischen Prälaten nennen würde, der geradezu seiner Existenz nach unfähig ist, sich mit seiner Umwelt zu solidarisieren. Das trifft wahrscheinlich nicht für alle zu, hat auch nie für den ganzen Klerus so gestimmt.

Woran liegt diese Unfähigkeit?

Die Unfähigkeit entsteht durch eine nicht persönliche, aber systembedingte Korrumpierung. Als Kleriker z. B., ob Sie Prälat oder auch nur ein kleiner Kaplan sind, haben Sie z. B. zunächst mal keine Wohnungssorge, die gravierendste Sorge für jeden Menschen, ob verheiratet oder nicht, der irgendwo lebt und arbeitet und wahrscheinlich eine teure Miete zahlt – das wird Ihnen schon mal abgenommen. Sie haben keine Ausbildungssorgen, das wird alles bezahlt. Und ähnlich ist es bei den Funktionären: Sie haben als Kleriker keine unmittelbaren Existenzsorgen, also keine materiellen. Natürlich geht es manchen dreckig, das sind keine reichen Leute; aber sie sind nicht ständig und aufreibend konfrontiert mit der Notwendigkeit, Geld zu verdienen. Das trifft auf den kommunistischen Prälatismus genauso zu. Das sind Leute, die hochdotiert sind, die nicht im Produktionsprozess stehen, sondern unproduktiv sind, und durch ihre Vita werden sie unfähig zu begreifen, dass es Menschen gibt, die nichtmaterielle Motive haben, die Gesellschaft zu verändern, also keine persönlichen materiellen Interessen. Das können sie nicht verstehen. Ich glaube, dass dies ein großes Hindernis für den Fortschritt in der Sowjetunion ist.

Ihnen fehlt also die existentielle Grundsituation, die unmittelbare Erfahrung, um das zu begreifen.

Ja, das können die nicht verstehen, dass jemand, etwa ein Intellektueller, die Verhältnisse ändern will, ohne persönliche Profithintergedanken zu haben. Das ist ein großes Hindernis. Der Materialismus der christlichen Kirchen ist so stark, dass sie geistige Vorgänge nicht begreifen können. Das ist für sie nur eine Frage der Gehorsamsstruktur, der Erhaltung von Herrschaftsverhältnissen.

Sie können deshalb aus dieser Situation heraus vermutlich auch nicht mehr begreifen, dass auch eine erreichte Stufe im ideologischen Denken neu in Frage zu stellen ist.

Natürlich, dass das eigentlich eine ständige Bewegung sein müsste; und daraus entsteht ein denunziatorisches Denken: Wenn einer jetzt Krach schlägt, ein Schriftsteller oder irgendeiner, oder auch austritt, der wird wahrscheinlich automatisch denunziert, weil man denkt, was kann der da für ein materielles Interesse daran haben? Man versteht nicht, dass es wirklich ein intellektuelles Engagement gibt, eigentlich immer gegeben hat in der Geschichte der Welt, das unabhängig vom persönlichen Profit und unabhängig von der subjektiven Situation daran interessiert ist, die Verhältnisse zu verändern.

Haben Ihre Bücher in der Kirche Widerstände ausgelöst, und welcher Art waren diese Widerstände?

Keine offiziellen. Das Verhalten der offiziellen Kirche mir gegenüber als Autor ist sehr ambivalent; und es ist sehr schwer zu erklären, ich hab's bis heute nicht ganz verstanden: Das geht auf dem Umweg über den Unterschied zwischen »offiziell« und »offiziös«. Die KNA, die Katholische Nachrichtenagentur in Bonn, ist offiziös und nicht offiziell. Sie kriegen also überhaupt keinen kirchlichen Würdenträger – und wäre es auch nur einen kleinen Prälaten – als verantwortlich für irgendeine Polemik. Ich habe nichts gegen Polemik, im Gegenteil, ich würde ein Streitgespräch lieben, aber ich habe den Gegner nie gesehen; und insofern ist das alles im Dunkel verlaufen. Abgesehen von einigen Bemerkungen in irgendwelchen Hirtenbriefen, die Heer, Amery und mich betrafen, habe ich nie eine offizielle Stellungnahme gehört, nur immer so merkwürdige, ziemlich obskure offiziöse Dinge und kleine Boykottdrohungen gegen Buchhändler usw.; diese Sachen gibt's natürlich, sie sind aber nie nachweisbar, meistens von doppelzüngigen Leuten, die dann gleichzeitig mich besuchten und sagten: Können wir nicht einmal miteinander reden, nicht offiziell, sondern offiziös und privat, privat immer. Es gibt natürlich sehr viele Kleriker, junge und auch ältere, die mir schreiben und mich schätzen oder nicht, oder auch was auszusetzen haben oder mir zustimmen, das ist eine ganz andere Sache. Privat ist die Sache klar, aber offiziell habe ich keine Stellungnahme erfahren.

Wie ist diese Kritik inhaltlich beschaffen gewesen?

Ich glaube, dass man sich im Großen und Ganzen taktisch verhalten hat. Ich nehme jetzt eine Hypothese. Sagen wir mal, ich wäre ein erfolgloser Schriftsteller geblieben, der auch literarisch keinen Kredit erworben hätte, dann hätte man mich wahrscheinlich unterm Daumen zerdrückt. Und die Reaktion hatte immer, auch die offiziöse, einen Zusammenhang mit der offiziellen literarischen Kritik. Wenn jetzt ein Buch von mir verrissen wird, total, dann merke ich – ach dann denken die, der ist ja gar nicht so up-to-date, also drauf. Es ist eigentlich ein Verhalten aus zweiter Hand, das macht mir die Sache suspekt und auch uninteressant. Für jede Reaktion aus erster Hand bin ich empfänglich. Wenn eine Frau mich anspricht und sagt: Hören Sie mal, ich hab da von Ihnen das Buch gelesen, das und das ist aber ganz falsch – mit der rede ich, weil es eine Reaktion aus erster Hand ist. Alles, was aus zweiter oder dritter Hand kommt, besonders bei Leuten, die Verantwortung haben, ist mir suspekt; nicht nur bei kirchlichen Kreisen, auch bei literarischen, wenn z. B. jemand mir mit irgendeiner Rezension kommt, die er über mich gelesen hat, und die zu einer Gesprächsgrundlage macht; das ist für mich uninteressant. Wenn er sagt, er hat das Buch gelesen und will mit mir darüber reden: bitte schön. Insofern waren die Reaktionen der Kirchenbehörde oder dieser Organe, die sie haben, meist aus zweiter oder dritter Hand. Es gibt einige kirchliche Publikationen, die sich aus erster Hand damit beschäftigt haben und auch nicht opportunistisch reagiert haben; das kann man nicht generalisieren. Nur hab ich den Gegner, wenn ich einen habe, nie zu sehen bekommen. Und sie haben sich ihren Gegner nie vorgeknöpft.

Aber Sie leben mehr oder weniger unabhängig von der Kirche?

Vollkommen; offenbar unterliegen viele Menschen der Täuschung, dass ich einen ungeheuren Kontakt mit kirchlichen Kreisen habe. Das stimmt einfach nicht. Ich kenne kaum einen Prälaten oder irgendjemanden. Manchen kenne ich, weil er mit mir auf der Schule war und sich das so ergibt.

Aber dieser Eindruck besteht tatsächlich.

Ja, das ist ein Irrtum über die Verhaltensweise der Kirchenbehörde und auch ein Irrtum über Köln. Köln steht natürlich im Ruf, als wenn es vom Klerus beherrscht werde. Das stimmt nicht, hat auch nie gestimmt, weil man hier Autorität nicht ernst nimmt.

Kann es sein, dass dieser Eindruck, dieser falsche Eindruck auch dadurch entstanden ist, dass es eben hier in Köln, wo Heinrich Böll lebt, Auseinandersetzungen zwischen Kirche und Heinrich Böll einmal gegeben hat?

Nein, hat's nicht gegeben. Ich habe einmal eine öffentliche Auseinandersetzung gehabt, bei der auch kirchliche Vertreter offiziös aufgetreten sind, das war im Fall Defregger. Das war sehr spät. Es hat auch Diskussionen gegeben damals – das muss ich jetzt korrigieren – nach dem Erscheinen von »Und sagte kein einziges Wort«, das offenbar als furchtbarer Schock empfunden wurde, was ich nicht kapiere; ich finde, das ist ein ganz harmloses Buch. Und es liegt auch an mir, weil ich einfach sehr ungern pseudo- oder halbdemagogische Gespräche führe mit Leuten, die aus zweiter Hand reagieren – es ist nicht nur deren Schuld, auch meine, das möchte ich ausdrücklich betonen, weil ich es einfach für unmöglich halte, die politische und gesellschaftspolitische Komponente eines Romans isoliert zu betrachten.

Das tut ja die Kritik, die literarische Kritik nun zuweilen auch. Welches Verhältnis haben Sie eigentlich zur literarischen Kritik?

Ich habe weder ein gutes noch ein schlechtes Verhältnis dazu. Das ist eine grundsätzliche Sache. Wenn ich ein Buch publiziere, dann habe ich das schon mindestens achtmal gelesen, und es hat schon mindestens sechs kritische Stadien hinter sich.

Selbstkritische Stadien ...

Selbstkritische; mit meiner Frau spreche ich darüber, mit meinem Lektor, mit einigen anderen noch; ich rede mit meinem Verleger darüber. Das ist keine Abwertung der Kritik und auch keine Leugnung ihrer Notwendigkeit. Sie muss da sein, sie muss informieren, sie muss sich artikulieren. Es gibt wenige Kritiker – im Augenblick kenne ich fast gar keinen –, deren Maßstab ich kenne oder die ihn mir bekanntgäben.

Das ist ihr großer Mangel.

Und es ist eine schwierige Sache; insofern ist die marxistische Kritik für mich die interessanteste.

Weil sie von ihren explizierten Grundlagen her eher zu verstehen ist?

Ich meine, sie hat ein klares Maß- und Wertsystem, auch wenn sie natürlich über die ästhetischen Dimensionen einer Sache manchmal hinwegpfuscht. Aber ich kann sie kapieren. Ich hätte auch eine katholische Kritik – wenn sie Konsequenz gehabt hätte oder ihren literarischen Maßstab hätte erkennen lassen – hingenommen oder mich mit ihr auseinandergesetzt. Bei unserer hier in Westdeutschland etablierten Kritik sehe ich den Maßstab nicht. Wenn ich also lese, dass man einen Autor wie Gerd Gaiser mit demselben Vokabular lobt wie Faulkner, dann bin ich misstrauisch: Da sehe ich keinen Maßstab. Wenn ich den Maßstab kenne, hilft mir das.

Noch nicht einmal einen reduzierten Maßstab auf provinzielle Verhältnisse hin.

Das wäre auch legitim.

Aber beide genannten Autoren unterscheiden sich ja grundsätzlich. Würden Sie denn sagen, dass die Literaturkritik sich in den letzten fünfundzwanzig oder zwanzig Jahren verändert hat, dass die Kritik nach 1945 bis 1955 oder 1960 noch besser war, als sie heute ist?

Nein, sie ist nicht besser oder schlechter.

Aber hat sie früher mehr expliziert, haben Sie früher eher Maßstäbe in der Kritik feststellen können, als es heute der Fall ist?

Nein, das kann ich nicht sagen; auch wenn ich gesammelte Kritiken von einem Kritiker lese, finde ich den Maßstab nicht. Wenn, was weiß ich, für einen Kritiker *der* Autor auf der Welt Heinrich von Kleist ist, und er misst alles daran: wunderbar!

Nun hat aber ein Kritiker wie Reich-Ranicki doch seine, wenn auch sehr beschränkten Maßstäbe.

Ja? Ich finde sie nicht beschränkt, ich sehe sie einfach nicht.

Nun, er verficht sehr stark eine bestimmte Art von Realismus.

Was ist Realismus? Das möchte ich endlich mal wissen. Was heißt das? Ich verwende das Wort auch gelegentlich als Hilfswort, aber ich weiß bis heute nicht, was Realismus ist. Im Grunde ist alles realistisch; denn indem es da ist, ist es wirklich.

Aber es gibt doch realistische Schreibweisen, surrealistische Schreibweisen ...

Es gibt aber auch sehr gemischte Schreibweisen. Es gibt Realismus mit expressionistischer Komponente, mit surrealistischer, es gibt naturalistische usw. Aber es muss zur Verteidigung der Kritik gesagt werden, dass sie den Zusammenhang, aus dem ein Werk entsteht, natürlich noch viel weniger kennen kann als der Autor selbst. Der Autor selbst kann es noch nicht mal präzise erklären; das habe ich eben angedeutet, wie viele Dinge da mitspielen, Zufälle auch, Missbehagen, Wohlbehagen usw., und auch die spielerische Komponente ist mal stärker, mal schwächer, manches ist ideologischer bestimmt, anderes ist einfach so hingespielt. Es ist wirklich schwer, den Zusammenhang zu erkennen. Die meisten Missverständnisse entstehen, glaube ich, dadurch, dass man immer das nächst vorliegende Buch für den Ausgangspunkt des kommenden hält. Das ist ein großes Missverständnis.

Nun muss ich mich selbst verteidigen, weil ich das gerade in meiner letzten Besprechung von »Gruppenbild mit Dame« praktiziert habe: weil ich zu sehen glaubte, dass etwa in »Ende einer Dienstfahrt« eine Schreibweise angenommen wurde, die sich hier fortsetzt, die aber vorher nicht so explizit worden ist.

Das ist auch drin, das ist legitim, das ist eine Komponente. Aber zu wissen, wie groß die ist, ist schwierig.

Nun hat die Kritik natürlich vor allem auch eine vermittelnde Funktion, und sie sollte dem Leser damit auch ein bisschen in Erinnerung rufen, was es mit diesem Autor auf sich hatte in den letzten Jahren.

Selbstverständlich. Nur ist es für den Autor sehr schwierig, weil noch ein anderes Element hinzukommt: Wenn ein Buch geschrieben wird, ist er vollkommen erschöpft, total erschöpft. Sie müssen sich vorstellen, dass es ein irrsinniger Prozess ist, einen komplizierten Roman zu schreiben, den man sechs-, siebenmal selbstkritisch durchgegangen ist, der von anderen kritisiert wird, der korrigiert wird und nochmals korrigiert wird, der zusammengestrichen wird usw. Und in diesem Augenblick, wo er total erschöpft ist und das Buch für ihn eigentlich sehr uninteressant geworden ist, weil es weg ist, kommt die Kritik. Legitimerweise als Information, als Stellungnahme. Ich glaube, dass die Wichtigkeit der Kritik für den Autor überschätzt wird, weil man diesen Zusammenhang nicht kennt.

Nun gibt es ja auch Autoren, die werden von der Kritik geradezu gelähmt, wenn sie verrissen werden. Aber Sie würden sich dazu nicht zählen?

Doch, das trifft einen hart. Ja, es gibt schon bittere Sachen, die so weit gehen, dass ich mich also eine Woche lang ins Bett lege und denke, jetzt gibst du's auf.

Wann ist Ihnen das passiert?

Ach, das ist schon öfter passiert. Es gibt so ganze Verrisswellen.

Beim »Clown« vielleicht?

Nein, beim »Clown« nicht. Das weiß ich jetzt gar nicht mehr, das habe ich gar nicht mitgekriegt, da war ich nicht hier. Ich habe das Buch geschrieben, es wurde im Frühjahr publiziert, und dann bin ich für ein dreiviertel Jahr nach Irland gegangen und habe mich um nichts gekümmert. Das ist natürlich eine Flucht, wie ich zugebe, weil ich nach dem Motto verfahren bin: Was ich nicht weiß, macht mich nicht heiß. Nein, es trifft einen schon hart, wahrscheinlich jeden, aber nicht jeder zeigt es; ich zähle das zu den Notwendigkeiten des Berufs. Wer publiziert, muss damit rechnen, dass man über ihn herfällt: positiv und negativ. Das ist ein demokratischer Vorgang, so bitter er sein mag. Es gibt natürlich Augenblicke, wo man denkt, jetzt sind sie alle dran und jetzt gibt es also eine Verrisswelle; das gibt's, und das scheint auch so zu sein.

Nun gut: demokratischer Prozess der Kritik; aber es ist doch etwas anderes, wenn sich die Kritiker selbst als kleine Päpste fühlen und dem Autor vorschreiben wollen, was er zu tun hat; das hat doch nichts mehr mit demokratischer Kritik zu tun.

Auch das halte ich nicht für so schlimm, dass die da mit ihrem Zeigefinger oder erhobenem Arm stehen.

Sie halten diese Situation für notwendig?

Selbstverständlich halte ich sie für notwendig und richtig, und ich glaube, dass zum Wesen der Autorschaft, drücken wir es ein bisschen pathetisch aus, die Fähigkeit, fürchterliche Knüppelschläge hinzunehmen, dazugehört. Und das ist die einzige Ähnlichkeit, die zwischen einem Autor und einem Boxer besteht.

Nur mit dem einen Unterschied, dass beim Boxen zwei da sind und Sie zurückschlagen können.

Ja, das kann man nicht, und das ist vielleicht eine sadistische Komponente in dem Beruf.

Würden Sie denn sagen, dass Ihnen die Kritik im Laufe Ihrer schriftstellerischen Entwicklung prinzipiell gerecht geworden ist?

Nicht ungerecht, würde ich sagen – ja? Drücken wir es so aus. Es ist sehr schwer: Das Wort »gerecht« ist sehr kompliziert; was ist gerecht? Das ist sehr schwierig.

Dass die Kritik zumindest Ihre Absichten erkannt hat.

Man kann nicht bei jedem Buch auch die historische Relativität der Publikation und des Autors mit bedenken, und das müsste man, um ihm gerecht zu werden.

Aber man kann doch sagen, dass Gerechtwerden heißt, dass man die Intention des Autors erkennt.

Die ist ja nicht immer so einfach erkennbar, manchmal macht's der Autor ja schwer ...

Nun sind die Kritiker ja im Allgemeinen keine dummen Leute, sie sollten es nicht sein.

Ein Beispiel: »Ende einer Dienstfahrt«, da hat man die Intention nicht erkannt. Ich glaube schon, dass das ungerechterweise bagatellisiert worden ist: die Aufforderung zur Aktion, die drin ist, und auch der Zusammenhang zwischen dem Happening als einer anerkannten Kunstweise und politischer Aktion, den ich da zu schaffen versucht habe; der ist mir zu wenig rausgekommen bei der Kritik. Ich finde, der ist legitim im Buch und auch dargestellt. Dass man also die anerkannte Kunst als Vehikel für eine politische oder gesellschaftliche Aktion nehmen kann, das war mein Einfall.

Die Verbindung also von Kunst und Politik, die Kunst als Transportmittel politischer Aktion.

Ja. Und dafür benutzte ich das Happening, so wie es da dargestellt ist, mit allen provinziellen und biedermännischen Schwächen, die es haben mag. Ich hatte damals den Eindruck, dass manche Kritiker an dieses Problem nicht recht ranwollten.

Warum wollten sie da nicht ran? Sehen Sie Gründe dafür?

Ich weiß es nicht; vielleicht haben sie es nicht verstanden; aber es kann auch an mir liegen, durchaus an der Darstellungsweise liegen.

Vielleicht war die Zeit damals auch noch nicht so reif dafür?

Ich habe mich sehr für diese Dinge interessiert; ich habe mich auch manchmal mit Beuys unterhalten, und vielleicht war es tatsächlich zu früh – wie manches andere, was ich gemacht habe. – Ich glaube, eines ist noch im Zusammenhang mit der Kritik wichtig: Wenn ein Kritiker seine Ansicht ändert über einen Autor, positiv – negativ schreibt er's dann ja –, dann sollte er das aber öffentlich machen. Es gibt so manche Fälle, da sagt einem einer: »Ach wissen Sie, das habe ich eigentlich doch ein bisschen zu negativ besprochen.« Ich finde, was öffentlich passiert, muss auch öffentlich repariert werden. Das halte ich für eine Schwäche. Einer hat's getan, das fand ich sehr respektabel, Herr Blöcker ...

In der ›FAZ‹ mit der Besprechung vom »Clown«?

Ja, und er hat auch hier in Köln ein Interview gegeben und sich korrigiert – das fand ich gut und ehrlich, das öffentlich zu sagen.

Nun hat man ja im Allgemeinen die Gelegenheit, so etwas zu reparieren, etwa mit der Rezension des nächsten Buches.

Das ist nicht ganz dasselbe.

Aber es gibt bislang die Institution dieser reparierenden Kritik nicht.

Ich komme wieder auf die Verletzlichkeit. Ein Kritiker ist eigentlich ein Unverletzlicher, dem kann nichts passieren. Der schreibt sein Ding, dann kommen, wenn er Pech hat, ein paar böse Leserzuschriften, dann ist der Fall gelaufen.

Ja, ein Boxer ohne Partner.

Ja. Und Sie müssen jetzt das wieder multiplikativ nehmen: Ein Autor – ich finde es ja auch alles ein bisschen übertrieben – schreibt ein Theaterstück, das haben zweieinhalbtausend Leute gesehen. Aber die Kritik darüber – und es ist gleichgültig, ob sie gut oder böse ist –, die lesen wahrscheinlich ein halbe Million. Da sehe ich auch eine falsche Proportion, vor allem gegenüber dem Autor, der so in einer Verrissphase ist – das gibt's ja. Es gibt ja auch Autoren, die werden hochgespielt, und dann denkt plötzlich einer: Jetzt machen wir ihn fertig, der Bursche wird uns zu fett; wie es Grass passierte. Ich finde das unbeschreiblich, kriminell finde ich das.

Das etwa, was Herburger in der ›Zeit‹ geschrieben hat?

Das habe ich nicht gelesen, ich war nicht hier zu der Zeit, als das Ganze lief, ich war sechs Wochen verreist und kam nach Hause und las nur diese schändliche Geschichte, die in dem Theater in Berlin passiert ist: das ist für mich eine Form des Schandpfahls, das ist schon kein Faschismus mehr. Ich hatte bisher keine Gelegenheit, mir den ganzen Fall zu rekonstruieren. Das finde ich bösartig einem Mann gegenüber, der sich politisch wirklich unmittelbar engagiert und aufreibt. Man kann ja seine Bücher schlecht oder gut finden, bitte schön, aber diese persönliche Art finde ich widerwärtig. Und ich finde einfach, dass das hierzulande in ein neues Stadium getreten ist. Das macht mich bange. Mit dieser öffentlichen Schandpfahlbehandlung in dem Theater, das ist ein neuer Schritt.

Wieder ein Tabu des gegenseitigen Respektierens mehr zerbrochen.

Es gibt eben Leute, die viel tun und viel schreiben, wie eben Grass und ich auch auf meine Weise, auf eine andere Weise, die merken wahrscheinlich sehr leicht, jetzt bist du mal wieder fällig. Das gibt's. Es gibt also einen Punkt, wo man weiß, mein Gott, jetzt kriegst du's also knüppeldicke. Das macht einen misstrauisch gegenüber der Objektivität dieser Institutionen. Vor allem, wenn es persönlich wird, verstehen Sie? Und diese Zähigkeit, die ich mit dem Boxen verglich, die gehört wahrscheinlich dazu. Ich glaube, dass sehr viele Autoren viel begabter sind und sich besser entwickeln würden als mancher, der berühmt wird – es könnte sein. Aber die Fähigkeit, diese Öffentlichkeit und die Möglichkeit der dauernden Verletzung hinzunehmen und zu überwinden – selbst wenn man dann mal drei Wochen völlig deprimiert irgendwo sitzt und nur Bier trinkt und denkt, ach Kinder, ich geb's dran, dann aber wieder zu sich kommt und denkt: nein, du schreibst das Buch jetzt doch oder das und das –, sie gehört dazu. Das ist eine fürchterliche Sache, weil wahrscheinlich, wie ich sagte, viele begabte Leute, die die Öffentlichkeit nicht hinnehmen können, daran scheitern. Das ist ja eine Eigenschaft, die unabhängig von der literarischen Qualität ist, diese Vitalität oder Frechheit und Chuzpe oder dies »Leck mich am Arsch, jetzt mach ich's doch noch«; das ist ja was anderes, das hat mit Literatur gar nichts zu tun. Insofern geht da viel kaputt.

Und das eben beachten die Kritiker nicht, sie sehen nicht die Person.

Ich glaube, dass sie manchmal bei sensiblen Autoren zu rücksichtslos sind. Und es gibt Leute, die sind als Autoren regelrecht getötet worden, z. B. Holthusen durch den berühmten Verriss von Herrn Schonauer. Der hat nie mehr Prosa geschrieben. Ich verstehe es nicht. Mein Gott, da wird man eben mal verrissen, und zwar tüchtig.

Auf dieselbe Weise ist ja auch Andersch behandelt worden.

Hin und wieder, ja.

Sie hatten vorhin gesagt, »Ende einer Dienstfahrt« stelle das Problem der Kunst des Happenings als Transportmittel für Politisches dar. Literatur als Kunst transportiert nun ja vor allem heute bei vielen Schriftstellern sehr viel an politischer Absicht. Verstehen Sie Ihre Aufgabe als Schriftsteller nun politisch oder moralisch.

Ich sehe da keine Alternative, nicht zwischen Politischem und Moralischem und auch nicht zwischen Kunst und Moral.

Das ist natürlich eine Idealität, dass Politik moralisch sei. Aber es ist eine Frage, ob man Bücher, wie etwa den »Clown«, politisch oder moralisch werten soll.

Nicht auch literarisch?

Das ohnehin. Aber ich meine jetzt das, was damit transportiert werden soll.

Das kann ich Ihnen nicht sagen. Reden wir über den »Clown« jetzt ganz konkret: Ich glaube, dass dieses Buch für sehr viele Katholiken eine große Bedeutung gehabt hat, politisch, gesellschaftspolitisch, bewusstseinsmäßig, seine Schwächen vorausgesetzt, die es tatsächlich hat; nicht nur seine gelegentliche Sentimentalität, sondern die Konstruktion ist schwach. Ein solches Buch kann man natürlich in der Bundesrepublik fast nur politisch sehen und auch moralisch.

Ist es so, dass es vielleicht aus einem moralischen Impetus geschrieben ist und politische Wirkung hat?

Nein, es ist nicht aus einem moralischen Impetus geschrieben, ich glaube, das wird überschätzt, bei mir immer. Die Geschichte dieses Buches kann ich Ihnen ganz einfach erklären. Ich habe einige Zeit mit Freunden eine Zeitschrift gemacht, die hieß »Labyrinth«. Sie kennen die Sage vom Labyrinth, die Theseus-Ariadne-Geschichte. Wir mussten die Zeitschrift drangeben, nicht nur aus finanziellen Gründen, sondern auch, weil wir nicht wussten, wie weiter; und dann schrieb jeder der Herausgeber, es waren vier, eine kleine Erklärung des Scheiterns; die war nicht normiert, wir schrieben alle untereinander – und meine Erklärung war eine Interpretation der Theseus-Sage, und diese Interpretation war der Plot für den Roman. Es ist eigentlich die Geschichte von Theseus und Ariadne: Theseus im Labyrinth, Ariadne schneidet den Faden ab, und da sitzt er. Und das Labyrinth, und das kann ich in dem Fall wirklich sagen, weil ich den Zusammenhang kenne, ist der politische deutsche Katholizismus.

Ist das von der Kritik erkannt worden?

Nein. Das konnte auch keiner wissen. Und deshalb erwähne ich das: Da war der Zusammenhang sehr einfach feststellbar; aber die Zeitschrift hatte nachher nur eine Auflage von 250 Stück – es hat eben keiner gelesen, weil die Leute sich immer nach dem Erfolg einer Sache richten. Ich habe diese Geschichte auch nirgendwo sonst publiziert. Aber für mich war das der Einstieg in den Roman, es war eigentlich die Fortsetzung der Zeitschrift als Roman, ganz einfach.

Auch der Idee der Zeitschrift?

Ja, und auch des Scheiterns der Zeitschrift, und die Übernahme des Mythos vom Labyrinth in einen christlichen Zusammenhang. In dem Fall habe ich den Zusammenhang gewusst. Natürlich habe ich den nicht preisgegeben, ich habe gedacht, guckt ihr mal, wie ihr mit dem Ding fertig werdet.

Da wäre nun wirklich für die Kritik auch ein Hinweis vorhanden gewesen.

Der war sogar unmittelbar. Die Zeitschrift ging 1962 ein, und 1963 oder 1962 habe ich das Buch geschrieben. Der Zusammenhang war unmittelbar. Wenn man also diese Publikation von mir – ich habe auch in der Zeitschrift viel publiziert – gelesen hätte und nicht gedacht hätte, ach das ist so eine verrückte Sache, dann hätte man den Zusammenhang vielleicht erkannt.

Unmittelbar politisches Handeln unterscheidet sich von einer politischen Wirkung, die möglicherweise von Literatur und möglicherweise von moralischer Absicht herrührt. Ersetzt nun aber der moralisch-politische Anspruch, der in Büchern der sogenannten Belletristik ausgedrückt wird, politisches, also direktes Handeln?

Nein, aber er kann es auslösen.

Über die Wirkung?

Ja. Ersetzbar ist politisches Handeln durch nichts. Ich sehe aber das alles in einem großen Zusammenhang. Ich sehe es in einem fast Jahrhundertezusammenhang. Ich nehme das Beispiel eines mir vertrauten Milieus und auch vertrauter Problematik, nehmen wir den Katholizismus, der, sagen wir, seit hundert Jahren in Frankreich, in Deutschland, in England innerhalb seines sehr geschlossenen und sehr wenig emanzipierten Milieus durch Autoren aufgebrochen worden ist. Die Folgen sehen Sie heute, die sind wirklich auch für einen Nichtkatholiken oder Außenstehenden erkennbar. Und die politische Aktion und Wirkung sehe ich nur im Zusammenhang mit anderen, mit Vorausgesetzten und Nachkommenden, die nicht immer den Zusammenhang kennen müssen. Wenn Sie also lesen, was Léon Bloy, von dem ich sprach, geschrieben hat um 1880, 1890 über den bürgerlichen Katholizismus des neunzehnten Jahrhunderts, und sehen dann, was Bernanos gemacht hat, was andere katholische Autoren, sogar Mauriac und viele Publizisten gemacht haben, was die

Leute von ›Esprit‹ oder ›Témoignage Chrétien‹ gebracht haben, was in Italien passiert ist – in diesem Zusammenhang, in diesem Ensemble sehe ich meine Möglichkeit zu wirken, und zwar auch politisch zu wirken, gesellschaftspolitisch.

Aber immer nur über die Literatur, vorrangig jedenfalls, nicht aktiv politisch handelnd, wie es etwa Grass macht, der ja bewusst seine Aufgaben teilt und sagt, ich bin Schriftsteller, und als Schriftsteller will ich Kunst machen – und da lässt er sich auch nicht dreinreden –, aber als politisch bewusster Staatsbürger mache ich Politik.

Ja, aber ich glaube, und ich habe mit Grass auch darüber geredet, das Problematische daran ist – und ich will jetzt nicht in die Anti-Grass-Welle einsteigen; im Gegenteil –, das Schwierige daran ist, ob das tatsächlich wirksam ist. Wenn ich jetzt für die SPD Wählerstimmen werben will und ich wüsste, dass ich meinen literarischen Ruhm oder Einfluss oder meine Wirkung sofort umsetzen kann in Wählerstimmen, dann würde ich es auch tun. Aber ich zweifle daran. Ich zweifle auch im Falle Grass daran, ob das nachweisbar ist. Das ist nämlich kompliziert, verstehen Sie? Es ist fast gar nicht festzustellen, ob er wirklich für die SPD etwas getan oder ihr genützt oder geschadet hat als Autor.

Ich habe auch mit Grass darüber gesprochen, und er sagte, das eine sei schon wichtig: Wenn irgendwo – er arbeitet viel in der Diaspora, wenn man so sagen darf – dort eine SPD-Veranstaltung ist, kommen normalerweise vielleicht so 20, 25 Leute; wenn aber der berühmte Autor Grass kommt, ist der Saal knüppeldicke voll, und die SPD hat die Möglichkeit, überhaupt erst einmal an die Leute heranzukommen.

Das trifft bestimmt auf das bayerische Hinterland zu. In der Eifel ist das schon komplizierter, Westdeutschland ist komplizierter; das liegt am Katholizismus hier, wir könnten darüber reden, aber das führt zu weit. Aber nehmen wir da oben Vechta, Oldenburg, wo er die schlimmsten Dinge erfahren hat, ich meine jetzt diese geschlossenen katholischen Milieus, wo er sich ja wirklich fürchterlich exponiert hat. Ich weiß nur nicht, ob das unmittelbare und wichtige politische Ziel, Wähler für die SPD zu gewinnen, erreicht werden kann; denn ich will ja, dass sie mehr Stimmen hat.

Mehr kann man ja vorderhand nicht.

Mehr kann man nicht wollen. Die Frage ist, ob die Leute da hinkommen zu der SPD-Veranstaltung. Natürlich um den Grass zu sehen, gut, legitime Einsetzung des Ruhmes, da habe ich nichts dagegen. Ich möchte nur wissen, wie viel von denen SPD wählen oder mehr wählen; da zweifle ich. Ich zweifle an der unmittelbaren Umsetzbarkeit literarischen Ruhms in Wählerstimmen, weil es eine Unterschätzung verschiedener Sensibilitäten ist. Ich kann also den Thomas Mann für den größten Autor halten, aber wenn er mir geraten hätte, KPD zu wählen, hätte ich gedacht: Na ja, ein großartiger Schriftsteller bist du, aber ich wähle doch Zentrum.

Wenn er das nur gesagt hätte; aber Grass hält ja Vorträge, er gibt Gründe an.

Ja, er erklärt, er beschäftigt sich sogar mit lokalpolitisch interessanten Dingen. Trotzdem zweifle ich an der Wirkung.

Ist Ihr Standpunkt nicht ein bisschen voreilig resignativ?

Nein, das ist einfach nicht resignativ, sondern vielleicht eine zu bürgerlich sensible Überlegung über die verschiedenen Sensibilitäten.

Wenn man politisch arbeitet, muss man immer vereinfachen ...

Selbstverständlich, aber nur wenn ich weiß, dass die Vereinfachung Sinn hat. Wenn ich in Bitburg, wo wahrscheinlich die CDU 65 Prozent der Stimmen hat, in der Eifel, rede, weiß ich nicht, ob da fünf Leute mehr SPD wählen; daran zweifle ich. Ich glaube, ich sehe es viel realistischer, als Sie glauben. Wenn ich wüsste, dass ich Stimmen gewinnen könnte, würde ich es sofort tun.

Für Sie steht es außer Frage zu sagen, die Politik verwässert mir mein literarisches Geschäft.

Das ist kein Argument für mich, das ist mir völlig gleichgültig, ich bin Zeitgenosse, Staatsbürger, ich bin interessiert an diesem Staat, an seinem Fortschritt und an der Stabilisierung der SPD, weil sie Willy Brandt hat – nur deshalb. Da habe ich auch nie Zweifel daran gelassen. Ich frage mich nur, ob das das richtige Mittel ist. Ich glaube, ich bin realistischer, vielleicht auch misstrauischer; nicht resignativ.

In der Sowjetunion und etwa im Spanien Francos zugleich häufig gelesen zu werden: Was bedeutet es und welche Gedanken provoziert es bei einem Autor, der so wie Sie engagiert ist für eine menschlichere Gesellschaft, als die bestehenden es sind. Horst Krüger hat ja in ebendiesem Erfolg Ihrer Werke einmal ein Moment der Wirkungslosigkeit entdecken wollen. Ist das richtig?

Ich glaube, Herr Krüger kann seine Behauptung so wenig beweisen wie ich das Gegenteil. Es ist sehr schwer, fast unmöglich für einen Autor, seine Wirkung zu beweisen. Zunächst enthält die Behauptung einige Ungenauigkeiten. In Spanien sind einige meiner Bücher erschienen, in kleiner Auflage, und ich glaube, dass auch Spanien verschiedene Artikulationsprovinzen hat. Mein Verleger in Spanien sitzt in Katalonien, Barcelona, ich glaube, dass da wirklich eine Differenz besteht zu anderen spanischen Provinzen. Ich kenne Spanien nicht, hab's noch nie gesehen, ich habe meine Vorstellungen davon. Zunächst einmal schreibt ein Autor für jeden, der lesen kann, ganz gleich, ob der Spanier usw. ist. Er schreibt möglicherweise sogar für Faschisten, die lesen können. Und ich halte das nicht für schlimm, wenn Faschisten lesen. Da ist eine Unterstellung von Wirkungslosigkeit drin, die mir nicht bewiesen ist. Ich kann auch das Gegenteil nicht beweisen. Und im Übrigen ist meine Auflage in der Sowjetunion weit, weitaus höher als in Spanien.

Na ja, das ist verständlich.

Nein, ich glaube, dass das auch falsch ist, die hohe Auflage in der Sowjetunion politisch zu sehen.

Aber einfach von der Menge der Rezipienten her gesehen.

Natürlich, das ja. Aber das ist in einem Staat wie der Sowjetunion manipulierbar. Salinger ist erschienen in einer Auflage von zwanzigtausend. Das ist so, als wenn Sie hier von Hemingway 250 Exemplare drucken. Damit ist das Buch da, man kann nicht sagen, es ist totgeschwiegen, und trotzdem ist es eigentlich nicht da; natürlich wird das multipliziert, das wird fotokopiert und weitergegeben. Die höchste Auflage habe ich immer noch in dem Land, in dem ich wohne und in dessen Sprache ich schreibe.

Nach der Gesamtauflage oder der Auflage eines einzelnen Buches?

Nein, die Gesamtauflage und auch die einzelnen Bücher. Die Taschenbücherauflage hier ist schon weitaus höher als die Gesamtauflage in der Sowjetunion. Das wird manchmal in etwas miesen Kommentaren übersehen. Ich glaube, dass die Auflage in der Bundesrepublik mindestens doppelt so hoch ist wie die in der Sowjetunion. – Wirkungslosigkeit und Wirkung, dazu kann ich gar nichts sagen. Darüber haben wir schon gesprochen. Wie weit kann ein Autor das feststellen? Die Wirkung in dem mir angeborenen Milieu spüre ich ständig, privat, öffentlich, in Briefen, in Publikationen – und damit könnte ich zufrieden sein, wenn ein Autor zufrieden sein kann.

Wie ist nun die Reaktion auf Ihre Bücher in der Sowjetunion?

Das ist sehr interessant. Ich kenne natürlich nicht die gesamte Kritik, die wird jetzt gerade zusammengestellt. Da ist ein junger amerikanischer Professor, der schreibt ein Buch über die Aufnahme der deutschen Nachkriegsliteratur in der Sowjetunion. Henry Glade heißt er, der war ein ganzes Jahr lang da und der wird mir dann natürlich Auskunft geben können in seiner Publikation über alle Kritiken. Ich kenne einige; ich kenne einen

Riesenaufsatz von einer jungen russischen Lehrerin, die sehr religiös ist, und für sie besteht die Bedeutung meines Werkes für die sowjetischen Leser fast ausschließlich in religiösen Dingen. Das ist sehr paradox. Ich kann das nicht wissen, ich kann es gar nicht kontrollieren; ich weiß einiges aus Gesprächen mit russischen Lesern und auch mit russischen Redakteuren. Wenn ich hinfahre, gehe ich meistens in die Redaktionen und habe dann oft Diskussionen mit den Redakteuren. Und das Gespräch ist so differenziert, wie ich es mir besser hier nicht wünschen könnte. Das sind Leute, die kennen die gesamte europäische Literatur exakt. In jeder Zeitschrift gibt es eine Abteilung für französische Literatur, für niederländische, für österreichische, für westdeutsche, für DDR-Literatur. Die Leute sind einfach informiert, und das macht das Gespräch sehr interessant.

Aber die Russen müssen doch irgendeinen Bezug zu dem haben, was Sie schreiben, über das Religiöse hinaus; denn die offiziellen Stellen müssen ja erst einmal gestatten, dass Ihre Bücher publiziert werden dürfen.

Ja, das gibt es, das kann ich natürlich nicht wissen. Auch das ist ein sehr komplizierter Vorgang, der die DDR genauso betrifft.

Ist es in der DDR anders als in der Sowjetunion?

Meist ist es so, dass ein Buch von mir erst ein Jahr nachdem es in der Sowjetunion erschienen ist, in der DDR erscheint. Das ist sehr interessant, und meine Bücher sind, lange bevor sie in der DDR erscheinen, in der Sowjetunion erschienen. Insofern liegt wahrscheinlich die Genehmigung Roms vor, nennen wir es bildlich so. Ich kann aber nicht die Hintergründe erkennen. Sie wissen, dass Chruschtschow eine ganze Menge, auch oppositioneller, sowjetischer Autoren gefördert hat und weiter gefördert hätte. Wir überschätzen die Einseitigkeit eines Funktionärs. Was sind wir, was ist ein Verlagsmanager hier? Ist er nicht auch ein Funktionär, der überlegen muss? Kann man nicht voraussetzen, dass es sehr unterschiedliche Auffassungen unter den sowjetischen Kulturfunktionären gibt? Der eine sagt, den drucken wir jetzt, und der flutscht da durch – und der hat Glück. Wahrscheinlich ist das Motiv meine Kritik an der Bundesrepublik. Aber ich glaube, dass das ins Auge gegangen ist, was die sowjetischen Leser betrifft. Das ist bestimmt ins Auge gegangen; denn ein Volk, das seine klassische Literatur so kennt, bis in die letzte Zeile fast auswendig – also die gesamte Lektüre des neunzehnten Jahrhunderts, ist wirklich präsent beim sowjetischen Leser, von Puschkin bis Tolstoi und natürlich auch Dostojewskij –, das hat wahrscheinlich eine Lesesensibilität, die die hohe Auflage für mich ausgesprochen schmeichelhaft macht; nicht nur vom moralischen, religiösen, sondern auch vom literarischen Standpunkt. Ich empfinde das als ausgesprochen schmeichelhaft. Wissen Sie, es ist schwierig, sich darüber zu informieren; es scheint auch so zu sein, dass auch sowjetische Verlage inzwischen ein bisschen kommerziell denken müssen. Die wissen also: Den werden wir los. Die Schwierigkeit besteht darin, nicht etwa dass ich möglicherweise Glück gehabt habe, dort so publiziert zu werden, sondern dass andere nicht publiziert werden. Die Einseitigkeit oder manchmal Zufälligkeit der Auswahl ist das Schwierige bei der Beurteilung der sowjetischen Publikationspolitik. Es muss dazu gesagt werden, dass sehr vieles publiziert wird in Zeitschriften; auch Grass ist publiziert, in hohen Auflagen, die Zeitschriften haben eine Auflage von fast zweihunderttausend Exemplaren – da werden Sie weinen, wenn Sie's hören. Ich kann es nicht durchschauen, ich kann nur beurteilen, was ich von Lesern, die ich gelegentlich kennenlernte, was ich von Kritikern, was ich von Redakteuren höre. Und deren Beschäftigung mit meinem Werk ist durchaus nicht vereinfachend. Sie sehen, das ist sehr kompliziert, sie sehen es nicht unkritisch, gar nicht, und ich glaube nicht, dass es mit meiner Person zu tun hat.

Wenn Grass publiziert würde in dem Maße, wie Sie publiziert werden in der Sowjetunion, glauben Sie auch, dass das so sehr ins Auge gehen könnte, wie es bei Ihnen der Fall ist?

Das weiß ich nicht, das kann ich nicht wissen, das ist sehr hypothetisch. Ich plädiere immer, wenn ich da bin, für die Publikationen von Grass und anderen, auch Walser und Enzensberger und Jürgen Becker, der ziemlich bekannt ist in der Sowjetunion. Ich weiß nicht, ob das ins Auge gehen würde, das kann ich nicht beurteilen. Ich glaube, dass es bei mir der Fall gewesen ist. Das mag ein Trost sein, den ich mir selber spende, aber vielleicht ist es auch eine Täuschung.

Haben Sie dieses schon von Russen selbst gehört?

Ich kann nicht darüber sprechen, verstehen Sie, das kann ich wirklich nicht. Ich habe sehr gute Freunde in Moskau, und meine besten Freunde sitzen in dieser Stadt, und die Schwierigkeit ist, dass ich über viele Dinge, die sehr interessant wären für mich und für andere, nicht schreiben, nicht sprechen kann. Das ist eine Schwierigkeit bei allen Auskünften über sozialistische Länder. Und ist auch die Zweideutigkeit der Position eines Autors meiner Art.

Wie beurteilen Sie denn prinzipiell die Entwicklung des Sozialismus in den sozialistischen Ländern. Wird er liberaler?

Im Moment nicht, in der Sowjetunion offenbar nicht.

War es unter Chruschtschow liberaler als heute?

Ich glaube ja. Er war kulturpolitisch ein bisschen liberaler, und, soweit ich das beurteilen kann, für die meisten Sowjetmenschen hat Chruschtschow – auf den sehr viele heftig schimpfen, besonders Intellektuelle heftig schimpfen, ich weiß gar nicht, warum, er ist natürlich auch ein undurchsichtiger Typ – das große Verdienst, Wohnungen gebaut zu haben. Das liest man eben nicht, das ist das, was ich von den einfachen Leuten höre: Da ist der Mann, der uns Wohnungen gebaut hat. Nicht gering, aber immerhin wahnsinnig viele, in Moskau Hunderttausende von Wohnungen, das ist das, was die Leute unmittelbar erfahren und was sie ihm nicht vergessen. Liberalisierung oder nicht – das hängt von vielen Dingen ab. Wirtschaftliche und kulturpolitische Liberalisierung hängen da eng zusammen. Ich verstehe nicht die

Ängstlichkeit der sowjetischen Behörden vor Solschenizyn oder vor den Malern, die nicht naturalistisch malen. Im Augenblick habe ich den Eindruck, dass es nicht sehr erfreulich aussieht, wenn man das so einfach sagen kann. Sie verbocken sich jetzt auf den Fall Solschenizyn. Das ist wieder ein Reflex auf dessen Ruhm im Westen. Zum Teil sind sie mit Recht böse über bestimmte Interpretationen – das liegt aber nicht an Solschenizyn, der ganz bewusst für die sowjetischen Leser schreibt, und ich glaube nicht, dass man auf die Dauer einen Autor dieser Größe unterdrücken kann. Solschenizyn ist schon beides, er ist eine Person, und er ist ein Symbol.

Auch in der Sowjetunion?

Aber natürlich. Nicht nur innerhalb der Bevölkerung, die ihn vielleicht kennt oder nicht, aber er ist für die Sowjetbehörden ein Musterfall. Wenn sie ihn freigeben, geben sie ungeheuer viel frei, dann kommt die ganze Flut der Memoirenliteratur, die hier zum Teil publiziert ist, aber nicht in der Sowjetunion; insofern überschätzen sie ihn und unterschätzen sie ihn. Ich verstehe das nicht. Gleichzeitig wird ein Mann wie Twardowski, mit dem ich mich mehrmals unterhalten habe, ein großartiger Mann, ein richtiger Kommunist, ein sehr freier, offener Mensch, für einen Preis vorgeschlagen, obgleich er der permanente Verteidiger Solschenizyns ist. Das ist alles sehr kompliziert.

Würden Sie denn, die Frage nach der Entwicklung in den sozialistischen Staaten wieder einbeziehend, sagen, dass sich eine Veränderung der gegenwärtigen kapitalistischen Gesellschaften nur über eine Revolutionierung in Richtung auf einen Sozialismus oder auch auf dem langsamen Wege über eine Sozialdemokratisierung realisieren lässt?

Ich glaube das Letztere nicht, weil das auch für die meisten Menschen in den sozialistischen Ländern kein Übergang wäre. Die Entwicklung in der Tschechoslowakei, die modellhaft gedacht war, die nur in den Anfängen steckenblieb, die hätte für den starren Dogmatismus der sowjetischen Prägung und für den westlichen Kapitalismus gefährlich werden können, weil da wirklich ein Modell entstand. Die Schwierigkeit aller sozialistischen Bewegungen im Westen besteht ja darin, dass sie kein Modell vorweisen können, zu dem sie überzeugt stehen können; nur krampfhaft. Das große und hoffnungsvolle Modell Castro, Cuba, ist offenbar auch verschlissen. Die Hoffnung setzt sich jetzt auf Allende, hoffen wir, dass es gutgeht. Die große Hoffnung war die Tschechoslowakei. Vorbei. Die italienischen Kommunisten entwickeln offenbar ein Modell, von dem man glauben könnte, dass es sinnvoll ist als sozialistisches Modell im Westen. Das Gleiche gilt paradoxerweise auch für die sozialistischen Länder Osteuropas, auch für die Sowjetunion. Für viele Intellektuelle war die Tschechoslowakei eine große Hoffnung, eine große Hoffnung, von der man gewünscht hätte, sie wäre bis zum Ende durchgeführt worden.

Glauben Sie, dass die Russen in einem anderen Land, das eine solche Entwicklung durchgemacht hätte, auch zum Warschauer Pakt gehörte, nicht eingegriffen hätten, wenn es nicht diese zentrale, machtpolitische und militärstrategisch wichtige Lage gehabt hätte wie die Tschechoslowakei?

Ich glaube nicht, dass das Strategische, Militärpolitische entscheidend war. Sie meinen die geographische Lage der Tschechoslowakei in Mitteleuropa – ich glaube nicht, dass man ernsthaft an einen militärischen Angriff Westeuropas glaubt. Das ist eine Glaubensfrage.

Auch eine Frage der Nachbarschaft und des Einflusses, der ausstrahlt von diesen Ländern – und an die Tschechoslowakei grenzen ja sehr viele Länder des Warschauer Pakts.

Ja, und auch die Bundesrepublik. Das mag schon eine Rolle gespielt haben, aber nicht in militärpolitischem oder strategischem Sinne. Ich glaube, dass z. B. die Entwicklung in Ungarn, wo eine Liberalisierung spürbar ist, ökonomisch, kulturpolitisch, niemals auf eine so brutale Weise unterbrochen würde wie in der Tschechoslowakei. Das würde man, glaube ich, nicht mehr riskieren. Auch eine Hypothese. In der Tschechoslowakei haben wir auch gedacht, das werden sie nicht machen, aber sie haben's gemacht. Ich vermute eher, dass eine Großmacht, die ungeheuer selbstbewusst ist und sich zugleich sehr gedemütigt fühlt, nicht zurückkann. Sie kann keinen Fehler zugeben. Im Grunde ist es so ähnlich wie mit den USA und Vietnam. Jetzt ist es so weit, dass man einsieht, nach zwanzig Jahren ungefähr oder fünfzehn, wir können's nicht durchhalten, und sie werden wahrscheinlich räumen. Aber das ist für eine Großmacht natürlich ein unerträglicher Prozess.

Vielleicht, wenn die Pentagon-Papers nicht publiziert worden wären ...

Ja, dann wäre es vielleicht immer weiter forciert worden, obwohl die Pleite unvermeidlich gewesen wäre. Ich glaube, dass dieses Argument einer Großmacht, die nicht zugeben kann, einen Fehler gemacht zu haben, wichtig ist.

Beide Großmächte haben etwas zu verlieren. Russland hat eine Ideologie, die es durchsetzen muss und die es verlieren kann auf diesem Wege, und Amerika hat die alte Tradition, die meiner Meinung nach längst zum Teufel ist, die alte Tradition des demokratischen Staates, der auch für eine Moral in der Politik eintritt: Eingriff im Ersten Weltkrieg, Eingriff gegen Nazi-Deutschland. Das sind möglicherweise auch Perspektiven.

Ich glaube, dass der Fall Sowjetunion noch eine Komponente hat, die sehr schwer nachweisbar ist; aber wichtig ist, dass einige sozialistische Länder einen höheren Lebensstandard haben und hatten als die Sowjetunion selbst. Und da entsteht ein fast nationales Ressentiment, das unerträglich sein kann. Das trifft nicht nur auf die Satelliten Polen, DDR, ČSSR, Ungarn zu, auch auf die Sowjetrepubliken, die sich zum Teil doch in einer gewissen Unabhängigkeit oder ziemlich weit vom Schuss, sagen wir wie Lettland und Georgien, wirtschaftlich ganz gut entwickelt haben. Denen geht es einfach besser als der zentralrussischen Föderation, und das ist natürlich für eine Großmacht, die den Sozialismus als Einzige zu vertreten glaubt, auch unerträglich. Das ist eine wichtige Komponente, die wieder auch mit dem neuen Antisemitismus in der Sowjetunion zusammenhängt. Das ist einfach mal wieder die Suche nach dem Sündenbock, glaube ich. Insofern sehe ich die Entwicklung in der Sowjetunion nicht mehr optimistisch, weil ich einen regelrechten Nationalismus und Imperialismus entdecke; fast schon wieder zaristischer Prägung.

Ist die Sowjetunion trotzdem für eine mögliche Sozialisierung hier in der Bundesrepublik ein Vorbild?

Ich glaube nicht; dafür sind die ökonomischen Entwicklungen zu verschieden.

Sie haben einmal gesagt, wenn Sie etwas Autobiographisches schreiben würden, dann wählten Sie nicht die Ich-Form, sondern die Er-Form des Erzählens. Ist der Verfasser von »Gruppenbild mit Dame« weitgehend mit Heinrich Böll identisch, gibt es viel Autobiographisches in diesem Roman?

Nein, überhaupt nichts, obwohl er in der Er-Form geschrieben ist. Ich will nicht sagen überhaupt nichts, natürlich ...

Nun ist die Figur des Verfassers aber doch sehr stark mit Ihrem Temperament versehen.

Das kann ich vielleicht nicht beurteilen. Insofern mag mein Temperament und meine Ausdrucksweise und auch meine Lebenshaltung drin sein, aber nicht autobiographisch im Sinne von mitgeteilten biographischen Details.

Wann haben Sie mit diesem Roman angefangen? Hat er literarische Vorbilder? Ich denke an Nossacks Roman »Der Fall d'Arthez«.

Nein, denn das habe ich noch gar nicht gelesen. Aber das bedeutet gar nichts. Ich könnte Ihnen nicht sagen: Das und das ist das Vorbild; aber ich glaube nicht, dass dies neu ist in der Literatur.

Es ist nur erstaunlich, dass in kürzester Zeit zwei Romane erscheinen, der von Nossack und der von Ihnen, die fast mit derselben Methode arbeiten: einen Verfasser vorschieben, der Ermittlungen über eine Person anstellt und das Ergebnis dieser Ausforschung wiederum mitteilt, wobei auch die Figur selbst im Dunkel bleibt. Dasselbe Prinzip.

Es ist ein bisschen auch das Prinzip der Detektiv-Story; da gibt's wahrscheinlich eine Menge Vorbilder, auch bei Dostojewskij schon.

Nur ist es ja kein auktoriales Erzählen, sondern es ist eine explizierte Methode ...

Das ist aber Täuschung, weil die Zeugen ja fiktiver sind als der Erzähler, obwohl sie vielleicht so realistisch wirken. Es gibt also kein bewusstes Vorbild. Was da an unbewussten Vorbildern, gekannten und gelesenen, drin ist, kann ich nicht sagen; das mag durchaus irgendwo anspielen, das weiß ich einfach nicht. Gearbeitet habe ich daran sehr lange, geschrieben nicht sehr lange. Das ist der Unterschied. Diese Figur hat mich wahnsinnig beschäftigt; in allen Romanen schon. Es interessierte mich sehr, diese Frau – mich interessieren ja Frauen sehr – literarisch darzustellen, und ich glaube, dass sie viel Verwandtschaft hat mit anderen Frauenfiguren. Vielleicht ist es die, die ich immer darstellen wollte und nie so richtig hingekriegt habe.

Gibt es nicht auch Ähnlichkeiten zwischen dem Clown Schnier und dieser Frau Leni?

Ein bisschen wahrscheinlich, sicher, ja sicher.

Kann man das vielleicht so sagen, dass der Clown Schnier, auch die Gruhls, und jetzt Leni und Lev, Vertreter einer idealisierten menschlicheren Gegenkultur zur bestehenden Gesellschaft sind?

Das könnte sein, das ist eine Interpretationsmöglichkeit, die aber in allen früheren Arbeiten von mir schon anklingt. Insofern ist dieser Roman eine Fortsetzung, wenn Sie wollen, oder Fortschreibung, wie ich das in einem anderen Zusammenhang gesagt habe.

Glauben Sie denn, dass eine solche Gegenkultur sich bei der fortschreitenden Technisierung und Vergesellschaftung durchsetzen kann?

Ich glaube, dass sie notwendig ist, unbedingt notwendig, und wahrscheinlich die einzige Möglichkeit für die Menschen, sich vor dem Faschismus, der Automation, der Computerwelt zu schützen. Ich sehe die Mechanisierung der Welt für mich als eine Erscheinungsform des Faschismus, als eine Weiterentwicklung des Faschismus.

Eine Herabminderung des Menschen in seiner Qualität als Mensch.

Ja. Die Priorität ökonomischer Überlegungen bei der Planung von Städten, Arbeitsstätten, von Existenzen wird ja immer stärker. Der Profit ist doch eigentlich das Beherrschende, und es wird ja auch den jungen Leuten – deshalb erkläre ich mir auch die Unruhe an den Universitäten – u. a. fast gar nichts anderes als Profitdenken angeboten; wenn Sie also esoterische Bereiche wie reine Literaturwissenschaft ausschließen.

Der ganze Ausbildungsgang ist natürlich auf Anpassung aus.

Auf Profit, auf Ellenbogen, auf Kämpfen, auf Erfolg, wobei die Chancengleichheit unterstellt wird: der größte Schwindel, den es gibt; der wirklich irrsinnig ist; das ist so der Marschallstab im Tornister des Soldaten. Man weiß eben, dass von hunderttausend Soldaten nur einer Feldmarschall werden kann und neunundneunzigtausendneunhundertneunundneunzig bleiben auf der Strecke; statistisch ist das eben hoffnungslos. Das Modell finden Sie überall. Sie finden es in der literarischen Welt; da werden eben Marschälle kreiert, was ich scheußlich finde; und in der Verwaltungswelt; in der Armee sowieso, da wird eben nur einer

General von, was weiß ich, zehntausend. Und dann noch von Chancengleichheit zu sprechen, halte ich für fürchterlich deprimierend. Ich glaube, dass das das Problem der jungen Leute ist: sie sehen keinen Ausweg aus einer reinen Erfolgsgesellschaft, die gleichzeitig eine Profitgesellschaft ist. Und mich hat's eben gereizt, ein solches Modell zu entwickeln und zu beschreiben.

Glauben Sie denn, dass ein solches Modell realisierbar ist?

Es ist realisierbar, wenn Solidarität entsteht mit gleichzeitiger Analyse der Umwelt. Nicht auf eine romantische Weise – obwohl das Buch romantische Züge haben mag. Aber man muss schon ganz genau wissen, in welcher Welt man lebt, wenn man sich von ihr abschirmen will.

Können Sie in etwa sagen, für welchen Gesellschaftsbegriff die Figuren in diesem Roman und anderen Romanen stehen?

Das weiß ich nicht. Ich weiß nicht, was Gesellschaftsbegriff ist. Wenn Sie mir helfen?

Anders gefragt: Welche Vorstellungen haben Sie von einer Gesellschaft, deren Exponenten dann Figuren wie Leni oder Lev sind?

Eine profitlose und klassenlose Gesellschaft.

Also eine sozialistische Gesellschaft?

Ja, natürlich, aber nicht ironisch, sondern etwas leichtherzig gemischt, nicht so starr ideologisch. Ich glaube, dass man am Proletarischen – das Wort ohne Anführungsstriche – die Komponente des Humors immer unterschätzt bei allem Marxistischen, bei streng doktrinär marxistischen Studien. Die Formel würde etwa lauten: Humor ist gesellschaftspolitisch keine Dimension. Das bestreite ich, das bestreite ich strikt. Denn Humor ist das Bekenntnis oder die Einsicht in die, ich möchte sagen, Relativität. Es gibt eine Relativität, und es gibt eine Absurdität, eine absurde Komponente. Wenn Marxisten das nicht akzeptieren, sind sie auf dem Wege ihres tödlichen Ernstes verloren. Zum Beispiel hatte das tschechoslowakische Modell diese Dimension. Das liegt nun wieder an der Natur des tschechischen Volkes, das gerne Bier trinkt – unter anderem auch – warum nicht, Schweinefleisch isst und tanzt und Musik macht. Die Gefahr der streng doktrinären deutschen marxistischen Gruppen, Grüppchen und manchmal Sektierer ist einfach ihre absolute Humorlosigkeit. Das finde ich fürchterlich. Wenn man diese Dimension nicht hineinnimmt, die eine echt proletarische ist, wie ich aus meiner Erfahrung weiß – ich habe mit Arbeitern zusammengelebt, sieben Jahre als einfacher Soldat, und als einfacher Soldat sind Sie im Status eines Arbeiters –, dann wird kein Modell zustande kommen.

Humorlosigkeit als Symptom für Menschenverachtung?

Ja, und auch ein Symptom für die Verachtung der Freuden und Leiden einer proletarischen Existenz. Auch im Zusammenhang mit erotischen und sexuellen Dingen finde ich Humorlosigkeit das Schrecklichste. Der fürchterlichste Ernst, mit dem man Sex und Porno betreibt, ist eigentlich das Grässlichste daran; das ist genauso schlimm wie die vollkommene Humorlosigkeit, mit der unser katholischer Katechismus abgefasst wurde. Im Grunde ist das nur ein Reflex darauf.

Auch die Pornographiewelle hängt ja mit Puritanismus zusammen.

Ja, natürlich ist das eine reine Reaktion. – Ich könnte mir denken, dass Menschen so zusammenleben; wobei der eine meinetwegen sogar Generalvertreter bei einer Versicherung sein kann und der andere Straßenfeger.

Das wäre natürlich nur im Idealfalle möglich, glaube ich, wenn man nämlich Straßenfeger werden könnte und zusätzlich auch studiert hat oder sich hat fortbilden können; wenn also die Gleichheit der Bildungschancen tatsächlich realisiert wäre.

Ja, das würde auch bedeuten, dass bestimmte Klassen auf die Wahrnehmung ihrer Bildungsprivilegien verzichten. Warum soll nicht der Sohn eines Universitätsprofessors, der das Abitur hat, zur Müllabfuhr gehen, verstehen Sie; die ist notwendig, die ist ja fast notwendiger als die Universität. Stellen Sie sich mal vor, die würden alle streiken, vier Wochen, das ist ein Albtraum, viel gravierender als die Arbeit der Universität.

Das hängt natürlich zusammen mit der permanent dichter werdenden Verflechtung der gesellschaftlichen Abhängigkeiten. Wenn Ihnen der Strom abgedreht wird, geht es Ihnen genauso.

Ja, dann bin ich verloren. Wir haben zum Glück noch 'nen Gasherd, aber der wird dann auch abgedreht. Wissen Sie, es ist sehr schwer, ich kann das jetzt nicht erklären mit dem Roman: Es ist der Versuch, in den Materialismus oder in die Materialität des menschlichen Lebens eine neue Dimension zu bringen, die Sakralität des Materiellen zu erklären, das auch. Man hat das alles idealisiert und hat es abstrahiert und vertrocknet. Und diese Technokratisierung geht ja bei den Kirchen genauso vor sich wie bei der Versicherung, die mir meine Police schickt mit einer unleserlichen Nummer, einer zwölfstelligen Zahl; das ist eine inhumane Entwicklung.

Diese Haltung drückt sich ja auch in der Clownsgeschichte Schniers aus, der das Sakrament der Ehe mit dem Beischlaf für vollzogen hält und nicht den Segen der Kirche zum Vollzug der Ehe für das Vorrangige hält.

Ja, die Verrechtlichung von allem wird abgelehnt.

Der abstrakte Akt wird somit für identisch gehalten mit einer Sache, die gar nicht da zu sein braucht. Das ist ja eigentlich der Anschluss.

Natürlich; wahrscheinlich ist dieser Roman eine Zusammenfassung von vielen.

Es ist ja auch der umfangreichste Roman. – Ich finde, der Roman endet ziemlich abrupt. Gibt es einen Plan, den Roman fortzusetzen und vielleicht einmal die Geschichte Levs zu schreiben?

Die Geschichte hätte man ewig fortspinnen können. Jetzt könnten Levs Kinder z. B. kommen, seine unehelichen Kinder. Ich glaube nicht, dass ich eine Fortsetzung schreiben werde, ich hasse eigentlich Fortsetzungsromane oder zwei-, dreibändige Romane. Die Figur, die mich am meisten interessieren würde bei einer eventuellen Fortschreibung, nennen wir es so, ist diese Margret, die draufgeht; die würde mich interessieren. Aber ich würde sie dann nicht Margret nennen und in einem ganz anderen Zusammenhang darstellen.

Es würde ein neuer Roman.

Möglicherweise.

Aber in derselben Richtung?

Ja, immer weiter.

Ich habe den Eindruck, als zeigten Sie in diesem Roman ganz besonders Ihre Hochachtung, ja vielleicht darf man sagen: Ihre Liebe zu den wichtigsten Figuren, also zu Leni, Lev, Rahel, Margret, Lotte. Waren all diese Figuren Ihnen, als Sie den Roman begannen, bereits präsent, oder haben sich einige erst beim Schreiben entwickelt?

Entwickelt nicht; aber sie stellen sich ein. Der Unterschied zwischen einer Kurzgeschichte und einem Roman besteht eigentlich in der Notwendigkeit eines umfangreichen Personals. Für diesen Roman brauchte ich sehr viel Personal. Man fängt an mit der Beschreibung der Situation, und plötzlich merken Sie, da kommen immer mehr Leute hinzu, die dazugehören, um der Sache Hintergrund oder Vordergrund zu geben, und diese Gestalten haben sich einfach eingestellt aufgrund einer Logik, die während des Schreibens entsteht, die nicht vorher geplant sein kann; das kann ich gar nicht. Wenn das dann fertig ist, sagen wir in einer ersten Version, die länger ist als die jetzt vorliegende, dann kann man sich überlegen: Das ist eigentlich zu viel; das muss raus. Aber während des Schreibens stellen sich einfach die Menschen ein, so wie Besucher reinkommen. Das klingt sehr romantisch, aber es ist im Grunde ein ganz logischer Vorgang.

Auch, dass Boris später auftritt? Oder war das von vornherein so konzipiert?

Nein, das war nicht so konzipiert. Was wohl ganz genau geplant war, ist die Liebesaffäre zwischen einer deutschen Frau und einem sowjetischen Kriegsgefangenen, weil ich in Liebesgeschichten – das ist für mich das Wichtigste daran – diese Begegnungen immer unter möglichst schwierige Bedingungen stellen möchte. Und der Untermensch Sowjetsoldat war die gegebene. Der Jude wäre die noch krassere gewesen, aber da fürchtete ich Klischees.

Nun taucht das jüdische Element ja in der Figur Rahels auf. Ist aber dieser Sowjetsoldat tatsächlich ein Untermensch? Ist Boris nicht vielleicht weniger Untermensch als ein Privilegierter, der ja geschützt wird durch höhere Stellen, weil dort wiederum einer sitzt, der seinen Vater kannte?

Ja, natürlich; aber diese Privilegiertheit, finde ich, ist in diesem Zusammenhang eine Erklärung für die Tatsache, wie schwer es ist, zu überleben.

Möglicherweise hätte Boris sonst nicht überleben können?

Ja, denn der größte Teil der sowjetischen Kriegsgefangenen hat nicht überlebt. Das ist also ein dialektischer Versuch: klarzumachen, wie viel dazu gehörte, damit ein sowjetischer Soldat wenigstens in einer Gärtnerei arbeiten durfte; insofern hat die Protektion auch diese Funktion.

Lieben Sie eigentlich die Figuren, die Sie schaffen?

Ja, ich hasse wenige, auch unsympathische nicht.

Sie können in einem Roman nicht Figuren entwerfen aus Hass, aus Abneigung?

Kaum; ich glaube, dass das sehr schwierige Problem der Identität zwischen Autor und Hauptperson immer falsch gesehen wird. Man meint immer, nur die sympathische Person wäre möglicherweise ein Identifizierungsversuch des Autors. Das trifft nicht zu. Er ist identisch mit dem gesamten Personal, und zwar ungeteilt mit allen; und zwar mit dem gesamten Personal von allem, was er geschrieben hat. Das ist sehr schwierig, und ich meine, die unmittelbare autobiographische Auslegung eines Romans ist in jedem Falle falsch. Natürlich gibt es mehr oder weniger Annäherungswerte der Hauptfiguren, aber nie total. Ganz sicher ist ein Autor versteckt in seinem gesamten Personal. Und es ist sehr kompliziert, ihn da herauszusuchen.

Wie wünschen Sie sich, um zum Schluss zu kommen, sollten die Leser von »Gruppenbild mit Dame« reagieren? Was müsste der Leser verstehen, um den Roman in Ihrem Sinne zu begreifen?

Das kann ich nicht sagen. Er sollte vorurteilslos rangehen, so einfach, wie man ein Buch liest, und sich da reinführen lassen und die Personen, so wie sie sich einstellen, aufnehmen. Jeder hat das Recht, ihn auf seine Weise zu interpretieren. Ich habe keine fertige Interpretation, auch keine genaue Vorstellung.

Aber sollte der Leser aus dem Buch über die Entwicklung von Sympathie für Leni, für Boris, für Lev, für die Müllkutscher nicht doch zumindest mehr Toleranz lernen?

Das ist selbstverständlich, und darüber rede ich nicht gerne, was selbstverständlich ist.

GESPRÄCH MIT GÜNTER GRASS

Berlin, 28. November 1970

»... aber am meisten liegt mir Lyrik.«

Der Roman wird zuzeiten immer mal wieder für tot erklärt. Als die »Blechtrommel« erschien, wurden diese Totsager widerlegt; aber es gab und gibt Stimmen, die immer noch jeden Roman, jede zusammenhängende Fabel, es gibt andere, die Gedichte für reaktionär halten, vom herkömmlichen Theater ganz zu schweigen. Sind Sie also ein reaktionärer Schriftsteller?

Ich werde den Fehler nicht machen und sagen: Ich bin keiner; denn all diese Diffamierungen der Kunst und ihrer Möglichkeiten sind immer puritanischer Herkunft gewesen. Das fängt in der moderneren Geschichte bei Shakespeare an, wo das Verhältnis zu den Puritanern sich bis in die Stücke hinein niederschlägt: der kunstfeindliche Standpunkt, die Aggression dem Bildlichen gegenüber, die Aggression dem Versuch gegenüber, Phantasie als Teil der Wirklichkeit zu sehen; und dieser puritanische Standpunkt schlüpft jeweils in neue Ideologien hinein, zur Zeit in die des Vulgärmarxismus – deshalb diese Versuche, Kunst auf sozialistischen Realismus zu reduzieren, zur Magd der Revolution zu degradieren, wovor schon Trotzki gewarnt hatte, selbst vom Standpunkt des Marxismus her ...

In gewisser Weise ähnlich der frühaufklärerischen Phase, etwa bei Gottsched ...

Auch dort, ja, aber das stand wieder im Gegensatz zu Aufklärern wie Leibniz, die das viel breiter verstanden haben und die sich diese Magdfunktion nicht ...

Auch bei Lessing ist ja noch zu beobachten, wie die Literatur im Dienst des Moralismus steht ...

… ja, aber da ist das Talent noch stark genug, um das zu verarbeiten. Es ist ja auch kein unmittelbarer Gegensatz: sich in den Dienst einer Moral stellen bedeutet ja nicht die Phantasie unter Hausarrest stellen. Aber in unseren Tagen dieser z. T. groteske Versuch, die Kunst auf Agitprop-Methoden zu reduzieren! Es gibt natürlich eine ganz Reihe von Autoren, die sich aus der Unsicherheit, die der Beruf mitbringt – und auch viele Kritiker, die unter ähnlichen Symptomen leiden –, bange machen lassen; wir haben das ja erlebt, wie eine ganze Reihe von Autoren, z. B. Enzensberger, nun auf einmal anfing, in dieses Modegeschrei einzustimmen und mit dem Einzigen, was sie wirklich können, Ausverkauf zu betreiben. Ich bin anderer Meinung. Ich glaube, dass die gesellschaftlichen Umstellungen zwar neue Aufgaben stellen, die künstlerischen Formen aber durchaus in der Lage sind, sich darauf einzustellen, und der Roman als die Hure unter den Künsten es sich am leichtesten tun wird bei dieser Umstellung. Politisch argumentiert: Die Gesellschaften – und zwar unabhängig von ihrer ideologischen Festlegung – sehen sich auf einmal mit Friedensproblemen konfrontiert. Die Fixierung auf den Kriegsfall, auf den Ernstfall, beginnt langsam absurd zu werden. Sosehr man noch immer auf das NATO- und Warschauer-Pakt-Gleichgewicht aus ist und unter den jeweiligen Rüstungslasten stöhnt, weiß man doch genau, dass man im Grunde diese Mittel bräuchte, um mit bildungspolitischen Problemen, mit Umweltschutzproblemen fertig zu werden.

Also nicht mehr Clausewitz, sondern Myrdal etwa …

Ja, nicht? Das, was von Schweden her eigentlich sehr sachlich, sehr pragmatisch als eine neue Wissenschaft kreiert worden ist und was bei uns leider schon wieder im Humanismusgequatsche unterzugehen droht: Friedensforschung – das ist in der Tat der erste Aufriss von Friedensproblemen; wobei das Wort »Frieden« aller La-Paloma-Romantik entkleidet werden muss. Der Krieg, die Aggression, der große »Aderlaß«, das Kräftemessen, das Jünger'sche männliche Geschäft – das alles ist außer Betracht gesetzt, wir werden auf einmal für Jahre – ich hoffe, sehr viele Jahrzehnte – nur noch mit langweiligen Kontroversen …

... politischen Kontroversen ...

... ja, Friedensproblemen zu tun haben. Das ist für die Literatur, und gerade für die deutsche Literatur, in der Tat eine ungeheure Umstellung, weil sich Literatur bei uns in diesem Jahrhundert zweimal von Weltkatastrophen zu regenerieren hatte; und diese neue Regeneration geschieht ohne Götterdämmerungsmusik, ohne den reitenden Weltgeist à la Hegel, eine Katastrophe und ohne großen Umbruch, sondern aus dem Stand heraus in einem schleichenden pluralistischen Prozess.

Ja, aber da stellt die Generation derer, die jetzt 30 bis fünfzig Jahre sind, jene Nüchternen, die auch die Friedensproblematik nüchtern, eben entkleidet von jedem Pathos sehen. Während sich doch möglicherweise bei den Jüngsten und Jüngeren, der Generation der heute bis 25-Jährigen, diese Nüchternheit schon wieder verflüchtigt und einem neuen Pathos Platz gemacht hat?

Es ist sehr schwierig, jungen Autoren ins Handwerk oder in ihre hausgemachten Zweifel hineinzureden. Ich will es einmal versuchen: So schwer es mir und meiner Generation unmittelbar nach Kriegsende gefallen ist – weil wir ja, im Nationalsozialismus aufgewachsen, all das neu erarbeiten mussten, was wir gar nicht hatten, z. B. das Verhältnis zu einer unterbrochenen Literaturtradition, zum Expressionismus etc., das dieser jungen Generation via Schule und Universität ja ohne großen Widerstand erreichbar gewesen ist – gerade das, und das klingt jetzt absurd, macht es für die jüngere Generation weit schwerer: Sie muss aufwachsen ohne diese Pseudowiderstände, die wir hatten ...

Sie meinen, ohne die Widerstände, die Sie hatten ...

Nein, Pseudowiderstände deshalb, weil es Kriegswiderstände waren. Echte Widerstände sind jene, die kaum erkennbar sind – deswegen haben sie es schwerer. Ist das deutlich? Denn ich möchte jetzt nicht romantisieren und sagen: Wenn Ihr es mal so hättet, wie wir es gehabt haben, das waren noch Widerstände! Es waren Pseudowiderstände – harte, aber erkennbare, während diese Widerstände – und das ist das Teuflische an ihnen – schwer erkennbar sind. Da fangen junge Leute, mehr oder weniger ausgebildet, jedenfalls im Vergleich zu meiner Generation, mit einer Stil- und Schreibfertigkeit an, die ich in dem Alter nicht gehabt habe, und bauen auf einer mittlerweile doch schon wieder angereicherten Nachkriegsliteraturtradition auf – auf der einen Seite perfekt im Stilvermögen, aber ohne Inhalt. Und damit sind wir schon wieder bei dem unsäglichen deutschen Antagonismus von Inhalt und Form, die offenbar bei vielen nicht zusammenwachsen. Zum Beispiel Handke: ein Stilist ersten Ranges, der – jetzt abgesehen von einigen Gedichten und auch einigen Theateransätzen – offenbar darunter leidet (ich sehe das so an), dass ihm noch nicht der richtige Inhaltswiderstand erwachsen ist. Er spielt die Dinge durch an Inhaltsvorwürfen oft sekundärer Art, etwa dem des Kriminalromans als Muster, und kommt dabei immer zu sehr perfekten, auf mich klassizistisch anmutenden Ergebnissen. Vielleicht – das ist nur ein Hinweis, der nicht nur die junge Generation, sondern meine Generation genauso betrifft – könnten diese neu aufkommenden Friedensprobleme, die ganz sperrig daliegen und von denen man nicht weiß, wie man sie handhaben kann, welche Medien überhaupt in der Lage sein werden, sie zu benennen, dort neue Widerstände schaffen. Ich habe letzthin auf dem Schriftstellerkongress in Stuttgart die vielleicht rhetorische Frage gestellt (obgleich ich dabei auf Walser abzielte): »Wer wird das Absterben des Bodensees erzählen?« – was ich für ein großes episches Thema halte, das dem Schriftsteller ganz neue Dinge abfordern müsste. Das nur als Beispiel, was auf uns zukommt.

Würden Sie die Widerstände, die die Jüngeren heute haben, vielleicht eher als innere und psychische Widerstände bezeichnen und Ihre Widerstände als äußere?

Ja; bei den Jungen kommt eines dazu, was mir manchmal auch ein wenig lästig ist: ihr bewusst – was ja nicht nur die Schriftsteller betrifft – antiautoritärer Zug kommt mir recht romantisch vor, weil er vorgetragen wird von Leuten, die zu lange Zeit autoritätshörig gewesen sind und jetzt ins Gegenteil umschlagen. Das trifft auf meine Generation weniger zu, weil meine Generation – ich kann es jedenfalls für mich ganz gewiss sagen – immer in dem Bewusstsein lebt, zufällig zu leben, zufällig zu schreiben, weil ich von meinem Jahrgang 27 (und 26 bis 20 und noch weiter zurück) weiß, dass diese Jahrgänge dezimiert sind. Der Krieg hat als eine Art Gegenauslese eine Menge von Talenten und wahrscheinlich größeren Talenten, als wir alle es sind, fortgenommen. Und mir ist es beim Schreiben – nicht immer, aber oft – bewusst, dass man, ob man will oder nicht, stellvertretend mitschreibt für soundsoviel Leute, die aus den bekannten Gründen nie dazu gekommen sind, sich zu realisieren. Das fehlt der Nachkriegsgeneration, und das möchte man ihr auch nicht wünschen. Aber deshalb ist ihr Verhältnis zur Karriere, zum Aufstieg, zum Ruhm, zum Sich-Realisieren aus meiner Sicht – einer sehr skeptischen Sicht, auch meinem eigenen Ruhm und meinem eigenen Verhältnis zum Ruhm gegenüber – ein sehr romantisches. Gerade im Antiautoritären wird das deutlich, weil es nämlich nur das andere Extrem ist.

Weil es leicht auch wieder ins Autoritäre umschlägt?

Ja; das lässt sich sehr gut zeigen am Verhältnis dieser jungen Autoren zueinander. Wenn ich mir nur anhöre, wie Wondratschek über Handke urteilt und umgekehrt – ich habe selten etwas so unduldsam Autoritäres gehört wie in diesem Umgang der Schriftsteller der jüngeren Generation miteinander. Wenn ich da denke an den Umgang meiner Generation mit der etwas älteren – sagen wir mal von Walser und mir im Verhältnis zu Heinrich Böll –, so war das sicher, etwa in der Gruppe 47, immer ein kritisches Verhältnis, aber immer auch eines, das entweder tolerant war oder sich zur Toleranz gezwungen sah – was aber im Ergebnis auf das Gleiche herauskommt. Und das ist weg.

Toleranz ist eben nie etwas Selbstverständliches, sondern etwas bewusst Vollzogenes.

Ja, und im einen Fall fällt es leichter, im anderen weniger leicht. Und ich meine: Man muss sich dazu bringen. Hinzu kommt, dass meine Generation und ganz gewiss auch Bölls Generation aus diesem Kleinkrieg und Grabenkrieg der Schriftsteller untereinander und gegeneinander in der Zeit der Weimarer Republik eine Lehre gezogen haben; das ist der jetzt jungen Generation offenbar nicht mehr gegenwärtig. Und da entsteht natürlich die Frage, inwieweit sind wir, meine, die ältere Generation, in der Lage, diese Erfahrung zu übertragen.

Weil sie gerade von Böll sprechen: In den Frankfurter Poetikvorlesungen hat er einmal gesagt: »Die Abneigung der Deutschen gegen den Provinzialismus, gegen das Alltägliche, das eigentlich das Soziale und Humane ist, sei eben provinzlerisch. Provinzen werden zu Orten der Weltliteratur, wenn ihnen Sprache zugewachsen ist.« Danzig-Langfuhr nun ist ein solcher Ort der Weltliteratur geworden. Aber die Danzigromane zeigen auch die Gefährdung des Kleinbürgertums. Würden Sie Böll zustimmen, dass der Ort des Humanen, der Ort humaner Literatur jene so definierte Provinz ist?

Ich kann mit dem Begriff »humane Literatur« sehr wenig anfangen; er kommt mir ein bisschen wie ein weißer Schimmel vor. Aber eines ist, jedenfalls für mich, gewiss: dass die Weltläufigkeit eines Romans nicht bewiesen ist durch raschen Ortswechsel von Großstadt zu Großstadt und durch direkte Einbeziehung großer geschichtlicher Vorgänge, sondern dass gerade Literatur ihre Chance darin hat, vom Detail her größere Zusammenhänge zu belegen; Detail ist in dem Falle eben auch die Provinzstadt und der Vorort einer Provinzstadt – dafür gibt es ja eine ganze Reihe von Belegen in der Literatur, das ist nichts Neues. Für mich war die Überraschung, da man ja immer wieder auf momentanen Erfolg anspricht, dass z. B. ein Roman wie »Die Blechtrommel« nicht nur in Deutschland Interesse und Leser fand, sondern auch im Ausland. Damit hatte ich überhaupt nicht gerechnet, dass sich jemand im Mittleren Westen der Vereinigten Staaten oder in Südfrankreich oder in Skandinavien für kleinbürgerlichen Mief im Übergang von der Weimarer Republik zum Nationalsozialismus etc. interessieren könnte. Für mich ist es eine unvermutete Bestätigung gewesen, dass sich dieses geduckte

Verhalten des Kleinbürgers, des Opportunisten – und wenn ich jetzt »Kleinbürger« sage, so geht das sowohl in diesen ideologisierten Begriff »Proletariat« hinein wie auch in die andere Richtung, in die Universitäten – doch sehr weltweit versteht und dass diese Verhaltensweisen gar nicht besonders exotisch sind.

Aber meint Böll mit dem »Humanen« nicht diesen Bereich des Alltäglichen, der auch mit Ihrer Frage: »Wer wird das Absterben des Bodensees erzählen?« angesprochen wurde?

Ja natürlich, da bin ich einer Meinung mit Ihnen, nur hat Böll, und ich bewundere das sehr, noch ein naives Verhältnis zu dem Wort »human«, zu dem Wort »Humanismus«, während mir aufgefallen ist, dass beide Worte kaputtgemacht worden sind. Ich hoffe, dass es immer noch genug Leute gibt, die, wie jedenfalls im Fall Böll, das Wort »human« so verstehen, wie er es meint. Im Übrigen sind beide Worte durch Humanitätsduselei auf der einen Seite und den Missbrauch des Wortes »Humanismus« kaputtgemacht worden – das Gleiche betrifft ja den Begriff »Sozialismus«. Was ich damit meine, ist: dass ich bei dem Roman »Blechtrommel« auch bewusst gegen eine Tendenz der unmittelbaren Nachkriegsliteratur angeschrieben habe, die sich ortlos verstand, zeitlos verstand in einer teils epigonalen, teils unbewussten Kafka-Nachfolge. Ich will das an einem Beispiel ausführen, an einem Buch, das ich mit Interesse gelesen habe: Anderschs »Sansibar«. In diesem Buch wird der personelle Bereich, der klischeehaft antifaschistisch benannt werden könnte, genau besehen und geschildert, in seinen Lebensumständen und seinem Verhalten beschrieben, während der andere Bereich, der faschistische, genauer gesagt nationalistische, einfach als »die anderen« bezeichnet wird. Eine Unterscheidung, die ich – und jetzt bin ich bei dem Böll'schen Begriff – als inhuman empfunden habe. Ich gehe davon aus, dass ein Schriftsteller von Buch zu Buch die Summe seiner Figuren ist, inklusive die SS-Männer, die darin vorkommen; und er muss diese Figuren, ob er will oder nicht, auf literarische, kühle, distanzierte Art lieben können, er muss in sie hineinkönnen; er kann sich nicht von ihnen distanzieren und sie einfach angewidert »die anderen« nennen.

Das war für mich Voraussetzung für dieses Darstellen, auch für diese Figur Oskar Matzerath, die inmitten dieser Kleinbürgerschicht, als Teil dieser Kleinbürgerschicht und als ihr Sprachrohr, sich zu Wort meldet.

Also keine hochmütige Distanzierung vom Mief, sondern Teilnahme am Mief – das haben Sie so ja schon verschiedentlich gesagt.

Ja, und das geht bei mir bis in den politischen Bereich hinein.

Man muss ja nicht unbedingt jeden Roman noch einmal spezifizieren. Aber wenn man Kritiken liest, etwa zur »Blechtrommel«, dann fallen doch immer wieder Worte wie »Zeitroman«, »Heimatroman«, »Schelmenroman«, »Entwicklungsroman« usf. Gewiss, Elemente von allen genannten Kategorien ließen sich auch für die »Blechtrommel« geltend machen. Weicht Ihrer Meinung nach die Kritik mit solchen Schlagworten nicht in literaturhistorische Kategorien aus, wo sie sich mit einem ganz aktuellen Moralismus hätte auseinandersetzen sollen?

Ich bin kein Germanist, ich kann das nicht beurteilen. Mir ist nur aufgefallen, dass – jetzt immerhin mit zehn Jahren Distanz – in der Bundesrepublik so gut wie überhaupt keine Versuche unternommen worden sind (wobei es eine Fülle von Literatur zu allen drei Büchern gibt), diese drei Bücher »Blechtrommel«, »Katz und Maus« und »Hundejahre« als eine Einheit zu sehen; wohl aber im Ausland. Und ich habe mir eigentlich immer gewünscht, dass man das einmal im Zusammenhang sieht. Ganz gewiss helfen Kästchenvorstellungen wie »der neue Schelmenroman« überhaupt nicht weiter. Das Buch, wenn wir jetzt nur von der »Blechtrommel« reden, befindet sich in einem ironisch-distanzierten Verhältnis zum deutschen Bildungsroman. Es kommt, und das betrifft nun mich und meine Affinität, sehr stark von jener europäischen Romantradition her, die vom pikaresken Roman herreicht mit all seinen Brechungen, Rabelais und den Löchern dazwischen, der verspäteten Übersetzung ins Deutsche und der Neudichtung Fischarts; da ist der erste große Roman

Grimmelshausens, dann die anderen europäischen Beziehungen zu England, Sterne, und hier unmittelbar auch wieder der Einfluss von Goethe zu Jean Paul, und jetzt weiter gefolgert von Sterne zu Joyce und von Joyce zu Dos Passos und zu Döblin in Deutschland, die gleichermaßen dann auch wieder Bezug zu Jean Paul haben – das sind die Traditionen, in denen ich mich verstehe.

Wie auch etwa Arno Schmidt.

Ja. Wobei mir auffällt, dass bei Arno Schmidt von der Arbeitsweise her die späte Jean Paul'sche Komponente sehr stark ist: das Arbeiten mit dem Zettelkasten, das schon beinahe naiv zu nennende Verhältnis zum Sammlertrieb.

Ich würde doch gern noch einmal auf den Moralismus der Literatur, Ihrer Literatur zu sprechen kommen. Ich glaube z. B., dass in Ihren drei Danzigbüchern dieser Moralismus intensiver ist, wenngleich er auch nicht so leicht ausgesprochen erscheint, aber er scheint mir da sehr viel massiver vorhanden als in »örtlich betäubt«. In »örtlich betäubt« neigt meiner Meinung nach Ihr Moralismus dazu, geradezu oberlehrerhafte Gesten anzunehmen und zu verbreiten.

Das ist auch wieder so eine Frage, auf die der Autor schlecht ja oder nein antworten kann. Mir ist aufgefallen, dass es offenbar ein eingefahrener Ritus der Kritiker und auch der Universitätsleute, die es besser wissen müssten, ist, den Ich-Erzähler immer mit dem Autor zu verwechseln. Das traf auf die »Blechtrommel« zu, das traf auf »Katz und Maus« zu, und das trifft auch auf »örtlich betäubt« zu. In »örtlich betäubt« hat es mir aus den verschiedensten Gründen gefallen, einen deutschen Studienrat meiner Generation zum Ich-Erzähler zu machen, einen gebrochenen Mann. Und diese eigentlich weniger oberlehrerhafte, vielmehr studienrätliche Haltung – nicht wahr, was für deutsche Bereiche auch politisch gesehen ein sehr wesentlicher Unterschied ist –, die trägt in diesem Roman. Starusch ist kein gebrochener, irrlichternder Oskar Matzerath, natürlich nicht, das sollte und kann er auch gar nicht sein. Mich hat das gereizt, gerade den jungen Störtebeker, der in seiner Jugend dieses Amoralische hatte, nun als den gebrochenen Mann der Aufklärung, konfrontiert mit der Mühsal der Aufklärung, zu zeigen. Und für mich ist »örtlich betäubt« das erste bewusst zu unserer Jetztzeit parallel gesetzte Buch und mein erster Versuch, mich mit Gegenwarts- und, wenn Sie so wollen, ich sprach ja vorhin davon, den sehr harten, nüchternen Friedensproblemen auseinanderzusetzen. Mich amüsiert, dass gelegentlich Kritiker, oft sogar Kritiker, die sich mit Händen und Füßen gegen die »Blechtrommel« gestemmt haben, von mir verlangen, ich solle eine Doublette schreiben. Ich habe das nicht vor. Ob das zu einem Originalitätsverlust führt oder wie immer man das nennen will, ist eine andere Frage. Ich will es nicht, und ich kann es auch nicht. Denn ich lebe bewusst in dieser Zeit und sehe Stoff in Hülle und Fülle, der mich provoziert, auch stilistisch provoziert – wo das hinführt, weiß ich nicht. Es kann auch gut sein, dass das in zehn Jahren, wenn's bei Lust und Laune gegenüber dem Schreiben bleibt, wieder zu einer Rückwendung führt: zum nochmaligen Aufgreifen dieses Stoffes, jetzt wirklich aus historischer Distanz und ohne die Schuldmotoren in der Erzählposition in den drei genannten Büchern.

Der Grass'sche Moralismus, wo hat er seine Grundlagen? Hat er philosophische, religiöse Grundlagen, die von Ihnen reflektiert worden sind?

Ich will das nicht Moralismus nennen: eher ein moralisches Verhalten, das ich nicht isoliert begreifen will. Ich will nicht akzeptieren, dass Kunst und Moral oder Politik und Moral Gegensätze sind ...

Nein, das wurde auch nicht unterstellt ...

... aber das wird ja häufig praktiziert; auch von Politikern, die gern auf den politischen Standpunkt hinweisen und dann meinen: Moralisch gesehen sähe das dann so und so aus.

Nein, ich meine die Identität Ihres Moralismus.

Ja. Da sind wir nun ja konfrontiert mit einigen europäischen Traditionen, mit großartigen ethischen Entwürfen, sei es nun vom Christentum her mit den utopischen Zielvorstellungen der Nächstenliebe und den sozialen Vorstellungen der Bergpredigt; das Gleiche gilt vom Kommunistischen Manifest und von den hohen Zielen europäischer Aufklärung. Und daran messen wir Realität, geschichtliche, soziale Wirklichkeit, auch kirchliche Wirklichkeit, sehen das Scheitern, sehen die abstrakten Zahlen, die Verlustzahlen – und das nun in Deutschland ganz besonders stark –; und diese Diskrepanz ist natürlich für viele meiner Generation Motor für das Schreiben, für das Gestalten, ja für das Existieren geworden. Die normalere Diskrepanz ist für die Nachkriegsgeneration an der Diskrepanz zwischen der Verfassung der Bundesrepublik und der Verfassungswirklichkeit zu messen, auch eine schlimme Diskrepanz – das deckt sich nicht –, aber es stehen aufgrund dieser Diskrepanz nicht sechs Millionen Vergaste unter dem Strich. Das ist normaler, was wir heute haben. Ich will damit nicht sagen, dass dieser Motor, weil er so fürchterlich ist und weil er eigentlich eines moralischen Aufschreis bedürftig gewesen wäre, größer ist. Gerade weil die moralinsaure Entrüstung so groß war, ist ja meine Generation skeptisch an diese Dinge herangegangen und hat versucht, sie von den Ursachen her darzustellen, nicht anzuklagen.

Sie sind ja noch Mitglied der katholischen Kirche.

Ja.

Aber Sie sind kein praktizierender Christ. Warum bleiben Sie in der Kirche?

Ich bin darin aufgewachsen. Ich sagte es vorhin: Wir sind ja alle mitgeprägt von diesen moralischen Entwürfen, sei es die Nächstenliebe innerhalb des Christentums, sei es die europäische Aufklärung, sei es in einer späteren Phase das Kommunistische Manifest, und sind gleichzeitig geprägt von dem Versagen der jeweiligen ...

Institutionen?

Nein, der Menschen in den Institutionen.

Nun sind ja die Institutionen ...

... von Menschen gemacht, ja. Aber – ich bin ein Gegner dieses Alibis, dass immer die Verhältnisse schuld seien. Ich weiß, dass der Ausbruch aus diesen Dingen nicht hilft. Es fällt mir sehr schwer, das zu begründen. Ich war in Bayern im Wahlkampf und sehe dann, wie trotz des Versagens der Kirche dem Nationalsozialismus gegenüber – jetzt nur was den bayerischen Bereich angeht – die katholische Kirche als Institution schon wieder im Bündnis steht mit Leuten, die nichts, aber auch gar nichts mit dem zu tun haben, was Christentum sein könnte, deren handfeste politische Mittel Verleumdung und Diffamierung sind. Und da taucht bei mir natürlich immer sehr dringlich die Frage auf: Warum noch, warum noch Mitglied dieser Kirche, warum das noch mitmachen? Und ich weiß nicht, wie lange ich diese Zerreißprobe noch aushalten werde. Es ist sicher auch ein Stück Irrationales in diesem Verharren und Dabeibleiben, und ich will es auch ganz offen als ein solches ansprechen, eine Anhänglichkeit, wenn man so will, die nur bis zu einem gewissen Grad erklärbar ist; auch eine Art Dankbarkeit. Auch wenn ich kein gläubiger und kein praktizierender Christ bin, ist für mich diese Utopie der Nächstenliebe ein Widerstand, ein moralischer Anspruch, etwas Denkbares, vielleicht nicht Realisierbares, aber etwas Denkbares, an dem man sich misst. Genauso wie in einem Mann, der in jungen Jahren Kommunist wurde, aber schon längst draußen ist und den Stalinismus nicht hat erdulden und gutheißen oder bagatellisieren können, immer ein Rest bleiben wird, ein unerklärbarer Rest von Verhältnis zu dieser Utopie: Kommunistisches Manifest. Das mag sicher einen Ausschlag geben, aber, wie gesagt, es wird heillos strapaziert, und wahrscheinlich ist es von mir, und ich sage das jetzt bewusst: unvernünftig, in der Kirche zu bleiben.

Jahnn hat das Christentum ja immer sehr heftig attackiert, weil es die ursprüngliche und ursprünglich heidnische »Menschlichkeit« zivilisiert und kanalisiert habe, und er meinte damit vor allem auch die Beschneidung durch eine, etwa von Paulus ausgehende, enge Sexualmoral, die jetzt etwa im Verhütungsverbot Pauls VI. gipfelt. Auch als ein Mann, der sich für die Probleme der dritten Welt interessiert, aber vor allem auch als der Autor der »Blechtrommel«, die ziemlich gründlich mit verklemmten Sexualtabus aufgeräumt hat, müssten Sie eigentlich völlig im Widerspruch zum Katholizismus stehen.

Das tue ich ja auch. Das ist ja eine andere Frage als die, ob ich aus der Kirche austrete; und wirft gleichzeitig die Frage auf, ob ich diese Verengung der Moral, diesen permanenten Aufruf zur Heuchelei, der innerhalb des Katholizismus ja bis in den politischen Bereich vorhanden ist, nicht besser bekämpfen kann, wenn ich drinbleibe. Das sind Dinge, die brauchen Sie doch nur auf soundso viele Leute zu übertragen, die in der Tschechoslowakei innerhalb der kommunistischen Partei versucht haben, den Kommunismus zu reformieren – das sind doch die Parallelen.

Böll behauptet diese Position auch.

Nun will ich nicht in private Bereiche dringen, aber Böll glaubt, glaube ich, während das bei mir schon seit sehr früher Zeit weg ist. Bei mir lässt sich das Verhältnis zur christlichen Ethik nicht reduzieren auf Glauben oder Nicht-Glauben. Mein Verhältnis zur christlichen Ethik ist davon unbeschadet, ob ich an die Auferstehung glaube oder nicht. Für mich ist es Menschenwerk, großartiges Menschenwerk als utopischer Entwurf. Für jemanden, der glaubt, ist es nicht nur Menschenwerk, sondern da ist Göttliches mit im Spiel, was ich bezweifle und in Abrede stelle, aber was ich toleriere, toleriere auch im Verhältnis zu meinen Kindern, die von sich aus die Chance haben sollen, entweder glauben oder zweifeln zu können, beides mit gleichem Recht ...

Sie werden also katholisch erzogen?

Katholisch erzogen – das ist schon schwierig bei einem Vater, der nicht glaubt.

Aber sie haben kommuniziert?

Ja, den Weg gehen sie von Anfang an. Und es hat von Anfang an immer Gespräche darüber gegeben; sie sehen den Vater an als jemanden, der nicht glaubt und der dafür plädiert, dass beide Positionen möglich sind. Denn ich kann ihnen die Nichtexistenz Gottes nicht beweisen, und sie können mir nicht die Existenz Gottes beweisen – aber wir reden eigentlich alle ganz gern darüber.

Gegen Ihre Bücher wurden zu Beginn der 60er Jahre hin und wieder Strafanzeigen gestellt. Waren das politisch motivierte Anzeigen, oder sah man da buchstäblich den Aufstand des Kleinbürgers, der sich in seiner reaktionären Substanz getroffen fühlte? Sehen Sie in Ziesels Pornographie-Aktionen auch kleinbürgerliche Reaktionen oder den Ausdruck direkter politischer Gegnerschaft?

Ziesel, das ist nun mal so ein Stigma, das dieser Gesellschaft anhaftet und mit dem man älter werden muss.

Lag das Böse nicht in der Tatsache, dass Ziesels Angriffen gerichtlich beigepflichtet wurde?

Für mich lag das Böse eigentlich nicht im Gerichtsentscheid, sondern in der Sprachlosigkeit der deutschen intellektuellen Öffentlichkeit auf diesen Gerichtsentscheid hin. Ein Teil der Reaktionen, so wie ich sie wahrgenommen habe, war: na ja, der Grass hat mal eins draufbekommen, und wenige nur, glaube ich, haben begriffen, dass sie mit eins draufbekamen. Ich habe das nicht ändern können; ich will das auch nicht auf Kleinbürgertum reduzieren, denn der Kleinbürger wird gern zum Prügelknaben gemacht …

Ja, das eben war meine Frage.

Ich bin doch ziemlich sicher, dass dieser intolerante, bigotte Standpunkt im intellektuellen Bereich genauso weit verbreitet ist wie im kleinbürgerlichen Bereich. Und dann kommt natürlich als drittes Moment politisches Kalkül dazu, besonders in Bayern, und, was den Gerichtsentscheid betrifft, auch die Staatsabhängigkeit, d. h. CSU-Abhängigkeit der bayerischen Gerichte.

»Die Blechtrommel«, »Katz und Maus« und die »Hundejahre« sind unzweifelhaft als epischer Zusammenhang zu sehen, Sie selbst möchten ja diese drei Erzählwerke auch als Zusammenhang gewertet wissen. Wo liegen die grundsätzlichen Gemeinsamkeiten? Sind sie thematischer, stilistischer oder sind sie nur geographischer Natur, und welche anderen Zusammenhänge gibt es?

Alle drei Ich-Erzähler in allen drei Büchern schreiben aus Schuld heraus: aus verdrängter Schuld, aus ironisierter Schuld, im Fall Matern aus pathetischem Schuldverlangen, einem Schuldbedürfnis heraus – das ist das erste Gemeinsame. Das zweite Gemeinsame sind Ort und Zeit. Und das dritte Gemeinsame, in den Büchern natürlich unterschiedlich stark, ist die Erweiterung des Wirklichkeitsverständnisses: das Einbeziehen der Phantasie, der Einbildungskraft, des Wechsels zwischen Sichtbarem und Erfindbarem. Dann kommt noch ein Viertes hinzu, das vielleicht am Anfang privat gemeint war, aber auch in der Auswirkung – und ich glaube schon, dass Bücher Auswirkung haben – Gewicht haben könnte, was aber sicher nicht literarisch von Gewicht ist: dass ich erst einmal für mich versucht habe, ein Stück endgültig verlorene Heimat, aus politischen, geschichtlichen Gründen verlorene Heimat, festzuhalten. Denn es ist etwas anderes, ob jemand drei Bücher über Danzig schreibt, das weg ist, als Danzig weg ist – das heutige Danzig hat einen ganz anderen Bezug, ein ganz anderes Herkommen –, oder ob jemand ein dreibändiges Erzählwerk über Regensburg schreibt, um eine andere historische Stadt zu nennen. Das hat, wie ich auch erst hinterher von vielen Lesern erfahren habe, Lesern, die nicht unmittelbar aus Danzig, die aber aus ähnlichen Gebieten kommen, die verloren sind, mit dazu beigetragen, diese drei Bücher zu Lesestoff zu machen, weil das, was in Danzig-Langfuhr und was mit Danzig-Langfuhr passierte, auch für Breslau und für Vororte von Breslau zutreffen könnte und für Königsberg oder für Stettin.

Gibt es für Sie, wie für Max Frisch etwa das Problem der Identität, auch ein zentrales Thema? Zumindest für die Danzig-Epen haben Sie ja gesagt, dass es der Komplex »Schuld« sei; aber gibt es außerdem ein zentrales Thema auch für Sie?

Vielleicht haben mich die Schuldprobleme daran gehindert, so eindringlich wie Max Frisch über Identitätsprobleme nachzudenken.

Nein, ich meinte: Gibt es andere, nicht Identitätsprobleme, gibt es andere Grundthemen, die für Sie, für Ihre Literatur typisch und von zentraler Bedeutung sind, auf die Sie sich in jedem Buch wieder beziehen? Zwischen »örtlich betäubt« und den Danzig-Büchern gibt es ja einen deutlichen Bruch; in »örtlich betäubt« wird vor allem Gegenwartsproblematik verhandelt.

Ja, aber selbst in »örtlich betäubt« spielen die Schuldmotive mit hinein, nur sind sie bewusst aufgedröselt und im Alltag verfächert; sie treten nicht mehr so dramatisch auf und unmittelbar konfrontiert, eher verschüttet; da gibt es etwa das manische Festhalten der Seifert an den Briefen und sekundären Momenten, beinahe ein Vernarrtsein in Schuld.

Ist das die Schuld als Motivation des Handelns?

Das ist es sicher; und das ist bei mir, beim Schreiben, auch was diese Epoche angeht, die ich zu beschreiben, mit der ich mich auseinanderzusetzen habe, eines der wichtigsten Momente; und alles, was damit zu tun hat: der Glaube an etwas und der Zweifel an etwas und der Wechsel von Glaube zu Glaube, im Allgemeinen Opportunismus genannt, etwa in einer Figur wie Matern.

Sie haben einmal gesagt: »Ich bleibe am Ort, ich spare Parabeln aus und habe ein direktes Verhältnis zur Geographie und zur Zeit.« Was für die »Blechtrommel«, »Katz und Maus« und die »Hundejahre« gelten mag, gilt es auch für »örtlich betäubt«? Gilt es auch für die Theaterstücke? Oder leiden diese Werke unter einem gewissen Mangel an solch einem direkten Bezug, weil sie vor allem interessante, aber doch vorgegebene Thesen episch und dramatisch deduzieren?

Es hat ja immer diesen Vorwurf gegeben, dass jeweils der dritte Teil in der »Blechtrommel« oder in den »Hundejahren«, sofern er in Westdeutschland spielt, nicht mehr die Dringlichkeit habe wie die Kapitel, die im Weichselbogen spielen. Nun ist jeweils ausgezeichnet, dass die Erzähler, wenn sie sich in dieser Umgebung befinden, dort fremd sind. Und das lässt sich auch nicht vertuschen und leugnen, sie treten auch als Fremde darin auf, und insofern gibt es auch ein gebrochenes, ein nur antastendes Verhältnis zur jeweils neuen Wirklichkeit, in der sie sich befinden. Sie schleppen ihre Herkunft immer mit sich.

Hängt das auch mit dem Verhältnis des Autors zu dieser Landschaft zusammen? Sie haben ein intimeres Verhältnis zu Danzig als zur Bundesrepublik.

Ja natürlich; es hängt mit dem Autor zusammen, aber auch mit der Wahl seiner Personen, mit denen er sich zu realisieren versucht. Und bei einem Roman wie »örtlich betäubt«, der fast nur aus Zwischentönen und gebrochenen Konflikten besteht, ist die Örtlichkeit weit sekundärer als zum Beispiel in einem Roman wie »Die Blechtrommel«; sie ist von mir bewusst sekundärer gesetzt. Selbstverständlich habe ich ein Verhältnis zu dem Erzählort, was »örtlich betäubt« angeht, Berlin, ich lebe ja seit langer Zeit hier ...

Aber diese Landschaft taucht als Landschaft ja lange nicht so intensiv auf, sie bleibt sehr blass ...

Nein, sie ist ja auch nicht verloren. Ich weiß nicht, ob »blass« das richtige Wort ist. Sie ist getuscht und drängt sich nicht auf, sie soll sich auch nicht aufdrängen.

Liegt es nicht vielleicht auch daran, dass in »örtlich betäubt« zumindest in den erzählenden Partien, die ja dann auch das Stück »Davor« ergeben haben, doch eine aktuelle politische These erzählerisch umgesetzt werden sollte?

Das Gleiche trifft, wenn Sie es so reduzieren wollen, auch für die »Blechtrommel« und für die »Hundejahre« zu. Besonders »Hundejahre« ist ja wahrscheinlich ein politischerer Roman als »örtlich betäubt«, Aber ich sehe den qualitativen Unterschied nicht. Bei »Hundejahre« spielt natürlich, wenn ich chronologisch erzähle, das Herkommen der beiden Protagonisten des Romans, die Weichselniederung in ihrer Farbigkeit und »Deftigkeit« eine Rolle. Aber wo liegt der qualitative Unterschied, wenn ich jetzt die Figur Starusch deutlich mache in einer sterilen Atmosphäre, nämlich in einem Praxiszimmer und in einer Junggesellenbude, in seinem Wechsel zwischen Schule, Pausenhof und Zahnarztpraxis? Denn was bedeutet bei uns in der jetzigen Zeit Umwelt? Wäre es nicht – ich will nicht sagen »verlogen« – aber wäre es nicht schönend und im Grunde auch unrealistisch, wenn man nun Berliner Atmosphäre von Kreuzberg bis zum Grunewald zusammenkratzen wollte, um einer dort in erster Linie aufdringlich sterilen Umwelt Farbe zu verleihen? Darauf kam es mir nicht an. Mir kam es eher darauf an, genau diesen Fremdkörper Starusch in seinem Hin und Her, seinen Ideen, seinen Einbildungen, seinen Fiktionen, in seinem ziemlich erfolglosen Bemühen, aufklärend zu wirken, zu zeigen.

Nehmen aber Überredungskunst und Überzeugungskraft des Erzählerischen nicht ab, wo der genuine, der unmittelbare Bezug zur Geographie fehlt, weil die Anschaulichkeit nicht mehr unmittelbar, sondern gleichsam synthetisch erzeugt wird?

Ich weiß das nicht. Es ist eine andere Prosa, die sich daraus entwickelt. Das sind andere Spannungsverhältnisse, die sich auch bei mir zum Beispiel bei der Theaterarbeit zu einem relativ frühen Zeitpunkt, und zwar aus der Arbeit aus »Hundejahre« heraus, ergeben haben: aus dem Einakter innerhalb dieses Buches, wo ich zum ersten Mal versucht habe, Gruppenverhalten dialektisch darzustellen. Das führte dann später zu dem Stück »Die Plebejer proben den Aufstand« und hat auch ein sehr starkes Verhältnis zu dem Roman »örtlich betäubt« und dem parallel dazu geschriebenen Stück »Davor«. Natürlich wird einer solchen Schreibweise das geographisch Bildhafte, das Ortsbezogene, das

Familienbezogene, das Milieubezogene insgesamt fehlen, oder es wird nicht in dem Maße da sein wie in den ersten drei Büchern; aber dafür kommen andere Dinge. Wissen Sie, das führt manchmal zu Wettbewerbsgeschichten, die eigentlich doch sehr wenig eintragen. Genauso wenig kann natürlich ein Roman, der so stark aus dem Kleinbürgermilieu herauskommt und der sich bewusst darauf beschränkt, dialektische Spannungsverhältnisse zu ganz anderen Schichten herstellen, die in diesem Roman gegebenermaßen nicht vorkommen können.

Die Landschaft spielt also eine ganz andere Rolle, eine viel wichtigere, eine viel intensivere Rolle in den ersten Romanen als in »örtlich betäubt«.

Ja, sie spielt hier auch eine Rolle, aber eine reduzierte.

Sie haben vor Jahren in Göttingen, als wir Sie nach zukünftigen Plänen fragten, einmal gesagt, Sie hätten zahlreiche Themen, Sie nannten damals die Zahl sechsunddreißig. Wie arbeiten Sie nun? Können Sie mehrere so umfangreiche Projekte nebeneinander planen und bearbeiten, oder arbeiten Sie jeweils nur an einem Projekt, an einem Roman oder an einem Stück?

Ich habe immer nur an einem Projekt gearbeitet, ausgenommen an »örtlich betäubt«; aber das ist im Grunde auch nur ein Projekt, zu dem parallel das Stück entstand. Ich habe immer lange an Büchern geschrieben, fünf, vier, drei Jahre ...

Das wird aber weniger, nicht?

An »örtlich betäubt« habe ich drei Jahre gearbeitet, ja.

Dagegen an der »Blechtrommel« ...

Ja, da waren es fünf Jahre. Aber in dieser Zeit habe ich auch noch Theaterarbeiten weitergeführt und sehr viel gezeichnet; und ich habe immer noch etwas nebenbei getan, was mit dem Projekt nichts zu tun hatte. Damals, im letzten Jahr in Paris, war es stark die Graphik und ein letztes Ausklingen bildhauerischer Arbeit; und heute ist es die politische Arbeit, die viel Zeit kostet. Das empfinde ich aber nicht als Opfer, sondern als für mich begründbar notwendig und auch als eine Tätigkeit, die mich in Frage stellt, was mir die Literatur in den letzten Jahren durch die Gunst oder Ungunst des Ruhmes nicht bieten konnte. Aber der Anlass, mich politisch zu betätigen, liegt natürlich woanders, nicht einfach in der Risikosuche.

Haben Sie bestimmte Arbeitsphasen im Jahr?

Ja, die haben sich nun ergeben; durch die politische Arbeit, durch die Unruhe auch, die Berlin in den letzten Jahren mit sich bringt, bin ich gezwungen, drei-, wenn es geht, viermal im Jahr für einen Monat bis sechs, sieben Wochen jeweils zu verschwinden. Dann arbeite ich nur am Manuskript, von morgens bis abends.

Wenn Sie auf Wahlreise sind, arbeiten Sie nicht nebenbei literarisch ...

Ich schreibe auch, ich mache Notizen ...

Notieren Sie ständig? Führen Sie Tagebuch?

Ich kann nicht sagen, dass ich Tagebuch führe, das ist mehr so ein Sudelbuch, und nicht auf meine Person, die ich nicht für so interessant halte, sondern mehr auf das bezogen, was ich vorhabe oder vorhaben könnte oder was ich festhalten will.

Können Sie den Arbeitsvorgang beim Entstehen eines Romans von der Idee über die Planung und Konzeption zur Niederschrift kurz darstellen? Läuft das bei jedem Roman gleich?

Bei allen Büchern war sehr viel Vorarbeit, beinahe Vorarbeit bis zum Exzess, die durch das Realisieren immer wieder auch zerschlagen wurde – und trotzdem notwendig war. Und bei all diesen Büchern kam es, auch inklusive »örtlich betäubt«, darauf an, eine Erzählposition zu finden, die es dem Autor erlaubt, nicht einfach nur Sklave dieser Erzählposition zu sein, sondern sie in der Schreibzeit, in der ein Buch entsteht, auch verändern zu können: also eine so vorgeklärte wie offene Form zu finden.

Arbeiten Sie mit Zettelkästen?

Nein, nein, nicht mehr. Das sind Notizen, die ich in einen Blindband, den mir die Verleger gelegentlich mal zur Verfügung stellen, hineinkliere …

Die Sie auch nachlesen, wenn Sie dann schreiben …

Auch nur zum Teil; ich bin sehr skeptisch gegenüber diesem Aufschreiben und Notieren, weil man ja doch immer mehr notiert und aufschreibt, was sich momentan formulieren lässt, und das ergibt eine sehr einseitige Auswahl; denn die wirklich schwierigen Dinge, Dinge die nachhängen und gravierend sind, lassen sich nicht im Moment formulieren. Und wenn man sich nur an die Notizen hält, die jeweils parallel entstehen, kommt es zu einer recht oberflächlichen Auswahl.

Doderer, der ja auch sehr vielschichtige und umfangreiche Romane geschrieben hat, arbeitete mit einem großen Reißbrett an der Wand, auf dem er alle Figuren aufzeichnete und in den verschiedensten Entwicklungsphasen und Positionen zueinander dann auch weiterzeichnete. Das ist aber nicht Ihre Arbeitsweise?

Ich habe bei verwickelten Büchern wie »Hundejahre« auch Lebensläufe und bestimmte Zeittabellen gehabt – aber ich würde das nicht überschätzen; das sind Hilfsmittel, die jeder Autor hat und die bei den einzelnen Romanen auch Böll mit seinen Farbstiften hat oder gehabt hat; das sind Einblicke in die Werkstatt, die nicht viel sagen. Als ich nach dem Krieg Steinmetz, Steinbildhauer lernte, da hatte ich einen Steinbildhauermeister, Singer, der sehr alt war und noch an dem Bismarck-Denkmal von Lederer in Hamburg mitgearbeitet hat, der war mir gegenüber, weil ich nicht im Beruf bleiben, sondern auf eine Kunstakademie gehen wollte, zu Anfang sehr misstrauisch. Nun bestand die Arbeit in den ersten Nachkriegsjahren für Steinmetzlehrlinge, Steinbildhauerlehrlinge darin, überall die abgesprungenen Köpfe von Putten und von Denkmälern mit Marmorkitt und Granitkitt zu flicken. Ich hatte dazu eine unglückliche Hand, weil die Mischung der Kittmasse mir nie richtig beigebracht wurde – bis dieser Mann, weil ich ihm, der etwas zittrig war beim Marmorbohren, die Bohrgeige gehalten habe, etwas Vertrauen zu mir fasste und mir dann das Rezept gegeben hat, wie man Marmorkitt so anrührt, dass die Mischung nicht zu fett ist, also die Kittschicht nicht springt, oder umgekehrt nicht zu weich ist. Und wenn mich heute jemand fragen sollte, wie diese Mischung sei, würde ich sie nicht verraten, da sie ja offenbar mit dem Rezept auf mich übertragen ist. Dass man Rezepte nur nach genauer Prüfung weitergibt, ist vielleicht ein etwas meisterhaftes Verhalten, aber ich halte es für angemessen.

Dennoch eine Frage zum Handwerklichen: Schreiben Sie Manuskripte mit der Hand, oder schreiben Sie sie gleich in die Maschine?

Die erste Fassung mit der Hand; die ist aber nie durchgeschrieben, sie besteht aus Anfängen, Mittelstücken und Bruchstücken, die alle mit der Hand geschrieben sind; aber dann schreibe ich direkt in die Maschine hinein.

Was fällt Ihnen beim Schreiben schwer?

Beim Schreiben, wenn man Schreiben als einen längeren Prozess begreift, ist das Schwerste wohl, dass man in der eben umschriebenen Zeit nur reduziert lebt.

Und Sie leben gern?

Ich lebe sehr gern. Dieses reduzierte Leben hat natürlich auch eine Wechselwirkung auf die unmittelbare Umwelt.

Arbeiten Sie dann eigentlich von morgens bis abends und auch noch in die Nacht hinein?

Nachts nicht, nein. Aber selbst wenn ich in der Zeit, in der ich am Manuskript bin, nicht arbeite, bin ich doch ziemlich reduziert, es dreht sich dann alles nur darum.

Man kann doch wohl sagen, dass Sie mit Ihren beiden Theaterstücken, den großen Theaterstücken, den »Plebejern« und »Davor«, sich als Dramatiker nicht durchsetzen konnten. Woran mag das liegen, an der Kritik nur oder an den Regisseuren, oder gibt es vielleicht auch selbstkritische Erkenntnisse Ihrerseits?

Mit dem Durchsetzen ist das so eine Sache. Durchsetzen tun sich im Glücksfall Markenartikel; der Erfolg eines Buches, eines Stückes ist ja auch immer noch nicht ein Zeichen dafür, ob es sich durchgesetzt hat. Aber damit habe ich von Anfang an gerechnet, weil die Dramaturgie, von der ich seit diesem Einakter in »Hundejahre« ausgehe, eine ist, die offiziell nicht hoch im Kurs steht, da sie Spannungen nicht aus dem unmittelbaren Handlungsablauf bezieht, sondern eben aus dialektischen Verhältnissen der Handelnden oder Handlungsgruppen zueinander, und ich halte diese Dramaturgie für entwicklungsfähig ...

Ist sie nicht theaterfeindlich?

Ja, da kommt es darauf an, was man unter Theater versteht. Wenn Theater als eine Anstalt verstanden wird, auf der Konfliktfälle unmittelbar ausgetragen werden, dann ist das natürlich theaterfeindlich; oder auch dann, wenn man Theater reduzieren will auf operettenhaft-dekoratives Verhalten – und da gibt es ja eine ganze Reihe Stücke, die sich so aufputzen lassen.

Aber glauben Sie nicht, dass Sie das, was Sie auf dem Theater ausdrücken wollen, genauso gut oder vielleicht besser in einem Roman zum Ausdruck bringen können? Dass z. B. das Problem von »Davor« besser in »örtlich betäubt« zur Darstellung kommt als in »Davor«?

Es mag sein, dass es mir da vielleicht besser gelungen ist, das kann ich noch nicht beurteilen. Auf jeden Fall hat es mich beim

Schreibprozess gereizt, auf der einen Seite diesen Kursivtext der Prosa zu benutzen und im Konjunktiv zu bleiben und dieses sparsame Milieu mit einzubeziehen, und auf der anderen Seite es davon zu lösen und diesen langsamen dialektischen Prozess nur auf den Dialog zu stellen.

Und da auch unmittelbarer zu veranschaulichen?

Ja, und im Übrigen ist, das wissen Sie – das nimmt einem ja kein Mensch ab: Ehrgeiz mag für viele eine Triebfeder sein und sicher auch für mich, vielleicht nicht in den Bereichen der Literatur, vielleicht auf anderen Gebieten –, für mich Theater-Schreiben auch etwas, was mir Spaß macht und was ich brauche, weil oberflächlicher oder vordergründiger Ehrgeiz, dieses oder jenes zu erreichen oder sich selbst zu bestätigen, nicht ausreicht, um zwei, drei Jahre an einer Sache dranzubleiben; da muss schon sehr viel Spaß drin verwickelt sein, und da muss ein solches Thema mithelfen, sonst hält man es sicher nicht durch.

Aber Sie haben sich nicht vom Theater abgewandt, auch wenn Sie jetzt wieder an einer größeren Prosaarbeit sitzen.

Ich habe nicht vor, das so absolut zu erklären. Wenn mir wieder eine Mischung aus Stoff und Form entgegenkommt, die mir so auf die Nerven geht, dass ich der Meinung bin, sie ließe sich am besten im Theater realisieren, dann werde ich trotz schlechter Erfahrungen sicher auch wieder diese Form strapazieren.

Welche Gattung, würden Sie sagen, liegt Ihnen mehr? Liegt Ihnen mehr die Prosa?

Das ist natürlich eine bequeme Ausrede, wenn Sie so wollen, aber am meisten liegt mir Lyrik.

Das wird manchen überraschen.

Wieso? Ich komme ja von der Lyrik her.

Schon, aber Sie haben in der letzten Zeit immer weniger Gedichte publiziert; »Ausgefragt« ist der einzige Lyrikband, der nach der »Blechtrommel« erschienen ist.

»Gleisdreieck« war danach, kurz danach.

1960, ja; aber der größere Zeitabschnitt nach der »Blechtrommel« bringt mehr, sehr viel mehr anderes als Lyrik.

Ja, aber welchen Leistungswettbewerb wollen wir antreten? 1956 sind die »Vorzüge der Windhühner« erschienen, das sind in vierzehn Jahren drei Gedichtbände, ich halte das, wenn man von »Soll erfüllen« sprechen wollte, für erfülltes Soll, vielleicht nicht überschrittenes ...

Aber Ihr Bekenntnis überrascht doch, auch wenn man es an der zeitlichen Relation, in der Sie Lyrik publiziert haben, misst.

In der zeitlichen Relation ist für mich Lyrik immer die Möglichkeit oder Chance gewesen, Bestand aufzunehmen, mich selbst am genauesten in Frage stellen zu können. Und das ist nach einer längeren Prosaarbeit oder nach einem Zeitabschnitt, der mich aus privaten Gründen oder wie immer in Frage gestellt hat, notwendig gewesen. Das traf zum Beispiel vom politischen Bereich wie vom privaten Bereich her auf »Ausgefragt« zu, und wenn sich das wieder ergibt, und das wird sich ganz gewiss wieder ergeben, wird auch wieder eine Zeit kommen, in der ich auf Lyrik zurückgreife.

Aber das hat es seit »Ausgefragt« eben nicht gegeben.

Ich habe nur ganz wenige Gedichte geschrieben, und was an Lyrik da war, ist unmittelbar entweder in »örtlich betäubt« eingegangen oder auch jetzt in dies neue Buch.

Ordnen sich für Sie bestimmte Themen bestimmten literarischen Formen zu? Welches Thema etwa verlangt den Roman, welches die große Erzählung, welches das Stück, welches das Gedicht?

Diese Muster sind doch relativ einfach. Die ersten Skizzen für die »Blechtrommel« waren dialogischer Art, auf einaktige Situationen zugeschnitten; das ließ sich überhaupt nicht realisieren, bis mir dann deutlich wurde, dass es ein breiter epischer Stoff ist. Ich hab' mir damals nie einen Roman zugetraut. Und bei »örtlich betäubt« war es in der ersten Fassung ein Roman, und beim Realisieren merkte ich, dass beide Möglichkeiten vorhanden waren. »Hundejahre« habe ich mit einer falschen Erzählkonzeption begonnen, die dann in der Mitte des Buches durch ein Kapitel, das eigentlich »Katz und Maus« enthielt, zerschlagen wurde; es stellte sich heraus, dass darin eine Novelle war, die den Roman kaputt machte. Dann hab' ich zuerst die Novelle geschrieben und durch die Arbeit an der Novelle die Erzählpositionen für »Hundejahre« gefunden.

Es gibt kaum Erzählungen von Ihnen ...

Es gibt drei oder vier Geschichten.

Aber Sie schreiben nicht gern Geschichten? Sie bleiben dann lieber in der großen Form?

Das kommt vielleicht noch, ich weiß es nicht, doch, doch, das kann sein.

Wie arbeiten Sie Ihre Gedichte? Lassen Sie ein begonnenes Gedicht lange liegen?

In der Regel ja, in der Regel liegen oft Monate und Jahre zwischen der ersten Niederschrift und der endgültigen Fassung; aber es gibt natürlich eine ganze Reihe, die – das klingt jetzt banal – vom ersten oder zweiten Anhieb dastehen und dann nur noch im Detail redaktionell Änderungen erfahren.

Das sind die wenigsten?

Das sind die wenigsten; die meisten sind einem ziemlich langfristigen Arbeitsprozess unterworfen.

Und Sie zeichnen. Zeichnen Sie noch jetzt viel?

Ich hab' jetzt wieder angefangen, im Zusammenhang mit dem Buch, an dem ich schreibe.

Aber als Bildhauer arbeiten Sie gar nicht mehr ...

Nein, Bildhauerei ist etwas Tagfüllendes. Aber ich habe von der Arbeitsweise des Bildhauers, das fällt mir immer mehr auf, sehr viel übernommen für das Schreiben: dies in langen Zeiträumen Denken, den Spaß am Ändern und auch das Wissen, dass, wenn ich am Knie etwas ändere, ich demnächst am Ohr etwas ändern muss, weil die Proportionen zusammenhängen. Auch dass ich am liebsten im Stehen arbeite ...

Auch schreiben?

Auch schreiben, am Stehpult, ja, das hängt damit zusammen.

Wenn Sie zeichnen, geschieht das zur »Erholung« oder sind das andere Ausdrucksmöglichkeiten für Dinge, die Sie sonst und anders nicht realisieren können?

Das sind alles Möglichkeiten, mich zu realisieren. Und da ich diese Talente nun mal buntgewürfelt mitbekommen habe, möchte ich sie auch ungern verkümmern lassen.

Geno Hartlaub hat einmal gesagt, »Günter Grass' Ausdruckswille ist so elementar, dass ihm das Material der Sprache nicht genügt«. Würde das zutreffen?

Ich kann das nicht gegeneinander ausspielen. Gerade bei den Gedichten wird das deutlich, dass – Sie sprachen vorhin vom Arbeitsprozess, da habe ich das vergessen – innerhalb einer solchen Reihe auch der zeichnerische Prozess mitspielt, dass oft am Anfang eines Gedichts die Zeichnung steht und sich aus der Zeichnung der erste Wortansatz ergibt oder umgekehrt ...

Ist das nur bei Gedichten so?

In erster Linie bei Gedichten; oder wenn eine Prosa sehr stark lyrische Ausgangspunkte hat, verengende, reduzierende Ausgangspunkte, dann kann das auch bei der Prosa vorkommen.

Die Anfänge des Schriftstellers Grass sind nicht wesentlich politisch bestimmt. Die »Blechtrommel« hat mehr politische Relevanz als die ersten Gedichtbände und die ersten Theaterstücke; sie hat dem Schriftsteller zum entscheidenden Durchbruch verholfen. Was hat Ihr ganz konkretes politisches Engagement ausgelöst?

Es lässt sich eigentlich nur privat begründen. Politisch sind alle meine Bücher, soweit sie sich mit Gesellschaft befassen, was nicht auf alle Gedichte zutrifft, und mit dem Teil der Politik, der für Gesellschaft ausschlaggebend ist. Unmittelbares Engagement – das beginnt eigentlich erst zu Anfang der 60er Jahre. In der Nachkriegszeit war es so, dass ich meine erste Begegnung mit Politik und politischen Möglichkeiten und politischen Widersprüchen im Bergwerk erlebt habe, als ich in einem Kaliberwerk arbeitete und dort dem Streit, der noch aus der Weimarer Republik herrührte, zwischen Sozialdemokraten, Kommunisten und untergekrochenen kleinen Nazis zuhörte und Anschauungsunterricht bekam in der Vorgeschichte meiner Generation. Und in der gleichen Zeit habe ich zum ersten Mal in dem damals sehr zerstörten und ruinenhaften Hannover auf einer Großveranstaltung Kurt Schumacher sprechen hören, der mich durch seinen Fanatismus und durch seine Härte einerseits abgestoßen und andererseits durch die Richtigkeit seiner Argumente überzeugt hat. Das war, im Frühjahr 1947, meine erste Begegnung mit der Sozialdemokratie. Danach war meine politische Einstellung vom Wählen her bestimmt; als die Bundesrepublik ihre ersten Anfänge nahm, war ich wahlberechtigt; meine erste Wahl war eine Wahl für die Sozialdemokratie, bei ihr habe ich Opposition kennengelernt, das Verhalten von Opposition – und ein nahezu närrisch leidenschaftliches Lesen von Bundestagsprotokollen. Aber das war am Rande; ich war in der Hauptsache beschäftigt mit den Problemen, die meine Berufe und meine Neigungen aufwarfen: Bildhauerei und Schreiben. Dann kam der Wechsel nach Berlin. Und als ich 1960 aus Paris nach Berlin zurückkam, war ich 33 Jahre alt und kam in eine Zeit hinein, in der zum ersten Mal Willy Brandt als Kanzlerkandidat für die Bundestagswahlen kandidierte und 1961 die pauschale Diffamierung Brandts und der Emigration begann – Dinge, die mich unmittelbar betroffen haben, weil ich, und da kommt schon wieder die Literatur herein, wusste, was die emigrierte Literatur für mich bedeutet hatte. Und da sah ich, wie die Öffentlichkeit gegenüber dieser Diffamierung versagte – was sich ja auch heute noch täglich abzeichnet. Ich erinnere nur an Adenauers Regensburger Rede aus dem Jahre 1961, wo handfeste Anspielungen auf Brandts uneheliche Herkunft im Kapfinger/Strauß-Stil eine Rolle spielten, die ja bis heute wirksam sind. Das war für mich ein erster Anlass, hier von Berlin her – da lernte ich Brandt auch kennen – direkt zu helfen; das war handfeste Hilfe: Anreden, Arbeiten redigieren, Texte erfinden in der Wahlkampfzeit, d. h. in einer Zeit, da Brandt hier in Berlin alle Hände voll zu tun hatte, um mit dem Bau der Berliner Mauer fertig zu werden, und gleichzeitig den Wahlkampf in Westdeutschland führen musste.

Ab 1961 geht das kontinuierlich zunehmend weiter. Erst war es das persönliche Verhältnis zu Brandt, zu dem diffamierten Brandt, und dann mehr und mehr involviert mit den politischen Alternativfragen bis in die Zeit der Studentenproteste hinein. Das hat mich, wenn man rechnen, wenn man bilanzieren will, viel Zeit gekostet, hat mir aber auch viel neue Erfahrung gebracht und mich in Frage gestellt und mich in Risiken gestürzt; vielleicht sogar in Risiken, die auf Kosten eines unmittelbaren Stils, eines urbanen Erzählvermögens gehen; aber das nehme ich in Kauf, das gehört dazu. Ich halte nicht viel von Schriftstellern, die mit ihren Talenten umgehen wie mit Zimmerlinden, die man hegen und pflegen muss, damit bloß nicht der ursprüngliche Erzählstil verlorengeht. Wenn dieses unmittelbare Erzählvermögen darunter leiden sollte, dass ich vielleicht dazu habe beitragen können, dass wir hier einen Regierungswechsel hatten und dass sich endlich einmal verspätet Aufklärung auch hier in Deutschland auswirken kann, dann nehme ich das gerne in Kauf.

Könnte man deshalb sagen, dass es einen Bezug gibt zwischen dem Abstand von dem Danzigstoff und der Zunahme des politischen Engagements?

Vielleicht in dem Sinne, dass »Hundejahre« von diesen drei Büchern, die in Danzig spielen, der politischste Roman ist.

Sie sind ein berühmter Schriftsteller, und Sie wirken politisch. Rührt die politische Wirkung von Ihren schriftstellerischen Arbeiten her, oder üben Sie politische Wirkung aus, weil Sie als Schriftsteller prominent sind und diese Prominenz in Ihre politische Arbeit einbringen?

Da gibt es sicher Wechselbeziehungen, die ich nicht abstreiten will; aber daraus einseitige Schlüsse zu ziehen, das überlasse ich gern meinen Gegnern.

»örtlich betäubt« nimmt unmittelbar Bezug auf die politische Entwicklung der Bundesrepublik nach 1965. Das hängt doch mit Ihrer politischen Entwicklung zusammen?

Das Buch, das unmittelbar Bezug nimmt auf meine politische Entwicklung, ist ein Gedichtband: »Ausgefragt«; er hat Bezug zu beiden Bereichen. Und ich habe das schon vorhin gesagt, dass für mich Lyrik-Schreiben immer eine Möglichkeit gewesen ist, den eigenen Standort, den veränderten Standort auszumessen, die eigene Position in Frage zu stellen, und das wird, wenn man aufmerksam liest, in dem Band »Ausgefragt« sehr deutlich bis in die Frühphase des Studentenprotestes hinein; wenn Sie den Zyklus nehmen: »Zorn Ärger Wut«, das Protestgedicht über die Frühphase des Studentenprotestes oder das Gedicht »Ausgefragt« – da wird das deutlich.

Als Sie sich 1965 für die SPD engagierten, nahmen andere, die sich vier Jahre vorher für diese Partei zumindest verbal und schriftlich starkgemacht hatten, Abstand von dieser Partei und hielten es mit einem allgemeinen Revolutionsräsonnement gegen alle Parteien. Wie erklären Sie sich, dass Sie durch diesen Prozess als der ehemals linke Günter Grass sich nun rechts von Ihren früheren Gesinnungsfreunden eingeordnet finden?

Um mit dem Schluss zu beginnen: Ich will hier nicht dieses Gesellschaftsspiel forcieren, wer links von wem und wer rechts von wem steht. Nur überlasse ich es dem Leser oder dem genauen Beobachter der politischen Szene zu beurteilen, wer wirklich gesellschaftliche Veränderungen zu bewirken versucht, d. h. langfristig zu bewirken versucht – und das verstehe ich unter links, nichts anderes –, oder wer nur sporadisch verbale Ansprüche stellt, an andere zumeist, nicht an sich selbst. In diesem Sinne, um das Gesellschaftsspiel mitzumachen, stehe ich links von Enzensberger und von Walser und von wem auch immer. Wie immer Enzensberger sich verändern wird, ob er nun sein Vorbild einmal in Kuba oder dann wieder egozentrisch bei sich oder sonstwo sucht, das sind *seine* Sprünge. Bei *mir* ist das recht kontinuierliche und beharrliche Arbeit gegenüber einem zähen Stoff; und dieser zähe Stoff ist hier in der Bundesrepublik zuerst gegeben und nicht in Kuba. Daran messe ich politisches Verhalten. Das Gleiche gilt für Martin Walser, den ich sehr mag, sehr liebe; aber ein Vietnam-Büro in einer großartigen Rede in München fordern und dafür Spenden anfordern und dann nicht die Arbeit leisten, damit dieses Vietnam-Büro mit seinen Möglichkeiten, bessere Informationen zu liefern, auch entsteht, davon halte ich nichts. Ich halte das, gelinde gesagt, für Scharlatanerie. Und wenn das auch noch mit linkem Anspruch geschieht, so frage ich mich manchmal, ob ich doch nicht härter urteilen sollte – es fällt mir schwer. Es fällt mir besonders schwer, natürlich, über Jahre hinweg nach zwei Seiten kämpfen zu müssen: Bei der einen Seite ist es mir klar, das ist das gewohnte politische Feld, dem man sich in Deutschland traditionsgemäß gegenübersieht; aber weit schwieriger und weit ermüdender ist natürlich die permanente Auseinandersetzung mit Leuten und oftmals auch mit Freunden, von denen man eigentlich mehr Hilfe erwartet als genau das Umgekehrte. Das sollen die mit sich selbst ausmachen – diese Prädikate »links« und »rechts« oder »links stehen von jemandem« werden sehr leichtfertig gegeben.

Aber gibt es nicht doch Unterschiede, auch zwischen Walser und Enzensberger? Walser arbeitet doch wohl in dem Raum, in dem er lebt, in der Bodenseegegend, regional, aktiv politisch.

Nein, da auch nicht. Ich will mich mit Ihnen jetzt nicht lange über Enzensberger unterhalten, da habe ich immer wenig Hoffnung gehabt, deshalb ist auch bei mir die Enttäuschung nicht groß genug. Aber wenn ich jetzt noch einmal auf Walser zurückkomme, dann deshalb, weil ich da andere Erwartungen gehabt habe, im Gegensatz zu Enzensberger. Es hat ein Gespräch zwischen Walser und mir darüber gegeben, als er sich entschloss – zu meiner Überraschung, aber das war von mir einzusehen, das hab ich akzeptieren müssen –, sich als Kommunist zu begreifen, erst in der Demokratischen Linken in Baden-Württemberg und dann neuerdings für die DKP. Das ist eine politische Entscheidung, eine politische Entscheidung für eine Kaderpartei, und da habe ich ihn gefragt, welche Erfahrungen er zum Beispiel auf Wahlveranstaltungen für diese Partei gemacht hat, für die man sich ja dann nicht ungestraft ausspricht, wenn man's ausspricht; und da kam wenig, da kam nichts von Wahlveranstaltungen, da war nur der Gründungsaufruf. Es klingt sicher hart, was ich jetzt sage, aber ich meine es so: Als Sozialdemokrat bin ich kein Feind des Kommunismus, aber ein Gegner des Kommunismus, ich kann das belegen; aber das wünsche ich meinem härtesten politischen Gegner nicht, dass sich ein Schriftsteller verbal für ihn ausspricht und dann diesen hohen Anspruch nur durch ein Minimum an Gegenleistung deckt. Ich weiß nicht, woher diese Fehleinschätzungen der eigenen Möglichkeiten kommen, und ich will das auch nicht dramatisieren, vor allem nicht die Tischtücher zerschneiden, ganz gewiss nicht, aber die Zeit der Unverbindlichkeit sollte vorbei sein. Vielleicht ist es einigen Schriftstellern noch nicht aufgefallen, dass politische Betätigung etwas anderes ist, als versuchsweise Ideen im Nachtprogramm starten zu lassen.

Ihr Engagement für die Sozialdemokratie hat Sie möglicherweise erzählerische, literarische Substanz gekostet; bedeuten aber die politischen Erfahrungen nicht zugleich auch einen Gewinn an Substanz, vielleicht sogar an literarischer Substanz?

Ich sagte vorhin schon, dass das alles ein Risiko in sich hat, ein Risiko, das ich auch bewusst auf mich nehme. Wie das Ergebnis dieses Risikos sein wird, weiß ich nicht. Ich habe nicht vor, Stil zu pflegen und mich zu schützen, sondern mich diesen Dingen auszusetzen. Etwas anderes ist mein Verhältnis zur Sozialdemokratischen Partei. Ich habe diese Partei nie als etwas Hundertprozentiges angesehen, sondern als etwas Veränderungswürdiges und Veränderbares. Diese Partei ist genauso wie der große Rest der Gesellschaft von Vorkriegs- und von Nachkriegszeit geprägt, von der Zeit der Restauration bis in die Zeit der Großen Koalition hinein; und was ich in diese Partei hineinbringen kann, ist Kritik, Hilfe, die Möglichkeit des Schriftstellers, auch die Partei mit Distanz zu sehen, die Position, die ich versuche auszubauen, nämlich die des sozialdemokratischen Wählers – was der SPD nottut, einer Partei, die sich als lange, lange verfolgte und diffamierte Partei sehr eng zusammengeschlossen hat und Reste einer Kaderpartei in sich hat, die deshalb wenig Möglichkeiten sieht, sich außerhalb der Partei auch noch ihren Wählern mitzuteilen und das Informationsmanko zu überbrücken –, und gleichzeitig das Selbstvertrauen der Sozialdemokraten zu stärken; denn meine politische Überzeugung ist die, dass nach dem Versagen des modifizierten Kapitalismus und nach dem Versagen des Staatssozialismus kommunistischer Prägung einzig und allein die moderne Sozialdemokratie übriggeblieben ist. Und ich neige dazu, vielleicht weil ich unbescheidener bin, so etwas mit mehr Selbstbewusstsein vorzutragen, als es Willy Brandt tut, der immer ein Understatement bemüht, wenn es um sozialdemokratische Leistungen geht. Ich halte das, auch Willy Brandt gegenüber, für falsch. Ich glaube, gerade in Deutschland haben wir Grund, die Leistungen der Sozialdemokratie großzuschreiben und mehr herauszustellen.

Eine doch sympathische Erscheinung an Willy Brandt ...

Aber es hilft nichts.

Günter Wallraff steht auf dem Standpunkt, die literarische, metaphorische und exemplarische Darstellung politisch relevanter

Sachverhalte und Absichten mache die damit verbundene Wirkung, die ja erzielt werden soll, ziemlich unwirksam. Aus diesem Grunde bedient er sich der Dokumentation und der Reportage. Damit bezieht er, in der literarischen Praxis allerdings auf entgegengesetzter Seite, eine der theoretischen Positionen Peter Handkes, der gesagt hat: Es gibt nur Literatur als Kunst, und es gibt engagierte Schriftsteller. Bei Ihnen scheinen beide Positionen vertreten zu sein.

Von den jüngeren Schriftstellern ist, soweit es um das Postulieren eines politischen Anspruches geht, Wallraff einer der wenigen, die ich ernst nehme; weil Wallraff auch etwas tut, was ich selbst aus Mangel an eigener Anschauung nie habe leisten können: Wallraff berichtet direkt, mehr oder weniger gelungen, natürlich, wie alles, was geschrieben wird, vom Arbeitsplatz. Ich weiß aus eigener Anschauung aus den letzten Jahren, dass dieser wichtigste Bereich unserer Wirklichkeit, nämlich der Prozess der Arbeit, nicht zur Sprache kommt, nicht in den Gewerkschaftszeitungen, nicht in den gängigen Zeitungen und auch nicht in der Literatur. Wallraff hat auf ein direktes Mittel zurückgegriffen, das leichteste Mittel in dem Fall, auf die Form der Reportage. Und da leistet er genau das, was auch die Reportage leisten kann, d. h. aber auch, er leistet nicht genug, er kann gar nicht genug leisten. Das, was Sie eben gesagt haben, klingt zu apodiktisch; denn Wallraff wird wissen, dass die Notstände und diese Konzentration von sprachloser Wut am Arbeitsplatz Vorbedingungen haben, die nur an anderer Stelle gelöst werden können: Politisch gesehen müsste es also gelingen, in einsichtiger, lesbarer, verständlicher Form die Zusammenhänge der einzelnen Reformen darzustellen – ein Thema, über das ich seit Jahren rede und das auch bei den Gewerkschaften langsam, viel zu langsam begriffen wird: dass eine weitreichende Bildungsreform in der Bundesrepublik überhaupt Voraussetzung für die Mitbestimmung ist und dass es ein horrender Fehler ist, wenn beide Reformen isoliert behandelt und nicht im Zusammenhang verstanden werden. Diese Dinge sind bei Wallraff zu wenig berücksichtigt. Auf der einen Seite sein wirklich einmaliges Verdienst, mit Mitteln der Reportage direkt vom Arbeitsplatz her zu berichten; auf der anderen Seite aber die Verarmung in der Dimension. Ich kann kein Patentrezept anbieten, wie das zu lösen ist, ich kann nur darauf hinweisen ...

Aber Wallraffs Engagement ist direkt und konkret, nicht lediglich verbal geäußert – das entspricht Ihrer Auffassung doch ganz entschieden ...

Aber genau das ist ja eigentlich »Engagement« – davon reden ist sehr leicht. Und wenn wir das noch einmal klären wollen: Ich habe, glaube ich, sehr selten von Engagement gesprochen; und nicht ohne Grund habe ich das einzige Buch, das politische Aufsätze, Reden etc. sammelt, nach dem Titel einer Rede: »Über das Selbstverständliche« genannt – und so möchte ich es auch verstanden wissen. Das »Engagement« hat schon wieder etwas Exzeptionelles, nicht wahr, da sind die wenigen, die sich engagieren, und die Masse, die stumpf bleibt; und ich seh' das nicht so. Denn Engagement fängt ja, wenn man es als etwas Selbstverständliches begreift, beim Einzelnen, z. B. im Elternrat an: beim Mut der Eltern, auch einem Lehrer zu widersprechen, obgleich sie befürchten, dass ihr Kind dadurch eventuell schlechtere Zensuren bekommen könnte – das ist ja doch sehr weit verbreitet: die Sprachlosigkeit einer an sich sehr vernünftigen demokratischen Institution der Elternräte und -beiräte, die in die Schulpolitik hineingreifen und dort korrigierendes Element sein sollten. Engagement, also: das Selbstverständliche ist nicht von der Position oder von der Bekanntheit des Namens abhängig, sondern ist praktizierbar in jedem Bereich.

Nur sind, wenn ein großer Name hinzukommt, die Wirkungsmöglichkeiten ganz andere.

Ja, natürlich.

Gibt es in Ihrer politischen Arbeit einen Erfolg, der Sie ganz besonders freut? Der Sie für Ihre politische Arbeit befriedigt und Ihnen weiterhilft?

Ich muss Ihnen sagen – das hängt vielleicht auch, und jetzt sind wir wieder bei den Erzählpositionen meiner ersten drei Prosabände, zusammen mit dem Motor der Schuld –, dass mich diese drei Jahre Kanzlerschaft Kiesinger betroffen haben und dass die Ablösung Kiesingers für mich mehr Sieg war als die Kanzlerschaft Brandts, sosehr ich sie begrüßt habe. Ich war auch am 5. März 1969, als Heinemann Bundespräsident wurde – ich war bei der Wahl dabei und sah, dass eine leichtfertige Koalition aus CDU / CSU und NPD nicht zum Sieg kam –, froh, einfach froh, auch wenn ich begreifen musste, dass ein Großteil der deutschen Öffentlichkeit sich über die Konsequenz einer anderen Wahlentscheidung gar nicht klar gewesen ist.

Also Schröder.

Nicht Schröder als Person, sondern Schröder mit NPD-Stimmen.

Das würden Sie also als gewissermaßen politische Befriedigung sehen, die auch Ihre Arbeit mitbestimmt?

Als unmittelbare Ergebnisse. Wenn Sie jetzt vom politischen Alltag ausgehen, dann ist es für mich immer Motor, wenn ich bei politischen Veranstaltungen – und ich betreibe diese Veranstaltungen zumeist in der Provinz, in kleinen Orten, zumeist in Gegenden, in denen die Sozialdemokraten in der Diaspora leben – auch die Dankbarkeit sehe, dass jemand dorthin kommt und hilft; und ich sehe, wie die sozialdemokratischen Politiker dort am Ort, die Mühe haben, bei sonstigen Veranstaltungen mehr als dreißig, vierzig Leute in einen Saal zu bekommen und an ein Publikum heranzukommen, das sie gerne mit ihren Ansichten konfrontieren möchten, nun auf einmal die Möglichkeit haben, vierhundert und sechshundert Leute, und Leute, die sie nie gesehen haben, an die sie gern heranmöchten, zu sehen und mit ihnen bekannt zu werden. Das Wort »Basisarbeit« wird so gern strapaziert, aber das ist für mich ein Stück Basisarbeit. Und wenn dann, sagen wir mal, ein Parteisekretär in einem niederbayerischen Ort oder in Schwaben zu mir sagt: »Ich habe eigentlich gegen die Veranstaltung mit dir gestimmt, weil ich dachte, wenn das man gutgeht! Aber ich habe jetzt das Gefühl ...« ...

Ist es denn auch gutgegangen in der Wahl? Sie haben nicht, um es ganz scharf zu sagen, Wähler auf die Seite der CSU getrieben?

Nein; 1965 hat man es nicht beweisen können, weil es wirklich nur ein Alleingang von mir mit ein paar Studenten war. 1969 ging das weiter und ließ sich ablesen in einigen Wahlergebnissen, ganz deutlich dort, wo es darum ging, Direktmandate zu gewinnen. Und es kam noch eines dazu – ich sprach vorhin vom Risiko –: Wir haben das ja im Freundeskreis, ob dazu Günter Gaus, Eberhard Jäckel und Sontheimer und ich und ein paar Studenten wie Erdmann Linde gehörten, alles mit einem Risiko angefangen; die erklärte Absicht war, die Große Koalition abzulösen – das war kein erklärter Standpunkt der SPD, die Große Koalition, zum Zeitpunkt, als wir mit unserer Arbeit begannen, war quasi noch intakt. Und viele hätten mitarbeiten wollen, wenn wir ihnen die Garantie hätten geben können, dass es nicht mehr zu einer Großen Koalition kommt. Diese Garantie konnten wir nicht geben, weil wir selbst in der Tat ein Risiko eingingen. Und wir alle wären politisch erledigt gewesen, wenn es zu einer Fortsetzung der Großen Koalition gekommen wäre. Aber ich habe daraus diese Lehre gezogen, dass es ohne dieses Risiko nicht geht. Und das heißt einiges.

GESPRÄCH
MIT MARTIN WALSER

Nußdorf, 1972

»Ich wollte nichts anderes tun als schreiben.«

Herr Walser, wie waren die frühen Berufswünsche, was wollte Martin Walser als Schüler, was wollte er als Student werden?

Als Schüler hatte ich keine Berufswünsche, keine Berufsvorstellungen, aber ich hatte als einzige mir liebe Beschäftigung das Lesen: von Karl May bis Dostojewskij. In einem Dorf wie das, in dem ich aufgewachsen bin, ist das Lesen damals noch ein Privileg gewesen; oder es war geradezu eine Leistung, sich alle diese Bücher zu verschaffen, und dadurch wurden die natürlich wertvoller, als sie es bei einem Gleichaltrigen heute sind, wo er alles per Taschenbuch über den Kopf kriegt.

Wurden Sie von Hause aus zum Lesen angeleitet?

Nein. Wir hatten ein kleinbürgerliches Familienunternehmen, eine Gastwirtschaft und Kohlenhandel, und mein Vater war damals schon tot, und meine Mutter hatte so viel Arbeit, dass sie sich nicht ums Lesen kümmern konnte. Sie selber hat hauptsächlich die Heiligenlegende gelesen, ein wichtiges Buch in unserer Familie.

Sind Sie religiös bestimmt von Hause aus?

Durch meine Mutter – ich könnte sie sehr rühmen –, sie hat eine Glaubenskraft gehabt, wie ich sie inzwischen nie mehr bei irgendjemandem erlebt habe. Ich habe davon nur das Erlebnis zurückbehalten ...

Nicht die Intensität des Glaubens?

Nicht den Glauben; aber ich weiß, was das ist; ich habe meine Jugend in dem mittelalterlich bewahrten Glaubensgebäude verbracht.

In einer heilen Glaubenswelt?

Nicht heil, denn es ist eine Glaubenswelt voller Schrecken; die ganzen Wände waren mit Angst und Schrecken bemalt, trotz des Glaubens. Das ist ja der Glaube – das weiß ich auch durch meine Mutter: der Glaube hilft nicht, der Glaube heilt nicht, das ist kein gemachtes Bett, sondern das ist eben dieses vollkommen unruhig zwischen Himmel und Hölle andauernd riskant ausgespannte religiöse Dasein.

Barocke Züge also?

Das ist ein geistesgeschichtlicher Begriff, der meiner Mutter nichts gesagt hätte: Es *ist* zwischen Himmel und Hölle.

Aber den der Schriftsteller Walser heute dafür benutzen könnte.

Ich weiß nicht; auf Erlebnisse, die ich mit meiner Mutter habe, möchte ich keine geistesgeschichtlichen Wörter anwenden.

Was war denn die Lieblingslektüre des Schülers Walser?

Schiller und Dostojewskij. Als ich acht oder zehn Jahre alt war, war ich in der Volksschule bei einem damals nazistischen Volksschullehrer und habe von Zöberlein »Der Befehl des Gewissens« und von Dwinger »Zwischen Rot und Weiß« und »Die Armee hinter Stacheldraht«, also diese antirevolutionären Hetz-Romane gelesen, die vom Lehrer empfohlen wurden, daneben war dann der Kaplan, der eine größere Bibliothek als der nazistische Lehrer hatte; da hat man natürlich Peter Dörfler, Karl May, Rosegger, die ganzen katholischen Autoren gehabt. Als ich dann zehn, elf Jahre alt war, kam ich in die Stadt nach Lindau in die Oberschule, und dort in der Stadt gab es eine größere Bücherei, und da bin ich dann zu Schiller, Dostojewskij und zu den anderen gekommen, zu den Dramen Schillers. Gedichte Schillers und Hölderlins waren von meinem Vater übriggeblieben, auch etwas Klopstock.

Haben Sie damals auch schon geschrieben?

Ja. Ziemlich viel. Ich habe dazu auch die übriggebliebenen Wareneingangsbücher benutzt – da sind ja nicht immer alle Spalten bis an den Grund der Seite mit Zahlen vollgeschrieben. So wie die Bücher eine rare Sache waren, so war auch das Papier eine rare Sache. Auf jeden Fall wäre man ja nicht auf den Gedanken gekommen, selbst vor dem Krieg nicht, Papier zu kaufen, nur um es so zu bekritzeln.

Aber Schulhefte?

Da hinein wollte ich nicht schreiben.

War der Schüler Walser ein so strebsamer und guter Schüler?

Ich hatte immer Angst in der Schule, vor der Schule. Die Schule war für mich – und das war nicht nur ein subjektiver Eindruck, glaube ich, sondern ein objektiver Befund –, die Schule war eine bürgerliche Einrichtung, die Lehrer, sicher selber nicht gerade großbürgerlicher Herkunft, waren aber ganz im Dienste eines sie selbst übersteigenden Klassenbegriffs, sie haben gedient ...

Dem Nationalsozialismus!

Nein, nicht dem Nationalsozialismus ...

Dem Bürgertum?

Es gab kaum Nazis unter unseren Lehrern. Ja, dem Bürgertum. Einem kleinbürgerlichen Schüler, einem Bauernbuben – Arbeiterkinder haben wir eigentlich nicht gehabt, aber genauso arme Fischer- und Bauernkinder haben wir gehabt – gegenüber sind sie mit einem Klassenanspruch aufgetreten, der ganz lächerlich formuliert war; der hat sich auf Kleidung, Benehmen, Wortwahl,

Geschmack, bezogen, und ich habe das in vielen Einzelerlebnissen im Laufe der Jahre dort zu spüren bekommen und habe deswegen außerhalb des Deutschunterrichts keine Heimat gehabt in dieser Schule. Ich hatte allerdings einen Deutschlehrer, dem ich unendlich verbunden bin deswegen, denn ohne ihn wäre es ein reiner Angstweg geworden.

Also war das Fach Deutsch das Lieblingsfach?

Ja, das war es. Ja, das war das einzige Fach.

Und was haben Sie damals für sich geschrieben?

Also dieser Lehrer war so, dass ich meine Aufsätze so schreiben konnte, wie ich das wollte, und mich da nicht ungeheuer anpassen musste. Ich konnte also ohne weiteres ein Aufsatzthema über ein winterliches Stimmungsbild in 16 sechszeiligen Gedichtstrophen abliefern nach zwei Stunden, und er war dann nicht böse, selbst wenn diese Gedichtzeilen dann schnöde und ein bisschen unstimmungsvoll geendet haben. Es war ein Mann, der hat schon begriffen, dass Deutsch nicht nur dazu da ist, Noten zu geben und Charakterzüge oder Kommasetzungsfähigkeiten zu bewerten, sondern dass Deutsch ein Fach ist – vielleicht das einzige Fach bis jetzt –, in dem eigentlich jeder so sein darf, wie er ist, und so sollte es als Fach betrieben werden, nicht wahr? Ein Fach, in dem man sich ausdrücken lernt, und zwar sich selber ausdrücken, sich selber finden lernt.

Aber kein Erziehungsfach für Schriftsteller?

Warum nicht? Das könnte es doch auch sein.

Auch, ja; aber es ist kein Erziehungsfach für Schriftsteller.

Aber es sollte Schriftsteller nicht unbedingt unterdrücken. Ich finde, das Fach Deutsch muss einem Schüler eine größere humane Lizenz geben, es darf für keinen Schüler ein Angstfach sein. Wer in Physik Angst haben muss und in Deutsch gut ist, der darf das nicht dadurch revanchieren, dass er sagt, also wer da in Physik gut ist, muss in Deutsch Angst haben. Das sollte es nicht, das Deutsch müsste ja überlegen sein, ein überlegenes Fach.

Für den ängstlichen Schüler Walser war Deutsch sozusagen ein Residuum.

Ja, Asyl.

Wollte denn schon damals der Schüler Walser Schriftsteller werden? Wie Heinrich Böll, der eigentlich immer nur Schriftsteller werden wollte.

Ich wusste nicht, was das ist, ich hatte davon keinen Begriff, aber ich wollte nichts anderes tun als schreiben. Ich habe damals – ich war so elf, zwölf, als ich anfing – mindestens sechs, sieben solche Bändchen mit Gedichten fabriziert; habe mich dann ununterbrochen – wann immer ich Zeit hatte – mit diesem Handwerk beschäftigt, weil ich – als ich vierzehn war – doch schon so viel Gedichte, von Klopstock, Schiller, Hölderlin und Goethe gelesen hatte; dann kam sehr bald Stefan George hinzu, als moderner Autor, den ich dann – alles was ich von ihm hatte – auswendig konnte.

Dessen Manier zu schreiben Sie auch übernahmen?

Ja, das habe ich auch versucht; alles, was ich damals gelesen habe, habe ich versucht, selber zu machen: ich habe Schillers Dramen versucht selber zu machen, die Hölderlin-Gedichte, auch diese Klopstock-Form – das war einfach eine ganz natürliche Reaktion. Ich hatte ja keinen, mit dem ich darüber sprechen konnte, weit und breit nicht, ich hatte auch nicht das Bedürfnis, mit irgendjemandem darüber zu sprechen; das war meine Sache.

Auch mit dem Deutschlehrer nicht?

Nein, das hätte ich nie getan, nein. Ich habe vielleicht einem Mädchen mal, widerwillig, unter Aufbietung aller Kräfte dann doch ein solches Gedicht ins Haus getrieben, aber das war eigentlich schon mehr, als ich mir hätte zutrauen dürfen. Es war eine ganz natürliche Sache, mich allein damit zu beschäftigen und das als Übung zu betreiben, ohne Berufsziel. Das Wort Beruf hätte ich damit nie in Verbindung bringen wollen; ich wollte eben nichts anderes tun, als solche Sachen schreiben.

Und dann wurden Sie 1944 als Soldat eingezogen. Vor oder erst nach dem Abitur?

Keine Spur von Abitur. Zuerst kam noch 1943 die sogenannte Heimatflak – da war also in der sechsten Klasse der Oberschule die Ausbildung schon unterbrochen –, dann 1944 Arbeitsdienst und Militär. Da kam ich zu den Gebirgsjägern, und dann meldete ich mich – wie alle meine Schulkameraden, das war für uns selbstverständlich – als ROB, Reserveoffiziersbewerber; ich kam zu einer Truppe in der Nähe von Garmisch-Partenkirchen in ein Bergquartier, dort sollte eine Prüfung gemacht werden für diese Bewerber. Durch diese Prüfung bin ich durchgefallen ...

Gott sei Dank, denn zu diesem ROB gehörte ja auch die Frontbewährung.

Das wusste ich damals nicht so genau. Ich bin durchgefallen aus zwei Gründen – und ich war wahnsinnig überrascht: weil ich einen Aufsatz über Friedrich den Großen nicht so geschrieben hatte, wie er sein sollte, und weil mein Ausbilder gesagt hatte, ich hätte keinerlei Führungsqualitäten. Ich glaube, der Mann hat recht gehabt, ich hab das inzwischen gemerkt; Macht und Führung sind etwas, was ich nicht mit mir zusammenbringen kann. Na ja, ich bin dann nicht wie diese anderen Kameraden – die fast alle in einer rasch zusammengewürfelten Gruppe an die Westfront gekommen und gefallen sind –, wie man so sagt, verheizt worden. Ich kam in die Gefangenschaft und zu den Amerikanern, und bin im Laufe des Jahres 1945 wieder entlassen worden; 1946 in Lindau habe ich mein Abitur gemacht.

Sie studierten dann in Regensburg Germanistik, Literaturwissenschaften und Sprachen?

So viel Wahl gab es damals nicht. Weil ich ziemlich jung, nicht verletzt und nicht verfolgt war, bin ich nur an diese Außenstelle gekommen, die nannte sich Theologisch-Philosophische Hochschule Regensburg. Da gab es ein paar aus Prag herausgekommene Professoren, die machten zufällig vor allem Althochdeutsch, Mittelhochdeutsch, mittelalterliche Geschichte, da konnte man das nicht so wählen. Ich habe mich mit einem ungeheuren Eifer der wissenschaftlichen Beschäftigung mit der deutschen Sprache gewidmet – einem Studium, das sehr viel mit meinem Dialekt zu tun hat –, habe viel Althochdeutsch und Mittelhochdeutsch gemacht; und es war mir so lieb wie Gedichte. Und weil man nicht viel studieren konnte, haben wir dort sehr viel Studio-Bühne gemacht. Wir hatten praktisch jeden Abend eine Vorstellung; wir haben nicht, wie sonst Studenten, nur immer ein Stück gespielt, wir hatten drei Stücke und ein Kabarett laufen, und da bin ich da so ein bisschen in die Nähe der Praxis gekommen.

Haben Sie auch gespielt?

Ich habe »Leonce und Lena« bearbeitet, das kannte ich vorher nicht, das habe ich modernisiert und dann auch so ein bisschen mitgespielt. Dann habe ich ein Kabarett gemacht, mit anderen zusammen Texte geschrieben. 1948 kam ich durch Vermittlung nach Tübingen, war zwar im dritten Semester, aber ziemlich unstudiert und, wie ich bemerken musste, völlig unfähig, dort in ein Seminar zu gehen.

Weil Tübingen ganz andere Ansprüche als Regensburg stellte?

Ja, und weil wir da eben viel mehr Theater gemacht hatten. Ich wollte in Tübingen gleich zu Professor Beißner ins Mittelseminar, bin auch hineingekommen, aber dann kam schon die Währungsreform, und ich hatte kein Geld mehr. Ich habe in Tübingen also nur ein Semester studiert, dann musste ich weg; aber das hat sich eigentlich sehr gut gefügt: da war Helmut Jedele, der Beziehungen zum Rundfunk hatte, über den ich dann als Volontär in den Ferien zum Süddeutschen Rundfunk kam. Nach den Ferien bin ich nicht mehr an die Universität zurückgegangen, weil ich Angst hatte, dass ich nie wieder eine Gelegenheit bekommen würde, Geld zu verdienen. Da dachte ich, jetzt hab ich das, zwar nur eine Volontärstelle, aber weil man mich im Kabarett kennengelernt hatte, bin ich sofort in die Unterhaltungsabteilung geschickt worden. Dort gab es eine Sendereihe: »Die Nörgelecke der Hausfrau«, und eine Sendereihe hieß »Die klingende Wochenpost«, und da konnte ich jeden Samstag einen Sechszeiler verkaufen; für eine Strophe gab es zwanzig Mark, das war sehr viel, und da bin ich eben geblieben.

Aber Sie haben auch noch weiter studiert?

Nein, ich hab mich zwar noch eingetragen, aber ich bin nicht mehr hingegangen.

Aber Sie haben promoviert.

Ja, später; erst kam ich beim Funk von der Unterhaltungsabteilung – als ich ein bisschen die Nase voll davon hatte – zum Zeitfunk als Reporter. Da war ich über zwei Jahre lang Reporter, bin mit dem Übertragungswagen in der Gegend herumgefahren und habe Erfinder von Kinderwagenbremsen interviewt, habe von Brückeneinweihungen berichtet – damals wurden sehr viele Brücken eingeweiht –, habe ununterbrochen Bürgermeister befragt über neue Bauprojekte; einmal bin ich auch nach Tübingen gekommen und musste den Universitätsrektor interviewen, da bin ich dem Professor Beißner begegnet, und der hat so herübergewinkt zu mir und gerufen, »Na, Sie haben's auch aufgegeben!« Und ich hatte das Studium eigentlich auch aufgegeben, aber ich hatte mir das noch nicht klargemacht. Das hat mir einen solchen Schrecken versetzt, dass ich schnell heim bin nach Stuttgart und dann meine Doktorarbeit über Kafka weitergeschrieben und abgeschlossen habe.

Kann man dennoch sagen, dass die Beschäftigung mit Kafka den späteren Schriftsteller Walser so gefesselt und ihm auch schon ästhetische Grundlagen vermittelt hat, dass er längere Zeit nur an dieser Arbeit geschrieben hat, um mit solch einem Thema fertig zu werden? Es ist dann ja eine blendende Doktorarbeit geworden, ein Kafka-Buch, das heute noch sehr gerühmt wird.

Kafka hat mich fasziniert. In Regensburg bin ich durch Zufall auf ihn gestoßen – jemand hat mir so ein kleines Bändchen gegeben, und seitdem hat Kafka meine ganze andere Lektüre einfach ausgelöscht. Ich konnte keine Prosa mehr lesen, jahrelang, außer Kafkas; und es war natürlich klar, dass, wenn ich an der Universität etwas – wie man sagt – Wissenschaftliches abliefern musste, ich natürlich den wählen würde, den ich am meisten liebte. Nun war das nicht so einfach, denn der Professor Beißner, der ein großartiger Mann ist, war zwar sehr dafür, dass ich diese Arbeit machen sollte, aber wir fanden keinen Koreferenten; keiner der Germanisten an der Universität Tübingen wollte das, die haben gesagt: »Wieso, wer ist das?« Kafka war für sie noch kein wissenschaftswürdiger Gegenstand, und es gab ja auch kaum Sekundärliteratur. Es gab nur Artikel, eine Artikelflut schwoll damals in den Zeitschriften und Zeitungen an, in den Feuilletons wurde Kafka ungeheuer viel besprochen, aber nicht an der Universität, also Wissenschaftliches war nicht da. Beißner hat dann schließlich Kluckhohn, einen schon ehrwürdigen Germanisten, aufgetrieben, der hat gesagt, er mache den Koreferenten, wenn er diesen Kafka nicht auch noch lesen müsse. So habe ich das eben über die Runden gebracht.

Es heißt, Sie haben seit 1947 publiziert. Was wurde gedruckt, wo waren die Organe, in denen etwas gedruckt wurde, oder ist damit einfach die Tätigkeit beim Rundfunk gemeint?

1947 dürfte unter allen Umständen zu früh sein. Das Erste, was gedruckt worden ist, war 1949, wenn ich mich recht erinnere, in der Frankfurter Rundschau; eine Erzählung, eine Art Short-Story: »Urleus«. In Tübingen habe ich während der Währungsreform, also bevor ich zum Rundfunk kam, versucht, Geld zu verdienen: da gab es eine Presseagentur, die so Geschichten- und Feuilletondienste machte, Dr. Herzog, da hat mich Katharina Adler hin empfohlen, und da bin ich ungefähr vierzig Manuskripte losgeworden.

Alles solche Short-Storys?

Ja, lauter Short-Short-Storys; die haben die überallhin vertrieben; ich bekam eine Pauschale und habe mir davon weiße Turnschuhe gekauft.

Sind da schon Erzählungen entstanden, die dann 1955 in einem Band erschienen sind?

Nein, nein, das waren nur so Übungen in der Richtung.

Haben Sie damals auch kritisch geschrieben?

Nein, noch nicht, erst ab 1953 / 54 habe ich dann mal Buchbesprechungen gemacht: hauptsächlich Arno Schmidt und Böll.

Was gab es neben Kafka? War Kafka der einzige bestimmende Eindruck?

Ja, ja.

Was faszinierte?

Die Sache selber, die Prosa. Ich konnte damit nicht aufhören, ich musste das alles zehnmal lesen. Mir kam dagegen alle andere Prosa völlig labbrig, schlapp, flatterhaft, unkonzentriert vor.

Also eine stilistische, ästhetische Faszination?

Ja.

Aber doch auch – könnte ich mir denken – kam dem eigenen Pessimismus der Kafka'sche Pessimismus entgegen.

Schaun Sie, als ich auf Kafka traf, hatte ich gerade zwei Bücher von Gide da, die wollte ich beide noch lesen. »Die Falschmünzer«, da war ich gerade dabei, das konnte ich einfach nicht mehr weiterlesen, dieses Dahingeleierte ..., aber ich will es nicht nachträglich diffamieren. Nur, es war unwichtig, es war unwesentlich, verglichen mit den Zeilen von Kafka. Man musste nicht 95 Seiten Naturalismus in sich hineinfressen, um auf einen Fingerzeig des Wesentlichen zu stoßen. Eben die Bestimmtheit der Personen bei Kafka, das Unfreiwillige aller Vorgänge, das Zwanghafte aller Vorgänge, das hat mich hineingezogen, weil das ganz meinen eigenen, noch nicht bewussten Erfahrungen entsprach.

Wirkte Kafka also katalysatorisch, provozierte es Sie, zum eigenen Bewusstsein zu kommen?

Bei Kafka habe ich gesehen, dass ein Einzelner nichts machen kann. Ich selber war doch auch aus diesem Dorf zuerst in die Schule geschickt worden und dann von der Schule zu dieser Heimatflak und dann zum Arbeitsdienst und dann zum Militär, und ich hab mich natürlich auch immer nach den lautesten Zurufen und Kommandos und Empfehlungen weiterbewegt. Natürlich hatte ich so ein bisschen ein eigenes Bedürfnis, ich hatte ja keine Identität, ich hatte keine Sicherheit, ich hatte keinen familiären Hintergrund.

Sie wurden geschickt, wie Sie selbst sagen?

Ja, das war so. Aber niemand hat mir das klargemacht. Auch in der Schule war das natürlich damals noch kein Gegenstand, über den man sich unterhalten hätte: Was bist du und was sollst du und von wem darfst du dir was sagen lassen und von wem nicht, und wie sind überhaupt Einflussvorgänge konditioniert in der Gesellschaft – heute ist das ein Gegenstand, damals war es das nicht, damals hat man sich über die deutsche Klassik unterhalten. In der Schule haben wir fast ununterbrochen Aufsätze über Tasso fabriziert, mehr oder weniger virtuos und vollkommen inhaltslos, man hat nur die Hand geübt, auf jeden Fall war das nicht sehr persönlich, was man tat, bei allem. Und dann plötzlich, bei Kafka, war das alles dargestellt. In den K.-Figuren und auch in den Geschichten erschien mir plötzlich die ganze Fatalität des unfreien Daseins, das alles war hier in einer schönen traurigen und lustigen Weise unheimlich klar dargestellt.

Die Situation in »Vor dem Gesetz«, dass der Bauer nicht wagt zu fragen, dass er nicht wagt, sich über seine eigene Rolle Klarheit zu verschaffen, sich fragend zu befreien – das ist doch genau die Situation, aus der schließlich der Schriftsteller Walser herausgefunden hat: Er hat gefragt. Ist er über Kafka hinausgekommen?

Das wäre grotesk. Meine erste Geschichte, die in der Frankfurter Rundschau veröffentlicht wurde, hieß »Urleus«: einer vom Land kommt in die Stadt, und er kommt zum ersten Mal an eine Straßenkreuzung, an der ein Polizist Zeichen gibt, und er geht unentwegt diesen Zeichen nach; der kommt über die Kreuzung gar nicht hinweg – der Polizist zeigt erst in die eine Richtung, und er geht dahin, dann winkt der Polizist in die andere Richtung, und er geht dort hinüber, er tanzt, bis ihn die Polizei festnimmt, pendelt andauernd am Arm des Polizisten auf dem Platz hin und her. Das war meine Situation damals.

Das trifft genau auf die Situationen bei Kafka.

Es war meine Situation: wie ich damals in die Stadt kam, ohne jede Spur von Selbstbewusstsein und Festigkeit, nur mit diesem Bedürfnis nach Literatur ausgerüstet, obwohl das vielleicht keine Ausrüstung, sondern eine Schwäche war, aber dieses Bedürfnis nach Literatur ist ja nicht nur eine edle Sache, wie man es idealistisch dargestellt hat, sondern das Bedürfnis nach Literatur ist eine Ausgeburt des Mangelerlebnisses an der Gesellschaft, der Unsicherheit und der Angst, deswegen schaut man sich in diesen Büchern um, in denen Leute, die auch unsicher waren und auch Angst gehabt haben, das ausgedrückt haben.

Die versuchten, eine eigene Identität zu finden.

Ja; man will einfach nicht allein sein mit diesem ganzen Quatsch, den man da auf sich geladen fühlt.

Die ersten Kurzgeschichten sind also alle unter dem Einfluss Kafkas entstanden und waren sozusagen Befreiungsversuche; sie zu veröffentlichen war dann ganz einfach eine Frage des Überlebens, des rein äußerlichen Überlebens.

Ja. Da ich nichts anderes gern getan habe als Schreiben, ist mir bald klargeworden, dass ich das auch gern jemandem zeigen würde.

Man wächst dann hinein in die Rolle des Schreibens und des Produzierens und findet auch einen Publikumsbezug.

Man sucht ihn.

Und wie war das, gab es diesen Publikumsbezug damals für Sie? Gab es Leser, die man, außer Freunden, kannte? Gab es Schriftstellerkollegen, die sich plötzlich finden, mit denen man reden konnte? Gibt es ganz bewusste Stationen auf diesem Hineinwachsen des Schriftstellers in die Literatur? Erkennt man plötzlich, jetzt bist du Schriftsteller, und jetzt lebst du davon?

Der erste Kontakt, also über den Presse-Verlag Herzog hinaus, war dann Walter Jens, der damals in Tübingen Assistent bei einem berühmten Altphilologen war. Und Jens pflegte eine literarische Hofhaltung.

Damals schon, als Assistent?

Als Assistent war er schon eine auffällige Figur, weil er Bücher geschrieben hatte. »Nein, oder Die Welt der Angeklagten« kam ja schon sehr früh, ich weiß nicht mehr, wann. Auf jeden Fall war Jens schon eine literarische Figur in Tübingen, und irgendwie bin ich – ich weiß auch nicht mehr, wie – mit ihm zusammengekommen.

War das vor oder nach der Gründung der Gruppe 47?

Für mich existierte noch keine Gruppe 47. Ich hatte damals ein Manuskript geschrieben von etwa 150 Schreibmaschinenseiten, das nannte sich »Schüchterne Beschreibungen«.

Vom Titel her auch Kafka ...

Natürlich, ja. Dieses Manuskript habe ich Jens gegeben, und Jens hat es an den Rowohlt Verlag geschickt – das muss ungefähr 1950 gewesen sein. Der Rowohlt Verlag hat Jens durch seinen Lektor Weihrauch geantwortet: auf der ersten Seite des Briefes hat er etwas Freundliches geschrieben, und auf der zweiten Seite des Briefes stand dann, man müsste den Autor aber davor bewahren, aus dieser literarischen Verrücktheit in eine medizinische hineinzugeraten. Das war halt ein Angsttraum-Manuskript.

Aber war dieser Einwand damals vielleicht berechtigt?

Sicher – das ist nicht als Vorwurf gedacht. Natürlich war das von einem Verlagslektor eine richtige Auskunft, obwohl, nicht wahr, zwischen literarischer und medizinischer Verrücktheit – wenn man so formulieren will – keine Differenz ist oder keine Differenz sein muss; und was man medizinische Verrücktheit nennt, ist ja auch meistens keine, sondern das ist eine gesellschaftliche Setzung. Aber gut, das spielt ja hier keine Rolle. Nur, das Manuskript war abgelehnt ...

Haben Sie denn nicht versucht, es woanders anzubieten?

Nein, nein, da hatte ich keinen Mut mehr.

Es war also ein richtiger Schock?

Ja, natürlich, es war ein ungeheurer Schock. Ich meine nicht, dass ich mir ausgerechnet hätte, das würde gleich gedruckt, aber die Ablehnung ist eben doch ein Tor, das ganz hart zufällt.

Vielleicht gerade mit dieser Formulierung?

Natürlich hat diese Formulierung auf mich eigenartig gewirkt. Ich hab dann aber ein nächstes Manuskript versucht, und da merkt man jetzt z. B., welchen Einfluss die Gesellschaft, wahrscheinlich sehr zu Recht, auf so einen Heranwachsenden hat, der sehr unsicher ist. Das nächste Manuskript, wieder 150 Seiten, hieß »Erinnerungen eines Chauffeurs« – des Chauffeurs eines reichen Mannes, diesen reichen Mann hab ich dann beibehalten in späteren Romanen –, schickte ich an den Piper Verlag.

Damals schon etwas versierter im Umgang ...?

Nein, nein, das habe ich auch nicht selber gemacht. Das kam erst später um 1953, als ich zum ersten Mal durch Jens' Empfehlung zur Gruppe 47 kam nach Mainz, dort vorgelesen habe und von der Gruppe, die damals noch in ihrer realistisch-naturalistischen Kahlschlagphase war, komplett abgelehnt wurde, weil ich mit meiner Kafka-Prosa kam.

Der Name Kafka hing Ihnen ja sehr lange nach?

Das war aber auch etwas, was die Kollegen in der Gruppe, Kolbenhoff usw., gar nicht haben wollten, Hans-Werner Richter wahrscheinlich auch nicht. Gerettet haben mich in Mainz zwei Leute: Hildesheimer, der aus dem Ausland, aus der Emigration, kam und deshalb schon nicht so scharf auf den Kahlschlag war, auch als Autor nicht, und jemand, der zu Besuch oder als Gast oder einfach so aus Neugier dort war, Henze, ein ganz junger Komponist. Und Hildesheimer und Henze haben sich in der Diskussion für mich eingesetzt, und dadurch ist es dann einigermaßen glimpflich verlaufen.

Das erste Auftreten bei der Gruppe 47 war also 1953? Gab es damals auch lyrische Arbeiten?

Ich hab auch ein paar Gedichte an Zeitungen geschickt, »Stimmen der Zeit«, »Zwiebelfisch« und wie die damals hießen.

An die ersten literarischen Zeitschriften also. Aber das haben Sie doch nie entschieden weiterverfolgt? Schreiben Sie auch heute keine Lyrik mehr?

Für mich selbst schreibe ich schon Gedichte, aber nicht zum Publizieren.

Und dramatische Versuche gab's damals noch nicht?

Beim Rundfunk – wenn man das Hörspiel dazu zählen darf – habe ich damals viele Hörspiele geschrieben.

Kleinere Hörspiele?

Nein, nein, alles Stunden-Hörspiele. Von 1952 bis 1954 habe ich sicher zwanzig Hörspiele geschrieben.

Die auch alle gesendet wurden?

Nein, ich habe auch nicht alle angeboten. Aber einige wurden in Stuttgart und in Bremen gesendet.

Was waren das für Hörspiele, standen die auch unter dem Eindruck Kafkas?

Ja, kann man sagen, doch ja. Übrigens hab ich auch früh schon zwei Song-Sendungen für den Funk geschrieben. Ich hatte nie Brecht gelesen ...

Auch während des Studiums nicht?

Nein, kein Brecht, ich wusste gar nicht, dass es den gibt, auch kein Stück und gar nichts. – Ich habe früh geheiratet, 1950 als Student, in meinem Heiratspapier steht Rundfunkangestellter, obwohl ich gar nicht angestellt war, aber meine Mutter wollte gern, dass ich angestellt wirkte. Damals haben wir in Stuttgart elend gewohnt, und ich wurde mit dieser ganzen Klassenlage in der Stadt konfrontiert. Da habe ich eine Song-Sendung, mit einem Komponisten zusammen, gemacht, der eine sehr gute Musik machte, der aber – wie ich heute weiß – Weill kannte. Wir haben eine Sendung gemacht, die hieß »Die Dummen« und handelte von den ungeheuren Gemeinheiten des Wohnungsmarktes damals, und dann eine zweite – sie wurde in den Zeitungen von den Rundfunkkritikern zwiespältig aufgenommen –, die hieß »Kantaten auf der Kellertreppe«. Und wenn ich das heute anschaue, dann kam das damals zwar aus den eigenen sozialen Erfahrungen heraus, wirkt aber, als ob ich von Brecht beeinflusst worden wäre. Aber ich habe das dann nicht weitergemacht, sondern bin zu Hörspielen übergegangen.

Auch stilistisch ähnlich dem, was Brecht gemacht hat?

Ja; ich bin natürlich kein Lyriker, aber wenn Sie es hören würden, klingt es heute wie Brecht, weil mein Komponist eben Weill kannte, verstehen Sie? (singt) »… der Staat verteilt Gerechtigkeit, Gerechtigkeit ist schön, wenn alle Bürger mit der Zeit von der Gerechtigkeit was sehn.« Oder: »Auf der Welt gibt's große Zimmer, es gibt aber auch kleinere, auf der Welt gibt's arme Leute, es gibt aber auch feinere«, so etwa.

Das ist natürlich ganz Weill.

Das klingt so, ja. Aber das war damals halt die unmittelbare Erfahrung: Die einen leben so und die anderen so. Na ja, und dann viele Hörspiele. Eins, »Die Fische«: Eine Stadt wird plötzlich von den Fischen besetzt.

Also immer wieder der Zwangscharakter; »Schicksal«, »geschickt« – diese Worte geradezu zu bleibenden Metaphern erhoben in allem, was Sie damals auch geschrieben und empfunden haben.

Ja. Dann aber, durch diese Stuttgarter Erfahrung, werden die Sachen etwas realer. Es kam ein Hörspiel, »Der kleine Krieg«, da war schon ein Mann mit einem Einzelwarengeschäft, in dessen Straße eine Ladenkette, ein Konzern einzieht und der – durch verzweifeltes Dekorieren, nur durch Dekorieren, versucht, diesem wirtschaftlichen Gegner standhalten zu können, obwohl das völlig lächerlich ist und der schließlich in seinem Schaufenster stirbt. Und dann ein Hörspiel, das hieß »Angriff auf Perduz«, da kam dann schon der Vertreter: ein Zug fährt in ein Bergdorf – ein Zug voller Vertreter; in diesem Bergdorf leben lauter arme Leute; die all das, was die da bringen, überhaupt nicht gebrauchen können; und diese Vertreterkolonnen mit verschiedenen Angeboten, Uhren und Gummischürzen usw., das sind also Angriffstruppen, die auch noch gegeneinander konkurrieren, aber alle zusammen wollen sie das Dorf überfallen und ihre Ware loswerden. In der Enge dieser Welt, in der Herausgeschältheit des Beispiels ist das natürlich noch nicht so ganz realistisch, sondern hat noch kafkaische Abmessungen. Das Gesetz, nach dem sich der Kampf in dieser Enge abspielt, ist aber schon kein kafkaisches Gesetz mehr, weil es ja doch von den wirtschaftlichen Erfahrungen unserer eigenen Zeit lebt.

Da also taucht erstmals der Vertreter auf. Hatten Sie denn Erfahrungen mit diesem Beruf? Oder war er für Sie eher die Inkarnation der von Ihnen erlebten Umwelt?

Ich habe uralte Erfahrungen damit durch meinen Vater, der starb, als ich elf Jahre alt war. Er hatte eine kleine Gaststätte und einen Kohlenhandel von meinem Großvater geerbt; aber mein Vater war kein Geschäftsmann. Man hatte ihn zwar auf eine Schule geschickt, nachher auch auf eine sechsklassige königlichbayerische Realschule und dann in eine kaufmännische Lehre nach Lausanne, und da musste er eben als einziger Sohn das Geschäft übernehmen. Mein Vater, weil er über sich selbst nicht klarwerden konnte mit den Hilfsmitteln, die ihm in seiner Familie und in den damaligen Schulen angeboten wurden, ist in diese verfügte Position eingestiegen, obwohl er überhaupt nicht dafür getaugt hat, und er hat dieses Doppelgeschäft von Gastwirt und Kohlenhändler auf die unglücklichste Weise betrieben. Und weil beides im Dorf schon übermäßig besetzt war, ist er dann natürlich dieser übermäßigen Besetzung auch erlegen und hat versucht zu fliehen; er hat immer kleinere Geschäfte anfangen wollen, obwohl das alte schon klein genug war; er wollte dann

Vertreter machen, für Uhren z. B., Schweizer Uhren, weil er Kaufmannschaft in Lausanne gelernt hatte – später in »Halbzeit« habe ich viel von dem verarbeitet. Denn mein Vater hat in dieser wirtschaftlichen Verzweiflung, in den 20er Jahren, Anfang der 30er Jahre, angefangen zu schreiben und literarische Fluchtwege zu suchen, also völlig aus dem Stande null – ich kann das beurteilen nach den Büchern, die ich nach seinem Tod auf dem Dachboden gefunden habe, die er gelesen hatte, und was er geschrieben hat – er hatte auch so Hefte vollgeschrieben. Er hat sich z. B. ganz auf den indischen Weg begeben. Er hat Theosophie angefangen, »Hermetische Lehre« nannte sich das, ich habe eine Menge Bücher eigenartigster indischer Psychologien und Philosophien vorgefunden ...

Theosophie vielleicht hier aus dem süddeutschen Raum?

Sie meinen jetzt wegen Hesse?

Nicht nur, der ganze süddeutsche Raum ist doch voll davon.

Nein, das wäre eine Überinterpretation. Das ist ganz klar nachzusehen, woher das kommt: gar nicht vom extremen Süddeutschland, sondern von Darmstadt. Bei meinem Vater waren eine Menge Broschüren aus einer »Darmstädter Schule der Weisheit« – in Darmstadt muss ein Nest von Rabindranath-Tagore-Anhängern gewesen sein, die haben diese Upanishaden-Weisheiten verbreitet; ich hab das nur damals mal gelesen und mich nicht weiter gebildet auf diesem Gebiet. Und dann war da noch so eine »Nachfolge Jesu«-Spur drin und eine Spur Swedenborg, also auch so eine parapsychologische, völlig irrationale Hilfesuche. Das alles bot meinem Vater Fluchtwege aus diesem wirtschaftlichen Unglück und dem Zwang, als kleinbürgerlicher »Geschäftsmann« Konkurrenz machen, mitmachen zu müssen, in einer Konkurrenzwirtschaft, die völlig sinnlos ist, weil natürlich die Kohlen für dieses kleine Dorf durch irgendeine Stelle hätten verteilt werden können – wieso müssen da zwei Familien einander kaputtmachen? Bei den Gaststätten ist das vielleicht schon ein bisschen schwieriger, konkurrenzlos zu organisieren, aber auch da machten die kleinbürgerlichen Geschäftsleute – und tun es heute noch – einander kaputt in Konkurrenz, obwohl das alles viel humaner zu organisieren wäre. Und in beiden Bereichen – Gaststättengewerbe wie Kohlenhandel – habe ich ja dann mitarbeiten müssen. Mein Vater war tot, mit meinem Bruder, der zwei Jahre älter war, habe ich das ganze Kohlengeschäft ohne Angestellte betrieben, wir haben die ganzen Nachmittage nach der Schule Kohlen ausgefahren. Als mein Bruder schon eingezogen war, habe ich das Geschäft mit Abrechnungen, Zuteilungsscheinen, mit der ganzen Bewirtschaftungsbürokratie neben der Schule gemacht, ich habe mit einem Kriegsgefangenen pro Jahr 36 Waggons Kohlen ausgeladen und in die Keller und Dachböden der Witwen und Bäckereien geschleppt, habe also viel körperlich gearbeitet in der Zeit und hatte deswegen auch gewisse Schwierigkeiten mit meinen Lehrern, die nur deswegen nicht ganz zum Ausbruch kamen, weil schon Kriegszeit war, und da mussten die bürgerlichen Lehrer still sein, wenn ich nicht in die Schule kam; weil ich dann als Kohlenarbeiter beschäftigt war, konnten sie nichts machen.

Ihre soziale Situation ist also ganz im Anfang ähnlich wie die Ihres Vaters, jedenfalls vom Bewusstsein her ...

Ja, nur habe ich schon etwas von seinen Erfahrungen vorgefunden. Mein Vater ist mit 48 Jahren gestorben.

Nachdem er vergeblich versucht hatte, sich – wie Sie sagen – in der literarischen Flucht zu befreien. Und bei Ihnen ist dann das Schreiben auch eine Art Befreiung.

Selbstbehauptung.

Auch das Suchen nach einer anderen Identität, als es die war, in der Sie dort gelebt haben?

Ich hatte eine günstigere Ausgangsposition. Mein Vater hatte sechs Klassen, ich aber habe nach dem Krieg noch das Abitur machen und mir das Studium verdienen können, weil ich nicht in die 20er Jahre hineingeraten bin wie mein Vater. Ich hatte es einfacher.

Ist der Schriftsteller Walser, wie er heute ist, wie er sich bis heute entwickelt hat, ein Produkt seiner Entwicklung insofern, als er die Befreiung im Schreiben früher gesucht und die Befreiung aus der gesellschaftlichen Enge gefunden hat und das Schreiben jetzt als einen gesellschaftlichen Auftrag betrachtet?

Nun muss ich noch dazusagen, ich hab das natürlich nicht selber geschafft. Ich hätte z. B. ja nicht in die Oberschule gehen können, wenn nach dem Tod meines Vaters meine Mutter sich nicht als kräftiger erwiesen hätte als mein Vater. Meine Mutter hat, als dieser Vater tot war, ein Haus voller Schulden und wöchentlicher Gerichtsvollzieherbesuche aus einer totalen Verschuldung freigekämpft und dann die Möglichkeit für ihre damals drei Söhne geschaffen, in die Schule zu gehen. Sonst hätten wir nicht einmal in die Schule gekonnt, denn das kostete damals ja noch Schulgeld und kostete Fahrgeld und Kleider. Also, es musste jemand da sein, der wirtschaftlich der Lage ein bisschen mehr Herr wurde, als das vorher der Fall war.

Wenn Martin Walser heute Sozialist zu werden sich anschickt ...

Ja, es versucht ..., dann kommt das daher, weil ich Konkurrenz am eigenen Leibe erfahren habe in der Familie, weil ich gesehen habe, wie sich meine Eltern kaputtgemacht haben, in einer völlig sinnlosen Weise, was den Verteilungsmechanismus dieser Waren, die sie zu verteilen hatten, angeht. Im völlig sinnlosen Konkurrenzkampf haben sie ihr Leben aufgerieben. Die haben doch wirklich elend gelebt.

Was ja, auf einer anderen Stufe, auf einer anderen Zeitstufe dann das ganze Thema in der »Halbzeit« und »Einhorn« ist: eine Beschreibung dieser Situation, aber noch kein Versuch, Lösungsmöglichkeiten anzubieten.

Nun ja, aber trotzdem eine Parteinahme, einfach instinktiv, gegen diesen Konkurrenzmechanismus. In der »Halbzeit« versucht der Anselm Kristlein, der nicht das Selbstbewusstsein hat, sich gegen diesen Mechanismus zu wehren, sich anzupassen, um zu überleben. Aber wo landet er, nachdem er Vertreter war, dies und jenes und schließlich Werbemann ist, wenn er nach Amerika geschickt wird? Die höchste Stufe dessen, was er machen kann in dieser Laufbahn, ist, dass er in Amerika lernt, das Image von Produkten rasch altern zu lassen, so dass neue Produkte produziert werden können. Er wird also ein Produktverschrotter, ein psychologischer Produktverschrotter ...

Um den Umsatz zu beschleunigen ...

Genau, also völlig sinnlos, nicht wahr, eine völlig negative Tätigkeit.

Oder positiv für den Kapitalismus.

In der »Halbzeit« ist es, Sie können es Satire oder sonst etwas nennen, auf jeden Fall ist es keine wertfreie Darstellung dieses Mechanismus. Ich glaube, Günter Blöcker hat damals geschrieben, dass ein Mann, der so intensiv mitmacht wie der Kristlein, sich nicht eignet als Vehikel der Kritik an dem, was er mitmacht; und das ist, nach meiner Meinung, nicht wahr.

Nun kann das Sichtbarmachen einer bestätigenden Figur ja durchaus Kritik sein.

Ich hab immer gesagt, für mich geht es nicht darum, Kritik zu üben, ich befinde mich nicht so sehr außerhalb dieses ganzen Betriebes, dass ich von irgendeiner Position aus da einfach Kritik üben könnte; das war nicht meine Position. Aber ich denke, wenn das überhaupt realistisch dargestellt wird, dann muss man nicht noch eine zusätzliche verurteilende Position einnehmen; wenn eine Sache richtig dargestellt ist, dann empfiehlt sie dem Leser eine gewisse Klarheit über diesen Betrieb.

Sie setzen aber bei dem Leser voraus, dass er eine andere Perspektive hat oder, wenn nicht eine andere Perspektive, zumindest eine andere Position, von der her ein Bruch entsteht zu dem, was da gezeigt wird.

Ich glaube nur, dass es beim Leser vergleichbare Erfahrungen voraussetzt mit dieser selben Wirklichkeit. Wenn der Leser, der z. B. noch in diesem Betrieb abstandslos drin ist, der sich wegen seiner beruflichen Bindungen gar keine Distanz leisten kann, der sich gar keine Lupe auf seine eigene Handfläche hin leisten kann, wenn der ein Buch liest, das ihn einfach distanziert, wenn der noch einmal in einem Buch liest, wie dieser Wirtschaftsbetrieb abläuft, dann kriegt er eine Distanz, die er vorher nicht hatte. Ich habe mich immer dagegen gewehrt, dass der Autor jemand sei, der, außerhalb der Gesellschaft stehend, aus seiner Schreibtischposition eine kritische Distanz zu dieser Gesellschaft habe und aus dieser besserwisserischen, kritischen Distanz heraus Bücher über diese Gesellschaft schreiben könne. Ich habe das immer so erlebt, dass ich selber ein kämpfender, mühsam kämpfender Teil dieser Gesellschaft bin, und ich, um meiner Selbstbehauptung willen, muss das zu Papier bringen – und dann biete ich es anderen an und frage: »Schaut einmal, sind das auch eure Erfahrungen?«

Aber das Urteil ergibt sich doch nur aus dem Vergleich. Wenn aber die Erfahrung, die in einem Buch ausgesprochen wird, identisch ist mit der, die einer hat, der das Buch liest, dann ergibt sich doch allenfalls der Vergleich: »Ich sehe das anders, ich erlebe das anders«; es ergibt sich doch nicht – wenn das Buch nicht so Schaltstellen enthält, in denen sichtbar wird, dass dieses ein unmenschliches, ein unsoziales Leben ist – die Möglichkeit für den Leser, dessen Erfahrungen und Wertungen genau mit denen des Buchs übereinstimmen, zu vergleichen und zu sehen, dass die Entwicklung, die da beschrieben ist, kritisch bewertet wird.

Ich will ein Beispiel aus »Halbzeit« geben, das natürlich die Beschränkung meines Standpunktes schon klarmacht: In dem Buch wird der Versuch gemacht, Psychologie durch etwas anderes zu ersetzen, Psychologie also, die Fähigkeit, Menschen zu analysieren, ihre Motive klarzumachen, dass sie wissen, warum sie handeln, wie sie handeln, aus welchem Stoff ihr Unglück ist, wie es mit ihrer Freiheit und mit ihrem Müssen beschaffen ist. Da schlägt dieser Anselm Kristlein vor, die Psychologie durch

Gravitation zu ersetzen. Und er macht da vielleicht nicht ganz seriöse Angebote, die für mich aber trotzdem wichtig waren. Ich habe in Tübingen einiges mitbekommen, weil ich da nebenher zu Kretschmar in die Vorlesungen gegangen bin – das hat mich mehr interessiert als die Art von Literaturwissenschaft, die außerhalb von Beißner in Tübingen betrieben wurde – und viele medizinisch-psychologische Vorlesungen und Seminare besucht habe, und all das konnte ich vergleichen mit der geisteswissenschaftlichen Psychologie, die dort angeboten wurde mit ihren Rest-Moränen namens Spranger und diese deutsche, idealistische, preußische, pädagogische Drill-Psychologie – also für mich war das grauenhaft, was Spranger da angeboten hat. Kretschmars Lehre entsprach meinen Vorstellungen schon eher, weil sie konkreter war; das war materialistischer, schien materialistischer zu sein: z. B. diese Kretschmar'schen Typen, das schien auf Körperbau und Charakter gegründet, da schien etwas Handfestes geboren zu sein. Aber das Gesellschaftliche war noch ganz vernachlässigt, davon war nicht die Rede. Und ich wollte nun aus der Haltlosigkeit der ganzen geistesgeschichtlichen Erkennungsart und Theorie heraus – ich habe ja auch noch Philosophie mitstudieren müssen – und wollte zu einer verlässlichen, einfach schlichteren, materielleren Methode kommen, mich selber und andere und unsere Beziehungen untereinander zu erfassen; und vor allem wollte ich die Freiheit, wie sie in der idealistischen Theorie von der Klassik her entwickelt wurde, durch Notwendigkeit ersetzen und eben jetzt die *Zusammensetzung* der Notwendigkeit ergründen.

Also auch diese Erfahrung der eigenen Determination einbringen?

Ja, das wollte ich; die Frage war, wie sind unsere Handlungen determiniert, konditioniert? Und das ist also die Unfreiheit von Kristlein. Ich kann nicht sagen, dass ich das souverän von Anfang an sozusagen als Plan des Buches bereithielt; aber es ist das, was das Buch selber gegeben hat: Beim Schreiben wurde das Buch für mich eine Auseinandersetzung mit der Determiniertheit dieses einzelnen wirtschaftlichen Miniobjekts Kristlein in dieser ganzen elenden Konkurrenzmaschinerie Gesellschaft, in die er da hineingerät, und ich wollte zeigen, dass das so wenig Freiheit für den Einzelnen hat, wie es die Gravitationslehre für die Festkörper, bis ins Feinste berechnet, nachweist.

Das kommt doch auch noch sehr gut in der »Halbzeit« heraus. Deshalb begreife ich auch nicht den Einwand, dass die Tatsache, dass Kristlein als ein Affirmativer beschrieben wird, bereits Affirmation ist.

Realismus ist etwas anderes als die Alternative: Affirmation *oder* Kritik, das ist das, was ich meine. Von einem rein theoretischen oder intellektuellen Operationshorizont aus gesehen kann man sagen, ein Buch soll kritisch sein – oder es ist affirmativ. Aber dieses sehr schlanke, sehr handhafte kritische Operieren, das ist noch lange nicht Realismus in der Literatur, in der Epik, denn der Realismus ist etwas durchwachsener.

Da steht aber die Idee dahinter, dass entweder ein positiver, sagen wir Roman des sozialistischen Realismus geschrieben werde, dessen Grundeinstellung auf einem ganz anderen gesellschaftlichen Verständnis beruht, oder dass aus einer solchen realistischen Darstellung, eines affirmativen, angepassten Menschen, die Erkenntnis gezogen werden müsse, und der Autor dann noch die Theorie zur Lösung dieses Problems mitzuliefern hatte.

Da steht vor allem dahinter, dass meine Kristlein-Lösung, die sich aus dem Schreiben wie aus einem chemischen Experiment ergeben hat und die ich nicht vorweg hatte, dass diese sich ergebende Darstellung der Unfreiheit z. B. etwa den kritischen Betrachter Beckermann dazu veranlasst hat zu sagen: Wenn hier nur die Unfreiheit dargestellt wird, wie ein Naturgesetz, wenn also die Psychologie durch Gravitation ersetzt wird – ich verkürze das jetzt sehr, das ist dort sehr viel ausgeführter, sehr viel differenzierter dargestellt –, dann bedeutet das, der Mensch komme aus diesem gesellschaftlichen Zustand nicht heraus, der Walser macht den Gesellschaftszustand zu einem Naturzustand. Und um das abzurunden, auch Günter Blöcker hat gesagt, dass sich jemand, der mitmacht, nicht zum Vehikel der Kritik eigne. Da muss ich für mich sagen, wenn ich das richtig verstehe: Ein realistisches Werk muss immer aus der Mitte der gesellschaftlichen Erfahrungen heraus geschrieben werden und niemals von einer Position außerhalb dessen, von der her das kritische Vehikel sozusagen mit souveräner Operation eingeführt wird, damit sich am meisten an ihm zeige. Das ist vielleicht die Strategie des Dramas, der Bühne, da müsste das vielleicht so sein, weil da auch die Strategie der Fabel so geführt werden muss, dass sie zeigegünstig wird. Während der Roman, verglichen mit einem Stück, fast blind wirken darf.

Da sind wir also schon mittendrin in der »Halbzeit«, in dem ersten Roman einer Trilogie, die in diesem Jahr mit dem dritten Teil beendet sein wird. Aber wie kam es dazu, es gab ja doch zuvor noch den ganz starken Einfluss Kafkas. Wie kommt es von Kafka zur »Halbzeit«, es sind ja zehn Jahre, die zwischen Ihrer Dissertation und der Veröffentlichung des ersten Romans liegen. Und dazwischen liegen ja noch andere Stationen.

Ja, da sind die Geschichten, die dann in diesem Büchlein »Ein Flugzeug über dem Haus« veröffentlicht wurden. Das war meine schlimmste Zeit als Autor, denn die Konzentration der Kafka-Prosa und auch der Kafka-Architektur musste verlassen werden. Ich merkte, dass ich mit meinen eigenen Erfahrungen nicht weiterkam. Ich merkte plötzlich, dass ich Erfahrungen coupieren musste, um sie in der Kafka-Art unterzubringen. Ich will zwei Beispiele nennen: in dem Bändchen »Ein Flugzeug über dem Haus« gibt es eine Geschichte, die heißt »Beschreibung meiner Lage« und eine andere heißt »Templones Ende«. »Beschreibung meiner Lage«: da ist jemand, der steht nicht mehr von seinem Bett auf, der weiß aber, dass er sich als Konsument, weil einfach der Milchmann kommt und Rechnungen weiterlaufen, nicht totstellen kann. Er wird durch diesen Konsumentenanschluss an diese Gesellschaft – er hat gewissermaßen eine Verpflichtung als Konsument – zurückgezogen in die Gesellschaft. »Templones Ende«: da ist ein Mann der alten Klasse, in dessen Umgebung die Grundstücke von einer neuen Klasse besetzt werden und der daran verreckt, elend auf dem Teppich zugrunde geht, d. h. es sind einfach gesellschaftliche Erfahrungen der 50er Jahre, die die Parabel sprengen wollen; dafür ist die kafkaische Parabel nicht mehr das richtige Mittel.

Und vielleicht ist die Resignation, die bei Kafka ja bis zum Ende und zu Kafkas Ende führte, bei einem jungen Schriftsteller eine Ausgangsposition, nicht aber eine Endstation.

Man kann einfach nicht das Leben eines anderen wiederholen, nicht wahr, selbst wenn man das möchte; und ich hätte das damals sehr gerne getan. Dann kommt aber jetzt das ganz Wichtige: Ich wollte ja einen Roman schreiben. Ich hatte ja schon diese »Schüchterne Beschreibung« und »Erinnerung eines Chauffeurs« geschrieben, und das waren beides Manuskripte von 150 Seiten, und ich merkte, dass ich den Lehrmeister Kafka nur für die Erzählung bis zu zwanzig Seiten brauchen konnte, in dieser Konzentration. Da gibt es eine Geschichte, die heißt »Rückkehr eines Sammlers«; ein Schmetterlingssammler, der über den Krieg mit seiner ganzen Sammlung ausgelagert worden ist aus seiner Stadtwohnung, kommt nach dem Krieg zurück, doch jetzt sind alle Wohnungen, auch seine, belegt; er kann seine Schmetterlinge nicht mehr unterbringen und kämpft da also einen lächerlichen Kampf – diese Parabel geht noch in einer Geschichte. Aber in einem Roman – und das war meine schlimmste Erfahrung – geht das nicht. Wie aber komme ich zu einem Roman? Kasacks »Stadt hinter dem Strom« hatte uns Lesern damals gezeigt, dass die Kafka-Nachfolge im Roman nicht geht. Es gab damals ein paar Romane, von Dino Buggati »Das vergessene Fort« und von Kasack »Stadt hinter dem Strom«, und es gab noch ein paar Romane in Europa, die ganz klar gezeigt haben, dass die Totalität von »Schloss«, »Prozess«, also von Kafka nicht wiederholbar war, und das hatte ich auch in meiner Dissertation herausgearbeitet, dass dieser epische Ansatz Kafkas Voraussetzungen hat, die wir nicht mehr teilten, und da musste man Abschied nehmen. Also ich wusste, es gibt keinen Roman auf diesem Weg, ich musste da irgendwohin, und das war für mich eine unheimlich traurige Sache, ein Sakrifizium, ein Verrat, ein ...

Verrat an Kafka!

… ja, ja, eine ekelhafte Sache. Ich musste zu dem Roman zurück, den ich höhnisch um Kafkas willen verlassen und geopfert hatte, ich musste zum Gide'schen Roman zurück. Im Grunde hat es in der deutschen Epik für mich keinen Lehrmeister gegeben. Denn der Goethe'sche Roman ist für mich keiner. Ich kann diese Begeisterung über die »Wahlverwandtschaften« nicht teilen, die Begeisterung über »Wilhelm Meister« kann ich nicht teilen.

Wie sieht es denn mit den großen Romanschreibern des neunzehnten Jahrhunderts aus? Raabe, Stifter, Keller?

Die sind für mich einfach gar nicht vorhanden; die habe ich gelesen, aber das sind für mich überhaupt keine brauchbaren Lehrmeister geworden. Für mich wurde erst wieder ein Lehrmeister Proust.

Und wie steht es mit der Erfahrung Joyce?

Joyce habe ich erst nach der »Halbzeit« angefangen, ich habe ihn auch bis heute nicht ganz gelesen. Also ich hab das nie verarbeitet. Proust habe ich 1957 / 58 gelesen, und zwar zweimal ganz.

Also kurz bevor die »Halbzeit« geschrieben wurde, oder auch während des Schreibens?

Nein, nein, vorher.

Und von der deutschen Literatur? Döblin?

Von Döblin habe ich nur – wie hieß es – »Der Oberst und der Dichter« gelesen.

Also nicht die großen Romane?

Nein, die kenne ich gar nicht. Auch Thomas Mann kam später, Heinrich Mann nie. Von Heinrich Mann habe ich mich damals auch schnöde um Kafkas willen verabschiedet, ich fand das einfach nicht so präzis – das war sicher sehr ungerecht.

Amerikanische Erzähler? Faulkner?

Nein, habe ich auch probiert; Faulkner kam in meine Kafka-Zeit hinein, »Licht im August« habe ich gelesen, das hat für mich überhaupt keine Bedeutung gehabt. Ich habe dann später, 1957, das erste, dieses sehr schöne Buch von Faulkner gelesen, »Schall und Wahn«.

Die Faszination von Kafka hat sehr viel absorbiert?

Ja, abgestoßen, hat mich so absorbiert, dass ich nicht fähig war, andere Sachen zu lesen. Nur Dostojewskij konnte ich weiterlesen, Dostojewskij und Tolstoi und Proust.

Und wen bevorzugt, Tolstoi oder Dostojewskij?

Ganz und gar Dostojewskij, ganz und gar. »Krieg und Frieden« ist ein großes Buch, das liebe ich sehr viel mehr, als ich Thomas Mann liebe, obwohl ich eine letzte Reserve dagegen doch eben habe, verglichen mit Dostojewskij. Dostojewskij ist ganz und gar aufreißend. Aber geholfen hat mir bei diesem Übergang von Kafka zu einem Roman hin am meisten Proust. Zweimalige Lektüre dieser sieben Bände, und zwar habe ich die genau gelesen, weil ich gemerkt habe, da kann ich was lernen.

Deutsch oder Französisch?

Deutsch.

Und was haben Sie da gelernt?

Wer mich kritisieren will, sagt vielleicht: Eben! Du hast dabei das Falsche gelernt, du hast die Details heiligen oder zu wichtig nehmen gelernt.

Ein Vorwurf, der Ihnen von der Kritik häufig gemacht wird, dass die Details die Handlung ersticken und die Absicht, die Sie vermitteln wollen.

Ja, ja, die Details. – Also, das heißt »gelernt«. »Ich habe gelernt« ist ein pompöser Ausdruck. Ich habe selber als Leser erlebt bei Proust, wie schön es ist, auf 270 Seiten eine Abendgesellschaft dargestellt zu sehen, die sich in einem Pariser Haus zusammenfindet und so oder so angezogen ist. Wenn der Autor das kann, liest man 270 Seiten lang mit Genuss und Gewinn.

Deshalb die Vorliebe von Martin Walser für Partydarstellungen?

Kann sein, aber das war, nicht wahr, das war es nur in zwei Romanen, dann fast in dreien, aber in den »Ehen in Philippsburg« kannte ich ja Proust noch nicht und hab auch Partys dargestellt. Ich könnte so zusammenfassen: In »Halbzeit« habe ich Proust gehuldigt, und im »Einhorn« habe ich ihn kritisiert, wollte ich ihn widerlegen. Ich bin nämlich dann, nachdem ich das alles hinter mir hatte, draufgekommen, dass dieser siebte Band von Proust eine bürgerliche Kulturreligion ist, die so inhuman ist, ...

... und etwas selbstbezogen larmoyant?

Larmoyant glaube ich nicht, so weit ging ich nie; denn als Kunstprodukt in seiner Stimmung ist das für mich schönste Götterdämmerung, so wie Götter verdämmern sollen, aber das ist eben *Dämmerung*; und ich mag nicht – immer noch nicht – die Menschheitsgeschichte in irgendeiner Epoche mit Dämmerung beschließen, weil ich auch der Meinung bin, es geht weiter. In der Behandlung des menschlichen Bewusstseins im Roman glaubte ich da einen großen asozialen oder gar inhumanen bürgerlichen Irrtum in Proust erkannt zu haben, indem er nämlich sagt, alles ist unrettbar verloren in der Zeit, wir können diese Zeit nicht wiederfinden, nur der Künstler, dank seiner besonderen Fähigkeiten, kann darin also Fragmente bewahren.

Ganz entschieden bürgerliche Vorstellungen vom Dichter, vom Künstler, der das in der Zeitlosigkeit bewahrt ...

Ja. Mir wurde das dann grausam unsympathisch, dass es unter so vielen Leuten ein paar geben sollte, die irgendetwas retten können, und andere, die müssten nur bei denen an den geretteten Limonaden schlürfen, aber selber könnten diese anderen gar nichts retten. So kann nichts eingeteilt sein, und wenn es so eingeteilt wäre, durch irgendeine Kulturübung, dann müssen wir das schnellstens beenden. Viel später las ich dann, dass Kierkegaard meinen Vorwurf schon hundert Jahre zuvor gegen die Kunstreligion gewisser Romantiker in ähnlichstem Stil erhoben hat.

Wenn im »Einhorn«, in der zweiten Kristlein-Folge, Proust kritisiert wird, wie sieht dann jetzt, im dritten Kristlein-Teil die Figur Kristlein aus? Wie verändert sie sich?

Da muss ich schnell etwas zum Rhythmus dieser Trilogie sagen. Ich habe »Halbzeit« angefangen im Oktober 1958 nach einem Amerika-Aufenthalt – ich war damals einen Sommer lang in Harvard unter dem heute sehr bekannten Henry Kissinger in einem »International Seminar« gewesen –, danach habe ich angefangen, »Halbzeit« zu schreiben, eben aus dem Proust-Erlebnis und aus meiner Amerika-Erfahrung heraus. Denn ich habe mich dort, nach diesem Harvard-Seminar, noch ein bisschen umgetan, studiert, Recherchen gemacht in den Hochburgen der kapitalistischen Werbung ...

... was der »Halbzeit« dann zugutekam.

Ja, was ich dafür gebrauchen konnte ...

... schon mit dieser Absicht?

Nein, aus Interesse. Ich ging dorthin mit der Absicht, einen Fernsehfilm zu machen. Dann habe ich aber diesen Roman geschrieben, der 1960 erschienen ist ...

... nach anderthalb Jahren?

Ja, in 16 Monaten geschrieben. Da hatte ich aber natürlich das Material und die ganze Vorbereitung aus den zehn Jahren zuvor.

Auch schon Notizen?

Nichts Fertiges – außer einem bisschen Schräggedrucktem, das in dem Roman da jetzt in Kursiv gedruckt ist, was speziell die Erfahrungen meines Vaters behandelt, was dort auch so ausgegeben ist als die Erfahrungen des Vaters. Das lag schon vor – ich wollte schon immer mal einen Roman über meinen Vater schreiben –, und das habe ich in diesen Roman sozusagen fertig übernommen; alles andere ist dazugekommen. Dann wusste ich aber am Schluss dieses Kristlein-Buches sofort – der Held, so beginnt es, liegt im Bett mit seiner Familie, mit seinen Kindern, und es hört auch wieder so auf –, dass das Buch nicht fertig ist, und ich wollte das immer weiterschreiben. Aber ich habe dann Theaterstücke geschrieben, weil ich das Gefühl gehabt habe, ich würde jetzt denselben Roman noch mal schreiben, wenn ich ihn 1962, 1963 oder 1964 geschrieben hätte. Und erst 1965 hatte ich das Gefühl, genügend Abstand zu der – wenn wir das zusammengefasst so nennen – Prousthaftigkeit zu haben, um die Spielfigur Kristlein – die ich ja selber als gesellschaftliches Spielobjekt bin, aber eins eben, mit dem ich wiederum spielen kann (also der Kristlein-Figur bin ich souveräner gegenüber als mir selber gegenüber) – zu verändern. Und da habe ich gedacht: So, jetzt kann ich diese ganze europäische Erinnerungssüchtigkeit und Überhöhung als einen unserer wirklichen, natürlichen Kondition gegenüber begangenen, vielleicht liebenswürdigen, aber doch Irrtum darstellen.

Als vergangenen oder noch heute wirkenden Irrtum?

Als einen nachwirkenden Irrtum natürlich, den ich jetzt aber kritisch darstellen kann. Ich bin dem zweiten Kristlein-Roman, dem zweiten Aufbruch gegenüber viel souveräner gewesen als dem ersten. Der erste hatte sich so ergeben, da musste ich mir die Erfahrungen erst während des Schreibens bewusstmachen. Ich wusste zwar beim ersten auch, wie lange das dauern würde, ich wusste, wie viele Seiten es ungefähr werden würden, aber beim zweiten war ich schon wesentlich souveräner gegenüber der Architektur dieses ganzen Unternehmens.

Waren Sie vielleicht auch dadurch vorgeprägt, dass es eben schon einen Roman gab?

Ja, und weil man das natürlich auch lernt – ich will nicht sagen, dass das ein Vorteil sei, aber es lässt sich leider gar nicht vermeiden, dass man einfach souveräner wird diesem Handwerk gegenüber.

Aber eine theoretische und ästhetische Naivität verliert sich?

Verliert sich, eben; und das ist nicht nur ein Vorteil, aber das ist nun mal so. Und als ich dieses der Erinnerung gegenüber kritische Buch geschrieben hatte, da wollte ich auch unmittelbar weiterschreiben, weil ich wusste, das ist nicht fertig. Schon während des Schreibens am »Einhorn« hatte ich mir dauernd Sachen notiert, die da nicht mehr hineingingen. Dieser dritte Band sollte heißen »Die Cousine«.

Mit dem Schreiben des zweiten steht also der dritte Band fest?

Ja, denn während der zweite gearbeitet wurde, ergaben sich andauernd Sachen, die in den zweiten nicht hineingehörten.

Was für Sachen waren das? Geschichtlich Vorausgreifendes oder in die Konzeption nicht Passendes?

Das waren Sachen, die im dritten Band gar keine Rolle mehr gespielt haben, oder eine winzige Nebenrolle. Ich will das mal so ausdrücken: Während ich den zweiten schrieb, stellte sich heraus, dass der dritte Band heißen würde: »Die Cousine«; »Die Cousine« ist in dem wirklich dritten Band aber nur ein Kapitel und nicht das ganze Buch. Vom ersten zum zweiten Teil habe ich also sechs Jahre gebraucht, vom zweiten zum dritten sieben

Jahre. Es hat sich also herausgestellt, dass ich zum dritten Band wieder viele Jahre brauchte, weil ich wieder kritisch werden musste zu der Position Kristleins, die im zweiten Band dargestellt wurde – genauso wie ich im zweiten Band kritisch gegenüber dem Kristlein des ersten Bandes wurde. Kristlein hat nun, von meiner Entwicklung und von meinen Beurteilungsmöglichkeiten her gesehen, eine endgültige Position erreicht; weiter kann diese Figur nicht getrieben werden; ich muss jetzt mit einer anderen Figur weiterwirtschaften.

Haben Sie das nach dem ersten oder zweiten Roman nicht auch schon einmal geglaubt?

Nein, nein. Ich habe immer gewusst, die Figur ist nicht fertig. Und jetzt ist sie fertig. Die Figur hat jetzt eine für sie endgültige Position erreicht.

Und wie sieht diese dritte Position, diese Endposition Kristleins aus?

Kristlein in der »Halbzeit« war dieser wirtschaftliche Abenteurer, der mitgemacht hat und durch sein Mitmachen das Vernichtende des Mitmachens selbst erlebt hat. Die Position des zweiten Kristlein war die der kulturellen Tröstungen, die angeboten wurden und die er als unwirksam an sich selber erlebt hat.

Er wird da ja selbst Schriftsteller.

Ja, wird er, und das bringt ihm nichts. Und der dritte Kristlein lässt den wirtschaftlichen und kulturellen Weg gleichermaßen hinter sich, er ist Angestellter, er ist sehr viel schwächer und sehr viel mutloser als die anderen vorher ...

Also Resignation?

Nein, er ist einfach schwächer, hoffnungsschwächer. Er ist jetzt in einer Angestelltenposition und erlebt sich dabei, wie er das Geschäft des Unternehmers betreibt, weil er nämlich Leiter eines

Erholungsheimes ist, in dem Arbeiter aus den Konzernfabriken ihre Arbeitskraft regenerieren, und er merkt, wie er der Durchsetzer einer Hausordnung wird, die im Dienste des kapitalistischen Unternehmens verfügt ist; und hier ist er in einem Parteiungskonflikt, in dem sich für ihn die Frage stellt, wo gehört er hin, dorthin oder dorthin.

... also auf die Seite der Unternehmer oder der Arbeiter?

Ja, der Arbeitnehmer, um in dem Jargon zu bleiben. Ich will das jetzt nicht mit politischen Wörtern interpretieren. Ich sage nur, das Buch hat drei Teile, und daraus ergibt sich die Antwort auf Ihre Frage. Die ersten hundert Seiten heißen »Geldverdienen«, das ist noch einmal ein Rückblick auf die ganze Odyssee, auf dieses Abenteuerliche. Der zweite Teil heißt »Phantasie des Angestellten«, der beschäftigt sich mit alledem, was ich gerade gesagt habe, mit dieser Angestelltentätigkeit. Und der dritte, der kürzeste Teil heißt »Mit dem Segelschiff über die Alpen«. Der erste Teil ist in der Vergangenheitsform geschrieben, der zweite Teil in der Gegenwartsform, und der dritte Teil, dieser kürzere Abschlussteil, ist im Futur geschrieben; da sieht Kristlein seine Lösung, entwirft sie für seine Familie und seine Frau, aber dieses Futur steht unmittelbar bevor: Das werden wir jetzt machen; denn er muss, er wird durch die Handlung des ganzen Romans zur Lösung gedrängt; das findet auf dem Papier im Futur statt.

Aber auch, wenn es im Futur stattfindet, kann es doch verheißen, dass es eintreten wird; oder ist es nur eine Utopie?

Es gibt für den Kristlein – das klingt sehr schnöde, aber das zieht sich durch das ganze Buch als determinierend hin –, es gibt jetzt nur den Selbstmord oder eine Solidarität.

Eine Solidarität – oder nur eine bestimmte Solidarität?

Die Solidarität mit denen, gegen die die Hausordnungen bis jetzt gemacht waren. Für den Kristlein aber, und das liegt an dieser Figur, sind beide Lösungen happy endings, den Selbstmord und die Solidarität bezeichnet er beide als happy endings; und es wird erzählt auf eine, na ja, vielleicht ein bisschen raffinierte Weise ...

Sie meinen damit zu raffiniert?

Das weiß ich nicht, das wird sich zeigen – auf jeden Fall bin ich im Augenblick noch damit einverstanden, dass ich ein Buch mit zwei glücklichen Lösungen anbiete.

Aber beide im Futur.

Beide zwar im Futur, aber beide können Ende Oktober stattfinden, und das ist Anfang September geschrieben. Beide Lösungen werden zwischen Anfang September und Ende Oktober möglich.

Auch dieser dritte Teil wird ja wieder von Kristlein geschrieben.

Natürlich, deshalb ist es auch notwendig, dass der Schluss dieses Buches im Futur stattfindet, denn die Perspektive dieser Figur ist handwerklich einfach nicht anders zu machen: das Ende dieser Figur kann nur im Futur stattfinden, aber es ist ein sehr absehbares Futurum. Anderseits ist aber diese Dreiteilung von Imperfekt, Präsens und Futur im abschließenden Buch »Der Sturz« natürlich auch eine formale Zusammenfassung des ganzen gesellschaftlichen und menschlichen Kristlein-Schicksals in dieser Epoche: dieses Odysseehafte im Imperfekt und das Dramatische, Ohnmächtige des Angestellten im Präsens und darauf zwingend notwendig im Futur die glücklichen Lösungen, sei es Selbstmord, sei es Solidarität; nur dass der Selbstmord auch ein happy ending ist: Das eben ist Kristlein.

Der Selbstmord und die Lebenslösung als zwei happy-ending-Lösungen; kann das tatsächlich so sein?

Ja, das ist so.

Ist nicht der Selbstmord sozusagen der Rückfall in den Kafka?

Das ist vielleicht nicht der Rückfall, das ist aber die Konsequenz aus Kristlein.

Das ist dann aber sehr subjektiv. Dagegen beschreibt der letzte Roman »Die Gallistische Krankheit« doch den Weg in die Solidarität: aus der Krankheit, aus dem Leiden an der Gesellschaft in die Solidarität mit den Leidenden an der Gesellschaft hinein, zur Überwindung dieser Gesellschaft. Und das wäre doch die zweite Alternativlösung Kristleins?«

Diesen »Gallistl« habe ich mir erarbeitet zwischen zwei Kristleinbänden ...

Als Übung?

Eigentlich als Notwendigkeit. Ich dachte, der »Gallistl« wird ein Teil dieses dritten Kristlein-Teils. Aber ich habe bei der Arbeit gemerkt, dass der Gallistl dem Kristlein voraus ist, der ist in der Kristlein-Sphäre, jetzt ästhetisch verstanden, nicht unterzubringen. Der geht, wobei das Ästhetische eben auch das Inhaltliche ist, einfach darüber hinaus, aus demselben Grund, aus dem Sie jetzt den Gallistl heranziehen, um die Kristlein-Lösung zu kritisieren. Nun ist aber diese ganze Kristlein-Welt, die an den Kapitalismus gebundene, verkaufte, fragwürdig, nun fragt man sich: inwieweit gebunden, inwieweit verkauft, ein für alle Mal oder noch rettbar; das ist nicht etwas, was ich einfach entscheiden kann. Wichtig für die handwerkliche Struktur des Buches ist, dass alle Figuren um Kristlein herum im zweiten Teil des »Sturz« kaputtgehen, die meisten davon durch Selbstmord – auch Figuren aus früheren Büchern; die sterben alle an sehr bezeichnenden, sehr erzählerischen Todesarten, also die Fabrikherren und die Angestellten auf jeder Ebene, das ist nicht ein Abrechnen, sondern die kommen auf bezeichnende Art und Weise um.

... durch Krankheiten an der Gesellschaft.

Nein, die kommen meist durch Gewalt um, aber durch Gewalt, die sehr typisch ist für ihre Beschäftigung.

Gewalt ist aber doch meist der Ausfluss einer gesellschaftlichen Situation.

Ja eben; die kommen also auf eine sehr bezeichnende Weise um. Dass auch Kristlein umkommen kann, fällt also nicht so besonders auf und ins Gewicht; er kann aber auch überleben, wenn er diese Solidarität findet.

Das wäre wahrscheinlich auch zu platt gewesen, wenn man nur diese happy-ending-Lösung angeboten hätte.

Ja, dann wird sie nämlich zu leicht, so leicht ist sie ja nicht. Die Solidarität ist ja kein Frühstück mit Sekt, sondern das ist Arbeit.

Der Selbstmord ist ja auch Ausdruck eines Scheiterns an dieser Gesellschaft ...

Ja.

... und das ist, analog gesprochen, eine Lösung, die auf sehr viele zutrifft, auch wenn es nicht als Selbstmord, sondern nur als Silikose-Vergiftung oder im Bergbau zugezogener Lungenkrebs auftritt.

Oder durch die Zigarette.

An der Zigarette?

Ja, natürlich, das auch, das ist der hingezogene Selbstmord. Auch die Zigarette ist der Ausdruck eines sozialen Konflikts, nicht wahr. Gut, es klingt natürlich zynisch, wenn ich den Bergarbeiter und den Zigarettenraucher im Büro nebeneinanderstelle, das sieht so aus, als wäre der mit der Zigarette mehr schuld an seinem eigenen Tod, so ist es aber nicht.

Man muss aber doch sagen, mit der Zigarette verdiene ich mir nicht mein Leben, meinen und meiner Familie Lebensunterhalt.

Doch! Der kann vielleicht gar nicht anders arbeiten, wenn er nicht diese vierzig Zigaretten täglich raucht. Die Zigarette gehört sozusagen zum Angestellten, natürlich, die Zigarette ist ein Restitutionsmittel, ein Behauptungsmittel von Leuten in Abhängigkeit. Wenn wir beide jetzt das Geld hätten, eine Umfrage machen zu lassen, wer – und zwar nicht absolut, sondern relativiert – häufiger an Lungenkrebs stirbt: Unternehmer oder Angestellter, da mach ich mit Ihnen jede Wette, dass das die Angestellten sind, die die Zigaretten rauchen. Ich sage das aus meiner eigenen Erfahrung. Bei meiner Arbeit, bei der ich viel Zeit alleine im Zimmer verbringe, habe ich mir das Rauchen zu einem großen Teil abgewöhnen können, ich rauche fast nicht mehr. Das hätte ich als Angestellter, wenn ich in einem Funkhaus geblieben wäre, bis heute noch nicht geschafft. In dem andauernden Nervenstress zwischen dem Direktor und der Realität wäre ich garantiert nicht imstande gewesen, mir das Rauchen abzutrainieren. Ich halte das für eine ganz wichtige gesellschaftliche Kondition, dass sehr viele Leute nur mit Hilfe dieses tödlichen Gifts imstande sind, ihre Arbeit zu tun.

Hat die Neigung der Jugend zum Rauschgift eine ähnliche Voraussetzung?

Ich glaube, ja; aber in unserer Generation sind es das Nikotin und der Alkohol. Nur hat das Nikotin nicht diese ehrwürdige literarische Tradition wie der Alkohol, aber das Nikotin hat dieselbe Bedeutung als gesellschaftlich verfügtes Heil- und Ersatzmittel.

Welche Stellung, nachdem wir nun wissen, wie sich die »Gallistische Krankheit« zur Kristlein-Trilogie verhält, welchen Stellenwert hat »fiction«?

Das ist ein Versuch, das waren Vorübungen für den dritten Kristlein-Roman, und ich bin froh, dass ich das gemacht habe, obwohl es mir sehr viel Unbill eingebracht hat. Das war ein Versuch, über den Realismus in einer ganz bestimmten Weise hinauszukommen, ist ein reines Bewusstseinsbuch, also eine Fingerübung, um den Stil eines Romans zu finden, den ich damit aber nicht gefunden habe. Danach habe ich dann das ganz andere gemacht ...

Warum publiziert man das dann? Ist es vielleicht für die Entwicklung eines Autors wichtig, wenn man so was an die Öffentlichkeit gibt?

Ich hätte es ja anders nicht erfahren, dass ich so nicht weitermachen konnte, wenn ich das nicht publiziert hätte.

Also einmal für den Autor ein Nutzen durch die Kritik?

Das ist sicher mein einziger Nutzen gewesen, den ich je davon gehabt habe. Manche Kritiker haben sich ja leicht an die Schläfe gegriffen nach »fiction«. Ich habe dann aber den Gallistl geschrieben, der ja die äußerste konkrete Beruhigung im Stil ist, verglichen mit »fiction«.

»Fiction« ist dagegen ein ganz aufgeregtes Buch und ...

Ja, ja, und subjektivistisch, haltlos subjektivistisch ...

... situationistisch auch.

Aber auch die Situation des Ich von »fiction« ist die Situation des dritten Kristlein, das hat man natürlich in diesem Buch gar nicht gemerkt; aber für mich ist das inhaltlich ganz fest gelagert, der ist ja dort Heimleiter, das kommt da nur nicht so heraus. »Fiction« ist also, wenn man so will, ich könnte das an den einzelnen konkreten Bezugspunkten zeigen, genau die Strecke des dritten Kristlein-Buches. Nur habe ich das zu früh angefangen und es deswegen zu aufgeregt abgehandelt ...

Ist das tatsächlich die Strecke des Buches »Der Sturz«, wie es erschienen ist, und nicht eine Wegstrecke zwischen »Einhorn« und »Sturz«, die dann, durch »fiction«, überwunden ist mit dem Beginn des Schreibens am dritten Teil der Kristlein-Trilogie?

Ja, aber inhaltlich, also in Bezug auf die inhaltliche Lagerung des Helden. Die Strecke, die in »fiction« zurückgelegt wird, ist die Strecke des ersten und der ersten Hälfte des zweiten Teils vom »Sturz«. Das ist aber nicht so wichtig. Der Gallistl war mir natürlich wichtig, um den Kristlein als Spielfigur für mich zu relativieren, verstehen Sie?

Und das Buch ist wichtig, um den Autor Walser in dieser Entwicklung zu verstehen.

Ich habe mir mit der Gallistl-Figur jetzt eine neue Figur erarbeitet, und mein nächstes oder übernächstes Buch wird wieder der Gallistl sein.

Also die Ablösung von Kristlein?

Gallistl ist eine verbindlichere Figur.

Die Transponierung Kristleins auf eine andere Bewusstseinsebene?

… in eine andere Verbindlichkeit. Und das – ob es dann endgültig so heißen wird, weiß ich nicht – nächste Gallistl-Buch heißt für mich bei meiner Arbeit »Gallistls Verbrechen«, und es wird dann noch ein drittes Gallistl-Buch geben; alle drei, da muss man nicht so große Angst haben, werden kurz und klein, also schnell zu lesen. Auf jeden Fall ist das mein Arbeitsplan.

Aber da noch ein bisschen weitergedacht: Gallistl wird doch gerettet, rettet sich doch in die soziale Solidarität. Wo setzt Gallistls Verbrechen ein?

Der vierte Teil von »Gallistls Krankheit« heißt »Es wird einmal«. Auch da steht das Futur, das beim Kristlein allerdings ein konkretes, bevorstehendes, kein utopisches, kein weit weg liegendes, kein überirdisches Futur ist, sondern ein Futur, zu dem hin man nicht nur aufbrechen kann, sondern aufbrechen muss. Aber warum Gallistls Verbrechen? Ich will es mal an einem Beispiel sagen, an einem Beispiel aus der Literaturwelt, aus der Kulturbetriebswelt. Nehmen Sie mal die zwei Buchreihen ›edition suhrkamp‹ und ›Sammlung Luchterhand‹; da gibt es von einer Nummer zur anderen lauter tiefsozialistische, soziologische Bücher, als wäre der Sozialismus im Jahre 1970 überhaupt kein Problem mehr, und rundherum steht eine siegende Welt des Kapitalismus, der Studentenprotest verflüchtigt sich, wird nur zum kleinsten Teil konkret, es ist wenig davon übrig. All diese Bücher, in denen der Sozialismus gar kein Problem mehr ist, die wirken, als wäre alles schon ganz geklärt, für jeden Teilaspekt, für die Warenwerbung, für das Militär, für die Vereinsmeierei, für alles sind sozialistisch gestimmte und fundierte Untersuchungen da – und trotzdem haben wir rundherum, das sehen Sie an den Börsenbewegungen, den Konzernfusionen, der Internationalisierung des Kapitals, eine blühende kapitalistische Welt. Auf der einen Seite der Wirtschaftsteil und auf der anderen Seite der reine Kulturteil, meine eigene Enge, die Literatur als Drama, Roman und Lyrik. Die reine Wirtschaft und die reine Dichtung sind so weit weg vom demokratischen Sozialismus wie seit zehn Jahren nicht mehr; sie sind selbstgefällig vergewissert. Wir wissen doch – ich nenne hier ein Beispiel –, die Einschüchterung der Linken hat seit 1969 kontinuierlich durch die Selbstgefälligkeit der SPD und der ihr anhängenden Intellektuellen zugenommen. Reinhard Baumgart schreibt im »Spiegel« einen Essay über literarisches Hofnarrentum, Horst Krüger schreibt nach 1969 in der »Zeit«, die Linken hätten nichts mehr zu schreiben, weil die SPD in Bonn an der Regierung sei; und Krüger und Baumgart lügen ja nicht, sondern die meinen ja wirklich, dass der linke Entwurf sich je gedeckt hätte mit dem SPD-Entwurf. Das muss man sich einmal vorstellen. Also auf der einen Seite diese Selbstzufriedenheit des Kulturbetriebs und dieser fortschreitende Sieg des internationalen Kapitals und auf der anderen die Buchreihen Sammlung Luchterhand und edition suhrkamp, die tun, als wären wir mitten in einer sozialistischen Entwicklung. Daran sehe ich ein merkwürdiges Auseinandergleiten von fortschrittlichem und fortschreitendem Bewusstsein und Realität, und darin ist der Spielraum für Gallistls Verbrechen, d. h., wir, die wir an diese fortschreitenden Prozesse angeschlossen sind und an ihnen teilnehmen, auch versuchen, aktiv daran teilzunehmen, wir kommen in die Gefahr, es damit sein Bewenden haben zu lassen. Das ist das Verbrechen daran, dass wir sagen: Wir haben eine prima linke Theorie, jetzt können wir entweder, wie Krüger und Baumgart oder vielleicht auch wie Grass, sagen, mit der SPD sei alles erreicht, und es genügt, immer nur alle vier Jahre Initiative zu machen, um auch ja der SPD ihre Chance zu wahren.

Das genügt sicher nicht, aber es ist ein Anfang gemacht, es ist eine Basis gelegt, auf der der in der Ferne liegende sozialistische Entwurf eher realisiert werden kann, und zwar auf evolutionärem Wege eher realisiert werden kann als auf einem Wege, der weiterhin die CDU/CSU an der Regierung gelassen hätte – so jedenfalls ist die Theorie dieser Leute.

Ich bin nicht Kassandra und nicht das Gegenteil, ich bin kein Hellseher, aber ich habe vor acht Jahren gesagt, wir kommen einfach ganz von selbst auf eine langdauernde SPD-Regierungszeit zu, und das ist allein der mögliche Fortschritt innerhalb dieser Gesellschaft; also der *mögliche*, der ist aber noch nicht dadurch gesichert, dass wir SPD-Regierungen haben werden. Das ist eine Möglichkeit. Nun aber belassen es die Intellektuellen, die näher dem Kulturbetrieb sind als dem politischen Betrieb – und dazu gehören diese drei: Grass, Krüger und Baumgart –, eben dabei, die glauben, damit sei schon etwas gemacht, damit sei schon etwas erreicht. Die verhalten sich nicht kritisch zur SPD. Nun gut, das alles ist der Raum für Gallistls Verbrechen.

Nun ist die Sprache, um auch auf diesen Aspekt einmal zu kommen, im »Gallistl« eine ganz andere als in den beiden ersten Kristlein-Romanen. Und die Sprache im dritten Kristlein-Teil nähert sich der Sprache im »Gallistl« an, also hat sich die stilistische und ästhetische Komponente verändert. Aber wie und warum?

Das sind ja tatsächlich zwei Aspekte, die natürlich innig zusammenhängen, aber eben doch zwei Aspekte, der stilistische und der ästhetische. Mir ist das auch nicht so ganz klar, woher diese – sagen wir mal – etwas kühle, zurückgenommene, vielleicht auch durchsichtigere Prosa-Art vom »Gallistl« kommt. Jemand, der es offenbar sehr gut mit mir meinte, hat, ich glaube in einer Wiesbadener Zeitung, geschrieben, da sei eine Hebel'sche Klarheit in dieser Prosa; das war natürlich angenehm, wenn man derweil in anderen Zeitungen lesen musste, das sei eine Partei-Broschüre, Walser in Moskaus Armen und so; also gut, mir wäre es auch lieber, sie läge in der Nähe Hebels. Da ich komplizierte Erklärungen nicht so gern mag wie einfache: Für mich hängt das mit einer physiologischen Umstellung bei mir zusammen, mit einer gesundheitlichen Entwicklung. ich habe während des »Einhorns« so eine Art Kreislaufkollaps gehabt, mitten im Schreiben; ich hatte diese Angewohnheit, bei den Sätzen nie zu atmen, bis ich den Satz fertig hatte, und ich konnte immer erst wieder ausatmen, wenn ich geschrieben hatte – ich schreibe mit der Hand und schreibe dann möglichst schnell, weil ich den Satz schon sehe und versuche, ihn zu bringen, und da muss man den Atem einfach anhalten, bis man fertig ist –, und das habe ich dann irgendwie nicht mehr richtig geschafft, hatte dann diesen Kreislaufkollaps und war dann wieder für zwölf Wochen weg. Seitdem wage ich nicht mehr, einen Satz überhaupt so zu beginnen, wie ich früher geschrieben habe. Ich arbeite jetzt am Schreibtisch ganz anders, weil ich Angst habe.

Die Kritik hat ja doch auch angemerkt, dass in den beiden ersten Kristlein-Romanen so eine gewisse Atemlosigkeit in der Sprache ist.

Ich würde umgekehrt sagen, damals hatte ich zu viel Atem, jetzt habe ich keinen mehr.

Mit Atemlosigkeit meine ich: unter verhaltenem Atem etwas hinschreiben, es bricht aus einem raus, etwas unkontrolliert ...

Ja, ja, aber das ist jetzt vorbei, nicht wahr.

Zu einer Disziplinierung also auf ganz äußerlichem Wege gekommen.

... auf ganz materiellem, physiologischem Weg; das ist eine Altersstufe.

Aber noch keine Altersprosa?

Ja, es hat dann schon manchmal diese Ruhe. Ich merke das beim Vorlesen; ich lese jetzt nicht mehr oft und nicht mehr gerne vor, ich habe das hinter mir. Früher habe ich mit Begeisterung vorgelesen.

Früher, zu Anfang der 60er Jahre, habe ich Sie gehört in Lesungen, das war ein mitreißendes, begeistertes Lesen.

Ich bin auf diese Pulte gestürmt mit wirklicher Begeisterung. Von Natur aus, von zu Hause aus, wäre ich ja gerne Sänger geworden; zu Hause in dieser Wirtschaft hatten wir jede Woche den Gesangverein, mein Vater war im Gesangverein, und er war ein guter Sänger, und mein Bruder, der ist noch im Dorf, der singt sehr gut, auch als Solist. Nun gut, früher habe ich meine Lesungen aus der »Halbzeit« und aus dem »Einhorn« auch immer betrügerisch absolviert, insofern als ich niemals genau das vorgelesen habe, was im Buch steht; ich bin nicht irgendwohin gefahren und hab gesagt, so, jetzt lese ich von Seite 110 bis 134, sondern ich habe mir aus den Romanen richtige Potpourris zusammengebaut, richtige Vortragsnummern, und im Laufe der Zeit sind immer nur die übriggeblieben, die sich als günstig erwiesen haben, richtige Virtuosennummern, weil ich gedacht habe, Bücher können die Leute ja zu Hause lesen, aber wenn jemand abends irgendwohin geht, wo keine Musik dabei ist, dann muss ich etwas bieten, was wenigstens in die Nähe von dem kommt. Deswegen haben Leute oft gesagt: Ja wenn man Sie hört, dann wird einem das leicht, aber wenn man das lesen muss, dann ist das sehr viel mühseliger. Ich habe also jeden Leser, der mir zuhörte und mich dann erst gelesen hat, den habe ich unangenehm enttäuscht, weil er das, was er bei mir gehört hatte, als Leser so im Buch nie wiederfand. Und das ist jetzt vorbei; ich habe inzwischen aus dem »Gallistl« schon ein paarmal vorgelesen, da komme ich als Vorlesender überhaupt nicht in den Vortrag hinein, sondern ich lese, wie es eben da steht, ganz ruhig Satz für Satz, schiebe das vor, biete das an. Das hat also nichts mehr von Rhapsodie, nicht wahr, das …

Nun waren ja die Romane früher auch ganze Rhapsodien in Sprache, mit vielen Themen, die ausgelebt worden sind in Sprache. Das hat sich jetzt diszipliniert, das merkt man beim Gallistl, das spürt man auch beim »Sturz«.

Mit dem Kristlein, in diesem dritten Buch, bin ich umgegangen wie vorher noch nie. Jetzt singt der nicht mehr so, der stürmt nicht mehr, der kann nicht mehr so drängen, er hat nicht mehr den Atem, aber ich habe dafür seine Antiindividualität – an die Individualität habe ich ja nie geglaubt; schon im »Einhorn« habe ich ihn als ein Dividuum sich aufbauen lassen –, ich habe diese Antiindividualität Kristleins in diesem dritten Band exzessiv ausgeführt.

Vielleicht sagen Sie doch einmal etwas zu dieser Dividualität Kristleins.

Im »Einhorn« hat der Kristlein selber entdeckt, dass er kein Individuum ist, dass er nicht eine Person ist, die eine Tendenz oder einen Willen oder eine Freiheit hat, die sich dorthin oder dorthin bewegen kann.

Also keine souveräne Figur.

... die keine souveräne Figur ist, sondern dass er ein Dividuum ist, eingeteilt; 360 Grad ist sein Horizont, und auf jedem einzelnen Grad ist ein Einflussnehmer angesiedelt, der sagen kann, mach das, mach das, mach das, und aus allen »mach das« heraus entsteht seine Dividualität, seine Geteiltheit, seine Aufgeteiltheit, seine Gesellschaftlichkeit, seine Abhängigkeit. Und was damals wie gespielt war, wird jetzt gesellschaftlich ernst genommen. Züge, Eigenschaften, die man als extrem individuell bezeichnen würde, finden sich überall, um zu zeigen, dass, wenn ein Mensch allein ist – ob er das nun positiv oder negativ empfindet, das ist fast egal –, er daran glaubt, Sachen, die er so bei sich selber intim feststellt – ob er damit prahlt oder ob er sie verbirgt –, für sich allein zu haben – ob er damit geschlagen ist oder ausgezeichnet, ist gleichgültig. Gerade ein Thema dieses Buches ist es ja zu zeigen, dass der Mensch ein Ensemble von in der Gesellschaft, auch sonst, und in anderer Gruppierung vorhandenen Eigenschaften ist und kein Einzelner, kein Individuum.

Kein Souveräner.

Kein Souveräner, ja.

Herr Walser, vielleicht sollten wir doch noch einmal zurückgehen und die äußerliche Entwicklung mit Ihrer schriftstellerischen Entwicklung kombinieren, also fragen, wie diese äußerliche Entwicklung, der Erfolg etwa, den Sie gehabt haben, rückwirkt auf Ihr politisches Engagement. Mich interessiert, welchen politischen Klärungsprozess bei Ihnen als Schriftsteller so etwas wie die Gruppe 47 bewirkt hat, zu der Sie ja doch sehr lange gehörten, mit der Sie sich auch kritisch auseinandergesetzt haben.

Ich kann natürlich den Einfluss, den solche Tagungen hatten, heute nicht subtrahieren vom Einfluss, den etwas anderes gehabt hat. Ich kann das nicht herausschälen, ich kann das alles nicht messen. Ich weiß so ganz ungefähr noch, dass ich den Diskussionen, die da herrschten, zwischen Andersch und Hans-Werner Richter und Böll und Kolbenhoff und Franz-Josef Schneider, dass ich da abends nur zugehört habe, und tagsüber bei den Diskussionen über das jeweils Vorgelesene war von Politik wenig die Rede. Da wurde auf eine seltsame Weise eine sehr simple Ästhetik angewendet.

Können Sie sagen, wie diese Ästhetik beschaffen war?

Die war so bescheiden, dass man das gar nicht glaubt, wenn man das so wiederholt. Da haben hochgebildete Literaten, wenn sie in der Gruppe 47 als Kritiker auftraten, sich reduziert auf sehr richtige, aber auf sehr simple Bemerkungen; z. B. erinnere ich als besonders oft wiederholt, dass man einen Autor kritisiert hat, wenn er den Dialog im Roman begleitet hat mit »er sagte« und wenn dazu noch geschrieben war »er sagte selbstgefällig«, oder wenn er das »er sagte« wegließ und einfach die direkte Rede gebraucht hat: »›Guten Morgen‹, und selbstgefällig schob er sich zur Tür herein« – wenn so ein Satz war, dann hat man stundenlang darüber geredet, ob das »er sagte« dazugehörte und ob, wenn schon »er sagte«, man noch ein Adjektiv dazu verwenden darf oder nicht, verstehen Sie?«

Also eine ganz primitive Stilistik?

Ja, Stilistik war es. Und das wurde mit unheimlichem Eifer vollzogen, muss ich sagen, so anno 1953, 1954.

Auch später noch? Wurde das eigentlich beibehalten in der kritischen Praxis, die die Gruppe 47 geübt hat?

Na ja, es wurde dann später vielleicht ein bisschen differenzierter, aber nicht sehr viel. Das liegt halt an der ganzen Methode des spontanen Kritisierens; man hörte etwas, und dann soll man gleich so aus dem Stegreif urteilen.

Hat man denn nicht auch etwa über Inhalte von Romanen gesprochen, dass man z. B. sagte, also dies oder jenes Thema geht nicht? Die Gruppe 47 hatte doch von vorneherein eine sehr feste Vorstellung von der Literatur, die nicht zu ihr gehören sollte.

Zu diskutieren war eigentlich nur die Adjektiv-Verwendung, und man war sehr stolz darauf, dass man scheinbar so konkret am sprachlichen Material diskutierte. Aber eingebunden war diese sprachliche, diese stilistische Diskussion in einen sehr beschränkten, primitiven, realistischen Vorschriftshorizont, ich möchte sagen, das war ein naturalistisch-realistischer Horizont, in den das hineingebunden war. Einer eben aus der Schule Kafkas kommenden Prosa wurde z. B. mit äußerstem Misstrauen begegnet. Allerdings, bitte schön, es hat sich dann gegeben.

Das war immerhin zu einer frühen Zeit. Es ist ja doch verständlich, dass eine Gruppe von jungen Schriftstellern, die nach dieser Katastrophe von 1933 bis 1945 eine neue Literatur machen will, dann ganz handwerklich, ganz primitiv zu arbeiten anfängt.

Ich fand das ein bisschen sehr schlicht, also der Anfang war schon sehr langsam, ich muss sagen, es war manchmal ...

Wie lang ging dieser Anfang? Bis etwa 1960?

Nein – es gab natürlich Überlagerungen. Da kam eben die Ilse Aichinger und hat eine großartige Geschichte vorgelesen, die so gar nicht in diesen Horizont hineinpasste, und da merkte man an der Akklamation, dass die Wortführer, die die Literatur so in den Kahlschlag hineinpressen wollten, eben doch nicht die Majorität waren. Und wenn die Ingeborg Bachmann etwas vorgelesen hat, hat man gemerkt, es bleibt doch nicht bei dem, was da einmal zu programmatisch beabsichtigt worden war; es waren schon viel mehr Stilrichtungen vorhanden, nur haben die sich nicht so hervorgetraut.

Sie selbst aber haben ja schon 1955 den Preis der Gruppe 47 bekommen.

Mit einer Geschichte, die dann schon nicht mehr in diesen Kahlschlag-Realismus hineinpasste. Aber das hat mich auch sehr überrascht, muss ich sagen; ich hätte nie gedacht, dass das da gehen würde.

Nun kann das literarische Sensorium, das sich dann in einer Abstimmung gleichsam demokratisch durchsetzt, kann ja ganz anders aussehen und sich ganz anders auswirken als das, was geäußert wird von den eloquenten Kritikern, die sehr spontan reagieren.

Die sind auch nicht repräsentativ, die waren – möchte ich mit Verlaub sagen – nie repräsentativ, weil es ja nur immer sehr wenige waren.

Also Jens, Reich-Ranicki, Höllerer, Hans Mayer ...

... und Kaiser ...

... Und Joachim Kaiser, der damals doch bestimmt ein viel ausgeprägteres Sensorium hatte für eine differenziertere Ästhetik als etwa Reich-Ranicki.

Zumindest hat er punktreicher reagiert als Reich-Ranicki, bei dem die moralisch heftige Reaktion die intellektuelle oder bewusstseinsmäßige Kapazität vielleicht überdeckt hat.

Nun hat sich die moralische Sensibilität der Gruppe ja doch in sehr vielen Resolutionen zur Tagespolitik ausgesprochen ...

Sehr viel nicht.

Aber es wirkte doch so; wenn Resolutionen ergingen, aus dem Kulturleben kommend, Bezug nehmend auf tagespolitische Ereignisse, so kamen sie aus der Gruppe 47. Und das hat das Bild der Gruppe nach außen als das einer politisch engagierten, in Wirklichkeit aber moralisch reagierenden Institution verfestigt.

Das hat die Gruppe bei den Leuten bekannt gemacht, die die Bücher dieser Gruppen-Autoren nicht zur Kenntnis genommen haben und nicht zur Kenntnis genommen hätten, die aber die Resolutionen zur Kenntnis nehmen mussten.

Hat es was bewirkt?

... die Resolutionen?

Ja, nachträglich betrachtet.

Unsere vernünftigste Resolution, die wir je dort verfasst haben, war die gegen das Adenauer-Fernsehen. Da waren wir ziemlich initiativ; das war auch dem Bewusstseinsstand der Gesellschaft so entsprechend, dass wir damit nicht nur die Meinung von ein paar Intellektuellen zum Ausdruck gebracht haben, sondern auch, zwar nicht das Gefühl der damals von der CDU beherrschten Majorität, von, sagen wir mal, dreißig Prozent der Bevölkerung – das ist ja schon sehr viel. Und dann hat das Bundesverfassungsgericht später das Adenauer-Fernsehen genau in dem Sinne verurteilt, wie es die Resolution der Gruppe 47 getan hat. Das war, glaube ich, eine ganz richtigliegende Resolution. Die während der »Spiegel«-Affäre war natürlich auch ganz richtig und wichtig und dürfte auch nicht außerhalb der Bevölkerungskapazität gelegen haben.

Gehörte Martin Walser bei diesen Resolutionen, bei der politischen Artikulation der Gruppe schon zu den Initiatoren, oder gehörte er zu denen, die sich anschlossen; war er schon politisch aktiv?

Bei der Fernseh-Resolution war ich ganz initiativ, weil ich von dem Medium ein bisschen was verstand. Bei der »Spiegel«-Affäre war ich gar nicht auf der Tagung, das habe ich also nur am Telefon mit unterschrieben, das haben ganz andere Leute gemacht. Bei der Anti-Springer-Resolution in der Pulvermühle 1967 gehörte ich nicht mehr zur Gruppe, ich war also viele Jahre nicht dort gewesen, aber da war ich noch einmal, sozusagen nachträglich, dabei. Aber es war schon klar und wurde durch persönliches Verhalten einiger nachher sehr viel klarer, dass ich nicht mehr »dazugehörte«.

Da hatten Sie ja längst Ihre Kritik an der Gruppe geäußert.

Ja, vor allen Dingen gegen die Auslandsgastspiele der Gruppe.

Wollten Sie damit gegen die Repräsentation der deutschen Literatur durch die Gruppe 47 votieren?

Ja, ganz genau. Ich hab gesagt, dass ist dann wie im Fußball: eine Literatur-Nationalmannschaft. Nur eine Erinnerung, um es ganz komisch zu machen: Man muss sich mal vorstellen, eine Gruppe französischer Schriftsteller tut sich zusammen und fährt nach Tübingen, um einander französische Manuskripte vorzulesen. Was würden wir dazu sagen? Eine Gruppe von englischen Schriftstellern fährt nach Bad Tölz, um einander dort Manuskripte vorzulesen, das kommt mir einfach ein bisschen komisch vor. Die

Gruppe tendierte von irgendeinem Augenblick an über die Bundesrepublik hinaus, und ich war ganz dagegen, dass wir ins Ausland ziehen sollten, um einander Manuskripte vorzulesen, was doch der gerühmte Sinn dieser Gruppe war; dazu musste man nach meiner Ansicht nicht nach Amerika und nicht nach Schweden fahren.

Was nun die Repräsentation der deutschen Literatur, wenn auch nicht nach außen, so doch nach innen, nach Deutschland, angeht, so muss man doch sagen, dass gerade vier Schriftsteller um die Wende von den 50er zu den 60er Jahren besonders repräsentativ waren, die alle aus der Gruppe kamen, nämlich Enzensberger, Grass, Johnson und Martin Walser. Es erschienen in dieser Zeit 1959 Johnsons »Mutmaßungen über Jakob«, »Die Blechtrommel« von Grass, 1960 die »Landessprache«-Gedichte von Enzensberger und Ihre »Halbzeit«, und damit war in ein bis zwei Jahren eine Literatur entstanden, die sehr bald auch international repräsentativ wurde für die Bundesrepublik, im Ausland anerkannt war – immer begleitet natürlich von dem, was Heinrich Böll und einige andere seit 1949 publiziert hatten. Aber das waren vier Schriftsteller, die man immer wieder in einem Atemzug nannte, die zu Anfang der 60er Jahre auch politisch beieinanderstanden: Martin Walser und Günter Grass votierten für die SPD, auch Uwe Johnson; und Hans Magnus Enzensberger hing dem Revisionismus an und sagte, der Revisionismus ist die einzige Weise, auf die wir uns als Schriftsteller politisch auseinandersetzen können, der also damals formulierte, was Grass heute vertritt, wenn er sich, mit Bewusstsein, einen Revisionisten nennt, während bei Enzensberger 1967 die Idee von der revolutionären Situation, die gegeben sei, auftauchte. Aber ich will auf diese Zeit zurück, auf den Anfang der 60er Jahre.

Ich glaube, beides hat der Enzensberger nicht in der vorformulierten, vorgegebenen Art praktiziert und formuliert, sondern bei ihm hatte beides einen ästhetisch schlanken und expressiv individuellen, individualistischen Charakter. Er war 1961 nicht ein Revisionist, sondern er war im Grunde genommen ein frecher Hund, so eine Erzengelfigur, so eine ganz junge, rotzfreche Davidsfigur, geeignet auch, Galionsfunktionen zu übernehmen. Er hat einfach gegen alles Mögliche losgelegt, aber er hat sich nicht festgelegt, etwa auf eine bessere Methode für den geschichtlichen Fortschritt einer Gesellschaft, dass dieser etwa auf evolutionärem Wege besser als auf revolutionärem Wege zu erreichen sei – so etwas hat er nie getan.

Ist er überhaupt ein Theoretiker, in diesem Sinne?

Nein, nein. Glaube ich nicht.

Eher eine spontane Spürnase, die der Entwicklung immer um ein halbes Jahr voraus ist?

Er ist sehr viel, aber er ist vor allem ein genialer Herausgeber, also Zeitschriften-Herausgeber, Zeitschriften-Macher. Ja, er ist dieses halbe Jahr, oder ein bisschen länger, allen voraus, das aber nicht in einer festlegbaren politischen Weise. Man kann nie sagen, der Enzensberger nimmt einen SPD- oder einen DKP-Standpunkt ein. Beides hat er nie getan.

Hat er da etwas Anarchistisches?

Ja, mindestens.

Aber wir reden jetzt über Enzensberger und wollen Martin Walser porträtieren.

Ja, das kann man aber auch damit.

Genau das, und ich versuche ja auch, Sie zu provozieren, um ein Gegenbild zu dem zu haben, was man damals in der Öffentlichkeit gewinnen konnte, dass es da in dieser Gruppe 47 nämlich einen inneren Kern dieser vier genannten Autoren gab, die auch immer wieder zusammen aufgetreten sind, etwa in der Zeitung »Die Zeit«, wenn Enzensberger über Walser, Walser über Johnson, Johnson über Grass geschrieben haben. Es tauchte doch sehr nachdrücklich das Bild einer ganz intim befreundeten Schriftsteller-

Gruppe auf, die diese neue deutsche Literatur repräsentierte. Wie sah das aber von innen aus?

Nicht so, dass man es bildhaft wiedergeben könnte. Es waren ja nicht nur vier, es waren vierzehn oder vierundzwanzig, und diese vier, die Sie jetzt da zusammenbündeln ...

... die so zusammen gebündelt erschienen.

... oder die gebündelt erschienen, haben in keiner Sekunde irgendetwas miteinander gemein gehabt, das sie zu einem Bündel hätte machen können; zu einem Bündel könnte einen ja nur eine Gemeinsamkeit in literarischer und politischer Arbeit machen.

Gab es die denn nicht?

Mal sehen: Enzensberger ist dieser gesellschaftskritische Essayist schon gewesen, uns allen voraus an zupackender kritischer Formulierung, dann war er darüber hinaus noch dieser Lyriker, da gab es vielleicht eine gegenseitige Reibung mit dem Grass. Uwe Johnson und ich, Erzähler, wir haben damit nichts zu tun, aber der Grass wieder mit uns als Erzähler. Es kann sein, dass wir in den Gesprächen voneinander etwas profitieren konnten. Und ich habe auch das Gefühl, wenn ich an diese Zeit zurückdenke, dass ich mit Grass z. B. viele prima Diskussionen hatte. Als ich Uwe Johnson kennenlernte, unterhielt ich mich mehr mit ihm. Grass wurde von Jahr zu Jahr bedeutender. Das mag die Unterhaltungen beeinträchtigt haben.

Der Enzensberger'schen Weise sind Sie aber doch auch entfernt?

Das ist aber eine Entfernung, aus anderem Stoff, denn Enzensbergers intellektuelle Radikalisierung kam sehr viel später. Der Enzensberger hat viel länger als jeder von uns unverbindlich am Strande des politischen Ozeans einfach im Sand gespielt und hübsche Burgen gebaut, um den Ozean zu erschrecken, er war viel länger unverbindlich. Der Grass ist als Erster in eine ganz konkrete Verbindlichkeit eingestiegen. Ich hab 1961 zwar dieses

Büchlein »Die Alternative oder Brauchen wir eine neue Regierung?« herausgegeben und habe selber darin geschrieben für die SPD, aber ich habe mich dann 1965, beim nächsten Wahlkampf, zurückgehalten, nachdem ich Willy Brandt gefragt hatte, wie er es und wie die SPD es mit Vietnam hielten, das war meine Gretchen-Frage, und auf diese Frage habe ich eine ausweichende, inhaltlose Antwort bekommen ...

Aber war diese Frage Vietnam, 1965 in Deutschland gestellt, nicht eher eine moralische Frage als eine politische für Deutschland?

Was ist der Unterschied?

Sie können unmittelbar politisch in Vietnam doch nichts erreichen, von hier aus.

Aber natürlich, die Welt hat doch etwas erreicht.

Durch moralische Aktionen?

Ja dann können Schriftsteller überhaupt nie politisch wirken, weil sie ja nur auf dem Feld der Moral tätig sind.

Wenn aber Enzensberger heute mit seinem »Kursbuch« wirkt, dann wirkt er ja doch politisch, theoretisch zwar, aber doch politisch. Und Grass versucht nicht, moralisch zu argumentieren, wenn er ganz handfest in den Wahlkampf zieht mit seinen Wählerinitiativen. Und die Verurteilung der Unmenschlichkeit in Vietnam und vielerorts ist ja doch so wenig wirksam, weil sie nur moralisch bleibt und nicht in politische Aktion umgesetzt werden kann. Handfeste politische Aktion kann nur von Politikern geschehen, und wenn sich deutsche Schriftsteller über Vietnam äußern, ist das ein moralischer Impuls.

Ich habe mich ja nicht an den Pfarrer in Linden gewendet, sondern an Willy Brandt und hab gefragt, was die SPD gegenüber der USA, wenn sie an die Regierung käme, tun würde in Beziehung auf den amerikanischen Völkermord in Vietnam.

Was hätte sie, außer wiederum moralisch zu appellieren, tun können nach Ihrer Vorstellung?

Sich distanzieren; die Amerikaner sind auf die Billigung ihrer Verbündeten angewiesen gewesen; sie hätte sich distanzieren und die Sache nicht mehr mitfinanzieren können mit der ganzen Wirtschaftspolitik. Wir haben schließlich die Folgen dieser Mitfinanzierung in unserer Geldsituation in Europa in den letzten Jahren genug erfahren, um zu erkennen, dass es nicht nur eine moralische Frage ist. Und im Wahlkampf 1972 haben SPD-Politiker, als sie über die Inflation befragt wurden und über die Inflation diskutiert haben, auf Wahlversammlungen Vietnam in den Mund genommen und gesagt, z. B. Helmut Schmidt: Wir haben damit diesen Krieg mitfinanziert. Das hätten wir 1965 gerne von denen gehört, dass sie kritisch eingestellt sind gegenüber diesem Krieg der USA, des engsten Verbündeten. Und dazu als Schriftsteller zu schweigen oder eine Partei im Wahlkampf zu vertreten, die gerade dabei ist, ein Volk umzubringen, da muss ich sagen ...

Die Partei bringt nicht das Volk um, die Partei unterstützt möglicherweise eine Regierung ...

... eine Regierung, die ein Volk umbringt, ja.

Aber ist da nicht ein Punkt, wo, weil es um zwei Nationen geht, die miteinander wirtschaftlich und durch Bündnisse verknüpft sind, möglicherweise Moral und Politik konsequent auseinanderfallen müssen? Moral und Politik im eigenen Lande kann man in gewisser Einsicht möglicherweise zur Deckung bringen, aber in einem – selbst befreundeten – anderen Staat?

Es gibt da kein Inland mehr, da gibt es wirklich nur noch Weltinnenpolitik, das hat sich ja ein paar Jahre später gezeigt, denn der W. B. Johnson musste auf den Druck der Welt hin das Bombardieren Nordvietnams einstellen. Da hatten Sartre und diese ganze Bewegung in Amerika und in Europa einen Effekt auf die Nerven der damals an der Macht befindlichen demokratischen

Partei in Amerika. Das können Sie noch in der Zeitung nachlesen. Johnson musste dort das Bombardieren einstellen, und nur ein Mann wie Nixon konnte es wieder, den die Amerikaner leider gewählt haben und wieder gewählt haben, nur ein Mann wie Nixon konnte sich diese Unempfindlichkeit zutrauen, dieses Bombardieren wiederaufzunehmen. Und ich finde nicht, dass das eine moralisch ist und das andere politisch, sondern dass tatsächlich eine Regierung in der Bundesrepublik darauf befragt werden kann.

Das ist vollkommen richtig. Und vielleicht dennoch für die internationale Politik etwas zu kurz gedacht – wir haben ja noch keinen Weltstaat. Aber konkret: Ist diese Entscheidung, diese Partei SPD nicht zu unterstützen, eine politisch in Ihrem Sinne wirklich wirksame Entscheidung, oder wird nicht dadurch Ihr durchaus politisch gemeinter Anspruch, den Sie als Schriftsteller vertreten, zu einem moralischen Anspruch und also in die Wirkungslosigkeit geführt, wenn Sie sagen, ich will diese Partei nicht? Denn innerpolitisch wäre sie ja ein Fortschritt gewesen.

Ich weiß, Sie meinen pragmatisches Handeln.

Ich denke wirklich an pragmatisches Handeln.

Für pragmatisches Handeln brauche ich aber keine Schriftsteller, verstehen Sie. Um das Pragmatische eines Jahrzehnts oder eines Jahrfünfts durchzubringen, dazu bedarf es nicht der Intellektuellen, das machen dann die dafür ausgebildeten und trainierten Politiker schon recht. Beide Positionen sind pragmatisch installiert, die CDU-Position und die SPD-Position, beide sind pragmatisch da. Aber wenn man an diese Positionen, an diese pragmatischen Bastionen von außen her, keinen – wie Sie es nennen – moralischen Anspruch mehr stellt, dann verkommen diese Bastionen, da bin ich ganz sicher. Das ist ja – sagen wir mal – die Funktion unserer Presse ...

Natürlich soll man diesen Anspruch unentwegt stellen, das ist selbstverständlich. Es ist nur die Frage, ob man den Einsatz für eine Partei, der die Sympathie einmal gehört hat und auch noch gehört, weil sie eben die fortschrittlichste Politik vertritt, nur an dieser Frage scheitern lassen soll. Es ging ja auch um die innenpolitische Situation.

Man kann auch noch andere Fragen stellen. Für mich war es halt 1965 eine unerträgliche Sache, mich für eine Partei, ob nun mit Effekt oder nicht, aber überhaupt einzusetzen, die ihrerseits, wenn sie an die Macht käme, genauso weiterfahren würde wie Herr Lübke und Herr Erhardt, die nach Washington Ergebenheits-Telegramme zum Krieg in Vietnam geschickt haben – das muss man sich einmal vorstellen! Da bin ich ja als deutscher Staatsbürger andauernd mit vertreten, wenn dort ein Telegramm eintrifft: »Wir wünschen Ihnen für Ihren Kampf in Südostasien alles Gute«, da bin ich ja immer dabei!

Das würde aber eine Partei unter Willy Brandt nicht getan haben.

Das wollte ich aber wissen. Das konnte die SPD und wollte sie damals nicht beantworten. Und die SPD war 1969 noch nicht so weit, es zu beantworten. Erst belehrt – muss ich schon sagen – durch den ganzen Weltlauf, hat sie es dann ein wenig getan. Unsere bürgerlichen Zeitungen haben damals den Vietnamkrieg als etwas Notwendiges vertreten, in der »Zeit« und in der »FAZ«, unser ganzes Establishment hat diesen Krieg unterstützt, und man hat versucht, eine Dramaturgie dazu zu erfinden: Domino-Theorie, Salami-Taktik usw. Sie hingen alle noch am Dulles-Adenauer-Imperialismus-Konzept. Und ich finde, da müssen Intellektuelle – wenn auch nur vorübergehend oder endgültig, da kommt es nicht darauf an – eine Partei meiden. Die Partei, wenn ihr nur zugestimmt wird, hat dann vielleicht auch von sich aus nicht mehr die Möglichkeit, sich zu entwickeln.

Sind daran auch die Freundschaften zerbrochen, dass etwa ein Mann wie Grass diese Ihre politische oder moralische Sensibilität nicht hatte?

Ich weiß nicht, was er da geopfert hat oder nicht geopfert hat, man kann ihn dazu nicht mehr fragen. Ich weiß nur, dass er die SPD als festes, mechanisches Paket verkauft hat. Ganz egal, was sie nun jeweils ist, er hat sich unkritisch dafür eingesetzt. Die SPD ist die SPD, ob nun solche SPD oder solche SPD, das schien offenbar egal zu sein. Mercedes ist einfach gut, egal welches Baujahr. Aber ich kann das schon nicht mehr kritisieren, das ist vorbei.

Grass hat – das kann man nachlesen – einmal gesagt, sein Engagement für die SPD sei ein echtes Engagement, weil er wirklich Arbeitskraft dafür investiere. Und er hat gesagt, er sei gerade von Ihnen sehr enttäuscht, weil Sie etwa die Notwendigkeit eines Vietnambüros ausrufen, also verbal dazu aufrufen, dann aber nichts an praktischer Tätigkeit dafür eingesetzt haben. [Vgl. Gespräch mit Günter Grass in diesem Band]

Woher weiß er das?

So hat er das begründet. Er hat gesagt, er wünsche selbst der Partei, zu der er in Gegnerschaft stehe, der DKP also, keinen Schriftsteller, der sie zwar verbal unterstützt, aber dann nicht praktisch für sie arbeitet.

Ich will das nicht korrigieren, da Grass sicher besser weiß, was ich falsch mache, als ich. Ich will nur sagen: Damit würde er einfach vorschreiben, dass jede parteinehmende Tätigkeit genauso aussehen müsse wie seine Tätigkeit, nicht wahr, wie das, was er für die richtige Tätigkeit hält, nämlich Wahlversammlungen zu machen, auf Wahlversammlungen zu sprechen, das sei die richtige Tätigkeit für den Schriftsteller. Ich bin anderer Meinung.

Nun war Böll 1969 auch ganz anderer Meinung als Grass. [Vgl. das Gespräch mit Heinrich Böll in diesem Band.] Inzwischen hat er in dem Wahlkampf 1972 auch Wahlversammlungen für die SPD mitgemacht.

Ja, gut. Also Grass plus Böll, das heißt aber für mich immer noch nicht, dass das vorschriftsmäßiges Verhalten für Schriftsteller sei. Ich bin der Meinung, dass in diesen Wahlkampfzeiten ein Sprachgebrauch und eine Argumentationsweise herrschen, an denen ich nicht teilnehmen kann. Da habe ich nichts hinzuzufügen, nicht aus Hochmut, sondern es ist einfach nicht meine Arbeitsweise, so die Wählbarkeit einer Partei, insbesondere jetzt, noch ein weiteres Mal mit *meinen* Metaphern hinauszublasen. Das war anders 1961, da galt die SPD noch als rot, und in vielen Dorfgasthäusern galt sie noch als etwas, was man gar nicht mit den Fingern anfassen durfte. Da musste wirklich noch ein bisschen Bewusstsein erweitert werden, dass auch das eine wählbare Partei sei. Das war 1965 vielleicht auch noch der Fall, aber 1969 schon nicht mehr und gar nicht 1972 und nie mehr in der Zukunft.

Was hat sich geändert? Die Partei? Oder hat sich die politische Landschaft in Deutschland so weit nach links verschoben, dass diese Partei heute nicht mehr attraktiv ist für linke Schriftsteller?

Nein, nein, das ist umgekehrt. Die Erfahrungen der Bevölkerung in dieser Gesellschaft haben sich allmählich im Bewusstsein dieser Gesellschaft durchgesetzt, das zeigt der Genosse Trend, der ja jedes Wahljahr drei Prozent dazugebracht hat. Wenn ein Sinn darin besteht, dass man diese demokratische Entwicklungsarbeit betreibt, und wenn ein Sinn in dieser Entwicklung selber besteht, dann muss man doch auch sagen, dass immer mehr Leute, durch ihre eigenen Erfahrungen, ihre Abhängigkeit und ihre Objekthaftigkeit in diesen vom Kapital und von der Kapitalverwertung bestimmten gesellschaftlichen Prozessen durchschauen und sich entsprechend politisch danach verhalten. Und alle, die aufklärend an der Verständlichmachung von Erfahrungen mitwirkten, haben am Genossen Trend mitgebacken, auch wenn sie seine Blöße nicht andauernd mit ergreifendem SPD-Fahnentuch bedecken.

Hat die Literatur dieser vier vorhin genannten Schriftsteller und der anderen in der Gruppe 47 und derer, die im Umkreis ideenmäßig dazugehören, hat diese Literatur es geschafft, dass in der Bevölkerung die Erkenntnis von dieser Situation der Abhängigkeit befördert wurde?

Nein. Aber diese Schriftsteller haben genauso daran mitgearbeitet wie jeder andere, der aus seinen Erfahrungen irgendwelche Konsequenzen gezogen hat. In den 50er Jahren haben diese Schriftsteller und hat die ganze Gesellschaft daran gearbeitet, keinen neuen Nazismus aufkommen zu lassen, die Verarbeitung dieser Vergangenheit möglichst ohne dramatische Schäden zu schaffen. In den 60er Jahren schien der nächste Schritt zu einer Demokratie – wie man sie vor 1933 in diesem Lande noch nicht hatte – möglich. Um diesen Schritt geht es immer noch. Alle Intellektuellen arbeiten andauernd für oder gegen diesen Schritt; jeder, der eine Theaterkritik schreibt.

Können Sie noch einmal ganz kurz sagen, was war die Gemeinsamkeit etwa dieser vier Schriftsteller, was war die Gemeinsamkeit der Schriftsteller in der Gruppe 47 zu Ende der 50er und zu Anfang der 60er Jahre – und was ist heute daraus geworden; daraus vielleicht könnte sich eine Beschreibung des veränderten Verhältnisses von deutschen Schriftstellern zu deutscher Politik ergeben.

Das Gemeinsame war sicher das Arbeitsproblem; wenn man die gleichen Erfahrungen macht wie ein anderer, der im selben Beruf sich entwickelt, dann muss man miteinander darüber reden. Die Diskussionen am Tisch und die Freundschaften, die sich da gebildet haben, die sind wichtiger gewesen als die Veranstaltungen, die vom Rundfunk übertragen werden konnten. Also diese gemeinsame Arbeitssituation in einer Gesellschaft, Fragen wurden gestellt, die man noch nie gehört hatte, man musste sich plötzlich über Funktionen klarwerden und etwas formulieren in einem Interview ...

Funktionen des Schriftstellers in der Gesellschaft?

Es war völlig ungewohnt, plötzlich alles sagen zu müssen, genau wissen zu müssen, warum tust du das, was haben Sie sich gedacht, als Sie das getan haben; das war uns allen, glaube ich, gleichermaßen neu. Grass hat das rascher verarbeitet. Seiner ganzen Mentalität und seinen Nerven nach, oder ich weiß nicht aus welchem Grund, ist er viel mehr eine öffentliche Figur geworden; abgesehen davon, dass er auch durch seine Erfolge eine öffentlichere Figur geworden war als wir; und er hat diese Figurenhaftigkeit auch mit einem gewissen Genuss ausgeübt.

Hat Sie das abgestoßen?

Nicht abgestoßen, nein, aber in äußerste Verlegenheit versetzt, und es versetzt mich immer noch in Verlegenheit. Die Arbeit findet nämlich am Schreibtisch statt, und das ist eine sehr langsam vor sich gehende, auf die schönste Weise mühsame Arbeit, und man kann das alles fünfmal kontrollieren, während die rasche Frage und die rasch geforderte Antwort über eine Sache, die jedes Mal in die Jahrzehnte zurückgreift, für mich immer problematisch ist. Auch jetzt, wenn wir miteinander sprechen; dann beantwortet man das und formuliert das, und bei jeder Antwort habe ich das Gefühl, ausgerutscht zu sein. Ich müsste jedes Mal zurück, mindestens bis ins Jahr 1927, und diesen speziellen Faden wieder bis in die Gegenwart hinein erzählen, um zu sagen, warum ich das so oder so empfinde. Also die Verkürzung der Antworten in der öffentlichen Fragestellung, das ist für mich etwas Schlimmes. Das kompakte, leicht begreifbare, imagehafte Auftreten in der Öffentlichkeit fällt mir schwer. Es ist wie beim Zahnweh. Man verzieht das Gesicht dabei.

Sie versuchen auch, das merke ich an unserem Gespräch, alles, was zur Sprache kommt, zu differenzieren, nach allen Seiten hin abzusichern, immer wieder auch zurückzunehmen, weil nur im differenzierteren Gespräch sich Ihre Haltung belegen lässt.

Nein, einfach weil alles von allem abhängt innerhalb einer Person, und nichts ist loslösbar ohne Wahrheitsverlust.

Sie sind gegen griffige Formeln, die Sie den Leuten hinwerfen.

Dagegen sind alle. Und während man noch dagegen ist, produziert man sie. Und solche Fragen und Antworten, die dann immer mehr zu persönlichkeitsunabhängigen, einfach öffentlichen Bekenntnissen wurden, haben sich dann so reduziert, dass am Schluss, also im Jahre 1965, der eine für die SPD war und der andere nicht mehr für die SPD war, und man hat dann noch zehn Zeilen Begründung dafür gegeben. Und der Grass ist dann auf der Schiene SPD geblieben und hat das aufgebaut und fortgesetzt, weil es ihm möglich schien; mir schien das nicht mehr möglich zu sein. Enzensberger wurde, nachdem er bis zum ersten und zweiten »Kursbuch«, also bis zum Jahre 1966 / 67, nahezu unpolitisch geblieben war, dann gleich ganz radikal, wie man, je schlanker man ist, desto radikaler werden kann, und das ist eine ganz andere, wiederum persönliche Entwicklung. So dass von diesem Gruppe-47-Gelände und seinen Figuren für mich als Freund und Auseinandersetzungs- und Streit- und Krach-Partner eigentlich der Uwe Johnson übriggeblieben ist, mit dem kann ich mich über diese Fragen auch heute noch ohne schlimmste Sanktionen streiten. Enzensberger schwebt, Grass wurzelt. Und Uwe Johnson scheint nicht ununterbrochen an das zu denken, was er über sich las.

Es hat sich doch nun unbestritten mit der politischen auch die literarische Situation von 1960 bis 1972 stark verändert – mit den Schnittpunkten Große Koalition 1965, Studentenunruhen und außerparlamentarische Opposition 1967 bis 69. Wie ist Ihre Entwicklung dadurch beeinflusst worden?

Ich suche Verbindlichkeit; von Anfang an, hätte ich beinahe gesagt – auf jeden Fall suche ich Verbindlichkeit für meine Figuren.

Für sich auch?

Ja.

In den Figuren?

Ja, ich schicke meine Figuren ins Feld, um sie nach Verbindlichkeiten suchen zu lassen, diese Verbindlichkeit für mich auszuprobieren.

Der Schriftsteller Walser ist also nicht zu trennen von dem politisch sensiblen Walser, während bei Grass doch der Versuch dieser Trennung stattfindet ...

Nein, das glaube ich nicht!

Aber Grass sagt doch, wenn ich Kunst mache, mache ich Kunst, und wenn ich Politik mache, dann mache ich Politik.

Ach so.

Ist es vielleicht so, dass Grass, von seinem Bewusstsein her, zur Sättigung seiner gesuchten Verbindlichkeit die Bindung an eine Person wie Brandt oder an eine politische Partei haben muss, diese Verbindlichkeit auf einen greifbaren Begriff gebracht haben muss, während der Schriftsteller Walser so sensibel ist, dass er diese politische Verbindlichkeit in der Bindung an eine Partei nicht haben kann, weil er immer alles von Anfang an hervorholen muss und weil dann diese seine Kontinuität dort nicht mehr gewährleistet ist; denn ein Teil der Kontinuität des Schriftstellers Walser ginge dann ja über eine starrere Kontinuität einer parteilichen Entwicklung.

Das habe ich auch schon versucht, und das werde ich weiterhin versuchen. Da ich nach Verbindlichkeit suche, muss ich auch nach gesellschaftlicher Verbindlichkeit suchen, womit ich nicht gleich sagen will, dass das bis zu einer Partei gehen muss. Es gibt eine Menge gesellschaftlicher Verbindlichkeit, die noch nicht Parteimitgliedschaft oder Parteistandpunkt heißt.

Man kann ja auch neben einer Partei stehen und gleichzeitig den Parteistandpunkt vertreten, wie es Grass neben der SPD und Franz Josef Degenhardt neben der DKP tun. Aber ist nicht Ihre intellektuelle Sensibilität so beschaffen, dass Sie davor zurückschrecken würden? Sind Sie nicht zu sehr Intellektueller, um sich so auf eine parteiliche Richtung festlegen zu können?

Ich nenne die Festlegung von Grass ja eine fast statische; für ihn ist die SPD, ganz egal welcher Jahrgang, einfach SPD. Ich möchte gerne – wenn die SPD zu entwickeln wäre in dieser Richtung, aber daran glaube ich eigentlich vorerst nicht – mithelfen, zu diesem kleinen Teil, der mir möglich ist, dass wir eine sozialistische Partei hätten in der Bundesrepublik, ob das nun die DKP ist oder die SPD, das wäre mir dann egal, wenn es nur eine Partei ist, die den Sozialismus nicht von den Bankdirektoren einführen lassen will.

Zu welchem Ziel?

Zur Herstellung einer Demokratie in diesem Lande. Wir sind auf dem Wege zur Demokratie, aber wir würden diese Entwicklung verkommen lassen, wenn wir uns auf das angelsächsische Karussell setzen, das da einfach heißt, zwei eigentlich gleichbleibende, einander sich immer mehr annähernde Parteien schaukeln, mal Demokraten, mal Republikaner, durch das Jahrhundert hindurch. Und ich meine, wenn man sich schon für diese Parteienkonkurrenz entscheidet, dann muss sie so sein, dass die Parteien einander Konkurrenz im demokratischen Fortschritt machen müssten. Wenn das nicht der Fall ist – das kann man für die Bundesrepublik jetzt noch nicht ganz sagen, aber ich fürchte, dass das nicht der Fall sein wird –, dann muss noch eine demokratische Kraft dazukommen und die ist z. B. in einer sozialistischen Partei potentiell gegeben. Sie ist nicht gegeben, wenn diese kommunistische Partei hier sich aufführt als Filiale der DDR, das ist ganz klar.

Wollen Sie also keinen Sozialismus, wie er in der DDR oder wie er auch in anderen Staaten des Ostblocks realisiert ist?

Nein, aber ich bin auch nicht bereit, diesen Sozialismus, wie er in der DDR oder wie er in der Sowjetunion praktiziert wird, einfach hier zu verurteilen, um mir eine Eintrittskarte fürs Vollgenommenwerden in der Bundesrepublik dafür zu erkaufen. Das ist mir ein zu billiges Vehikel, das ist eben wieder eine Sache, die man sehr genau darstellen müsste. Auf jeden Fall kann ich mir solche pauschalen Sachen nicht einfach abverlangen lassen. Es bleibt uns gar nichts anderes übrig, wir müssen, um zu dieser praktischen Demokratie zu kommen, eine sozialistische Entwicklung haben, und dazu brauchen wir, unserer ganzen Verfassung nach, Parteien, und wenn die SPD diese Aufgabe nicht leistet, dann müssen wir eben außerhalb der SPD eine Partei suchen; z. B. glaube ich, dass diese Studentenbewegungen der 60er Jahre, diese demokratischen Anstrengungen einer Generation, schon dazu geführt haben, dass die SPD wieder ein bisschen, wenigstens in den Wahlkampfzeiten, von sich verlangt hat, was sie vorher nicht mehr von sich verlangt hat.

Konnte es die SPD denn vorher? Musste sie nicht erst tatsächlich rundum »regierungsfähig« werden, um dann, was etwa von der Juso-Seite kommt, besser in praktische Politik umsetzen zu können?

Damit machen Sie sich einfach die Rechtfertigung einer gewissen Taktik zu eigen – nehmen wir an, es sei nicht anders möglich gewesen.

Taktik soll und kann politische Entwicklung nicht ersetzen!

Na ja eben. Ich bin nicht der Meinung, dass es so nötig gewesen wäre, aber lassen wir das, es ist gelaufen. Wir befinden uns aber jetzt wieder zwischen den Wahlzeiten, und wir werden sehen, wie viel von den neuen Wörtern, die man von der SPD gehört hat, in der Praxis übrig bleiben wird. Eines scheint mir sicher: Ohne Konkurrenz von links würde diese SPD in großer Gefahr sein, zu einer stagnierenden zweiten CDU zu werden. Und deswegen halte ich es für die Aufgabe der Intellektuellen, sich nicht mit solchen Parteien, die schon an der Macht sind und auch ohne uns fertig werden, auf Gedeih und Verderb zu verbinden.

Grass hat sich aber zu einer Zeit mit der SPD solidarisiert, als sie noch nicht an der Macht war. – Es gab in den 50er Jahren dies Schlagwort von den »heimatlosen Linken«. Seither hat sich viel getan. Grass hat »Heimat« bei der SPD gefunden, zeitweise und immer noch. Martin Walser hat diese »Heimat« noch nicht gefunden, Enzensberger auch nicht. Aber wird Martin Walser überhaupt je bei einer Partei seine »Heimat« finden können – auch wenn er nicht ihr Mitglied wird? Und wird nicht dann, wenn eine solche Partei wiederum regierungsfähig ist, die Sensibilität Martin Walsers davor zurückschrecken, sich auf solch einen parteilichen Standpunkt fixieren zu lassen?

Das ist das zweite Futur, aber wir haben noch nicht das erste. Wenn wir also eine sozialistische Partei hätten, dann lassen Sie die erst mal an der Regierungsmacht sein, lassen Sie die SPD als sozialistische Partei regierungsfähig sein – sie ist ja im Augenblick noch keine sozialistische Partei.

Also hat Martin Walser doch ein Konzept, ein politisches Konzept von einer zukünftigen Gesellschaft in diesem Lande. Wie sieht das aus?

Es ist natürlich nicht schwer, das zu haben. Aber ich weiß nicht, ob es den Namen Konzept verdient; das liegt in vielen Büchern zuhauf parat, wie das Ziel einer menschlicheren sozialistischen Gesellschaft aussieht, in dem Konkurrenz ersetzt wird durch Kooperation, was man sich ja auch leisten kann, weil die Volkswirtschaft produktiv genug ist und die Konkurrenz als einen Produktionsanlass gar nicht mehr braucht. Das muss ich nicht erfinden und aus mir heraus gebären, dass Entfremdung nur dadurch abgebaut werden kann.

Nein natürlich nicht, aber die Vorstellung, die Martin Walser sich aus den Büchern geholt hat, ist auch zweites Futur.

Ich bin der Meinung, dass der nächste Schritt auf dieser demokratischen Entwicklungsbahn natürlich die Mitbestimmung sein muss, als ein Schritt zur Selbstbestimmung. Das hat der Brenner von der IG-Metall schon 1962 ganz klar formuliert, wozu die Mitbestimmung dienen muss, nämlich zur Selbstbestimmung in den Betrieben. Ich akzeptiere das als ein Gesetz der Entwicklung, dass man jetzt mit ganzer Kraft auf die Mitbestimmung hinarbeiten muss, und dann kann man sich nichts wegschminken lassen, und dass, wenn man die Mitbestimmung hat, es weitergehen muss zur Selbstbestimmung, aber dass man den Schritt zur Selbstbestimmung erst tun kann, wenn man Praxis mit der Mitbestimmung hat. Jetzt also Ziele entwerfen für übermorgen und jetzt schon sagen, wie die aussehen soll, ist Unsinn. Man muss nur aus dem Bedürfnis, das jetzt noch unbefriedigt ist, handeln. Und es ist eine Tatsache, dass die Leute in den Fabriken unter einem minderen Recht arbeiten, verglichen mit denen, die außerhalb der Fabriken arbeiten oder die diese Fabriken besitzen; dass wir unter zweierlei Recht vor den Schranken des Gerichts und im Krankenhaus und in der Schule sind; dass wir also noch keine Demokratie sind, sondern eine Klassengesellschaft – darüber ist eben in der Sammlung Luchterhand und in der edition suhrkamp längst Klarheit geschaffen, aber in der Wirklichkeit noch nicht, und es scheint auch klar zu sein, dass die SPD Schwierigkeiten hat, das dort Geschriebene in der Praxis zu vollziehen, eben wegen ihrer Taktik oder Strategie.

Glauben Sie nicht, dass zu einem Zeitpunkt, zu dem die SPD einmal die absolute Mehrheit haben wird – und ich glaube, dieser Zeitpunkt wird kommen –, diese politischen Programme realisiert werden, die ja doch die eigentlichen politischen Programme der SPD immer gewesen sind?

Ich muss Ihnen sagen, dass mein Bruder, der die Gastwirtschaft zu Hause hat und politisch anders orientiert ist als ich, sogar glaubt, die Möglichkeit zu einer sozialeren, sozialistischeren Politik habe die CDU / CSU – ich glaube es nicht. Er glaubt, dass diese Parteien sich jetzt so entwickeln werden, dass sie der SPD in diesem konkreten demokratischen Aufgabengelände Konkurrenz machen könnten.

Das Gegenteil kann man an ganz handfesten Belegen nachweisen. Das andere aber kann der Fall sein.

Wenn ich den rechten Flügel der SPD anschaue, dann weiß ich nicht, wer zuerst kommt, der Katzer oder der Helmut Schmidt.

1967 / 68, als die Studenten auf die Straße gingen und es den Anschein hatte, als ob sie mit diesen Demonstrationen in einem Jahr mehr erreichen würden als die ganze Literatur, und auch die Literatur der edition suhrkamp mit theoretischen sozialistischen Modellen, in fünfzehn Jahren, da waren manche Intellektuelle verprellt; sie glaubten, wie Walter Boehlich, der fast zwei Jahrzehnte lang ein progressives literarisches und theoretisches Programm bei Suhrkamp gemacht hat, dass all das nichts gefruchtet hatte – was ich bezweifle, denn ich glaube, dass die Literatur eine Wirkung gehabt hat in dieser Gesellschaft und dass sie auch die studentischen Proteste mit initiierte. Aber Boehlich schrieb ein Autodafé auf die bürgerliche Literatur, und ihre Kritik, Peter Schneider verließ die Literatur, und bei Enzensberger hatte es zumindest den Anschein, als ob er die Literatur verlassen wollte. Was mag diese Intellektuellen bewegt haben, wo stehen sie heute, wo stand Martin Walser damals, und wo steht er heute?

Ich habe damals einen Aufsatz geschrieben, da hab ich so formuliert, dass der Ruf »Die Literatur ist tot« mir eine ganze Weile zu früh kommt, weil der Kampf um die Sachen immer noch mit Wörtern geführt wird und deshalb auf Literatur einfach nicht verzichtet werden kann. Aber noch mehr: Literatur, wie wir sie traditionell geerbt haben, war eine Sache des auch durch die Literatur zu sich selbst gekommenen Bürgertums. Das Bürgertum hat sich gegenüber dem Feudalismus mit Hilfe auch von Geschriebenem durchgesetzt. Und nachdem es an die Macht gekommen war, hat es seine Entfaltung, seine Selbstanbetung und seinen Selbstgenuss, was ja auch eine historische Möglichkeit einer Klasse ist, mit Literatur betrieben, und ich finde es ganz widerwärtig, dass Leute, die meistens dann auch noch aus dem Bürgertum stammen, das diesen Genuss schon gehabt hat, einer kommenden Klasse, etwa dem Kleinbürgertum oder dem Proletariat, die jetzt sozusagen gerade an der Schwelle stehen oder den Fuß noch nicht auf der Schwelle haben, ein Selbstfindungs- und Selbstbestätigungsmittel aus der Hand nehmen wollen und sagen, jetzt gibt es keine Literatur mehr. Das braucht eine Klasse; das Bürgertum hat das gehabt, und die nächste Klasse will das gefälligst auch haben. Und dann wollen ein paar übersättigte Leute, um solche handelt es sich dabei nämlich meistens, plötzlich keine Inhalte mehr haben, die wollen im Theater nur noch Gesten haben und keine Geschichte mehr, die wollen Abschied nehmen von der Geschichte aus lauter Überdruss und Selbstverhängnis – das alles hat zu solchen voreiligen Todeserklärungen geführt. Gott sei Dank ist diese Zeit vorbei.

Haben diese Todeserklärungen die Literatur vielleicht gespalten?

Nein, die war schon immer gespalten.

Aber so deutlich, wie es da geworden ist? Nach den Studentenunruhen hatte die Konkrete Poesie Hochkonjunktur, danach kamen Leute wie Handke, wie Wondratschek stark auf. Auf der einen Seite Günter Walraff, Max von der Grün, die Werkkreise »Literatur der Arbeitswelt«, jetzt auch Degenhardt mit einem Roman, also der immer stärker werdende Versuch, eine politische, eine sozialistische Literatur zu schreiben, nicht sozialistische Theorie, sondern sozialistische Literatur; und auf der anderen Seite die zunehmende Überfeinerung des formalistischen Bewusstseins.

Aber das gab es natürlich immer schon. Das gab es in den 20er Jahren ganz genau so, es gab dort auch einen extremen Subjektivismus. Ich glaube nicht, dass durch die 60er Jahre etwas neu entstanden ist; und zwischen den Extremen, die Sie nennen, ist, sich entwickelnd, aber ungebrochen, die realistische Tradition weitergegangen; natürlich wird die immer mehr oder weniger diffamiert.

Von beiden Seiten.

Als Ingeborg Bachmann ihren Roman »Malina« gebracht hat, vor ein paar Jahren, habe ich gelesen, Ingeborg Bachmann hätte einen Roman geschrieben, als wären die 60er Jahre nicht gewesen. Ob dieser Roman jetzt zurechnungsfähig und ein wirklich realistisches Werk ist oder nicht, das richtet sich nicht nach der Jahresfrisur, die man 1970 oder 1971 nach dem aktuellen Erlebnis verfertigt. Bei einem Kritiker mag verständlich sein, dass es ihm so vorkommt, weil er gerade keinen länger dauernden Zeitbezug im Bewusstsein hat, reagiert er dann ein bisschen hastig.

Im Grunde genommen ist das unerheblich. – Diese Teilung der Literatur ist doch immer da. Sehen Sie, gegen Ende der 50er Jahre, als die absurde Literatur das Theater beherrschte, hat sich fast zur gleichen Zeit das dokumentarische Theater, ich will es nur mal auf dem Sektor des Theaters zeigen, entfaltet, und es standen Kipphardt mit einem dokumentarischen Stück und Ionesco mit einem absurden in derselben Woche auf dem Spielplan, das waren extrem auseinandergespaltene Literaturen.

Gut. Aber worauf ich hinauswill, sind zwei aktuelle Strömungen der deutschen Literatur, die sich möglicherweise sogar aus diesem Stamm der Gruppe-47-Vertreter entwickelt haben: Ist diese Teilung, von der ich sprach, mit der politischen Entwicklung der 60er Jahre in Verbindung zu bringen oder vielleicht nur ihre extreme Gegensätzlichkeit in unserem Bewusstsein? Dazwischen wächst ja auch noch der alte Stamm weiter: Walser schreibt, Grass schreibt, Johnson schreibt, diese nur als Beispiele, und alle werden, vielleicht nur als alte Literatur-Herren, sowohl von den Formalisten nicht sonderlich ernst genommen als auch von denen, die glauben, nun sozialistische Literatur zu schreiben oder sozial relevante Literatur wie Wallraff.

Ich meine, der Wallraff ist ganz prima, aber er allein ist nicht imstande, einen Ismus oder eine Epoche zu machen. Seine Methode finde ich großartig, das hat der Kisch auch schon gemacht, was jetzt nichts gegen Wallraff heißt, aber das Phänomen Wallraff ist nicht geeignet, unsere Literaturströme mit neuen Namen und Richtungen zu versehen, weil es das immer gibt. Und den Max von der Grün hat es auch immer schon gegeben und mich und viele andere, tendenziell hat es das alles schon gegeben. Es ist kein Grund vorhanden, im Moment neue Namen einzuführen, die Diskussion, wenn sie kritisch sinnvoll sein soll, muss unterhalb dieser Einteilung geführt werden; denn in dieser Einteilung, so wie Sie sie jetzt vortragen, tritt ja jeder Teil mit einem Exklusivanspruch auf: Der Manierismus und der dokumentarische Flügel verurteilen einander und schließen einander aus. Ich meine aber, das ist nicht sinnvoll.

Nun haben Sie ja etwa auch Handke sehr stark attackiert in diesem Kursbuch 20.

Aber ich habe nicht gesagt, der Handke darf nicht sein. Ich habe gesagt, wohin es führen würde, wenn diese Elfenbeinhaltung programmatisch werden würde, die er damals behauptete, die er inzwischen aber schon aufgegeben hat, sehen Sie, das ist schon vorbei. Ich könnte über diesen Aufsatz gar nicht mehr reden. Handke selber, der damals gesagt hat, mit Wirklichkeit will ich nichts zu tun haben, Wirklichkeit stört mich beim Verfassen meiner Kunstwerke, schreibt jetzt sein eigenes Leben buchstäblich auf und kann gar nicht genug Wirklichkeit von sich selbst in die Bücher hineinpacken. Diese Diskussion ist also erledigt. Aber das war damals in diesem Aufsatz nicht Besserwisserei, sondern es gibt ja gar kein anderes Wurzelfeld für Literatur als das der gesellschaftlichen Erfahrung und das der persönlichen Erfahrungen in einer Gesellschaft. Und es ist ja ganz lächerlich, wenn jemand glaubt, auf die Dauer Literatur machen zu können nur mit der Grammatik oder nur mit den Fakten.

Wirklichkeit und Syntax gehören zusammen.

Ja natürlich! Sonst hat diese Syntax keinen Widerstand und läuft eben leer.

Und andersherum hat die Wirklichkeit kein Disziplinierungsinstrument.

Erst unterhalb dieser Einteilungen also beginnt sinnvoll die literarische Diskussion: was machen wir jetzt, was kann man jetzt machen. Und das bleibt nach wie vor schwierig, unheimlich schwierig, mir kommt es von Mal zu Mal schwieriger vor, aber ich kann mich nicht orientieren an jenen fast mit Religionsanspruch vorgetragenen Ausschließlichkeiten, seien sie von da oder von da.

Jetzt sind wir etwas abgewichen von dem Thema, welche Rolle die Intellektuellen von 1967 bis 1972 spielten.

Gehen wir gleich zu der Situation nach unserer neuesten, letzten Wahl. Schon seit 1969 gab es Stimmen unter uns, die gesagt haben, dass jetzt die Intellektuellen nichts mehr zu tun hätten, denn die SPD sei ja an der Regierung. Horst Krüger also und dann noch einmal im Jahre 1972 Reinhard Baumgart im »Spiegel«: »Literarisches Hofnarrentum« hieß, glaube ich, der Artikel. Das hat mir gezeigt – ich hatte da nie so dran gedacht –, dass ungeheure Unterschiede in der Auffassung darüber bestehen, was ein Intellektueller in der Gesellschaft vernünftigerweise tun kann und tun soll.

Die These von Krüger, um das hier kurz zu rekapitulieren, war: Jetzt, wo die Partei, für die als Intellektueller ich votiert habe, an der Regierung ist, ist es für mich sehr schwierig geworden, Kritik zu üben, und mein Metier als Intellektueller ist die Kritik.

Genau, das ungefähr hat auch Baumgart gesagt. Und da merken Sie schon, wie schlimm es sein kann, wenn Intellektuelle in Wahljahren auftreten, denn sie kastrieren sich dann sozusagen ein für alle Mal, wenn sie zu solchen Überlegungen kommen. Denn es ist nicht vorstellbar, dass das aus Erfahrung erwachsene Bedürfnis nach menschenwürdigem Dasein und nach Demokratie, das einer hat, innerhalb eines Parteiprogramms, das zur Regierung kommt, unterzubringen ist, das ist schlechterdings nicht vorstellbar. Das Wahlprogramm einer Partei, überhaupt ein Parteiprogramm, ist so auf Machterreichung zugeschnitten, dass es meinen eigenen Bedürfnishorizont nicht decken kann.

Vor allen Dingen ist ein Programm darauf angelegt, eine Situation zu verfestigen. Und im Gegensatz dazu ist demokratische Entwicklung eine Entwicklung im permanent befragten Fortschritt und in der ständigen Kritik des Erreichten.

Das wollte ich jetzt sagen. Wenn so ein Punkt erreicht ist, dann beginnt das doch erst, dann muss doch dieser Punkt sofort in Frage gestellt werden. Daran sieht man, wie verrückt es wäre, wenn das jetzt, da wir endlich sozialdemokratische Zeiten zu passieren haben, unter uns Brauch würde, sich auf ein SPDtreues Verhalten festzulegen, und wenn die SPD jetzt dasselbe beginnen würde, was die CDU gemacht hat – und natürlich beginnt das, natürlich merkt man das schon –, nämlich alles, was über die SPD noch hinausgeht, als kommunistisch zu bezeichnen, und zwar in einem Sinn, der nur noch diffamierend gemeint ist. Und ich höre das ja schon so herumsickern, dass jeder, der nicht für diese SPD in dieser kompakten statischen Weise votiert, jemand sein soll, der nicht mehr auf dem Boden des Grundgesetzes steht; denn das Grundgesetzgelände, so haben es die Parteien im Fernsehen und mit ihrer ganzen Publikationsmacht verfügt, reicht von rechter CDU bis gerade noch, sagen wir, linker SPD, und alles, was darüber hinausgeht, entspricht nicht mehr dem Grundgesetz. Und wenn die SPD sich darauf einlässt, dann haben wir wieder eine neue Religion, wie sie die CDU hat propagieren und an der Macht exekutieren wollen, und darauf kann ich wirklich pfeifen. Da also beginnt unser Arbeitsfeld, jetzt beginnt unsere Arbeit gegen diese SPD-Verfestigung.

Nun ist jedes Grundgesetz natürlich eine Verfassung, die nur bis zu einem gewissen Maße ideal sein kann. Sie verfestigt etwas, was aus den Erfahrungen, die gewachsen sind, erkannt wurde, und für die negativen Erfahrungen werden Bremsen eingebaut. Aber nun argumentiert man öffentlich in diesem Lande, das Grundgesetz könne Fermente nicht zulassen, die es zersetzen, auch jene, die es »zersetzen« im Sinne einer Fortentwicklung, die über das Grundgesetz einmal hinausreicht und die natürlich noch nicht in allen Einzelheiten exakt vorausbeschrieben werden kann. So ist die Auffassung der hier akzeptierten drei Parteien vom Grundgesetz. So dass jedes intellektualistische Ferment, das von links kommt – nicht von rechts, darüber sind wir uns einig –, jedes im fruchtbaren Sinne zersetzende Ferment als mit dem Grundgesetz nicht konform gehend denunziert und dadurch abgeblockt wird. Und so kann sich natürlich diese im Grundgesetz damals noch ideal gesehene Situation, die inzwischen vielleicht erreicht ist, nur versteinern.

Die ist natürlich noch gar nicht erreicht. Das ist es nämlich, dass die Potenz des Grundgesetzes noch gar nicht ausgeschöpft ist, das ist noch nicht aktualisiert. Das Grundgesetz reicht nach der demokratischen Seite hin eben noch viel weiter, als es bis jetzt realisiert ist.

Und die Parteien neigen dazu, das Grundgesetz in ihrem Sinne ...

... zu verengen.

... auszulegen.

Genau, natürlich wollen die die Potenz kleiner halten, als sie wirklich ist. Über diese berühmte Frage, ob einer jetzt noch auf dem Boden oder nicht mehr auf dem Boden des Grundgesetzes steht, müssten wir überhaupt erst diskutieren, wenn wir einmal das Grundgesetz bis zu seiner Gänze realisiert hätten – aber das werden wir alle nicht mehr erleben. Das Grundgesetz erlaubt den Sozialismus als eine Form der Demokratie, genauso wie es ja leider die Verengung auf etwas anderes hin erlaubt; das ist eben eine etwas vage Potenz. Aber wir dürfen als Intellektuelle keiner SPD, keinem rechten Flügel der SPD gestatten, nun anzufangen, auch eine Ritenkongregation für das Grundgesetz einzuführen, wie die anderen das insgeheim hatten.

Das heißt, die SPD darf nicht zur Staatspartei werden, wie die CDU es geworden ist und sich empfunden hat. Genau das aber war vorhin gemeint, als ich fragte, ob der Schriftsteller und der Intellektuelle Martin Walser sich eigentlich an ein Parteiprogramm binden könne – natürlich ins Futur hinein gefragt –, wenn einmal über die SPD hinaus eine sozialistische Regierung da sein wird, die die heutigen Programme Martin Walsers in seinem Sinne dann realisiert hat. Würde er dann, nun auf einer anderen, weiteren Stufe, die Haltung Horst Krügers oder Baumgarts einnehmen und sagen: Das, was ich wollte, ist jetzt erreicht, oder würde er dann auch wieder die kritische Position zu dem, was erreicht ist, beziehen? Das heißt, ist seine Funktion des Intellektuellen immer die dessen, der die Macht kontrolliert, der gegen die Macht steht?

Dass ich teilhaben würde an einer Sache, die an der Macht ist, kann ich mir nicht vorstellen ...

Ein Kultusminister Martin Walser ist also nicht vorstellbar?

Nein. Man kann sich das nach unseren Erfahrungen nur immer so vorstellen, dass das, was an die Macht kommt, kritisch angeschaut werden muss, weil es dazu tendiert, sich zu verfestigen und undemokratisch zu werden.

Weil dann möglicherweise auch ein Kultusminister Martin Walser in sich nicht mehr das kritische Element gegen sich trägt, das er jetzt als Intellektueller, wenn er von der Macht getrennt ist, haben kann und haben muss. Aber es wäre ja gut, wenn die Politiker, die, aus der Opposition heranwachsend, in die Regierung kommen, dann dieses kritische Element als selbstkritisches Element haben würden und zu sagen fähig wären: Gut, wir machen so weiter, aber dann wollen wir nach fünf oder acht oder zehn Jahren abgelöst werden von einer jüngeren Generation – also eine Art permanenter Revolution als eingebautes Evolutionssystem auf Seiten der Herrschenden.

Das ist aber eben überhaupt nicht in der Art, in der Politiker denken und sich entwickeln; und deshalb ist da eine Arbeitsteilung notwendig, und deswegen finde ich es komisch, dass Intellektuelle zu diesem eigenartigen Standpunkt kommen, dass ihresgleichen sich an der Macht sehen könnte, nur weil die SPD an der Macht ist.

Wie wird sich der Schriftsteller und der Intellektuelle und der Staatsbürger Martin Walser nach den Erfahrungen, die er mit seinem Freunde Grass hatte und auf der anderen Seite mit Enzensberger, wie wird er sich verhalten in dieser neuen politischen Situation?

Wie es, glaube ich, unserer Beschäftigungsart angemessen ist, also reagierend mehr als initiativ, d. h. suchend. Wenn, was zu befürchten ist, die sozialliberale Koalition wenig tut in der sozialpolitischen Entwicklung, nach einer Möglichkeit, die Konkurrenz von links zu verstärken ...

Dann aber nicht mehr reagierend ...

... doch, darauf reagiert man dann ...

... aber aktiviert und aktivierend ...

Das kann einen zu Aktivitäten bringen. Dann stelle ich mir z. B. vor, dass Intellektuelle – das ist noch sehr schwierig, ich will nicht so tun, als wären sich da schon mehrere einig – links von der SPD tätig werden, dann müssen sie z. B. versuchen, mit der DKP ins Gespräch zu kommen, so konkret, dass zumindest danach bewiesen ist, ob von uns aus die DKP verändert werden kann, damit sie ganz und gar zu einer hiesigen Partei wird. Vielleicht muss diese Entwicklung auch stattfinden innerhalb der IG Druck und Papier, die sich durch den Eintritt der Schriftsteller und anderer Tätigen aus der Kulturbranche zu einer Gewerkschaft IG Druck und Medien fortbilden soll, vielleicht lässt sich in dieser Gewerkschaft politisch arbeiten, und vielleicht können durch Konflikte, die auf diesem Feld ganz sicher entstehen werden, durch die Monopolisierung im Verlagswesen, durch die Machtgebärden der öffentlich-rechtlichen Anstalten die Kollegen dann aufmerksam gemacht werden, und wir werden es vielleicht leichter haben, mehr Leute zusammenzubringen ...

... also Solidarität zu finden ...

... und das wird dann nicht mehr bloß eine Solidarität unter den Intellektuellen sein; wenn wir in der Gewerkschaft sind, wird es auch eine Solidarität mit den Druckern ...

... also mit den Arbeitern sein.

Es muss erfahren werden in den nächsten Jahren, wie weit da Solidarität praktisch werden kann. Da wird es zum ersten Mal darauf ankommen, wo man hingehört, und das wird öffentlich werden, weil die Schriftsteller ja öffentliche Figuren sind, und die Maler, wenn sie dahinein kommen, sind auch öffentliche Figuren usw. Es wird immer öffentlich sein.

Kann der Schriftsteller dann, weil er doch öffentlich ist, weil er schreibt, weil er publiziert, in seinem Werk davon absehen, oder kann er weiterhin seine Individualität im Werk ausleben und seine Solidarität in der politischen Praxis beweisen?

Das ist das, was Sie vorhin sagten, und deswegen glaube ich nicht, dass es diese Trennung gibt in: Hier mache ich Kunst, und da mache ich Politik.

Ich glaube es auch nicht, aber Grass vertritt es.

Aber das ist sozusagen ein althandwerklicher Standpunkt, das ist fast ein Maler- oder Bildhauerstandpunkt. Denn wenn wir einmal diese Organisationsform für uns realisiert haben, dann werden wir zu so vielen Stellungnahmen aufgefordert sein, ohne dass die alle öffentlich werden müssen, dann wird man sich so oft entscheiden müssen, werden wir so oft fragen müssen: Halt mal, wo gehöre ich hin, und das werden wir so oft beantworten müssen, dass sich jedes einzelne Schräubchen im Gehirn mitdreht und das ganze Bewusstsein davon einfach tangiert werden wird; und das wird man dann selbstverständlich auch in den Produktionen dieser Leute merken, denn dann ist ein anderes Selbstverständnis der Schriftsteller da, überhaupt der ganzen Kulturbranche. Es kann natürlich auch schiefgehen; ich will nicht sagen, dass das unbedingt gelingen muss.

Es braucht nicht endgültig schiefzugehen, aber es wird sehr viele Schwierigkeiten geben.

Schiefgehen würde es, wenn wir einfach da drin wären in der Gewerkschaft, und es wäre dann und wann ein kleiner Honorarkonflikt, und dieser Honorarkonflikt würde keine politischen Folgerungen nötig machen für die Betroffenen; dann würde es so einschlafen.

Möglicherweise ist das aber auch ein Prozess, der nicht mehr in Ihrer und auch nicht mehr in meiner Generation realisiert wird.

Ah, doch.

Innerhalb der nächsten zehn bis zwanzig Jahre?

Ja natürlich.

Glauben Sie nicht, dass man schon zu sehr festgefahren ist, wenn man mit 40, 45 ...

Ich begreife, was Sie meinen. Ob ich meinen Kopf noch überall hinbringen kann, das wäre nicht so wichtig; ich wäre dann halt ein schwächerer Teil dieser Entwicklung, aber ein 28-Jähriger wäre ein viel stärkerer Teil dieser Organisation und Entwicklung und würde dann viel mehr erreichen und tun als ich. Kann sein, dass ich mich mit 52 aus Gesundheitsgründen auf eine Scholle zurückziehe. Aber das spielt keine Rolle für den Prozess. Der Prozess wird sogar schnell gehen, entweder innerhalb der Gewerkschaft oder außerhalb der Gewerkschaft. Und dass der Prozess weitergeht, das ist ganz sicher.

Egal auf welcher Ebene?

Ja, und zwar auch, weil wir in der Bundesrepublik nicht allein sind, wir sind da europäisch herausgefordert, und ich glaube nicht, dass wir auf diese spezielle angelsächsische Schaukel fallen.

Wir haben ja in Frankreich eine andere Entwicklung – und wir haben in Italien eine andere Entwicklung.

Genau. Und ich glaube, dass da, um es vorsichtig zu sagen, Begünstigungen entstehen für unsere eigene Entwicklung.

Auch durch die europäische Integration?

Wenn sie zu früh realisiert wird, könnte sie fast bremsend wirken. Wenn wir aber sozialistische Regierungen in Frankreich und in Italien hätten, dann wäre das für die Bundesrepublik genau dieselbe Lage wie für Deutschland im 19. Jahrhundert, wo auch das Bürgertum in Frankreich und in Italien zu seinem Nationalstaat gekommen ist, und wir sind dann nachgekommen. Unsere Stärke ist der politische Entwurf nie gewesen.

Theoretisch schon, aber nicht praktisch.

Ich habe mir das immer so zu erklären versucht, nämlich dass wir eine hohe, hochentwickelte Verwaltungsfähigkeit haben, die jedes herrschende System in seiner Auswirkung reduzierte. Jedes herrschende System, historisch herrschende System, wurde bei uns, sage ich jetzt mal als These, durch gute Verwaltung gemildert. Das feudale und das kapitalistische System ist bei uns jeweils nicht so extremistisch inhuman geworden wie in anderen Ländern. Und diese Verwaltungsfähigkeit machte den Fortschritt langsamer, machte das Tempo langsamer. Deshalb sind bei uns keine Revolutionen in diesem Sinne notwendig gewesen, weil wir die Ergebnisse der Revolutionen von anderen Ländern schließlich übernommen haben. Im Grunde genommen haben wir immer nur die Gegenrevolutionen gehabt und nie die Revolutionen und hatten mit denen fertig zu werden. Aber man ist ja eigentlich fertig geworden damit. Gut, das ist jetzt Spekulation, aber so stelle ich mir den Ausgang dieses Jahrhunderts vor: dass wir die Demokratie, den letzten für uns vorstellbaren Schritt der Demokratie, der europäischen Demokratie, genauso vom Westen lernen, wie wir den vorigen Schritt von denen gelernt haben. So weit mein biertischpolitischer Horizont. Ich glaube nämlich, nach meinen Erfahrungen mit Schriftstellern, dass unser Beitrag, wenn er direkt politisch sein will und über unsere eigenen berufspolitischen Fragen hinausgeht, meistens ein besser rhythmisierter und metaphorisierter Biertisch ist. Nur das Politische, das ein Schriftsteller auch noch im Roman und im Theaterstück vermag, ist ernst zu nehmen. In Rede, Aufsatz, Interview eine Meinung zu sagen, dazu braucht man nur eine Meinung und höchstenfalls Mut. Dass aber etwas Politisches die unwillkürlichsten Produktionen nicht nur durchdringt, sondern sogar bestimmt, dazu gehört mehr: nämlich Notwendigkeit. Und jetzt zeigen Sie mir einmal die sozialdemokratische Literatur der Bundesrepublik. Aber ich geb' gern zu, dass das ein unbescheidener und selbstmörderischer Anspruch ist. Vergessen wir ihn. Und machen weiter mit Initiative und Interview ...

GESPRÄCH
MIT HANS MAGNUS ENZENSBERGER

Berlin, 11. / 12. September 1973

»Es gibt ja auch angenehme Seiten
an diesem Beruf.«

Herr Enzensberger, es gehen einige Schlagworte über Sie um: Da war die Rede vom »Angry young man«, vom zornigen jungen Mann, da nannte jemand Sie den Muster-Nonkonformisten, auch den politischen Dichter. Zuweilen fand man Worte wie Clown, Dandy oder »Opportunist nach vorne«, Bohemien, schließlich Anarchist und Berufsrevoluzzer. Was sind Sie eigentlich?

Das ist ja alles schon sehr lange her. An all das kann ich mich schon gar nicht mehr erinnern. Ich bin ja schon seit fünfzehn Jahren berufstätig.

Als was?

Als Schreiber.

Als freier Schriftsteller?

Ja, als Produzent von Schriftstücken, die vervielfältigt und verkauft werden.

Als Literaturproduzent?

Ich habe das Wort absichtlich vermieden. Das ist ja schon eine Einschränkung. Man muss den neutralsten Ausdruck wählen: Einer, der vom Verkauf seiner Schriften lebt.

Ist Dichter eigentlich ein Beruf?

Ich glaube nicht, es steht auch nicht in meinem Pass.

Aber Sie sind einer.

Ja, unter den Schriften, die ich angefertigt habe, haben sich auch Gedichte befunden.

Fertigt man Gedichte denn genauso an, wie man etwa »Gespräche mit Marx und Engels« oder wie man »Das Verhör von Habanna« macht?

Das könnte man schon. Also, die Möglichkeit lässt sich doch nicht ausschließen. Schauen Sie, wenn ich zum Beispiel von Ihnen den Auftrag bekommen würde, einen Sonettenkranz zu liefern – ich weiß nicht, ob ich ihn annehmen würde, aber wenn ich ihren Auftrag annehmen würde –, gäbe es nur eine Möglichkeit, ihn auszuführen, nämlich durch Anfertigung.

Als Auftragsarbeit ...

Ja, sicher. Ein Sonettenkranz muss angefertigt werden, er kann gar nicht anders entstehen als durch Anfertigung.

Nun, wer hat Sie denn beauftragt, die »blindenschrift« oder »landessprache« zu schreiben?

Das war Geschäftsführung in eigenem Namen, da habe ich keinen fremden Auftrag gehabt.

Also liegt es doch etwas anders?

Ja, es liegt vielleicht ein bisschen anders. Aber von der Berufstätigkeit her gesehen spielt das Gedichteschreiben ja keinerlei Rolle. Im Sinn der Erwerbstätigkeit ist es kein Faktor, der eine Rolle spielt. Das müsste man unter Werbekosten verbuchen.

Also sind Sie neben dem Beruf auch noch etwas anderes: Lyriker?

Ja, aber sicher. Aber neben dem Beruf ist ja jeder noch sehr viel anderes. Hier besteht ein Zusammenhang, weil es sich immerhin auch um Schriften handelt, und die werden dann schließlich auch verkauft. Nur am Anfang hat man sich das nicht so vorgestellt. Das hängt auch mit der Sozialisation des Schriftstellers zusammen. Früher mag das anders gewesen sein, und vielleicht hat es sich inzwischen auch wieder geändert. Aber als ich mit dieser Berufstätigkeit begonnen habe, wusste ich gar nicht, worauf man sich dabei einlässt. Das geschah alles noch wider Willen. Heute gibt es wahrscheinlich schon Leute, die mit neunzehn oder zwanzig Jahren sagen: »Ich werde Schriftproduzent«, und die dann Marktforschung betreiben und also wissen, worauf sie sich einlassen, obwohl ich auch das nicht für allgemein gesichert halte. Wahrscheinlich gibt es auch immer noch Leute, die, wie ich damals, in diesen Beruf irgendwie hineingeraten. Das geschieht eben meist, indem sie etwas schreiben und dann feststellen, dass ein Produkt entstanden ist. Dann wird dieses Produkt verkauft, und sie lassen es sich gefallen, Schriftsteller genannt zu werden. Sie lassen sich als Schriftsteller bezeichnen und haben die Folge natürlich nicht bedacht. Denn die Folge ist ja die, dass sie dann weitere Schriften anfertigen müssen, die auch wieder verkauft werden, und nach einer Weile entsteht also eine Art unvorhergesehener Situation. Denn in Wirklichkeit wollten sie ja am Anfang nicht immerzu Bücher schreiben, sondern sie wollten am Anfang nur das schreiben, was sie zunächst geschrieben haben.

Sie sind also über die Lyrik in den Beruf gerutscht? Sie haben doch angefangen, Lyrik zu publizieren?

Ja, die ersten Publikationen waren Gedichte.

Also würden Sie auch das Lyrikerdasein als eine Berufssituation bezeichnen?

Das hat sich sehr bald ergeben. Es blieb natürlich nicht die einzige Geschichte. Ich habe ja sehr spät angefangen zu publizieren. Mein erstes Buch ist 1957 erschienen, also als ich 28 Jahre alt war, das ist natürlich sehr spät. Insofern ist es nicht ganz richtig, dass ich da hineingerutscht wäre, denn da wusste ich schon einiges. Man hat schon einige Übersicht, mit 28 hat man auch schon Geld verdient mit anderen Dingen. Also kann ich mich nicht als das blinde Huhn hinstellen. Ich habe zu der Zeit, als mein erstes Buch erschienen ist, schon beim Rundfunk gearbeitet, ich habe Übersetzungen gemacht, ich wusste schon, wie das geht.

Wollten Sie denn schon immer Schriftsteller werden? Schon in der Schule?

Ich war schon als Kind Leseneurotiker. Ich habe sehr viel gelesen, das war für mich ein Teil meiner Lebensumgebung. Genauso wie die Schule oder die Straße oder sonst etwas, so gab es eine ganze Dimension, die aus Wörtern bestand.

Mit dieser Motivation fängt es normalerweise an.

Natürlich. Die Idee, dass man davon leben kann, hatte ich eigentlich sehr lange nicht. Gegen eine sehr starke Skepsis hat sich das durchgesetzt. Ich habe damit überhaupt nicht gerechnet, und es kommt mir auch jetzt, nach fünfzehn Jahren, noch unwahrscheinlich vor, dass ich davon wirklich leben kann. Ich habe eigentlich auch kein rechtes Zutrauen, dass das immer so weitergeht. Es würde mich überhaupt nicht überraschen, wenn ich in eine Lage geriete, in der ich von etwas anderem leben müsste.

Dann müssten Ihnen die Ideen schon ausgehen?

Nein. Es kann sich doch um industrielle Veränderungen oder um politische Veränderungen handeln, auf die man gar keinen Einfluss hat.

Damit muss aber auch der Kaufmann rechnen, der Einzelhändler oder ...

Ja, eben. Ganz richtig. Nur ist es doch einleuchtender, dass die Leute Waschmittel brauchen, als dass sie Literatur brauchen.

Ja, aber auch wenn sie Waschmittel brauchen, brauchen sie doch nicht unbedingt den Einzelhändler.

Nicht den Einzelhändler, ja. Aber er könnte vielleicht eher in seiner Branche bleiben. Bei uns ist es doch so, dass ein von außen erzwungener Berufswechsel die Konsequenz hätte, dass man eben ganz woanders anfangen müsste.

Ich möchte noch mal auf die Leseneurose zurückkommen. Was haben Sie gelesen? Was hat Sie interessiert? Alles? Oder kann man das spezifizieren?

Schon Kraut und Rüben.

Faust und Karl May?

Sehr viel Reiseliteratur zum Beispiel, daran erinnere ich mich ganz genau. Ich bin auch ein früher Anhänger von Science-Fiction. Es gab im faschistischen Deutschland einen Schriftsteller namens Dominik, den habe ich sehr gern gelesen. Allerdings ist die Frage, was man mit seiner Lektüre macht, eigentlich völlig unbeantwortet. Es gibt ja keine Wirkungsforschung in irgendeinem qualitativen Sinne. Sicher hat diese Science-Fiction einen eskapistischen Zug gehabt, aber wenn man davon ausgeht, dass Dominik ein faschistischer Schriftsteller war, dann kann ich konstatieren, dass seine damaligen Anhänger in diese Richtung eigentlich nicht beeinflusst worden sind, sondern dass sie mit den Büchern eben etwas gemacht haben, wovon der Autor gar nichts wusste und auch nichts wissen konnte. Und von daher habe ich auch eine gewisse Skepsis behalten gegenüber Überlegungen, die sich auf die Wirkungen von Literatur beziehen. Ich glaube, diese Wirkungen sind für den Schriftsteller letzten Endes eine Unbekannte. Die Wirkungen spielen sich in einem toten Winkel ab.

Aber was haben Sie noch gelesen?

Ich war ein absoluter Omnivor, ein Allesfresser. Ich erinnere mich, dass ich damals, aus Gründen, die mit meiner Biographie zusammenhängen, viel Zeit in öffentlichen Bibliotheken verbracht habe. Es gab in Nürnberg eine ganz gute Stadtbibliothek, und so habe ich einfach manchmal Nachmittage lang im Katalog herumgesucht: Egal, ob das nun eine Monographie über Barock war oder über die Erforschung Tibets, es war jedenfalls weniger Belletristik. Wie es mir jetzt erscheint, waren es weniger Romane oder Gedichte als vielmehr – Völkerkunde hat man das damals wohl genannt – Geographie, Geschichte, alle möglichen geschichtlichen Darstellungen, Biographien. Wenn Sie mich jetzt danach fragen, stellt es sich eigentlich so dar, als würde sich da ein Zirkel schließen, denn heutzutage lese ich auch weniger Romane und Gedichte als solche Dinge.

Waren Sie vom Elternhaus zum Lesen angeleitet? Wurde bei Ihnen zu Hause viel gelesen?

Ja, mein Vater hat natürlich viele Bücher gehabt. Und er hatte außerdem die gute Gewohnheit, mir nie irgendwelche Ratschläge oder Warnungen in Hinblick auf Lektüre zu geben. Er ließ mich lesen, was ich lesen wollte.

Von vielen Schriftstellern habe ich gehört, Dostojewskij als einer der ganz Großen sei eines ihrer großen frühen Leseerlebnisse ... Es fällt fast schwer, bei dieser Art von Lektüre, bei dieser massierten Lektüre, zu fragen, wann eigentlich die schriftstellerische Motivation einsetzte, die Imitation dessen, was man gelesen hat.

Das gehört in eine ganz andere Periode, das sind die üblichen Pubertätserscheinungen. Wovon ich bisher berichtet habe, war eigentlich mehr die Lektüre des Zehnjährigen. Diese Sachen habe ich mit zehn, mit elf oder mit zwölf gelesen. Danach fing natürlich der ganze Unsinn an, die ganze traurige Geschichte von der bürgerlichen Individuation, die im Übrigen interessanterweise durch die Wirklichkeit kaum gestört worden ist. Die Mechanismen der bürgerlichen Sozialisation waren damals so eingefleischt, dass, wenn ich zurückblicke, Bombenkrieg, Wehrertüchtigungslager, Kapitulationen, Hungersnöte erstaunlich wenig Einfluss darauf hatten. Das lief eigentlich nebenher.

Das wurde wahrgenommen, aber hatte keine Einwirkung auf Ihre Persönlichkeitsbildung?

Das sicherlich schon. Aber nebenher lief immer auf einem eigenen Geleise diese eigentümliche Reproduktion von bürgerlicher Innerlichkeit. Man kennt das aus vielen Autobiographien, es lief einfach ziemlich ungestört in einem merkwürdigen Mischungsverhältnis nebenher. Damals saß man also neben einem kalten Ofen, aber das hat einen keineswegs daran gehindert, beispielsweise Eliot zu lesen.

Das war nach dem Krieg ...

Ja, das sind diese ganzen pittoresken Nachkriegsgeschichten, auch üblicher Art, die man nachlesen kann.

Aber Sie waren damals noch Schüler?

Die Schule gab es eine ganze Weile nicht. Irgendwie undurchsichtig oder kaum miteinander vermittelt liefen diese Bildungserlebnisse nebenher.

Wie sahen die bei Ihnen aus?

Oh, da gab es viele. Es durfte ja wieder allerhand gedruckt werden, es kam also auch das Pathos der Neuentdeckung hinzu, freilich von alten Werken, die nun neu schienen, weil sie vorher verboten waren. Rilke wurde wieder gedruckt, Benn wurde wieder gedruckt und so weiter. Hinzu kamen die ganzen Ausländer. Die waren besonders gefragt, weil auch sie natürlich verboten waren.

Faulkner?

Faulkner, dann las man Hemingway, dann las man Kafka. Also das Übliche, womit sich die literarische Bewegung in Deutschland beschäftigt hat, diese ganze riesige Nachhilfestunde, die zehn Jahre lang angedauert hat. Und das wurde dann bei mir auch zu einem Teil meiner Berufstätigkeit. Ich habe ja viel übersetzt, und besonders auf dem Gebiet der Poesie habe ich versucht, mir ein Bild zu verschaffen. Als Student begann ich zum Beispiel, Neruda zu übersetzen.

Bei Walser ist ganz eindeutig die Begegnung mit Kafka wichtig, bei Böll war es zunächst Dostojewskij, dann waren es die katholischen Franzosen. Was war es bei Ihnen?

Das weiß ich nicht, ich glaube, es war ziemlich eklektisch, eben diese Allesfresserei. Das hat offenbar sehr früh angefangen und hält auch heute noch an. Ich lese kreuz und quer, alles durcheinander. Wenn Sie mich jetzt fragten, was ich lese, dann könnte ich darauf nur sagen: alles Mögliche. Da liegt der »Scientific American«, da liegt »Alice in Wonderland«, dann liegt hier Fuchs, eine Sittengeschichte, und so weiter. Da entsteht kein Muster.

Das ist aber auch interessant. Die Versuche, sich selbst zu artikulieren, hängen sich doch sehr oft an Eindrücken auf. An formalen Eindrücken, die man gewonnen hat.

Ja. Natürlich gibt es bestimmte Tricks. Ich könnte Ihnen das genau zeigen, wenn man wirklich ernsthaft irgendein Gedicht hernimmt. Bitte missverstehen Sie mich nicht. Ich behaupte also nicht, dass alles aus eigener Hand wäre, im Gegenteil, nur eben nicht aus einer, sondern aus tausend Händen. Ich glaube, es war Jürgen Becker, der immer von seinem Radiokopf gesprochen hat. Das finde ich sehr gut. Dazu braucht man aber keinerlei elektronische Medien, eine gut gemischte Bibliothek ist auch schon eine Art Radiokopf, in dem ungeheure Interferenzen stattfinden. Das heißt, ich würde geradezu bestreiten, dass irgendetwas aus eigener Hand ist, sondern es ist alles aus zweiter, dritter, vierter, fünfter, sechster Hand, und der eigentliche Eingriff des Schriftstellers, so könnte man, wenn man es zuspitzt, behaupten, liegt eben darin, dass er sein eigener Toningenieur ist.

Diese Frage bringt uns bei Ihnen also nicht weiter?

Nein, an die Sache mit den Einflüssen habe ich nie geglaubt. Ich bin auch der Meinung, dass die Philologie auf einem großen Holzweg ist. Man kennt diesen Begriff des Einflusses, der Einflüsse. Ich bin da ungeheuer skeptisch. Ich glaube, dass die Einflüsse immer post festum hergestellt werden – es ist eine Art

Brückenbauerei. Da entstehen schöne Schwebebrücken zwischen verschiedenen Jahrhunderten, aber daran glaube ich überhaupt nicht.

Das meine ich nicht. Ich meine eigentlich die geistesgeschichtliche Prägung, die man hat. Aber die scheint bei Ihnen sehr vielfältig zu sein.

Das weiß ich nicht.

Von einer ungeheuren Breite ...

Ich kann das einfach nicht angeben. Mir ist zum Beispiel vollkommen rätselhaft, wie das mit dem Marxismus eigentlich zugegangen ist. Gut, es war die nächste Phase des Verbotenen, in den 50er Jahren war der Kommunismus verboten, ein Tabu. Infolgedessen hat man marxistische Texte besonders gern gelesen, und sicher habe ich auch solche Texte gelesen, aber ich kann mich an kein systematisches Marxismusstudium in den 50er Jahren erinnern. Und trotzdem kann man deren Einfluss in meinem Fall wahrscheinlich ganz eindeutig an Zitaten zeigen. Im Grunde liegt diese Begegnung zehn Jahre vor der allgemeinen Marxismussozialisation.

Und die ist vielleicht auch nicht so intensiv vollzogen worden, sondern eher theoretisch. Ist das von Ihnen auf andere Weise verarbeitet worden?

Damals war das eigentlich Notwehr.

Und vielleicht ein bisschen wie das Absetzen von der Allgemeinheit, von dem, was üblich war?

Ja, aus Notwehr.

Um seine Individualität zu wahren? Was auch immer jetzt Individualität sei ...

Das glaube ich nicht. Es ging darum, überhaupt ein bisschen Luft zu kriegen. Nun kann man heute niemandem mehr erklären, was Westdeutschland im Jahr 1953 war. Das kann sich ja niemand mehr vorstellen. Das ist, glaube ich, unmöglich für jemanden, der heute zwanzig ist. Was da eigentlich so zum Ersticken war, das kann man gar nicht so genau angeben. Gut, die KPD wurde verboten, aber davon waren unmittelbar ja sehr wenige Leute betroffen. Das war damals gar nicht das eigentliche Problem.

Aber heute redet man schon davon, ob man nicht die 50er Jahre als die »goldenen 50er Jahre« betrachten soll.

Na ja, das ist die Industrie, die muss ihre Remakes haben, und bei dem Verschleiß von Nostalgie erzeugt das einen großen Verbrauch an Epochen. Also muss natürlich jede einmal drankommen, warum also nicht auch die 50er Jahre? Irgendetwas Goldenes wird man schon finden.

Nun haben Sie gerade die 50er Jahre besonders intensiv erlebt. Alle ihre Gedichte sind eigentlich Gedichte gegen die 50er Jahre.

Ja, bis zu einem gewissen Grad kann man das schon sagen.

Und eigentlich geschaffen auch im Schreiben um Ihren persönlichen Freiheitsraum ...

Gibt es so etwas wie einen persönlichen Freiheitsraum? Den gibt es doch nicht, wenn nur einer Luft hat. Das nützt ihm ja nichts, es müssen doch mehr Leute Luft haben.

Sie sprachen selbst davon. Um sich sozusagen freizuschaufeln ...

Notwehr ist ein gesellschaftliches Phänomen. Niemand wollte mir persönlich an die Gurgel, darum ging es doch gar nicht.

Aber Sie haben es persönlich empfunden, in Ihnen hat sich das doch sehr gebrochen. Sie haben in Ihren Gedichten einen solchen

Ekel vor dieser Zeit dokumentiert, dass man sagen kann, es handelt sich um einen epochalen Ekel ...

Individualistisch war die Operation insofern, als damals kein Einverständnis vorhanden war. Dieses Einverständnis war ein erst herzustellendes. Das konnte man nicht einfach voraussetzen, auch aus ganz verständlichen Gründen. Denn wir wollen ja nicht irgendwelche Kinder mit irgendwelchen Bädern ausschütten. Es ist ganz klar, dass die Rekonstruktion der Lebensvoraussetzungen in einem Land wie Deutschland eine irrsinnige Aufgabe war. Und es ist gar kein Wunder, dass die Leute damit beschäftigt waren, dass sie ungeheuer davon absorbiert waren und dass das ein ganz dickes Medium war, in dem man gelebt hat und das eben so totalisierend gewirkt hat, dass da wenig Spielraum blieb ...

Ich meine, es wäre billig, dagegen zu polemisieren, und sicherlich hat auch die Polemik, die damals geführt worden ist, Züge des Billigen gehabt. Das ist einleuchtend. Wenn man aber das Gefühl hat, dass einem die Luft abgedreht wird, dann ist man zu subtilen Untersuchungen und Gerechtigkeitserwägungen nicht in der Lage, sondern man wehrt sich. Ich glaube eben nur nicht, dass das das Problem von einem komischen Menschen war. Natürlich war das gleichzeitig allgemein, und es war damit auch eine objektive Tatsache gegeben. Nur: Wie nimmt man die wahr, und wer nimmt sie wahr? Sie ist natürlich nicht organisiert wahrgenommen worden ...

Ja, eben ... Weil es nicht allgemein war, war es doch umso ekelhafter für Sie.

Na gut. Aber umso besser war es. Man war dann ja doch nicht damit allein, es gab auch noch andere. Diese ganze literarische Bewegung, dieser ganze Prozess, der sich heute als eine Vorstufe im Bewusstsein der Leute und als etwas beinahe schon Überflüssiges abzeichnet, war natürlich zugleich die Voraussetzung für all das, was dann hinterher möglich war.

Sie sprachen vorhin davon, dass Sie ganz selbstverständlich auch den üblichen Prozess der bürgerlichen Individuation vollzogen haben.

Der aber auch ein objektiver Prozess ist.

Natürlich. Aber irgendwo muss doch ein entschiedener Bruch gewesen sein, in dessen Folge Sie davon Abstand genommen haben und ausgebrochen sind. Denn sonst hätten Sie ja auch in diesen 50er Jahren einen ganz normalen Weg gehen können. Irgendwo muss doch da eine ganz individuelle Sensibilität, ein ganz persönlicher Grund dafür gewesen sein, dass Sie aus dieser Individuation, die ja letzten Endes wiederum auch eine Art von Sozialisation ist, ausgebrochen sind. Dass Sie nicht nur den Mut hatten, sondern auch die Kraft oder einfach die Fähigkeit, das Talent …

Aber das ist doch wiederum ein bürgerliches Phänomen. Was Sie als individuelle Selbstbehauptung darstellen, ist natürlich wiederum ein bürgerliches Phänomen. Es handelt sich da um einen Zirkel, aus dem man gar nicht so ohne weiteres herauskommt. Die Bourgeoisie hat immer diese Leute erzeugt, die ganze Geschichte ist voll davon. Selbst die Geschichte der Geschäftsleute, der Unternehmer ist keine andere als die von Leuten, die gesagt haben: »Nein, das mache ich nicht mit.« Und in dem Maße, in dem hier Abweichungen vorliegen, sind es solche, die immer noch …

… die immer noch getragen werden von der Bourgeoisie, das ist ganz klar. Aber jede dieser herausbrechenden, immer noch im Rahmen der Bourgeoisie sich vollziehenden Individuationen, hat ihre Gründe. Und nach diesen Gründen versuche ich zu fragen.

Aber gleichzeitig ist die bürgerliche Individualität doch immer auch ein Produkt zu objektiven Situationen. Und das lässt sich in diesem Fall ganz besonders leicht zeigen, weil die Motive, dem Deutschland der 50er Jahre mit so großer Skepsis oder mit Widerstand zu begegnen, ja vollkommen klar sind. Der kleinste gemeinsame politische Nenner war der Antifaschismus. Das heißt, man war in einer ganz simplen, übersichtlichen Lage ...

Schon vor '45 bei Ihnen zu Hause?

Nein, das möchte ich gar nicht behaupten, obwohl da auch schon ein anarchistischer Widerwille gegen die ganze Sache vorhanden war, aber eben auf der Ebene, dass ein Zwölfjähriger, dem es nicht passt, dass die ihn immer anschreien, sagt: »Nein, mit denen werde ich schon fertig werden« ... Das ist eine andere Geschichte, das ist bloße Autobiographie. Das ist auch wahrscheinlich Zufall. Während die Entwicklung in den 50er Jahren eben nicht zufällig ist. Da gab es vielmehr den Widerspruch, dass hier ein bürgerlicher Staat auf der gleichen gesellschaftlichen Grundlage aufgebaut worden ist, die den Faschismus erzeugt hat. Das heißt, dieses Westdeutschland war zugleich antifaschistisch und Erbe dieses Faschismus. Das hat sich ja in jedem Detail nachweisen lassen, angefangen bei den Personen bis hin zum institutionellen und ökonomischen Rahmen – die ganze Restaurationsgeschichte und so weiter. Und es war der Widerspruch, innerhalb dessen dann auch die Schriftsteller operiert haben und unter diesen Schriftstellern ich. Was daran individuell ist, ist vielleicht die Erscheinungsform. Aber sonst sehe ich das als eine ganz gesetzmäßige Sache an. Dazu gehört sozusagen gar nicht viel.

Sicherlich. Aber es gab damals auch den zweiten deutschen Staat, der im Entstehen war. Wie wurde der eigentlich von Ihnen aufgefasst? War das der konsequente, richtige Versuch?

Ganz bestimmt nicht. Ich beschreibe das als einen Widerspruch innerhalb bürgerlicher Kategorien, und innerhalb dieser bürgerlichen Kategorien war der Antifaschismus in Westdeutschland ein Antifaschismus, der absolut nicht kommunistisch war. Der hatte mit dem Kommunismus gar nichts im Sinn.

Das war ein moralischer, kein politischer Antifaschismus.

Selbst dort, wo er vielleicht politisch war, gab es keine Option für den Kommunismus. Es gab womöglich einen Effekt der Solidarisierung mit gewissen Leuten, die nun plötzlich in Schwierigkeiten waren, weil sie sich uns als Antifaschisten dargestellt haben. Ich erinnere mich sehr gut an die Kommunistenverfolgungen der 50er Jahre, kannte auch Leute, die plötzlich wieder unter die Räder kamen, nachdem sie vielleicht gerade erst aus dem KZ heraus waren. Und das hat natürlich schon etwas in Bewegung gesetzt, aber eben nicht in dem Sinne, dass man sagte, die Leute haben recht, der Kommunismus, wie er in der DDR vorliegt, ist ja das einzig Wahre. Das wäre jedenfalls mir und den Leuten, die eine ähnliche Geschichte haben wie ich, nicht im Traum eingefallen.

Aber wie sah Ihre Option aus? Hatten Sie eine Option? Hatten Sie Vorstellungen, was an die Stelle dessen …?

Nein, das hatte ich natürlich nicht, und das habe ich auch jetzt nicht. Für Optionen in diesem Sinne sind, glaube ich, doch Schriftsteller überhaupt nicht gut, in dieser Beziehung sind die Schriftsteller nicht lieferfähig.

Ist das die alte Definition des Intellektuellen? Walser hat Sie einmal einen immer unterwegs Seienden genannt. Ist das nun spezifisch Enzensberger, oder ist das spezifisch »der Intellektuelle«? Es gibt dieses berühmte alte Schlagwort von der heimatlosen Linken. Der Prozess innerhalb der Geistesgeschichte der letzten Jahrhunderte ist ja zu verfolgen: die Loslösung des Intellektuellen aus der Gesellschaft, aus dem Bürgertum, dessen Repräsentant er als Sprachrohr einmal war … Nun ist er in die Selbständigkeit entlassen, nun ist er nur noch derjenige, der revoltiert. Fühlen Sie sich in diesem Erbe?

Schauen Sie, Herr Arnold, warum reden wir überhaupt über Enzensberger? Wir könnten ja ebenso gut über jemand anderen reden. Also interessant für so ein Gespräch können ja überhaupt nur die Züge sein, die diesen Menschen mit anderen vergleichbar machen, und nicht die, die ihn unterscheidbar machen.

Vergleichen kann man auch nur, wenn man Unterschiede hat.

Davon gehe ich ja einmal aus. Über diese ganze Nachkriegsgeschichte, soweit ich an diesem Prozess auch mitbeteiligt war, lohnt es sich ja nur zu sprechen, wenn man herauszubekommen versucht, was in den 50er Jahren in Deutschland vorgegangen ist. Inwiefern kann dies vielleicht ein Beleg für etwas sein, der neben hundert andere solche Belege zu setzen wäre. Das ganze Gespräch müsste man so halten. Das heißt, man müsste von diesen akzidentellen Dingen absehen, davon, dass Enzensberger jetzt noch eigene besondere Macken hat. Das interessiert doch niemanden. Alles, was wir hier machen können, ist, ein Stückchen von einer Vorgeschichte aufzuklären.

Von welcher Vorgeschichte?

Von der Vorgeschichte dessen, was wir heute in Deutschland vorfinden.

Das sieht aber in den verschiedenen Gehirnen verschieden aus.

Ja natürlich.

Und ich will eben gerade wissen, wie es im Gehirn von Hans Magnus Enzensberger aussieht, will dadurch sozusagen wissen, wie Hans Magnus Enzensberger denkt, wie er geworden ist, wie er reagiert und warum er so reagiert. Das ist das Interessante.

Ja, aber der will das eben dadurch erklären, dass er sich mit objektiven Situationen vergleichbar macht. Denn auf dem anderen Weg, durch Introspektion, durch Selbsterforschung, kommt er keinen Schritt weiter, dabei kommt gar nichts heraus.

Gut, versuchen wir es einmal. Enzensberger ist Lyriker, und er ist Schriftsteller. Die objektive Situation, ich versuche es jetzt einmal so, war in den 50er Jahren eine große Leidenschaft der Lyrikleser für Gottfried Benn. Und auch Hans Magnus Enzensberger ist davon nicht ganz frei geblieben.

Absolut nicht.

Im Gegenteil, er war ein großer Anhänger der Lyrik Benns.

Ja.

Dann hat er 1963 / 64 im »Spiegel« Benn einmal sehr schlecht behandelt. Das war mein Eindruck zu einer Zeit, als ich Benn noch sehr verehrte. Wie bringt man das zueinander?

Ja, Benn war natürlich von Anfang an ein Problem. Und zwar nicht nur für mich, er hat uns alle ständig gestört. Er hat uns sehr gestört, weil wir einerseits von seiner literarischen Produktion sehr beeindruckt waren und weil wir andererseits – und das hängt wieder mit dem Antifaschismus zusammen – mit seinen ideologischen Positionen absolut nicht einverstanden waren, nichts damit anfangen konnten. Was dann natürlich zu der Frage geführt hat – mit den üblichen personalisierenden Mechanismen, wie wir sie hier gerade vielleicht vermeiden wollen –: Wie ist denn das möglich, dass so ein Mann ... Das Gleiche gilt für Pound, für Hamsun und noch ein paar andere.

Ernst Jünger?

Ernst Jünger war vielleicht weniger geschätzt ...

... spielt bei Ihnen aber auch eine gewisse Rolle.

Ich kann nicht sagen, dass ich ihn je besonders geschätzt hätte. Jünger hat wohl für die älteren Leser eine Rolle gespielt, die ihn schon von früher her kannten. Das ist natürlich ein Widerspruch, der überhaupt nicht aufgelöst ist, in gar keiner Weise ...

Auch nicht durch solche öffentlichen Distanzierungen.

Das war damals nicht die erste. Ich habe mich auch in den 50er Jahren schon mit Benn herumgeschlagen. Wenn man ihn heute wieder liest, bleibt natürlich immer weniger, das hat er ja selbst gesagt: Fünf, sechs hinterlassungsfähige Gebilde seien, wie er sich ausgedrückt hat, schon sehr viel. Das gilt auch für Benn selbst. Das Werk schrumpft, aber es bleiben auch noch die Provokationen – ein paar Gedichte und ein paar Provokationen. Auch die Provokationen sind nicht geringzuschätzen. Das heißt, das ist einer, der nach wie vor stört, insoweit, als man ihn überhaupt noch zur Kenntnis nimmt. Denn Störer versucht man auch loszuwerden, man versucht, sie zu ignorieren. Das führt aber nur dazu, dass sie unter Wasser weiterexistieren, und irgendwann kommt die ganze Geschichte doch wieder hoch. Tankred Dorst zum Beispiel schreibt ein Stück über Hamsun …

Kann man denn sagen, dass die Faszination verblasst? Dass die glänzenden Spiegel matter werden?

Das würde ich nicht auf die Fälle, die wir jetzt bezeichnet haben, begrenzen. Vielmehr zeigt der Spiegel der Tradition überhaupt solche Erscheinungen. Das ganze Verhältnis zur Tradition hat sich in den letzten zwanzig Jahren sehr stark verändert. Was wiederum objektive Gründe hat. Wenn Sie heute in der Universität mit Studenten sprechen, haben die ein vollkommen anderes Verhältnis zur Tradition, zur literarischen, zur kulturellen Tradition überhaupt. Ich verhalte mich da vom Urteil her einigermaßen neutral. Man kann darüber lange Klagen anstimmen, meistens kommen solche von rechts. Man kann darüber Triumphgeheule anstimmen, ich weiß nicht genau, von welcher Seite das kommt. Mir scheint beides ganz falsch, ich würde das vielmehr zunächst einmal als Tatsache konstatieren.

Sind Sie denn Traditionalist?

Ja natürlich. Daran ist nichts zu ändern. Das schleppt sich immer so weiter, einfach, weil es in den Gehirnen der Leute enthalten ist. Und ich kann ohne Tradition auch überhaupt nicht operieren, habe auch keine Lust dazu.

Das geschichtslose Denken ist ohnehin etwas sehr Gefährliches. Und auch das traditionslose Handeln ist doch gefährlich.

Das wäre schon ein Werturteil. Manche Dinge sind sicher nur möglich, wenn man traditionslos operiert. Es gibt Operationen, die sind nur unter der Bedingung möglich, dass man die Tradition ignoriert.

Das ist aber ein bewusster Absetzungsprozess, den man dann auch fast gar nicht mehr von der Tradition lösen kann.

Das weiß ich nicht. Schlichte Ignoranz kann überraschende Folgen haben. Das sieht man an Amerika. Die Amerikaner erzeugen manchmal Dinge, über die man einfach deshalb staunt, weil sie eine solche Ablösung bedeuten, zu der man selbst vielleicht nicht in der Lage wäre.

Nun gibt es bei Ihnen gewisse historische Stationen, die sich auch in den Publikationen ausdrücken: Gryphius, vielleicht nicht so stark, dann Brentano – er war Thema Ihrer Dissertation – und Büchner. Das sind Stationen, die eine Entwicklung zeigen, eine Entwicklung auch, die Sie selbst als Schriftsteller durchgemacht haben?

Das kann ich selbst nicht beurteilen. Sicherlich gibt es da mehrere Schichten, doch kann ich nicht sagen, dass die einander sukzessive ablösen, vielmehr ist das eher eine Art Geologie, die jeder hat. Jeder hat seine eigene Geologie mit solchen Sedimenten. Wenn man diese Dinge schon im Gehirn präsent hat, dann bleibt das natürlich nicht ohne Folgen. Ich will mit niemandem streiten, der von Romantikern nichts wissen will, aber wenn man etwas von ihnen weiß, dann kommt man nicht umhin festzustellen, dass es mehr Zusammenhänge gibt, als man sich so träumen lassen könnte.

Sind Sie ein Romantiker?

Ich weiß nicht, was man darunter zu verstehen hat. Aber als objektive historische Begebenheit haben die Romantiker natürlich allerhand Dinge produziert, die ziemlich kurrent sind, beispielsweise die Psychologie.

Und die Geschichte.

Und die Geschichte.

Und den Anarchismus.

Ja. Und einige dieser Kategorien sind ebenso unbestreitbar noch heute vorhanden, auch wenn die Leute, die mit ihnen hantieren, keine Ahnung davon haben, dass es da eine Vorvergangenheit gegeben haben könnte.

Sie ziehen sich immer in die Geschichte und in das Allgemeine zurück. Aber gerade bei den Romantikern gibt es doch eben die Geschichte, die Psychologie und auch die Ansätze zum Anarchismus. Und all das ist etwas, was bei Ihnen sehr stark vertreten ist.

Möglich. Aber wissen Sie, zu mir selbst fällt mir nicht so viel ein. Mir fällt immer eher etwas über andere als über mich selbst ein. Das ist eine Tatsache, die man in diesem Interview gar nicht ändern kann. Es ist auch nicht aus Bescheidenheit, wissen Sie.

Nein, es kann sogar ein Zeichen von großer Unbescheidenheit sein.

Ich kann nicht davon absehen, dass das Gespräch einen öffentlichen Charakter hat, und ich halte es einfach nicht für richtig, der Öffentlichkeit – auch wenn sie noch so winzig sein mag – ein Interesse zu unterstellen, das ich entweder für nicht gegeben oder für nicht legitim halte.

Herr Enzensberger, Sie haben nahezu alle Gattungen der Literatur realisiert. Durchgehend behaupten sich in Ihrer Bio-Bibliographie aber Gedichtbände und politisch-kritische Essays. Wem geben Sie den Vorzug: dem Lyriker oder dem Publizisten Enzensberger?

Wenn man darüber überhaupt etwas sagen soll, müsste man wahrscheinlich darauf beharren, dass es eine gewisse Einheit der Produktionen gibt. Und es ist nicht an mir, diese zu beschreiben. Ich bin da der am schlechtesten Qualifizierte. Aber davon müsste ich jedenfalls ausgehen, wenn ich von mir selbst spreche. Das heißt, es müsste aus demselben Material sein, ob ich nun einen Film oder ob ich ein Gedicht mache. Oder vielleicht male ich auch einmal Bilder, ich weiß es ja nicht. Dabei würde ich dann nicht Prioritäten sehen in dem Sinne, dass das eine mein Beruf und das andere mein Hobby ist. Zu einer solchen Zweiteilung würde ich mich nicht gern bereitfinden.

Ich komme deswegen darauf, weil in den 50er Jahren und Anfang der 60er Jahre in den Gedichtbänden sehr sinnfällig auf andere Weise thematisch wurde, was Sie dann, auch in den »Einzelheiten«, in den Aufsätzen geschrieben haben: eine Kritik der Zeit, die sich im Gedicht allgemein und trotzdem subjektiv als Ekel ausspricht, die dann sehr reflektiert in verschiedenen Essays in Erscheinung trat.

Wie bei allen Schriftstellern ist das ein langsamer Prozess der Vergewisserung der Produktionsmittel, die man zur Verfügung hat. Jeder professionelle Autor lernt natürlich mit der Zeit, was möglich ist und was nicht geht, welches die optimalen Formen sind und so weiter.

Man könnte nun zu dem Schluss kommen, dass Sie zu dem Schluss gekommen sind, die optimalen Formen seien eben nicht Gedichte, sondern der Essay, die Publizistik. Denn ich erinnere mich, Sie Ende der 60er Jahre in einem Fernsehinterview gesehen zu haben, in dem Sie geradezu verschämt eingestanden, auch noch Gedichte zu schreiben – zu einer Zeit, als Sie publizistisch ganz auf der Höhe der damaligen Entwicklung gewesen sind und ihr sogar ein viertel oder ein halbes Jahr voraus. War das einfach eine Verabschiedung des Gedichts als öffentliche Funktion? Oder war das überhaupt die Resignation vor der damaligen Zeit, als man gesehen hat, dass ganze Literaturprogramme mit progressiver Tendenz gemessen an den paar Studentendemonstrationen einen Dreck wert waren?

Ich bemerke an Ihrer Frage schon den Zipfel, an dem sie sich auf das Terrain der Objektivität ziehen lässt. Sie fragen nämlich nach den gesellschaftlichen Funktionen dieser Tätigkeit.

Nach Ihrem Eindruck von der gesellschaftlichen Funktion.

Das heißt, Sie fragen danach, ob sich mit Gedichten irgendetwas anfangen oder in Bewegung setzen lässt. Gut, also was nun wiederum die private Seite betrifft, kann man das Gedichteschreiben wie andere Tätigkeiten auch als Laster betrachten. Laster lässt man nicht. Es ist ein Zeichen von Impotenz, wenn jemand von einem Laster freiwillig ablässt.

Aber es ist ein Unterschied, wenn Sie in den 50er Jahren diese Laster gerne in die Öffentlichkeit gegeben haben und wenn Sie danach von Ihrem Laster nicht mehr so viel wissen wollten.

Das hat unter Umständen auch etwas mit der Thematik zu tun. Also ich könnte mir durchaus vorstellen, dass man Gedichte schreibt und sie als Privatdruck veröffentlicht oder ein paar Freunden zugänglich macht, vorliest. Das ist eine Möglichkeit, damit umzugehen. Eine andere Möglichkeit ist, dass man sie auf Massenversammlungen vorträgt. Mit der Tatsache des Gedichteschreibens hat das zunächst nichts zu tun, das kann man in allen Fällen machen. Als Laster ist es also eine Größe, die bestehen bleibt, von der man sich nicht so leicht trennt.

Die andere Seite der Frage läuft aber natürlich unvermeidlich auf das beliebte Tagungsthema hinaus, was denn Literatur überhaupt für eine Funktion in der Gesellschaft hat, und in dieser Beziehung ist es sicherlich richtig, dass eine gewisse Ernüchterung eingetreten ist.

Allgemein oder bei Ihnen?

Ich glaube ganz allgemein. Wiederum aus ganz objektiven Gründen, weil diese Überbauspezialitäten in den 50er Jahren eine der wenigen Artikulationsmomente der Gesellschaft waren, in der Abwesenheit organisierter oder vorstrukturierter Gruppen, die eine systematische Opposition betrieben haben. Diese Leerstelle wurde bis zu einem gewissen Grad von der Literatur eingenommen. Und aus dieser Position wurde die Literatur in dem Moment verdrängt, in dem relevante gesellschaftliche Kräfte vorhanden waren. Daraus zu folgern, dass Literatur damit eo ipso verschwinden müsste, schiene mir ganz übertrieben.

Dazu habe ich auch eine kleine Beschwerde vorzubringen, nämlich gegen einen großen Teil der deutschen Literaturkritik, die nach wie vor einen Aufsatz zitiert oder vielmehr nicht zitiert, in dem vom »Tod der Literatur« die Rede war. Diese Erwähnungen beruhen alle auf einer Art Alexie der Kritiker. Anscheinend macht sich niemand die Mühe, die Sachen wirklich zu lesen, sondern man zitiert aus einem sehr unzuverlässigen Gedächtnis. Und diese Kritiker möchte ich hiermit bitten, dass sie, wenn sie das schon zitieren müssen – sie können es ja auch vergessen –, es doch vielleicht noch einmal lesen sollten, denn es steht eigentlich ziemlich Genaues darüber darin. Es steht vor allen Dingen darin, dass der Tod der Literatur eine Metapher ist, die seit sehr langer Zeit zur Literatur gehört. Und dies nun als eine Erfindung von Enzensberger oder irgendjemand anderem hinzustellen, ist doch schon ein ziemlich unerlaubter Grad von Ignoranz bei Kritikern, die sich öffentlich über Literatur äußern. Das wollte ich nur nebenbei mal sagen.

Ansonsten meine ich eben, man sollte sich da keine Illusionen machen, man sollte mit einer gewissen Nüchternheit die gesellschaftliche Relevanz von Literatur einschätzen – und man müsste dabei wahrscheinlich von der Literatur als Institution ausgehen. Das heißt, da man direkte Feststellungen qualitativer Art nicht machen kann, also darüber, was ein bestimmter Text in den Köpfen bestimmter Leute anrichtet, welche Folgen er hat – ich glaube, dass es schon methodisch aussichtslos ist, das so festzustellen –, müsste man also einen anderen Weg beschreiten, und da bietet sich folgender an: Die Literatur ist ja auch eine Institution in der Gesellschaft, welche Rolle spielt sie da, wie stellt sich diese Institution dar? Und da kann man von den Produktionsmitteln her argumentieren und so weiter und so fort. Eine sehr interessante Frage, zu wenig untersucht. Unter diesem strikt institutionellen Aspekt kann man sicher einige Feststellungen treffen, kann man also Veränderungen, die sich da abgespielt haben, ziemlich exakt beschreiben. Eines der Themen, bei dem es am klarsten wird, ist zum Beispiel die Situation der Verlage. Daran kann man sehr viel ablesen. An literarischen Zeitschriften, an der Position der Literaturkritik, die ja inzwischen immer überstelliger geworden ist. Eigentlich gibt es die Literaturseiten in den Zeitungen nur noch aus Trägheit. In Wirklichkeit sind die alten Funktionen der Kritik wohl zum großen Teil auf die Werbeabteilungen der Verlage übergegangen.

Solche Veränderungen, meine ich, sollte man genau analysieren, da könnte man schon zu Schlüssen kommen. Auf der andern Seite vermute ich aber, dass zugleich mit diesem Autoritätsverlust der literarischen Institution in unserer Gesellschaft etwas Hand in Hand geht, was man die Literarisierung der Gesellschaft nennen könnte. Das heißt, was früher Literatur war und bedeutet hat, hat sich aufgelöst in eine Menge anderer Institutionen. Ich meine, das Fernsehen ist sicher zu einem sehr starken Grad eine literarische Institution, nur eben nicht die Institution der Literatur. Und genauso ist die Werbung eine stark literarisierende und literarisierte Institution innerhalb der Gesellschaft.

Die Formalisierung, die sonst in der Literatur stattgefunden hat und übernommen wurde, findet jetzt in ganz alltäglichen Bereichen der Gesellschaft statt?

Der ganze Umgang mit Sprache, der literarische Umgang mit Sprache, die ganze alte Funktion der Literatur, wie zum Beispiel ihre normative Funktion, also wie in einem Balzac-Roman: Wie macht man es, wenn man aus der Provinz kommt und sich durchsetzen will. Ich meine, das ist heute etwa in Illustrierten vorhanden oder im Film, sehr stark im Film.

Der Vorbildcharakter der Literatur wird aufgelöst, etwa von der Werbung oder auch vom Fernsehen?

Wobei aber eben auch ein Teil dieser alten literarischen Energien in diese neuen Institutionen eingeht und die Gesellschaft im Ganzen eigentlich stärker literarisiert scheint als früher. So stellt sich das mir dar. Diese ganzen Abkürzungen von toter Literatur sind insofern ziemlich dümmlich.

Boehlich hat ja auch in seinem Autodafé vom Tod der Literatur, aber eben vom Tod der bürgerlichen Literatur, gesprochen und ebenso von der Notwendigkeit, die bürgerliche Kritik abzulösen, was ja nur eine überständige Geschichte war, denn mit dem Außer-Tritt-Geraten des sogenannten Bildungsbürgertums ist natürlich auch diese Zirkulationsfunktion von Literatur genauso wie die Zirkulationsfunktion von Bildung außer Tritt geraten, und es gibt heute ganz andere Größen, die in dieses Vakuum eingeschossen sind.

Ja, nur fragt sich eben, wieweit es die Sache deckt, wenn man so vom Ende bürgerlicher Literatur spricht, weil eine andere ja nicht vorhanden ist.

Genau das ist eben der Vorwurf, den ich hin und wieder an die sogenannten Linken gerichtet höre, nämlich der: »Ihr produziert ja nur linke Theorie, ihr produziert ja keine linke Literatur, ihr produziert ja eigentlich keine sozialistische Literatur.«

Ja, aber auch der Sozialismus produziert zum großen Teil bürgerliche Literatur.

Nun ist die Frage – so kommen wir vielleicht jetzt auf die Frage: Lukács oder eben nicht Lukács? –, ob nicht die bürgerliche Romanform etwa, die die Ideologie des Bürgertums geschlossen vertrat, genauso auf eine geschlossene sozialistische Ideologie anwendbar ist. Muss nicht jede Ideologie, die geschlossen ist, die sich als abgeschlossen betrachtet, auch eine geschlossene literarische Form produzieren? Brecht ist ja in dem Sinne ein atypischer, nämlich ein ganz bürgerlicher Autor.

Es gibt nur bürgerliche Autoren. Die proletarische Literatur wäre vielleicht eine wünschenswerte Sache, aber sie existiert ja nicht. Arbeiterliteratur ist in meinen Augen eben eine bürgerliche Literatur, und das ist auch gar kein Wunder …

Meinen Sie jetzt die westdeutsche Arbeiterliteratur? Aber ich meine, Anna Seghers ist …

Seghers ist natürlich der Inbegriff einer bürgerlichen Autorin.

Also würden Sie sagen, dass die gesamte Literatur, die in der DDR produziert wird, bürgerliche Literatur sei?

Ich denke schon. Ich weiß nicht, wer das bestreitet, außer vielleicht einigen Ideologen. Aber ich halte die Ideologie da auch nicht für einen günstigen Ansatzpunkt. Denn wir leben doch in bürgerlichen Verkehrsformen. Statt auf die Ideologie der Autoren zu sehen, sollte man doch auf die gesellschaftliche Realität sehen, aus der heraus sie produzieren. Sie produzieren aus einer bestimmten Situation, das lässt sich nicht nur gesamtgesellschaftlich, sondern auch im Produktionsverhältnis jedes einzelnen Schriftstellers zeigen. Sie produzieren ja in ungebrochenen bürgerlichen Formen, also Verkehrsformen, Produktionsformen, Verhältnis zu den Produktionsmitteln, und das Gleiche natürlich auf der Ebene der Gesamtgesellschaft ganz genauso. Ich meine, die Lohnarbeit ist die klassische Produktionsform der bürgerlichen Warenproduktion. Nun ist das Lohnsystem keineswegs abgeschafft. Es ist nicht hier abgeschafft, es ist auch nicht in der DDR abgeschafft, es ist auch nicht in der Sowjetunion abgeschafft. Das heißt, es gibt ja gar keine Herrschaft der Produzenten in diesem Sinn. Denn die ist unvereinbar mit der Lohnarbeit. Die Warenproduktion ist historisch nicht abgelöst. Die kapitalistische Technologie, die kapitalistische Produktionsweise ist nicht abgelöst. Zwar sind die Besitzverhältnisse verändert worden, das kann ein großer Fortschritt sein. Aber nach wie vor leben wir doch in bürgerlichen Produktionsformen. Infolgedessen stellen wir natürlich bürgerliche Produktionen her, stellen wir bürgerliche Literatur her, soweit wir Literatur produzieren. Das ist doch gar kein Wunder.

Insofern sehen Sie also die Errungenschaft des Sozialismus, etwa in der DDR oder im Ostblock oder wo er sich eben als Staatssozialismus darstellt, nur darin, dass die Errungenschaften des Bürgertums auf die Gesamtbevölkerung, auf die Gesamtgesellschaft übergegangen sind? Dass es sozusagen keine Proletarier mehr gibt, sondern dass es nur noch Bürger gibt? Bürgerlich Le-

bende, die nach genau denselben Methoden produzieren, entlohnt werden, unter genau denselben Konflikten leben, die nur eben die bürgerliche Lebensweise annehmen?

Das wäre eine Vereinfachung. Ich meine, man spricht da von Übergangsgesellschaften, das ist jedenfalls der orthodoxe Ausdruck dafür, und auch DDR-Marxisten, wenn man sie ernsthaft befragt, würden wahrscheinlich auch zu dieser Metapher kommen. Eigentlich ist es eine Metapher, der Übergang. Aber ich polemisiere gar nicht. Ich stelle nur fest, dass man nicht mehr erwarten kann, solange kapitalistische Momente wie das Lohnsystem in der Gesamtgesellschaft vorhanden sind, oder, auf den Schriftsteller bezogen, dessen Produktionsweise sich ja auch nicht geändert hat: Er schreibt sein Manuskript, dann gibt er es an den Verlag ab, der Verlag entscheidet, am Verkaufserfolg ist er prozentual beteiligt und so weiter und so fort. Woher also soll da eine historisch neue Formation der Literatur kommen? Das sehe ich eben nicht ein. Sie können natürlich die Inhalte verändern, das würde ich nicht bestreiten, dass sich die Inhalte verändert haben. Ich würde auch nicht bestreiten, dass es formale Weiterentwicklungen gibt, aber die gibt es eben nicht nur dort, die gibt es ja auch hier. Wir haben vorhin festgestellt, dass die Literarisierung anderer Institutionen, zum Beispiel des Fernsehens, nicht bürgerliche Literatur schafft im Sinne des 19. Jahrhunderts. Aber niemand wird andererseits behaupten, dass das keine bürgerliche Form mehr wäre. Natürlich ist das eine bürgerliche Form.

Aber nun mal nicht den Kritiker darauf befragt, was an die Stelle dessen treten soll, was Sie hier kritisieren: Wie aber könnte denn sozialistische Literatur aussehen?

Das weiß ich nicht, und ich glaube, das weiß auch sonst niemand. Denn sonst würde jemand Versuche in die Richtung unternehmen, sie zu produzieren. Gut, ich will mit so ein paar Sätzen nicht die ganzen Anstrengungen liquidieren, die ja gemacht worden sind. Ein Mann wie Tretjakow oder auch Brecht, die haben sich natürlich ungeheuer angestrengt, um an irgendeinem Punkt Schritte, und seien es nur ein paar, in diese Richtung zu tun. Daran will ich ja gar nicht kratzen. Wenn zum Beispiel jemand kommt – ich bin gar nicht der Mann, aber ich lege diese Sätze jetzt jemandem in den Mund –, der sagt: »Ich habe mich jetzt davon überzeugt, dass das Proletariat die revolutionäre Klasse ist. Und weil ich mich davon überzeugt habe, darum verlange ich – sei es von mir oder sei es von anderen –, die sollen jetzt gefälligst proletarische Literatur produzieren.« Das ist doch ein Nonsens!

Ja, vielleicht ist es die Errungenschaft gerade der Revolution, dass ebendie, die früher keine Literatur produzieren konnten, keine bürgerliche Literatur produzieren konnten, nun etwas produzieren können, was ähnlich aussieht wie die bürgerliche Literatur, formal unter denselben Bedingungen erscheint, aber mit veränderten Inhalten.

Wobei man sich noch fragen könnte, ob man das besser mit dem Terminus »Sozialdemokratische Literatur« bezeichnet. Denn es war doch eine alte Idee der Sozialdemokratie, die bürgerliche Kultur unters Volk zu bringen und sie in diesem Sinne zu verallgemeinern.

Genau in dem Sinne würde ich dann Ihren Einwänden nur folgen können, dass also auch die sozialistische Literatur eben tatsächlich keine revolutionäre, sondern nur eine weitergetriebene sozialdemokratische Literatur sei.

Gut, aber halten wir fest, dass das nicht im Sinne irgendeiner Position des Von-oben-Herab gesagt wird. Diese Position existiert ja nicht, sondern ich versuche im Moment nur zu konstatieren ...

Ja, so verstehe ich es auch nicht, und so wird es, glaube ich, auch nicht verstanden werden.

Und auch diese Korrektur oder dieser Versuch, festzustellen, was ist, erfolgt, wenn mit einer Absicht, dann in der, Überforderungen abzuräumen, die nur zu gequälten Tänzen führen. Indem man eben so tut, als wäre etwas, was nicht ist, begibt man sich natürlich in eine unhaltbare Position, und man macht sich letzten Endes damit lächerlich. Diese ganzen Überforderungen sind schlecht. Sie führen zu Verklemmtheiten, und sie führen zu einer Entfernung von dem, was ist.

Da kommt nun doch etwas sehr Enzensberger'sches in dieses Gespräch hinein. Und ich möchte doch einmal fragen, ob das nicht ein gewisser anarchistischer Standpunkt ist, wenn gegen eine halbe Welt, die sich selbst doch als durchaus sozialistisch versteht, ein solches Argument vorgebracht wird, dass sie im Grunde, da Lohn- und Warengesellschaft nicht abgeschafft sind, eine Fortentwicklung der bürgerlichen Gesellschaft sind, auf einem anderen Niveau, mit anderen Machtverhältnissen, mögen sie fiktionaler Art sein oder mögen sie tatsächlich real sein.

Wie ich mir die Gesellschaft da vorstelle? Da ziehe ich mich natürlich augenblicklich zurück auf die klassischen Bestimmungen dessen, was Kommunismus und was Sozialismus ist, und diese Bestimmungen sind nicht von Anarchisten gemacht, sondern stammen von Marx und Engels.

Das sind ja auch keine Heiligen.

Sie sind im »Kommunistischen Manifest« nachzulesen, und ich glaube nicht, dass man das einfach als ein anarchistisches Dokument bezeichnen kann. Wenn hier polemisiert wird, dann gegen ein Auseinanderklaffen von einem Anspruch, der erhoben wird, und einer Realität, die man doch verpflichtet ist festzuhalten, zu untersuchen. Ich will gar nicht sagen, dass ich kein Anarchist wäre, aber diese Argumentation hat nichts Anarchistisches. Sie ist sogar orthodox marxistisch.

Das heißt also, dass der Staatssozialismus nicht marxistisch sei?

Dass er die Ziele in keiner Weise verwirklicht hat und dass er keineswegs sein eigenes Programm eingelöst hat. Und auch das wäre noch kein Einwand, wenn er nicht behaupten würde, er hätte sie eingelöst.

Schauen Sie, Herr Arnold, uns bezahlt die Gesellschaft, wir werden dafür gefüttert, man hat uns jahrelang vom Produktionsprozess freigestellt, damit wir anfangen sollen, etwas zu studieren, etwas zu lernen und so weiter. Das Minimum, das man von uns verlangen kann, ist doch, dass wir jetzt diese Fertigkeiten anwenden, die man uns unter großen Mühen und unter großen Kosten beigebracht hat. Das heißt, wenn wir jetzt hergehen und sagen: »Der und der hat das und das gesagt, also wird es schon so sein«, dann sind wir wirklich in einem Sinn parasitär, der nicht entschuldbar ist. Wenn uns also jetzt jemand sagt, das ist das Heimatland der Werktätigen, und die Arbeiterklasse hat dort die Macht und so weiter, dann, so meine ich, ist es doch einfach das absolute Minimum, das man von uns verlangen kann, dass wir hinschauen und nachschauen, ob das so ist oder nicht. Und wenn es nicht so ist, dann sind wir damit nicht in der glänzenden Position derer, die alles besser wissen und die man nur fragen braucht und die dann schon sagen werden, wo es langgeht. Überhaupt nicht, in gar keiner Weise. Wir haben gar keine Überlegenheit gewonnen, wir haben nur das Minimum getan, das man von uns verlangen kann: Wir haben nachgeschaut.

Alles akzeptiert. Soweit stimme ich völlig mit Ihnen überein. Nur, ich will ja weiterfragen, vielleicht auch nur weiterspinnen ... Wie könnte denn in der Realität eine Gesellschaft aussehen von so komplexen Umfängen, wie es eben ein 60- oder 80-Millionen-Volk oder ein 500-Millionen-Volk ist, in der es nicht mehr den Warenaustausch gibt, in der es nicht mehr die Lohnabhängigkeit gibt, die Warenproduktion, die Ausbeutung? Wie sieht das aus? Wie kann das denn überhaupt funktionieren?

Jetzt machen Sie es schon wieder, Herr Arnold. Jetzt versuchen Sie schon wieder, sich oder mich oder uns auf die Position der Überlegenheit zu bringen. Das heißt, in dem Moment, in dem wir diese Frage beantworten würden, würden wir ja behaupten, es gibt ein paar Leute, die sind die Intellektuellen, die können sich schon die Welt ausdenken, wie sie sein müsste, und dann müssen sie nur noch die anderen davon überzeugen, dass das wirklich so gemacht wird, und dann wäre es gelaufen. In Wirklichkeit – und auch das ist strikt marxistisch, glaube ich –, in Wirklichkeit kann eine neue Gesellschaft nicht von einigen Intellektuellen oder Theoretikern hervorgebracht werden, sondern von einer gesellschaftlichen Praxis. Das heißt, durch einen ungeheuer mühsamen und ungeheuer kostspieligen und vielleicht sogar blutigen Prozess der Umwälzung der gesamten Gesellschaft. Und die gesamte Gesellschaft wäre doch töricht, wenn sie sich bei einem Projekt von solcher Größenordnung auf Leute wie uns verlassen würde.

Mit Sicherheit.

Wenn wir so etwas sagen würden, dann würde doch niemand auf uns hören. Und zwar mit Recht nicht.

Aber bestreiten Sie uns damit nicht die Freiheit, die Möglichkeiten, die es geben könnte, überhaupt nicht zu antizipieren, sondern überhaupt einmal zu denken?

Ich bestreite jedenfalls jede Führungsrolle. Das bestreite ich ganz entschieden. Und was das andere betrifft, Projektionen unserer Phantasie, wenn wir es so nennen wollen ...

... deswegen sagte ich vorhin »spinnen« ...

... dann sind die, glaube ich, soweit sie von Einzelnen hervorgebracht worden sind, eher impliziter Art. Das heißt, sie sind nicht von der Art, dass jemand sagt: Also den Gütertransport, den organisieren wir so, und die Verfügung über die Elektrizitätswerke, die wird so eingerichtet, und die Arbeitsteilung muss so aussehen, oder durch die und die Mittel kann sie reduziert oder gar abgeschafft werden. Ich glaube nicht, dass diese Projektionen der Phantasie so aussehen. Ich glaube nicht, dass sie diese Form annehmen. Sie sehen schon an einem Autor wie zum Beispiel Fourier, dass seine Phantasie ganz anders war. Denn niemand außer ein paar rührenden Gestalten hat ja je geglaubt, man könnte jetzt die Rezepte von Fourier anwenden. Fourier hat vielmehr Literatur hervorgebracht. Und die Literatur enthält aber das, wonach Sie fragen, immer nur in ganz impliziter Form. Und sie enthält es in so impliziter Form, vielleicht sogar in Form der Negation, in allen möglichen Modi der Äußerung, die aber einer Analyse dieser Art gar nicht zugänglich sind, die auch wenig zu einer unmittelbaren Verwirklichung beitragen.

Nun wollte ich ja nicht sozusagen ein Programm haben, Ihres oder meines oder irgendein beliebiges Programm. Wie sieht diese Welt in hundert, zweihundert oder vielleicht schon in dreißig Jahren aus? Ich wollte nicht wissen, wer die Gaswerke und die Elektrizitätswerke verwaltet und wie man die Autos fahren lässt oder ob man sie überhaupt abschafft oder so. Sondern ich wollte einfach eine Idee haben von diesem verhärteten Zustand in diesem bürokratischen Sozialismus einerseits und im Kapitalismus andererseits, der sich ja auch immer mehr verhärtet. Davon, wie dies abgelöst werden kann durch etwas, das völlig neu ist. Und wenn Sie sagen, Revolutionen und Umwälzungen großen Ausmaßes kommen, dann müssen ja irgendwo in irgendwelchen Köpfen Vorstellungen von dem sein, was dahinter sein soll.

Die sind, glaube ich, auch vorhanden. Und zwar eben nicht bei einigen Schriftstellern, sondern bei den Leuten auf der Straße. Vielleicht ist das jetzt eine Überinterpretation, aber wenn zum Beispiel die Leute in den Supermärkten konsequent klauen – und zwar ganz verschiedene Leute, die Sie natürlich nicht mit irgendwelchen psychologischen oder psychiatrischen Tricks als Kleptomanen bezeichnen können, das führt überhaupt nicht weiter –, dann drückt sich in diesem Klauen vielmehr etwas gesellschaftlich Reales aus. Denn an irgendeiner Stelle wissen die Leute ganz genau, dass es vollkommener Unsinn ist angesichts unserer Möglichkeiten, vollkommener Blödsinn, dass wir immer diese Lohnstreifen und diese Abzüge und diese Zuschläge und diese ganzen Sachen haben sollten, und dann sollten wir zur Sparkasse gehen, und dann sollten wir das abheben und dann sollten wir in das Kaufhaus rennen, und dann sollten wir da mühsam aus der Tasche die Groschen zusammenflicken, und dann sollten wir das hingeben, und erst dann kriegen wir dieses

Paar Strümpfe. Das enthält doch einen Moment von Projektion, von gesellschaftlicher Phantasie, wenn die Leute jetzt hingehen und massenhaft klauen. Ich würde solche Bedürfnisse, die man utopisch nennen kann, wenn man unbedingt will, doch nicht aus den Köpfen einiger Schriftsteller ablesen – gerade wenn sie über sich selbst reden, sind sie natürlich am schlechtesten, das ist ein Gesetz –, sondern man müsste sie schon an der Wirklichkeit ablesen. Und wenn Sie sie an den Schriftstellern ablesen wollen, dann doch am besten hinter deren Rücken. Denn wenn ich recht habe mit meiner Vermutung, dass die eigentliche Produktion der Schriftsteller eine implizite ist, eine, die sich vielleicht abspielt, ohne dass die Schriftsteller darüber wirklich volle und bewusste Verfügung hätten und in einem ideologischen Sinn darüber verfügen könnten, dann wäre es eben interessant, solche Produkte der Phantasie daraufhin zu befragen. Also nicht ihre Autoren, sondern ihre Produkte daraufhin zu befragen. Das kann man bei jedem machen. Da würde ich mich sogar anheischig machen, einen beliebigen Text, der eine gewisse Qualität hat, daraufhin zu befragen, was enthält er so an …

Er müsste ja Realität enthalten. Die Realität in der Gesellschaft, das, was der Mann, was der Dieb …

Welche Forderungen stecken darin.

Das muss ja irgendwo umgesetzt erscheinen, dass man schmeckt, was eben in dieser Gesellschaft los ist.

Und welche Bedürfnisse und zukünftigen Bedürfnisse vorhanden sind. Und welche Ängste. Denn so funktioniert auch die Phantasie der Leute im Kaufhaus wiederum nicht, denn die haben ja gleichzeitig auch Angst. Da ist immer ein Realitätsprinzip drin, das sind ja keine Spinner, die da ins Kaufhaus gehen, sondern die wissen ganz genau, dass es die Bullen gibt und dass es die Kaufhausbesitzer gibt, und vielleicht haben sie sogar eine Ahnung davon, dass in der Welt auch Knappheit herrscht und nicht nur Überfluss. All diese Momente könnte man an so einem Kaufhausdiebstahl entwickeln – das wäre ein ganz schöner Film.

1962 waren Sie, nach eigener Verlautbarung im Nachwort zu den »Einzelheiten«, ein Revisionist. 1967 gaben Sie sich als Revolutionär und sagten im »Times Literary Supplement«, die Situation der BRD sei revolutionsreif. War das Übertreibung, ein literarischer Schock?

Auf einen Punkt möchte ich Wert legen: Ich habe mich nicht als Revolutionär bezeichnet. Und ich sage das natürlich nicht aus Vorsicht, sondern sozusagen aus hygienischen Gründen, weil ich es für eine ziemliche Unverschämtheit halten würde, wenn sich ein Schriftsteller hinstellen und behaupten würde, er sei ein Revolutionär. Zum anderen überrascht mich natürlich der Widerspruch, der da zu erkennen ist, kaum. Ich bin ja überhaupt nicht der Besitzer einer Position. Es gibt Leute, die haben etwas, das sie ihre Position nennen. So wie man Hausbesitzer ist, so sind die Positionsbesitzer.

Wer zum Beispiel? Das würde mich interessieren. Grass hat eine ganz entschiedene politische Position, auch Martin Walser hat eine entschiedene politische Position.

Das ist auch nicht ehrenrührig, so wenig, wie es ehrenrührig ist, Hausbesitzer zu sein. Ich stelle nur fest, es gibt Positionsbesitzer, und diese Positionen werden dann auch verteidigt. In diesem Sinne glaube ich nicht, dass ich ein Positionsbesitzer bin. Das verhindert nicht, dass man in dem Moment, in dem man etwas sagt oder sich Arbeit vornimmt, in dem Moment, in dem man etwas tut, eine Position einnimmt. Das ist klar.

Nur: Was nicht in meinem Projekt liegt, ist, eine solche Position einzunehmen, sie zu behaupten, sie zu verteidigen und auf ihr zu bleiben. Das ist einfach nicht mein Projekt. In dem Sinn scheint mir Konsequenz eine überschätzte Kategorie zu sein. Dagegen würde ich auf die Kategorie der Radikalität größeren Wert legen. Ich glaube, Benjamin hat sich ähnlich geäußert. Das heißt also, wenn ich ein Projekt habe, dann möchte ich das so weit vorantreiben, wie es innerhalb dieses Projekts möglich ist, also sozusagen ohne Rücksicht auf Verluste, bis die Möglichkeiten, die in diesem Projekt liegen, erschöpft sind. Dann beginne ich ein neues Projekt. Ich beginne, mich mit einer anderen Sache zu beschäftigen, natürlich nicht, ohne dass das frühere Projekt auf das neue Projekt abfärbt. Man kann das einen Lernvorgang nennen. Dieser Lernvorgang schließt aber eben diese zitadellenhafte Behauptung von Positionen aus, wenigstens für mich. So kommt mir der Widerspruch, der zum Beispiel hier vorliegt, ganz natürlich vor: Ich habe natürlich versucht, zunächst einmal mit der Revision von Meinungen, von Überlegungen, von Theorien auszukommen, und erst in dem Moment, als die Grenzen dieser Arbeit erreicht waren, gab es das Buch »Einzelheiten« – das Nachwort bezieht sich auf dieses Buch, das war einfach ein Projekt. Das war tatsächlich im wörtlichen Sinn, nicht im ideologischen Sinn vielleicht, obwohl es auch etwas damit zu tun hat – ich habe den Terminus ja nicht ganz zufällig gewählt –, eine Revision, das heißt eine Überprüfung, ein Nachschauen innerhalb eines bestimmten Bereichs dieser Bewusstseins-Industrie und so weiter.

Das war damals aber Ihre augenblickliche Position.

Das war meine Position. Es war auch eine methodische und eine heuristische Position, mit deren Mitteln das gemacht worden ist. Es war also auch nicht eine methodologische Festlegung. Und das habe ich eine Weile lang betrieben, dann schienen mir die Grenzen dieser Arbeit erreicht. Man hätte sich natürlich dann als Spezialist niederlassen und in Zukunft diese Art von Medienkritik weiter betreiben und sie auf andere Bereiche ausdehnen können. Nur lohnt sich das ja nicht. Wenn man das an ein paar Beispielen gezeigt hat, könnte es eigentlich reichen. Daraus haben sich dann weitere Überlegungen ergeben, man hat noch ein bisschen was anderes gelernt, und im Übrigen hat sich, nicht individuell, sondern wiederum im Zusammenhang mit der deutschen Gesellschaft, auch einiges verändert. Und es kam dann ein Punkt, an dem es tatsächlich nicht mehr so weiterging.

Womit jetzt? Mit sich selbst?

Vor allem nicht mit den objektiven Zuständen. Das heißt, heute können wir das wiederum, von einer anderen Position her, sehr gut beurteilen. Das ist auch ein Grund, warum man die Positionen wechseln will, wechseln muss: Weil man nur dann frühere Positionen einschätzen kann. Und heute können wir also sehr gut einschätzen, was damals der Fall war. Die Rekonstruktionsperiode der Bundesrepublik war abgeschlossen, der ökonomische Prozess des Wiederaufbaus war zu Ende, und daraus ergaben sich nun Konsequenzen von der ökonomischen Basis her. Der ökonomische Prozess konnte also nicht mehr darauf beruhen, dass die kaputten Häuser wiederaufgebaut wurden und so weiter. Da musste einiges verändert werden. Das hat dann Konsequenzen in der Ausbildungssphäre gehabt, das hat Auswirkungen im Überbau gehabt und so fort. Kurz: Es kam also die sogenannte Studentenbewegung, und diese Studentenbewegung hat erkannt, dass sie mit bloßer Revision im methodologischen Sinn nicht weiterkam, sondern dass sie zu anderen Mitteln greifen musste. Man mag auf diese Mittel das Wort revolutionär anwenden oder nicht, sicher gab es eine bestimmte Rhetorik, die wiederum innerhalb dieses Projekts unentbehrlich war. Es gab also Mittel, die jedenfalls den Rahmen der Legalität gesprengt haben, das wissen wir alle, darüber braucht man nicht im Einzelnen zu reden. In diesem Sinn wurde da der Revisionismus überschritten. Und insofern, als ich an dieser Sache interessiert war und an ihr teilgenommen habe, hat sich eine neue Position herausgebildet, verstehen Sie? So würde ich das jetzt beschreiben, von außen.

Natürlich, diese Position war ja auch nicht unproduktiv. Denn tatsächlich hat sich die deutsche Gesellschaft nachhaltig verändert. Ich gehöre auch nicht zu den Leuten, die sagen: »Außer Spesen nichts gewesen, und das war alles für die Katz.« Das halte ich für vollkommenen Unsinn. Es sind vielmehr sehr fundamentale Dinge verändert worden, wiederum natürlich nicht von einigen Intellektuellen, sondern von einer breiten gesellschaftlichen Bewegung – verändert bis zur Irreversibilität. Sehr viele Dinge können also nie wieder so sein wie vorher. Und natürlich war das eine wunderbare Sache.

Aber glauben Sie denn, dass, als die Sozialdemokratie an die Macht kam, damit wieder eine neue Phase des Revisionismus eingetreten war oder eine neue Phase erreicht war, in der man eine revisionistische Position einnehmen konnte? Dass die revolutionäre Situation, die Sie damals ausgerufen haben, möglicherweise entweder abgestoppt war oder aufgefangen, aber doch jedenfalls verändert? Oder würden Sie heute noch sagen, dass wir noch immer in einer revolutionären Situation leben?

Nein, natürlich nicht. Und ich bin auch gerne bereit, im Nachhinein festzustellen, dass es eine Fehleinschätzung war, es war keine revolutionäre Situation. Trotzdem sind damals Dinge geschehen, die in dem Sinn jedenfalls revolutionär waren, als sie sich nicht an die bürgerliche Legalität gehalten haben, ganz bewusst nicht, insofern als sie zuvor undenkbar waren, insofern als es eine Massenbewegung war, die eben nicht gefragt hat, was das Bürgerliche Gesetzbuch dazu sagt, sondern die auf die Straße gegangen ist.

Revolutionär: der Ausdruck ist sehr hoch gegriffen, und wir können das heute besser einschätzen. Wir können die Proportionen besser sehen, weil wir nicht in dieser Situation sind. Wir können sie also von außen besser sehen, besser einschätzen, wir können unser Augenmaß von damals korrigieren. Aber zugleich ist natürlich klar, dass das historisch gesehen kein Sieg war, sondern, so können wir vielleicht sagen, eine qualifizierte Niederlage. Diese gesellschaftliche Bewegung hat eine qualifizierte Niederlage erlitten. Qualifiziert deshalb, weil sie ja große Auswirkungen gehabt hat, wenn auch nicht die, die man sich damals gewünscht hat.

Aber würden Sie sagen, dass Sie dieses Wort »revolutionär« damals durchaus nicht nur als Beschreibung verwendet haben, sondern durchaus auch als Fanal, als Aufforderung?

Nein, als Fanal bestimmt nicht.

Aber mit einem gewissen agitatorischen Beigeschmack?

Ach, wissen Sie, was Sie da zitiert haben, ist aus dem »Times Literary Supplement«, und das ist nicht gerade eine Bühne für revolutionäre Fanale. Es war ein Versuch, Engländern, denen diese ganze Sache ohnehin äußerst fremd ist, ein bisschen zu erklären, was hier in Deutschland eigentlich los ist. Dass Deutsche, ohne dass sie dazu von den Autoritäten aufgefordert worden sind, massenhaft auf die Straße gehen – um das Engländern zu erklären, muss man schon zu solchen Ausdrücken greifen, sonst können sie sich das überhaupt nicht vorstellen.

Ich könnte mir vorstellen, dass eine Nation, die selbst sehr revolutionäre Entwicklungen durchgemacht hat, bei einem anderen Volk, das diese Revolution nicht hat, solche Worte braucht, um es zu verstehen. Aber die Engländer selbst sind doch in ihrer ganzen Entwicklung sehr gemäßigt.

Ja eben. Darum bedurfte es schon ziemlich starker Worte, um ihnen zu erklären, dass die Deutschen, die so gehorsame Leute sind ... Sie wissen, wie sich in der englischen Mythologie der Deutsche darstellt: als ein Untertan im Sinne von Heinrich Mann und so weiter. Aber ich will mich da gar nicht zurückziehen, ich habe das damals gesagt, ich habe auch in anderem Kontext gesagt, dass die Situation zumindest ein revolutionäres Potential enthält. Es ist uns allen damals so erschienen, wirklich nicht nur einigen Schriftstellern. Vielmehr hat man in Bonn gezittert, die größten deutschen Zeitungen und Illustrierten sind mit dem Schlagwort erschienen »Steht die Revolution bevor?« und so weiter. Das Zittern war allgemein, und ich könnte Ihnen herrliche Dinge aus den Ostertagen von 1968 erzählen, darüber, welche Knochen da weich geworden sind und wie unsicher sich tatsächlich auch die etablierte Macht in ihrer Einschätzung der Situation war.

Man kann also nicht, um noch einmal darauf zurückzukommen, von einer Art Gesinnungswandel reden?

Nein, man muss vor allem von einem Situationswandel ausgehen und natürlich von einem Lernprozess, denn ein Teil dessen, was in den letzten Jahren anstand, war jetzt zu verarbeiten: zu sagen, inwiefern wir uns getäuscht haben, inwiefern die Fehler bei uns liegen, inwiefern wir ein falsches Verhältnis zu dieser Wirklichkeit gehabt haben und so weiter. Ich spreche jetzt immer noch von »wir«, obwohl dieses »wir« bereits zu dem gehört, was befragt werden und was untersucht werden müsste, weil dieses »wir« natürlich immer nur durch eine reale gesellschaftliche Bewegung konstituiert wird. Und in dem Moment, in dem diese Dialektik stillsteht oder zerbricht, ist auch dieses Subjekt, dieses »wir«, das ohnehin eine eigentümliche Koalition von Kräften in der Gesellschaft war, zu problematisieren. Das heißt, die jetzige Position, die jetzige Methode wäre die der Problematisierung.

Das tun Sie ja auch mit dem »Kursbuch«.

Ja, nun ist das »Kursbuch« nicht nur eine Sache von einigen Herausgebern, sondern zu einer Zeitschrift gehören ja sehr viele Leute. Dazu gehören die Leute, die da schreiben …

Es gehört sozusagen eine Intention dazu. Ihre Arbeit.

Soweit ich da eine Rolle spiele, würde ich schon sagen: Problematisierung – wenn man schon ein Schlagwort finden muss. Wir haben ja nie ein Programm veröffentlicht, wir haben nie erklärt, das und das zu sehen. Insofern bin ich da doch konsequent, denn nie war im »Kursbuch« auch nur eine Zeile zu lesen wie: »Dies ist die Position des Kursbuchs.«

Aber ist das nicht eigentlich dann doch dieselbe Konsequenz vom Anfang Ihres Schreibens her, einfach zu problematisieren? Ihre Lyrik problematisiert gerne.

Aber dann käme ich schon auf das zurück, was ich am Anfang gesagt habe: Wenn sich eine Gesellschaft so einen Luxus von solchen Leuten leistet, dann muss sie von ihnen erwarten können, dass sie nicht schlucken.

Dass sie ihre Aufgabe ernst nehmen.

Dass die nicht schlucken, sondern dass sie, um bei Ihrem Wort zu bleiben, problematisieren.

Herr Enzensberger, was ist eigentlich ein engagierter Schriftsteller? Sind Sie einer gewesen? Sind Sie einer?

Ein engagierter Schriftsteller ist vielleicht ein Schriftsteller, der zwischen seiner Arbeit und seinen Meinungen ... – ein engagierter Schriftsteller ist zunächst einmal ein Anachronismus.

Inwiefern?

Engagierte Schriftsteller gab es doch in einer bestimmten Zeit. Ich glaube, man kann das historisch ziemlich genau angeben.

Sie meinen die Nazis?

Das ist ein Schlagwort, das eine große Rolle gespielt hat in den 40er Jahren. Und heute eine ausgestorbene Spezies, glaube ich.

Sie glauben: doch ausgestorben. Ich meine, gerade in den 60er Jahren wurde doch viel vom engagierten Schriftsteller gesprochen. Ich hatte eben geglaubt, dass Sie auf die Nazis anspielen. Dass die Nazi-Schriftsteller sich ja doch als sehr engagierte Schriftsteller gegeben haben. Als die Identität von Werk und Ideologie propagiert wurde ...

Ich glaube, der Ausdruck kommt doch aus der ganzen Diskussion um Sartre. Aus der französischen Résistance kommt der Begriff.

Littérature engagée.

Ja, aber immer gemein zu einem Engagement. Das hängt, glaube ich, mit der Résistance zusammen und deutet natürlich ein Verhältnis zwischen der literarischen Arbeit und politischen Überzeugungen an, das eben, so glaube ich, anachronistisch ist.

Aber warum muss es denn anachronistisch sein, wenn es zwischen der Arbeit und den politischen Überzeugungen eine Identität gibt? Die gibt es heute doch auch noch. Ist das dann ein engagierter Schriftsteller?

Was ist denn der Gegenbegriff dazu? L'art pour l'art?

Der Schriftsteller des Elfenbeinturms vielleicht? Nein, l'art pour l'art würde ich noch nicht mal sagen ...

Das sind doch vollkommen verkehrte Alternativen. Insoweit hat sich doch die Diskussion ein bisschen weiterbewegt, weg von diesen Alternativen, glaube ich. Wie es sich heute definiert, geschieht es doch wirklich um den Preis von Vereinfachungen, die nicht mehr möglich sind. Ich weiß nicht. Wir wissen zum Beispiel: Für mich gibt es eine literarische Diskussion darüber, wie das Verhältnis des Schriftstellers zu seinen Produktionsmitteln ist, also zwischen den Inhalten der Literatur und der literarischen Technik, die angewendet wird. Und das sind doch Überlegungen, die diesen einfachen Gegensatz sozusagen unterlaufen. Also, ich meine, heute muss sich ein Schriftsteller doch gefallen lassen, dass man ihn fragt: »Wie ist deine Produktionsweise?« Ein Schriftsteller, der nur glaubt, dass er dadurch, dass er bestimmte Inhalte aussagt, schon politisch wirksam ist oder handelt, dass er überhaupt politisch ist, dadurch, dass er sagt »Ich bin für« oder »Ich bin gegen« ... – in diesem Sinne ist das Engagement doch sicherlich eine ganz anachronistische Haltung von jemandem, der nicht verstanden hat.

Handke hat einmal gesagt, der Schriftsteller könne nie engagiert sein, oder Kunst könne nie engagiert sein, sondern es könne allenfalls Kunst geben, die ein Schriftsteller mache, und der Schriftsteller als Mann, als Mensch, als Person könne engagiert sein.

Wenn ich anachronistisch sage, dann meine ich gewisse Fragestellungen und gewisse Arten, eine Frage zu stellen. Zum Beispiel, wenn Sie mich jetzt fragen: »Sind Sie für die Kunst oder sind Sie für das Leben?«, dann würde ich doch darauf antworten müssen, dass das eine Alternative ist, die keinen Sinn hat.

Das ist keine Alternative.

Aber es gab eine Zeit, in der das ein brennendes Thema war, in der sich die ganze bürgerliche Literatur in diesem Gegensatz bewegt hat. Tonio Kröger oder Maler Nolten oder ... – das geht das ganze neunzehnte Jahrhundert durch. Trotzdem ist das eine Fragestellung, die für uns keinen Sinn hat, die irrelevant ist. Und in einem ähnlichen Sinn wäre es irrelevant zu fragen: »Betrachten Sie die Kunst als autonom oder sind Sie ein engagierter Schriftsteller?« Das ist eine genauso falsche Alternative, auf die man sich gar nicht einlassen darf.

Würden Sie auch die Differenzierung von Handke nicht akzeptieren?

Das sind eigentlich nicht die Probleme, die sich stellen. Also, so hat sich mir noch nie ein Problem gestellt. Auf diese Frage läuft es nie hinaus, wenn man etwas vorhat.

Wie würden Sie denn die Frage beantworten? Wo würden Sie denn das, was fälschlich sehr oberflächlich und rein verbal »Engagement« genannt wird, heute einsetzen, wenn Sie sagen, es geht ja nicht nur darum, dass der Schriftsteller irgendetwas verkündet, irgendwelche Inhalte propagiert, die, sagen wir sozialistisch oder irgendwie ideologisch geprägt sind. Sondern es geht darum, in der Arbeit selbst, nicht nur im Ergebnis des Schreibens, sondern im Produzieren, dieses Engagement zu realisieren.

Selbst das ist natürlich eine ganz wahnwitzig hohe Forderung, die von sehr wenigen Leuten erfüllt werden kann. Das hängt wiederum mit konkreten Bedingungen zusammen. Ich verspreche mir überhaupt nicht sehr viel von diesen ganzen Meta-Forderungen, die jetzt von außen an die Arbeit herangebracht werden. Davon verspreche ich mir sehr wenig. Natürlich kann man auf irgendeine Weise von bestimmten Positionen aus, von bestimmten theoretischen Überlegungen her zu Forderungen an die literarische Produktion kommen. Man kann zum Beispiel an jemanden, der von sich behauptet, er sei ein Konservativer, aus seiner Position heraus bestimmte Forderungen stellen an seine Art zu produzieren, an seine Form, an sein formales Verhalten als Autor, an die Inhalte, die er bevorzugt und so weiter. Solche Ableitungen wären theoretisch schon möglich. Nur, in dem Moment, in dem einer dann wirklich etwas macht, arbeitet er ja nicht so, dass er eine abstrakte Regel oder Norm aufstellt, wie man Literatur zu produzieren hätte, und erfüllt dann diese Norm, wenn er sich an den Schreibtisch setzt und arbeitet.

Natürlich nicht.

So funktioniert das überhaupt nicht. Das heißt, dass diese Forderungen an die Arbeit immer von außen kommen. Es kann sein, dass der Autor selbst es ist, der sie mitschleppt, der sie an sich heranschleppt, aber es kommt da immer zu einem Unterschied, weil der Autor natürlich nie ganz weiß, was er macht. Das ist, glaube ich, kein Mystizismus, sondern ein ganz normaler Vorgang. In dem Moment, in dem ein Mensch ein Projekt hat – und er braucht gar nicht Schriftsteller zu sein –, liegt es in der Natur des Projekts, dass es das nicht determiniert. Das heißt, es entsteht etwas, was er vorher nicht gewusst hat. Ich sehe darin gar nichts Mysteriöses, möchte ich noch einmal betonen. Das ist bei jeder Kommunikation, bei jedem Gespräch zum Beispiel so, dass am Schluss etwas steht, wovon die beiden, wenn es ein gutes Gespräch geworden ist, am Anfang noch nichts gewusst haben. Und natürlich ist dieses Moment in der literarischen Arbeit sehr stark. Das Moment des Unvorhersehbaren ist sehr stark. Und deswegen, glaube ich, sind die Schriftsteller sehr schlecht beraten, wenn sie solche Namensgerüste allzu stark verinnerlichen, akzeptieren, denn dann kommt es dazu, dass ihre Arbeiten und ihre Kommentare zu diesen Arbeiten nicht übereinstimmen, dass sie auseinanderklaffen. Wir kennen aus der Literaturgeschichte die Beispiele, die alle analysiert worden sind. Ein Mann wie Balzac, der glaubte, er wäre ein Royalist, und er glaube dies und das von sich, aber in seiner Produktion ist effektiv etwas anderes entstanden. Und nur durch dieses andere, nur im Überschreiten dieser Normen und dieser festgemachten Positionen entsteht das, was an Balzac eigentlich das Interessante ist. Deswegen halte ich nicht sehr viel davon, solche Gerüste aufzubauen. Wenn man sie aber aufbaut, können sie nur als Hilfskonstruktionen dienen. Im

Zweifelsfall entscheidet immer das, was einer macht, und nicht das, was einer über das, was er macht, denkt.

Wir sind von diesem sehr problematischen Begriff des »engagierten Schriftstellers« hergekommen. In den 50er und 60er Jahren war er sehr im Schwange, und da wurden gerade auch Sie immer wieder als einer der engagierten Schriftsteller bezeichnet. Aber Sie würden eben sagen, dass das von außen an Sie herangetragene Konstruktionen waren?

Ich selbst habe das nie von mir behauptet, und ich denke nicht daran, mir solche Schellen die ganze Zeit anzuhängen. Ein wesentlicher Charakterzug der Kulturindustrie ist der: Die Kulturindustrie ist eine Industrie, die Schellen verteilt, die also ständig den Leuten Glöckchen um den Hals hängt. Das versucht sie mit wechselndem Glück und wechselndem Erfolg. Manchmal hängen sie den Leuten wirklich ihr Leben lang an und manchmal nicht. Manchmal stellt sich heraus, dass sich der Träger der Schelle nicht an die Klingel hält, die ihm da umgehängt wird.

Das wird Ihnen sehr oft vorgeworfen.

Gut, ich kann dazu gar keine Meinung haben. Das ist das Problem derjenigen Leute, die die Schellen anhängen.

Kann es nicht auch sein, dass einfach die Situation in den 50er / 60er Jahren so war, dass man das Eingreifen des Bürgers in die politischen Abläufe überhaupt nicht für normal hielt und dass Schriftsteller in dem Moment, in dem sie sich tatsächlich auch um Politik statt um ihre Kunst kümmerten, als Leute bezeichnet wurden, die engagiert sind, dass also der Begriff daher kommt? Aber ich will jetzt gar nicht weiter diesen Begriff verfechten. Wir kommen möglicherweise noch einmal darauf zurück, wenn wir über die Produktionsmittel des Schriftstellers reden. Darüber, ob sich da nicht eine ganz andere Art von entschiedenem Engagement oder wie man das auch nennen will abzeichnet. Aber solche Begriffe wie »Literatur«, »Moral« und »Politik« spielten ja auch in der damaligen Debatte eine große Rolle. In den »Berliner

Gemeinplätzen« haben Sie einmal von der bundesrepublikanischen Intelligenz gesagt, dass ihr die Moral vor der Politik ging, das heißt, dass sie eher moralisch als politisch argumentiere und handle. Mich würde interessieren, wie Sie diese Begriffe Literatur, Moral und Politik zueinanderbringen.

Ich glaube nicht, dass sich Moral und Politik wechselseitig ersetzen lassen. Ich glaube also nicht, dass Moral ein adäquater Ersatz für Politik ist und umgekehrt.

Glauben Sie denn an die Beziehung beider?

Ja, natürlich gibt es eine große Vielfalt von Beziehungen. Man könnte vielleicht sagen, dass die Moral dann zu einem politischen Faktor wird, wenn sie die Massen ergreift. Das heißt, wenn sie keine individuelle Moral mehr ist. Die Moral kann schon zu einer gesellschaftlichen Kraft werden, diese Kraft wollen wir gar nicht unterschätzen. Allerdings, wenn sie mit sich allein bleibt als bloße Moral, wird sie große politische Veränderungen nicht durchsetzen können. Das hat man in der Tschechoslowakei gesehen. Das war auch bis zu einem gewissen Grad eine moralische Aktion. Bei den chilenischen Ereignissen lässt sich das Gleiche feststellen. Nur kann man letzten Endes natürlich eine Klasse von Ausbeutern und Unterdrückern nicht dadurch beseitigen, dass man sich moralisch richtig verhält. Das ist klar. Letzten Endes kann man Unterdrücker und Ausbeuter nur mit Gewalt beseitigen. Und Gewalt ist sozusagen kein moralisches Phänomen.

Also wäre Gandhi in der Konsequenz sozusagen keine Möglichkeit, um gegen Übermächte und Gewalt anzugehen? Gegen die Unmoral oder gegen die Gewalt und die Unterdrückung gibt es in Ihren Augen also nicht das Mittel der Moral? Die Moral ist immer schwächer?

Die Moral allein vermag gar nichts. Die Moral kann zu einer materiellen Gewalt dann werden, wenn sie nicht die Moral von einzelnen Leuten ist. Wir sprechen ja von Moral fast immer so, das hängt dann mit der ganzen europäischen Tradition zusammen, als wäre das etwas, was sich in der Seele des einzelnen Menschen abspielt. In einem politischen Sinne wird Moral eben nur dann relevant, wenn es nicht die Moral von Einzelnen ist.

Wenn sie eine tragfähige Mehrheit bekommt und wenn sie umgesetzt wird in Handlung. Moral ist ja eigentlich nur eine Haltung.

Dann wird sie natürlich auf andere Namen getauft. Dann wird sie zum Beispiel Solidarität genannt. Oder sie wird Klassenbewusstsein genannt. Etwas, das nicht mehr den Namen der Moral trägt, weil sich mit dem Begriff der Moral eben die Vorstellung verbindet, dass jeder seine eigene unsterbliche Seele hat, und in der spielt sich, abgedeckt von der Außenwelt, ein moralischer Prozess ab. Und in diesem Sinne ist sie natürlich das Unpolitische schlechthin.

Und welche Möglichkeiten hätte die Literatur?

Ja, die Literatur ... Jetzt sind wir schon wieder bei den Literaturen. Die Prozesse, von denen wir jetzt gesprochen haben, sind ja viel größer als die literarischen. Und man soll sich doch abgewöhnen, die Literatur immer so als einen riesigen Faktor in der Welt zu betrachten. Das gefällt mir gar nicht.

Das will auch keiner. Nur sind Sie Schriftsteller, und deswegen interessiert diese Frage in der Relation Ihres persönlichen Bildes.

Wissen Sie, ich habe einmal behauptet, eine gesellschaftliche Funktion der Literatur ließe sich nicht mehr zweifelsfrei angeben. Das habe ich behauptet, in diesem berüchtigten Text, in dem es immer heißt, ich hätte die Literatur totgeschlagen oder so etwas, da steht das drin, und dieser Überzeugung bin ich auch heute noch: Das lässt sich nicht angeben. Alle Versuche, es trotzdem zu tun, scheitern immer, teils, weil sich die Literatur an diese vorgegebene Funktion, die man ihr zuschreibt, dann nicht hält, teils, weil Funktionen, soweit sie welche hat, eben nicht beweisbar sind. Und dabei bleibe ich. Ich glaube, das ist einfach eine wissenschaftliche Tatsache, von der man auch einmal Kenntnis nehmen muss. Man weiß das nicht. Es gibt Dinge, die man nicht weiß. Also, die gesellschaftliche Wirkung, die Funktion, das, was da passiert, wenn Literatur gemacht wird, das ist unbekannt. Und ob es einen Unterschied machen würde oder nicht, wenn es keine Literatur gäbe, weiß man auch nicht. Ich glaube nicht, dass man das feststellen kann. Und deswegen sind all diese Reden über die gesellschaftliche Funktion der Literatur ... – man kann nicht einmal beweisen, dass sie keine hat. Das ist einfach die Negation solcher Thesen. Man kann nicht einmal behaupten, dass sie keine hätte, dass sie überflüssig sei. Und infolgedessen bleibt es doch dabei, dass diese Arbeit, soweit sich mit ihr Vorstellungen verbinden, dass sie Konsequenzen hätte, mit einem enormen Risiko behaftet ist. Denn es kann sein, dass diese Arbeit vollständig für die Katz ist, eine reine Übung, um sich selbst zu amüsieren. Das wäre denkbar. Und unter diesem Risiko muss man das eben machen, wenn man trotzdem Lust hat, es zu tun. Behauptungen, die darüber hinausgehen, kann ich nicht aufstellen.

Glauben Sie, dass, gerade weil die Literatur keine Massenbasis hat, alle Versuche, innerhalb der Literatur selbst politisch zu argumentieren, dazu verurteilt sind, Moral zu bleiben, moralische Anweisungen, moralische Appelle? Dass deswegen auch darin etwas von Wirkungslosigkeit liegt, die sich in den Begriff »Moral« dann auch einschleicht – und eben nicht zu Politik wird?

Es gibt ja Bücher, die Wirkungen haben. Ein Freund von mir aus Peru hat ein Buch über einen Bauernaufstand geschrieben, an dem er teilgenommen hat. Dieser Aufstand lag zehn Jahre zurück. Die Personen des Romans sind alle Personen, die wirklich gelebt, die wirklich existiert haben. Es hat sich dann nach der Publikation des Romans herausgestellt, dass eine dieser Personen noch lebte, und zwar in einem Gefängnis in Peru. Den haben sie lebenslänglich in ein Gefängnis gesteckt und vergessen. Nach dem Erscheinen des Romans fand ein Journalist das heraus, und der Mann wurde aus dem Gefängnis befreit. Also hier haben wir eine ganz zweifellose Wirkung von Literatur. Aber der Punkt ist doch, dass der Autor das nicht wissen konnte. Er hat diesen Roman ja nicht geschrieben, um einen Mann aus dem Gefängnis zu befreien. Das war kein berechenbarer Faktor. Ebenso wenig aber ist berechenbar, was dieser Roman in Peru für Konsequenzen haben wird. Das weiß man nicht. Und damit muss man doch leben. Man muss doch mit der Tatsache leben, dass es sehr viele Dinge gibt, die man nicht weiß. Wenn man zum Beispiel ein Kind zeugt, dann weiß man nicht, dass es ein Kind werden wird. Damit muss man doch leben.

Aber Sie können doch nicht sagen, dass Sie überhaupt keine Absicht mit dem Schreiben verbinden, sondern diese Wirkungen, von denen Sie eben gesprochen haben, stellen sich natürlich ein, wenn auch nur nebenher. Aber Sie schreiben doch auch mit einem gewissen Zweck. Ob man dazu aufklärerischer Impuls sagen will, der Sie da trägt, oder wie auch immer – irgendetwas beabsichtigen Sie doch damit. Das ist doch der Unterschied zu einem Autor, der nur eine Historienmalerei betreibt, ohne damit eine politische Parabel zu liefern. Oder eine reine Biographie, mit der er informieren oder unterhalten will. Sie haben doch durchaus eine Zielrichtung, die in die politische Richtung geht.

Nachdem das im Gespräch ist und es einen gewissen theoretischen Anstrich hat, lassen Sie uns doch dabei bleiben, dass wir zwei verschiedene Dinge zwei verschiedene Dinge nennen. Das eine ist die Wirkung, die eine Sache hat, und das andere sind die Absichten, die derjenige, der die Sache macht, mit ihr verbindet.

Lassen Sie uns einmal über diese Absichten reden.

Natürlich, wenn Sie ein Kind zeugen, werden Sie sich sicher nicht wünschen, dass dieses Kind eine Katastrophe wird. Sie werden ja gewisse Absichten, wenn man das so nennen will, oder Wünsche daran knüpfen.

Das ist aber etwas sehr Allgemeines.

Das ist doch eine Sache. Und eine andere Sache ist, was Sie effektiv tun. Denn die Folgen Ihres Handelns können Sie eben nicht berechnen und abschätzen und übersehen. Und genauso ist das beim Schreiben auch. Nun ist es beim Schreiben so, dass die Absichten, die einer damit verbindet, das Gleichgültigste von der Welt sind. Denn das läuft doch auf die Frage hinaus, was hat der Dichter denn gemeint, was hat er denn für eine Absicht? Ich pfeife darauf, was der Dichter für eine Absicht hatte, es kommt darauf an, was er gemacht hat. Und nur das zählt, was er gemacht hat. Und wenn er hinterher kommt und sagt: »Ich wollte es aber so und so«, dann kann ich nur sagen: »Geh nach Hause. Was du wolltest, das ist deine vollkommen private Sache, für die sich niemand auf der ganzen Welt interessiert.«

Aber eine Grundlinie wird man ja durchaus herausfinden können. Und die Wirkung, die gerade auch auf Ihre Arbeit erfolgt ist, können Sie ja in etwa abschätzen.

Gut, ich bin kein bibelfester Mensch, aber dazu muss man dann schon die Bibel zitieren: »An ihren Früchten sollt ihr sie erkennen.« Diese ganzen Bekenntnisse von Schriftstellern sind einen Dreck wert, diese ganzen Absichtserklärungen von Schriftstellern sind überhaupt überflüssig, sie haben überhaupt nichts zu sagen. Diese Leute haben doch, im Gegensatz zu vielen anderen Leuten in der Gesellschaft, ständig das Maul auf. Die Schriftsteller haben ständig die Möglichkeit, in dem, was sie machen, zugleich bekanntzumachen, was sie machen. Das hat doch nicht jeder. Also ist doch für jeden, der sich überhaupt für diese Personen gar noch interessiert – man sieht ja nicht ein, warum –, aber nehmen wir an, es gibt solche Leute, die sich für die Personen hinter diesen Arbeiten interessieren, so können sie anhand dessen, was einer wirklich gemacht hat, und nicht an dem, was der von sich behauptet, sehen, was das für einer ist, wie der eingeschätzt werden kann, was man von dem halten soll. Das kann man einfach sehen, indem man sich vornimmt, was von diesen Leuten vorliegt. Wenn einer zehn Jahre lang gearbeitet hat, dann kann man ihn nach seiner Arbeit beurteilen und nicht nach seinen Intentionen, Absichten, Wünschen und so weiter.

Ich meinte auch nicht diese Absichten, die im Werk nicht realisiert werden. Aber wenn man etwa Ihre Publikationen ansieht, gibt es da Verschiedenes: Es gibt einerseits das »Museum der modernen Poesie«, es gibt auf der anderen Seite das »Kursbuch«. Damit verbinden Sie Absichten, aber diese Absichten werden ja auch realisiert. Man sieht den Früchten durchaus an, welche Absichten sich damit verbunden haben. Und die Wirkung, die streiten Sie ab; diese Wirkung sei ja unbekannt, jedenfalls in etwa unbekannt. Beim »Kursbuch« aber ist sie nicht so unbekannt.

Bei einer Zeitschrift ist es schon wieder etwas anderes.

Bei Ihren Gedichten wird sie unbekannter sein. Aber wenn Sie sagen, an den Früchten sollt ihr sie erkennen, dann muss man die Frucht ja nicht identifizieren mit der Wirkung, sondern man muss sagen, die Frucht ist das literarische Ergebnis, das Gedicht, das Sie geschrieben haben. Und darin steckt doch realisierte Absicht, die man auch erkennen kann.

Es kann aber etwas anderes darin stehen als das, was man beabsichtigt hat.

Auch.

Das ist durchaus möglich.

Auch, ja natürlich. Das bestreite ich ja nicht.

Im Fall einer Zeitschrift ist das etwas ganz anderes, weil eine Zeitschrift nicht von einem gemacht wird. Sie ist von vornherein, schon durch ihre Entstehung, ihre Produktion, ein gesellschaftlicher Gegenstand. Und bei gesellschaftlichen Ereignissen ist natürlich die Frage nach der Wirkung viel leichter zu beantworten.

Gut, Herr Enzensberger, nehmen wir doch einmal Ihre »Berliner Allgemeinplätze« oder Ihre Aufsätze, Ihre Essays, Ihre politischen Arbeiten. Das sind doch nun auch Dinge, die individuell am Schreibtisch entstanden sind – sicherlich auf andere Weise als ein Gedicht.

Ob es da Folgen gibt, ist schwer zu sagen. Das kann man nicht beweisen.

Aber darin steckt doch eine Absicht.

Die Absicht steht ja drin. Dahinter ist nichts.

Sie entziehen sich der inhaltlichen Argumentation immer dadurch, dass Sie sagen, es steht da drin.

Es ist ja ein Inhalt. Der Inhalt steckt in dem Text; soweit ein Inhalt vorhanden ist, kann er nur im Text stecken. Er kann nicht dahinterstecken als etwas Verborgenes, wozu der Autor einen Schlüssel hätte und die anderen nicht. Ein solcher Inhalt ist kein Inhalt. Der wäre ein Hintergedanke, der wäre ein Versteckspiel und ein sinnloses Versteckspiel.

Wenn Sie ein Wort sagen wie »Die Schriftsteller, die Intellektuellen hier haben mehr Wert gelegt auf die Moral als auf die Politik«, dann steht doch eine Erkenntnis dahinter.

Dann kann man jetzt darüber diskutieren, ob das stimmt oder ob das nicht stimmt. Aber man kann doch nicht danach fragen, was einer mit einem solchen Satz für eine Absicht verbunden hat. Das ist doch nicht die Frage. Die Frage ist doch ...

Nein, aber welche Erkenntnis steht hinter diesem Satz?

... ob es stimmt oder nicht stimmt, und das würde dann zu einer Diskussion über die Rolle der Intelligenz in Deutschland führen. Da gibt es doch viele Tatsachen, über die wir jetzt keine Vermutungen anstellen müssen, darüber können wir uns schon unterhalten. Natürlich gab es die ganze Protestbewegung. Schon in dem Wort Protest steckt ja im Grunde ein moralisches Phänomen. Wenn man zum Beispiel gegen den Rechtsputsch der

Rechtsradikalen in Chile heute spricht und man protestiert gegen diesen Putsch, was bedeutet das? Warum? Was heißt, man protestiert, man ist empört? Wieder steckt eine moralische Kategorie dahinter. Das heißt also, sofern man nicht darüber hinausgeht, über die Empörung und den Protest, verhält man sich eigentlich moralisch. In dem Moment, in dem man zu analysieren versucht, in dem man zum Beispiel versuchen würde, strategische Folgerungen daraus zu ziehen oder ein Urteil abzugeben über die Gesellschaftsformen, die hier verändert werden sollen, geht man über die moralischen Kategorien hinaus. Das ist doch leicht zu unterscheiden.

Ja.

Insofern hat der Satz gar nichts Mysteriöses ...

Nein, das habe ich auch gar nicht behauptet. Nur kann man aus diesem Satz Schlüsse ziehen auf die Absichten, die der Autor hat. Sie haben ja etwas vorwurfsvoll gesagt, dass ihnen, den Intellektuellen, die Moral vor die Politik ging. Daraus kann ich doch schließen, dass Ihre Position keine moralische nur sein will, sondern dass es Ihnen lieber wäre, wenn die Intellektuellen politisch würden.

Gut, das ist Ihre Lektüre. Aber zunächst ist der Satz, so wie er dasteht, nur eine Feststellung. Und die kann bestritten werden oder man kann ihr beipflichten. Und wenn schon eine Absicht, dann wäre meine Absicht eher die, jemanden, der das liest, nicht zu der Frage zu veranlassen: Was denkt Enzensberger sich, was hat der für Absichten? Das wäre eine vollkommen irrelevante Frage. Relevant wäre zu fragen: Stimmt das, was der sagt, oder stimmt das nicht?

Das wäre aber doch einfach historisch. Hier geht es doch darum, etwas auch in Bewegung zu setzen.

Aber das kann doch nur in Bewegung kommen, wenn sich die Leute nicht für irgendeinen Enzensberger interessieren, der vollkommen uninteressant ist, sondern wenn sie sich, wenn schon, für diese Aussage, für das, was da behauptet wird, interessieren, und zwar im Modus der Diskussion. Das heißt, sie sollen versuchen, festzustellen – und das setzt natürlich eine Tätigkeit dieses Lesers voraus –, ob das stimmt, was der sagt. Denn ich kenne so viele Leute, die ganz unmoralisch sind, die sich nur für Politik interessieren. Ich dagegen bin ein moralischer Mensch. Wenn so etwas in Gang kommt, in dem Moment, in dem er sich einlässt auf den Text, dann passiert das einzig Nützliche: nämlich dass der sich gar nicht für irgendeinen Enzensberger interessiert, sondern für Politik und Moral. Und zwar so, dass er selbst daran beteiligt ist, dass er selbst darin vorkommt. Wenn er sagt: Ich bin aber ein moralischer Mensch, ich lasse mir doch nicht meine Moral kaputtmachen von irgendeinem Schriftsteller, dann wäre das schon sehr viel, denn dann käme er, der das liest, selbst darin vor. Und ob er mir Recht gibt oder nicht, diese Frage kommt an dritter, vierter, fünfter Stelle. Das ist schon eine sehr weit entfernte Konsequenz. Die erste Konsequenz ist nur, dass er sich wirklich darauf einlässt. Selten genug passiert das schon, dass man einen anderen in eine Fragestellung verwickeln kann.

In der man aber doch selbst auch drinsteckt. Ich will es mal so formulieren: Wenn Sie diesen Satz, den Sie nun selbst geschrieben haben, gelesen hätten, auf welche Weise würden Sie sich in diesen Satz verwickelt fühlen? Oder: Auf welche Weise würden Sie sich in diesen Satz verwickeln lassen?

Er gehört ja eher zu den harmlosen Sätzen. Was mich betrifft, würde ich sagen: Ja ja, Politik und Moral sind zwei wirklich verschiedene Paar Schuhe. Aber trotzdem ist es eine Frage, mit der man immer wieder konfrontiert wird, zum Beispiel jetzt, wenn ich mir Reaktionen auf den Putsch in Chile überlege – weil wir ja gerade heute miteinander sprechen –, dann wird sich das genauso herstellen. Und man hört es schon. Man hört schon an den ersten Reaktionen, wie Politik und Moral wieder auseinandertreten, sich also zum Beispiel eine Empörung breitmacht, die eben unpolitisch ist. Die unpolitisch ist, weil keine Konsequenzen gezogen werden, weil man so tut – was ja sicher ein

Erkenntnisfehler ist –, als sei es das erste Mal, dass die Rechte einen Versuch eines Volks, sich zu emanzipieren, mit Gewalt niederschlägt. Diese Empörung hat doch immer den Charakter der Überraschung, als wüssten wir nicht, wie das geht.

Das hat man beim Putsch in der ČSSR gesehen, in Griechenland ...

Man sieht es in Uruguay, man sieht es an tausend Beispielen.

Deswegen kann man nicht sagen, dass das zum ersten Mal ist.

Also kann man sich doch nicht so hinstellen: Was fällt diesen Generälen ein? Den Generälen fällt das ein, was den Generälen immer einfällt, denn dazu sind sie ja da. Wozu braucht ein Land wie Chile eine Marine? Wozu braucht es diese Marine? Es braucht die Marine, um auf das Volk zu schießen.

Das sind Dinge, die hat man gewusst. Schon die Reaktion nicht nur heute, einen Tag nach dem nun offiziell ausgebrochenen Putsch ... Die Reaktion hätte ja schon früher einsetzen können, man hat die Entwicklung doch kommen sehen.

Die Frage ist doch also folgende: Wieso gibt es viele Leute, die ernsthaft geglaubt haben, dass dieser parlamentarische Weg zu einer strukturellen Veränderung der chilenischen Gesellschaft möglich ist? Warum haben so viele Leute daran geglaubt?

An eine politische Möglichkeit?

Ja. Warum? Das muss jetzt analysiert werden. Und das ist eine politische Frage. Das ist keine moralische Frage. Und in dem Fall treten Moral und Politik wieder etwas auseinander. Ein Beispiel für eine Anwendung von solchen Sätzen wäre: Jetzt lass uns die politischen Konsequenzen ziehen. Wenn wir uns schon mit Chile beschäftigen, so ist das eine politische Tatsache und keine moralische. Es genügt einfach nicht, und es ist eigentlich irrelevant, sich jetzt über diese Generäle zu empören. Diese Generäle haben einfach das gemacht, wozu sie da sind, und sie haben es offenbar richtig gemacht, das heißt, sie veranstalten Blutbäder, sie bombardieren die Fabriken. Dazu sind Generäle da. Punkt. Das muss konstatiert werden. Sie verhalten sich richtig, das muss gesagt werden. Sie verhalten sich nicht falsch. Die Empörung meint, Generäle verhielten sich falsch, indem sie das tun. Die politische Tatsache ist aber, dass sie sich richtig verhalten.

Von ihrer Position her. Muss man dann auf der anderen Seite sagen, dass sich Allende eben nur, wie sich jetzt durch das Ergebnis herausstellt, moralisch verhalten hat, indem er an den demokratischen Weg zum Sozialismus in einem solchen Land geglaubt hat?

Das glaube ich nicht. Ich glaube, Allende ist absolut ein Politiker. Er hat Kräfteverhältnisse eingeschätzt.

Aber falsch eingeschätzt.

Das ist eine grobe Verwechslung. Es wäre eine grobe Verwechslung, ihm jetzt die Vermutungen oder die moralischen Positionen seiner Anhänger unterzuschieben. Er hat vielmehr Kalküle angestellt – ich weiß nicht, ob andere Kalküle möglich gewesen wären, dazu würde eine sehr große Kenntnis der chilenischen Gesellschaft gehören. Auch solche Leute werden natürlich jetzt auftauchen, die hinterher, aus 20 000 Kilometer Entfernung, von dem europäischen Lehnstuhl aus, Allende seine Fehler vorrechnen. Aber davon halte ich auch nicht viel.

Nein. Ich meine jetzt nur die Wirkungslosigkeit des Verhaltens gegenüber den diktatorischen Unterdrückern, die ja jetzt wieder zum Zuge kommen. War das nicht eine falsche politische Einschätzung?

Ich weiß nicht, ob wir jetzt klar über Allendes Politik urteilen sollten, jedenfalls, was die Differenz zwischen Moral und Politik betrifft. Und dazu haben wir den Fall Chile ja herangezogen. Ich glaube schon, dass sich so ein Satz verteidigen lässt.

Ich habe Ihnen den Satz auch nicht vorgerechnet. Ich wollte Ihre Position bestimmen. Sie lassen sich aber ungern auf eine Position festlegen, Sie nehmen sie ein ...

Ich habe doch nur die Position eingenommen, die in diesem Satz ausgedrückt ist.

Herr Enzensberger, fühlen Sie sich einer politischen Gruppe oder einer politischen Partei verbunden?

Nein.

Fühlen Sie sich denn einer Ideologie verpflichtet? Oder bemühen Sie sich gerade um die Freiheit von Ideologie? Sind Sie ein Liberaler, wie Andersch es einmal formuliert hat? Oder ein Freigeist?

Personen ohne Ideologie gibt es ja nicht. Insofern wäre frei von Ideologien zu sein ein Ehrgeiz, der nicht realisierbar ist.

Das war nicht meine Frage. Meine Frage war, ob Sie sich einer bestimmten ideologischen Richtung ausgesprochen verpflichtet fühlen.

Sie fragen ja auch, ob ich mich von Ideologien befreien will, und das wäre ein aussichtsloses Unternehmen. Was halten Sie von folgender Geschichte: Der französische Ministerpräsident Pompidou fährt nach Peking, und dort sagt ihm Zhou Enlai: In Ihrem Land gibt es ja Maoisten. Und diese Leute ziehen den Namen unseres großen Vorsitzenden in den Schmutz.

Wenn man diese Geschichte analysiert, dann kommt man vielleicht auf einige interessante Unterschiede, was den Sinn von Ideologien betrifft. Denn von der inhaltlichen Seite her, das heißt, wenn man Ideologie als ein System von Aussagen über die Welt oder über die Gesellschaft betrachtet, dann gibt es sicherlich Übereinstimmungen zwischen der Ideologie dieser französischen Maoisten und der Ideologie des großen Vorsitzenden Mao Tsetung. Aber nur in diesem Sinn stimmen sie überein. In einem anderen Sinn treten sie ganz weit auseinander. Ideologie ist nämlich immer auch Ausdruck einer realen Situation, einer gesellschaftlichen Situation. Und als solche ist sie dann den Leuten nicht mehr ganz bewusst. In diesem Sinn wäre zu unterscheiden: Dann wäre die Ideologie der französischen Maoisten die Ideologie einer Gruppe von sehr jungen Leuten in einer industriell überentwickelten Gesellschaft, einer Gruppe von verzweifelten, ziemlich isolierten Leuten, und dagegen die Ideologie der chinesischen Anhänger von Mao Tse-tung die Ideologie eines Landes mit sehr alter Kultur, hauptsächlich einer Bauernnation, einer riesigen Menge von Leuten, die durch dreißig Jahre hindurch eine andere Gesellschaft hervorgebracht haben. Also handelt es sich in diesem Verständnis um zwei vollkommen verschiedene Ideologien. Und die Frage, wer jetzt recht hat, lässt sich ja nur so beantworten.

Ich habe auch nicht gefragt, ob eine Ideologie recht habe. Man vertritt ja doch sehr vieles, ohne sich im absoluten Recht zu glauben.

Nein, aber man beruft sich mit Recht auf die Gedanken von Mao Tse-tung, das ist doch eine sinnlose Frage. Und insofern ergibt es dann also wenig. Wenn ich Ihnen jetzt sagen würde: Ja, ich fühle mich der maoistischen Ideologie verpflichtet – was würde so ein Satz denn bedeuten? Dann müsste man doch erst anfangen. Das wäre doch gar keine Antwort, das würde gar nichts aussagen. Es sind zwei verschiedene Sachen, wenn ich als chinesischer Bauer sage, ich bin Maoist, oder wenn ich als französischer Student sage, ich bin Maoist.

Oder als deutscher Schriftsteller.

Sie verstehen: vollkommen verschiedene Sachen. Das heißt, diese Auskunft wäre eine Scheinauskunft, sie würde überhaupt nichts aussagen. Und wir dürfen auch nicht vergessen, dass die Ideologie immer auch den Zweck hat, ihren Inhaber über seine realen Verhältnisse hinwegzutäuschen.

In diesem negativen Sinn ist Ideologie falsches Bewusstsein, und zwar ein falsches Bewusstsein, das bis zu einem gewissen

Grad unvermeidlich ist, weil es den Leuten überhaupt erlaubt, weiterzuleben, weiterzumachen. Dazu brauchen sie Gründe, und die finden sie in der Ideologie. Und die Auflösung des falschen Bewusstseins ist eine unendliche Arbeit, keine Arbeit, die man bis morgen früh, elf Uhr, abliefern kann. Das ist nicht möglich. Insofern muss man eine ideologiekritische Haltung einnehmen, in dem Bewusstsein, dass man die Ideologie nicht auflösen kann. Eine ideologiekritische Arbeit ist eine unendliche Arbeit. Es gibt sogar Fälle, bei denen die Ideologiekritik selbst zur Ideologie wird.

Das hat man auch in der Bundesrepublik in den 50er und 60er Jahren sehr deutlich gesehen, und das sieht man immer noch. Nun meinte ich diese Frage aber viel vordergründiger, weil es sehr viele Schriftsteller gibt, die sich für eine Tendenz des politischen Denkens entschieden haben. Aber würden Sie eben diese Festlegung auf eine bestimmte Tendenz nie für sich akzeptieren?

Nein, das ist Sache der anderen. Aus dem, was vorliegt, können die ihre Schlüsse ziehen, und sie können mich benennen, wenn sie Lust dazu haben, wenn ihnen das interessant vorkommt – Sie haben ja einige dieser Sachen vorgelesen. Herr A sagt X, und Herr B sagt Y, und der Nächste nennt mich einen Deisten, und das können die alle machen, wie sie wollen. Nur mir fällt dann dazu nichts ein.

Das berührt Sie auch nicht?

Nein. Das ist deren Arbeit oder deren Vergnügen. Aber ich kann da keinen Dialog erkennen, und ich kann keine Möglichkeit erkennen, das zu bestreiten. Warum soll ich bestreiten, dass ich Deist bin. Wenn irgendjemand meint, ich sei Deist, und er findet dann irgendwelche Textstellen, die diese Meinung in seinen Augen bestätigen, dann ist das seine Sache. Ich möchte das nicht einmal bestreiten.

Sie sind also nicht unbedingt abhängig von dem Applaus der anderen? Von Klischees, mit denen man Sie bedeutend zudeckt, mit denen man Sie sozusagen in eine geschichtliche Bedeutung hineinhebt? Sie sind eher lieber Einzelgänger? Es ist wieder ein Klischee, das ich benutze. Aber ich versuche, es eben zu benutzen, damit Sie es ...

Schauen Sie, ob man Einzelgänger ist oder nicht, das liegt ja nicht in der Hand der Personen, sondern das hängt wiederum von den Umständen ab. Es gab schon ein paar Jahre, in denen ich alles andere als ein Einzelgänger war. Aber das habe ich mir nicht herausgesucht. Das war 1967 / 68 / 69, da habe ich kaum etwas publiziert. Ich bin so weit gegangen, diesen Beruf weitgehend an den Nagel zu hängen, weil es da eine Sache gab, die mich interessiert hat, mit der ich mich bis zu einem gewissen Grad identifizieren konnte. Und ich habe damals keineswegs gesagt, ich will aber doch bitte lieber ein Einzelgänger sein und: Geh weg, Geschichte, geh weg, lass mich in Ruhe. Auch das ist nicht etwas, das man sich heraussucht. Ich weiß nicht. Man sucht sich den Faschismus nicht heraus, man sucht sich den Antifaschismus nicht heraus, man sucht sich die Geschichte nicht heraus. Das liegt nicht in unserer Hand.

Aber es liegt doch in unserer Hand, wie wir uns verhalten können.

Natürlich kann ich mir auch Leute vorstellen, die sagen: Es ist mir gleich, wozu, ich will nur irgendwo dazugehören. Zu diesen Leuten würde ich mich nicht zählen.

Und was den Applaus betrifft: Es ist schwer zu bestimmen, wie weit man, sagen wir, dem Phänomen des Erfolgs gegenüber immun ist oder nicht. Darüber täuscht man sich sehr leicht selbst. Ich finde ja, Erfolg in gewissen Grenzen schadet nicht.

Mit Sicherheit nicht, nur ...

Er schadet nicht und er ist ein sehr relativer. Wenn man drei Jahre an einem Buch arbeitet und davon werden dann 10 000 Exemplare unter die Leute gebracht, kann man das Erfolg nennen, aber so überwältigend erscheint er mir nicht, dass es einem direkt den Kopf verdrehen könnte. Es ist natürlich angenehm, dass es Leute gibt, die Notiz von der Arbeit nehmen, die man macht, das würde ich nie bestreiten. Und was die Markt- oder Geldseite der Sache betrifft, so ist auch das ein kompliziertes Spiel. Erfolg kann Abhängigkeiten schaffen, aber auf der anderen Seite kann er Abhängigkeiten vermindern. Ich meine, wenn man nicht am Verhungern ist, ist es sicher leichter, einen Vorschlag abzuweisen. Man kann leicht nein sagen, wenn man nicht am Verhungern ist. Es wäre doch lächerlich, sich darüber zu beklagen oder das verdächtig zu finden.

Nun sagt man immer, und man sieht das ja auch ein bisschen etwa bei Günter Grass, der nun seinen Erfolg, seinen Ruhm auch in die Waagschale der politischen Wirkung geworfen hat, dass ihn doch der literarische Ruhm verändert hat.

Ja, aber das ist auch eine Erscheinung von anderer Größenordnung. Wissen Sie, wenn Sie noch etwas weiter gehen und einen richtigen Star betrachten ... – Ruhm kann man das eigentlich nicht mehr nennen, heute hat das mehr die Form von Prominenz und Publicity. Das sind eigentlich Kategorien, die mit der ehrwürdigen traditionellen Kategorie des Ruhms gar nicht mehr viel gemeinsam haben. Aber ein großer Star ist natürlich einer gesellschaftlichen Kraft ausgeliefert, die ungeheuer stark ist. Davon kann man ja in Fällen wie meinem gar nicht reden, das sind ja sehr kleine Kräfte, die man sicher auch leichter ertragen kann. Aber wenn das eine gewisse Größe überschreitet, wird das natürlich schwieriger. Ich weiß nicht, wie Sie, wenn Sie Mick Jagger oder Marilyn Monroe wären, sich gegen eine so ungeheure Springflut behaupten würden.

Dann sind Sie sozusagen öffentlicher Besitz.

Es ist schon schwierig, das kenn ich ja nicht aus Erfahrung. Ich weiß nicht, wie das ist. Ich kann mir vorstellen, dass es schwierig ist, sich dagegen zu behaupten, weil es eine große gesellschaftliche Kraft ist.

Aber man kann sich doch in eine Situation zurückziehen, wenn man nicht nur von der Öffentlichkeit her lebt, wie es der Star tut. Ein Schriftsteller, der berühmt wird, wird ja nicht wegen seiner Starhaftigkeit, sondern zunächst einmal wegen seiner Produktion berühmt.

Na, wollen wir's hoffen.

Und natürlich auch durch die Weise, wie er mit dieser Produktion umgeht.

Sicher, ja.

Was er dann im Öffentlichen daraus macht. Aber er hat doch die Möglichkeit, sich wieder zurückziehen und an die Arbeit zu begeben. Wenn ein Star sich zurückzieht, dann ist er aus ...

Dann existiert er nicht mehr.

Dann ist er nicht mehr »in«.

Das ist richtig.

In diesem Sinne haben Sie doch eigentlich immer zurückgezogen gelebt. Nicht während dieser Zeit nach '67, aber auch da nun nicht gerade auf einer Seite, die auf Öffentlichkeit oder auf Ruf hin orientiert war, sondern auf eine ganz pragmatische, politische Arbeitsweise. Danach haben Sie sich aber wieder sehr zurückgezogen. Sie leben doch hier in Berlin nicht im Literaturbetrieb, sondern Sie leben doch ganz abseits.

Die eigentlich interessante Frage ist doch die, inwieweit ein gewisser Bekanntheitsgrad notwendig ist, damit man Zugang zu den Produktionsmitteln hat. Das ist für mich der einzig interessante Aspekt an dieser ganzen Sache. Und da wird man schon sagen müssen, dass in dieser Beziehung das, was man Erfolg nennt, zunächst einmal günstig ist, weil es Produktionsmittel eröffnet. Der Schriftsteller ist ja jemand, der keine Produktionsmittel hat, der über die Mittel zu seiner Produktion nicht selbst verfügt. Er ist also darauf angewiesen, Zugang dazu zu bekommen.

Das heißt, es liegt nicht an ihm, ob er publiziert wird oder nicht. Sondern es liegt an den Medien, über die er arbeitet?

Eben. Und da ist es dann einfach notwendig, dass man, um unter unseren Bedingungen diesen Zugang zu erhalten, es erreichen muss, dass die Leute, die über die Produktionsmittel verfügen, wissen, wer man ist. Die Kulturindustrie hat ein sehr kleines und kurzes Gedächtnis, sie kann sich nicht viele Leute merken. Also ist es nützlich, zu denen zu gehören, die sie sich merken kann. Je größer das Produktionsmittel, desto klarer ist der Fall. Wenn Sie einen Film machen wollen, dann können Sie der begabteste Hund der Welt sein, die besten Ideen haben, aber Sie brauchen eine Million, um diesen Film zu drehen, er muss mit vielen anderen Leuten zusammen produziert, er muss distribuiert werden und so weiter. Ich meine, in dem Sinne kann man am ehesten davon sprechen, dass mit einiger Überlegung ein gewisser Grad von Bekanntheit strategisch eingesetzt werden kann.

Ist es Ihnen denn nicht passiert, als Sie sich sozusagen zunächst einmal von der Literatur verabschiedeten und 1967 bei den Studenten mitmachten, dass Ihnen plötzlich Produktionsmittel verweigert wurden in dem genannten Sinn?

Es kommt darauf an, welche Produktionsmittel man braucht und wozu man sie braucht. Es gab damals eine ganz interessante kleine Anekdote: So in den Tagen von '68 gab es mal ein paar tausend Leute, die sind zum Sender Freies Berlin gegangen und haben Sendezeit verlangt. Natürlich ist diesen Leuten das Produktionsmittel sofort verweigert worden, ganz klar. Es hat darüber immerhin noch Diskussionen gegeben, weil eben die Situation damals etwas delikat war. Man konnte die Leute nicht einfach nach Hause schicken, das war schwierig, auch weil es so viele waren. Die waren lästig, also musste man sich mit ihnen auf eine Diskussion einlassen. An diese Diskussion erinnere ich mich schon. Also das ist ein Fall, bei dem ein Produktionsmittel verweigert wird, was einerseits an denen liegt, die es verlangt haben, und andererseits an dem, was die sagen wollten. Solche Fälle lassen sie namhaft machen.

Gehörten Sie zu diesen Leuten?

Ich war einer von diesen Leuten. Ich bin da hingegangen, ich habe mit dem Intendanten diskutiert, es war ganz komisch. Natürlich habe ich mir wenig Illusionen gemacht, dass der Intendant sagen würde: »Na, kommen Sie herein. Machen wir's doch so, Sie kriegen über eine halbe Stunde. Von sechs bis sieben dürfen Sie immer im Radio reden.« Das war uns schon klar. Aber trotzdem wollten wir diese Probe aufs Exempel machen. Das war ein Fall, wo sich das sehr deutlich gezeigt hat.

Wenn Sie aber zum selben Intendanten gegangen wären und gesagt hätten, Sie wollen eine Sendezeit für eine Stunde im Nachtprogramm über ein literarisches Thema haben, hätten Sie das ohne weiteres bekommen?

Ich weiß nicht. Der gleiche Intendant hat das Nachtprogramm abgeschafft und den Redakteur gefeuert und so weiter. Also ich glaube, in dem Fall kann man den Kreis derer, denen Produktionsmittel verweigert werden und die weggescheucht werden sollen, schon etwas weiter ziehen.

Sie würden also sagen, dass Ihnen tatsächlich in solchen Situationen die Produktionsmittel verweigert worden sind?

Ja, aber auch da würde ich nicht einfach mit Empörung reagieren. Denn schließlich ist es doch eine Tatsache unseres Leben, die jeder kennt, dass die Schriftsteller privilegierte Leute sind, weil sie überhaupt irgendein Mittel haben, sich öffentlich zu äußern, während die Meinungsfreiheit für die Mehrzahl der Leute einfach eine reine Fiktion ist, weil sie überhaupt keinen Zugang zu irgendeinem Produktionsmittel haben.

Wir haben aber festgestellt, dass eben nicht alle Schriftsteller Zugriff auf die Produktionsmittel haben, sondern dass schon eine gewisse Prominenz dazugehört, um machen zu können, was sie machen wollen.

Dennoch glaube ich nicht, dass es sich dabei einzig und allein um ein Schriftstellerproblem handelt. Es wundert mich auch immer bei den Diskussionen, die die Schriftsteller führen, dass sie davon absehen, dass die Grenzen der Meinungsfreiheit ungeheuer eng gezogen sind, wenn zum Beispiel jemand in einem Betrieb etwas zu sagen hat. In einem Betrieb können Sie eigentlich gar nichts sagen, es sei denn in einer Situation, die schon als abnorm gilt, etwa während eines Streiks. Da wird dann schon einiges gesagt. Aber die Angestellten in einem Büro zum Beispiel sind eigentlich noch schlimmer dran, denn in einer Fabrik kann man wenigstens zu dem Arbeiter nebenan ein bisschen schimpfen. Aber in einem Büro herrscht schon eine Atmosphäre der totalen Unterdrückung jeder Meinungsfreiheit. Ich meine, wenn die Schriftsteller sich zu der Frage der Produktionsmittel und der Möglichkeit der Äußerungsfreiheit in diesem Land äußern, dann sollten sie vielleicht nicht ganz davon absehen, dass selbst der Schriftsteller, der die größten Schwierigkeiten hat, ja noch in einer vergleichbar positiven Situation ist.

Wie würden Sie denn idealerweise die Produktionsmittel verteilt sehen, etwa in unserer Branche, in der Literatur, bei den Medien? In der privilegierten Branche?

Also Ideale aufzustellen ist nicht meine Gewohnheit, Herr Arnold. Aber zum Beispiel hätte ich es ganz gut und keineswegs undemokratisch gefunden, wenn die 3000 Leute, die sich physisch auf dem Theodor-Heuss-Platz in Berlin befanden und die ja eigentlich nur eine Delegation waren – in Wirklichkeit standen hinter diesen 3000 Leuten, sagen wir mal, 60 000 –, tatsächlich Sendezeit bekommen hätten. Denn wir hören ja im Rundfunk auch Sendungen Neuer Musik, die nur für eine Minderheit von ungefähr 300 Personen relevant sind, wir hören Kirchenfunk, wir hören den Landfunk, wir hören tausend Sachen. Warum sollen diese 60 000 Leute nicht die Möglichkeit haben, sich im Rundfunk zu äußern? Und sicher kann man da auch institutionelle Vorschläge machen.

Ich weiß nicht, ob Sie zum Beispiel das holländische Fernsehsystem kennen – wenn wir schon konkret werden: In Holland gibt es eine zentrale Institution, die die technischen Möglichkeiten des Fernsehens in der Hand hält, also Sender, Studios, Aufnahmeräume und so weiter. Die hat aber keinerlei Programmkompetenz. Programmkompetenz haben vielmehr gesellschaftliche Gruppen, die eine gewisse Größe erreichen. Ich glaube, die Zahl liegt jetzt bei 18 000 oder 20 000. Die schlagen ein Programm öffentlich vor und laden andere Leute dazu ein, sich darauf gewissermaßen zu abonnieren, also daran teilzunehmen. Wenn sie eine gewisse kritische Größe erreichen, steht ihnen Sendezeit zu. Das heißt, das Fernsehen ist im Grunde ein Servicebetrieb für die Bevölkerung. Das zum Beispiel finde ich ein vernünftiges Modell. Ich will nicht sagen, dass das holländische Fernsehen ideal konstruiert ist. Aber es geht ja nicht darum, Ideale aufzustellen, sondern einleuchtende Möglichkeiten zu zeigen, wie man mit den Medien auch umgehen kann. Und es scheint mir jedenfalls ein Schritt in eine ganz vernünftige Richtung zu sein. Ich sehe gar nicht ein, warum irgendwelche Aufsichtsräte über dieses Medium verfügen sollen. Allein diese ganzen Kompetenzen sind ja völlig unklar, sind durch nichts gedeckt. Das ist nur so, weil es so ist, weil die Verhältnisse so sind.

Das geht natürlich weit über die spontane Reaktion damals auf dem Theodor-Heuss-Platz hinaus. Denn so etwas kann man dann noch mit der Spontaneität und der Möglichkeit voller Sendezeit und so weiter entschuldigen. Aber gerade weil man diese Flexibilität nicht hat, ist das in einer solchen Situation natürlich noch umso starrer.

Gut, ja. Es ist auch nur ein Vorschlag zur Güte und insofern ein Vorschlag, der, wie wir alle wissen, keine Realisierungsmöglichkeiten hat. Weil Sie eben fragen: Wäre denn überhaupt etwas anderes denkbar? Natürlich wäre etwas anderes, wären Millionen von anderen Dingen denkbar als die, die der Fall sind.

Das ist richtig. Nun haben wir ja nicht nur den Rundfunk, sondern es gibt auch Zeitungen, die meist in der Hand privater Unternehmer sind. Da stellt sich das Problem ja noch drängender. Wie wäre das zu ändern?

Reformistische Lösungen führen hier wahrscheinlich nicht weit. Das heißt, man müsste da schon in die Besitzverhältnisse gehen.

Verstaatlichen? Aber was nützt das Verstaatlichen? Das ist doch nur ein neuer Unternehmer.

Verstaatlichen? Selbst diese holländische Geschichte ist ja eben das Gegenteil einer Verstaatlichung, soweit ich sehe. Aber ich weiß nicht, ob wir jetzt solche Programme ausarbeiten wollen ... Aber der Sinn Ihrer Frage war ja auch eher, dass demonstriert werden sollte, dass es andere Möglichkeiten gibt. Und ich glaube, das kann man mit gutem Gewissen sagen.

Nun sprachen wir vorhin vom Ruhm. Es gab Mitte, Ende der 50er Jahre, Anfang der 60er Jahre, zu der Zeit, als die Gruppe 47 die neue deutsche Literatur zur Weltgeltung brachte und dann auch begann, sie ins Ausland zu transportieren – Princeton, Sigtuna –, einen harten Kern in der Gruppe, jedenfalls in der öffentlichen Meinung: Martin Walser, Günter Grass, Uwe Johnson und eben Hans Magnus Enzensberger. Wie sehen Sie selbst Ihre Entwicklung etwa in den letzten fünfzehn Jahren, wenn Sie sie mit der ebendieser Kollegen vergleichen?

Ich weiß nicht, ob es so einen harten Kern gegeben hat. Wahrscheinlich war der harte Kern der Gruppe 47 Hans Werner Richter. Ich möchte das so nicht ohne weiteres akzeptieren.

Die publizistisch wirksamsten Schriftsteller, das war aber nicht Hans Werner Richter, das waren doch wohl diese vier.

Das mag schon sein. Ob die eine Gruppe gebildet haben ...

War das ein Freundeskreis?

Ob die eine Gruppe innerhalb der Gruppe gebildet haben, das weiß ich auch nicht so bestimmt. Ihre Frage enthält eine Menge versteckter Behauptungen, von denen ich gar nicht weiß, ob sie zutreffen. Sicherlich gab es eine gewisse Solidarität der Schriftsteller damals, die hauptsächlich durch den Außendruck bedingt war, wenn man das so rückblickend übersieht. Natürlich waren die Leute in einer gewissen Vereinzelung, und es gab einen gewissen Konformitätsdruck von außen, der sich bis in die Reden von irgendwelchen Bundeskanzlern hinein hat feststellen lassen. Unter diesem Außendruck sind die Leute natürlich zusammengerückt, sie haben ihre gemeinsamen Interessen damals schon bis zu einem gewissen Grad eingesehen und erkannt, und sie haben in dem Sinn gemeinsam operiert. Aber die andere Seite der Medaille war natürlich die, dass unter diesem Druck von außen die Unterschiede zwischen diesen einzelnen Personen tendenziell eher verschwunden sind, als dass sie sich artikuliert hätten.

Die aber natürlich vorhanden waren.

Ja, die immer vorhanden waren. Und in dem Moment, in dem dieser Außendruck durch größere gesellschaftliche Veränderungen zurückgegangen ist, hat sich auch der Zusammenhalt, die Kohäsion zwischen diesen Autoren gelockert, und jeder schlug seinen eigenen Weg ein. Und es wurde dann eben nach außen hin sichtbarer, dass die im Grunde gar nicht aus dem gleichen Napf fressen.

Das ist ganz selbstverständlich, man braucht sich nur die Früchte, nämlich die Produkte, anzusehen, um zu merken, wie verschieden sie waren. Aber es hatte doch damals den Anschein ... Ich will zu verdeutlichen versuchen, wie das auf jemanden gewirkt hat, der draußen stand, außerhalb der Gruppe und überhaupt außerhalb des Literaturbetriebs der damaligen Zeit. Da erschienen immer wieder – die Wochenzeitung »Die Zeit« hat da eine große Rolle gespielt – die Schriftsteller Günter Grass, Martin Walser, Hans Magnus Enzensberger und, etwas abseits, aber auch noch dazugehörend, Uwe Johnson als von einem gemeinsamen politisch-moralischen Verständnis geprägt. Das waren die Prototypen der engagierten Literatur, wie man sie damals eben nannte, und es war nicht nur ein Freundeskreis, sondern es war in der Wirkung auf die Leser, auf die interessierte Bevölkerung sozusagen ein neuer Ansatz. Danach hat sich das aber doch sehr verändert: Günter Grass, jetzt mal politisch verfolgt, ging ganz auf die Linie der SPD, Sie haben sich freigehalten von politischen Gruppen, von politischen Parteien, Uwe Johnson, soviel ich weiß, auch, und Martin Walser ging an die Seite der DKP.

Und was folgt daraus? Was soll man daraus schließen?

Es ist doch sehr interessant zu sehen, wie aus einem ähnlich oder gleich geglaubten Keim politischer Überzeugung diese Entwicklung hervorgegangen ist. Ist das denn beispielhaft für die Entwicklung von Gruppen, politisch bewussten Gruppen, in der Bundesrepublik?

Das Ganze ist natürlich ein Effekt der Politisierung. Insofern ist es ein sehr gutes Zeichen, dass die Leute anfangen, nun nicht mehr so irgendwie doch alle Fünfe gerade sein zu lassen. Nicht? Denn das war ein bisschen der Fall. Gut, man war eben antifaschistisch oder irgend so etwas – eine sehr vage politische Charakteristik. Das hat sich dann definiert im Prozess der Politisierung. Es gab eben Punkte, an denen Entscheidungen notwendig waren ...

Dass man etwa von dem einfachen Resolutionsgehabe, das damals vorherrschte, zur praktischen politischen Arbeit überging?

Die Definitionen wurden genauer. Die Bestimmungen wurden schwieriger, aber auch genauer, und das ist ein Vorteil. Auch dass so ein Oligopol von einigen Schriftstellern – wenn das stimmt, wie Sie es beschreiben – nicht mehr existiert, wäre ein günstiger Effekt. Denn das ist natürlich nur ein Notbehelf, vielleicht aus taktischen Gründen nützlich, weil es eine ganze Literatur durchsetzen kann. Ich meine, dieser Mafia-Aspekt der Gruppe 47 hat insofern seine Berechtigung, als es eben notwendig ist, Positionen zu erobern. Nicht nur im eigenen Namen, sondern damit überhaupt die Möglichkeit vorhanden ist, dass eine deutsche Literatur zur Kenntnis genommen wird. Das war also ein Effekt, taktisch ganz gut, aber strategisch schlecht. Wenn das literarische Geschehen von einer Gruppe von Einzelpersonen dominiert wird – wenn Ihre Darstellung richtig ist, ich will das jetzt mal unterstellen –, dann ist es wünschenswert, dass sich, nachdem diese Positionen erobert sind, nachdem eine Literatur ihre Existenz durchgesetzt hat, dieses Oligopol wieder auflöst.

Hans Werner Richter hat einmal gesagt, dass er die Wirkung der Gruppe 47 vor allem in ihrer moralisch-politischen, also: moralisch betont, politischen Wirkung gesehen hat. Die Entscheidungen, die die Schriftsteller dann in die verschiedenen Richtungen geführt haben, auch die vier genannten Schriftsteller, sind dann vielleicht politische Entscheidungen. Wie beurteilen Sie denn die Entwicklung dieser Einzelnen?

Der Schriftsteller, die Sie da erwähnt haben? Grass ist natürlich in meinen Augen ein Erzähler. Er hat weiter Bücher vorgelegt; da muss man über jedes einzelne Buch sprechen. Ich halte nach wie vor »Die Blechtrommel« und »Katz und Maus« für seine wichtigsten Texte. Das ist ein literarisches Urteil, das müsste man wahrscheinlich begründen. Ich bin nicht der Meinung, dass es mit Grass' Erzählungen zu Ende ist, warum denn? Der wird weiter seine epische Arbeit vorantreiben. Das ist in meinen Augen das Wichtigste, das, was er am besten kann. Und was seine politischen Äußerungen betrifft, sollte man die auch von Fall zu Fall prüfen. In manchen Fällen kann ich seiner Meinung durchaus beipflichten. Was er über Sacharow sagt, finde ich eigentlich sehr gut. Wenn er mir die Schönheiten der Sozialdemokratischen Partei preist, hätte ich da einige Einwände. Aber das sind alles alte Geschichten. Man muss doch von Fall zu Fall sehen, ob er recht hat. Wenn ich etwas sage, habe ich es auch am liebsten, wenn die Leute sagen, hat er jetzt da recht oder hat er unrecht, stimmt das, was er sagt, oder stimmt das nicht? Und genauso würde ich mich dann auch Grass oder anderen Leuten gegenüber verhalten, wenn die etwas sagen. Zu sagen, alles, was Grass sagt, ist Blödsinn, oder zu sagen, Grass ist ein großer Schriftsteller und deswegen hat er immer recht, ist ja Unsinn. Oder zu sagen, er ist Sozialdemokrat, also brauchen wir ihn gar nicht zur Kenntnis nehmen, das sind doch alles ziemlich blödsinnige Reaktionen.

Nun gab es damals eine Zeit, 1968, als Grass sich sehr nachdrücklich gegen die Studentenbewegung ausgesprochen hat. Und es gab Zeiten, in denen die vier genannten Schriftsteller, zum Teil jedenfalls, nicht mehr miteinander sprachen. Gut, sie können öffentlich gegeneinander polemisieren, und man kann die Meinungen jeweils einzeln analysieren, man kann dazu dann wiederum seine eigene Meinung haben ... Aber wie konnte es kommen, dass man einfach nicht mehr miteinander redete? Das hat es ja gegeben, das hat Grass selbst gesagt.

Ich kann mich nicht daran erinnern, Gespräche verweigert zu haben. Aber es ist schließlich auch eine private Frage, ob jemand sich aus dem Weg geht oder nicht, das hat eigentlich gar kein öffentliches Interesse. Von öffentlichem Interesse ist, was diese Leute öffentlich machen. Vielleicht hat es auch öffentliches Interesse – mit Einschränkungen. Sehr vieles sind auch einfach nach außen getragene Klatschereien, an denen ich gar kein Interesse habe. Sicher gibt es Feuilletonredakteure, die sich freuen, wenn sich zwei in die Haare kriegen und es ein bisschen Stoff gibt. Aber das ist doch vollkommen irrelevant.

Glauben Sie, dass bei Grass die Bindung an die Sozialdemokratische Partei vor allen Dingen über die personale Fixierung auf Willy Brandt ablief?

Nein, das glaube ich nicht. Ich glaube, wenn es so etwas gäbe wie einen geborenen Sozialdemokraten, käme er dem vielleicht nahe. Als er ein junger Mann war, war das vielleicht anders. So wie ich ihn kennengelernt habe, hatte er auch in seinem Habitus noch etwas anderes. Aber inzwischen glaube ich, dass das eine von der Person her weitgehend gedeckte Sache ist. Natürlich gibt es dann die Missverständnisse, aber das ist auch nicht sehr interessant ... Martin Walser – ich sehe ihn auch nicht so recht als Präsidenten eines Schriftstellerverbands in einem sozialistischen

Land und so weiter. Es kann sein, dass es da auch Missverständnisse gibt ...

Martin Walser sagte selber, dass er überhaupt nie eine Figur wäre, die irgendeine leitende Funktion einnehmen könnte.

Das glaube ich auch nicht.

Er ist dazu – und da ähnelt er Ihnen – ein bisschen zu sehr Intellektueller, als dass er eine Position, die er einmal in seinem Denken erreicht hat, dann mit Macht besetzt.

Das wäre wahrscheinlich nicht der Grund. Es gibt Intellektuelle, die phantastische Politiker sind, denken Sie an Zhou Enlai. Gut, das ist jenseits aller Vergleiche. Das ist ein Intellektueller reinsten Wassers, ich schätze ihn als Intellektuellen sehr hoch. Aber das können wir weglassen, das ist nur eine Klammer, weil es, so glaube ich, nur ein Aberglaube ist, dass jemand als Intellektueller vom Gebrauch der Macht eo ipso disqualifiziert wäre. Nur deshalb diese Parenthese. Aber was jetzt die anderen Schriftsteller betrifft – schauen Sie, wir wollen uns doch nicht gegenseitig über die abfragen. Ich finde, das ist nicht sehr ergiebig. Ich kann immer nur sagen, ich lese ja alles, was die anderen schreiben. Ich lese immer die Bücher von meinen alten Freunden.

Aus Loyalität?

Aus Anhänglichkeit, aus Neugier. Ich möchte wissen, was der jetzt wieder gemacht hat. Aber das ist mehr eine private Sache, ich bin ja kein Literaturkritiker.

Herr Enzensberger, in den letzten Jahren ist sehr viel Belletristik produziert worden, aber auf dem Literaturmarkt ist gleichzeitig auch eine gewisse Lethargie eingetreten. Die Lebendigkeit etwa der frühen 60er Jahre ist vorbei. Hängt das mit der Politisierung überhaupt zusammen? Wo sehen Sie, wenn überhaupt, Innovationen in der Literatur, die für eine künftige literarische Entwicklung tragfähig sein können?

Ihrer Feststellung würde ich zustimmen, der Befund ist unbestreitbar. Nun müsste man zunächst wieder zurückgehen und sehen, dass ein Teil des literarischen Interesses vor 1967 eine Art Ersatzinteresse war. Das hat sich an die Literatur geheftet, weil es in anderen Bereichen keine gesellschaftliche Artikulation gab. Die ist inzwischen vorhanden.

Wo ist sie vorhanden?

In der gesamten gesellschaftlichen-politischen Diskussion, in jedem einzelnen Sektor der Gesellschaft. Die Anteile von Energie, Neugier und Produktivität, die sozusagen außerliterarisch waren und sich an die Literatur geheftet haben, sind nun abgelöst, sind an ihr Ziel gekommen – an das Ziel, das sie eigentlich immer gemeint haben, wofür nur die Kanäle gefehlt haben. Diese Anteile sind also abgezogen worden von der Literatur, insofern kommt eine Verarmung schon daher. Zum anderen kann man nicht davon ausgehen, dass man von einem Normalausstoß, von einem kontinuierlichen Wachstum oder auch nur einem Halten der Produktion bei der Literatur sprechen kann. Das ist im Einzelnen schwer zu erklären. Ich finde das aber nicht beunruhigend.

Was die Innovation betrifft, davon haben wir ja bereits gesprochen, das hängt ein bisschen mit dem zusammen, was ich Literarisierung der Gesellschaft und Entliterarisierung der Literatur nennen möchte – wenn man es so zugespitzt sagen will.

Wenn man das auseinandertüftelt: Was heißt Entliterarisierung der Literatur?

Eben die Versuche literarischer Unmittelbarkeit – Faktenschreiben oder Faktographie könnte man das nennen. Ein Versuch, literarische Hülsen abzustreifen, die Metapher abzustreifen ...

... nüchtern zu werden ...

... gewisse Handlungsabläufe, den Entwicklungsroman, literarische Formen überhaupt abzustreifen. Das könnte man Entliterarisierung der Literatur nennen.

Hängt das Aufbrechen des alten tradierten Literaturbegriffs damit zusammen, dass jetzt auch ganz andere literarische Formen als Literatur akzeptiert werden?

Ja, natürlich. Dass man, wenn man Lesebücher macht – ich habe einmal an einem mitgewirkt –, ganz andere Äußerungsformen mit einbezieht, die früher die Literaturgeschichte eigentlich gar nicht beschäftigt haben.

Und das ist vielleicht auch das Bindeglied zur Literarisierung der Gesellschaft.

Ja, das hat sicher damit zu tun. Nur kann man das allein in den traditionellen Kategorien eines Lesebuchs sicher nicht mehr fassen, weil es in der Gesellschaft inzwischen andere Weisen der Äußerung gibt. Das betrifft in erster Linie die Medien, aber es geht sehr viel weiter. Das ganze Wirklichkeitsverhältnis hat sich ja verändert. Wir haben vorhin diese Fernsehgeschichten als Beispiel herangezogen, und ich glaube schon, dass mehr Dramaturgie in den Leuten ist als früher. Das geht in alle Bereiche hinein. In die berühmte modische Gruppendynamik etwa, wo Leute sich zusammensetzen, angeblich, um mit ihren psychologischen Problemen fertig zu werden. Aber wer weiß, warum sie das eigentlich tun. Da können wir ästhetische Anteile, literarische Anteile überhaupt nicht ausschließen, denn das ist eine Art von Produktion von Dialog, von Stücken, in denen auch ein literarisches Moment enthalten ist. Und so können Sie hingehen, wohin Sie wollen. An die Stelle des früheren Reiseromans, der exotischen Literatur, treten eben der Reiseprospekt, der eine ganz bestimmte Prosa hat, und der Diapositiv-Vortrag, den die Leute dann zu Hause ihren Freunden zeigen. Dazu wird ein Text gemacht, das ist auch eine Form von Trivialliteratur, wenn Sie so wollen. Das heißt also, die Literatur ist geschrumpft und hat sich zugleich ungeheuer ausgedehnt, wenn man den Begriff weiter fasst.

Nun fiel vor einigen Jahren einmal das Wort von der »Ästhetisierung der Politik« als einer negativen Entwicklung. Statt zu einer

Politisierung der Ästhetik und der Literatur seien wir in die Zeit einer Ästhetisierung des Politischen gekommen. Gehört das auch in diesen Komplex?

Ein bisschen irreführend scheint mir das schon, weil dem Begriff der Ästhetik immer noch ein Begriff von Kunst anhängt, mit dem wir es ja eigentlich nicht mehr zu tun haben.

Sagen wir besser Formalisierung?

Wie man das nennen soll, weiß ich nicht, es ist ein neues Phänomen. Literarisierung ist sicher auch nicht das richtige Wort. Aber vielleicht kann man einfach sagen, dass ein irreversibles Moment der Entwicklung darin besteht, dass der Informationsquerschnitt in der Gesellschaft ungeheuer zugenommen hat und dass jeder in diesem Fluss ein Teil ist.

… dass die Wirkung aber dadurch abnimmt.

Es gibt natürlich Privilegierungsmomente in diesem ganzen Austausch, aber ganz ausgeschlossen ist niemand. Vor allem fühlt sich jeder in der Lage, daran teilzunehmen. Das hat jeder schon gelernt. Daher gibt es eine Zunahme an Artikulation in der Gesellschaft, die Gesellschaft ist artikulierter geworden. Ich finde es ein bisschen diffamierend, es ist wohl auch diffamierend gemeint, wenn man das eine Ästhetisierung nennt. Ich würde eher sagen, es ist eine Zunahme an Artikulationsfähigkeit, und das halte ich für etwas Gutes.

Aber meint Ästhetisierung der Politik, Formalisierung der Politik, nicht auch die immer stärker werdende Unangreifbarkeit der Politik, des Politischen, die Zurücknahme des politischen Handelns in seiner Wirkung?

War es nicht Benjamin, der den Ausdruck geprägt hat? Er hatte aber damit etwas anderes im Sinn, er sprach von Ästhetisierung der Politik als einem Phänomen des Faschismus. Er hat dabei an die Massenaufmärsche und an die ganze Inszenierung der Politik gedacht, davon kann hier nun eigentlich keine Rede sein. Ich sehe sehr wenig ritualisierende Momente in unserer Politik, im Gegenteil, sie sind zurückgegangen, auch in der Folge der Studentenbewegungen. Schon ein Staatsempfang wirkt ja vollkommen anachronistisch, niemand identifiziert sich damit. Eine große Parade ist in einem Land wie der Bundesrepublik einfach ein Unsinn. Die gesellschaftliche Bewegung bringt so etwas nicht spontan, nicht naturwüchsig hervor, sondern nur mit Gewalt, wie der Faschismus ja auch ohne Gewaltförmigkeit nicht möglich ist. Insofern: Im Benjamin'schen Sinn wäre es sicher verkehrt, von Ästhetisierung der Politik zu reden.

Noch einmal zurück zur literarischen Frage: Gibt es eine Teilung der Literatur? In eine politische Literatur und in eine formalistische Literatur? Eine Linie, wie man sie etwa mit dem Werkkreis 70 für Arbeiterliteratur, der Gruppe 61, Günter Wallraff annoncieren lässt, und eine andere, zu der früher Peter Handke gehört hat, für die ein Mann wie Handke ein Sinnbild war. Gibt es das? Ist das eine neue Erscheinung oder nur eine Fiktion? Ein Übergangsstadium?

Ich lese manchmal die Literaturseiten in den Zeitungen, und wenn man denen Glauben schenken darf, gibt es alle diese Dinge nach wie vor. Das hat man auch in der Universität gelernt, es gibt immer Strömungen und Einflüsse und Tendenzen, die man unterscheiden kann und die von den Zeitungen aufgegriffen werden. Irgendetwas wird schon dran sein. Dass die sich das wirklich nur aus den Fingern saugen, glaube ich nicht. Wahrscheinlich glauben auch viele Schriftsteller daran, dass es das gibt. Deswegen entstehen ja solche Gruppen, deswegen entstehen solche Plattformen und Manifeste. Inzwischen hat man es nicht mehr so, glaube ich, mit den Manifesten, das hat etwas nachgelassen. Aber doch, es gibt solche Momente, und warum sollen Schriftsteller nicht auch Identifikationen suchen und brauchen, das ist ein psychologisches Bedürfnis. Letzten Endes entscheidet, glaube ich, was die Leute schreiben und nicht, welche Plattformen, welche Schulen und welche Einflüsse sie geltend machen.

Natürlich. Gibt es denn so etwas wie Ansätze zu einer sozialistischen Literatur?

Es gibt sicher eine Literatur, die vom Sozialismus spricht, die den Sozialismus sogar propagiert, die sozialistische Inhalte hat. Schwieriger ist es schon, sich eine Literatur vorzustellen, die wesentlich sozialistisch wäre. Die in ihrer eigenen Produktionsform, in ihren eigenen Gehalten und Formen deutlich etwas anderes wäre als bürgerlich. So etwas ist mir nicht bekannt.

Auch nicht in der DDR?

Nein. Das hat, glaube ich, mit dem Entstehungsort auch gar nicht viel zu tun. Es kann sein, dass es so etwas gibt, aber mir ist das eigentlich nicht bekannt.

Brecht, der in Deutschland, in deutscher Sprache jedenfalls, der wichtigste Schriftsteller ist, der auf der Seite des Sozialismus steht, hat sich selbst dazu geäußert, hat zugleich immer daran festgehalten, dass er ein bürgerlicher Autor sei. Ich sehe gar keinen Grund, das zu bezweifeln.

Aber Anna Seghers und viele der jüngeren Schriftsteller in der DDR werden als sozialistische Schriftsteller reklamiert, und die Literatur wird als eine sozialistische Literatur propagiert. Sie sehen jedoch die Voraussetzungen für eine sozialistische Literatur auch dort nicht erfüllt. Warum?

Ja, das ist eine Frage der Etikettierung. Natürlich gibt es Leute, die dies und das sozialistisch nennen. Es gibt einen sozialistischen Wettbewerb, es gibt die sozialistische Jugendweihe – wobei man sich schon fragen kann, ob so etwas wie eine Weihe etwas Sozialistisches ist. Ich persönlich bin nicht der Meinung, aber die Leute nennen das halt so.

Aber es kann ja Literatur geben, die in der Sache und an sich sozialistisch ist.

Ja, aber die kann man eigentlich erst konstatieren. Die kann man nicht an irgendeinem Reißbrett entwerfen und dann fordern oder hoffen, dass sie dann auch geschrieben wird. Vielmehr könnte man sie erst konstatieren, wenn sie da ist. Und wenn sie nicht da ist, dann nützt es nicht, wenn wir uns wie Rumpelstilzchen anstellen und auf den Boden stampfen und sagen, wir wollen aber jetzt eine.

Das ist ganz klar. Was sind für Sie die Merkmale dafür, dass die als sozialistisch propagierte Literatur nicht sozialistisch ist?

Schauen Sie, zum Beispiel gab es eine Literatur des Feudalismus, es gab eine mittelalterliche Literatur, und dann gab es eine bürgerliche Literatur. Das haben wir gelernt, und es gibt Hunderttausende von Leuten, denen es gar keine Mühe macht, die voneinander zu unterscheiden. Das Bürgertum als siegreiche Klasse hat die bürgerliche Literatur hervorgebracht, und man kann mit einer gewissen Deutlichkeit konstatieren, dass sich hier eine neue Klasse mit neuen Formen, mit neuen Schreibweisen, mit neuen Produktionsmitteln auch in der Literatur an die Arbeit gemacht hat. Und zwar geschah das auch schon zu einer Zeit, in der das Bürgertum politisch die Macht noch gar nicht ergriffen hat, das wissen wir. Dann kam die erste sozialistische Revolution, die erste, die man als sozialistische Revolution bezeichnet, die Oktoberrevolution, und jetzt sind 55 Jahre vergangen, und wir können nachschauen. Wenn wir aber nachschauen, dann finden wir, dass der Romanheld der Romanheld geblieben ist, das lyrische Ich ist das lyrische Ich geblieben und so weiter. Wir können unser ganzes Instrumentarium anwenden, und wir müssen, ob uns das nun gefällt oder nicht, konstatieren, dass es dabei geblieben ist.

Wessen Schuld das ist, wie das zu erklären ist, das ist eine sehr schwierige Frage. Ich weiß es gar nicht, ich habe keine Antwort. Aber es hilft doch nichts, deswegen kann ich doch jetzt nicht so tun, als wäre es anders, als es ist.

Ja, und nicht nur die Inhalte und die Formen, auch die Form der Herstellung ...

…die Form der Herstellung, der Verlag, der Lektor, die Verbreitung – alles genau wie gehabt. Wenn man Erklärungen dafür sucht, kann man sie nicht in der Literatur suchen, sondern man muss sie in der Gesellschaft suchen. Es gibt Leute, die haben sich den Kopf darüber zerbrochen, die haben festgestellt, dass das mit der Warenproduktion, mit der Klassengesellschaft zusammenhängt, mit der Lohnarbeit, mit der Unterdrückung und so weiter. Ich glaube nicht, dass wir das besser erklären können als all diese Personen, die sich daran versucht haben, aber ich meine, damit muss es offenbar etwas zu tun haben. Und wahrscheinlich führt es zu dem Satz, dass das Proletariat, dass die Arbeiterklasse nicht regiert, dass sie nicht die Macht ergriffen hat, dass sie nicht zur herrschenden Klasse geworden ist, und noch viel weniger – das wäre der nächste Schritt –, dass die Klassenherrschaft, also die Diktatur einer Klasse über die andere, überhaupt aufgehoben und die Klassengesellschaft also verschwunden wäre. Denn dann könnte man sich nicht erklären, warum diese bürgerlichen Formen immer noch vorhanden sind.

Eine letzte Frage noch, jetzt einmal tatsächlich etwas über Sie. Ganz banal, vielleicht lässt sich darüber eine Aussage machen: Wie sieht ihr Arbeitstag aus? Sind Sie in Ihrem Arbeiten einer, der recherchiert, der sammelt, alles verzettelt, also ein Jean Paul'scher Arbeiter Arno Schmidt'scher Prägung oder ein Arno Schmidt'scher Arbeiter Jean Paul'scher Prägung? Gilt für Sie, was Sie im Kopf haben, setzen Sie sich dann hin und schreiben aufs leere Papier? Sind Sie Improvisateur? Oder sind Sie Ideenrealisator und arbeiten mit Zettelkästen?

Von der Methode her neige ich zur Walfischmethode.

Mund auf, auffangen?

Ja, der Walfisch hat ja dieses eigentümliche Gebiss, das wie ein Kamm aussieht, und darin Tonnen und Tonnen von Material – er hat ja ein sehr großes Maul – durchgeschleust, da bleibt immer ein bisschen etwas zwischen diesen Zähnen des Kamms hängen, und dieses Material verarbeitet er dann. Das heißt, er ist schon materialabhängig, sogar sehr. In diesem Stoffwechsel funktioniert das. Die Formalisierung ist von Projekt zu Projekt verschieden, manchmal arbeitet man tatsächlich mit Zettelkästen und Fotokopien, das wird vom Material erzwungen. Ich liebe diese Methode nicht, aber ich meine, dass man ein Maß von Pedanterie aufbringen muss. Bei Arbeiten, bei denen man wegen ihres Umfangs oder ihrer Vielgestaltigkeit, wegen der Vielstimmigkeit, die Übersicht verliert, muss man eben auch pedantisch sein. Wenn es dann ans Arbeiten geht, bin ich ein ziemlich schneller Arbeiter. Ich arbeite gern mit einem gewissen Tempo, mit einem gewissen Brio, das ist besonders wichtig, wenn man einen Dialog schreibt. Ich habe diese Erfahrung jetzt wieder mit Filmdialogen gemacht. Ich halte gar nichts davon, sie langsam auszuarbeiten, sie müssen vielmehr eigentlich idealerweise so schnell geschrieben werden, wie sie gesprochen werden. Das sind so Kleinigkeiten zur Methodik.

Arbeiten Sie viel? Oder lesen Sie viel? Da Sie sagen, Sie schreiben schnell ...

Es gibt ja auch angenehme Seiten an diesem Beruf. Eine der angenehmen Seiten ist, dass es immer sehr schwierig ist, zu bestimmen, was Arbeit und was nicht Arbeit ist. Und deswegen könnte ich auch nicht sagen ... – Arno Schmidt behauptet, er hat eine 100-Stunden-Woche. Das finde ich ein bisschen sehr pathetisch ausgedrückt. Wahrscheinlich amüsiert er sich, legt sich ins Bett und liest da seine dicken Schmöker und streicht mal was an und nennt das dann 100-Stunden-Woche. Das finde ich also etwas übertrieben. Die Schriftsteller wissen das nicht. Jeder andere weiß ganz genau, in dem Moment, in dem er in die Firma geht, ist Schluss mit dem Spaß.

Da fängt die Arbeit an.

Da fängt die Arbeit an, und die Arbeit ist das Unangenehme.

Von Stechuhr zu Stechuhr sozusagen.

... das Unangenehme schlechthin. Dagegen bei unsereinem: Manchmal macht es eben Spaß, manchmal macht es keinen, manchmal ist es entsetzlich, manchmal ist der Widerstand ungeheuer, den man überwinden muss, und manchmal eben nicht. Und gerade bei dieser Stoffwechselarbeit, die dem eigentlichen Schreiben vorausgeht, wäre ich in Verlegenheit zu sagen, ob man das ...

Wenn Sie nun aber den Roman »Der kurze Sommer der Anarchie« schreiben oder auch nicht schreiben, sondern zusammenstellen – denn er besteht ja zu großen Teilen, bis auf die einleitenden Glossen, aus Zitatmaterial –, dann arbeiten Sie mit Fotokopien, nicht? Dann setzen Sie das zusammen nach einem bestimmten System und schreiben Ihre Glossen dazu.

Das ist natürlich mehr Arbeit, als zu schreiben.

Zu recherchieren?

Diese ganze Geschichte ist vom Aufwand her ein Irrsinn. Das kann man sich nicht leisten.

Wie lange haben Sie daran gearbeitet?

Nicht kontinuierlich, aber so im Ganzen über drei Jahre.

Aber wenn Sie Gedichte schreiben, ist das ja doch etwas völlig anderes. Wie arbeiten Sie da? Es gibt doch sicher nicht den Tag, an dem Sie sagen: Also heute mache ich zwei Gedichte. Gedichte sind doch vermutlich bei Ihnen, in einem anderen Sinne, als es früher Gelegenheitsgedichte waren, Gedichte bei Gelegenheit?

Sie werden jedenfalls in die Maschine geschrieben. Es gibt dann so Trockenphasen, man lässt das trocknen. Dann versucht man, es kaputtzumachen. Das, was sich rausschmeißen lässt, was locker ist, wird rausgeworfen, was nicht fixiert worden ist, was sich nicht selbst fixiert und so ... Ach Arbeit, ich weiß nicht, ob man es Arbeit nennen kann.

Sie haben in den letzten Jahren wenige Gedichtbände publiziert. Wird bald wieder ein Gedichtband kommen mit neuen Gedichten aus den letzten Jahren?

Das mit den Gedichtbänden empfinde ich auch als einen Nachteil. Diese Publikationsform ist mir ein bisschen unangenehm. Ich meine, der Berufslyriker, der alle zwei Jahre ein schmales Bändchen vorlegt, ist ein bisschen eine peinliche Figur. Und deswegen habe ich eigentlich keine Lust, immer diese Gedichtbändchen zu machen. Vielleicht mache ich mal eine Schallplatte, man müsste sich da auch mal was überlegen. Oder ich habe mir auch überlegt, ich könnte vielleicht mal so einen kleinen Privatdruck machen und den ein paar Leuten geben.

Bedeutet das denn eine andere Einschätzung von Lyrik, als es bei publizistischen Arbeiten der Fall ist? Privatdruck-Lyrik?

Das wäre ganz nett, dann hätte man auch diese Leute vom Hals – das gibt es ja immer noch, das stirbt nicht aus, das hängt auch mit dem eingeübten Leseverhalten ... Es ist ungeheuer schwer, bei einem Gedicht zu erreichen, dass jemand fragt, ob das stimmt, was darin steht. Überhaupt, fast niemand sagt: Das ist doch Blödsinn.

»Das stimmt oder das stimmt nicht«. Dieses Urteil besagt ja auch gar nichts.

Wieso? Es wäre doch ganz prima, wenn die sagen würden: Das ist Blödsinn. Was da steht, ist überhaupt nicht so. Auch wenn es zum Beispiel nur eine emotionale Behauptung ist, es braucht noch nicht einmal eine rationale Behauptung zu sein. Da kann doch jeder sagen: Das lasse ich mir doch nicht gefallen, was ist denn das hier?

Das ist aber genauso eine lyrische Reaktion wie das Schreiben eines Gedichts für Sie.

Prima. Das ist ungeheuer schwer zu erreichen, und dieses Leseverhalten ist auch eine Komplikation. Wir haben von der Unterhaltung gesprochen. Die letzte Sache, die mir sehr großen Spaß gemacht hat ... Ich habe da Couplets gemacht und Chansons für ein Vaudeville, also für eine Bühnensache. Lyrics sagen die Engländer dazu. Das sind kräftig gereimte Sachen, die haben Refrains, da ist ein Paso Doble und so weiter, verstehen Sie? Ich meine, da entstehen die Kommunikationsschwierigkeiten nicht. Aber wenn auf der Bühne eine steht und singt oder das hinplärrt und die Leute zuhören, dann ist das ein viel normaleres Rezeptionsverhalten, als es mit den Gedichtbänden entsteht.

Aber darüber sollte man sich nicht hinwegtäuschen: Wenn Sie eine Platte machen, entsteht das genauso, und wenn Sie einen Privatband machen für ein paar Adressaten, dann ist nur die Zahl der Adressaten beschränkt.

Na, ich bestehe ja nicht darauf. Ich sage nur, das wäre auch eine Möglichkeit, so eine Art Samisdat.

Aber ich glaube, es würde nichts herausspringen. Ein Samisdat können Sie, glaube ich, insofern nicht anführen, weil Samisdat ja wirklich unter einer ganz anderen gesellschaftlichen Situation entsteht, als ein Notfall. Weil das andere nicht erreichbar ist, deswegen Samisdat. Aber Sie können ja den Adressatenkreis erreichen.

Aber da gibt es etwas Gemeinsames, denn der Samisdat unterläuft das System der Zensur.

Ja, aber was wollen Sie denn unterlaufen mit einem Privatband?

Ein Privatdruck unterläuft genauso wie ein Brief. Wenn ich jemandem einen Brief schreibe, dann unterlaufe ich damit ...

... die Öffentlichkeit als Adressaten.

... zunächst mal die Vermarktung. Ich unterlaufe den Markt, und der Markt ist das Analogon zur Zensur. Bitte missverstehen Sie mich nicht. Ich sage nicht, dass ich ein armer unterdrückter

Schriftsteller bin, der nicht darf und so weiter. Ich sage nur, es ist vollkommen denkbar, sich dem Handeln der Vermarktung eines Produkts zu entziehen, indem man den Markt unterläuft.

Aber das tut dem Markt doch überhaupt nicht weh. Während der Samisdat der Zensur ja weh tut.

Na, sicher nicht. Das tut dem Markt natürlich nicht weh. Aber vielleicht gefällt es mir. Das ist genau so, als müssten Briefe immer an die Plakatsäulen geheftet werden. Es ist doch vollkommen legitim, dass ich, wenn ich einigen Personen eine Sache mitzuteilen habe, dies unter Umgehung des Marktes tue. Ich sehe nicht ein, warum der Markt so eine derartig dominierende Größe sein soll, dass wir uns in jedem Fall und automatisch dem Markt anvertrauen. Das finde ich nicht richtig.

Dann kommt aber jetzt doch ein gewaltiger Unterschied zwischen dem Lyriker Enzensberger und dem Schriftsteller Enzensberger zum Vorschein.

Aber wieso? Ich mache doch auch viele andere Äußerungen, die ich nicht dem Markt unterbreite.

Ja, natürlich. Aber ich rede vom Schriftsteller, ich rede nicht vom Privatmann Hans Magnus Enzensberger, der sich zu verschiedenen Sachen äußert.

Der Markt ist ja nicht ignorierbar. Das heißt, wenn ich zum Beispiel ein Vaudeville mache, um zu diesem Beispiel zurückzukehren, dann mache ich das in der Absicht – ich weiß nicht, ob diese Absicht sich realisieren wird –, sehr, sehr viele Leute, so viele Leute wie überhaupt möglich, zunächst einmal zu unterhalten. Das heißt, ich kalkuliere den Markt in meine Operation ein. Er ist unvermeidlich und bewusst ein Teil dieser Sache. Ich könnte mir aber auch Äußerungen vorstellen, bei denen ich den Markt ebenso bewusst auskalkuliere.

Natürlich.

Und ich sehe nicht ein, warum wir uns solche Möglichkeiten von vornherein ausreden sollten. Das ist doch prima.

Das will ja keiner. Nur aus dieser Unterscheidung resultiert doch auch eine Unterscheidung der Absicht, die dahintersteckt. Ob Sie eben die Leute mit verschiedenen Chansons unterhalten wollen oder ob Sie mit einem Aufsatz Leute erreichen wollen, überzeugen wollen, Ihr Erkenntnisinteresse kundgeben möchten. Oder ob Sie sagen, ich schreibe diese Gedichte und gebe sie nur ein paar Freunden. Dahinter ist doch eine ganz andere Absicht.

Das ist eine andere Strategie. Das bedeutet nicht, dass die Inhalte miteinander unvereinbar wären, das ist gar nicht gesagt ...

Inhalte? Ich spreche nicht von den Inhalten. Ich rede von Absichten.

Es kann sein, dass in diesem Modell ganz ähnliche Fragen zur Diskussion gestellt werden wie in einem Brief, den ich an meine Freundin schreibe. Die Frage der Konsistenz ist eine andere Frage. Ob das inkonsistent ist oder nicht, das wäre im Einzelfall zu prüfen.

Es geht um die Frage des Rezipienten, den Sie im Auge haben ...

Ja, man hat immer einen Rezipienten.

Und wenn Sie einen Brief schreiben, dann meinen Sie das durchaus gewichtig, inhaltlich genau formuliert. Aber es kann eben doch eine private Sache sein. Sie können natürlich auch über den Inhalt eines Essays mit jemandem privat korrespondieren, aber wenn Sie einen privaten Brief schreiben, dann schreiben Sie ja nicht umsonst einen privaten Brief. Und einen Aufsatz im »Spiegel« schreiben Sie ja nicht umsonst für einen großen Rezipientenkreis. Wenn Sie jetzt aber sagen, nachdem Sie einige Gedichtbände publiziert haben, das ist gerade bei der Lyrik immer so eine Sache und Sie möchten sich damit jetzt nicht mehr dem Markt ausliefern, dann ziehen Sie doch mit Absicht Ihre Lyrik in ei-

nen relativ privaten Bereich zurück. Darauf wollte ich eben hinaus.

Das ist ja eine objektive Tatsache. Der Markt für Vaudevilles, wenn es einen Markt für Vaudevilles gibt, ist bekannt. Das ist eine konstante Größe. Das Theater des Westens ist ein wunderbares Theater, in dem nur Schwachsinn gespielt wird, aber es ist vorhanden. Es ist ein Theater mit einem großen Publikum, in dem Unterhaltung geboten wird. Das ist doch eine Tatsache. Und demgegenüber ist der Lyrikmarkt eine Fiktion, ein Pseudomarkt, ein repressiver Markt.

Wie wird das gemacht mit den Gedichten? Selbst wenn ein Gedichtband Erfolg hat, was passiert? Ich gehe zum Metzger, die Metzgerin erzählt mir von ihrer Tochter, die in der Schule so ein Ding aufgebrummt kriegt. Die Tochter hat überhaupt keine Chance, sich dagegen zu wehren, sie hat sich dieses Gedicht nicht ausgesucht. Irgendein Lehrer, sicher im besten Willen und in guter Absicht, hat es ihnen draufgeknallt, diesen armen Schulkindern. Und die kommen nach Hause und müssen sich jetzt irgendwie mit diesen Gedichten auseinandersetzen, von denen sie überhaupt nichts wissen wollten. Das ist doch ein manipulierter Markt, das ist doch eine Schweinerei. Das finde ich eine ungeheure Schweinerei – im Übrigen nicht nur gegen diese Schülerin, sondern auch gegen mich. Ich lehne es ganz und gar ab, irgendjemanden zu einer Lektüre zu zwingen. Das ist von vornherein ein Skandal, ein literaturfeindliches Verhalten par excellence.

Es mögen solche Erfahrungen mitwirken, dass dieser Pseudomarkt besonders unangenehm empfunden wird. Ein echter Markt ist immer noch besser. Einer, wo wirklich Bedürfnisse erfasst werden. Und diese Bedürfnisse, was nun Poesie betrifft, könnte ich mir so vorstellen – theoretisch, weil wir gerade so ein Gedankenspiel machen –, dass man das druckt, und wenn jemand das haben will, dann bitte.

Ja, nun habe ich aber in Lesebüchern auch sehr oft Aufsätze von Ihnen gefunden, aus den »Einzelheiten« etwa. Das wird genauso wie ein Gedicht als Lektüre verordnet, und man setzt sich damit auseinander. Ist das genauso eine Schweinerei, oder glauben Sie, die lassen mehr oder weniger sichtbare Lücken, wo sich die Schüler wegwinden können?

Die können sich da besser wehren. Gegen einen Essay kann man sich besser wehren.

Besser als gegen ein Gedicht?

Ja, sicher.

Das ist aber auch wieder eine sehr interessante Äußerung.

Dagegen kann man sich viel besser wehren, denn die Lektüre der Poesie ist eine extrem entfremdete Form der Lektüre. So wie sie gesellschaftlich tradiert ist ...

Konsequenterweise.

Genau so, wie wenn jemand ein bisschen Gitarre spielt, dann ist das normalerweise weniger entfremdet, als wenn jemand Klavierstunden bekommt. Das ist so ein ähnlicher Unterschied in der Kultur. Dieser ganzen Form des Gedichts macht es auch Schwierigkeiten, es schlägt auf sie zurück. Damit muss man rechnen, dazu muss man sich schon irgendwie verhalten. Ich finde es auch gar nicht resignativ. Ich finde es absolut gut, wenn die Leute Gedichte schreiben und sich so zeigen oder wenn sie Gitarre spielen. Warum nicht? Warum muss das denn immer alles durch diese Maschine gefüttert werden, wo dann irgendwelche Herren peinliche Dinge in irgendwelchen Zeitungen darüber äußern müssen, weil sie halt leider für zuständig gehalten werden. Diese ganze Maschine ist doch absurd, auch weil sie leerläuft. Ein Romanpapst kann immerhin die Auflagen hochziehen, vielleicht bildet er sich auch das nur ein. Aber das Vorbild kann dann wenigstens auf den Gabentischen liegen. Aber die Lyrikmaschine bringt ja auch das nicht zustande. Das ist eine vollkommen idiotische Form von Terror, weil sie nicht einmal effektiv ist. Während der Romanterror ... – die Leute lesen es vielleicht nicht, aber sie kaufen es. Insofern ist der Terror effektiv. Der Lyrikterror kann einem nur leidtun.

Wenn Lyrik auf diese Weise besser verkaufbar wäre, würden Sie dann lieber publizieren?

Wenn der Terrorismus so weit durchgesetzt wäre, meinen Sie, dass jeder obligatorisch auf den Gabentisch ein Bändchen hinlegt?

Ja, einen kleinen Enzensberger sozusagen.

Weiß ich nicht. Ich würde wahrscheinlich andere Sachen machen, wenn ich das wüsste. Wenn ich zum Beispiel die Möglichkeit hätte, vom deutschen Zündholzmonopol auf einer Zündholzschachtel eine Rückseite zu kriegen, dann würde ich es mir sehr genau überlegen, in der ähnlichen Art und Weise, wie ich mir dieses Vaudeville sehr gründlich überlege, und würde davon natürlich Gebrauch machen.

Ja.

Das ist klar. Eine sehr schöne Form der Publikation. Aber: sehr anspruchsvoll. Es müsste natürlich sehr gut sein. Sehr kurz, sehr unterhaltend.

Und sehr gut.

Und sehr gut.

GESPRÄCH
MIT MAX FRISCH

Zürich, 24. bis 27. November 1974

»Ich schreibe, um zu bestehen.«

Herr Frisch, mich interessieren Ihre Jugend, Ihr Elternhaus, Ihre frühen Lektüren, literarische Anregungen – die geistige und soziale Welt, aus der Sie kommen.

Mein Vater ist Architekt gewesen, ein Selfmademan, kein studierter Architekt, und um noch genauer zu sein: Während des Ersten Weltkrieges hatte er keine Arbeit, das heißt, dass wir sehr armselig gelebt haben; er ist dann Grundstücksmakler geworden. Vom Vaterhaus habe ich wenig Anregungen bekommen. Es war der Ehrgeiz des Vaters, beide Söhne studieren zu lassen. Der ältere Bruder hat Chemie studiert; ich durfte wählen und habe mich für das Studium der Germanistik entschieden. Die ersten geistigen Einflüsse kommen aus der Gymnasialzeit durch die Lektüre und durch frühe Theaterbesuche. Ich bin nie ein starker Leser gewesen, auch in der Jugend nicht. Sehr wichtig als erste große Lektüre war der »Don Quijote«,

In welchem Alter?

Ich war sechzehn, siebzehn, so dass ich es noch richtig als Schelmengeschichte habe lesen können. Später die Schullektüre mit Kleist, Mörike, wechselnde Lieblinge. Und sehr spät eigentlich Gottfried Keller; den »Grünen Heinrich« habe ich zum Glück erst gelesen, als er mich direkt anging, als ich überzeugt war, dass mein Leben gescheitert sei, mit fünfundzwanzig, sechsundzwanzig Jahren. Das war das große väterliche Buch, das auch einen entscheidenden Einfluss auf die eigene Produktion gehabt hat. Das Milieu, kurz gesagt, ist kleinbürgerlich gewesen. Ich bin durch die Schule in andere Kreise hineingekommen, hauptsächlich durch einen Freund, Sohn aus reichem, gebildetem Haus, der dann auch mein Mäzen geworden ist für mein zweites Studium.

Gab es damals auch schon Schreibversuche?

Ich habe sehr früh angefangen zu schreiben, als Sechzehnjähriger, Theaterstücke. Nach den ersten Besuchen im Theater, die mir einen ungeheuren Eindruck gemacht haben – ich habe nicht verstehen können, dass ein Mensch, der mehr Taschengeld hat als ich, nicht jeden Abend im Theater ist –, fing ich mit dem Schreiben von Theaterstücken an, habe die auch sofort an die großen Bühnen geschickt, also an Reinhardt usw., und habe so bis zur Maturität drei, vier Stücke geschrieben, die nicht mehr existieren. Ich bin zur Literatur ganz eindeutig nicht vom Roman oder vom Gedicht her gekommen – Gedichte habe ich versucht, das war gar nichts –, sondern durchs Theater.

Was bedeutete die Schule für Sie? War sie eher ein bedrängendes Element, oder war sie ein Stück Freiheit, in dem Sie sich ausleben konnten?

Ich glaube, es war mir schon bewusst, dass ich dadurch, dass ich in die Schule gehen kann, privilegiert bin und nicht Lehrling sein muss. Ich war kein glänzender Schüler, auch kein schlechter, und habe mich, ich will nicht sagen: durchgeschwindelt, aber es ging grad so mit einigen Angstfächern und mit anderen, die mir sehr gut gefallen haben. Ich habe keine intensive Erinnerung an diese Mittelschulzeit, also auch nicht die, dass es ein Schrecken war. Es ging halt grad so.

Und Deutsch? Was war das für ein Fach in diesem Zusammenhang?

Deutsch hat mich am meisten interessiert. Und alles, was mit Zeichnen zu tun hatte, Stereometrie, Geometrie.

Aber mathematisches Zeichnen, kein künstlerisches Zeichnen?

Nein, mathematisches Zeichnen. Künstlerisches Zeichnen auch, später habe ich das sogar etwas entwickelt, aber das blieb in einem argen Dilettantismus, so dass ich es dann ganz aufgegeben habe.

Sie haben nach der Schule mit dem Studium der Germanistik angefangen. War das von der Schule oder vom Theater bestimmt?

Dem Theater galt mein Hauptinteresse, also ging ich diesen dummen Weg: Ich wollte in die Literatur hinein – und das über die germanistische Fakultät. Ich habe aber bald gesehen, dass ich dort nichts lerne fürs Handwerk, und bin ziemlich herumgeirrt in dieser Hochschule, habe auch schon Fächer vermieden, die für mich als künftigen Schriftsteller nicht nützlich sein würden, und habe andere besucht: Ich habe forensische Psychologie belegt statt Linguistik usw.

Sie wollten damals schon Schriftsteller werden?

Ich wollte das unbedingt; das war ganz eindeutig bis zum Alter von einundzwanzig, zweiundzwanzig Jahren. Dann starb mein Vater und hinterließ Schulden, es war kein Geld da, ich bekam ein Stipendium von 800 Franken im Jahr – es war auch damals nicht möglich, lange davon zu leben –; ich musste also mit zweiundzwanzig Jahren anfangen, meinen Lebensunterhalt zu verdienen. Da lag – das sind alles diese Fehler, die man macht – am nächsten bei der Literatur der Journalismus. Wobei der Fehler darin bestand, dass ich den Journalismus nicht als Journalismus betrieben habe, sondern als schlechtere Literatur, was ja nicht Journalismus ist.

Journalismus also weniger mit der Absicht, eine Sache zu vermitteln, als sich selbst auszudrücken, sich literarisch zu artikulieren?

Genau. Feuilletonismus war das: Reisebeschreibungen, Landschaftsbeschreibungen usw. Eine recht gefällige, zum Teil sogar virtuose Schreibart.

Aber eben auch die Möglichkeit, zum Stipendium etwas dazuzuverdienen.

Ja. Ich musste das, ich konnte nicht anders leben. Die 800 Franken reichten nicht aus, Geld war nicht da, also musste ich das machen. Aber das wurde mir ziemlich bald verleidet. Als ich fünfundzwanzig war, wurde mir auch ein Redaktionsposten angeboten; nun, ich habe instinktiv entschieden: nein. Ich hatte damals auch schon zwei kleine Bücher publiziert, das erste mit zweiundzwanzig, und dann noch eines, ein sehr schlechtes, das hieß »Antwort aus der Stille«, eine sehr epigonale Geschichte. Ich kam dann zu der Einsicht, dass es mit meiner Literatur nichts ist, und habe sie radikal aufgegeben.

Wie kamen Sie zu dieser Einsicht: aus sich selbst heraus – oder durch Kritik?

Durch mich selbst. Ich bin sogar sehr verwöhnt worden: Die Bücher wurden sofort gedruckt und publiziert – in der Deutschen Verlagsanstalt –, sie hatten eine freundliche gute Presse. Ich merkte aber, dass das nicht hält – nicht vom Ökonomischen her, sondern ich spürte, dass das nicht meine Sache ist. Das eben war, was ich vorhin erwähnt habe, das Gefühl, gescheitert zu sein. Dann hatte ich das Glück, einen Freund zu haben, der sehr reich war und mir als Mäzen geholfen hat, ein zweites Studium anzufangen: die Architektur. Das war gleichzeitig für mich die Entscheidung: weg von der Literatur, weg von dem, was drohte, nämlich ein Bohemienleben. Ich habe mich dann ganz entschieden bekannt zu einer bürgerlichen Existenz, habe dann auch sehr bürgerlich geheiratet. Ich war also ein bewusster Bürger, einer, der Bürger sein will, und ich habe meinen Preis dafür gezahlt und meine Erfahrung damit gemacht. Im Rückblick bereue ich es nicht, weil ich wirklich einmal versucht habe, diese Rolle zu spielen, und sie dadurch auch etwas mehr durchschaut habe, als wenn ich sie immer nur von außen gesehen hätte.

Das kehrt in Ihrer ganzen Romanwelt wieder. – Ich möchte noch ein bisschen bei der früheren Zeit bleiben. Sie hatten diese frühe Neigung zum Theater und haben während der Schulzeit vier Stücke geschrieben, ohne dass eines aufgeführt worden wäre. Haben Sie während des Studiums der Germanistik keine Stücke mehr geschrieben?

Während des Germanistikstudiums habe ich keine Stücke mehr geschrieben.

War die Enttäuschung, dass die ersten Stücke nicht von einer Bühne angenommen wurden, zu groß?

Die Enttäuschung war zu groß. Ich fand, es sei schon zu spät: Schiller hat immerhin schon mit 18 Jahren seine »Räuber« abgeliefert, und ich war schon 21, da war nichts mehr drin für mich, nicht wahr? Das war also diese Resignation – und ich habe dann eben mit der Kleinarbeit angefangen, mit Zeitungsarbeiten usw.

Ich habe diese Theorie einmal in einer Lyrikkritik erwähnt gefunden, über einen Lyriker, der erst sehr spät angefangen hat, mittelmäßige Gedichte zu schreiben: dass das lyrische Alter ein sehr frühes sei – Hofmannsthal habe schon mit siebzehn bedeutende Gedichte geschrieben –, dass das epische Alter ein spätes sei und dass das dramatische Alter eigentlich nicht auf eine Altersstufe zu beschränken sei, Theater also immer geschrieben werden könne, ohne dass etwas über eine prinzipielle Zulänglichkeit gesagt werden könne. Wie gesagt, eine Theorie, die sich ein bisschen empirisch gibt.

Bei dieser Einteilung würde mich am meisten überzeugen, dass das Epische einer späteren Zeit zugehört, weil es einfach eine Fülle von Erfahrung oder Weltkenntnis erfordert.

Gerade Sie aber können nicht sagen, dass Ihre damalige Einschätzung Ihrer und Schillers Altersituation richtig gewesen sei – denn Sie sind ja immerhin einer der erfolgreichsten deutschsprachigen Theaterautoren des 20. Jahrhunderts.

Das ist erst sehr spät gekommen. Ich habe den Umweg über Romane gemacht, über Erzählungen und bin erst sehr viel später vom Schauspielhaus Zürich direkt und persönlich ermuntert worden, es mit dem Theater zu versuchen; die wussten nichts von meinen frühen Versuchen. Das gab mir dann den Ansporn und den Mut, es mit dieser begrabenen Hoffnung noch einmal zu versuchen; und es wurde schließlich auch alles sofort aufgeführt.

Haben Sie früher auch selbst Theater gespielt?

Ich habe nie gespielt. Ich hätte immer sehr gerne gespielt, aber ich traute mich nicht.

Sie haben zwar Germanistik studiert, um mit der Literatur in Verbindung zu bleiben, spürten aber bald, dass dieses Studium für die Ausbildung des Schriftstellerberufs nichts bringt, keine handwerklichen Erkenntnisse usw. Nun haben Sie im Tagebuch einmal notiert: »Die reine Philosophie, mit wirklicher Inbrunst befragt, offenbarte mir nur den eigenen Mangel an Denkkraft.« Vielleicht ist das auch etwas kokett ausgedrückt – ist es aber auch mehr, vielleicht eine Absage an das Theoretische überhaupt?

Ich bin heute der Meinung, dass das Theoretische nie meine Stärke gewesen ist. Ich hab's natürlich auch versucht, aber ich denke anderen Menschen dann doch sehr nach, also ich glaube nicht, dass ich eigentliche genuine theoretische Einfälle gehabt habe. Das hat sicher damit zu tun, dass mir die Germanistik als mein Feld nicht gefiel. Und auch etwas anderes: Dadurch, dass ich schreiben wollte, war ich ein schlechter Leser; in dem Sinne bin ich's auch immer geblieben; ich lese im Hinblick auf meine Arbeit, also Dinge, die mich anregen, die mich herausfordern. Es kommt auch heute noch vor – und ist alle Zeit so gewesen –, dass ich Bücher, die ich bewundere, nicht zu Ende lese, weil sie mich stören, weil ich Angst habe – vor allem als junger Mensch hatte ich diese Angst zu Recht –, dass sie mich zu stark beeinflussen, dass es mich ein oder zwei Jahre, eine längere Zeit jedenfalls kostet, bis ich wieder frei werde davon; oder dass ich Bücher, die sehr gut sind, die bewundernswert sind, nicht lesen kann, weil sie eine Position einnehmen, die ich für mich gerade überwunden habe und zu der ich nicht zurückgehen darf. Es ist also ein egoistisches Auswahlprinzip, wenn ich lese. Das eignet sich natürlich nicht für eine kritische Arbeit; denn als Kritiker oder als Verlagslektor oder als Redaktor oder als Theaterleiter muss ich doch diese Neutralität haben, dass ich ganz verschiedene Richtungen akzeptieren kann. Das konnte ich nicht.

Haben Sie das damals denn selbst gespürt, dass diese beiden – wie Sie sie selbst bezeichnen – epigonalen Bücher, die Sie publiziert haben zu Anfang der 30er Jahre, beeinflusst waren von ganz bestimmten Lektüren, von ganz bestimmten Schreibweisen?

Eigentlich doch nicht, nein, eigentlich doch nicht. Sie waren mir nur zu dünn, das Schreiben fiel mir sehr leicht, und das hat mich geängstet. Dann, als ich mit der Architektur anfing, zuerst mit einem vierjährigen Studium, habe ich mit Lesen ziemlich gestoppt – das ist, wie wenn man ein Land oder eine Person verlässt: dann möglichst keinen Kontakt, damit es keine Rückfälligkeit gibt. Ich habe in meinem Lebensablauf etwa zehn Jahre von Nichtlektüre; die fehlen mir.

Was fehlt Ihnen daran?

Kenntnisse, die ich später versucht habe nachzuholen, was ich aber nicht ganz geschafft habe.

Inhaltliche – oder auch stilistische Kenntnisse?

Inhaltliche. Die Kenntnis der Weltliteratur.

Was am Theater war für Sie eigentlich so faszinierend?

Das kann man mit einem Satz sagen: Das Theater ist etwas Erotisches im weiteren Sinn des Wortes; es ist die Körperhaftigkeit, die Sinnlichkeit von Körper und Stimme. Von heut aus gesehen denke ich, dass es in beiden Feldern, in der Architektur wie beim Theater, das Gleiche war: dieser Drang zur Verdinglichung, zur Verkörperlichung, zur Versinnlichung. Man könnte auch sagen, dass das in den erzählenden Texten vor allem der letzten Zeit wieder zum Vorschein kommt: der Drang zum Konkreten, zum Körperlichen und zum Dinglichen.

Trotz der Faszination vor dem Theater: Ihre erste Veröffentlichung, die sogar mit dem Conrad-Ferdinand-Meyer-Preis ausgezeichnet wurde, war der Roman »Jürg Reinhart«. Ich habe dieses Buch nicht auftreiben können.

Der existiert auch nicht mehr und braucht auch nicht mehr zu existieren, das ist so der übliche erste Roman, eine schwach getarnte Autobiographie, und als Autobiographie einfach nicht ehrlich genug, also von daher nicht interessant; ein Versteckspiel und eine Beschäftigung mit den ersten jugendlichen Nöten.

Wie war das dann später mit dem Schwur, nicht mehr zu schreiben? Der Schwur erfolgte ja nach »Antwort aus der Stille«.

Ja, nachdem ich schon die Bezeichnung »Schriftsteller« in meinem Pass hatte; die habe ich dann ausradieren lassen und »stud. arch.« hineinschreiben dürfen. Und ich habe mich streng daran gehalten, nicht zu schreiben, habe alles, was an Entwürfen da war, vernichtet. Und da ist natürlich dann die Frage: Wann kommt dieser Vertragsbruch. Der kam 1939, bei Kriegsausbruch, als ich an der Südgrenze der Schweiz stand und überzeugt war, dass die Schweiz diesmal in den Krieg kommt und wir sehr wenig Zeit haben werden – unter diesen Notumständen habe ich mir wieder erlaubt zu schreiben. Ich habe damals dieses kleine Buch angefangen mit dem Titel »Blätter aus dem Brotsack«, also ein Tagebuch als einfacher Soldat. Da kam ich wieder in die Literatur hinein, machte aber die Architektur weiter, ich musste noch mein Diplom machen, bekam dann eine Anstellung, war zuerst Angestellter; später hatte ich ein eigenes Office. Erst nach und nach hat das Schreiben wieder angefangen. Ein äußerlicher Grund war: Ich hatte sehr wenig zu tun, während des Krieges wurde sehr wenig gebaut, ich war nicht voll beschäftigt und fiel dann doch wieder aufs Theater zurück und aufs Romaneschreiben. Eine Zeitlang habe ich das nebeneinander betrieben, bis zu dem Punkt, wo ich feststellte, dass ich meine beiden Bauzeichner nicht aus den Architekturhonoraren, sondern aus den Theatertantiemen bezahle; das war nun das Zeichen, dass ich mir dieses Büro nicht leisten konnte. Der ernsthafte Grund ist natürlich ein anderer: Ich wurde um die vierzig Jahre alt, hatte auf beiden Feldern einen gewissen Erfolg und musste nun die Entscheidung fällen, was ich nun wirklich machen wollte; denn es bestand die Gefahr von einem, zwar erfolgreichen, Doppeldilettantismus; das war nicht eine Frage der Kraft oder der Zeit, sondern es gab dann immer die Gefahr, dass man ausweicht. Man kann es so sagen: Für einen Architekten war das, was ich literarisch lieferte, ganz großartig; das, was ich baute, war für einen Schriftsteller ganz großartig – nicht? Ich hatte Angst vor der üblen Nachrede, dass die Architekten sagen: Er soll ein guter Schriftsteller sein; und dass die Schriftsteller sagen: Er soll ein guter Architekt sein. Dann kam ich zu dieser Entscheidung, weil ich den Eindruck hatte, dass ich auf dem literarischen eigener sein würde als auf dem architektonischen Gebiet.

Bevor wir vom literarischen Gebiet reden, möchte ich auf zwei Dinge zurückkommen. Zum ersten: Warum studierten Sie Architektur?

Mein Vater war Architekt, ich war in seinem Büro und lernte da die Gerätschaften kennen. Die Reißschiene, die so wippt – das war ein verbotenes Kinderspielzeug –, das Metermaß, das man einrollen kann. Kurz und gut: Ich kannte dieses Gebiet, nicht die Architektur, aber die Werkstatt. Dann hatte ich auch zeichnerische Fähigkeiten; ich ging also den Weg der mir naheliegendsten Fähigkeiten – ich habe diesen Entschluss erst nach dem Tode meines Vaters gefasst, er wusste nichts davon. Ich habe keine andere Möglichkeit gesehen; z. B. eine kaufmännische Begabung ist nicht da, eine Lehrbegabung ist nicht da; also man schaut sich um: Was kannst du noch am ehesten? Und da war das Zeichnen. Nachher erst habe ich gemerkt, was mich tatsächlich gelockt hat. Zuerst war ich als Architekt ein kalligraphischer Zeichner, es blieb auf dem Papier, Grazie auf dem Papier, und ich musste langsam lernen: die Umsetzbarkeit in die Körperlichkeit, ins Material. Von diesem Augenblick an hat es sich für mich mehr und mehr gelohnt. Von den großen Erlebnissen dabei wären zu erwähnen der Rohbau, der Aushub, der Umgang mit den Arbeitern, das Entstehen, das sachliche, dingliche Erbauen als ungeheure Befriedigung. So bin ich sehr froh, dass ich dieses Studium gemacht habe und die Gelegenheit hatte, wirklich zu bauen. Ich habe nie drüber geschrieben – oder fast nicht. Ich habe die Architektur also nicht so betrieben, als sei sie ein Thema für Literatur. Und es ist der Vorteil auch nicht darin zu sehen, wie es manchmal vermutet wird, dass ein Architekt konstruiert – da lerne man etwas für die literarische Konstruktion; das ist eine viel zu simple Übertragung, die überhaupt nicht stimmt. Vielmehr hat mich dieser Beruf in die Lage gebracht, in der ich nicht als Betrachter in einem sozialen Gefüge bin, sondern als Tätiger: Ich habe zu tun mit Behörden, mit Arbeitern, mit Unternehmen, mit Geldgebern, und zwar nicht als einer, der aushorcht, sondern in der Funktion des Architekten.

Also ein produktives Arbeiten.

Ja. Das hätte natürlich auch ein anderer Beruf sein können, Arzt vielleicht; aber ich bin froh gewesen, dass ich einmal den Normalfall über zwölf Jahre durchexerziert habe, ein Lohnabhängiger zu sein und ein Boss zu sein und mit allen anderen zu tun zu haben und nicht das Sozialgefüge nur aus der Literatur zu kennen und nur vom grünen Tisch her zu beurteilen.

Das andere: Sie sagten, dass Sie für lange Jahre bewusst ein bürgerliches Leben geführt haben. Sie sagten, Sie kommen her aus dem kleinbürgerlichen Milieu. Wenn Sie sagen, Sie wollten ein bürgerliches Leben führen – und Sie haben dementsprechend geheiratet, und dies wurde dann eine wichtige Erfahrung für Sie, fast eine solch wichtige Erfahrung wie der Architekturberuf –, warum dies?

Als ich in diese bürgerliche Ehe einstieg – das war die Verheiratung mit einer Tochter aus dem Großbürgertum –, ging ich da hinein mit allem Goodwill, also wie ein Don Quijote; ich habe die belletristischen Wörter und Werte des Bürgertums mal für bare Münze genommen und versucht, sie zu leben.

Sie hatten keine ironische Distanz dazu?

Überhaupt nicht. Ich hatte keine ironische Distanz und wollte auch nicht beobachten; es erschien mir als eine sinnvolle Gesellschaftsform. Ich merkte natürlich mehr und mehr, dass ich der Einzige war, der das ernst nimmt und dran glaubt. Und merkte, was alles nicht stimmt, wie schal es ist, wie verlogen – also all das, was wir wissen. Aber wichtig dabei ist, dass ich als Gläubiger, sozusagen als Konvertit, dahinein kam und nachher ausgestiegen bin. Ich bin nicht ausgestiegen, weil ich es nie angenommen und nur von außen beobachtet und analysiert hätte, sondern ich bin ausgestiegen mit dem Impuls eines ziemlichen Ekels davor.

Sie haben sehr lange gebraucht, um diesen Ausstieg zu realisieren.

Überhaupt habe ich in allem sehr lange gebraucht. Das ist vielleicht etwas Alemannisches, wir sind sehr langsam, brauchen die Entwicklungen, die Sie in meiner Arbeit sehen; die sind ziemlich stetig, sie sind nie sturzartig, sie sind langsam; sie gehen voran, aber langsam.

War »Jürg Reinhart« schon eine Verarbeitung dieses Erlebnisses?

Nein, das lag vorher. Da wollte ich ein Künstler sein, ein Dichter sein – ich gebrauche diese Wörter absichtlich –, außerhalb der Gesellschaft, eine völlig romantische Art von Autorenschaft. Nach diesem Zusammenbruch ging ich in das Bürgertum hinein und löste mich da dann langsam wieder heraus. Wenn wir realistisch sind: Es ist ja auch nicht leicht, sich herauszulösen. Mal ganz einfach: Sie haben einen Beruf, Sie haben einen Auftrag von der Stadt, den Sie durchführen müssen. Sie können nicht einfach sagen: Ich habe jetzt eine Einsicht, die dem allen entgegensteht. Sie haben die Verträge; Verpflichtungen, ferner haben Sie eine Ehe – und eine erste Ehe scheidet sich nicht so leicht, jedenfalls gelang es mir nicht, mit drei Kindern –; das braucht einfach Zeit, Zeit der Unsicherheit, Zeit der Mühen, Zeit des schlechten Gewissens usw.

Haben Sie diese Erlebnisse dann bewusst literarisch verarbeitet?

Im »Stiller« ist sehr viel davon vorhanden. Sie haben recht, wenn Sie denken, dass in den Romanen viel Autobiographisches ist. Merkwürdig ist natürlich immer, dass der Leser das Autobiographische dort vermutet, wo die bare Fiktion ist und umgekehrt – also das ist ein sehr täuschender Steckbrief. Autobiographisch ist eigentlich das Klima, aber nicht die Aktionen, nicht die Personen.

Also Julika ist nicht Ihre erste Frau usw.?

Gar nicht. Aber der Konflikt zwischen Stiller und dieser Frau ist ein selbst erlebter Konflikt, der hier auf andere Figuren übertragen worden ist.

»Stiller« kam erst 1954. – 1939 brach der Zweite Weltkrieg aus, und Sie wurden Soldat, blieben es bis 1945. Da kamen 1940 die »Blätter aus dem Brotsack« als ein Tagebuch und 1943 auch der zweite Roman »J'adore ce qui me brûle oder Die Schwierigen«, in dem das Thema Ihres Schreibens – Ihres Romanschreibens –: die Suche nach Identität, die Frage der Selbstannahme usw. schon angeschlagen ist. Ist das auch schon eine Antwort auf die Erfahrung mit der bürgerlichen Welt?

Der Roman »J'adore ce qui me brûle« ist noch der Versuch, bürgerliche Welt zu lobpreisen, sie ernst zu nehmen, sie zu bejahen; der Versuch, diese Welt affirmativ darzustellen. Schon im Roman zeigt es sich dann, dass es dem Helden nicht gelingt – er erlebte es aber und bezeichnet es so, als *sein* Ungenügen und nicht als das Ungenügen der Gesellschaft; er nimmt sein Scheitern auf sich und verinnerlicht es.

Er nimmt Abschied von der Gesellschaft, verschwindet in der Anonymität, wird Gärtner.

Aber die Gesellschaft lässt er gelten. Die Unvereinbarkeit kommt zum Ausbruch in der Zeit – nun biographisch geredet –, als ich sie noch gelebt habe, ich war noch Bürger, Ehemann, Architekt und hatte Angst davor, dass ich scheitere, war noch nicht so weit, die Gesellschaft scheitern zu lassen.

Es kommt während des Krieges noch diese lyrische Prosa »Bin oder Die Reise nach Peking« – auch eine Fluchtposition, die bezogen wird.

Das ist richtig. Es ist nun überhaupt diese Zeit von 1939 – 1945. Sie haben das Militär erwähnt: Das war bei uns so, dass wir nicht dauernd unter Waffen waren, sondern das waren Ablösungsdienste, der eine hatte mehr Dienst-Tage zu leisten, der andere weniger. Ich war in einer glücklichen Situation, ich war Student zu dieser Zeit, bekam gewisse Sonderurlaube, damit ich zu Ende studieren konnte; später, als ich mein Diplom hatte, bekam ich bestimmte Sonderurlaube, um einen städtischen Auftrag so weit zu treiben, dass man nach dem Krieg bauen konnte – man dachte, man brauche das zur Arbeitsbeschaffung nach dem Krieg, dann sah es jedoch völlig anders aus. So habe ich alles in allem etwa 700 Dienst-Tage geleistet; es war also immer ein ziviles Leben, nur unterbrochen von Militärdienst. Das lässt sich natürlich mit dem Militär- oder Soldatenerlebnis eines Bürgers aus kriegsführenden Ländern nicht vergleichen. Dennoch war das ungeheuer lästig, weil es sich nämlich immer noch an der zivilen Situation hat messen müssen; man musste ja die zivile Arbeit weiterführen, wurde dann mal wieder für drei Monate unterbrochen usw. Wir waren jedenfalls nicht dauernd im Militär. – Sie kommen jetzt auf »Bin oder Die Reise nach Peking«. Zur Zeit, da es erschien, 1943, wusste ich ungefähr, was geschieht, wusste von den Handlungen auf den Kriegsschauplätzen, zum Teil auch von den Kriegsverbrechen, von den Lagern auch schon. Und nun kann man sagen: Jetzt geht dieser Mensch hin und schreibt so ein zärtlich-romantisches Gebilde. Ich kann nicht sagen, dass ich mich dessen schäme; es verwundert mich nur, und ich versteh's auch. Diese Ereignisse, von denen wir wussten und an denen wir nicht beteiligt waren, sind für mich einfach nicht darstellbar gewesen. Es ist ja auch eine Frage der Kompetenz, die sich auch später wieder gestellt hat, beim Stück

»Nun singen sie wieder«. Ich traf Leute, die aus Dachau kamen: Das waren so ungeheuerliche Berichte, die man hören konnte – nur war ich nicht der Mann, darüber zu schreiben – das ist nicht eine Talentfrage, sondern eine Kompetenzfrage. So verkroch ich mich ganz in eine Fluchtliteratur, in einen Elfenbeinturm. Man könnte dem auch entgegenhalten: Warum stellten Sie dann nicht die Situation in der Schweiz dar? Das wäre natürlich die entscheidende Frage. Die hat mich sehr beschäftigt. Ich kann nur feststellen, ich hatte nicht die Mittel dazu, ich hatte vielleicht auch nicht den Mut dazu – ich meine jetzt nicht den Mut gegen außen, sondern den Mut, dass man sich und seinem Können das zutraut, diese Dinge darzustellen –; das fing erst gegen Kriegsende an, dass ich die Welt, die mich bedrängt, darzustellen begann und die Literatur nicht mehr als Fluchtgefilde betrachtete.

Wenn Sie es auch nicht dargestellt haben: Wie sahen Sie denn die Situation der Schweiz während des Weltkrieges? Die Schweiz war ein Emigrantenland, Exilland, und – aus der Rückschau im Vergleich mit anderen Exilländern – als Exilland nicht sehr freundlich, nicht sehr angenehm, nicht ideal, jedenfalls nicht für das, scharf gesprochen, »Proletariat« der Exilierten, die Armen; und schon gar nicht für die Juden.

Ich weiß, wie ich es von heute sehe. Aber wie habe ich es damals gesehen? Das ist eine andere Frage. Aus der Rückschau habe ich im »Dienstbüchlein« darüber geschrieben – jetzt aber will ich versuchen, mich zu erinnern, wie das war. – Erstens gab es bei mir eine ganz klare Antinazi-Haltung, die aber nicht aus politischer Vorschulung kam, sondern völlig intuitiv, mit einem Ekel, den ich mir vorläufig nicht genau begründen konnte. Das hat auch zu tun mit der Biographie: Ich hatte vor dem Krieg eine jüdische Braut, eine Deutsche – wir haben dann doch nicht geheiratet, und sie ist zum Glück gerettet worden. Alles, was braun war, war mein Feind. So dass ich, früher auch etwas Pazifist, in dieser Situation überhaupt keine Bedenken hatte, als Soldat anzutreten; ich meine, ich wäre bereit gewesen zu kämpfen mit den ungeheuer ungenügenden Mitteln, die wir hatten. Und in dieser

Situation kommt zwangsläufig eine Denkverengung: Ich wollte nicht wissen, was meinen Glauben völlig aufhebt – denn kein Schweizer, kein noch so hoher Offizier hat im Ernst geglaubt, dass wir auf Dauer der Hitler-Armee hätten standhalten können; es war nur der Gedanke, den Preis so hoch wie möglich zu schrauben, bis es dazu kommt; diese Überlegung war richtig; im Nachhinein wissen wir, dass die Kampfbereitschaft nicht so geschlossen war, wie wir damals meinten, es wäre also recht schlimm ausgegangen für uns, anders schlimm, als man es ohnehin erwartet hat –; das gab also eine Verengung. Und nun die Tatsache, dass man sich prüft: Wir hatten dieses Land zu verteidigen, diese Nicht-Nazi-Gegend deutscher Sprache und anderer Sprachen – und ich vertrug eine Kritik an diesem Lande in diesem Augenblick nicht. Man steht mit dem Rücken zur Wand und ist nicht in der Situation, Selbstkritik zu betreiben. Denn die Arroganz der Macht, die uns umgeben hat mit der Achse, war so enorm, dass man dagegen nur mit einem blinden und zum Teil auch dummen Glauben antreten konnte.

Ist daraus vielleicht auch die Haltung gegenüber den Exilierten zu erklären, dass ein Land sich selbst gefährdet hätte, das so nahe an der deutschen Grenze z. B. den Exilierten erlaubt hätte, sich politisch gegen die Nazis zu betätigen? Oder steckt das Isolationistische in diesem Land?

Sie wissen, dass ich mich sehr kritisch geäußert habe über das Verhalten der Schweiz in dieser Zeit, und zwar deshalb, weil hier eine Legende entstanden ist: wie gut man es damals hier gemacht und wie brav man gerettet habe. Auf der anderen Seite muss man sich schon um ein gewisses Verständnis bemühen, was nicht ein entschuldigendes ist, aber einfach ein Verständnis. Erstens: Das Land hat damals viereinhalb Millionen Einwohner gehabt, konnte also nicht ohne weiteres eine halbe oder eine Million Menschen aufnehmen – vor allem auch, weil man darauf nicht vorbereitet gewesen ist. Das deutsche Bürgertum, auch die deutsche Arbeiterschaft waren auf Hitler auch nicht vorbereitet; das gesamte deutsche Judentum – obgleich »Mein Kampf« vorlag – ist nicht auf Hitler vorbereitet gewesen. Wieso hätten nun die Behörden oder das Volk hier vorbereitet gewesen sein sollen? Es war tatsächlich lange Zeit so, dass, wenn eine Schreckensnachricht kam, man dachte: Das ist aber nun das Maximum und das Äußerste, was passieren kann. Einen Monat später kam die nächste Stufe usw., vom Entzug der Pässe bei den Juden bis zur Gaskammer, Schritt für Schritt. Und es ist ein ungeheures Phänomen, dass man den Schrecken nicht weiterdenkt, sondern von dem momentanen Schrecken so eingedeckt ist, dass man hofft, es bleibe bei dem oder es gehe zurück, aber nicht, dass es weitergeht. Und daraus sind natürlich sehr viele Fehler entstanden. Zum anderen: Ein nicht Krieg führendes Land, eine Bevölkerung, seien es nun Schweizer, Deutsche oder was für ein Volk es sei, ist in einer schwierigen Situation; so viel Phantasie haben die Menschen im Allgemeinen nicht, dass sie sich den Schrecken einer bombardierten Stadt vorstellen können, wenn sie nicht in der Nähe sind, oder den Schrecken eines Lagers. Bilder gab es keine. Man hörte davon: Ist es wahr, ist es nicht wahr? Ja, es ist wahr. Aber nun kam wirklich ein Mangel an Phantasie; und das Schlimmere – und da setzt die politische Kritik ein –: Unser Bürgertum wie jede Bourgeoisie hat eine Tendenz zum Faschismus hin und hat zum Teil einen Trend zum Sympathisieren gehabt (»besser das als der Kommunismus« usw.). Das waren auch Motive, die die Exilpolitik bestimmt haben: Wenn Kommunisten herüberkamen, so waren es für die Schweizer Bourgeoisie eben Kommunisten, vor allem Kommunisten, und dann vielleicht auch Flüchtlinge; und mit den Juden war es dasselbe – es gibt ja den latenten Antisemitismus in der Schweiz. Sie wissen, der J-Stempel in den deutschen Pässen ist eine schweizerische Erfindung gewesen, da waren sie gezeichnet mit den Pässen –, es dauerte lange, bis die Juden als Juden in den Status der Flüchtlinge kamen, wenn ich mich richtig erinnere: erst im Jahre 1943. nachdem schon einige Hunderttausende getötet worden waren. Man muss sehen, wie es zu dieser Geschichte gekommen ist, und ein nicht entschuldigendes Verständnis dafür haben.

Parallelen dazu gibt es auch in der Bundesrepublik, z. B. wenn chilenische Flüchtlinge, die ihr nacktes Leben retten wollen, in die Bundesrepublik kommen wollen, und sie sind Kommunisten, So-

zialisten; wenn sie überhaupt nach Deutschland einreisen dürfen, werden sie mit unverhohlenem Argwohn betrachtet.

Das ist auch hier der Fall mit den chilenischen Flüchtlingen: Sie werden als Agitatoren angesehen, sie sind die politischen Gegner. – Zum Vorigen wäre noch etwas zu sagen: Selbst wenn die Behörde getan hätte, was sie hätte tun können, so ist da die Grenze gesetzt. Die Schweiz ist von der Achse umgeben gewesen; wenn sie hier 500 000 aktive Anti-Nazis gehabt hätte, so wäre ganz sicher, dass die Wehrmacht gekommen wäre und ausgeräumt hätte. Eine zweischneidige Sache. Denn das hätten sich die Deutschen nicht gefallen lassen. Drum habe ich einmal gesagt: Das Nationaldrama der Schweiz ist nicht der »Tell«, sondern »Der gute Mensch von Sezuan«: der gute Vetter, der böse Vetter – und in unserem Nationalbewusstsein wird der böse Vetter vergessen.

Das ist jetzt die Beurteilung aus der Rückschau. Damals gab es zwar Ihre Irritation während der Kriegszeit, aber es gab von Ihnen keine öffentliche Reaktion, Sie haben Ihre Irritation damals nicht öffentlich gemacht. Es gab keine literarische Umsetzung dieser geschichtlichen Irritation, sondern noch die Flucht als Ausweg. Die Geschichte irritiert Ihr Schreiben sichtbar dann erst im Tagebuch?

Ja. Das, was ich literarisch gemacht habe, habe ich auch nie als ein Heilmittel angesehen, sondern als Ausdruck einer Ohnmacht: in einem Gefangenenlager sitzen und Körbe flechten oder Blumen züchten und nichts dagegen machen können – wahrscheinlich hätte man mehr machen können, jedenfalls mehr, als ich getan habe; andere haben auch mehr getan.

Haben Sie hier Kontakt mit exilierten Schriftstellern gehabt?

Ich habe mit Emigranten Kontakt gehabt, aber erst in den letzten Jahren des Krieges, also zu der Zeit, als ich mit dem Theater zu tun hatte und selbst wieder zu schreiben begonnen hatte. Als Architekt war ich merkwürdig isoliert in einem kleinbürgerlichbürgerlichen Milieu von Arbeitern, Bauherren, Behörden. Das war sehr schweizerisch. Erst durch die eigene literarische Arbeit, durch Verlage, durch das Theater bin ich in Kontakt zu den Leuten gekommen. Mit Langhoff zum Beispiel, der aus Dachau kam, der als Erster, 1943, über Dachau ein Buch veröffentlicht hat. Von da an wusste man dann sehr viel mehr.

Das erste Stück, das von Ihnen aufgeführt wurde, war »Nun singen sie wieder«, im Jahre 1945.

Ein halbes Jahr vorher habe ich noch »Santa Cruz« geschrieben. Das waren so Zwischenarbeiten neben der Arbeit im Architekturbüro. Das Stück wurde geschrieben in fünf Wochen, als Entertainment für mich. Und das Stück »Nun singen sie wieder« – ich erinnere mich daran sehr genau – wurde im Januar 1945 geschrieben, auch in zwei, drei Wochen. Das war nun wirklich ein erster Reflex auf die Ereignisse, die uns umgaben, damals noch mit der Haltung des Erschrecktseins und des Versöhnenwollens.

»Santa Cruz« war auch noch, wenn man so will, ein Fluchtstück.

Das gehört auf die Linie von »Bin oder die Reise nach Peking«. Dann hatte es damit aber ein Ende. Dann fing das andere an. Nach dem Krieg gab es nun endlich die Möglichkeit, dass wir reisen konnten. So leicht war das nicht – meine erste Reise nach Deutschland geschah auf Einladung der US-Army, durch einen Theateroffizier –, man musste sich die Pässe beschaffen usw. Nun muss man sich vorstellen, wir waren ja sechs, sieben Jahre in diesem sehr kleinen Land gefangen; nun kam, ich war so fünfunddreißig, sechsunddreißig Jahre alt, die brennende Neugierde, die Welt zu sehen, so wie sie der Krieg zurückgelassen hat, und daraus kam dieses Reisebedürfnis – soweit ich es finanzieren konnte, was auch nicht so ohne weiteres möglich war –, dieses Bedürfnis nach einer Bestandsaufnahme der Welt. Damit hörte diese Art der Fluchtliteratur auf – es begann die Bestandsaufnahme.

In der Schweiz war, im Gegensatz zu Deutschland, während dieser ganzen Zeit, 1933 bis 1945, ein weltliterarischer Anschluss vorhanden: an die amerikanische, französische, englische Literatur. Haben Sie diesen Anschluss gesucht?

Ich habe ihn gehabt. Aber in der Rückschau beklage ich, dass ich ihn nicht mehr benutzt, nicht intensiver betrieben habe. Ich wusste gar nicht, welche enorme Chance wir dem deutschen Zeitgenossen gegenüber hatten. Das war eben meine Architekturzeit, eine nicht sehr starke Lese-Zeit. Aber natürlich stand uns diese ganze literarische Welt offen. Und das Zürcher Schauspielhaus hat die Stücke gespielt, die in Deutschland nicht möglich waren: Uraufführungen von Brecht, Wilder, Claudel, um einmal die ganze weite liberale Sparte zu nehmen.

Eine der wichtigsten literarischen Begegnungen in Ihrem Leben war zweifelsohne die Begegnung mit Bertolt Brecht nach 1945 hier in der Schweiz. Hat diese Begegnung mit Brecht bei Ihnen einen literarischen und politischen Veränderungsprozess in Gang gesetzt?

Ich habe schon ziemlich viel über Brecht geschrieben, und da ist es schwierig, spontan noch einmal zu antworten. Lassen Sie mich einen kleinen Umweg machen. Darin steckt ja auch die Frage: Welche direkten Kontakte mit zeitgenössischen Autoren sind wichtig gewesen? Und wenn wir da in der Zeitfolge vorangehen, so war vorher noch die Begegnung mit dem jungen Friedrich Dürrenmatt. Das war die erste für mich wichtige Kameradschaft mit einem produktiven Zeitgenossen; sie fing an um 1946 nach seinem ersten Stück »Es steht geschrieben«; ich hatte eine sehr große Bewunderung für ihn. Wir haben auch sehr bald festgestellt, dass wir völlig unterschiedliche Temperamente sind, von einem ganz anderen Hintergrund herkommend: er zweifellos vom Theologischen her, und ich, wenn man es so mit einer Etikette sagen will, vom Aufklärerischen her, rationalistischer, humanistischer usw. Es hat uns auch immer geärgert und zu schaffen gemacht, dass wir zusammen gesehen worden sind wie Castor und Pollux, und zwar einfach darum:

zwei Schweizer; zwei Stückeschreiber – in Deutschland gab es zu dieser Zeit fast niemanden außer Borchert, der früh gestorben ist –; wir wurden also zwangsvereint. Das hat uns aber nicht gehindert, wirklich eine Arbeitsfreundschaft aufzubauen; d. h., wir haben uns die Stücke gezeigt, wir haben sie kritisiert, mit Verständnis, ohne Verständnis. Das muss vorausgeschickt werden. – Und dann kam die Begegnung mit Brecht 1948, die sehr entscheidend war – es war in meinem Leben bis dahin der größte Schriftsteller, dem ich persönlich begegnet bin. Brecht hatte in Zürich auch Zeit; er kannte nicht viele Menschen, er war froh um jüngere Menschen; zu denen gehörte ich. Ich war zu dieser Zeit – politisch gesprochen – ein humanistischer, etwas vager Sozialist. In der Begegnung mit Brecht ist allerdings die politische Auseinandersetzung nicht so entscheidend gewesen, denn er hat dafür nicht viel Geduld gehabt, mein Lehrmeister zu sein, und ich hatte auch viel Widerstände. Der Einfluss, auch der politische, war ein indirekter, nämlich über das Arbeitsgespräch: über die Bühne, über Schauspieler, über Inszenierungen.

War denn Brecht für Sie schon damals der große Autor, bevor Sie ihn persönlich kennenlernten, oder hat er sich erst durch die persönliche Freundschaft als der große Schriftsteller herausgestellt?

Eine gute Frage. Man darf sich da nicht täuschen. Ich denke, wenn ich damals hätte eine Wertliste aufstellen müssen, hätte ich Brecht sofort genannt, hätte wahrscheinlich auch Camus genannt, hätte Giraudoux genannt – der heute für mich nicht auf derselben Bank sitzt –, das wäre damals also schon so gewesen; jedenfalls gehörte er für mich zu den Entscheidenden, aber natürlich noch nicht in diesem Klassiker-Vorrang, den er später gehabt hat. Ich kannte einiges von seinen Werken, weil sie hier uraufgeführt wurden. Wir bekamen auch während des Krieges auf Schreibmaschinenzetteln seine Gedichte – das war so ein privater Betrieb: Man bekam ein Manuskript, musste das sechsmal abschreiben und durfte dann eines behalten. Brecht war mir schon sehr vertraut. Und dann war er anderthalb Jahre hier, ich konnte ihn sehr oft besuchen. Das Großartige an ihm war natürlich, dass er an alles den großen Maßstab anlegte, den man nicht erreichte; aber seine Kritik war eine stimulierende Kritik. Das Gleiche gilt übrigens auch von der Kritik Peter Suhrkamps, den ich zu dieser Zeit kennenlernte. Ich möchte es doch erwähnen, ohne aus den Toten Popanze zu machen: Was die großen Leute auszeichnet, ist, dass ihre Kritik ansteckend ist, sie ist sehr hart, aber nicht entmutigend, und zwar einfach, weil man an Unerreichtem gemessen und also doch in diesen Rang gehoben wird, auch wenn man ihn noch nicht hat. Das verdanke ich Brecht und Peter Suhrkamp, mehr, als ich es vorher irgendeinem anderen verdankt hätte. – Die Geschichte mit Brecht ganz kurz gesagt: Er ging dann weg nach Ostberlin, wie es damals genannt wurde – ich war übrigens der Botenträger, ich brachte ihm diesen Brief von den russischen Behörden, die ihm angeboten haben, dass er dort ein Theater machen könnte; ich wusste allerdings nicht, was in diesem Brief steht. Als er dann in Berlin war, habe ich ihn hin und wieder besucht. Der Kontakt war dann natürlich sporadischer und wurde auch schwieriger. Das Gespräch hat unter dieser Kalten-Kriegs-Situation gelitten; er konnte mir auch nicht ohne weiteres sagen, was er denkt, wie er denkt; denn ich gehe ja wieder hinüber in den Westen – wie ich das darstelle, ob ich das darstelle, wusste er nicht; das war alles viel zu riskant für ihn. Die entscheidende Zeit war schon die, als er hier war, bevor er nach Berlin ging.

Sie sind nie ein Brechtschüler in dem Sinne geworden, dass Sie brechtisch schreiben, auch Ihre Stücke sind im Wesentlichen nicht brechtisch?

Gewisse Einflüsse sind sicher da, z. B. »Biedermann« steht unter seinem Einfluss, »Andorra« steht unter seinem Einfluss, rein stilistisch.

Das sind aber auch Lehrstücke.

Ja, es sind Zeigestücke, Parabelstücke. Doch, es ist schon ein starker Einfluss da.

Kommt bei Ihnen das Brecht'sche Prinzip der Verfremdung auf andere Weise wieder?

Im direkt brechtischen Sinn kommt es zweifellos vor im »Biedermann«-Stück durch den Chor, im »Andorra«-Stück durch das Vortreten der einzelnen Protagonisten, die zwar keinen Song haben, aber Statements von sich geben – da ist ganz sicher, dass ich das von Brecht übernommen habe. Sie meinen aber die Verfremdung im weiteren Sinne. Ich habe mich schon damals gefragt: Wie ist es nun mit der Verfremdung beim Epischen, und habe später auch versucht, im »Gantenbein«-Roman, auch in den Tagebüchern, die Dinge zu verfremden, damit sie nicht die Illusionswelt darstellen. Es ist eigentlich nicht so, dass das nur durch Brecht angeregt wurde, sondern das war bei mir vorhanden, bei vielen andern auch, aber Brecht war natürlich der Protagonist und auch der Theoretiker, der es verschärft hat. Man wusste mehr als vorher, was man will. – Der politische Einfluss von Brecht, das wäre sehr schwer zu beantworten – wenn Sie mir diese Frage stellen würden.

Ich hätte sie Ihnen sofort gestellt.

Das dachte ich mir, die liegt in der Luft. Ich habe durch ihn sehr viel mehr vom Marxismus verstanden, als ich vorher verstanden habe.

Hatten Sie sich denn vorher schon mit Marxismus befasst?

Ja. Bei Brecht wurde er mir plötzlich sehr viel konkreter, anschaulicher und humaner.

Damals stand Brecht noch unter dem Eindruck des Exils. Ist Brecht später nicht mehr und mehr in eine dogmatische Richtung gegangen?

Er wurde mir fremder, aber ich weiß nicht, ob er fremder war; er wurde undurchschaubar, er war natürlich in eine Situation gedrängt, wo er eine Fassade zeigen musste, die er manchmal durchbrochen hat, sehr heftig durchbrochen hat. Ich erinnere mich an einen Besuch in Weißensee in Berlin, wo er sehr zornig sein konnte. Aber er war dort natürlich ein hoher Staatsangestellter und hatte seine Obligationen, nicht zu viel zu sagen.

Sie sind doch nie in eine Brecht-Adoration verfallen – was ich als ausgesprochen positiv, wohltuend empfinde, auch innerhalb des Werks. Bei alledem, was Sie von Brecht haben, haben Sie doch stets Ihre eigene Person, Ihre eigene Persönlichkeit gewahrt.

Ich glaube, das ist aber die Tugend von dem Brecht selbst, dass man ihm – und das hat man sehr rasch gemerkt – mit Bewunderung nicht beikommt; er duldete sie nicht.

Um es krass zu sagen: Brecht-Kreaturen hat Brecht nicht gemocht.

Nein. Da spürte man sehr rasch eine gewisse Verachtung. Er war auch einmal sehr zornig; nach der Aufführung von »Antigone« fragte er mich – er wollte es ja wissen: »Nun, haben Sie es gesehen, und was sagen Sie?« Ich weiß jetzt nicht mehr genau, was ich gesagt habe, ich erinnere mich nur, dass ich einfach eine Laudatio von mir gegeben habe: wie großartig ich's fände, sowohl die Aufführung als auch das Stück usw., so Advertising-Sätze, die man für die Reklame verwenden könnte. Er war sehr sauer und sagte: »Und sonst haben Sie nichts zu sagen?« Das als Muster. Man machte sich damit lächerlich vor ihm – er forderte eben mehr.

Hat Sie das auch zu einer stärkeren eigenen Persönlichkeit gebildet?

Sicher, ja, sicher. Ich hab ganz früher mal einen Freund gehabt, das war dieser Mäzen, den ich so bewundert habe und der nur von meiner Bewunderung lebte, ich von seinem Geld; das war eine sterile Beziehung, das war für mich persönlichkeitsschädigend und für ihn wahrscheinlich auch. Bei Brecht ist das eben genau anders, dass er den anderen zwar nicht zur Persönlichkeit erzieht, ihn aber dazu macht, denn sonst scheidet man aus. Ich habe es auch später bei Brechtianern gesehen, wie er die ansah, wenn ihm die nachschwätzten – die waren alle abgeschrieben, ohne dass sie es merkten.

Sie sind nun ein – verzeihen Sie, dass ich das so sage – sehr sympathischer, ein liebenswerter, zugänglicher Mensch und Autor. Brecht war doch wohl sehr viel verschlossener?

Der erste Eindruck war garantiert der, dass er sehr verschlossen, sehr oft verschlossen war, vor allem in größerer Gesellschaft; da machte er, ich will nicht sagen: das Monument, aber den Funktionär. Unter vier Augen konnte er sehr anders sein, er konnte sehr herzlich sein, er konnte sehr spontan sein. Unsere Gespräche waren nie Intimgespräche; er wusste, dass ich verheiratet bin, dass ich Kinder habe, wusste, dass ich in Scheidung war – das alles interessierte nicht; ich wusste von seinen Sachen auch nichts. Also ich meine die Herzlichkeit und das Spontane auf einem anderen Gebiet, ich denke an Brecht auf den Proben: Da war er derjenige, der sich zuerst und am entschiedensten von den theoretischen Forderungen abgehoben hat, wenn ihm etwas nicht gefiel. Jeder, der damals mit ihm gearbeitet hat, war brechtischer als der Brecht selbst, weil er wirklich empirisch gearbeitet hat; also wenn man sich vorher überlegt hätte, das und das muss so und so sein, und nun machen wir's, und es geht nicht gut, so war er der Erste, der sagte: Dann müssen wir's anders machen. Und diese Lebendigkeit – die war das Faszinierende: das Unbornierte. Er wirkt ja, wenn man ihn nur liest, vor allem die theoretischen Schriften, borniert, kategorisch, katechismushaft. Ich habe immer den Eindruck gehabt, er brauche das, weil er sonst völlig wild spontan drauflosarbeitet; er braucht ein Gehege, er braucht ein Spalier. Nun war er ein so starker Wuchs, dass er das Spalier sprengte und überwucherte; und viele andere, die dann nur dieses Spalier haben und nicht diese Kraft, die sind dann nur borniert und langweilig usw.

Hat Brecht Humor gehabt?

Oh ja, den hat er schon gehabt, ja.

Um von Brecht wegzukommen: Wie sahen die publizistischen und literarischen Erfolge Ihrer Kontakte mit Deutschland nach dem Zweiten Weltkrieg aus? Sie sind 1946 zum ersten Male nach Deutschland gereist. Hatten Sie – bis in die frühen 50er Jahre hinein – auch Beziehungen zur jungen deutschen Literatur? Und welches Verhältnis hatten Sie dann zur Gruppe 47?

Wir mussten ja ein bisschen warten, bis die Schriftsteller nach dem Krieg publizieren konnten. Dann habe ich das gelesen, was da war, also den frühen Böll, Koeppen, Eich. Ich bin zuerst auch nicht eingeladen worden zur Gruppe 47, richtigerweise, denn das war eine Gruppe von deutschen Schriftstellern, die keine Metropole, kein Caféhaus, keinen Verlag hatten, sich also zu einer Arbeitskonferenz trafen. Dass ich da nicht eingeladen wurde, war richtig, denn ich war ein Ausländer. Später wurde ich eingeladen und habe die Einladung nicht angenommen; ich hatte nicht die Courage, hatte nicht das Gefühl, dazuzugehören. Es machte mir, und uns allen, ganz einfach einen zu großen Eindruck, dass diese Leute aus dem Krieg kamen; und man wäre sich vorgekommen wie ein Kiebitz – also es war ein Moment der Scham, nicht der Gleichgültigkeit, dass man sich da nicht eingemischt hat in die frühe Gruppe 47. Später kamen dann andere, rein private Gründe dazu, warum ich nicht hinging. Ich habe die Arbeit der Gruppe 47 verfolgt, habe Freunde dabei gehabt; aber zur Gruppe selber gehörte ich nie; und ich will betonen, dass das nicht ein Nein gegen die Gruppe war, sondern aus einer bestimmten Konstellation heraus so entstanden ist. – Kontakte mit jüngeren deutschen Schriftstellern kamen erst später, in den 50er und 60er Jahren, mit Leuten wie Grass, Johnson, Höllerer, Enzensberger, Martin Walser. Ich erinnere mich z. B. an die erste Begegnung mit Grass. Die war sehr früh, und zwar kam er als völlig unbekannter Autor zu mir und wollte etwas, ellenbogenhaft und mit einer Miene der Geringschätzung für alles andere. Das war gar nicht so leicht – ich habe im Tagebuch ein kleines Porträt über ihn geschrieben, aber zu einem richtigen Porträt gehören sehr viel mehr Ausschläge zu dem, was einem gefällt, und zu dem, was missfällt; so ist es nur die etwas kurzgefaßte Geschichte einer schwierigen Entstehung einer Freundschaft oder Kameradschaft: Wir hatten es gar nicht leicht miteinander; später ging's dann gut. Das wollte ich da eigentlich darstellen.

Sie haben über keinen anderen Schriftsteller – außer über Brecht – öffentlich so intensiv nachgedacht wie über Grass.

Ich habe auch über andere geschrieben; das ging dann aber nicht aus Gründen der persönlichen Rücksichtnahme. Wir haben hier, im deutschen Sprachgebiet, nicht diese Offenheit, wie sie etwa die Brüder Goncourt hatten: dass man einfach jeden durchnimmt. Das ist im deutschen Sprachbereich noch etwas provinziell; man ist einfach gekränkt, sehr leicht gekränkt, will nicht kränken. Ich habe auch über andere Porträts geschrieben, aber die sind in der Schublade geblieben; nicht weil die so eminent böse wären, aber sie waren etwas freier, zum Teil natürlich auch etwas spitzer.

Also ein Paul Léautaud für Deutschland ist nicht denkbar.

Ich sehe das nicht. Das ist etwas Urbanes, was wir nicht haben. Es kommt bei uns dann in die Gehässigkeit hinein, in die Häme und in die richtige Feindschaft. Ein richtig urban-kritisches öffentliches Verhältnis haben wir nicht. – Die Beziehungen zu deutschen Schriftstellern sind auf dem Gebiet des Privaten geblieben, der kollegialen Zusammenarbeit, und sie sind für mich sehr wichtig geworden.

Sie erwähnten bei Grass eine frühe starke Ellenbogentätigkeit, ein starkes Selbstbewusstsein also. Grass ist auch der Autor der Gruppe 47, der am meisten öffentliche Statur gewonnen hat in der Bundesrepublik.

Er hat es auch darauf angelegt. Das gehört zu ihm, das muss er haben, er braucht dieses Wirkungsfeld, dieses Bestätigungsfeld. Das hat sich dann natürlich verstärkt durch seine direkte politische Arbeit.

Wie beurteilen Sie die Wirkung der Schriftsteller aus der Gruppe 47 für die Entwicklung einer neuen westdeutschen Literatur?

Ich denke schon, dass eine Zeitlang – ich wäre jetzt in Verlegenheit, wenn ich Jahreszahlen nennen müsste – diese Gruppe eine stilbildende Funktion hatte; vielleicht nicht einmal schulisch, aber dass sie Maßstäbe gesetzt hat. Es war eine gute Erfindung, dass die einander kritisierten. Und wie wir wissen, ging das gut, solange es nicht eine öffentliche Veranstaltung wurde. Nachher wurde es ein literarischer Markt: Der Verleger, der Kritiker saß im Hintergrund – ich weiß das mehr von der Äußerung von Freunden wie Günter Eich, der mir sagte, da gehe er nicht mehr hin. Denn früher war es so, dass man eine Arbeit vorlesen konnte, von der man nicht sicher war: taugt sie, taugt sie nicht, was haltet ihr davon? Und dann arbeitete man weiter. Aber das kann man nicht am öffentlichen Pranger machen; dann liest jeder sowieso nur das vor, was ihm gesichert erscheint; und damit wird es eine Mustermesse, nicht ein Workshop. Damit hat es dann den Sinn verloren und die Kraft, etwas zu bewirken – es musste natürlicherweise auseinandergehen.

Die Nachkriegsliteratur kam mit Macht auf gegen Ende der 50er Jahre. Es erschienen die »Blechtrommel« von Grass, Walsers »Halbzeit«, Johnsons Romane. Sie hatten den »Stiller«, Sie hatten Stücke geschrieben, die erfolgreich waren – das waren doch wesentliche Bereicherungen auch der stilistischen Möglichkeiten innerhalb der jungen deutschsprachigen Literatur. Diese Ihre Arbeiten hatten doch sicherlich Vorläuferfunktion, waren für einige prägend. In Ihrem epischen Werk fand man doch, weil das während des Dritten Reiches in der Schweiz möglich war, Aufnahme und Verarbeitung moderner Stilformen.

Natürlich hatten wir nicht diese abgebrochene Tradition; da konnten wir eine Brücke schlagen, nicht viele, Dürrenmatt und ich und noch ein paar andere. Ich selber war sehr froh, als die deutsche Produktion einsetzte mit dieser Kraft, also mit den genannten Autoren, denn es ist gar nicht so herrlich – etwas übertrieben gesagt –, der Einzige auf einem leeren Feld zu sein; es ist viel stimulierender, wenn viele Kräfte da sind, die sich natürlich zuerst stoßen und reiben und auch gewisse Verachtungen gegeneinander haben.

Gab es das denn?

Es gab schon diesen Ton: Wir sind wieder da, wen gibt es denn eigentlich sonst noch? Eigentlich niemanden, nicht? Das war die Eroberungsgeste. Die musste auch sein, sie hat sich nachher verflüchtigt.

Hat sie sich dann später nicht auch für eine Zeitlang verfestigt? Martin Walser sprach in Bezug auf die späte Gruppe 47 einmal von einer Weltmeisterschaft in Literatur.

Doch, ja.

Haben Sie Ihre Vorläuferfunktion damals begriffen?

Überhaupt nicht.

Immerhin kamen aber doch junge deutsche Schriftsteller zu Ihnen.

Ja, Grass. Martin Walser habe ich durch den Verlag kennengelernt, ebenfalls Enzensberger. Ich hatte aber nie das Gefühl, dass die zu mir in dieser Funktion kommen, zum Glück nicht. Die haben auch ihre großen Väter gehabt, Brecht, Kafka usw. Ich würde heute im Rückblick auch sagen, dass gewisse Einflüsse dagewesen sind. Das Merkwürdige ist, dass es mir jetzt bewusst ist in einer zweiten Welle, in Bezug auf die DDR. Dass zum Beispiel der »Gantenbein«-Roman einen Einfluss auf das Schreiben dort ausgeübt hat, das wäre nachzuweisen.

Bei Christa Wolf.

Ganz sicher; nicht Plagiat, selbstverständlich, aber Einfluss, weil sich das Land lange Zeit abgeschlossen hatte, kann man jetzt dort diese Funktion spüren. Hinzu kommt, dass dort der nicht bundesdeutsche zeitgenössische deutschsprachige Schriftsteller wieder einen Sonderstatus hat. Das kann akzeptiert werden, weil es nicht von der bösen Bundesrepublik kommt; wie böse oder nicht böse die Schweiz ist, kann gleichgültig sein.

Wann hatten Sie in Deutschland jenen Erfolg, der Sie dann zu einem der meistgelesenen, meistgespielten Schriftsteller machte? Gibt es da einen belegbaren Durchbruch?

Ich habe eigentlich nie diesen frappanten Durchbruch gehabt. Langsam, wie überhaupt bei mir, war auch das. Ich hatte also nie einen Hit, einen Schlager, wie z. B. die »Blechtrommel« einer war. Der »Stiller« zum Beispiel, der dann immer weitere Kreise zog, hatte im ersten Jahr eine Auflage von 3000, im zweiten Jahr vielleicht 2000, fünfzehn Jahre später hatte er dann in einem Jahr 8000 bis 10 000. Das ist alles sehr langsam gekommen. Und dasselbe auf dem Theater. Ein solcher Hit war in München Dürrenmatts »Ehe des Herrn Mississippi« – vorher wollten die deutschen Theater gar nichts von ihm wissen, ich fand ihn großartig, und dann kam diese Aufführung in München und dann war er plötzlich *der* Mann. Bei mir lief das alles ganz anders, was mir auch angenehmer ist. Man wird weniger leicht gestürzt, wenn man nicht sofort so hoch auf den Thron gehoben wird.

Und das Tagebuch?

Das ist, ich will nicht sagen unter Ausschluss der Öffentlichkeit, aber doch sehr, sehr langsam gelaufen. Das waren Bücher, die gerade an der unteren Grenze des Verlustes für den Verleger liefen; mit guter Kritik, aber es dauerte furchtbar lange Zeit, bis diese Bücher eine Verbreitung gefunden haben.

Welches Ihrer Bücher hat die größte Auflage?

Ich glaube der »Stiller«, dann wohl der »Homo Faber« und zwei, drei Stücke: »Andorra« und »Biedermann« sicherlich; das sind Schullehrstoffe geworden.

»Biedermann« wurde erst als Hörspiel und dann als Bühnenstück geschrieben; seine Fabel steht schon im Tagebuch I. Es ist wohl das erfolgreichste Stück, weil es Eingang in die Schulen gefunden hat.

Auch auf der Bühne. Zur Arbeitsgeschichte wäre noch etwas anderes zu sagen. Die Geschichte, der Plot, die Idee steht im ersten Tagebuch als Prosaskizze. Dann gab mir der deutsche Rundfunk einen Auftrag für ein Hörspiel, und ich brauchte die 3000 DM, die angeboten waren, hatte aber keine Idee; da sagte mir der Mann vom Rundfunk: Aber schauen Sie doch in Ihren Büchern nach, vielleicht ist doch im Tagebuch etwas – er musste mich noch darauf stoßen. Dann habe ich dieses Hörspiel gemacht, es ist also schon aus einer Verlegenheit entstanden und war eine reine Auftragsarbeit, so eine richtige Geldverdien-Arbeit. Die zweite Stufe war wieder so: Ich hatte einen Roman abgeschlossen und publiziert: den »Homo Faber«, und ich halte es nicht aus, ohne zu arbeiten – da war ich schon freier Schriftsteller, ich konnte also nicht auf die Baustelle gehen –, und das Schauspielhaus Zürich sagte: Schreib ein Stück, schreib ein Stück! Ich sagte: Ich habe keines. Die sagten: Wie wäre es mit diesem Hörspiel? Also das zweite Mal, dass mich einer darauf aufmerksam machen musste. Und dann habe ich das Stück draus gemacht. Ich erzähle das nicht als Anekdote, sondern weil diese Art von Arbeit – wenn man einen eigenen Stoff bearbeitet wie einen fremden, der einen nicht mehr als Erfindung interessiert – die handwerklich viel freiere und souveränere ist. Es ist eine ideale Arbeitsmethode: Ich bin nicht mehr verstrickt in die Herrlichkeit oder Schwäche des Einfalls, sondern ich bekomme diesen Einfall, diesen Stoff wie aus der Literatur und bearbeite ihn. Und als Bearbeiter ist man dann besser, im Nachhinein.

Würden Sie das »Biedermann«-Stück wirklich für eines Ihrer besten Stücke halten?

Rein vom Handwerklichen: ja.

Ich halte es für eines Ihrer schwächsten Stücke …

Ja was!

… weil es mir zu hypertroph symbolisiert, zu äußerlich ist, weil seine Abläufe zu sichtbar sind, weil es zu wenig ambivalent, zu wenig offen, zu wenig künstlerisch ist; eher zu künstlich, zu konstruiert – ebendeshalb vielleicht handwerklich gelungen?

Das nehme ich an. Es ist kein Widerspruch zu dem, was ich sagen wollte: Es sei das Bestgelungene im Sinne der Handwerksarbeit. Es ist mir nicht das Liebste. Ich kann Ihnen auch sofort sagen, welches das Liebste ist – kein gelungenes Stück, aber das geheimnisvollste: der »Graf Öderland«.

Der von der Kritik sehr hart behandelt worden ist.

Ja. Ich bin mit dem Stück nie fertig geworden, ich habe drei Fassungen gehabt, mache keine vierte mehr, aber das ist für mich das lebendigste Stück. Aber dort war ich immer in diesem Engagement an den Stoff, an die Erfindung, an die Undurchsichtigkeit dieses Stoffes, so dass ich handwerklich nicht so souverän arbeiten konnte wie mit diesem mir schon gleichgültig gewordenen Stoff des »Biedermann«. Das meinte ich damit: das Handwerkliche, Technische.

Vielleicht ist deshalb der »Biedermann« so erfolgreich in den Schulen, weil sich daran so viel Handwerkliches zeigen lässt, weil sich daran das Technische, das Dramaturgische üben und studieren lässt.

Ja.

Vielleicht ist der »Biedermann« in meinen Augen auch deshalb ein bisschen schlecht weggekommen, weil es ein ausgesprochenes Parabelstück ist und weil Parabelstücke diese Art Vorzeigstücke sind, die Tendenzen, Lösungen, Ergebnisse anbieten, also wenig Geheimnisvolles haben. Und auch die Tatsache, dass in diesen Stücken Ergebnisse demonstriert werden, ist für Sie doch untypisch.

Sie haben die Antwort schon halb vorweggenommen. Ich habe zwei Stücke geschrieben, die man als Parabelstücke bezeichnen kann, das sind »Biedermann« und »Andorra«. Wie kommt man nun zur Parabel? Nicht nur durch Brecht, der hauptsächlich Parabelstücke geschrieben hat. Ich bin dazu gekommen, weil die Parabel eine der Möglichkeiten ist, das illusionistische Theater zu vermeiden. Es wird nicht vorgegeben, das passiere jetzt, sondern es wird ein Modell gezeigt, ein Experiment. Das hat von vornherein eine Künstlichkeit. Das war bei mir der Impuls zum Schreiben der Parabeln: weg von dem illusionistischen Theater. Nachher habe ich mit der Parabel nicht weitermachen können, weil ich entdeckt habe, dass die Parabel unweigerlich einen didaktischen Trend hat, d. h., eine Parabel lehrt etwas; dem wird auch nicht dadurch abgeholfen, wenn ich den witzigen Titel mache: ein Lehrstück ohne Lehre – das signalisiert nur meine Skepsis. Ich habe einfach festgestellt, dass ich durch die Form der Parabel mich nötigen lasse, eine Botschaft zu verabreichen, die ich eigentlich nicht habe.

Die Sie nicht haben wollen?

Ja, oder: nicht habe. Ich komme zu einem Credo aus Formzwang. Als ich das gemerkt habe, war für mich die Parabel – wie gesagt: nur für mich – unmöglich geworden. Ich stehe auch den Parabeln anderer und großer Autoren skeptisch gegenüber, weil sie dadurch, dass sie nicht in den historischen Raum gesetzt sind, auch so eine Vielanwendbarkeit haben. Das trifft z. B. auch auf Brechts »Turandot«-Stück zu, das sich geschichtlich auf die 20er Jahre bezieht, davon aber nicht spricht; und als Parabel stimmt es hinten und vorne nicht; es ist für Ostblockländer viel peinlicher als für die westlichen Länder, denn die Situation des Intellektuellen bei uns ist ungeheuer schwierig, aber auf eine andere Art: Wir müssen nicht zu einem Kongress gehen und z. B. zum Vietnamkrieg ja sagen; wir *müssen* gar nichts sagen, wir *können* etwas dagegen sagen, die Malaise fängt erst da an, wo unser Dagegen-Sagen vermutlich gar keinen Einfluss hat. Also stimmt diese Parabel für uns nicht. Sie ist aber auch nicht für die DDR geschrieben worden, sondern ist bezogen auf die 20er Jahre. Die

Parabel ist ein Wechselbalg. Ich habe das auch einmal mit dem »Biedermann«-Stück erlebt, in New York – ich habe die Aufführungen allerdings nicht gesehen: Gleichzeitig wurde es aufgeführt von einer Gruppe von schwarzen Schauspielern und von der Bildungsabteilung der New Yorker Polizei; es müssen beide in genau demselben Stück doch wohl etwas Verschiedenes gesehen haben.

Sie haben anlässlich der »Turandot«-Aufführung hier in Zürich im zweiten Tagebuch geschrieben: »Aber Zürich hat gejubelt. Das tut keine Gesellschaft, die sich entlarvt sieht. Es war schlimm, ein Theaterereignis.« Weil Brecht auf halbem Wege stehengeblieben ist? Oder ist auch die Inszenierung schlecht gewesen? Sie haben im gleichen Zusammenhang geschrieben: »Es ist eine Sache mit der Parabel.« Das schließt, wohl etwas resignierend, an das an, was Sie soeben zur Parabel gesagt haben. Waren Ihre Stücke, oder deren Inszenierungen, mehr als Theaterereignisse? Oder würden Sie – da Sie ja Didaktisches ablehnen und keine Lösungen anbieten möchten, weil Sie, wie Sie sagen, keine Lösungen haben – auch immer nur erwarten, dass Aufführungen Ihrer Stücke Theaterereignisse sind?

Das Letztere ist der Punkt. Das ist auch der Unterschied zu Brecht. Was ich geschrieben habe, ist zwar, um das Wort einmal zu benutzen, engagiertes Theater, aber es erwartet nicht, dass es eine revolutionäre Wirkung habe. Wenn das also nur ein Theaterereignis bleibt, so ist das eigentlich im Rahmen dessen, was der Autor sich hat erhoffen können. Dagegen setzt die Ironie natürlich bei Brecht ein, der ja revolutionäre Stücke geschrieben hat oder meinte, sie geschrieben zu haben; und wenn das dann eintritt, dass wir in Mailand Brecht-Stücke sehen, in herrlicher Inszenierung bei Strehler, und im Parkett sitzen lauter Nerzmäntel usw., dann ist dieses Theater völlig integriert, es ist das kulinarische Theater: Marxismus als kulinarisches Theater – dort setzt diese fürchterliche Ironie ein. Brecht ist im Westen auch viel mehr gespielt worden als im Osten. Die Bourgeoisie hat ihn, weil er Klassiker geworden ist, verdauen können. Das ist bei Brecht natürlich schlimmer, als wenn Sie ein nichtrevolutionäres, ein nur kritisches, engagiertes Stück von sich geben, und es bleibt ein Theaterereignis. Die Frage ist, ob ein Theaterstück überhaupt mehr sein kann als ein Theaterereignis. Immer dieselbe Gretchenfrage: Wie viel erwarten wir an Wirkung vom Theater. Es gibt ein paar Fälle, wo Theater Revolution ausgelöst hat.

Es braucht nicht unbedingt Revolutionen auszulösen, es kann aber zu Bewusstseinsklärungsprozessen führen, somit also durchaus verändernd wirken.

Das tut es schon, das unbedingt. Das würde ich auch von meinen Stücken zum Teil denken. Auch vom »Andorra«-Stück: Das ist für viele Zuschauer doch, wenn auch ein Anfängerkurs, aber doch ein Kurs gewesen in der Beschäftigung mit dem Phänomen Vorurteil, Massenvorurteil – das hat wohl schon ein gewisses Bewusstsein geschärft. Was nun diese Leute mit dem Bewusstsein machen – aktiv politisch in ihrem Leben –, das ist schwer abzuschätzen.

Mich hat das »Andorra«-Stück sehr beeindruckt. Gerade vielleicht weil ich aus einem Land komme, in dessen jüngster Geschichte das Vorurteil eine besonders erschreckende, grauenvolle Auswirkung gehabt hat. Und wo es nun wieder beginnt, eine schlimme Rolle zu spielen.

Ja, mit anderen Besetzungen. Dazu wäre noch etwas zu sagen: Hier waren die Leute sehr betroffen von dem Stück, die wussten nämlich, dass sie gemeint waren, und zwar hypothetisch: Wie hättet ihr euch verhalten? Das Stück ist absichtlich so gearbeitet, dass die Schwarzen, die Schlächter, die Himmler-Leute nicht in Erscheinung treten: Das ist die Maschinerie, der man jemanden ausliefert. Hier, in der Schweiz, waren die Leute sehr schockiert; sie wussten, wo Andorra liegt. In anderen Ländern wieder war es sehr verschieden. Ich habe einmal mit einem brasilianischen Regisseur gesprochen, der »Andorra« dort inszeniert hat und von der großen Wirkung sprach. Auf meine Frage, auf welches Exemplar das Stück angewendet werde – die Schwarzen, die Juden scheiden aus –, sagte er: Dort ist der Outcast der Linke. Es ist eben eine Parabel, es ist auswechselbar. Wie es in östlichen Ländern gesehen worden ist, weiß ich nicht recht. In Russland durfte es noch nicht gespielt werden; das ist leicht zu erklären: Offiziell haben sie keinen Antisemitismus – und das Stück erinnert sie dann doch daran, dass sie ihn haben. Aber um auf die Hauptfrage zurückzukommen: Es entsteht eine gewisse Bewusstseinsveränderung. Auch wenn das in Schulen gelesen wird, ohne dass man sich allzu viel davon verspricht, glaube ich doch, dass einigen Schülern etwas aufgeht, nicht nur im Zusammenhang mit der düstersten Seite der deutschen Geschichte in diesem Jahrhundert; die Schüler verstehen das auch an anderen Modellen: In der Klasse ist einer der Outcast, der Jude, der Sündenbock – dieser Mechanismus spielt immer. Dass man diesen Mechanismus einmal theatralisch möglichst durchsichtig vorführt, hat einen Zweck.

Das eben ist doch die große Leistung von »Andorra«, dass es diese Durchsicht durch den Vorurteilsmechanismus für die verschiedenen Gesellschaften leistet.

Wenn es das tut, ist es gut.

Wie stehen Sie selbst zu diesem Stück, gesehen im Kontext der anderen?

Ich bin froh. dass ich es geschrieben habe, ich bin froh, dass es sehr viel aufgeführt worden ist – ich habe nicht allzu viele Aufführungen gesehen. Es ist nicht so, dass ich es mir jetzt noch sehr gerne anschauen würde; es ist mir zu durchsichtig – es wären noch eine ganze Reihe anderer Sachen dazu zu sagen –; aber dann wäre es vielleicht nicht mehr in dem Sinne wirkungsvoll, wie wir es vorher sagten: als Anfängerkurs in der Beschäftigung mit dem Phänomen Vorurteil. Es ist mir nicht geheimnisvoll genug, für mich selber. Aber das geht einem natürlich bei allen Dingen so: Wenn Sie einen Text, ein Stück, einen Essay oder etwas anderes lesen, das Ihnen nur das erzählt, was Sie selber sattsam wissen, dann interessiert es Sie nicht mehr.

Und »Graf Öderland« ist ein Stück, das Sie sehr lieben, weil es für Sie nicht so durchsichtig ist.

Ja. Es ist nicht parabolisch, nicht ideologisiert. Und Öderland ist eine echte Erfindung einer Figur, die es vorher nicht gegeben hat; und dadurch, dass sie auf der Bühne ist, hat sie dies: Der Zuschauer meint, das sei nicht eine vom Autor erfundene Figur, sondern schon eine Figur der vorhandenen Legende. Ich bin immer wieder gefragt worden: Das ist also aus einer nordischen Legende – aus welcher? Aber: nichts nordische Legende, das ist hier erfunden worden, zu Hause. Und das ist schön: dass eine Figur diese Glaubwürdigkeit im Fabelbereich annimmt. Es gab 1972 in Paris eine gute Aufführung vom »Öderland« – das Stück ist 1951 geschrieben worden. Als es dann 1972 in Paris gespielt wurde, lag das nach den Pariser Ereignissen von 1968: dadurch wurde es verständlich. Diese Ereignisse haben sehr viel mit dem Stück zu tun, es war eine Revolte, nicht eine Revolution, es ist eine Eruption gewesen, sie hat ungeheuer viel Ähnlichkeit mit dem Stück. Der Staatsanwalt, also der Repräsentant der Ordnung, explodiert, weil die Ordnung nicht lebbar ist, nicht elastisch genug ist, ohne dass er ein anderes Programm oder einen Verbesserungsvorschlag hat; also eine Eruption, sinnlos und notwendig, und sie hat indirekt die Wirkung, dass die Gesellschaft verklagt wird mit der Aussage: In dieser Gesellschaft kann die Vitalität nur kriminell werden. Und das war 1951 / 52, als es hier in Zürich aufgeführt wurde, nicht zu sehen; sie wollten ein marxistisches Revolutionsstück darin sehen, was es nicht war und ist.

Wo halten Sie sich für erfolgreicher, wo für gelungener: auf der Bühne, also als Theaterautor, oder als Romancier? Und welche Formen bevorzugen Sie?

Sie meinen die Frage: Welche Gattung hat, nach außen hin, die größere Wirkung gehabt – eine legitime Frage. Und gleichzeitig die Frage: Wo, in welchem Gewand, fühlt man sich eigener, komfortabler, kongruenter? Dies habe ich immer wechselnd beantwortet: Nämlich nach einem Stück hatte ich das Gefühl, ich müsste das Medium, die Form wechseln, um zu mir selber zu kommen. Es hat sich dann von selbst so abgespielt, dass meist nach einem Stück eine epische Arbeit kam usw. Der Wechsel der Formen, der Wechsel zwischen Theater und Epik hat unter anderem einen sehr einfachen, natürlichen Grund: Wenn ich ein Stück geschrieben habe, so habe ich mir einen Dialog erarbeitet, der für dieses Stück, so hoffe ich, richtig ist, eine Art Readymade-Dialog, den ich so leicht nicht vergesse und loswerde; es besteht, wenn ich dann in eine neue Stückarbeit hineingehe, durchaus die Gefahr, dass ich diesen Dialog, das Spezifische dieses Dialogs, übernehme für das andere Stück und mir dadurch den Stoff verderbe. Wenn ich aber zwischenhinein in die Prosa gehe, so verliere ich diesen Dialog und habe eher die Möglichkeit, wenn ich wieder an ein Stück gehe, den Dialog zu suchen und zu finden, der für diesen Stoff richtig ist. Eine andere Differenz zwischen der epischen und theatralischen Arbeit, in Bezug auf meine Autorenschaft, ist natürlich, dass, wie die Kritik auch mit Recht festgestellt hat, die epischen Arbeiten bei mir stärker autobiographisch sind als die dramatischen, weil die Bühne die Ich-Position weniger zulässt – sie lässt sie sogar auch zu, mehr als ich gedacht habe. Ich brauchte also gegenüber dem Gefälle des Romans zum Autobiographischen hin, und nicht nur zum Autobiographischen hin, sondern zu den Problemen der zwischenmenschlichen Beziehungen, eine andere Form, die das nicht so zentral setzt, sondern die mich nötigt, mich mit den öffentlichen Problemen zu befassen. Dieses Wechselbad war, glaube ich, gut und richtig; dabei muss ich gestehen, dass, als ich's machte, ich das nicht bewusst gemacht habe, sondern einem Bedürfnis nachgebend.

Und die Wirkung?

Es ist schwer zu sagen. Ein Stück, das Erfolg hat, ist momentan natürlich stärker vorhanden als ein Buch, und es ist auch ein großer Reiz – einer der Reize, der mich immer zum Theater geführt hat –, dass die Aufführung eine öffentliche Angelegenheit ist, eine Konfrontation mit der Kundschaft. Das ist beim Roman nicht der Fall; den lesen viele Leute nebeneinander, sie sind aber nicht miteinander, sie beeinflussen sich nicht so direkt wie im

Theater an einem Theaterabend. Diese Herausforderung, jetzt also in die Arena zu treten und sich vor dem Publikum zu produzieren und die Reaktion des Publikums aufzunehmen, das ist die Verlockung zum Theater gewesen. Dann, in dem Augenblick hat man das Gefühl, dass das Theater die größere Wirkung habe. Schaut man sich's aber genauer an, so ist das zeitlich sehr beschränkt, auf zwei oder drei Winter mit einem Stück – gut, später werden sie wieder mal aufgeführt, aber das Stück ist nicht oder kaum vorhanden, wenn es nicht auf den Bühnen ist –; das Buch, die Erzählung, bleibt dort herumliegen, und sie wirkt über zehn, fünfzehn Jahre immer wieder nach, d. h., sie ist präsent. Das sind andere Arten der Wirkung – ich wüsste nicht, welche nun die größere gewesen ist.

In der Schule, das haben wir gesagt, wirkt aber gerade »Biedermann und die Brandstifter« sehr lange, eigentlich dauernd, weil es als Modellstück immer wieder erarbeitet wird.

Aber eben als gelesenes Stück und nicht als theatralische Aufführung. Und ich habe Stücke immer mit dem ganz festen Wunsch geschrieben, dass sie aufgeführt werden, also nicht als Lesestücke.

Welche Position hat dazwischen das Tagebuch? Ich habe den Eindruck, das Tagebuch sei etwas Uneigentlicheres von Ihnen als Ihre Romane, das Tagebuch sei mehr Fiktion und weniger Autobiographie als die Romane.

Da kann ich Ihnen einfach sagen, wie ich dazu gekommen bin. Das hat mit der Biographie zu tun, mit der Zeit, die wir schon besprochen haben, jener Zeit, als ich Architekt gewesen bin, also den ganzen Tag voll beschäftigt, dann aber doch mehr und mehr das Bedürfnis hatte zu schreiben. Ich hatte schlicht und einfach nicht die Zeit für eine große Form; so entstand das Tagebuch 1946 – 1949. Ein Sonntagsschreiber, wenn Sie so wollen. Ich hatte Stoffe, hatte Ideen, die ich aber nur in Skizzenform niederschreiben konnte; das Tagebuch war also zuerst eine Notform für mich. Nachher habe ich aber festgestellt, dass es eine – und ich widerspreche Ihnen da – sehr eigentliche Form für mich ist, und habe sie dann später auch wiederaufgenommen, als ich freier Schriftsteller war, als Professional. Die Zeit ist keine Ausrede mehr, und ich könnte genauso gut an einem langen Roman sitzen wie sechs Jahre an einem Tagebuch. Es muss also noch andere Gründe gehabt haben, warum mir das Tagebuch entspricht, und ich meine, einer davon ist mir bewusst geworden: Das Tagebuch zeigt die permanente Konfrontation erstens von Fiktion und Faktum – Sie erinnern sich, im ersten wie im zweiten Tagebuch kommen fiktionale Erzählungen vor, die stehen aber in einem nicht leicht zu durchschauenden Kontext mit den geschichtlichen Ereignissen des Tages –; und der andere Kontrapunkt ist das persönliche Leben: Ich bin hier, ich bin in New York, ich bin in Moskau usw., also die Person Frisch, und ich schreibe da und dort dies und das, d. h., indem ich die Subjektivität des Standortes mit einbeziehe, wird das, was ich zu melden habe, objektiver, indem es sich nicht objektiv und absolut gibt. Ich glaube, das Tagebuch ist – ich will nicht sagen: ein Ausweg, weil das negativ klingt, aber – eine Antwortform auf die allgemeine Skepsis, die wir hatten und noch haben, vielleicht weniger, als wir sie früher hatten, gegen die fiktionale Erzählung, gegen die Illusionserzählung. Und das Tagebuch war nun eine Möglichkeit, die Fiktion stehen zu lassen, aber sie abzusichern durch den Widerspruch Realität / Faktum und Fiktion. Es ist darum nicht mehr nur eine Form, die sich aus den Arbeitsbedingungen ergibt, sondern sie entspricht mir sehr. Ich möchte aber nicht immer Tagebuch schreiben; ich habe dieses zweite Tagebuch schon vor vier Jahren veröffentlicht und habe seitdem für mich nur private Tagebücher geführt, kein Tagebuch als Kunstform. Ich habe auch zwischen dem ersten und dem zweiten Tagebuch, zwei Jahrzehnte also, kein Tagebuch veröffentlicht, aus Angst, dass es für mich dann eine Formroutine wird; also musste ich abbrechen, und ich habe auch jetzt wieder abgebrochen.

Aber das erste Tagebuch, so könnte man mutmaßen, war doch nicht primär für die Veröffentlichung geschrieben – dem zweiten Tagebuch merkt man viel mehr an, dass es für die Veröffentlichung geschrieben ist.

Das erste war genauso als Tagebuch für die Veröffentlichung geschrieben. Ich habe damals auch ein privates Tagebuch geführt, nicht zur Veröffentlichung bestimmt. Aber alles, was in diesem ersten Tagebuch steht, ist für die Veröffentlichung geschrieben worden. Die Tagebücher eins und zwei geben nie vor, nicht mit dem Leser zu rechnen; es ist eine Form wie der Briefroman usw.

Wenn Sie sagen, dass das Tagebuch den objektiven Charakter des Faktums in die Fiktion hebe oder die Objektivität, die vorgegeben wird, durch die Form ironisiert und in Frage stellt, dann könnte man daraus, indem man auf die beiden anderen Gattungen Theater und Roman schließt, folgern, dass Sie die Bühne für das fiktionale Geschehen vorsehen, weil die Bühne das fiktionale Geschehen als solches immer durchsichtig macht und sofort offen zeigt, dass hier etwas gespielt wird, während der Roman bei Ihnen gesättigt ist mit Autobiographie, gemischt natürlich mit Fiktionalem, aber so, wie Sie einmal gesagt haben: dass das für ein Faktum Gehaltene meist das Fiktive ist und umgekehrt. Kann man vor dem Hintergrund dieser Erkenntnis sagen, dass »Stiller«, »Homo Faber« und »Gantenbein« Ihre Autobiographie mehr enthalten als sogar das Tagebuch?

Da ist etwas Richtiges dran. Wenn ich als Tagebuch-Ich auftrete, so tarne ich mich mehr, als wenn ich in der Er-Form auftrete, also im Roman. Das Ich ist paradoxerweise eine schamhaftere Form als das Er. Und auch das, was Sie sagen, hat eine Richtigkeit: Beim Theater ist es von vornherein klar, das ist ein Spiel. Bei den Romanen müssen wir unterscheiden; ein Roman wie »Stiller« bleibt weitgehend in der Tradition des Illusionsromans, er behauptet, dies und das sei geschehen, und der Leser wird eingeladen oder verführt, während des Lesens zu glauben: Das geschieht, das ist nicht geschehen, das hat er gesagt usw. Der bisher letzte Roman, der »Gantenbein«, löst das natürlich vollkommen auf, der treibt ein reines Spiel mit der Fiktion, indem er eigentlich nur eine Ausgangsposition bietet, die sehr einfach ist: Ein Mann sitzt allein in einer Wohnung, vermisst jemanden, eine Frau, was ist geschehen? Es wird nicht erzählt, was geschehen wird, sondern es werden nur Möglichkeiten fingiert. Im »Gantenbein« geschieht das, was Brecht im »Organon« die Verfremdung nennt: Das Spiel wird als Spiel gezeigt, und es wird als veränderbar gezeigt, als auswechselbar dargestellt. Dort ist nun genauso viel Spielcharakter wie in einem Theaterstück.

Es sind Versuche gemacht worden, »Gantenbein« als Ihre Erfahrungsseite Ihres Lebens mit Ingeborg Bachmann zu interpretieren, so wie »Malina« Ingeborg Bachmanns Erfahrung ihres Zusammenlebens mit Ihnen sei. Ist das so haltbar?

Ich glaube, dazu habe ich mich nicht zu äußern. Es ist ganz offensichtlich, dass der »Malina«-Roman geschrieben worden ist nach der Zeit, die wir, hauptsächlich in Rom, zusammengelebt haben, und auch der »Gantenbein« ist nach dieser Zeit geschrieben. Sicher ist auch, dass diese Begegnung, dieses Scheitern der Begegnung, beide zentral beschäftigt hat – also ohne die beiden Bücher zu kennen, könnte man die legitime Vermutung haben, dass hier zwei Äußerungen zu einer Geschichte, die ja nie eine Geschichte ist, es ist die Geschichte zweier Menschen, dastehen.

Prinzipiell zum Romanwerk: Dort ist das zentrale Thema die Suche nach der Identität der Figuren, also nach der Identität des Menschen. Welche Auffassung von Welt – um nicht das Wort Weltbild zu benutzen – steht hinter dieser Suche? Woher bezieht sie ihr Motiv? Kommt sie nur aus persönlichen Erfahrungen, oder hängt sie im Großen zusammen mit Erfahrungen, die sich auch bei Joyce, Faulkner niedergeschlagen haben: eine ins Naturwissenschaftlich-Philosophische ausgreifende Auffassung von der Atomisierung der Welt, der Auflösung der Welt im Makro- und Mikrokosmos? Und ist diese Suche nach einer Identität die Suche nach einer heilen Welt – ohne dass ich mit dem Wort heile Welt dieses trivialisierte Weltbild des schönen Scheins meine?

Ich glaube, am genauesten kann ich Ihnen darauf antworten, indem ich nicht versuche, theoretisch darauf zu antworten, sondern biographisch, geschichtlich. Als ich das Wort »Identität« hörte, angewendet auf meine Arbeit, war ich wahrscheinlich der letzte, der dieses Wort dabei gedacht hat. Es klingt anekdotisch, aber es ist so gewesen, dass ich bei der Niederschrift von »Stiller« das Wort »Identität« nie gedacht habe, zum Glück. Das heißt, ich bin ausgegangen von einer subjektiven Erfahrung der Bedrängnis, die ich versucht habe darzustellen in dieser Geschichte wie in anderen Geschichten, eine Qual, ein Ungenügen, wir sagten es zu Anfang des Gesprächs einmal: zuerst ein Ungenügen an sich, das dann erst später reflektiert wurde auch als ein Ungenügen der Gesellschaft, also eine Kritik der Gesellschaft. Überhaupt muss man sagen: Die Fragen, die Sie stellen, sind ohne Zweifel richtig, aber sie kommen für mich aus einer Richtung, wo ich nicht herkomme; ich komme nämlich nicht von der Literatur, sondern von der Eigenerfahrung her und würde, wenn man das Wort nicht missbrauchen will, mich zu der Gattung der Notwehrschriftsteller rechnen. Das heißt, ich schreibe, um zu bestehen; ich schreibe, um mir klarzuwerden; ich schreibe, um mich auszudrücken – das tönt alles sehr egozentrisch und ist es wahrscheinlich auch, und auch ich habe es lange nicht zugeben wollen und habe mir dann sozusagen eine didaktische Seite zugelegt, die nicht gelogen ist, die aber, wie ich jetzt meine, sekundär ist. Ich habe nicht geschrieben, um die Welt zu belehren, aufzuklären, was eine schöne und gute Aufgabe ist – habe ich zum Teil auch getan, aber das war nicht der zentrale Impuls –, sondern der zentrale Impuls ist der ganz simple, einfache, naive: der Spieltrieb, und die Notwehr: also die Gespenster zu bannen an der Wand.

Die Frage kommt nicht aus der Absicht zu erforschen: Welches Weltbild haben Sie, und welchem Weltbild schreiben Sie jetzt den Roman nach, wie ist die Theorie, nach der Sie Ihre Stücke schreiben – das wäre natürlich absurd. Immerhin zielen die Fragen aber doch aus einer interpretatorischen Richtung und wollen herausbekommen, ob sich bei Ihnen inzwischen so etwas wie eine Theorie oder Poetologie der eigenen Romane ergeben hat – was möglicherweise aber, wenn es der Fall ist, bereits die Vernichtung künftiger Romane bedeuten könnte.

Ich scheue mich vor diesen Theorien, ich habe sie mir hin und wieder gemacht und habe sie wegwerfen müssen, weil sie mich blockieren für die weitere Arbeit. Ich brauche einen gewissen Blindflug, wenn ich arbeite; sonst erfülle ich ein Programm. Und ich bin nicht sicher, ob das besser ist. Ich entdecke mehr, wenn ich versuche, von der empirischen Erfahrung auszugehen, möglichst präzis und möglichst durchsichtig die Sache darzustellen, ohne einen Programmpunkt, ohne ein Soll, einen Zweck, den ich erreichen muss.

Das ist doch das Normalste für einen Schriftsteller.

Ja eben. Sie kennen die Fragen, die man einem an vielen Universitäten stellt. Die Leute meinen: Der Mann, der da schreibt, nimmt sich etwas vor und erfüllt es. Sie meinen auch, er hätte die Wahl seines Themas, er könne das oder jenes; wie bedingt er ist durch seine ganze Konstitution und durch seine Geschichte in der Wahl seines Themas, ist den meisten nicht klar. Warum kommt er immer wieder auf das gleiche Thema – sieht er das denn nicht? Natürlich sieht er es – er hat aber nur dieses, weil ihn ebendieses am meisten brennt. Das wissen alle, die selber irgendetwas machen: dass wir diese große Wahl gar nicht haben – wir haben wohl die Wahl der Mittel, aber die Wahl der Themen haben wir kaum.

Ein alter Germanistenspruch, obgleich gerade die Germanisten selten danach verfahren, ist jener, dass als Kommentar zu einem Werk der Selbstkommentar eines Autors am verdächtigsten ist. Das ist von der anderen Seite her dasselbe, was Sie sagen. Und natürlich ist es immer problematisch, in einem solchen Gespräch interpretierend über die Romane, über ihre innere Struktur, über ihr inneres Leben zu reden.

Man könnte Handwerkliches besprechen. Dann müssten wir aber zusammensitzen und anhand eines Textes längere Zeit arbeiten; dann kann man sagen: Warum ist das so gemacht, warum ist das nicht anders gemacht worden? Dann kann man sehr sauber darüber reden. Die Selbstinterpretation – der Autor über sich selbst – ist eine interessante Sache, immer eine gefährliche; sie hat nur einen Sinn, wenn man sie im Gegensatz zum Werk sieht und nicht als Rechtfertigung des Werks. Ich habe allerdings die Erfahrung gemacht, dass bei Studenten, Schülern, Lesern die Tendenz besteht, der Selbstinterpretation des Autors mehr zu glauben als seinem Werk. Das heißt, ich könnte etwas furchtbar Unsinniges behaupten, dem das Werk widerspricht, und sie würden sagen: Aber Sie haben doch gesagt ...

Ich will es dennoch tun und beharrlich mit ein paar Fragen auf das Werk gehen.

Ja, tun Sie es nur, natürlich.

Jürg Reinhart in den »Schwierigen« begreift noch nicht die Gesellschaft als infiziert, sondern er erkennt sich als Infizierten und zieht sich vor der Gesellschaft zurück, die er unangetastet lässt. Er resigniert, kapituliert, gibt auf. Stiller revoltiert gegen die Gesellschaft, und der Autor Frisch stellt im »Stiller« diese Gesellschaft in Frage, nicht nur seine handelnde Figur. Damit geht doch die Erkenntnis einher, dass es eine Ungleichgewichtigkeit zwischen Individuum und Gesellschaft gibt. Steht dahinter nicht Ihr ständiger Versuch, mit dem Schreiben diese fehlende Gleichgewichtigkeit wiederherzustellen? Wobei Sie genau wissen, dass sie nicht wiederherstellbar ist. Und Sie glauben an eine objektive Wahrheit, die inhaltlich nicht gefasst ist, also eher die Idee, die Möglichkeit einer objektiven Wahrheit ist; das Bild von einer objektiven Wahrheit. Doch dieses Bild möchten Sie nicht zeichnen, weil jedes Bild, das Sie zeichnen würden, eine Tendenz haben würde, einen, vielleicht sogar glaubwürdigen, Inhalt haben könnte, der aber nicht identisch sein kann mit dieser objektiven Wahrheit; und weil jedes Bild eher verfestigt als Entwicklung zulässt. Ist das ungefähr die Gedankenstruktur, die Erlebensstruktur, die Ihren Romanen zugrunde liegt?

Das liegt jedenfalls in der Richtung, ja, das ist die Gegend, in der sich die Sache bewegt. Es ist auch so, dass offenbar diese Figuren wie auch der Autor ein merkwürdiges Heimatbedürfnis haben. Es ist auch kein Zufall, dass ich jetzt vor kurzem über den Begriff »Heimat« geredet habe, einen zur Zeit abgewerteten, weil ungeheuer missbrauchten Begriff. Es ist also das Bedürfnis nach Zugehörigkeit. Und wenn Sie nun meine Biographie anschauen: ein Herumfahren, zwar immer mit Zentrum Schweiz, was sich geschichtlich ergeben hat, aber nie ganz fest an einen Ort gebunden. Auf der anderen Seite eben dieses Bedürfnis, dazuzugehören – es muss nicht eine nationale Gesellschaft sein. Das ist ein Konflikt, den ich nur als Konflikt, ohne Lösung, darstelle, und ich sehe auch nicht eine mögliche Lösung. Ich meine natürlich nicht, dass der Mensch sich vollendet, der Stiller, indem er keine Rolle spielt, indem er er selbst ist ohne Bezug auf die anderen. Indem er aber ist in Bezug auf die anderen, entsteht ein Bild, das er sich von den anderen macht, das die anderen sich von ihm machen; dieses Bild muss nicht bösartig sein, aber es hat die Tendenz zu verfestigen und Leben abzutöten und muss daher immer wieder gesprengt werden. Also ich sehe es als etwas, das immer wieder gebaut wird, um zu behausen und immer wieder zum Kerker wird und gesprengt werden muss. Das ist ein Dauervorgang vom Leben des Einzelnen in der Gesellschaft. Hinter dem Ganzen steht natürlich – ich komme auf Ihre vorige Frage zurück – ganz sicher das, was ich von der Erziehung mitbekommen habe; das ist ein Bedürfnis, ein Glaube, ein sehr bürgerlicher, sehr europäischer Glaube, an das Individuum, an die Person. Es ist also nicht so, dass ich die Erfüllung darin sehen kann, ausschließlich eine Nummer in einem Kollektiv zu sein, sondern ich meine schon, dass es neben dem Recht der Gesellschaft das Recht auf das Leben des Ich gibt.

Und wenn Sie ein Ich mit einem Bild bekleben – um es mal so auszudrücken –, nehmen Sie ihm die Freiheit. Das ist doch eine grundsätzliche Abweisung von Ideologie als einer bestimmenden, festlegenden Weltanschauung – wobei ich selbstverständlich einschließe, dass unser aller Verhalten irgendwie ideologisch bestimmt ist. Aber ich meine jene von außen kommende Ideologie, die alles Verhalten reglementiert und dem Individuum, ohne ihm seine Hingabe an die Gesellschaft entsprechend zu entgelten, jeden Weg vorschreibt: also den Zwang unter ein Bildnis von Gesellschaft und Individuum.

Ja. Ich habe damals diesen Satz gebraucht, der ein Leitwort geworden ist für die Interpreten: Du sollst dir kein Bildnis machen –, also dieses abgekürzte Bibelzitat, das weitergeht: nicht nur von Gott, sondern auch von den Menschen, von allen. Das ist ein zentraler Gedanke geblieben. Er ist allerdings nur die eine Hälfte der Wahrheit, denn wir können ja auch nicht leben, ohne uns Bildnisse zu machen. Das als einfache Einleitung zu dem, was Sie von der Ideologie sagen. Wir kommen ohne Ideologie nicht aus, aber die Ideologie hat die Tendenz, sich zu verfestigen, zu versteinern, unwirklich zu werden, sich von der Wirklichkeit abzulösen. Die Ideologie muss also auch immer wieder gesprengt werden. Und schon das, was ich jetzt sage, ist wiederum eine Ideologie – es ist also ein Teufelskreis. Man kann nicht einfach sagen: Lasst einfach all diese Ideologien, die bürgerliche, die marxistische, und dann sind wir freie Leut – so geht es natürlich nicht. Aber je stärker eine Ideologie von ihrem Sinngehalt, von ihrem utopischen Wert her ist, oder auch je stärker in ihrer Verfestigung in gesellschaftlichen, wirtschaftlichen Mächten, um so nötiger ist es, dass sie torpediert, beklopft, getestet wird. Und dort kommen wir nun wirklich zu der Frage: Was ist die Aufgabe der Literatur? Neben dem schon Erwähnten, dem Sich-selbst-Ausdrücken, Sich-selbst-in-dieser-Welt-Retten durch Darstellen, liegt die Aufgabe der Literatur – der Dichtung, wie man's früher nannte, das Wort kommt vielleicht wieder – darin, Ideologie zu verunsichern, indem sie immer wieder versucht, die sich verändernde Realität ins Bild zu bringen, zur Darstellung zu bringen; und da zeigt sich dann die Diskrepanz zwischen dem Vokabular der Ideologie und der mit ihr verbundenen Realität. Daher ist Literatur – wenn es Literatur ist, wenn sie diesen Namen verdient, und auch noch die argloseste – immer ein subversives Unternehmen. Und was heißt subversiv? Ein therapeutisches Unternehmen.

Ich möchte noch einmal auf den Satz und Widerspruch kommen: Du sollst dir kein Bildnis machen – andererseits kann man ohne Bilder nicht leben; also das Sich-offen-Halten, dennoch aber die Sehnsucht nach dem Bildnis, die im Menschen angelegt ist. Wenn in »Don Juan oder Die Liebe zur Geometrie« Don Juan die Geo-

metrie liebt, so liebt er doch wohl die vorhin angesprochene Idee der objektiven Wahrheit. Die Geometrie ist ein ganz objektives, axiomatisches, völlig logisch existierendes, ein in sich wahres, stimmiges System; aber eben doch eher eine Formel für die Wahrheit als die Wahrheit selbst, denn die Geometrie hat keine Inhalte: Man kann mit ihrer Hilfe Kreißsäle und Mordmaschinen konstruieren. Sie haben, wenn ich in diesem Zusammenhang auf Ihre Biographie zurückkommen darf, in Ihrer ersten Bindung in einer bürgerlichen Ehe lange gebraucht, um sich aus diesem Zwang zu befreien. Taucht da in Ihrer Biographie erstmals dieser Doppelcharakter von Bindung und Lösung, Offenheit und Dazugehören-Wollen als Erlebnis auf? Und ist als Ergebnis aus dieser Erfahrung Ihr Beharren auf der Offenheit möglicherweise eine dauernde Flucht vor Verbindungen, aus denen sich zu lösen Sie selbst vielleicht keine Kraft mehr haben?

Das möchte ich jetzt nicht biographisch beantworten, also nicht in Beziehung auf meine eigene Lebensgeschichte mit Ehe und Nicht-Ehe. Ich stelle nur fest, dass bei mir persönlich eine große Furcht ist vor der Gewöhnung, der Gewöhnung als Routine, als Pseudo-Sicherheit und als Bequemlichkeit, also als ein Leben lähmendes Element. Das sind eigentlich die Gründe, warum Bindungen schwer werden: weil alle Bindungen, seien es berufliche, eheliche oder soziale, zu solchen Mustern, Routinemustern führen, unter denen das Leben langsam erstickt. Das ist eigentlich am deutlichsten dargestellt in dem schon erwähnten Stück von Graf Öderland, der einfach in eine völlige Atemnot kommt in einer völlig geordneten Gesellschaft; dort rebelliert und explodiert er, und die Anklage gegen die Struktur dieser Gesellschaft ist so – das wurde weithin nicht erkannt –: Es wird von dieser Gesellschaft gesagt, dass sich Vitalität darin nur kriminell äußern kann – wir müssen also eine Gesellschaft suchen oder immer wieder herstellen, in der Vitalität soziabel wird, das ist das Fernziel, immer wieder; das gab es schon, ist wieder verlorengegangen, geht wieder verloren usw.

Es muss dann natürlicherweise eine dauernde Flucht vor der Verfestigung geben.

Aber nennen wir es mal nicht Flucht, weil Flucht nicht anders zu hören ist als negativ. Mit Flucht verbindet sich Feigheit, Mangel an Kraft usw. Für diese Bewegung ein anderes Beispiel: Man weiß von den indianischen Völkern, Mayas, Azteken, Zapoteken, die sich niedergelassen haben, z. B. die Mayas, und ihre Kultstätten, Tempel errichtet haben; und nach einiger Zeit, ohne dass die Stätten durch Krieg unmöglich geworden sind, ohne dass das Land unfruchtbar geworden wäre, haben sie sie verlassen, auf priesterliches Gebot, also Gottes Gebot hin, und sind in den Dschungel gezogen, an irgendeinen anderen Ort, keine Völkerwanderung, nur 100 Meilen weiter, und haben von neuem angefangen. Nehmen wir also statt des Wortes Flucht das positive Wort Regeneration. Wie es dort auch andere gab, die alle fünfzig Jahre, also alle anderthalb Generationen, sämtliches Geschirr zerstören mussten, um es sämtlich neu herzustellen, und alle Feuer löschten, um das neue Feuer wieder von der Tempelstatt zu holen. Das ist das Positive, das man nicht als Flucht bezeichnen würde; es ist eine Zerstörung um des Wiederaufbaus willen – Regeneration. Und wenn wir auch noch goethisch kommen wollen, dann mit dem Zitat: »Gestaltung, Umgestaltung – des ewigen Sinnes ewige Unterhaltung«. Dann sind wir also nicht mehr bei der negativen Flucht, sondern beim Regenerativen, Kreativen.

Und wenn man's theoretisch fassen wollte, könnte man vom ständigen Revisionismus reden.

Ja.

Ihre Romane sind von der historischen Situation, in der Sie selbst lebten, als Sie sie schrieben, meist nicht offensichtlich berührt – also Geschichte erscheint nicht ganz unmittelbar. Warum diese Fast-Geschichtslosigkeit – hat das Existentielle dort parabolischen Charakter?

Bevor ich Ihnen, wiederum mich selbst interpretierend, etwas dazu sage, müssen wir doch überlegen, ob diese Behauptung überhaupt stimmt. Nehmen wir den »Stiller«; der ist zeitlich ziemlich bestimmt, örtlich bestimmt: Das ist die Schweiz nach dem Krieg, die bürgerliche Schweiz, etwa zur Zeit des Kalten Krieges, was ein zentrales Thema wird – der Roman spielt also nicht ortlos in einem Irgendwann und Irgendwo; aber selbstverständlich ist diese geschichtliche Situation nicht das zentrale Thema dieses Romans. Beim »Homo Faber« ist es auch geschichtlich und örtlich fixierbar – es ist der vermeintliche Technikertyp aus einer Zeit, in der das Wort »American way of life« ganz positiv und gläubig ausgesprochen worden ist; und heute ist der »American dream« vorbei. Es ist also nicht ganz so, dass man diese Romane nicht zeitlich und geschichtlich bestimmen könnte. Aber etwas ist dran an dem, was Sie sagen, und dazu gäbe es im Nachhinein vielleicht interpretatorisch die Erklärung: Die Schweiz, eben die neutrale Schweiz – was immer das auch heißt, jedenfalls ein komplexes Problem – war nicht in die Ereignisse verwickelt, und die aus der Ferne darzustellen, ist sehr problematisch, nicht illegitim, aber eben problematisch.

Denken Sie jetzt an den Nationalsozialismus?

Ja, zum Beispiel – so dass ich eigentlich in einem Raum schrieb, lebte, der etwas im Windschatten der Zeitgeschichte lag, obzwar er dazugehört. Und ich bin als Erzähler ungeheuer auf die Erfahrungswelt angewiesen, das heißt eben nicht nur auf meine Geschichte; aber ich weiß, wie hier ein Straßenbahnschaffner spricht, wie der ungefähr lebt; ich weiß das für Deutschland schon etwas weniger, für England gar nicht; und auch wenn ich diese Dinge erzähle, so brauche ich doch die Abstützung auf gesicherte Erfahrung. Oder ich gehe dann in die Fiktion hinein, also in eine phantastische Geschichte oder in ein Kostümstück wie »Don Juan« – dann brauche ich das alles nicht. Also ich bin durch meine Geschichte, meine Erfahrung gebunden an diese Umgebung, die im Windschatten der Weltereignisse gelegen hat. Das ist also nicht gewählt, sondern das ist eine Zwangsfolge der Situation.

Aber es hat vielleicht gerade dadurch die Chance, nicht nur in der reinen Geschichtlichkeit verfangen zu bleiben, sondern eben Pa-

rabolisches, grundsätzlich Existentielles anzunehmen und einen größeren Abstraktionsgrad von Geschichte zu erreichen und dadurch einen sehr viel umfassenderen Verweisungscharakter des Literarischen zu erhalten.

Es entgeht natürlich der Gefahr, dass es die aktuelle Geschichte mitschleppt, die nachher eine verstaubte Geschichte ist und nicht aus der Distanz gesehen werden kann. Wenn man heute zum Beispiel einen Roman lesen würde aus dem Nachkriegsdeutschland, einen Heimkehrerroman – also aus einer sehr schwierigen, wichtigen Zeit –, der seine Sache aktuell erzählte: Auf dem liegt jetzt zwar Geschichtlichkeit, aber Geschichtlichkeit als etwas Verstaubtes, weil das zwar eine wichtige Geschichte war, die aber nicht aus der Distanz, sondern aus der aktuellen Situation heraus gesehen wird. Und dem entgeht man – und das ist eine glückliche Seite dieser Situation – in einer Position, die ich notgedrungen hatte, etwas mehr.

Sie haben sich – seit den 60er Jahren – zunehmend politisch engagiert. Hier in Zürich gelten Sie als extremer Linker, man redet jedenfalls so davon, weil Sie dem Schweizer Bundesrat hin und wieder ein paar Wahrheiten sagen. Sie wohnen aber nicht nur in Zürich, sondern auch im Tessin, Sie fahren immer wieder nach London, New York, haben auch eine feste Wohnung in Berlin, seit einigen Jahren, und haben also die politische Entwicklung der endsechziger Jahre in der Welt und vielleicht besonders in Berlin intensiv miterlebt, auch gerade im Gespräch mit Schriftstellern, die daran beteiligt waren: Walser, Enzensberger, Grass. Was hat Sie damals eigentlich bewogen, auch – oder gerade – nach Berlin zu gehen?

Darf ich einen Umweg machen? Um Ihrer Frage ein biographisches Fundament zu geben, zuerst einmal die Antwort auf die Frage: Was hat mich politisiert? Es ist nicht leicht, das genau zu sagen. Ich erinnere mich zum Beispiel an etwas: Ich habe mich als Architekt für Städtebau interessiert, für die Planung von Städten, und wenn man das etwas studiert, kommt man natürlich ins politische Gebiet hinein, d. h., mich hat die Möglichkeit interessiert, Städte zu bauen, die wir gebrauchen können, und ich habe erkannt, warum das nicht geht: Das ist vor allem das Bodenrecht, eine ganz konkrete Angelegenheit. Ich habe dann Gelegenheit gehabt, in verschiedenen Ländern herumzufahren und meine Vorträge zu halten über Städtebau, und all die Leute, die da an der Städteplanung arbeiteten, hatten nur immer die eine Frage: Können Sie das denn machen, solange wir dieses Bodenrecht haben, das Bodeneigentum und die Möglichkeit der Spekulation mit Boden? Jeder hat gewusst, dass er das nicht machen kann, also es ist eine rein platonische Arbeit für die Schubladen und für die Schränke. So war dann der Punkt erreicht, das entweder als Traum weiterzumachen – das wollte ich nicht – oder sich zu politisieren und zu versuchen, das zu ändern. Und ich habe gehofft, dass man da etwas ändern könnte: nicht etwa, dass es überhaupt kein Eigentum mehr geben sollte, sondern kein Eigentum mehr an Grund und Boden. Wir müssen das jetzt nicht als Thema weiter ausführen, aber so fing es an, und dann hat das eine das andere ergeben, und ich habe den Weg gewählt, dass ich die politische Engagiertheit nicht nur oder nicht in erster Linie in die Literatur hineingenommen habe, sondern dass ich das als Staatsbürger aktiv, mit und ohne Partei, gemacht habe, so dass ich dann nicht der Verpflichtung erlag, in jedem Buch seine politische Relevanz, seine politische Engagiertheit nachzuweisen. So habe ich mich dann erst mit der Welt im Großen und Ganzen beschäftigt und mit der Örtlichkeit Schweiz. Hier habe ich sehr wenig ausrichten können, ich könnte keinen politischen Direkterfolg verzeichnen, und um nun über die Welt politisch zu denken, musste ich sie kennenlernen; daher diese Wohnortwechsel. Mit Berlin war das nun ganz merkwürdig. Ich habe Berlin kurz kennengelernt im Jahre 1936; ich erinnere mich da an die »Stürmer«-Kästen, an die Aufmärsche mit »Juda verrecke«, dann war ich dort 1947 / 48 zur Zeit der Luftbrücke – es hat mich zum ersten Mal ungeheuer erschreckt, beim zweiten Mal brennend interessiert. Ich kam dann nach Berlin, als es mich eigentlich gar nicht mehr sonderlich interessierte – das sind diese Absurditäten: Wir suchten in Zürich eine bestimmte Wohnung, nicht großartig, nicht feudal, aber groß, mit hohen Zimmern, leer und einfach, und die fanden wir dann nicht in Zürich, sondern in Berlin, und so gingen wir der Wohnung halber nach Berlin – so passieren doch diese Dinge! Wir fanden dann auch die Gründe, nach Berlin zu gehen: erstens die erwähnten Kollegen, zu denen ich dann näheren Kontakt habe, und wenn ich schon in Berlin bin, bin ich natürlich auch mehr in der DDR als vorher, habe dort Kontakte aufgenommen; und das ist ein großes, neues Feld, ich musste sehr viel lernen, was ich vorher nicht wusste oder doch nur vom Papier her. Es ist wieder so, dass es ein äußerer Zufall ist, der mich dahin gebracht hat; nun könnte man sagen: dass ich Berlin gewählt habe, war eine Intuition, ich wählte in einer Tendenz, die mir noch nicht bewusst war.

Seit wann leben Sie in Berlin?

Seit drei Jahren, meist über den Winter, vier, fünf Monate im Jahr.

Sind die deutschen Zustände der zweiten Hälfte der 6oer Jahre: Studentenrevolte, Außerparlamentarische Opposition und deren radikalisierende Elemente in die Schweiz gedrungen – haben sie den politischen, den literarischen Menschen Max Frisch erreicht? Und wie?

Mich haben sie sehr erreicht, aber natürlich auch Paris, dann später die andersartigen Bewegungen in Amerika. Ich war weder in Berlin noch in Paris dabei, kam immer etwas zu spät, und als es hier losging, in der Schweiz – hier hat die Jugend etwas nachgezogen –, war ich in Moskau und hatte von dorther natürlich nichts zu sagen. Hier hat die Jugend die Erfahrung gemacht, dass sie den politischen Partner und Gegner stark unterschätzt hat; die Bourgeoisie hat hier nämlich sofort zurückgeschlagen und hat sofort alles, selbst im liberalen Sinne sehr vernünftige Forderungen, also Hochschulgesetz usw., gestoppt; hier ist das alles schlechter als das Hornberger Schießen ausgegangen. Es hat hier eine starke Verfestigung nicht nur der konservativen, sondern auch der restaurativen Kräfte hervorgebracht. Trotzdem hat sich einiges verändert, was man vielleicht im Augenblick unterschätzt; man fragt sich ja auch in Deutschland, was denn von der Opposition der Jahre 1968 / 69 geblieben ist. Hat sich alles verflüchtigt, sind alle einfach in sichere Stellungen abgegangen? Mein Eindruck, wenn Sie den wissen wollen, ist der, dass alles natürlich etwas Pueriles hatte, dass die vollständige Veränderung der Gesellschaft morgen, allerspätestens übermorgen stattfinde – also das Gegenteil vom Langen Marsch –, und das musste natürlich zu schweren Enttäuschungen führen und zu einem politischen Kater; trotzdem hat sich doch – wenn Sie die Universitäten nehmen, Schulen – sehr viel niedergeschlagen, was man als Fortschritt bezeichnen kann; es ist allerdings nicht so viel, wie man sich im Sturm erhofft hatte. In Amerika, habe ich den Eindruck, ist fast nichts übriggeblieben von diesen Bewegungen und Märschen auf Washington; es wurde nichts erreicht; der Vietnamkrieg ging weiter, die Korruption kam zum Vorschein, so dass dort eigentlich – soweit ich es sehe – nur ein großer Kater da ist.

Aber kam in Amerika die Korruption nicht auch gerade deshalb zum Vorschein, weil die Sensibilisierung für politische Moralität durch diese Bewegungen geschärft wurde?

Das wäre eine hoffnungsvolle Auslegung. Ich glaub's eigentlich nicht; denn die Leute, die diese Korruption herausgebracht haben, kommen eigentlich mehr vom konservativen puritanischen Flügel her, also sagen wir: das gute Amerika, das noch auf Treu und Glauben hält. Und diese sehr große Bewegung, die im Vergleich zu der deutschen ganz anders war: sehr viel weniger theoretisch, hippiehafter, fröhlicher, hat nichts hinterlassen. Sie hat revolutionärer ausgesehen, weil unserer Meinung nach eine Revolution fröhlich sein muss, auch wenn sie nachher nicht immer lustig, sondern hart ist und nicht mit einer solchen Verbiestertheit schon gestartet wird wie in Deutschland – das war doch ungeheuer verbiestert, natürlich sofort auch sehr sektiererisch, wiedertäuferhaft, bis ins Absurde hineingehend. All diese Dinge haben mich sehr beschäftigt und sicherlich auch beeinflusst, was nicht heißt, dass ich alles als neue Lehre und Heilslehre aufgenommen habe, aber es hat bestimmt mein Bewusstsein verändert, geöffnet und auch kritische Kräfte gegen diese Leute entwickelt, die keineswegs reaktionär gerichtet sind.

Wie würden Sie denn heute – ganz platt gefragt – Ihr politisches Credo bestimmen? Ist es auf schweizerische Weise getönt? Ist es weltbürgerlich, wobei die Betonung durchaus auf dem Wort »bürgerlich« liegt?

Es ist jedenfalls über die Schweiz hinaus gedacht. Denn die Schweiz ist nicht nur recht klein, was sie ja immer war; sie ist in der letzten Zeit geschichtlich wenig aktiv, es wird von der Schweiz nicht etwas ausgehen. Es gibt sehr viel gute Köpfe hier, oder sie kommen von hier und sind ausgewandert – es gibt also keinen Mangel an brain, an Hirn, aber die geschichtliche Situation ist nicht so, dass von der Schweiz etwas ausgehen könnte. Also ist das Interesse an der Schweiz reduziert auch für uns. Die Veränderungen, die Verbesserungen, oder sagen wir mal, um das Wort Veränderung nicht zu strapazieren, das Abfangen von Katastrophen – mal negativ gesagt – muss anderswoher kommen, also richtet sich die Interessiertheit schon auf die ganze Welt, und zuerst einmal auf Europa, das wir besser kennen: Europa in dieser Welt zwischen den Blöcken. Und wenn ich gefragt werde, dann gebe ich halt dieses Etikettenwort, was schon etwas heißt, also: Sozialist, man könnte ergänzen: in der Richtung des demokratischen Sozialismus. Wie weit nun die Sozialdemokratische Partei hier das zu vertreten vermag, ist eine andere Frage, aber das ist die Position.

Wie ist denn die Sozialdemokratische Partei in der Schweiz, gemessen an der Bundesrepublik?

Sie ist verschüchterter. Willy Brandt, der doch eine Zeitlang einen Glanz hatte, hat auf die Leute hier nicht ermutigend gewirkt; sie hatten nicht das Gefühl, ihre Stunde sei gekommen. Es ist hier natürlich auch eine Partei, die durch so viele Niederlagen hindurchgegangen ist, dass sie wenig Flügel hat, begreiflicherweise; also den Leuten, die dreißig, vierzig, fünfzig Jahre dabei sind, Optimismus einzuflößen, ist ein großes Kunststück.

Sie haben im »Dienstbüchlein« Ihre Militärzeit kritisch reflektiert und haben in »Wilhelm Tell für die Schule« eine – ich will es in Ihrem Sinne einmal in Anführungszeichen sagen – »demokratisch-freiheitliche« Legende der Schweiz zu zerstören versucht. Das hat Ihnen in der Schweiz viel Kritik eingetragen. Wie würden Sie denn die Schweizer Demokratie – im Vergleich zu anderen westlichen europäischen Demokratien – sehen? Ist die Stabilität dieser Demokratie oder dieses Staates, dieser Gesellschaft, nicht die andere Seite derselben Münze, deren eine Seite Verhärtung und permanente Restauration heißen kann?

Der bekannte Unterschied der Schweizer Demokratie zur deutschen ist der, dass die Schweizer Demokratie eine direkte Demokratie ist; der Staat ist durchweg föderalistisch organisiert; anders wäre dieses Land mit seinen verschiedenen Sprachgruppen und Konfessionen nicht möglich gewesen, wenn nicht eine große Souveränität der Gemeinden und Kantone da wäre – und das ist nun eine Einrichtung, die Mitte des letzten Jahrhunderts begründet und durchgeführt worden ist und für diese Zeit gut, vielleicht sogar großartig war, die aber mit der Entwicklung der technischen Welt, in der wir leben, also mit der Vermassung – ein Wort, das ich hasse –, mit der Internationalisierung nicht mithält; und sie wird mehr und mehr ein Instrument, ein Vehikel, das sich in dieser Zeit heute nicht mehr bewegen lässt, so dass ich nicht mehr daran glauben kann, dass die Demokratie, die hier so enorm gut funktioniert, mehr ist als eine Formaldemokratie, mehr als ein gekonntes, mit Liebe mehr als mit Eifer und mit großem, etwas unkontrolliertem Selbstbewusstsein gepflegtes Spiel, eine Inszenierung demokratischer Routinen. Wenn es dann an die Probleme herangeht, dann sehen wir natürlich, dass wir mit der Demokratie genauso viel Mühe haben wie jedes andere Volk. – Was nun die Texte betrifft, die Sie erwähnt haben: Der »Wilhelm Tell« ist für mich eigentlich eine vergnügliche Arbeit gewesen ...

Das merkt man.

Ich ging sogar von einem rein literarischen Anreiz aus: Ich beschäftigte mich mit dem Problem des Präteritums, mit der Glaubwürdigkeit, der Fiktionalkraft des Präteritums, und – jetzt mal ganz einfach vom Literarischen her: Es ist lustig, die Geschichte eines Ritters zu erzählen, der an den Vierwaldstätter See kommt, und ich erzähle das im Präteritum, und das hat eine große Glaubwürdigkeit, auch wenn ich ein Detail sage: »Er hat harte Eier gegessen« oder »Hat nicht gegessen«, »Er hatte Kopfweh«, »Er fühlte sich unwohl« usw. – so nimmt das eben diese Glaubwürdigkeit des naiven erzählenden Präteritums an; und dazu diese Fußnoten, so dass man gar nicht weiß, ob der Mann überhaupt existiert hat, wie er existiert hat, wann er existiert hat usw. Also dieser Widerspruch hat mich rein literarisch interessiert. Dann natürlich hat mich mehr und mehr eine polemische Seite daran gereizt: Diese Wilhelm-Tell-Legende – das ist nicht meine Entdeckung – ist eine Import-Sage, Tell ist also eigentlich ein Gastarbeiter-Held ...

... aus dem Skandinavischen.

Ja, und das macht ja nichts, das wäre eher eine ungeheuer europäische Attitüde, dass man seinen Nationalhelden bei anderen Völkern ausborgt, aber es ist ein grundfalscher Mythos auf die Eidgenossenschaft. Auch Schiller hat große Mühe gehabt; eidgenössisch meint im Grunde eine kollektive Sache, und er, der Wilhelm Tell, ist ein Einzelgänger, also ein Kaderfeind und ein ganz gefährlicher Mann; denn wenn er mit seinem persönlichen Groll und seinem persönlichen Attentat zur falschen Zeit kommt, kann er die ganze gute Bewegung kaputtmachen. Es ist also eine falsche Sage für dieses Land, das selber sehr viel schönere Sagen hat, die sich nun aber nicht so gut eignen für ein Standbild. Das hat merkwürdig viel Verbitterung ausgelöst, aber auch Vergnügen. Ich wollte einfach den Missbrauch dieses Mythos für die Schule – drum heißt es auch »Wilhelm Tell für die Schule« – ein bisschen angehen, gar nicht bitterbös – aber die Reaktion darauf war dann zum Teil bitterbös, aber nicht so, dass ich unter Verfolgung leide. – Das zweite, das »Dienstbüchlein«, kam einfach dadurch zustande, dass ich etwas gelesen habe über diese Zeit, über den Weltkrieg und über die Hinrichtung von Landesverrätern hier, und zwar waren das immer nur die kleinen Leute, und es gab andere, große; und dies hat bei mir nicht den Willen ausgelöst, ein Buch darüber zu schreiben, sondern mich mal zu erinnern, wie das damals geschmeckt hat, diese Zeit, also eine Übung im Erinnern; und es ist dann ein kleines Buch geworden, worin ich mich auch selbst einmal testen wollte, auf welchem Bewusstseinsstand ich damals war. Das Buch ist für mich, den Autor, durchaus nicht schmeichelhaft; es ist nicht so, dass der Autor dasteht: Das alles habe ich damals schon gewusst! – sondern ich erzähle eigentlich, wie unwissend, wo man hätte wissen können, ich mich durch diese Zeit bewegt habe und wie unaktiv mit dem Wissen, das ich hatte – es ist ein Selbstgericht, das hört niemand, denn es ist nur zu meiner Schmach; aber was sie natürlich hören und was sie ärgert, ist, dass ich nicht an die Legenden und an die Geschichtsfälschungen glaube, die im Nachhinein dazu gemacht worden sind. Das Buch erzählt nicht *ein* Faktum, das nicht in offiziellen Geschichtsschreibungen vorhanden ist; nur sind wir so, dass wir die Geschichte nicht kritisch sehen wollen. Wir sind daran gewöhnt, dass die Deutschen das tun, haben tun müssen, was man die Bewältigung nennt; wir denken, dass die Russen dasselbe tun sollten, selbstverständlich, und dass sie es ebenso selbstverständlich nicht tun; und wir tun es nicht, mit der Selbstlüge, es sei nicht nötig – und das ist schon ärgerlich.

In einem solchen Lande ist natürlich die öffentliche und dadurch immer auch paradigmatische, andere mittreffende Selbstkritik schwierig. In Deutschland, so besteht jedenfalls die Ansicht, und ich glaube, das hat auch manches für sich, gerät Selbstkritik sehr häufig zur Selbstzerfleischung, gerät also in eine ganz radikale Position. Aber das »Dienstbüchlein« und auch der »Wilhelm Tell für die Schule« sind doch sehr überlegte und dadurch überlegene selbstkritische Durchgänge, die nichts zerreißen, sondern konstruktiv sind.

Und sehr gelassen auch. Das ist kein Wutschrei, der Autor kommt auch nicht mit Schaum vorm Mund daher usw. Das alles nicht.

Trotzdem: Es wirkt hier in der Schweiz anders. Wie?

Sie sind hier sehr wenig gewöhnt an Selbstkritik, sehr wenig. Das könnte man zum Teil auch damit erklären, dass die Schweiz ein sehr kleines Land ist. Und ein kleines Land hat Mühe mit dem Selbstverständnis, man hat Angst vor Minderwertigkeitsgefühlen, man ist sehr bedrängt, war sehr bedrängt in der Hitlerzeit, aber auch heute vor der Welt. Und nun meine ich eben – ich bin ja nicht gegen dieses Land –, damit dieses Selbstgefühl nicht zu bedrängt sei: Schaut euch doch selber an und werft weg, was euch nicht gefällt, oder gebt's zu, und kommt aus diesem Angstzustand heraus! Was der geschichtlichen Selbstkritik im Wege steht: Hier ist nicht so etwas Grässliches geschehen wie anderswo, also kann man ausweichen. Ein Mann, den ich sehr angreife, der Mann, der die fremdenpolizeilichen Dinge damals geregelt hat, ist selbstverständlich, verglichen mit Himmler, fast nicht der Rede wert – nun ist es aber unser Mann. Ich habe das öffentlich schon ein paarmal sagen müssen: Nehmen wir an, ich habe meine Mutter ermordet, und da drüben der Nachbar hat achtzig Menschen ermordet – also jetzt kommt mir nicht mit meiner Mutter! Aber es ist mein Fall. Und das Ausweichen da, wo die Proportionen zur Ausrede werden, das ist das Schlimme.

Nun sind diese Proportionen in Deutschland so groß, dass sie fast schon unfassbar sind. – Eine ganz persönliche Frage: Tucholsky hat 1928 in seinem schönen und berühmten Vorwort zu einem ironisch gemeinten Band »Deutschland über alles« gesagt: Wir Linken, die wir dieses System der Weimarer Republik, nicht die Demokratie, sondern das, was daraus gemacht wurde, heftig kritisieren, wir lieben unsere Heimat Deutschland, und wir lassen uns diese Liebe von den Rechten nicht kaputtmachen. Sie sind zweifelsohne auch so etwas wie ein Weltbürger – aber: Lieben Sie die Schweiz, sind Sie in diesem Sinne Schweizer?

Ich sehe, dass ich der Schweiz enorm zugehörig bin. Das lässt sich nachweisen. Es sind – nun wieder vom Literarischen her – Arbeiten erschienen, die meine Beziehung zur Mundart nachweisen. Nun könnte ich mir eine Schriftsprache anlernen, so dass man das nicht mehr spürt, ich habe das auch getan; ich will es aber nicht mehr, ich habe diese Herkunft, ich brauche sie; also ich bin der Schweiz sehr zugehörig. Es gibt auch Leute, die das sehen und sagen: Das ist eine Form des Patriotismus, wenn wir das Wort mal ernst nehmen. Ich sehe das auch an der Wirkung der beiden jetzt erwähnten Bücher in der Bundesrepublik; ich war sehr neugierig, wie die Presse darauf reagiert, ob mit Schadenfreude, ob mit Herablassung oder mit dem, was wir als deutsche Arroganz bezeichnen. Das war nicht der Fall, sondern sie haben es mit Achtung aufgenommen, nicht zuungunsten des Landes: Ich habe also nicht die berühmte Nestbeschmutzung gemacht, sondern ich sei für die Schweiz viel eher ein kleiner Aktivposten, nicht das Gegenteil.

Aber ich meine jetzt Ihr Selbstgefühl.

Mein Selbstgefühl? Hat sich auch sehr geändert. Es gab eine Zeit, wo ich mich sehr betont als Schweizer gesehen habe, und mit der Einschätzung der möglichen Wichtigkeit des Landes in der Welt nimmt das selbstverständlich auch ab. Europäer sein, das ist so ein verschwommenes Wort, ich meine aber doch etwas damit. Ich fühle mich natürlich in Italien zu Hause, in Frankreich, in Deutschland sehr, anders als Mexiko – also das meine ich mit europäisch: Wenn man sagt, wir müssten es miteinander können, die Verständnismöglichkeiten sind da. Insofern fühle ich mich nicht mehr so zentral schweizerisch, aber ich bringe meine Erfahrung mit, ich bringe die Bedingtheit mit, die man durch die Geschichte einfach hat.

Sie schreiben einmal im Tagebuch: »Belletristik. Wenn es möglich ist, dass Leute, deren gesellschaftlicher Gegner man ist, sich unumwunden als Verehrer vorstellen.« Sind Sie in diesem Sinne auch ein Belletrist?

Dieser Satz ist natürlich der Ausdruck eines kleinen Schreckens. Ich würde mich nicht als Belletristen bezeichnen. Wenn das aber, was hier erwähnt wird, möglich ist, dass z. B. ein ziemlich rechts stehender Bürger auf mich zukommt und mich beglückwünscht und mir sagt, wie gern er das und das gelesen hat, so muss doch etwas an meiner Literatur, die ich anders meine, seltsam sein – das kann also nur noch mit dem schrecklichen Etikett »Belletristik« belegt werden; das meint der Satz.

Haben Sie das denn schon erfahren?

Das habe ich erfahren, sehr oft.

Und wie haben Sie reagiert?

Erstaunt, erstaunt. Das hat jetzt allerdings, nachdem die Bücher politischer geworden sind, aufgehört. Das war so mit »Stiller«, mit »Homo Faber«, »Gantenbein«. Nach dem zweiten Tagebuch hat das Händeschütteln abgenommen.

Das bezieht sich auf das Tagebuch. Es kann ja sein, dass die Leute unterscheiden und sagen: Na, der Frisch, damals war er ja noch gut, aber jetzt wird er halt politisch!

Das wird auch gesagt. Das wird auch in der Presse gesagt: Schade, schade, wieder ein Poet verlorengegangen.

Das setzt in Ihren Augen aber die Romane nicht herab?

Überhaupt nicht.

Als Belletristik?

Nein, nein.

Wie verhalten Sie sich denn diesen Gegnern gegenüber?

Ich muss Ihnen gestehen, dass ich sie immer weniger kenne, die Kontakte haben abgenommen; ich kenne sie, soweit sie sich artikulieren. Aber Ihre Frage ist, wie ich mich denen gegenüber verhalte. Man könnte mal das sagen: Ich mache gewisse Dinge nicht mit. Das ist der persönliche, stille, vielleicht wirkungslose

Boykott. Als Beispiel das: Ich bin mit dem Zürcher Schauspielhaus aufgewachsen, das war eigentlich ein Heim für mich, wie für Dürrenmatt auch, und das hat sich dann geändert; das richtet sich nicht gegen einzelne künstlerische Leiter usw., denen gegenüber man immer ein kritisches Verhältnis haben wird, sondern dieses ehemalige Schauspielhaus, ohne es vergötzen zu wollen, war für mich *das* Theater der Nachkriegszeit. Heute wird es dirigiert von einem Verwaltungsrat, der mehrheitlich aus Bankiers besteht, Großindustriellen, Leuten, die in siebzig Verwaltungsräten sind, aber über das hinaus noch ein Bedürfnis haben, am Geistesleben führend teilzunehmen. Es ist für mich ausgeschlossen, mit diesem Haus zu arbeiten. Das heißt also: Ein Verhalten ist der nicht spektakuläre Boykott. Ein anderes Verhalten ist, dass ich mich zu Wort melde, sei es durch Artikel, sei es durch einen öffentlichen Aufruf, entweder zusammen mit andern oder allein, oder sei es – nicht allzu oft – durch einen Brief an den Bundesrat, mich also melde und den von ihnen aus gesehen gegnerischen Standpunkt vertrete. Das war z. B. das letzte Mal bei der Frage der Chile-Flüchtlinge, das war bei den Hochschulgesetzen – also ich rede öffentlich mit diesen Gegnern, bekomme aber keine Antwort darauf. Wir haben einmal einen Protestaufruf an den schwedischen Ministerpräsidenten Palme geschickt, deutsche Schriftsteller zusammen mit schwedischen – wir bekamen alle ein Antwortschreiben, eine Erklärung. Wenn ich als Schweizer dem Schweizer Bundesrat einen öffentlichen Brief schreibe, der dann auch in Deutschland publiziert wird, bekomme ich nie eine Antwort. Das ist natürlich nicht etwa ehrverletzend, das meine ich nicht, aber man kann nicht gut weitermachen, weil es nur ein Monolog bleibt. Denn es könnte ja so sein, dass die Antwort mich wiederum zwingt umzudenken, oder mich ermuntert weiterzudenken. Es bleibt aber ein angefangener Dialog, der andere meldet sich nicht, ich kann also nicht weitermachen. Das ist überhaupt ein Phänomen hier, das sehr anders ist als in der deutschen Öffentlichkeit nach dem Krieg, dieser Mangel an Rückwirkung. Ich meine z. B. in meinem Fall, dass ich sehr polemisch wurde, nicht gut polemisch, sondern schreierisch polemisch, einfach aus dem Grund, weil ich nie eine Auseinandersetzung als Antwort bekommen habe;

dass man eine Stellungnahme, die ich abgebe, untersucht, anderer Meinung ist, das würde mich zwingen weiterzudenken: Ich könnte etwas lernen, die könnten etwas lernen. Wenn das stehenbleibt, wird man zornig, und der Zorn ist nicht immer – es kann schon mal sein – sehr hellsichtig; ich habe mir jedenfalls viele Sachen durch Polemik im unguten Sinn verdorben, sehe aber schon auch eine Schuld der anderen daran.

Noch einmal zu einer Notiz im Tagebuch; da schreiben Sie: »Was er« – *und Sie meinen damit den Günter Grass* – *»nicht ganz versteht, die Situation des Privatschriftstellers.« Was ist ein Privatschriftsteller? Sind Sie einer, und meinten Sie sich selbst damit in dieser Notiz gegenüber der öffentlichen Figur des Günter Grass?*

Es ist kein sehr ernstes Wort für mich, es ist mehr eine Neckerei, weil er manchmal das hat, was ich nicht möchte, was ich ihm aber gönne: dass er sich institutionalisiert. Er spricht für Deutschland in Amerika, er ist eine Institution, und das ist eine Seite, die mir – ich will nicht sagen: missfällt, aber ich möchte sie nicht. Und dem setze ich mal ein sozusagen despektierliches Konzept »Privatschriftsteller« entgegen. Wenn ich das tatsächlich wäre, dann könnte man sagen: Warum denn so viel bedrucktes Papier? Dann lassen Sie das doch zu Hause und lesen es Ihren Freunden und Tanten vor – das stimmt natürlich nicht.

Das hier bezieht sich doch auf die politische Funktion und nicht auf eine literarische Öffentlichkeit.

Ja natürlich.

Wie bestimmen Sie denn für sich den Begriff des freien Schriftstellers? Leiten Sie aus ihm auch eine gesellschaftsbezogene Aufgabe ab, oder stellt sich das nur automatisch durch Publikumsbezug und Literatur- und Marktbetrieb her? Oder eben doch durch eine ganz bestimmte gesellschaftskritische Position?

Zuerst war es für mich einmal ein Ziel, freier Schriftsteller zu werden, d. h. nicht Lehrer, Arzt oder Architekt sein zu müssen, um daneben zu schreiben. Gemeint war also zuerst ein Fulltime-Schriftsteller. Die Ironie liegt darin, dass der freie Schriftsteller nie und nimmer frei ist, das wissen wir; er ist ein Lohnabhängiger – seine Verhältnisse sind noch nicht geregelt, sie sollen jetzt in der Bundesrepublik geregelt werden –, aber wir sind im Status des Unternehmers, jedenfalls steuertechnisch; de facto sind wir natürlich keine Unternehmer. Ich brauche das Wort nur mehr ungern, weil mir die Unfreiheit zu sehr bewusst ist. Auf der anderen Seite ist das zu sagen: Wenn ein gewisser äußerer Erfolg da ist, also wenn ein ökonomischer Erfolg da ist, so bin ich insofern frei – frei jetzt in einem ganz einfachen Sinn genommen –, als ich z. B. nicht Arbeiten machen muss, die ich von vornherein nicht machen möchte, oder dass ich eine Arbeit nicht sofort publizieren muss, also nicht bevor ich meine, sie sei tatsächlich fertig – ich kann mich dann immer noch irren, aber das eben gibt eine gewisse Bewegungsfreiheit. Wie er sich in Bezug auf die Gesellschaft sieht, ob er ein freier Schriftsteller ist oder einer im Nebenberuf – für diese Frage ist das doch das Gleiche, da macht das keinen Unterschied.

Der Begriff des »freien Schriftstellers« hat aber auch eine historische Dimension: Der Feudalismus, der Absolutismus kannten den freien Schriftsteller nicht, die hatten den am Hofe mäzenatisch betreuten Dichter, und es gibt – obgleich es auch davon Ausnahmen immer gegeben hat – für diesen Schriftstellertypus keinen primären Selbstauftrag. Ist es nicht doch so, dass der freie Schriftsteller eine typische Erscheinung der bürgerlichen Gesellschaft ist und dass auch in einer nachbürgerlichen Gesellschaft, also etwa im Ostblock, der freie Schriftsteller nicht mehr vorhanden sein kann?

Ja, im Ostblock weiß der Schriftsteller, dass er kein freier Schriftsteller mehr ist.

Ich meine das nicht im Sinne eines bestimmten Freiheitsbegriffes – denn da haben wir doch eben festgestellt, dass wir auch hier im Westen nicht frei sind.

Er ist aber auch organisierter, er ist im Schriftstellerverband, was etwas ganz anderes heißt, als wenn man hier im Schriftstellerverband ist oder nicht; wenn man dort ausgeschlossen wird, stoppt das zumeist auch prinzipiell Berufsmöglichkeiten, es kommt in der Sowjetunion einem Berufsverbot gleich. Das gibt es hier also nicht. Bei uns – ich weiß jetzt, was Sie meinen – bin ich eben so frei, dass ich jederzeit aufgeben könnte und sagen: Ich ziehe mich in mein Haus auf dem Land zurück und fange jetzt endlich mal mit Gartenkultur an. Vielleicht würden ein paar Freunde und der Verleger sagen: Warum denn? Aber ich habe keinen Vertrag mit der Gesellschaft, der besagt, das darf ich nicht machen. Ich muss mir diesen Auftrag immer wieder selbst suggerieren, und das ist tatsächlich zuweilen etwas Schwieriges, vielleicht sogar nicht anders möglich als mit einer gezielten Selbsttäuschung oder auch einer kollektiven Selbsttäuschung: dass wir immer unsere Wichtigkeit apostrophieren.

Aber nicht nur das. Ich meine nicht, dass der Schriftsteller im Ostblock gezwungen ist, Schriftsteller zu sein oder nicht zu sein, sondern dass er als Schriftsteller, wie es eben propagiert wird bei den SED-Parteitagen in der DDR, auf eine Parteilinie der Literatur eingeschworen wird, dass er prinzipiell – eine Grundforderung – parteilich sein muss, parteilich nun aber nicht im Sinne einer Parteilichkeit für die Unterdrückten usw., sondern im Sinne der herrschenden Partei und ihrer Ideologie. Damit wird doch das Wort ›frei‹ inhaltlich, nicht sozial gesehen, völlig obsolet.

Das ist richtig. Die Gesellschaft, in der wir leben, meldet vielleicht ihre Wünsche an, meldet an, was ihr nicht passt, aber sie schreibt uns nicht vor, was zu schreiben ist, was zu behandeln ist – das tut sie eigentlich nicht, oder besser: noch nicht. Insofern haben wir die Selbstverantwortung.

Die Gesellschaft tut das oft mittelbar.

Das tut sie schon, ja. Selbstverständlich vor allem, sobald Sie mit öffentlichen Anstalten zu tun haben, dann erfahren Sie sehr bald, was das Fernsehen eigentlich doch lieber nicht haben möchte; aber es verlangt von Ihnen nicht, dass Sie das andere machen, denn wenn Sie es nicht machen, macht es halt wieder ein anderer. Aber es gibt schon eine Repression in der Gesellschaft.

Ganz sicher. Nur ist sie nicht von vornherein als solche verordnet. Und insofern meine ich, ist das mit aller Vorsicht zu genießende Wort vom freien Schriftsteller eher ein Indikator für eine bürgerliche Gesellschaft als für eine nichtbürgerliche Gesellschaft.

Das mag stimmen, ja.

Mich interessiert noch Ihr Bezug zum Publikum, zu Ihrem Lesepublikum. Denken Sie, wenn Sie schreiben, an ein Publikum? Denken Sie an jemanden, dem Sie das erzählen wollen? Denken Sie an den Leser?

Ich bin ganz sicher, dass man an jemanden – Kollektiv oder Person – denkt, denn es ist furchtbar schwer, einen Gedanken aufzuschreiben oder überhaupt etwas aufzuschreiben, ohne das Gefühl zu haben, dass einem eine Öffentlichkeit – was das sein soll, müsste man noch untersuchen – über die Schulter blickt. Dadurch, dass man publiziert hat, Leser getroffen hat oder Seher, oder Leser gesehen hat, oder Theater mit Menschen gefüllt gesehen hat, kann man nicht ganz vergessen, dass die Dinge, die man von sich gibt, auch aufgenommen werden. Sehr präzis ist das bei mir nicht: Ich habe also keine Zielleserschaft. Trotzdem spielt natürlich mit, was ich gesehen habe: Das sind z. B. kaum Arbeiter bei meiner Literatur – was ich verstehe; es werden Studenten sein, mittelgebildete Leute bis gebildete Leute. Es ist nicht so, dass ich, wenn ich arbeite, eine genaue Zielvorstellung vom Publikum habe. Es kann vorkommen, dass ich an bestimmte Leute kurz denke, auch an Freunde usw. Ich stelle, wie gesagt, fest, dass es ungeheuer schwer, wenn nicht gar unmöglich ist, eine Seite zu schreiben, ohne in vager Weise an eine Öffentlichkeit zu denken, an eine Instanz zu denken, selbst bei Texten, von denen man glaubt, man werde sie nicht publizieren. Wenn ich ein intimes Journal schreibe, so entdecke ich doch, dass ich Sätze so bilde, dass ein nicht erhoffter Leser sie verstehen würde. Also verrate ich, dass ich mir zwar diesen Leser nicht wünsche, nicht mit ihm rechne – aber er ist vorhanden. Wichtig dabei – das habe ich früher schon einmal gesagt – ist, was für einen Leser man sich erfindet oder welche Beziehung zwischen Leser und mir. Einfach gesagt: Ich kann natürlich mit einem Leser rechnen, also mit einem, den ich nicht kenne, an den ich mich wende und dem ich mich enorm überlegen fühle; oder mit einem Leser, bei dem ich mich sehr anstrengen muss, damit er mir nicht zu überlegen ist; einem Leser, den ich belehren will; einem Leser, den ich anregen will; einem Leser, den ich befragen will: Geht dir das auch so, oder was würdest du tun? – also ein brüderliches Verhältnis. Das ist sehr wichtig – das macht man sich vermutlich nicht bewusst –, aber das ist stilentscheidend, und entsprechend sieht ein Buch aus. Ein Valéry z. B. – ich hab's gestern mal wieder gesehen – setzt den Leser als einen Höfling unter einen Thron, auf dem er selbst sitzt, jedenfalls sitzt der Leser nicht auf gleichem Niveau wie der Autor. Er lässt ihn hinaufschauen, gibt dem Leser die Chance, ihn, Valéry, zu bewundern, wobei er auch immer durchblicken lässt, dass er, der Leser, wahrscheinlich doch nicht genug versteht. Das ist so eine Attitüde, die durchaus erlaubt ist, aber es ist nicht meine. Es gibt auch Autoren – ich wüsste momentan zwar kein Beispiel, und wenn ich's wüsste, dürfte ich es nicht nennen –, die dem Leser gegenüber das andere Verhältnis haben, dass ihnen nämlich der Leser zu viel Eindruck macht, dass sie ihn bedienen, dass sie die Höflinge des Lesers sind. Ich glaube, dass diese Wahl nicht bewusst stattfindet, sondern sie kennzeichnet unser Verhältnis, das wir in der Wirklichkeit zu den Menschen haben: ob wir ein kollegiales Verhältnis oder ein Herrschaftsverhältnis oder ein devotes Verhältnis haben – das spiegelt sich dann in der Erfindung des Lesers; und diese Erfindung prägt die ganze Vortragsart.

Wie steht es denn mit dem schichtenspezifischen Leser? Denken Sie daran, ob Arbeiter oder Bürger Sie lesen?

Ich denke doch an solche Leser, die aus einer Schicht stammen, die ich kenne oder der ich hin und wieder begegne. Und es nützt mir nichts, ob ich aus ideologischen Gründen die eine oder andere Schicht interessanter finde oder nicht; ich kenne Arbeiter, aber nicht so viele und nicht so intensiv, hauptsächlich habe ich sie beim Militär kennengelernt und, als ich Architekt war, auf den Baustellen – sie sind mir also nicht fremd; aber es ist doch nicht der Arbeiter, an den ich als Erstes denke, sondern an Leute, die diese Bildungsklasse darstellen und allerdings politisch von den verschiedenen Richtungen kommen. Ich denke natürlich auch eher an Leser in Ländern, die ich kenne: Deutschland ja, Jugoslawien aber eben nicht usw.

Wie weit kann die Aktivität des Schriftstellers in politischen Fragen gehen? Soll das Werk dafür eingesetzt werden, oder soll der Ruhm – wie es Günter Grass gemacht hat – dafür eingesetzt werden?

Ich sehe verschiedene Möglichkeiten und möchte nicht ein Postulat aufstellen – also von »soll« oder »soll nicht«. Es gibt zum Beispiel die Möglichkeit, dass Werk und politische Tätigkeit sich nicht immer vermischen, d. h., ich könnte mir einen Schriftsteller denken, in dessen Werk kein direkter Bezug auf politische Fragen genommen wird und der als Staatsbürger sehr aktiv ist; das würde ich als erlaubt bezeichnen.

Würden Sie sich selbst als einen solchen definieren?

Ich glaube, es ist bei mir vermischt. Ich verlange von mir zum Beispiel nicht, dass jedes Buch, das ich schreibe, und jeder Text meine politische Beteiligung an den Ereignissen widerspiegelt. Ich muss nicht jedes Mal diesen Glaubwürdigkeitsbeweis antreten. Darüber wird man befinden können, wenn man ein Gesamtwerk sieht und wenn man staunt, dass ein Mensch diese Zeit hindurch gelebt hat, ohne irgendeinen Reflex weder in seinem staatsbürgerlichen Verhalten noch in seinem Werk zu hinterlassen – das kann man dann beurteilen, wie man will. Die Direktverwendung der Literatur als ein Kampfmittel ist ein Problem, das sich immer wieder stellt; es hängt von der Situation ab. Sicher gibt es Notstände, wo alles erforderlich und alles erlaubt ist – also dass man etwa mit der Gitarre kämpft. In sogenannten normaleren Zeiten – also in den kürzeren oder längeren Epochen vor oder nach Katastrophen – zweifle ich an der Direktwirkung der Literatur. Es ist nicht so, dass wir aus dem Theater gehen und uns deswegen sofort anders verhalten; das tönt sehr resigniert, ich meine aber, dass es eine Wirkung auf lange Distanz gibt, eine Bewusstseinsveränderung; und das, was ich vorher schon erwähnt habe: Die Sprache der Literatur ist immer eine Sprache, die die Realität und die Sprache der herrschenden Schicht einander konfrontiert und dadurch kritisiert. Die Literatur verdirbt den Regierenden die Phrase. Das tut sie auch, wenn sie nicht die Regierenden direkt anspricht oder von ihnen handelt. An diese indirekte Wirkung glaube ich sehr. Also wenn es die Literatur nicht gäbe, so, glaube ich, hätte die gewollte Verdummung noch mehr Chancen, als sie sie ohnehin schon hat. Die Herrschaftsschicht hätte, wenn es keine Literatur gäbe, für ihren Verdummungswillen ein freies Feld.

Also Literatur keineswegs nur ein Indikator für Gesellschaftliches, für bestimmte Verhältnisse, sondern darüber hinaus ein dauernder Wirkfaktor?

Ja.

Wo sehen Sie in der deutschen Literatur der letzten Zeit, also der letzten fünf bis zehn Jahre, wesentliche neue Ansätze – nicht nur für den gesellschaftlichen Prozess und Progress, sondern auch für die Literatur?

Das möchte ich nicht beantworten. Das mache ich nie, dass ich über diese Dinge spreche, jedenfalls nicht öffentlich.

Sie haben verschiedentlich das Problem des Alterns thematisiert, auch im zweiten Tagebuch. Ist Altern für Sie ein Problem? Persönlich oder auch und vor allem literarisch?

Das ist in erster Linie ein persönliches Problem, ein sehr großes Problem, ein immer noch ziemlich tabuisiertes Problem – das kann ich hier jetzt nicht ausführen, zum Teil steckt es in den Büchern. Aber um etwas zu erwähnen: Es hat nicht in erster Linie etwas zu tun mit der Todesgewissheit, die hat man in jedem Lebensalter, es hat zu tun mit der langen Geschichte, die man hat, mit der – ich sag's mal so – Penetranz der Erinnerung, die man mit sich nimmt, es hat zu tun mit Reduktionen physiologischer Art und auch intellektueller Art; es findet ja eine ungeheure Umformung des Menschen statt. Wie sind wir der gewachsen? Und das ist natürlich nicht nur das Problem des Max Frisch, sondern zunehmend ein allgemeines Problem, weil die Überalterung zunimmt. Sie kennen diese statistischen Zahlen. Um einige zu nennen – wenn ich mich jetzt richtig erinnere: Zur Zeit von Martin Luther war das Durchschnittslebensalter 32 Jahre, zum Anfang dieses Jahrhunderts war es ungefähr 56 Jahre, heute ist es 69 Jahre. Wir haben immer mehr alte Leute, das bedeutet eine völlige Umschichtung der Gesellschaft. Und nun kommt hinzu – und das danken wir der Medizin, die damit nun nicht verklagt werden soll, aber wir müssen einfach zu einer anderen Ethik kommen –, dass wir sehr viele Menschen haben, die physisch älter werden, als sie es psychisch und intellektuell verkraften können. Das ist nicht zu lösen mit der Schaffung von Altersheimen, die, das ist ganz klar, geschaffen werden müssen. Es ist auch ein besonderes Problem der Leistungsgesellschaft, dass also der Mensch nichts mehr wert ist, wenn er nichts mehr wert ist am Arbeitsplatz. Es ist in der Stadt ein Problem: Der alte Mensch ist nicht mehr zu integrieren – ich erzähle altbekannte Dinge –, wie es noch auf einem Bauerngehöft der Fall ist; gut, die Mutter und Großmutter kann noch als Babysitter tätig sein oder die Hühner besorgen. Es geht darauf hin – und das ist im Tagebuch angedeutet –, dass wir über unseren Austritt aus dem Leben so souverän, hochmütig und selbstherrlich müssen verfügen dürfen, wie wir jetzt – zu Recht, meine ich – verfügen über den Eintritt ins Leben, mit der Pille, mit Fristenlösung und all diesen Dingen. Aber wir können nicht den Eintritt ins Leben nach unserem menschlichen Ermessen regeln, und dann den Austritt nicht mehr – dann müssen wir uns auch den Seuchen überlassen und jeder Blinddarmentzündung; da wir das regeln, können wir das Ende nicht der Natur oder dem vermeintlichen lieben Gott oder der Medizin überlassen. Es sind in Amerika Bewegungen im Gang, die fordern, dass der Mensch ein Recht hat, aus dem Leben auszutreten, dass die Ärzte zu diesem Recht kommen müssen – selbstverständlich dürfen sie nicht von sich aus entscheiden, und selbstverständlich darf auch der Staat das nicht entscheiden, welche Individuen ihm nützlich oder nicht nützlich sind –, dass der Freitod zum Recht der Persönlichkeit gehört, und ich sage Freitod und nicht Selbstmord – also nicht ein emotionaler Akt der Verzweiflung, sondern ein Akt der Besonnenheit, wie es das in der Antike bereits gegeben hat. Es gehört zur Persönlichkeit, dass einer weiß, wann er gehen will oder gehen kann.

Also eine mögliche Entwicklung zu einer allgemeinen Ethik des Freitodes.

Ja, und das kommt ganz sicher; denn wenn Sie Altersheime kennen – ich habe noch nicht da gewohnt, aber Menschen dort besucht –, so sehen Sie, dass das, selbst wenn es sozial und karitativ richtig ist, was da gemacht wird, und wenn es gut gemacht wird, eine unmenschliche Sache ist; die allermeisten Leute dort wollen nicht mehr leben und wissen nur nicht, wie sie wegkommen.

Also die körperliche Regeneration als ein Faktor der längeren, der immer längeren Lebenserwartung, aber ohne die geistige Regeneration, die ein Äquivalent schaffen könnte. Für den Schriftsteller Frisch sieht aber die Sache doch insofern anders aus, als sein Werk dieses Regenerative des Geistigen als Element enthält.

Ja schon. Aber wenn wir über das Thema sprechen, hängen wir uns immer an die großen Ausnahmen, die es gibt. Ich habe noch nie jemanden getroffen, der mir nach Vorträgen nicht kommt mit den Worten: Denken Sie an Fontane, denken Sie an Tintoretto usw., also die großen Ausnahmen, und man hat insgeheim natürlich die berechtigte Hoffnung – soll man ja auch haben –, dass man zu den Ausnahmen gehöre. Das beantwortet das Problem aber nicht. Und es ist eben ein gesellschaftliches Problem geworden, dass wir jetzt eine Gesellschaft geworden sind, die einen viel zu großen Anteil von Menschen hat, die zu alt sind, nicht nur für die Arbeitsleistung im Sinne der Leistungsgesellschaft, sondern die nicht mehr lebensmutig, lebenswillig sind – das lähmt die Gesellschaft ungeheuer. Was ich sage, ist nun nicht eine Vergötzung der Jugendlichkeit oder der Jugend. Aber was Sie vorher sagten, das ist natürlich der Punkt: Wir haben das Leben rein physiologisch verlängern können durch die Mittel, die wir haben, durch Chirurgie usw., wir haben aber kaum die intellektuelle und emotionale Vitalität verlängern können – die ist einfach erschöpft, und dann leben Menschen zu lange, wissen es auch und leiden darunter.

Die Gesellschaften haben das Altersproblem technisch, technologisch – und ich begreife die Medizin da mit ein – »gelöst«, und ich setze dieses »gelöst« in Anführungszeichen; aber sie haben es nicht gesellschaftlich, also nicht tatsächlich gelöst. Ihre Antwort wäre nun: Es muss das Recht zum Freitod geben. Aber müsste nicht vor dieser etwas resignativ klingenden Lösung versucht werden, das Altersproblem soziologisch zu lösen? Bislang sind unsere Gesellschaften altersfeindlich eingestellt; sie sollen nun das Altersproblem tatsächlich lösen. Ein eng mit der Altersfrage verbundenes Problem, mit dem die Gesellschaften zu tun haben, ist das Bildungsproblem, und ich glaube, die Lösung dieser Frage würde auch das Altersproblem einer anderen als Ihrer Lösung zuführen können.

Bleiben wir bei dem: Die Gesellschaft soll es soziologisch lösen; sie soll alles tun, was sie herausfindet, um die älteren Menschen nicht aus dem Produktionsprozess auszuschließen, diese Menschen sollen nicht das Gefühl der Überflüssigkeit haben. Sie löst damit aber das Grundproblem nicht, dass Menschen existieren, die nicht mehr das Bedürfnis haben zu leben. Und sie sollen die individuelle Entscheidung haben und die Aufklärung, wie das zu machen ist, dass sie austreten können aus der Gesellschaft, nachdem sie ihre Sachen geregelt haben. Es wäre – wenn ich programmatisch rede – der letzte Akt einer Persönlichkeit, dass diese Persönlichkeit weiß, wann sie ihre Sachen geregelt hat und wann sie weggeht. Zuerst ist natürlich der Auftrag an die Mediziner, die das alles ja selbst wissen, eine Änderung der Ethik: Es ist nicht unter allen Umständen Leben lebenserhaltenswert. Und wenn Sie Spitäler besuchen oder Stationen von Unheilbaren – nicht, dies noch einmal ganz deutlich gesagt, dass der Staat darüber verfügen kann, wer da weiterleben darf, weil es sich lohnt oder nicht –, dann erscheint es Ihnen unumgänglich, dass der Einzelne diese Möglichkeit hat, darum zu bitten, und dass es auch durchgeführt wird.

Gut. Aber trotzdem muss man von der Gesellschaft fordern, dass sie den Menschen nicht fühlen lässt, dass er überflüssig wird, das wäre für mich vordringlich; dann sollte ihm auch die Möglichkeit gewährt werden, über sein Lebensende zu entscheiden.

Für das andere bin ich natürlich auch. Und es wird auch gemacht, es hat etwas sehr Rührendes, dass man die Leute noch beschäftigt, dass man es diesen Leuten ruhig und angenehm macht. Was wir bis heute haben, ist aber noch nicht viel mehr als eine Ghettoisierung der Alten: Sie sind dort, wo es ruhig ist, und sie werden gepflegt; und um all dies bin ich froh, das ist begrüßenswert; nur ändert das an einer ganz fundamentalen Traurigkeit nichts.

Deshalb brachte ich vorhin den Einwand von der ganz grundsätzlichen sozialen Pflicht zu einer generellen Bildung, weil ich das als einen Zusammenhang sehe. Der Arbeiter, der seine Hauptschule absolviert hat, seine Lehr- und vielleicht sogar Gesellenzeit absolviert hat und dann sein Leben lang am Fließband steht – nehmen wir ruhig diesen Topos aus der Arbeitswelt, er ist sehr wirklichkeitsnah und übertragbar –, hat so natürlich keine großen Lebenserwartungen mehr, wenn er mit 65 Jahren aufhört zu arbeiten.

Das sind die großen Einstürze, und zwar bei der großen Mehrheit der Menschen. Wenn Sie ein Bankangestellter gewesen sind, mit Anstand und Mühe und Fleiß und Geduld bis 63 oder 65, und Sie haben sich abgewöhnt zu überlegen, was Sie in der nächsten Woche machen werden, weil eine Woche aussieht wie die andere, es sei denn, Sie planen einmal im Jahr die Ferien – und nun hört das auf am nächsten Montag. Der Mann fällt in ein großes Loch – die meisten werden auch sofort krank. Und es ist unmöglich, vor allem mit dieser Altersreduktion, dass einer da anfängt, wo er als Siebzehnjähriger abgebrochen wurde. Dort ist die Gesellschaft schuldig, wenn sie das so belässt, das ist klar.

Zum Schluss noch eine ganz handwerkliche Frage: Wie arbeiten Sie?

Fleißig, fleißig, und zwar einfach, weil ich – wenn ich nicht lese oder wenn keine anderen Lebensvergnügungen da sind – mich langweile. Ich kann nicht lungern – was nicht unbedingt ein Vorteil ist; fleißig klingt also zu positiv. Ich kann mich auch nicht darauf verlassen, dass ich zu wissen meine: Heute ist Gelingen in Sicht oder nicht. Darüber täusche ich mich immer. Ich gehe an die Arbeit ohne irgendeine Hoffnung, ohne irgendeine Erwartung, dass da eine gute Stunde sei; und es gelingt wider Erwarten im Rahmen des Möglichen etwas. Ich möchte einfach in der Nähe der Arbeit sein für den Fall, dass sich etwas bewegt. Wie ein Bildhauer bei seinen Materialien ist, in der Werkstatt ist, und nicht nur dann, wenn er die sogenannte Imagination hat, so muss ich an der Schreibmaschine sein, Dinge ändern, noch mal abschreiben, Entwürfe machen für etwas anderes, um bereit zu sein für Überraschungen, dass ich einmal einen Schritt weiter denken kann, weiter formulieren kann als vorher. Das hat zur Folge, dass ich, wenn nicht besondere Ereignisse sind, sehr regelmäßig arbeite: jeden Vormittag, von sieben bis zwölf Uhr, das ist eine lange Zeit – es hängt auch von den Jahreszeiten ab.

Stehen Sie so früh auf?

Im Sommer ja. Wenn nicht eine wüste Nacht vorangegangen ist – das bringt diesen Kalender dann durcheinander. Ich arbeite auch am Nachmittag, nicht mehr am Abend. Als junger Mensch habe ich immer in der Nacht gearbeitet, das kann ich jetzt nicht mehr; ich brauche den Morgen, den Morgen, bevor ich Menschen begegnet bin, bevor ich mit Menschen geredet habe, bevor ich Korrespondenz gelesen habe, also mit dem Hintergrund der Nacht, des Schlafs, bevor ich Zeitung gelesen habe, auch mit dem Hintergrund des Schreckens der Träume oder des Ausgeruhtseins. Das ist einfach der nüchternste Zustand und der Zustand, wo ich am meisten Mut habe, Mut in dem Sinn, dass, selbst wenn ich am Vorabend eingesehen habe, dass eine Sache nicht geht, und ich die Sache aufgegeben habe, ich am anderen Tag mit dem Morgenmut wieder imstande bin, es anders und noch einmal anzufangen. Das ist für mich der Morgen.

Sie arbeiten, wie Sie gesagt haben, nicht gern in demselben Gehäuse, in dem Sie auch schlafen.

Nein, ich gehe aus dem Hause, fahre ein bisschen übers Land hinaus, wo ich in diesem Sommer das Atelier eines Freundes benutzen kann. Das ist sehr schön; wie der Arbeiter auf den Bau geht, nehme ich meine Stulle mit, gehe um sieben oder acht Uhr weg und komme um fünf oder sechs Uhr zurück und habe meinen Arbeitstag hinter mir. Es weiß niemand, wie viel da gelungen ist, auch ich weiß es meist nicht so recht – aber dann habe ich den Feierabend. Das ist ein sehr angenehmes Gefühl, weggehen, an die Arbeit, an den Arbeitsplatz gehen und vom Arbeitsplatz wieder nach Hause kommen. Es vermittelt diesen nüchternen Arbeitsernst, den ich einfach brauche.

Gibt es denn Unterschiede, verschiedene Phasen des Arbeitens an einem Manuskript, also Zeiten, in denen Sie weniger an der Schreibmaschine sitzen, weil Sie mehr recherchieren? Oder gibt es bei Ihnen nur die Manuskriptarbeit, die immer wieder neue Manuskriptarbeit?

Ich brauche im Vergleich zu anderen Schriftstellern weniger zu recherchieren – ich denke da z. B. an Uwe Johnson, der natürlich unendlich viel recherchieren muss –; das ist bei meinen Arbeiten weniger nötig. Aber es gibt ganz verschiedene Grade der Arbeit an der Schreibmaschine; zum Teil macht man auch nur Fingerübungen, bildet Sätze anders oder macht sich Vornotizen für etwas, das kommen soll, oder man findet an einer Arbeit, die man für stichfest gehalten hat, die Lücken und verbessert das, dann macht man dazwischen hinein etwas ganz Neues – das wechselt ab. Zufällig war jetzt gerade dieser Malerfreund da, dem das Atelier, in dem ich arbeite, gehört, und der hat im Nebenatelier gearbeitet, und der hat nun gehört, was ich nicht höre, wann ich tippe und wann nicht, und der hat gesagt, das ist sehr lustig: Sechs, sieben Minuten lang tippst du eifrig wie unter Diktat, und dann geht es drei Stunden, bis der nächste Ton kommt. Das weiß ich aber selber nicht – ich habe das Gefühl, ich schreibe.

Gibt es Glücksgefühle beim Schreiben, an der Schreibmaschine?

Die größten, die es gibt, ja.

GESPRÄCH
MIT FRIEDRICH DÜRRENMATT

Neuchâtel, 7. / 8. März 1975

»... die Welt immer wieder neu durchdenken.«

Herr Dürrenmatt, mich interessiert Ihre Jugend: das Elternhaus, frühe Lektüren, literarische Anregungen – die geistige und soziale Welt, aus der Sie kommen.

Im Grunde ist die Frage nach seiner Jugend eine der wichtigsten Fragen, die einem Schriftsteller gestellt werden kann. Sie beschäftigt mich mehr und mehr. Ich glaube, dass alles Wichtige, alles Entscheidende sich auf die Jugend zurückführt. Dies ist keine Erkenntnis, die ich – etwa von der Psychoanalyse – übernommen, sondern eine Erfahrung, die ich selber gemacht habe, indem ich über meine Werke, meine Ideen, meine Arbeit nachdachte. Ich bin auf dem Dorfe aufgewachsen, in einem Mischdorf: Es gab dort eine große Fabrik, eine Milchsiederei, verschiedene andere Fabriken, ringsherum waren Bauernhöfe und Bauerndörfer und Weiler, die ihre Produkte in dieses Zentrum brachten. Mein Vater war dort Pfarrer, und ich wuchs in einer gewissen sozialen Isolierung auf, weil ein Pfarrerssohn in einem Dorfe etwas ganz Bestimmtes darstellt …

Privilegiert?

Nicht privilegiert, sondern er wird mehr mit Schadenfreude betrachtet: Er sollte besser sein als die anderen, und man weiß, dass er nicht besser ist, und jedes Mal, wenn er nicht besser ist, freut man sich. Man steht immer unter Aufsicht: einerseits unter der des Elternhauses, andererseits unter der Aufsicht des Dorfes. Man möchte so sein wie die anderen Dorfjungen, ebenso unbeschwert. Ich weiß, dass ich mich jeden Monat einer anderen Gruppe der Dorfjugend anschloss. Ein Dorf ist ja sehr geteilt: Die eine Straße hat Krieg mit der anderen Straße, dieses Quartier mit jenem Quartier – das ist eine sehr differenzierte Welt.

Ich weiß auch, dass ich immer Schleichwege benutzte, um in die Schule zu gehen, weil ich die Bauernjungen vermeiden musste, die mir nachstellten und mich mit Leidenschaft verprügelten – das war auch so ein Sport.

Wurden da soziale Unterschiede spürbar?

Ja, aber ohne dass man sich dessen bewusst war. Das spielt sich alles in einer vorpubertären Welt ab. Das, was ich vom Dorf in der Erinnerung behalten habe, ist merkwürdigerweise der Eindruck eines Labyrinths: Das Dorf war umstellt von Kornfeldern, Weizenfeldern, und in diese Felder führten unzählige Gänge, in die man hineinkroch. Dann sind da die Scheunen der Bauernhöfe: Das Heu wird geschichtet, und das Heu wird so geschichtet, dass auch Gänge entstehen, durch die man schlüpfen kann. Auch ist das Dorf für einen Jungen etwas Undurchschaubares; gibt es da doch diese rätselhaften älteren Personen, diese Welt der Erwachsenen, die man nicht versteht. Das war die vorpubertäre Zeit, und die spielte sich bei mir eben im Dorfe ab. Dann, mit dreizehn Jahren, in der Mitte der Pubertät, kam der sehr schroffe Wechsel vom Dorf in die Stadt.

Der Sie entscheidend betroffen hat?

Der hat mich sehr entscheidend getroffen, weil ich in eine ganz andere Welt hineinkam, die aber auch das Labyrinthische hatte, und zwar noch verstärkt: das Unübersichtliche.

Das war Bern. – Ich will noch einmal zu diesem Mischdorf zurückkommen: Was heißt Mischdorf? Meinen Sie das sozial? Also die Mischung von Bauern und Arbeitern?

Ja, Bauern und Arbeiter. – Ich bin 1921 geboren. Ich kam 1934 in die Stadt Bern. Während dieser Zeit war die große Krise, und von dieser großen Krise habe ich nichts in der Erinnerung zurückbehalten – ich weiß nur historisch, dass damals die große Krise war –, ich war damals nicht fähig, politische Wirklichkeit zu erfassen; vielleicht weil die Krise auf dem Dorf nicht sonderlich spürbar war: Jeder dieser Arbeiter war gleichzeitig auch Kleinbauer und versorgte sich weitgehend selbst. Ich erinnere mich nur an einen Spaziergang, auf dem zum ersten Mal das Wort Hitler gefallen ist. Es ging um die Frage, ob Hitler ein Christ sei oder nicht – das hat mein Vater mit dem Kirchgemeindepräsidenten, oder mit wem er auch sprach, erörtert. Da hörte ich zum ersten Mal den Namen Hitler, und ich habe mir darunter gar nichts Besonderes vorgestellt. Dass man sich auf dem Dorfe überhaupt für Politik interessiert, ist, glaube ich, ein heutiges Phänomen; heute wird man ganz anders informiert, es gibt das Fernsehen usw. Ich kann mich noch erinnern, wie ich zum ersten Mal überhaupt Radio hörte: bei einem Ingenieur der Burgdorf-Thun-Bahn, der hatte einen Apparat, an den man verschiedene Kopfhörer anschließen konnte. Das wurde damals alles erst eingeführt. Ich erinnere mich noch, wie wir das Telefon bekamen. Ich erinnere mich noch: Es gab im Dorf vielleicht drei Automobile. Der Arzt, mit dem wir befreundet waren, seine Frau war meine Patin, hatte ein Elektromobil. Das Auto war noch etwas ganz Seltenes. Ich erinnere mich noch, dass auf der Ebene vor dem Dorf – das Dorf liegt auf einer Hochebene – ein damals sehr berühmter Schweizer Flieger namens Bieder mit dem Flugzeug landete: Da strömte das ganze Volk zusammen, um das Flugzeug zu sehen. Dann kam die große Sensation der Zeppeline, da fuhr man mit dem Velo nach Bern. Diese Erinnerungen sind sehr idyllisch. Ich kann groteskerweise sagen: Mein Leben begann in einer gespenstischen Idylle, und diese Idylle empfand ich als labyrinthisch. Dazu kam ein merkwürdiger Hang – ich weiß nicht, wie der zu erklären ist –, eine Passion, die ich schon als Erstklässler hatte, für die Astronomie, also für die Weite; eine Passion, die ich jetzt immer noch habe. Und das sehr Idyllische floss zusammen mit dem sehr Grausamen des Dorfes. Zum Beispiel war neben meinem Elternhaus die Metzgerei: Ich habe schon als kleines Kind gesehen, wie man Tiere schlachtet.

Diese grausamen Seiten wurden Ihnen damals schon bewusst? Sie haben das Dorf nicht erst als Idylle erlebt und diese Relativierung später vollzogen?

Was ist Idylle? Es ist die Art, wie man's darstellen würde. Ich würde das Dorf heute überhaupt nicht mehr idyllisch darstellen. Ich habe in einem meiner Prosabände, an denen ich arbeite, das Ganze auf eine sehr grausame Art heraufbeschworen, indem ich schildere, wie ich in einem modernen Spital den Sektionsraum besichtige – ein Pathologe lädt mich ein, seinen hochmodernen Sezierraum zu besuchen –, und ich sehe da Leichen und diese Mischung von Wasser und Blut – und plötzlich ist der Geruch aus der Metzgerei meines Dorfes da, und so taucht dann in meiner Erinnerung das Dorf wieder auf, also aus einer ganz gespenstischen Atmosphäre. Zum ersten Male habe ich wieder diesen Geruch gespürt, der mir alltäglich war, weil diese Metzgerei neben unserem Hause lag.

Rückschauend hat sich das Bild möglicherweise verändert?

Es hat sich verändert. Aber ich meine: Idylle ist ein literarischer Begriff, d. h., es kommt darauf an, wie ich das Dorf darstelle. Ich kann eine Idylle schreiben, also »Hermann und Dorothea« oder was Sie wollen! Ich kann es aber auch sehr grausam, sehr bizarr, sehr grotesk darstellen.

Ich bin jetzt beharrlich: Hatten Sie denn damals schon als Zehnjähriger die Empfindung der Gleichzeitigkeit von Idylle und Grausamkeit?

Ich hatte schon diese Empfindung des Grausamen, diese Empfindung des Eingepfercht-Seins, des Unübersichtlichen, ich möchte fast sagen: das Empfinden des Minotaurus, der inmitten des Labyrinths sitzt und nicht weiß, was auf ihn zukommt. Ich glaube, ich war ein Kind, das sehr unter Angstgefühlen und darunter litt, dass es sehr viele Dinge nicht durchschaute. Nicht etwa, dass meine Eltern besonders streng gewesen wären; sie waren eigentlich erstaunlich liberal: sie hatten nur eine merkwürdige Angst vor jedem Erotischen; aber es war nicht so, dass ich eine strenge Jugend gehabt hätte. Aber dieses Gefühl des Nicht-Durchschauens hatte ich damals schon sehr intensiv.

Änderte sich das in der Großstadt – hat sich dieses Gefühl vielleicht noch verstärkt?

In der Großstadt war ich in der vollen Pubertät, und mein Nicht-Verstehen wurde nun nicht etwa dadurch aufgehoben, dass ich besonders viel las, sondern es trieb mich dazu, fast ständig zu zeichnen. Ich habe schon sehr früh viel gezeichnet. Ich habe in meiner Jugend mehr gezeichnet als gelesen.

Ihr Haus hängt noch heute voller Bilder.

Ich habe immer gezeichnet. Das Zeichnen war für mich eine Abwehr, eine Verdrängung des Nicht-Verstandenen. Ich konnte das, was mich bedrängte, irgendwie bildlich darstellen. Aber nicht sprachlich. Ich habe zwar schon im Dorf einige kindliche Versuche unternommen, ein Drama zu schreiben, aber nur, weil ich ein Drama im Dorftheater sah. Doch das Ursprüngliche war immer das Zeichnen. Und am Zeichnen war interessant, dass ich immer Katastrophen gezeichnet habe, Kriege, Sintfluten; ich habe nie Landschaften oder etwas Schönes gezeichnet. Ich habe die »Schwarze Spinne« oder die »Nibelungen« illustriert – das waren Stoffe, die man mir erzählte. Wir hatten einen Lehrer, der sehr fesselnd zu erzählen wusste, gerade die »Nibelungen«; oder die »Schwarze Spinne« von Gotthelf, die mir mein Vater erzählt hat. Solche Dinge habe ich dann illustriert.

Einfach abgemalt – oder in der Tendenz schon verschoben?

Es wäre sehr interessant, einmal nachträglich zu sehen, wie ich das gemacht habe. Es waren jedenfalls die Geschichten, die ich las, die Geschichten, die man mir erzählte. Ich glaube überhaupt, dass die Jugendlektüre etwas vom Wichtigsten ist, das es gibt. Mich haben zum Beispiel zwei Bücher sehr aufgeregt: »Die Reise zum Mittelpunkt der Erde« von Jules Verne – da ist wieder dies Motiv des Hineingehens in die Erde, das auch in einem meiner frühen Prosastücke, dem »Tunnel«, eine große Rolle spielt –; ein anderes Buch war »Ardistan und Dschinnistan« von Karl May mit dieser Totenstadt, also ein ähnliches Motiv. Ich frage mich überhaupt, ob nicht auch für Kafka dieses Werk von Karl May eine Bedeutung gehabt hat – man weiß da ja viel zu wenig über die Wirkung der Jugendschriften.

Alles Jugendliteratur, die voll des Geheimnisvollen war.

Ja. Jules Verne war da sehr wichtig, dieses Buch von Karl May. Dann zum Beispiel ein merkwürdiges Buch – ich würde fast sagen: ein religiöser Karl May: John Bunyans »Pilgerreise«, ein sehr altes Buch, aus dem siebzehnten Jahrhundert, im Englischen eines der meistgelesenen Bücher, in dem die ganze Reise ins Jenseits in Romanform dargestellt wird, furchtbar fromm, aber mich reizte natürlich das Abenteuer: Der Christ trägt seine Sünden in der Form eines gewaltigen Sackes auf dem Rücken, er knickt unter dieser Sündenlast fast zusammen, gerät in den Sumpf der Verzweiflung, wird vom »Evangelist« gerettet, auf den schmalen Pfad der Tugend verwiesen, darf, bekehrt, seinen Sündensack abwerfen und bekommt eine Rüstung; später gibt es Zweikämpfe mit dem Teufel; dann kommt noch die ganze Familie hinein usw., sehr verschlungen – eine Art religiöser »Robinson Crusoe« oder »Gulliver«. Auch natürlich »Gullivers Reisen«, die ich als Kinderbuch gelesen habe – erst viel später habe ich es als Kunstwerk gelesen, ohne die Striche, die man so in Kinderbücher macht und in diesem Fall wohl machen muss. Alle diese Jugendlektüren und die Erzählungen, die mündlich vorgetragen wurden, haben mich sehr bewegt. Ich kann mich an so vieles erinnern. Wir hatten zum Beispiel einen sogenannten Hoffnungsbund – mein Vater war ein sehr strenger Abstinenzler, und Sie sehen, wir sind nicht beim Abstinentismus gelandet –, da gab es einen Lehrer, der hatte, was mich immer merkwürdig berührte, keinen Daumen – was mir übrigens auch sehr nachgeht: Verstümmelungen; so hatten wir auch einen Gemüsehändler ohne Hand; das hat mich immer erschreckt und fasziniert: Ich zeichne das auch gern –; dieser Lehrer hat uns zum Beispiel Geschichten von Balzac erzählt: In dieser Zeit konnte man noch Geschichten erzählen, und die Lehrer waren stolz, Geschichten erzählen zu können; jetzt liest man sie vor. Und man konnte grandios erzählen. Ich war umstellt von Geschichten. Und ich versuchte dann selbst zu erzählen, aber in Folgen von Bildergeschichten; ich habe gezeichnet, was ich zu erzählen hatte. Nun wollte ich auch immer Maler werden.

Ein früher Berufswunsch?

Ja. Ich lebte ganz in dem Gefühl und zu dem Zweck, einmal Maler zu werden.

Sie sind es doch auch geworden. Sie malen und zeichnen ja doch fast täglich, wie auch jetzt gerade wieder. Nur verkaufen Sie keine Bilder, leben also nicht davon.

Nein, nein, ich bin kein Maler geworden. Es ist sehr entscheidend, dass ich kein Maler geworden bin; es ist vermutlich einer der entscheidendsten Momente meines Lebens.

Warum?

Das ist eine viel spätere Geschichte. Ich hatte immer Schwierigkeiten in der Schule. Ich war ein Mensch ohne Gedächtnis, ich war ein Träumer und kam nie in der Schule nach; ich war wie besessen, habe immer gezeichnet – und meine Eltern haben mir einfach versprochen: Wenn ich die Maturität mache, dann könne ich Maler werden. Und als ich die Maturität hatte, kam mein Zusammenbruch: Im Grunde lachte alles über meine Malerei. Das war eine Zeit, da ganz Bern impressionistisch malte; der Expressionismus existierte nicht. Klee war gar nicht anerkannt! Und meine Mutter ging natürlich zu Kunstmalern wie Kuno Amiet, ein guter Maler, Impressionist, früher ein bisschen Expressionist – die lachten alle über meine Bilder, über meine phantastischen Bilder. Und sagten: Ich solle mal lernen, Äpfel zu zeichnen – ich hatte aber überhaupt keine Lust, Äpfel zu zeichnen. Und ich hatte einfach das Gefühl: Was ich da gemacht habe, gibt es nicht. So wurde ich kein Maler.

Das hat Sie entscheidend getroffen.

Ganz entscheidend. Dann kam auch eine gewisse Angst hinzu. Ich malte immer phantastischer, formte jedes Detail phantastisch aus. Und wagte das bald nicht mehr. Ich kam in einen künstlerischen Konflikt, hatte auch keine Lehrer. Dann war auch die Zeit schlecht. Wir waren eingepfercht, es war Krieg, man konnte nicht ins Ausland. Was konnte man? Man konnte höchstens nach Genf oder nach Zürich, aber ob man nach Genf oder nach Zürich ging, war gleichgültig. Es gab ja keine Verbindung mehr, auch nicht mehr mit der deutschen Literatur. Wenn ich bedenke, wie spät ich überhaupt den Namen Kafka kennenlernte! Wieder ein ganz anderes Kapitel. – Es war das Scheitern eines Versuchs, mich auszudrücken, weil er einfach im Leeren stattfand. Ich habe dann den Entschluss gefasst zu studieren, und ich kam auf die absurde Idee, Philosophie zu studieren.

Warum so absurd?

Wahrscheinlich aus dem Wunsch heraus, nun doch hinter die Welt zu kommen, und zwar ganz anders.

Ist das denn absurd?

Von mir aus gesehen. Von mir aus bereue ich es immer noch, bin immer noch wütend, dass ich damals nicht auf eine Kunstschule gegangen bin und zeichnen gelernt habe wie jeder Maler. Ich wollte einen Schritt zu weit tun. Erst viel später habe ich dann einfach einen Stift genommen und wieder angefangen zu zeichnen, was ich sehe.

Haben Sie das Zeichnen lange unterbrochen?

Das konnte ich nie. Ich habe immer gezeichnet. Ich fing dann zwar an zu schreiben – das ist eine andere Sache –; aber zuerst kam der Versuch, Philosophie zu studieren.

Die Philosophie nimmt natürlich unter Umständen die Bilder weg, indem sie erklärt.

Ich wollte die Bilder weghaben. Und die Bilder gingen nicht weg, sie kamen immer wieder, und so kam ich eigentlich zum Schreiben, und dann fast als Befreiung zum Drama. Die frühe Prosa war ganz expressionistisch. Angefangen habe ich aber mit einem Drama, als Student – ich schrieb heimlich –, das habe ich aber nie veröffentlicht.

Was heißt heimlich?

Nur für mich, neben dem Philosophiestudium. Und dann kam wie eine Explosion die Entdeckung des Dramas: eine Form als Verbindung zwischen Malerei und Schreiben. Drum kamen diese Dinge auch sehr eruptiv hervor. Wenn ich zurückblicke, muss ich sagen, dass diese Jahre alle sehr qualvoll waren, sehr chaotisch; ich hatte keine Zeit, mich politisch zu kümmern, ich war extrem unpolitisch; hinzu kommt, dass zum Beispiel in Bern in der Philosophie der Marxismus noch gar keine Rolle spielte, man hörte einfach nichts davon, man studierte klassische Philosophie usw., obwohl bei dem Professor, bei dem ich studierte, Walter Benjamin promoviert hatte. Aber ich war auch gar nicht daran interessiert, ich war viel zu viel mit mir beschäftigt.

Sie hatten also noch keine Orientierung gefunden.

Nein, ich hatte keine Orientierung, weil ich die Orientierung nie außen suchte, sondern bei mir, im Gestalten, im Formen.

So dass auch die Prosa nur ein Versuch war, bis Sie dann mit dem Drama eine wirkliche Orientierung fanden.

Ja. Da hatte ich zum ersten Mal das Gefühl: Ich nehme etwas in die Hand, ich kann etwas machen, ich kann etwas formen.

Haben Sie früh schon mit Bühnen zusammengearbeitet, so dass Sie dieses Gefühl des Formen-Könnens auch in die Praxis umsetzen konnten?

Das kam sehr schnell. Ich war 25 Jahre alt, habe mein erstes Drama geschrieben, und es wurde aufgeführt – das kam sehr schnell.

»Es steht geschrieben« – das erste Wiedertäuferstück.

Ja. Ich habe vorher geheiratet und ging nach Basel und hatte dort auch sehr engen Kontakt mit der Bühne. Dann kamen der »Blinde« und »Romulus«. Ich stand sofort in Verbindung mit der Bühne.

Und Sie hatten auch sofort einen gewissen Erfolg.

Ja. Die Schwierigkeit war dann eine ganz andere: die Schwierigkeit, wie man nun als Schriftsteller Geld verdient. Deutschland fiel damals aus, das war noch vor der Währungsreform, und so kam ich in eine Art Allround-Schriftstellerei hinein. Ich sagte mir: Wenn ich schon Schriftsteller bin, dann ganz, dann muss ich auch alles können; und so schrieb ich Kabarett und dann auch Kriminalromane, bis mit der »Ehe des Herrn Mississippi« die Wende kam.

Also die finanzielle Unabhängigkeit. – Sie waren früher auch Theaterkritiker.

Später, 1954.

Ich möchte noch einmal auf frühe Einflüsse zu sprechen kommen. Wir haben festgestellt, dass die Philosophie möglicherweise die Bilder, die man hat, die auf einen einstürmen, vertreibt. Aber nicht nur der Maler, auch der Schriftsteller braucht die Bilder. Welchen Einfluss hat nun gerade das Studium der Philosophie auf Ihre literarische Entwicklung gehabt?

Das ist ein Einfluss, der sich jetzt viel stärker bemerkbar macht als früher. Man macht ja etwas aus einem inneren Konflikt: ich aus der Auseinandersetzung mit meinem Vater, mit der Religion und all diesen Dingen. Was ich damals versuchte: mich gedanklich damit auseinanderzusetzen, das wage ich eigentlich erst jetzt, d. h., dass ich in meiner letzten Zeit wieder viel stärker zur Philosophie zurückkehre. Man kann nicht einen Weg verlassen, ohne dass man ihn wieder einmal betritt.

Die Auseinandersetzung mit der Philosophie ist für einen Schriftsteller möglicherweise auch ein Problem. Philosophie heißt: analytisches Denken, Analysieren und Theorie. Und gerade Sie haben es immer abgelehnt, zu dem, was Sie schreiben, eine Theorie zu liefern. Kann Philosophie für den Schriftsteller nicht verhindernd wirken?

Nun will ich nicht sagen, dass ich jetzt eine Theorie zu dem gebe, was ich schreibe, sondern ich gebe eine Ergänzung, weil ich immer mehr sehe, dass das Schreiben etwas so Komplexes ist, dass es eigentlich durch ein einziges Werk nicht zu bewältigen ist. Auch Goethe war gezwungen, zur Theorie zu greifen, und Goethe hat erstaunlich viel Philosophisches geschrieben, auch sehr Abwegiges natürlich, wenn Sie an die »Farbenlehre« denken. Es gehört zur Konfession des Schriftstellers, dass er sich immer aufs Neue verständlich macht; er muss mit allen möglichen Techniken vertraut sein. Für mich gesprochen: Ich glaube, dass ich die Philosophie heute sprachlich viel besser bewältige als früher.

Aber es war doch ein spätes Stadium bei Goethe, als er zu den Naturwissenschaften kam. Kann es sein, dass dies, was Sie erwähnen, ein Symptom einer Entfernung von der Dichtung – und von den Bildern – ist?

Ich glaube, das liegt doch daran, dass man immer wieder Distanz haben muss.

Im Sinne von Rollenwechsel?

Im Sinne von Rollenwechsel, aber auch Distanzierung. Was zum Beispiel meine Theaterarbeit betrifft: Ich bin so sehr in die Theaterpraxis hineingerutscht, dass ich einfach zu viel vom Theater weiß; und da muss ich wieder zurückgehen. Ich weiß, es kommt ein großer Stoff auf mich zu, ein ganz neuer Stoff auf dem Theater, und da brauche ich wieder die Frische, die Frische, das Theater ganz vergessen zu haben.

Max Frisch hat auf die Frage, wie das denn mit dem Wechsel von Theater und Prosa sei, einmal gesagt, dies sei bei ihm ein sehr regelmäßig alternierender Wechsel zwischen Prosa und Drama, weil er sich mit einem Stück eine bestimmte Rolle erschrieben habe, die er, wenn er ein neues Stück sofort danach schreiben würde, zwangsläufig beibehalte, er würde also im gleichen Fahrwasser bleiben, und deshalb brauche er einfach diesen Gattungs- und Rollenwechsel.

Ja, das kann ich nur bestätigen. Bei Frisch ist es natürlich etwas anders, weil Frisch immer versucht, ein ICH auf das Theater zu stellen.

Obwohl er natürlich auch sieht, dass das Theater jenes Medium ist, das das ICH am fernsten hält.

Er hat aber schon die Tendenz, ein ICH dort zu platzieren, und auch die Tendenz ist dort, dass die Frisch-Helden – ausgenommen die Helden in der »Biografie« – darunter leiden, dass sie zu unschuldig sind, zum Beispiel der Andri in »Andorra« ist einfach zu unschuldig.

»Andorra« ist aber auch eine Parabel.

Gewiss. – Das Theater ist etwas Hartes, man kann vom Theater auch zu viel wissen, und was Frisch wahrscheinlich auch meint: Es wird dann plötzlich eine Routine. Heute mehr denn je. Früher war das einfach das Metier des Theaterschreibers, drum hat Lope de Vega 1000 Stücke gemacht, der hat immer gleich geschrieben; so wie Strawinsky einmal von Vivaldi gesagt haben soll: Er hat tausendmal das gleiche vollendete Violinkonzert geschrieben.

Das waren auch ganz andere Zeiten. Und verbindet sich damit nicht auch, was Sie vorhin sagten: Das Erzählen von Geschichten, wie Sie es damals im Dorf erlebten, ist heute so nicht mehr mög-

lich. Liegt das vielleicht – abgesehen von den verschiedensten Kommunikationsmöglichkeiten, die wir haben – daran, dass wir die Unmittelbarkeit zu den Mythen nicht mehr haben? Sie haben in Ihrer Theatertheorie entwickelt, dass die Tragödie diese Unmittelbarkeit zum Mythos haben müsse, während die Komödie den Bruch zum Mythos durchaus vertrage und also unserer Zeit angemessener sei, eben weil uns dieser Bezug zum Mythos fehlt. Wir haben allenfalls Ersatzmythen.

Das ist ganz wichtig. Das Ungeheure ist, dass wir immer alles erfinden müssen. Drum bin ich auch dazu gekommen zu bearbeiten. Aber früher haben sie ja auch nur bearbeitet.

Mythen bearbeitet.

Ja. Warum müssen wir immer wieder erfinden? Aus diesen Dilemmata heraus gibt es dann plötzlich neue Stoffe, die kommen wie angeflogen, und es kommt plötzlich eine Idee, wie man einen Mythos nehmen und wieder brauchen kann. Das Geschichten-Erfinden ist ein sehr komplizierter Vorgang, und das Spannende dabei ist: Wie hängt die erfundene Geschichte mit der eigenen Lage, mit der eigenen Existenz zusammen. Und insofern ist auch die erfundene Geschichte ein Abbild einer ganz konkreten Situation.

Der eigenen.

Natürlich, der eigenen, in der sich aber die ganze Welt spiegeln kann, mit der ganzen auch politischen Problematik. Ein großes gelöstes Beispiel – das mich eigentlich langweilt, aber amüsiert – ist Brechts »Galilei«, der die Beschreibung seiner selbst ist. Es ist das Verhältnis von Brecht zur Partei und hat mit dem historischen Galilei sehr wenig zu tun.

Auch Brechts Verhältnis zum Verrat?

Auch zum Verrat. Es ist seine große Beichte, die er in den Galilei gekleidet hat. Aber Galilei war ein ganz anderer Mensch, und auch die Problematik, mit der man Galilei betrachten muss, ist eine andere, in einem gewissen Sinn viel lustiger und viel diabolischer.

Brecht hat episches, er hat ein offenes Theater praktiziert, und gerade diese offene Form steht doch im Widerspruch zur Ideologie des Marxismus-Leninismus – Lukács hat dafür die viel adäquatere Literaturtheorie entwickelt. Sie sind doch auch ein Vertreter der offenen Theaterform, nicht jemand, der eine bestimmte Ideologie aufs Theater projiziert, es sei denn die Ideologie des Zweifels.

Meine Art der offenen Form ist aber wieder etwas anderes, das ist eine Form, die ich wählen kann. »Der Mitmacher« ist zum Beispiel eine sehr geschlossene Form. Ich kann wählen, ich bin gegenüber der Form frei.

Ich meinte das auch nicht auf ein einziges Stück bezogen, sondern aufs gesamte Werk gesehen.

Wenn ich mich jetzt gegenüber Brecht unterscheiden will – nehmen wir den Stoff »Galilei«. Ich habe das einmal am Beispiel des Polarforschers Scott gemacht, aber ich kann das auch am »Galilei«-Stoff machen. Der Galilei bei Brecht – da ist das Interessante, warum Galilei zurückschreckt, warum er widerruft. Und warum widerruft er? Im Grunde hat er Angst vor der Folter, im Grunde hat er Angst, ein Held zu sein; er ist auch kein Held und gibt eben nach, weil er weiß, dass die Wahrheit einmal durchdringen wird.

Die »Discorsi« werden auch weitergeleitet.

Ja. Bei mir ist das Lustige bei Galilei, dass Galilei widerrufen musste aus einem ganz wissenschaftlichen Grund, und zwar – und das ist Tatsache –: Galilei glaubte zwar, dass die Planeten um die Sonne gehen, aber er hatte keinen Beweis; denn alles, was er auch nachrechnete, stimmte nicht aus dem einfachen Grund, weil er annahm, und zwar aus einem primitiven, heute etwas unbegreiflichen Grund, der auf Aristoteles zurückgeht, dass jede Himmelsbewegung vollkommen sein muss, und aus einem uns unerfindlichen Grunde ist der Kreis für Aristoteles und Galilei vollkommener als die Ellipse, also müssen die Himmelsbewegungen kreisförmig sein; und wenn man die Planetenbahn kreisförmig annimmt, dann stimmt nichts. Die Kirche hatte wissenschaftlich recht. Wissenschaftlich konnte die Kirche Voraussagen machen, sie konnte sagen: Dann und dann kommt eine Mondfinsternis, und dann und dann ist der Merkur dort. Und Galilei konnte das nicht. Die Kirche besaß eine nützliche Arbeitshypothese, Galilei eine für ihn nicht beweisbare Wahrheit.

Das ist eine sehr Dürrenmatt'sche Erklärung.

Nein, nein, nein, das ist nicht Dürrenmatt! Das stimmt! Und dann kam der Kardinal – das berühmte Gespräch, das man nicht kennt –, und dieser Kardinal, der Galileis Freund war, hat gesagt: Hör mal, Galilei, hast du den Beweis? Und er musste sagen: Nein. Und hat widerrufen. Galilei ist wissenschaftlich unterlegen. Aber das ist nun nicht die Dürrenmatt'sche Pointe, wie Sie glauben, die ist ganz anders. Die geht nämlich so, dass Galilei ein Buch hatte, das er nicht gelesen hat, und das Buch ist ihm zugeschickt worden von einem deutschen Astronomen, der ihn auch immer vergebens angebettelt hatte, er solle ihm doch endlich mal sein Teleskop leihen, und in diesem Buch war genau beschrieben, dass die Planetenbahnen Ellipsen sind. Das war der Kepler: »Die neue Astronomie« – und das hat der Galilei nicht gelesen.

Aus Faulheit?

Na ja, aus Faulheit und: Was soll schon ein Barbar wissen! Das ist die Pointe: Er hatte den Beweis, aber er hat es nicht gewusst aus gesellschaftlichem Vorurteil. Das ist für mich Galilei. Dort sehe ich die Komödie Galilei. Die Komödie ist: Bei aller Genialität war Galilei ein Renaissancemensch, der immer allein recht haben wollte, der, wenn ein Jesuit die Lehre verkündete, die Kometen seien so etwas wie Planeten, sofort protestiert hat und die

Kometen einfach als Ausdünstungen der Erdatmosphäre erklärt hat, aus reiner Opposition, weil er allein im Besitz aller Wahrheiten sein wollte: ein Renaissancetyp, ein Cesare Borgia der Wissenschaft. Galilei ist, möchte ich fast sagen, am Renaissance-Weltbild gescheitert, weil er nicht über dieses Weltbild hinwegkonnte.

Noch mal zurück zur Dürrenmatt'schen Pointe: Galilei hatte das Buch und damit den Beweis, aber er hat es nicht gelesen, er kennt ihn nicht; er hat ihn, aber er kennt ihn nicht. Berührt sich da nicht die Dürrenmatt'sche Komödientheorie am entschiedensten mit der alten klassischen griechischen Tragödie, mit dem Tragischen?

Um das geht es mir ja ohnehin immer. Das Tragische und das Komische sind für mich so hauchdünn getrennt, sind für mich nicht sachlich unterschieden, sondern rein im Bewusstsein, rein psychologisch. Nennen Sie es Zufall oder nennen Sie es Schicksal. Möbius nimmt den falschen Weg: Er wählt das falsche Irrenhaus, nämlich das Irrenhaus, in dem die Leiterin ebenfalls verrückt ist. Hätte er ein anderes gewählt, wäre das Ganze nicht passiert. Und so wählt Oedipus den falschen Weg; hätte er einen anderen Weg eingeschlagen, wäre das Ganze nicht passiert. Der Zufall ist nicht wegzudiskutieren, ist auch nicht wegzukünsteln, ist gar nicht wegzudenken. Man hat mir immer vorgeworfen – ich habe auch lange Gespräche zum Beispiel mit Frisch darüber geführt –, bei der Zachanassian führe kein zwangsläufiger Weg von der Verurteilung als Dirne zum Bordell. Ich sage: Das kann man gar nicht, das ist ihr Charakter, dass ein Mensch sagt: Also gut, wenn man mich zur Dirne stempelt, werde ich auch eine.

Charakter also ein Ereignis, bestimmt auch durch den Zufall?

Charakter, sichtbar gemacht durch ein Ereignis; ihr Entschluss, Dirne zu werden, charakterisiert die Claire Zachanassian überhaupt.

Kritiker aber wollen gern Linien haben, Leitlinien.

Aber das gibt es nicht. Wie kann man einen Menschen mehr charakterisieren als durch einen ungewöhnlichen Entschluss. Das zeigt den ganzen Stolz eines Menschen. Ein Mensch, der sagt: Man hat mich zur Dirne gemacht, dann werde ich auch die größte Dirne! –, der kann sich dann aber auch auf entsprechende Weise rächen. Wenn das Ganze zwangsläufig gemacht worden wäre, wenn ich da eine Reihe Stationen eingebaut hätte, dass sie zuletzt noch einen Liebhaber fände usw. – dann wär's Kolportage. Aber gerade dadurch, dass sie etwas Außergewöhnliches macht, ist auch die Rache außergewöhnlich. Dann sagt sie: Ich werde eine Dirne, ich räche mich, komme zurück usw. – das alles ist Selbstbehauptung.

Ist das nicht ein ganz eminent barockes Charakteristikum? Die Zufälligkeit der Welt, das an eine zufällige Welt Ausgeliefertsein des Menschen, eine Welt, die man nicht verändern kann usw.

Da kann ich Ihnen nur sagen: Wir leben in einem barocken Zeitalter. Sie können von einer Welt, die mit einem Urknall beginnt, wie die meisten Kosmologen annehmen, nicht behaupten, sie sei nicht barock. Wenn die Welt, in der wir leben, nicht barock ist, na ja. Unsere ganze Wissenschaft ist so barock ...

Glauben Sie auch, dass die Literatur barock ist – um bei diesem Begriff zu bleiben, der ja mehr meint als einen literaturgeschichtlichen Begriff?

Es kommt darauf an, was wir barock nennen. Ich behaupte ja, eine Literatur kann scheinbar nicht barock sein, aber sie kann in der Struktur barock sein. Das Barocke ist ein Strukturbegriff, nicht ein Stilbegriff – das ist etwas ganz anderes; wir verwechseln immer Stilbegriff mit Strukturbegriff.

Eine ähnliche Verwechslung wie die zwischen Naturalismus und Realismus. Realismus ist ja kein Stilbegriff, sondern ein philosophischer Begriff, der eine bestimmte Auffassung von der Welt meint. – Wir gingen eben von Ihrer Interpretation dieser Galilei-Figur aus, und also von Ihrer Interpretation von Geschichte und

Geschichten überhaupt, und wir kamen von der Komödie zur Tragödie. Sie sagten: Der Unterschied zwischen beiden ist hauchdünn. Aber die Empfindung, die Aufnahme, warum etwas komödiantisch und warum etwas tragisch wirkt, liegt ja nicht unbedingt bei dem, der Komödie oder Tragödie schreibt, sondern beim Publikum. Und in einer Zeit, die etwas als solches empfindet.

Nun müsste man fragen: Ist nicht das Publikum an sich in seiner Aufnahmefähigkeit gestört?

Wodurch? Durch Massenmedien, Fernsehen? Oder durch Politik?

Ich gehe von einfachen Tatsachen aus: Führen sie heute auf dem Theater mal eine Schlacht auf! Bei Shakespeare war das einfach, einige als Soldaten kostümierte Statisten zogen über die Bühne, und das Publikum, begabt mit Phantasie, sah die Schlacht in diesen Dingen und Vorgängen. Wenn wir aber heute den Film nehmen – ich weiß nicht, ob Sie »Spartakus« gesehen haben?

Nein, aber z. B. »Ben Hur«.

Nehmen wir »Spartakus«. Ein fürchterlicher Schinken. Aber das Eindrückliche war, wie Sie da Legionen anrücken sehen: zuerst ein Strich, dann rücken sie langsam näher, und man erkennt Formationen, und die Sklaven und Gladiatoren warten. Das ist wirklich ein Spektakel. Wir sind heute optisch dermaßen verdorben! Drum fallen wir wieder so sehr aufs Ästhetische rein. Das Theater wird überästhetisch. Was mich heute im Theater zum Teil langweilt, ist das Überästhetische. Ich habe das Gefühl, die Schauspieler sterben aus – man sieht gar keine schauspielerischen Leistungen mehr, man sieht nur noch ästhetische Leistungen des Schauspielers, der Regie usw. Auch das heutige Bühnenbild hat ja wieder einen Eigenwert bekommen. Der Verlust, den wir haben an Illusion, kommt daher, dass wir die Kraft nicht mehr haben, eine Illusion zu haben.

Der Verlust von Imaginativität.

Der wird ersetzt durch Ästhetik, durch Freude an einem besonders schönen Kostüm usw.

Hat da das Publikum nicht eine Ursprünglichkeit verloren, die unwiederbringlich ist? Ich habe zum Beispiel früher den »Robinson Crusoe« mit solcher Intensität und Einbildung gelesen, dass ich diese Insel, auf die Robinson verschlagen wurde, bildlich sah, genau wusste, wo und wie alles war: die Höhle, der Garten, die Ställe usw. Später habe ich dann den Fernsehfilm gesehen: ein matter Abglanz. Und heute lesen Kinder das Buch nicht, sondern sehen den Film. Sie werden der Möglichkeit, Imaginativität zu entwickeln, beraubt. Mir konnte der Film meine eingebildete Insel nicht löschen.

Aber selbstverständlich, das ist ganz klar. Wir haben das noch im Sandkasten gebaut! Das ist für mich ein großer Verlust im Theater; denn ich muss mich in die Ästhetik retten, und nur, wenn ich mich in die Ästhetik rette, werde ich akzeptiert, und dabei hängt mir die Ästhetik zum Halse heraus, und ich will eigentlich nichts anderes als die schauspielerische Leistung, die wieder Illusion erzeugt. Wir sind heute gegen die Illusion, weil wir die blöde Theorie haben, was Illusion sei, das sei nicht wahr! Illusion zu haben heißt ja nicht: nicht wahr zu sein, sondern heißt: sich etwas einbilden zu können.

Schöpferische Kraft zu haben?

Genau. Das heißt: Man sieht den Geist im »Hamlet«, warum also diese Abneigung gegen die Illusionsbühne? Das begreife ich nicht. Wenn man faulen Zauber machen müsste, ja. Aber das braucht man ja gar nicht, man braucht nur sehr wenig. Und wir ersetzen das: Es ist die ästhetische Bühne gekommen.

Es ist natürlich auch eine Reaktion des aufklärerischen Impulses. Die Illusionsbühne kann benutzt werden, kann ausgenutzt werden, um zu Schlechtem zu verführen.

Dahinter steckt die Idee, dass ein normaler Mensch, wenn er im Theater sitze, nicht wisse, dass er im Theater sitze. Aber natürlich weiß er, dass er im Theater sitzt und dass er das alles nicht selbst erlebt.

Herr Dürrenmatt, Sie haben gesagt, die Geschichten, die Sie in Ihrer Jugend hörten, hätten entscheidenden Einfluss auf Sie, entscheidenderen als Literatur, die Sie gelesen haben. Haben Sie daher auch Ihre genuine Beziehung zum Geschichten-Erfinden und zum Geschichten-Erzählen?

Das ist sehr schwer zu beantworten. Geschichten-Erzählen und Geschichten-Schreiben ist etwas ganz anderes. Es gab eine Zeit, da habe ich mich hauptsächlich dadurch ausgezeichnet, dass ich jedem Verleger Geschichten erzählt habe. Ich konnte Geschichten einfach erfinden. Geschichten-Erfinden ist eine Sache der Logik, ist ein Schachspiel, das man aus dem Moment macht, aus einer Konstellation heraus. Und ich habe unzählige Geschichten erzählt. Ich habe gesagt: Ich schreibe sie – dabei habe ich sie nie geschrieben.

Die Verleger waren doch vermutlich sehr begeistert davon, dass Sie sie ihnen schreiben wollten.

Sie waren begeistert. Und es gab einmal eine sehr schwierige Zeit, meine Frau lag im Spital und bekam ihr zweites Kind, und ich lag im gleichen Spital und war krank, und ich hatte kein Geld. Da habe ich jeden Verleger, den ich kannte, angerufen und ihm eine Geschichte erzählt, die ich als Roman oder Erzählung schreiben würde. Ich muss zu meiner Ehre sagen, jedem erzählte ich eine andere Geschichte. Und am Abend war ich finanziell aus dem Schlimmsten heraus.

Hat einer dieser Verleger eine Geschichte von Ihnen gesehen?

Keiner. Aber einer hat mich betrieben, er wollte das Geld wiederhaben. Diesen Betreibungsbeamten habe ich dann eingeführt in den »Besuch der alten Dame«; der Betreibungsbeamte Gentz pfändet, gleich zu Beginn, die Stadt Güllen. Das war diesem Betreibungsbeamten, einem Advokaten, sehr peinlich.

Aber er war doch letztlich auch nur eine Funktion des Verlegers.

Selbstverständlich. Ich bin dem Verleger auch nicht böse. Aber die anderen waren gnädig.

»Grieche sucht Griechin« ist zum Beispiel eine solche Geschichte, von der ich mir vorstellen könnte, dass sie in einer solchen Laune entstanden ist.

»Grieche sucht Griechin« ist nicht in einer Laune entstanden – zuerst dachten wir, wir könnten einen Film daraus machen –; das ist sehr tragisch entstanden: Meine Frau musste operiert werden, und ich wusste nicht, ob es gefährlich war oder nicht, und ich habe auf Tod und Leben geschrieben, um diese Operation bezahlen zu können.

Seit wann können Sie denn unabhängig leben von dem, was Sie geschrieben haben fürs Theater usw.?

Da muss ich dem deutschen Rundfunk sehr dankbar sein, denn der wurde so etwas wie mein Mäzen. Ich habe im ganzen zehn Rundfunkstücke geschrieben, Hörspiele – zum Beispiel entstand »Die Panne« erst als Hörspiel und nachträglich als Novelle –, und damit konnte ich mir mein Leben finanzieren. Ich muss sagen, dass ich immer sehr gut lebe, dass ich immer wie ein Fürst gelebt habe, sehr gerne gelebt habe, dass ich nie arm gewesen bin; ich war immer ein reicher Bettler in meiner Armut. Es ging mir also immer gut.

Sie haben gute Freunde gehabt?

Ich habe gute Freunde gehabt, auch unbekannte Freunde, Schweizer, die mich unterstützt haben, ich weiß nicht einmal den Namen dieser Leute. Ich kann mich überhaupt nicht beklagen. Ich habe mich zum Teil etwas durchgegaunert mit Versprechungen, wie ich es eben erzählt habe. Aber ich habe immer gut gelebt, ich habe immer die besten Zigarren geraucht und immer, wie Sie sich auch jetzt überzeugen können, die besten Weine getrunken.

Augenblicklich einen St. Emilion von 1889.

Den habe ich damals natürlich noch nicht getrunken.

Aber Sie hatten doch dann den Durchbruch, der Sie völlig unabhängig machte, unabhängig auch von solchen Geschichten, die Sie eben erzählt haben.

Das kam im Grund mit dem »Besuch der alten Dame«. Ich weiß aber eigentlich nicht, warum. Ich weiß zum Beispiel auch nicht, warum meine Bücher so gut gehen, obwohl mein Verleger nie Werbung für sie macht. Aber ich könnte heute von meinen Büchern leben.

Von den Büchern, die gedruckt sind, ohne die Theatertantiemen?

Ja. Ich würde dann natürlich sehr anders leben. Aber ich könnte davon leben. Ich würde mich auch nicht fürchten, nur von den Büchern zu leben. Ich könnte auch ohne Bücher leben, könnte mir vorstellen, dass ich in einen anderen Beruf überwechseln würde.

Philosophieprofessor?

Nein. Ich würde zeichnen, malen.

Danach habe ich ja schon gefragt, als ich mir den Reichtum Ihrer Bilder hier in Ihrem Hause anschaute: Es wundert mich, dass Sie noch nie eine öffentliche Ausstellung gemacht haben.

Ich will es nicht. Ich will ja nicht auch noch als Maler auftreten. Ich könnte es, sicherlich. Und manchmal denke ich: Warum schmeißt du nicht die Literatur hin?

Das Schreiben war aber doch auch ein Trieb für Sie.

Aber ein noch größerer Trieb ist das Zeichnen. Sie haben diese Zeichnung gesehen: den Papst auf dem Mammut vor einem Eisfeld reitend –, ich habe gestern bis um fünf Uhr morgens gezeichnet, und dann wurde mir erst bewusst, dass ich nur eine Pyjamajacke anhatte, dass ich eigentlich total durchfroren war, nachdem ich drei Stunden lang gezeichnet hatte.

Das passiert Ihnen beim Schreiben nicht?

Nein.

Das Zeichnen also ist die Leidenschaft.

Es gibt auch Momente der großen Leidenschaft beim Schreiben, Momente, in denen ich entwerfe. Wenn ich jetzt an das denke, was ich als Stück machen möchte, dann packt mich eine große Leidenschaft. Aber die unmittelbare Leidenschaft, ein blankes Papier oder einen Karton vor sich zu haben und nun etwas Technisches ausführen zu müssen, das gibt es, glaube ich, im Schreiben gar nicht. Es ist eine Leidenschaft, die auch in etwas Technischem besteht, in einem technischen Bewältigen. Das Schreiben hingegen ist schon etwas viel Abstrakteres. Ich habe sehr lange darunter gelitten, dass ich beim Schreiben nicht dieses unmittelbare Verhältnis zur Materie habe wie beim Zeichnen.

Manche Kritiker sagen, Ihre Stücke seien bestimmt von Einfällen, und dass es Einfälle seien, die Sie dann nur noch ausführen, fast uninspiriert, nur noch handwerklich realisierend, um diesem Einfall auf die Beine zu helfen. Das wäre in etwa analog zu dem zu sehen, was Sie beim Zeichnen interessiert.

Ich glaube, dass die Kritiker aus einer großen Unkenntnis des eigentlichen Produzierens heraus urteilen. Es gibt nie nur einen Einfall, den man ausführt, sondern es gibt einen Einfall, der einen verlockt, ein Stück zu schreiben, und die Schwierigkeit, ein Stück auszuführen, ist eigentlich das, was ein Einfall hervorruft, welche Konsequenzen er hat und welche Abwege er öffnet. Ein Stück ist als Idee, als ein inneres Bild fassbar, aber nie als ein Ablauf. Der Ablauf ist immer sehr überraschend. Und wenn ich an mein letztes Stück, den »Mitmacher«, denke – und die letzten

Stücke sind ja immer die liebsten –, so muss ich sagen: Ich hätte nie vorher gewusst, dass das, was ich für einen der stärksten Akte halte, die ich je geschrieben habe – nämlich den vierten Akt, wo nur ein Mensch allein auf der Bühne ist und zu einem Menschen spricht, der nicht sichtbar ist, der nur schweigt, es ist alles Spannung, zu einem, der außerhalb der Bühne ist –, so entstehen würde. Das sind die Überraschungen, die das Schreiben bringt. Das Schreiben ist eine ewige Überraschung – genauso das Zeichnen. Sie wissen vorher nie, was kommt. Das Abenteuer, das Sie erwartet, wenn Sie zu schreiben beginnen, das können Sie nie voraussehen. Und der Kritiker weiß überhaupt nicht, was es heißt: zu schreiben, nur die grenzenlose Unkenntnis dieser existentiellen Bedingungen führt zu solchen Missverständnissen. Dann könnten Sie den ganzen Shakespeare abtun und könnten sagen: Das ist alles vorausberechnet.

Sie lassen, was Ihre Figuren angeht, den Übelohe in der »Ehe des Herrn Mississippi« einmal ganz zu Anfang sagen: Da ist dieser zähe Protestant, also der Autor Friedrich Dürrenmatt, der uns Figuren nun in die Welt setzt und mit uns machen lässt, was mit uns geschieht; er hat mit uns nichts mehr zu tun.

Drum betrachte ich in einem ganz bestimmten Sinn – und ich kann das eigentlich niemandem erklären – den »Mitmacher« als eines meiner wichtigsten Stücke, und zwar weil es mich am meisten angeht: Es ist ja nichts anderes als – wenn ich es nun in einen anderen Kontext stelle – das Drama des Petrus: Dieser Doc, dieser jämmerliche Mensch, kann nichts anderes als sich verleugnen – er verleugnet sich dreimal. Er verleugnet seine Geliebte, er verleugnet seinen Sohn, und dann kommt das Fürchterlichste: Er verleugnet sich selbst. Das ist das Drama des Petrus, ein Urdrama, und da komme ich auf die Mythen zurück, das heißt auf das, was uns eigentlich bewegt – wir kommen immer auf die Mythen zurück: den Mythos des Menschen, der sich verleugnet. Und das ist für mich das Drama des heutigen Intellektuellen: sich verleugnen zu müssen. Das ist für mich das Drama: Wie kommt dieser Mensch dazu, nicht zu sagen: Das bin ich, das ist meine Geliebte, das ist mein Sohn; warum wagt er das nicht?

Oder nehmen wir die »Physiker«. Wenn Möbius das Vertrauen hätte zu sagen: Hör mal, Monika, es ist so und so, dann müsste er sie nicht erdrosseln. Aber das wagt er nicht. Dieses Nichtwagen, zu sich zu stehen, zu der Wahrheit zu stehen, dieses ganz simple und ungeheuer Menschliche, das stattfinden müsste, findet nicht statt, und es ereignet sich in der Wirklichkeit so selten. Für die gesamte menschliche Welt ist das das Problem. Und es ist das Problem auch des Petrus; er wagt nicht zu sagen: Ja, ich bin sein Jünger. Dieses Wort zu sagen, zu sich zu stehen, auf das kommt es an. Und das ist der menschliche Verrat. Es geht alles auf menschliche Grundstrukturen zurück. Ich glaube nicht, dass man mehr herausbringt über den Menschen. Und man ist immer mit einbezogen, man ist immer mit dabei. Könnte man in diesem Moment anders handeln? Würde man das in diesem Moment? Es ist sehr leicht in gewöhnlichen Situationen, in alltäglichen Situationen, zu sich zu stehen. Wie aber ist das in extremen Situationen? Dort wird der Mensch an seine Grenze geführt und an seine Entscheidung. Und mehr kann das Drama gar nicht leisten.

Ich habe nun zwei Fragen: eine objektive und eine subjektive, private. Zum einen: Wie verhalten Sie sich als Mensch? Verleugnen Sie sich als Intellektueller auch? Und warum? Und nun der objektive Aspekt: Ist es nicht vielleicht die Umwelt, die einen permanent dazu zwingt, sich selbst zu verleugnen? Und gehört nicht eine ungeheure, vielleicht eben unmenschliche Kraft dazu, sich nicht verleugnen zu wollen und zu können.

Ich glaube, ich habe diese Frage auf meine Weise im »Meteor« beantwortet. Der »Meteor« ist eine im Grunde sehr einfache und auch wieder sehr teuflische Fabel: Ein Mensch, der nicht glaubt, ein Mensch wie wir, wird ständig aus dem Tode erweckt; er erlebt ständig das Wunder: Er ist tot und wird wieder lebendig. Und dieser Mensch, weil er nicht glaubt, wird nie darauf kommen, dass er tot war; er wird immer sagen: Das war ein Ohnmachtsanfall oder was auch immer. Das heißt, Lazarus ohne den Glauben wird nie das Wunder akzeptieren können; das Wunder nützt gar nichts ohne den Glauben.

Ist das Wunder nun ein Zufall, oder ist es metaphysisch gesteuert?

Das ist vollständig gleichgültig. Das Wunder im »Meteor« ist ein Ereignis, und ich muss sagen, dass ich mit sehr großem Vergnügen das Ganze aus Lessing entwickelt habe, der sich in seiner »Hamburger Dramaturgie« ausführlich über das Wunder auslässt. Bei mir ist das Wunder ein Ereignis, das eine Handlung auslöst, nicht aber ein Ereignis, das eine Handlung löst; ich kann ja, weil das Theater eben das Theater ist, auf dem Theater ein Wunder sich ereignen lassen; nur muss das Wunder einen dramaturgischen Sinn haben, keinen äußerlichen, den schon Lessing beanstandet hat. Der innere dramaturgische Sinn des Wunders im »Meteor« besteht darin, dass es dem Menschen, der nicht glaubt, nichts nützt. Und was heißt nun glauben? Glauben heißt vertrauen; glauben kann man nicht für sich allein, glauben kann man nur, wenn man vertraut. Und dieser Mensch, dieser zynische, verrückte Mensch Schwitter, der nie anderen vertraut, kann auch nicht glauben. Gott kann noch so viel Wunder tun, er kann sich diesem Schwitter gar nicht beweisen. Und das ist für mich das Entscheidende der Moderne. Ich möchte sagen: Ich bin meiner Veranlagung nach ein religiöser Mensch. Aber etwas muss ich anerkennen: Glauben kann durch nichts bewiesen, Glauben kann durch nichts objektiviert werden, Glauben ist rein subjektiv.

Das kann sehr problematisch sein. Wenn ein Autor ein Gläubiger ist, so gut. Wenn aber ein Autor dazu verführt, gläubig zu werden, arbeitet er sehr stark mit der Emotionalität und verführt unter Umständen zu unkontrollierbaren Irrationalismen.

Ich verführe nicht. Ich rate ab.

Eben. Sie führen doch eben nicht zum ideologischen Denken, sondern zum ideologiekritischen Denken.

Ich rate ab. Ich rate jedem ab. Ich werde jeden zum Unglauben verführen, wenn er nur zum Unglauben zu verführen ist. Das Einzige, was ich anerkenne und was ich behaupte, ist: Wenn es einen Glauben gibt, wenn es einen Gott gibt, dann ist etwas, was Gott setzt, der Zweifel. Und nur wenn ich diesen Zweifel ernst nehme, nur dann kann ich diskutieren; dann ist dieser Zweifel der von Gott gewählte Schleier, den er vor sich zieht. Und den Zweifel auf die Seite zu schieben, ist die größte Ungerechtigkeit, die es gibt. Ich weiß nicht, ob ich mich klar ausdrücke: Aber ich bin ein Zweifler, und ich zweifle und zweifle. Und erst aus dieser Bedingung heraus beginne ich zu diskutieren. Aus dem allergrößten Zweifel heraus kann man ein Gespräch über das Religiöse erst führen – das Religiöse ist ein Wort, das immer mit Anführungszeichen zu hören ist, ein sehr schäbiges Wort.

Ein schäbig gemachtes Wort.

Ja, und ein grammatikalisch fürchterliches Wort, das wissen Sie doch, wenn Sie den Quirinus Kuhlmann herausgegeben haben. Wenn Sie diesen Menschen nehmen: Das waren richtige Gläubige. Und richtige Gläubige sind Verrückte, sind Don Quichottes, sind Gullivers, sind …

Dürrenmatts?

Nein, ich wage nicht, mich in diese Reihe zu stellen.

Nicht in der literarischen Bedeutung, aber als Gläubiger.

Ja. Aber schaun Sie: Ich glaube, dass zum Beispiel gerade die Menschen des Barock Gläubige waren – nehmen Sie nur Gryphius, den ich für einen der ganz großen Dichter der deutschen Literatur halte, ebenso wichtig oder wichtiger noch als Jean Paul, den ich auch sehr, aber anders schätze, als ihn heute viele schätzen …

Jean Paul wird heute jakobinisch eingeschätzt.

Alles Quatsch. Die heutige politische Einschätzung ist eine Tageseinschätzung.

Modisch?

Was heißt modisch? Es ist eine tagespolitische Geschichte.

So wie auch Günter Eich einmal eine Unterscheidung für sich in Anspruch genommen hat, der gegen das Politisieren in der Literatur war und die Literatur als solche bereits für politisch nahm, weil sie als freie Sprachwirklichkeit die ideologische Sprache der Mächtigen immer in Frage stellt? Nicht mit politischem Vokabular, sondern mittels poetischer Sprache.

Ich werde heute schon skeptisch, wenn ich das Wort »Mächtige« höre. Was ist »mächtig«? Heute sind auch die Ohnmächtigen mächtig. Es ist heute ungeheuer verflixt, in dieser verfilzten Welt über diese Dinge zu reden. Schaun Sie: Einer der größten politischen Schriftsteller der Deutschen – und jetzt werden Sie vielleicht lachen – ist E. T. A. Hoffmann. E. T. A. Hoffmann schreibt sicher kein gutes Deutsch; aber das braucht er gar nicht. E. T. A. Hoffmann ist ein eminent politischer Schriftsteller, ein ironischer Schriftsteller, der hat es gar nicht nötig, gut zu schreiben.

E. T. A. Hoffmann ist wohl auch der deutsche Schriftsteller, der wie kaum ein anderer im Ausland gewirkt hat.

Wie kaum ein anderer. Und wieso? Weil seine Ideenwelt eminent wichtig ist, und diese Ideenwelt hat Stil gar nicht nötig. Er ist ein großer Deutscher und ein großer Liberaler und ein großer Demokrat. Denken Sie an »Klein Zaches« – eine größere Ironie, eine größere Satire über Fürsten usw. gibt es nicht. Nehmen Sie »Meister Floh«! Es kommt drauf an, wie man das liest. Ich habe in einer meiner letzten Arbeiten eine These, da arbeite ich über die Frage: Was ist ein ironischer Held? Ich weiß, mein letztes Stück ist eine große Niederlage, das ist mir vollständig egal, es ist sicher ästhetisch berechtigt, ich habe etwas versucht, das nicht möglich ist, ich habe mich, aus einem theaterpraktischen Grund, so zurückgenommen, ich habe mich so verknappt, dass die Leute gar nicht mehr erkennen können, was los ist, aber das ist eine andere Sache: Das ist ein Theaterstil, ein Theaterbegriff, eine

Regie-Idee –; aber ich habe eine Figur aufgestellt, den Cop, den nenne ich den ironischen Helden, das habe ich entwickelt aus Kierkegaard, und das führt in mein nächstes Drama hinein, über das ich jetzt immer nachdenke, dass es nämlich nicht nur den tragischen, den komischen, sondern auch den ironischen Helden gibt, den Helden, der etwas ganz Unsinniges macht, und Cop macht etwas total Unsinniges, etwas, das überhaupt keinen Sinn mehr hat: Das Geschäft von Doc macht er kaputt, aber nachher läuft die Korruption weiter. Er ist ein ironischer Held, d. h., er weiß genau, was er tut, und er macht es nur noch sich selbst zuliebe – und warum? Er macht es nur noch sich selbst zuliebe aus einer Begründung, die vielleicht – ich weiß es nicht – veraltet ist, ich weiß nicht, ob man sie überhaupt aussprechen kann: Er macht das, um sich selbst noch achten zu können, um sich selber nicht verächtlich sein zu müssen.

Deshalb geht er in den Tod.

Ja. Er will wenigstens sich noch achten können, darüber hinaus zerstört er alles, alles andere ist ihm gleichgültig: die Welt, die Welterlösung, die bessere Welt, die ist ohnehin verloren, die Korruption geht weiter; aber er will sich noch achten können. Und darum lässt er sich erschießen. Aber er kann sich noch achten. Vor welcher Instanz? Vor seiner eigenen, vor sich selbst.

Ist der Mensch seine eigene Instanz?

Ja, das ist die letzte Position, die es wahrscheinlich noch gibt – jetzt sag ich etwas ganz Böses: vielleicht die finsterste theologische Instanz, wenn der Mensch nur noch sich selbst achten kann, keine andere Instanz hat als sich selber.

Ist das die letzte Reduktionsstufe einer Entwicklung, die damit eingesetzt hat, dass sich der Mensch die Götter einmal erfunden hat, um sich Welt und Natur zu erklären?

Das ist möglich, ich weiß es nicht. – Und jetzt komme ich zum ironischen Helden, und da sage ich: Im Grunde kann man jede

Literatur zweimal lesen, es gibt zwei Literaturen. Es gibt die ironische Literatur, und es gibt die andere. Es gibt zwei Bibliotheken. Und man kann den »Don Quichotte« zweimal lesen, und der »Don Quichotte« ironisch gelesen, ist jener Don Quichotte, der genau weiß: Das ist eine Windmühle, auf die ich losstürme. Man braucht nichts zu ändern.

Totale Desillusionierung also?

Ja, aber begreifen Sie, was ich damit sagen will? Ich sage: Es ist eine Sache des Bewusstseins, es ist eigentlich fast nicht mehr darstellbar; ich könnte das noch im alten rhetorischen Drama darstellen, wo der Mensch auf die Bühne tritt und sich rhetorisch – entschuldigen Sie das Wort – auskotzt. So, wie sich die Menschen bei Racine oder bei Schiller äußern, äußern wir uns nicht. Wir treten nicht auf und halten lange Monologe. Ich kann es nicht. Dieser Mensch kann sich eigentlich nicht mehr ausdrücken. Ich kann es nachträglich machen und kann sagen: Philosophie eines Stücks, Philosophie eines gescheiterten Stücks. Ich weiß es, aber ich kann es, wenn ich es echt meine, nicht ausdrücken. Ich kann nur sagen: Das sind die Strukturen, und das sind die Monologe. Ich stehe am Ende. Dass ich auf eine andere Weise auf etwas anderes komme, das ist dann eine andere Sache. Ich bin in einer Sackgasse, ich kann nur immer feststellen: In meinem ganzen schriftstellerischen Leben bin ich immer nur in Sackgassen gelandet, nehmen Sie, was Sie wollen: in vielen Stücken, und jetzt zuletzt im »Mitmacher«. Ich bin in Sackgassen gelandet, wo ich weiß: Jetzt kannst du aufhören zu schreiben, oder es geht dir eine Möglichkeit auf, wieder anders zu schreiben. So geht es jedenfalls nicht weiter.

Aber woran liegt das? Nur am Bewusstsein des Autors oder auch am Bewusstsein des Publikums?

Das Publikum spielt keine Rolle, wenn man schreibt. Dabei bin ich ein Freund des Publikums, ich komme auch mit dem Publikum aus, und das Publikum ist auch sehr freundlich zu mir. Ich weiß, die letzten Male, wenn ich auf die Bühne gegangen bin, kamen Pfeifkonzerte, da sind Leute, die klatschen und klatschen, und da sind Leute, die pfeifen und pfeifen; ich habe mir gesagt: Jetzt bist du zu alt, und jetzt gehst du nicht mehr auf die Bühne. Aber ich habe das Publikum immer geachtet: Das Publikum muss seine Unterhaltung haben, und es hat auch im »Mitmacher« seine Spannung gehabt, das Stück ist auch gegangen. Aber es spielt keine Rolle, wenn man schreibt. Es kann dann nicht existieren. Wenn ich schreibe, gibt es nur mich. Das Publikum ist, wenn ich's ganz böse formuliere, der große Störfaktor, der bei der Uraufführung kommt.

Das ist dann aber ein sekundäres Problem. Aber aus dem geschlossen, was Sie vorhin sagten, dass es zwei Bibliotheken, zwei Literaturen gibt, nämlich eine, in der Don Quichotte die Windmühlen für Windmühlen hält, und eine andere, in der er die Windmühlen für Ritter nimmt. Aber ist Don Quichotte gegenüber den Windmühlen – des Theaters – nicht Publikum? Er nimmt auf, er interpretiert, und jedes Publikum ist durch seine je verschiedene soziale, psychische usw. Situation ein jeweils anders rezipierendes Publikum, es kann also in den Windmühlen Windmühlen sehen oder auch etwas anderes. Und so kommt es doch sehr auf den Rezipienten an.

Aber Sie können nicht an das Publikum denken. Wie wollen Sie das machen?

Viele beziehen das Publikum ein, werden didaktisch zum Beispiel.

Aber ich kann es nicht! Wenn ich schreibe, wer ist das Publikum? Ich.

Ich meine nicht ein so konkret gesehenes, verstandenes Publikum, sondern ich meine damit so etwas wie Zeitströmungen, ich meine politische Entwicklungen, auch aktuelle Situationen, die das Theater, die die Literatur beeinflussen – nicht Tagespolitik, sondern größere, im Aktuellen sich verfestigende, sichtbar werdende Entwicklungen.

Soll ich mich nach einer Zeitung richten?

Nein, das ist nicht gemeint.

Schaun Sie, um das ganz offen zu sagen: Das heutige Theater wird gemacht von »Theater Heute«. Ich habe mich immer geweigert, jemanden von »Theater Heute« zu empfangen, ich kenne Herrn Rischbieter nicht, ich sehe nur das, was er schreibt – was soll ich mich mit Herrn Rischbieter noch unterhalten? Was geht mich »Theater Heute« an? Ich komme nicht zu Rande mit meinen Gedanken, mit meinen Überlegungen übers Theater, die nicht aufs Theater zielen, sondern aufs Werk. Das ist mir wichtig. Die heutige Theaterkritik spielt sich auf einer Ebene ab, die für mich keine Bedeutung hat, die ich nicht nötig habe, auch wenn sie mich manchmal ärgert – Sie sehen, ich lebe gut, ich trinke gute Weine, wir trinken gleich noch einen besseren –; das alles kümmert mich nicht. Die Kritik kümmert mich nicht. Mich interessiert meine Arbeit.

Kümmert Sie Kritik wirklich nicht?

Sie kümmert natürlich jeden, der schreibt. Jetzt mal ganz offen: So glaube ich, dass ich eine sehr wichtige Inszenierung von »Emilia Galotti« gemacht habe, in Zürich. Die wurde so verrissen – aber das kümmert mich nicht. Wissen Sie, was mich kümmert? Dass das Theater, das Schauspielhaus Zürich, für das ich mit Einsatz und mit begeisternd mitarbeitenden Schauspielern diese Inszenierung gemacht habe, diese Inszenierung nicht in die nächste Saison mitgenommen hat: wegen der Kritik. Mich kümmert nicht die Kritik, mich kümmert, dass man nicht hinter mir steht; und dass ich das nicht habe, was Brecht hatte, ein Theater, das hinter einem steht.

Würden Sie auch eine kleine Provinzbühne nehmen?

Selbstverständlich. Mich kümmert – und das mag jetzt furchtbar deutsch klingen –, dass man keine Treue mehr hat. Wenn ich mich schon sechs Wochen hinsetze und probe und eine Renaissance-Idee von »Emilia Galotti« habe, der Prinz als Bock usw., die ich umsetze – dass man, obwohl die Kritik verheerend war, nicht sagt: Gut, wir spielen das Stück weiter – das kränkt mich. Es war genau dasselbe beim »Urfaust«, beim »Woyzeck«, in dem ich auch Neues entdeckt habe – aber man stand nicht zu diesen Inszenierungen. Brecht hatte immer Leute, die hinter ihm standen, ich hatte nie Leute, die hinter mir standen.

Jetzt will ich ganz provokant fragen: Woran liegt das denn tatsächlich? Sie sind überzeugt von diesen Inszenierungen – kann es nicht aber doch auch so sein, dass diese Inszenierungen tatsächlich nicht so gut sind, wie Sie sie einschätzen?

Das kann natürlich sein, selbstverständlich. Darauf habe ich keine Antwort – natürlich können die sehr schlecht sein. Also ich nehme jetzt den schlimmsten Fall: Sie sind schlecht. Aber sie sind von mir. Von jemandem, der sich einsetzt. Und es geht mir darum, dass jemand hinter mir steht, auch wenn ich schlecht bin; dass einer zu einem hält, auch in den Niederlagen.

Menschliche Enttäuschung also?

Das ist nicht menschlich, sondern sachlich.

Sachliches lässt sich nachprüfen: Man hätte Ihnen dann sachlich erklären können, warum man diese Stücke abgesetzt hat. Ist es bei Ihnen nicht doch die Verletztheit über den Mangel an menschlicher Loyalität?

Ja, es ist ganz richtig, was Sie sagen. Wenn ich schon so viel Zeit hingebe und nicht schreibe, soll man das doppelt berechnen. Die Zeit meiner Regie war eine Zeit, von der ich jetzt das Gefühl habe, sie ist verloren, weil ich in dieser Zeit nicht geschrieben habe; diese Zeit bringe ich nicht mehr her. Und es war eine Zeit für nichts, weil man sie nicht genutzt hat. Ich frage mich: Warum hast du sieben Wochen lang geprobt, wenn das Stück dann nur vier Wochen gespielt wird? Was hättest du gemacht, wenn du sieben Wochen lang geschrieben hättest? Ich habe meiner Frau gesagt: Jetzt schreibe ich in Sand, und der Wind hat es verweht. Deshalb bin ich vom Theater weggegangen. Und ich bleibe ihm auch fern. Ich muss mit der Zeit rechnen, ich bin jetzt 54 – ich muss mir meine Zeit sinnvoll einteilen.

Daraus spricht eine große Resignation.

Nein! Das ist doch keine Resignation, das ist eine Art Realismus! Sehen Sie in mir etwa einen resignierten Menschen? Um Gottes willen! Bei diesem Wein, den ich Ihnen jetzt vorsetze!?

Ist es für den heutigen Schriftsteller verpflichtender, für eine Verbesserung des menschlichen Alltags zu arbeiten, sich ins politische Geschäft einzulassen, um zu verändern, zu verbessern, also für Reformen einzustehen, als über den Gesamtzustand der Welt sich zu beklagen und damit so etwas wie einen politischen und historischen Eskapismus zu betreiben?

Der ganze Betrieb heute ist derart auf die Tagespolitik gestellt, derart auch auf Parteipolitik gestellt, dass der Schriftsteller einfach extrem gegen den Strom schwimmen muss. Man kann nicht genug anders sein als das, was die Massenmedien reproduzieren. Man muss heute extrem sein eigenes Geschäft betreiben, seine eigenen Gedanken entwickeln, seine eigenen Ideen haben.

Aber muss nicht diese Welt der eigenen Gedanken, der eigenen Ideen, des eigenen Geschäfts in Relation zur Welt der anderen gesehen werden?

Das ist doch völlig egal, da brauchen Sie sich gar nicht drum zu kümmern. Die Beziehungen zu Ihrer Welt schaffen die Leser. Man kann nichts anderes tun, als in diese Welt die eigenen Gedanken hineinschießen wie Kanonenkugeln, wie Raketen.

Um es einmal ganz primitiv zu reduzieren: Glauben Sie nicht, dass es wichtiger wäre, mit ein paar Worten, die ein Schriftsteller ja auch machen kann, einzutreten für ein Einzelschicksal, statt den Gesamtzustand der Welt beklagend zu beschreiben und sich in der Realität mit dem Status quo abzufinden? Man kann stundenlang darüber reflektieren, seitenweise darüber schreiben, dass die Menschheitsgeschichte nur eine gezuckte Sekunde in der Geschichte des Universums ist. Aber wir leben, wenn es hoch kommt, bekanntlich nur siebzig Jahre. Wäre es da nicht wichtiger, für diese 70-jährige Realität etwas zu tun – auch für den Schriftsteller?

Die Pflicht des Schriftstellers ist verschieden gestaffelt. Einerseits gibt es politische Notsituationen, politische Entwicklungen und Tatsachen, wo jeder eingreifen muss, wo jeder seine Meinung sagen muss und wo der Schriftsteller gerade deshalb seine Meinung sagen muss, weil er sie besonders gut formulieren kann. Aber andererseits gibt es – und ich glaube daran – die Hauptpflicht des Schriftstellers, extrem er selbst zu sein; d. h. in einer Welt der Vermassung – das ist nicht negativ gemeint, sondern als Tatsache – sich als Individuum zu behaupten und auszudrücken und nicht so zu denken wie eine Partei oder eine Doktrin.

Aber müsste das nicht einen Menschen angesichts der unendlichen Nöte und Pein der Menschheit, die in vielen Millionen zu zählen sind, zu dem verzweifelten Gedanken führen, dass er sich in einer perversen Lage befindet?

Wir befinden uns aber auch in einer perversen Situation.

Wäre der Schriftsteller dann derjenige, der diese perverse Situation annimmt, um sie zu bestehen?

Der Schriftsteller ist derjenige, der diese perverse Situation sichtbar macht, d. h. der eben gerade sichtbar macht, dass das menschliche, das individuelle, das persönliche Schicksal sich nicht mit dem allgemeinen statistisch gesehenen Schicksal deckt. Nehmen wir einmal an, es gebe in Bangladesch einen Dichter, der schildert, wie man dort an Hunger krepiert, so wäre das ungeheuer viel wichtiger, wahrscheinlich für die Menschheit viel wichtiger, als sämtliche Hilfsorganisationen, die wir haben, um Bangladesch zu retten, weil das die Phantasie der Leute auf Bangladesch lenken würde.

Würde es das wirklich? Würde einer nicht mehr erreichen, der auch Mitleid spürbar machte?

Er würde etwas sichtbar machen, was wir nur als oberflächliche Information wissen. Was ist der Schriftsteller, was ist der Künstler? Das ist das menschliche Dokument einer menschlichen Situation, das bleibt. Es ist der menschliche Hilfsschrei, der hängenbleibt, der nicht vergeht. Was wissen wir von den vergangenen Zeiten? Wir wissen nur abstrakt von ihnen. Aber wir wissen von gewissen Gedichten, wir wissen von gewissen menschlichen Dokumenten – von ihnen wissen wir das Menschliche dieser Zeiten. Und so ist es auch heute. Die Rechnung geht nicht auf. Das Statistische, das Politische spielt sich auf einer anderen Ebene ab als das unmittelbar Erlebte, das unmittelbar Menschliche.

Max Frisch hat von seiner Arbeitsfreundschaft mit Ihnen erzählt; es muss eine gegenseitig sehr befruchtende Arbeitsfreundschaft gewesen sein, seit der Mitte der 40er Jahre bis vor sechs, sieben Jahren. Wie sehen Sie diese Arbeitsbeziehung, die Freundschaft mit Max Frisch?

Max Frisch ist für mich der einzige lebende Schriftsteller gewesen, mit dem ich mich wirklich auseinandergesetzt habe. Max Frisch war für mich faszinierend, weil er immer von seinen persönlichen Erlebnissen und Eindrücken ausging; und faszinierend war, dass das, was er mir erzählte, fast wörtlich in seinen Schriften wiederkam. Das war für mich der absolute Gegenpol. Er konnte Dinge erzählen und beschreiben, die er erlebte, und sie unmittelbar umsetzen in seinem Werk, während ich ganz anders vorging: Meine Erlebnisse sind sehr stark im Moment, da ich erlebe, dann aber sinken sie ab, ich vergesse sie, und später tauchen sie verwandelt auf.

Als Geschichten?

Als Geschichten und Erlebnisse in einer gespenstischen Art, und ich muss fast erraten, was eigentlich dahintersteckt. Es gibt natürlich Ausnahmen, wenn ich etwa vom Wissenschaftlichen, von der Erkenntnis her sehr erregt bin – wie etwa die Schilderung, die ich vor einiger Zeit von CERN gegeben habe, der europäischen nuklearen Forschungsanstalt in Genf: ein starkes Erlebnis, das ich hatte, wiedergegeben und gefiltert durch meine Phantasie. Frisch aber bestand für mich aus einer Fülle von Beobachtungen, von Erlebnissen, von Leben, und ich bewunderte – und bewundere immer noch – in Frisch die Kühnheit, mit der er vom ganz Subjektiven ausgeht. Ich bewundere in Frisch, dass er sich als Fall ansah. Frisch ist immer der Fall, sein Fall ist der Fall. Das ist seine Ehrlichkeit. Das bewunderte ich und bewundere es noch. Dagegen erscheint bei mir alles gefiltert. Alles, was ich erlebe, was mir vorkommt, sinkt wie in ein Dunkel zurück und kommt dann verwandelt, als eine ganz fremde Gestalt wieder, in der ich mich erst viel später wiedererkenne. In Frisch bewundere ich die Unmittelbarkeit des Erlebens, des Umsetzens; er ist für mich immer noch der große Impressionist, um ein malerisches Bild zu nehmen.

Was sind Sie, wenn Sie einen ähnlichen malerischen Begriff nehmen?

Ganz extrem gesagt: Ich bin ein Expressionist. Ich brauche das Erleben im gleichen Maße wie Frisch, aber ich brauche es, um es absinken zu lassen in eine Mitte, die ich nicht kenne, aus der dann etwas ganz Verwandeltes herausstößt. Aber das mag sehr oberflächlich sein.

Suchen Sie diese Mitte? Und bewundern Sie an Frisch, dass er diese Mitte nicht zu suchen braucht, sondern ganz kühn sich als Mitte setzt: seine Subjektivität als sein Thema nimmt?

Vielleicht ist es so. Ich brauche alles, was ich erlebe, um es durch meinen Verstand zu filtern, zu prüfen, zu verwandeln, zu gestalten. Ich brauche Stoffe, um zu gestalten. Ich brauche die Erlebnisse als Sedimente, um aus dieser Mitte heraus, die sie besetzen, etwas zu formen.

Das bedingt doch wohl einen intensiven und langwierigen Arbeitsprozess.

Ich bin auch oft sehr lange stumm. Ich bin sprachlos über das, was ich erlebt habe. Es ist zum Beispiel so, dass, wenn meine Frau mich fragt, was geschehen sei oder was ich erlebt habe, ich gar nichts zu sagen weiß; ich sage dann nur äußerliche Dinge. Und plötzlich erscheinen dann Dinge, dass meine Frau sagt: Das hast du mir ja gar nicht erzählt. Und ich sage: Ja, das habe ich vergessen. Und sie sagt: Das ist aber doch sehr wichtig. Und ich kann nichts anderes sagen als: Ich habe es vergessen. Und dieses Vergessen, dieses Sinken ins Unbewusste, ins Instrumentarium meiner inneren Vorgänge – das ist wohl einer der wichtigsten Abläufe meines Arbeitens. Und was mich daran fasziniert, geradezu beängstigend fasziniert, ist, dass ich alle meine Motive auf wirklich Erlebtes, Erlebbares zurückführen kann. Das ist unheimlich. Ich schreibe scheinbar absolut verrückte, phantastische Dinge, und plötzlich kann ich jedes dieser phantastischen Dinge auf etwas Erlebbares zurückführen. Das geht mir beim Schreiben ebenso wie bei meinen Zeichnungen. Ich möchte das einmal mit astronomischen Bildern vergleichen: Bei Frisch ein Stern, der seine Materie unmittelbar verwandelt, der alles schlackenlos in Strahlung umsetzt. Bei mir hingegen zu viel Masse, und die Strahlung wird in diese Masse hineingezogen; es zieht alles in dieses Zentrum hinein, und das Zentrum ist schwarz, ein Loch, der Stern weicht allmählich ins Unsichtbare zurück.

Was aber ist die Aufgabe der Literatur?

Es gibt keine Regel, es gibt kein Gesetz. Bei Frisch habe ich das Gegenteil von mir bewundert, und das Gegenteil ist oft wichtiger als das, was man selbst tut. Bei Frisch gibt es die absolute Dokumentation des Vorhandenen. Bei mir ist es das Durchbrochene, es stürzt einem Zentrum zu, und es wird so mehr verfälscht, subjektiv mehr verfälscht: Es ist die Erscheinung meiner ganzen Persönlichkeit und meiner ganzen Fragwürdigkeit. Und vielleicht ist Frisch, weil er seine ganze Fragwürdigkeit – die jeder Mensch hat, ich meine es nicht persönlich – in seiner äußeren Atmosphäre viel schneller umsetzen kann, gültiger als ich. Ich kann das nicht beurteilen. Ich kann nur sagen, ich habe eine ganz große Bewunderung für das Phänomen Frisch.

Es gibt bei Ihnen aber auch einige Erwähnungen, die diese Bewunderung relativieren. In Ihren Theaterschriften steht ein Fragment einer Rezension zum »Stiller« von Frisch, das eine Kritik besonders dadurch ist, dass es ein Fragment bleibt; darin ist dieses subjektive, persönliche Element bei Frisch deutlich als kritisches Moment erkannt und als Kriterium für eine Ablehnung genommen, die dann doch nicht ausgesprochen wird – deshalb bleibt es beim Fragment.

Vom »Stiller« war ich begeistert als Wurf; doch in dem Moment, da er diesen literarischen Wurf politisch objektivieren wollte, konnte ich ihn nicht mehr weiter kritisieren. Die Freiheit der Kritik, dass man um eine Realität herumspielt, das konnte ich bejahen, aber in dem Moment, da dieses Spiel real sein wollte, da dieses Spiel das Zentrum selber sein wollte, wurde mir die Kritik zu billig; sie wurde mir zu unangemessen.

Hier komme ich nun wieder mit meiner Provokation, mit einer Entgegnung, die Ihnen von Kritikern immer vorgehalten wird und die auch jenen Satz einschließt, den Sie eben sagten: Es gibt kein Gesetz. Die Kritiker sagen häufig: Das Gesetz ist das, was Menschlichkeit meint, das, was der Schriftsteller – und nicht nur er – für den Menschen in seinem Alltag tun kann. Kann man bei Ihnen nicht zu leicht den Eindruck gewinnen, dass Sie einen – ich wiederhole es – historischen und politischen Eskapismus betreiben, eine Flucht aus der alltäglichen Verantwortlichkeit in die Position des Seismographen, der aufnimmt, was in dieser Welt geschieht, was ihm geschieht, der darauf aber nur mehr enthoben, vielleicht sogar resignativ oder komödiantisch reagiert?

Das ist ein sehr differenzierter und komplizierter Vorwurf. Ich glaube, dass die Kritik meist zu tief zielt. Betrachten wir den Fall Schweiz. Das ist der Vorgang einer sehr kompakt gewordenen Masse, die an ihrer Oberfläche sehr viele Veränderungen zulässt; an diesen Veränderungen können wir teilnehmen. Aber es hat fast keinen Sinn, es ist fast unmöglich, in eine gewisse Tiefe zu dringen, in der sich die Substanz Schweiz geballt hat und geworden ist; da ist die Schwerkraft zu groß, also eine geologische Metapher. Was können wir an der Schweiz verändern? Was ist veränderbar, was ist nicht veränderbar? Was ist hinzunehmen, was ist nicht hinzunehmen? Das ist die entscheidende Frage: Was ist sofort zu verändern, was ist langsam zu verändern. Da gibt es verschiedene Stufen von Fragen nach der Veränderbarkeit. Wir müssen ganz deutlich mit dem rechnen, was in der Schweiz geschieht: Referendum oder nicht – es scheint gar keinen Sinn zu haben, die Initiative für ein Referendum zu ergreifen, wenn man von vornherein weiß, dass es abgelehnt wird; und trotzdem kann es einen Sinn haben: Etwas wird in Frage gestellt. Und immer gibt es Veränderungen: Das Frauenstimmrecht ist jetzt durchgekommen. Um wieder auf die geologische Metapher zurückzukommen: Die Veränderungen an der Oberfläche, in der Rinde geschehen; die Veränderungen hundert Kilometer tiefer geschehen sehr langsam; die Veränderungen im Zentrum sind fast nicht mehr zu bestimmen; ja, es ist nicht einmal auszumachen, ob es da überhaupt Veränderungen gibt.

Aber wenn man sich von vornherein auf eine Position begibt, die annimmt, das Zentrum sei nicht zu verändern, und die dennoch nur auf das Zentrum zielt, entlässt man sich dann nicht aus der Verpflichtung, etwas an der Oberfläche zu verändern, das unmittelbar zwar nicht wirksam wird, das aber, wenn es mit der Zeit in einem Konsensus von vielen und immer mehr Beteiligten geschieht, in weiterer Ferne und tieferdringend verändernd wirkt?

Ich will Ihnen etwas anderes sagen: Ich kann Marksteine setzen. Ich kann Monumente setzen von dem, was nicht stimmt. Ein ganz persönliches Beispiel. Mein Sohn ist Dienstverweigerer, und er ist ins Gefängnis gegangen, hat das abgebüßt. Ein anderer junger Freund von mir macht das ebenfalls. Das setzt ein Zeichen für die Frage: Hat die schweizerische Armee noch einen Sinn? Nun können Sie die Frage nach dem Sinn dieser Armee eigentlich nicht politisch beantworten. Sie können etwa nicht sagen: Diese Armee hat einen Sinn, denn ohne diese Armee wäre die Schweiz Hitler zum Opfer gefallen. Interessant ist dabei die Frage: Hitler hätte diesen Krieg auch nicht gewonnen, wenn er die Schweiz erobert hätte. Und die Schweiz wäre jetzt wieder die

Schweiz, sie hätte ein anderes Schicksal gehabt; vielleicht wäre das sogar sehr gut gewesen, wenn die Schweiz das Debakel einer Eroberung mitgemacht hätte –; sie hätte vielleicht mehr Widerstandskräfte entwickelt, das kann man alles gar nicht wissen. Sicherlich aber kann man nicht argumentieren: Die Schweiz würde nicht mehr existieren, wenn sie im Zweiten Weltkrieg keinen Widerstand entwickelt hätte. Dänemark hat es nicht gemacht, Österreich hat es nicht gemacht, und die Staaten existieren dennoch. Ich meine: Die Schweiz existierte wieder, mit einem anderen Bewusstsein usw. Aber das sind alles hypothetische Fragen. Der Sinn der Schweizer Armee jedenfalls ist nur – ich möchte sagen – metaphysisch zu begründen, und da gibt es einige verschiedene Metaphysiken, die einander gegenüberstehen.

Ideologien.

Na ja, das ist ja doch das Gleiche. Mein Sohn und andere Freunde entscheiden sich nun für ein NEIN. Sie gehen ins Gefängnis usw. Aber sie markieren Positionen, setzen Markstine damit. Also: Wir können etwas tun auf allen Gebieten: Markstine hinterlassen, Zeichen hinterlassen.

So Ihre Definition des Schriftstellers?

Ja. Das ist die Definition des Schriftstellers. Er hat unabhängig von der politischen Situation Markstine zu setzen mit dem Hinweis: Es ginge auch so, auch so wäre es möglich, es wäre auch eine andere Welt denkbar, eine andere Vernunft. Das muss der Schriftsteller. Nicht Tagespolitik treiben, sondern die Welt immer wieder neu durchdenken.

Andere Modelle durchdenken, antizipatorisch durchspielen.

Ja. Ich glaube, jeder Schriftsteller ist an sich Anarchist. Das heißt, er ist gegen die Gewalt, für die Vernunft. Ein ewiger Protest des Menschen gegen die Welt des Menschen. Ohne das gibt es keine Schriftstellerei. Der Schriftsteller verdient diese Bezeichnung nur, wenn er in dieser Position des Rebellierens ist. Er rebelliert eigentlich in jeder Situation. Er ist auch in jeder Gesellschaft, die denkbar ist, der Rebell. Ich kann mir keine Gesellschaft denken, in der der Schriftsteller nicht die Position der Rebellion bezieht.

Was aber, wenn der Schriftsteller, gefeiert oder kritisiert, sich einrichtet? Wenn er leben kann, wie es ihm gefällt, und er auf keine Resonanz stößt, keine wirklichen Widerstände, die ihn als Rebellen ausweisen?

In einer geschlossenen Gesellschaft wird der Schriftsteller automatisch als Rebell gesehen.

Der nicht affirmative Schriftsteller.

Ja. In einer offenen Gesellschaft hat er diese gewisse Narrenfreiheit, da gehört es sich sozusagen, dass ein Schriftsteller anders denkt als die meisten. Aber das ist ganz natürlich. Das heißt, ob der Schriftsteller so oder so denkt, ist eigentlich gleichgültig. Und wie die Gesellschaft auf einen Schriftsteller reagiert, ist wiederum eine ganz andere Frage. Ich möchte fast sagen – und habe das einmal so ähnlich formuliert –: Es wäre wieder schön, wenn der Schriftsteller gefährlich wäre. Und das Schlimmste, was wir für unsere Gesellschaft sagen können, ist: dass der Schriftsteller nicht mehr gefährlich wird. Aber wir können das nicht verhindern.

Wir wollen ja keine Gesellschaft, die böse ist, nur um den Schriftsteller wieder gefährlicher, dadurch auch wirkungsvoller zu machen.

Der Schriftsteller kann nur seinem Gewissen folgen, und es ist seine Chance, sein Glück, sein Umstand, in welcher Gesellschaft er lebt. Ist es nun eine Ehre oder eine Schande unserer Gesellschaft, dass sie jeden Schriftsteller akzeptiert? Ich habe das in sehr konkreter Form einmal in meinem Hörspiel »Abendstunde im Spätherbst« durchgespielt, wo der Schriftsteller, der einfach mordet und ein Verbrecher ist, verehrt wird, von dem man geradezu erwartet, dass er mordet; und der Schriftsteller behandelt den Detektiv, der diese Morde herausfindet, als Narren – nein, ein Schriftsteller darf ja morden! Das ist vielleicht doch ein viel wichtigeres Stück, als man so obenhin glaubt. Ich glaube, man denkt zu wenig nach über die Stoffe.

Man kann mit Ihren Stoffen unentwegt umgehen, spielerisch, reflektierend, man wird jedoch nie festgelegt auf eine bestimmte Richtung, auf eine Linie des Denkens. Sie bieten keine Lösungen an, keine Interpretationen von Welt. Sie suggerieren nicht, wie der Leser die Welt alltäglich zu bestehen hat; aber mir wird, indem ich Sie lese, das Entsetzen bewusst, das in dieser Welt wohnt, ohne dass Sie mir sagen, wie eine Lösung aussehen könnte.

Darf ich eine Lösung anbieten? Ich habe einmal gesagt, das Schlimmste, was ich mir vorstellen kann, ist, dass ich an einer Buchhandlung vorübergehe und dort im Fenster ein Büchlein sehe mit dem Titel »Trost bei Dürrenmatt«. Dann muss ich sagen: Jetzt bin ich fertig. Literatur darf keinen Trost geben. Trost können andere Dinge geben. Literatur, glaube ich, darf nur beunruhigen. Ich darf nicht mehr geben, als ich geben kann. Wenn ich Trost hätte, könnte ich ihn geben. Was ist mein Trost? Womit tröste ich mich? Da muss ich etwas Entsetzliches sagen: Ich tröste mich nur mit Produktion; ich tröste mich nur, indem ich schreibe. Ich arbeite jetzt seit einiger Zeit an einem Monstervortrag – Sie wissen, ich liebe Monstervorträge – über Israel; und das Entsetzliche ist, ich komme zu keinem Trost, ich komme nur zu Fragen; und ich kann keinen Trost geben, ich kann es einfach nicht. Wenn ich Trost gebe, lüge ich; dann beruhige ich mich, ich beruhige Sie, und das ist falsch. Ich kann es nicht. Ich weiß jetzt, was ich schreiben werde, ich weiß jetzt genau mein nächstes Stück; und ich weiß genau, dass es keinen Trost gibt, sondern eine Riesenklage. Und trotzdem ist mein Trost, dass ich weiß, was ich für ein Stück schreiben werde. Also: Meine Produktion ist mein Trost, mein aktives Handeln, mein Mich-Ausdrücken, das Formulieren der Trostlosigkeit ist mein Trost. Ich liebe das Wort Verzweiflung nicht, weil ich kein verzweifelter Mensch bin, weil ich mich doch auszudrücken vermag. Leben ist Bewegung. Trost hat etwas von Unbewegtheit. Deshalb bin ich gegen den

Trost. Ich will nicht trösten. Ich kann nicht über mich hinaus. Was mich anspornt: etwas zu formulieren, etwas zu machen, auch wenn das ganz unsinnig ist, auch wenn ich das Gefühl habe, dass das, was ich tue, nicht stimmt. Ich weiß, dass ich in meinem nächsten Stück eine ganz absurde Konstellation aufzeige; aber es ist etwas, das ich tue. Das Tun ist wichtig.

Auch eine Art Notwehrschriftstellerei, wie das Max Frisch einmal von sich gesagt hat? Gegen die Verzweiflung?

Ach, Notwehr gegen die Verzweiflung! Verzweiflung ist für mich ein verdammt romantisches Wort. Verzweiflung akzeptiere ich dann, wenn man sich eine Kugel durch den Kopf schießt.

Also nur als Vollendung.

Ja. Aber ich bin nicht verzweifelt. Ich bin nur manchmal ungeheuer müde, aber nicht verzweifelt. Und ich weiß, warum ich müde bin.

Warum?

Ach, das ist eine richtige Frage, aber sie erfordert so blödsinnige Antworten. Wenn ich zu viel Zucker habe, dann bin ich müde. Wenn Sie ein Leben lang gegen eine Krankheit anzukämpfen haben, dann sind Sie manchmal ungeheuer müde. Und jetzt soll ich mit dieser Krankheit kokettieren! Ich kann sie ruhig hier aussprechen, warum soll ich das nicht sagen: Ich bin jetzt 25 Jahre zuckerkrank. Das hat gar nichts Sentimentales, das hat nur eine Tatsächlichkeit. Und dann sage ich: Kämpfen Sie 25 Jahre gegen die Müdigkeit, die Ihnen Zucker im Blut macht. Nichts Sentimentales, sondern etwas Klinisches. Aber das mit Verzweiflung zu verwechseln, dafür bin ich zu stolz, da sag ich: Nee! Verzweiflung ist für mich ein zu großes Wort. Ich war nie verzweifelt. Ich weigere mich, meine klinisch festgestellte Müdigkeit mit Verzweiflung zu verwechseln. Es ist vielleicht ein sehr blödes Wort, das ich sage, aber es ist so: Man soll die Dinge des Körpers ruhig zur Sprache bringen. Aber verzweifelt war ich nie. Wohl war ich berauscht von den Möglichkeiten des Guten und des Bösen und des Verrückten, das es in dieser Welt gibt. Das sind die Möglichkeiten des Mensch-Seins. Aber weil wir jetzt von Verzweiflung reden: Wann ist man verzweifelt? Wenn man jung ist, liebt man die Verzweiflung, weil die Verzweiflung etwas Unbestimmtes ist, da kann man sich so wunderbar rausreden – man ist verzweifelt! Aber was ist der Grund? Vielleicht, weil man kein Mädchen hat, um ins Bett zu gehen usw., das transponiert man in metaphysische Verzweiflung. In einer solchen Konfusion entstand »Es steht geschrieben«. Später habe ich das Stück wieder vorgenommen, und ich fand diesen Bockelson dann unerträglich. Die Deutschen aber haben den wunderbar gefunden: Der war so herrlich verzweifelt. Und da habe ich den Bockelson studiert: Was war der? Ich habe Geschichte studiert – ich studiere ja überhaupt immer Geschichte – und habe herausgefunden, dass das ein missglückter Schauspieler war. Und dann habe ich ihn zu einem Schauspieler gemacht, der nie ein Engagement gefunden hat, der wütend war, weil der Bischof Franz von Waldeck ihn nicht aufgenommen hat in seine Truppe. Er war ein ganz gewöhnlicher Komödiant, und aus seiner Verzweiflung heraus, kein Engagement zu finden – da bekommt Verzweiflung schon einen ganz anderen Stellenwert –, wurde er Wiedertäufer aus Trotz, da hat er seine Rolle gefunden. Da war er auch gar nicht mehr dämonisch, er hat immerzu seinen Seneca rezitiert, und am Schluss wurde er endlich als Schauspieler akzeptiert. Als ich nun dieses neugefasste Stück einem Deutschen zu lesen gab, war der furchtbar enttäuscht und meinte: Der erste Bockelson war doch so großartig! Jetzt ist er doch nur ein Schauspieler. Ich habe den Vergleich mit Hitler gezogen, an der Stelle, wo Karl V. die Liste seiner Hofmaler durchmustert; auf der steht der Name eines unglaublich schlechten Hofmalers, der alle Bäume und jedes Blatt zeichnet, und Karl V. will diesen Hofmaler nicht in seine Akademie aufnehmen, doch da er vom Unheil hört, das der schlechte Schauspieler Bockelson in Münster anrichtet, sagt er zu seinem Kanzler: Nehmt ihn auf in Gnaden. Als Mitglied der kaiserlichen Akademie kann er außer der Malkunst niemandem schaden. Das hat man in München gestrichen, gerade diese Stelle. Das tat mir weh, weil da für mich das Problem steckte. Wenn man Hitler in die Akademie aufgenommen hätte, dann hätte es vielleicht keinen Hitler für Deutschland gegeben, wenigstens nicht diese Type.

Sie haben einmal gesagt – in »Vom Sinn der Dichtung in unserer Zeit« –: »Ich schreibe, weil ich nun einmal den Trieb dazu habe, weil ich es liebe, Geschichten zu erzählen, ohne mich bemüßigt zu fühlen, bei der Auflösung der Welträtsel dabei zu sein.« Ist das nicht kokett? Sind nicht gerade Ihre Stücke Versuche, die Welt zu enträtseln und, wie auch Max Frisch es einmal formuliert hat, die Dämonen an die Wand zu bannen, in Bilder zu fassen, das bildlose Chaos mit Bildern zu versehen und zu bestehen?

Ich glaube, der Ausspruch ist etwas anders gemeint. Selbstverständlich schreibt man auch aus Gründen, die Sie jetzt genannt haben. Aber ich glaube, dass man die Gründe, weshalb man schreibt, nicht so in den Vordergrund stellen sollte. Fast jedes Interview beginnt mit der Frage: Warum schreiben Sie? Dieser Ausspruch ist einfach, etwas überspitzt formuliert, eine Grundwahrheit: dass man nämlich vor allem schreibt aus dem Trieb heraus, etwas zu tun, aus dem Trieb des Arbeitens, des Schaffens, des Schöpfens. Das ist, glaube ich, immer der ursprüngliche Trieb. Auch beim Zeichnen. Warum zeichnet man? Man kann immer mehr hinter die Gründe gehen, man kann psychoanalytische Schlüsse umsetzen – aber in erster Linie ist es doch die kreative Lust, die man beim Schreiben, Zeichnen oder Malen hat. Das ist immer das Entscheidende. Die anderen Fragen: ob man die Dämonen bannen will oder Angstgefühlen beikommen will, das ist wieder etwas Sekundäres, das lässt sich auch nie ganz eindeutig beantworten, weil man das im Grunde nicht weiß; da spielt viel Unbewusstes mit. Was man weiß: die Freude, die man beim Gestalten hat.

Sie haben auch einmal gesagt, Sie wollten ein unbequemer Schriftsteller sein. Da verbindet sich mit der Lust am Schreiben doch auch eine deutliche Absicht. Also erschöpft sich das Schreiben, das kreative Produzieren doch nicht damit, dass der Autor selbst Freude am Gestalten hat, sondern er verbindet eine Absicht mit seiner Arbeit.

Natürlich ist auch immer eine Absicht dabei. Aber die Absicht ist immer etwas Sekundäres, sie schwingt mit, stellt sich oft auch erst nachträglich ein. In der Themenwahl vor allem liegt das, was ich mit dem Wort »unbequem« meinte.

Wird also schon mit der Themenwahl eine bestimmte Tendenz angestrebt?

Sie ist es jedenfalls auch, die einen verlockt zu schreiben.

Wie wird die bei Ihnen bestimmt? Je verschieden von Stück zu Stück?

Das ist ein merkwürdiger Prozess des inneren Zusammenhangs: Ein Stück provoziert wieder ein anderes.

Weil es Fragen aufreißt, die mit einem Stück nicht zu lösen sind? So dass ein anderes nötig ist?

Ja. Es geht so weit, dass ich in bestimmten Stücken ganz bestimmte Sätze wieder anwende, um darauf hinzuweisen, dass zu diesem Stück jenes andere gehört, aus dem diese Sätze stammen: als ein Gegenpol und Gegensatz dazu.

Viele interpretieren Ihre Stücke als Stücke, die dem Alltag entrinnen wollen, die primär unpolitisch seien. Wie stehen Sie zu diesem Vorwurf?

Die Frage ist: Kann man das überhaupt, kann man überhaupt unpolitische Stücke schreiben? Meine Stücke haben mit dem Alltag insofern nichts zu tun, weil sie sehr verfremden. Es sind alles Extremlagen, in die man kommt. Ich glaube aber, gerade in diesen Extremlagen stellt sich auch extrem das Politische dar, viel genauer als im sogenannten Alltag.

Es ist jedenfalls keine politisierende Literatur, die Sie schreiben.

Was heißt politisierende Literatur?

Literatur, die ihre politischen Ansprüche äußerlich macht.

Ich hatte einmal ein Gespräch mit einem Kritiker über mein letztes Stück, der fragte mich: Um was geht es? Und ich: Eigentlich geht es um den Fall der Korruption, einer totalen Korruption. Er: Ach so, das ist ein unpolitisches Stück. Nun würde ich gerade sagen, dass die Korruption sich immer mehr in jede Politik hineinfrisst. Korruption ist deshalb gerade so politisch, weil der Mensch ein korruptes Wesen ist. Eine Politik, die mit dem Menschen als nicht korruptem Wesen rechnet, wird unweigerlich scheitern. Die Korruption selbst ist eine Tatsache – Sie sehen das heute im ganzen öffentlichen Leben, in der Wirtschaft, in der Politik und auch in unserem Kulturbetrieb. Wir werden mit der Korruption nicht fertig, weil jedes Handeln, um wirksam werden zu können, den Menschen auf eine gewisse Weise idealisieren muss. Und man sollte endlich einmal anfangen, sich damit auseinanderzusetzen, was die Politik zu erreichen vermag, wenn sie den Menschen nicht ändert, sondern ihn nur in jeweils andere Situationen hineinbaut.

Also ihn nicht zum Selbstbewusstsein bringt, sondern ihn in einer mehr oder weniger starken Bewusstlosigkeit hält, um ihn zu benutzen?

Ja. Man spricht nur immer von der Veränderung der Gesellschaft, aber die Gesellschaft allein ändert den Menschen nicht. Das ist ein Widerspruch.

Aber sie bestimmt ihn.

Sie bestimmt ihn, aber sie ändert ihn in seinem Wesen weniger, als wir glauben. Sie gruppiert ihn lediglich um. Eine meiner ganz frühen Erzählungen, die ich nie veröffentlicht habe, handelt von einem Jungen, der in ein Schädelhaus kommt, in ein Labyrinth, mit zahllosen Regalen voller Schädel. Und in einem Regal ist kein Schädel. Nun will er diese Lücke schließen, er setzt den Schädel vom Nebenregal dorthin usw., er baut endlos um, und immer bleibt eine Lücke – die bestimmt ist für seinen eigenen Kopf. Ich könnte sagen: Das ist auch politisch gesehen. Ohne Änderung des Menschen, des Einzelnen, gibt es auch keine Änderung, keine entscheidende Änderung in der Politik. Und das ist das Faszinierende und zugleich Deprimierende, das man im Anblick der Geschichte hat, dass immer wieder etwas eintritt, was gegen die Vernunft ist, das im Letzten unerklärbar ist, weil es ganz aus dem Unbewussten des Menschen kommt. Und was heute geschieht: Der Mensch wird permanent als Allgemeinheit eingesetzt, aber er ist doch ein Einzelner. Und da liegt ein grundsätzlicher Widerspruch zwischen dem Einzelnen und dem Allgemeinen: Der Einzelne geht nicht aus dem Allgemeinen hervor.

Aber er wird vom Allgemeinen mit bestimmt.

Ja, aber doch nur zum Teil und nur bis zu einem gewissen Grade. Es gibt einen Rest, wo der Einzelne nicht mehr bestimmbar ist.

Wo er auch Entscheidungsfreiheit hat?

Ja. Doch kommt aus der Summe dieser Reste das Nichtvoraussehbare der Geschichte. Nehmen Sie eine Theorie der Weltgeschichte und versuchen Sie, diese Theorie nun zu Voraussagen zu benutzen, wie das zum Beispiel Marx versucht hat. Es ist unmöglich. Niemand etwa konnte Hitler voraussehen. Es ist nicht nur mit dem Begriff Faschismus zu erklären, dass wir vielleicht Hitler hätten voraussehen können, der dann kam. Faschismus kann sich auch ganz anders äußern.

Man kann vielleicht nicht Hitler voraussehen, aber man kann bestimmte Tendenzen voraussehen: den Faschismus als eine mögliche Komponente des Kapitalismus in bestimmter Konstellation. Oder man kann heute in der Bundesrepublik absehen, dass sich eine bestimmte Verschärfung restaurativer Art abzeichnet, und man kann versuchen, dem entgegenzuwirken. Mit einer politisch bewussteren Allgemeinheit wäre das leichter.

Das kann man natürlich schon, man kann Tendenzen immer voraussehen. Aber ich habe jetzt zum Beispiel die Tagebücher von Harry Graf Kessler gelesen, und es ist erschütternd, dass dieser so scharfe und genaue Beobachter, der in den höchsten Rängen der Politik verkehrte – mit Stresemann usw. –, erst so spät auf Hitler zu sprechen kommt und wie spät er damit rechnet, dass Hitler ein politischer Faktor von diesem Ausmaße ist. Da wird vieles verdrängt.

Würden Sie denn den Schriftstellern in solchen geschichtlichen Situationen – und es sind wiederholbare Situationen – eine besondere Verpflichtung zur Wachsamkeit als Aufgabe zuweisen?

Das ist keine Verpflichtung, sondern es liegt in seinem Wesen, dass er Dinge vorausgestaltet, die eben eintreten können.

Also die antizipatorische Funktion von Literatur.

Ja. Zu sagen: Das gibt es nicht, das ist nicht möglich, und deshalb ist es ganz unpolitisch – das ist ganz falsch; denn plötzlich wird es möglich, wird Realität, was da vorausgedacht wurde. Um ein Beispiel zu nennen: Die Korruption, die mein »Mitmacher«-Stück zum Thema hat, wurde plötzlich ganz aktuell durch Watergate, ohne dass ich damals Watergate vorausgeahnt habe. Man kann eigentlich keine Situation erfinden, die außerhalb der Menschenwelt liegt. Man kann gar nicht aus der Menschenwelt hinausdenken. Und es wird immer so getan, als sei dies der Fall, als könne man das.

Als sei etwas – zum Beispiel, was Sie geschrieben haben – völlig absurd. Boileau schon hat gesagt: Nichts ist so unwahrscheinlich wie das, was sich ereignet.

Eben.

Die Frage, ob die Literatur die Welt verändern könne, ist alt ...

Alles verändert die Welt! Nur der Wille, die Welt zu verändern, treibt sie voran. Es hat nichts so sehr die Welt verändert, keine Politik, keine Philosophie, wie die moderne Naturwissenschaft.

Jetzt kann man fragen, dachten Faraday oder Maxwell, als sie ihre berühmten Gleichungen aufstellten, daran, ihre Erkenntnisse einmal nutzbringend anzuwenden? Ich glaube das nicht. Ich glaube, das ist nachträglich gekommen. Die Veränderung der Welt kam danach. Vorgängig war die neue Beschreibungsmöglichkeit der Welt, die neue Anwendungsmöglichkeit der Mathematik, die vorher einen eigentlich nur geringen Nutzen hatte – gut, man brauchte sie zum Bauen usw. –, aber plötzlich war die Mathematik etwas total Neues. Sie diente zur Formulierung von Gesetzen, von Naturgesetzen. Dann wurde sie die Sprache der Naturbeschreibung. Und diese Veränderung, dass man plötzlich ein fundamental neues Denken entdeckte, dass die Mathematik das, was die Philosophie immer wollte, wirklich konnte! Es ist doch spannend zu beobachten, dass heute in der Naturwissenschaft Dinge behandelt werden, die früher nur die Philosophie behandelt hat, dass es heute zum Beispiel eine wissenschaftliche Kosmologie gibt – früher gab es nur eine rein spekulative Kosmologie; heute stützt sich die Kosmologie auf Beobachtungen; natürlich kann sie nie beweisen, dass etwas so oder so gewesen sei, in die Vergangenheit kann niemand zurück; aber sie kann Hypothesen aufstellen von gewissen Wahrscheinlichkeiten, die die alten Kosmologien nicht aufzuweisen hatten. Dieses ganz neue Denken, das ich das moderne Denken, das Moderne schlechthin nenne, das mit der Aufklärung beginnt, das hat die Welt ungeheuer verändert. Und so laufen die Veränderungen! Wir wissen nicht, wie wir die Welt verändern! Jeder Gedanke verändert irgendwo die Welt. Nur braucht er nicht mit der Absicht verbunden zu sein, die Welt zu verändern. Es ist wie das Gleichnis in der Bibel mit dem Sämann: ob da etwas entsteht oder nicht, weiß man nicht. Und dieser Anspruch, die Welt mit Absicht verändern zu wollen, führt nur zur Verkrampfung. Jede menschliche Handbewegung verändert etwas. Selbstverständlich ist die Welt veränderbar. Das ist eine Binsenweisheit – die Welt verändert sich ja selbst!

Und Funktion von Literatur kann da auch sein, Veränderungen, die auf anderen Gebieten sichtbar werden, aufzunehmen und zu verarbeiten, sichtbar zu machen, reproduzierbar zu machen.

Alles Programmmäßige, das so tut, als könne es bewusst das Publikum verändern, halte ich für falsch. Das sind Fehlspekulationen. Das heißt aber gar nicht, dass das Theater etwas Unpolitisches ist. Das Theater kann gar nicht unpolitisch sein; sogar ein Schwank kann sehr politisch sein, es kommt darauf an, wo und zu welcher Stunde er gespielt wird. Wenn Sie Theater in Polen gesehen haben oder überhaupt in den Oststaaten, gerade da hat das Theater eine viel oppositionellere Rolle, als es haben will. Die Leute behaupten zwar, sie würden die Gesellschaft unterstützen und sie seien sozialistische Theatermacher; in Wirklichkeit werden sie gerade vom Publikum als etwas ganz anderes begriffen.

Selbst die Klassiker werden dort ganz anders genommen vom Publikum, als es dort offiziell gewünscht wird.

Eben. Und gerade gegen die Meinung des Regimes. Und gegen die Meinung der Dramaturgen.

Literatur sollte immer eine Gegenwirklichkeit artikulieren zur herrschenden Ideologie.

Natürlich. Sie sehen ja das Verkrampfte in unseren Programmheften. Da schreibt irgendein Dramaturg dem Publikum vor, wie es das Stück zu verstehen hat, und das Publikum versteht es ganz anders. Ich habe zum Beispiel letzthin eine Mahler-Symphonie gehört, da wurden Kuhglocken geläutet; da gab es lange Erklärungen vorher, dass diese Kuhglocken selbstverständlich nicht Kuhglocken sein sollten, sondern ein Sinnbild von ich weiß nicht was, und darum hätte man diese Kuhglocken auch in einem anderen Raum geläutet usw., aber was ich hörte, waren nur Kuhglocken. Ich konnte das einfach nicht umhören in Nicht-Kuhglocken, weil es eben Kuhglocken waren. Es gibt keine Möglichkeit vorzuschreiben, wie man etwas zu hören habe. Da nützt keine Theorie.

Es ist natürlich entscheidend, wie das Publikum reagiert; solche Kommentare halten das Publikum oft für dämlich, sie können es auch verunsichern in seinem autonomen rezeptiven Vermögen. Sie haben einmal in den dramaturgischen Überlegungen zu den »Wiedertäufern« geschrieben: »Darin, dass viele der heutigen Zuschauer in meinen Stücken nichts als Nihilismus sehen, spiegelt sich nur ihr eigener Nihilismus wider. Sie haben keine andere Deutungsmöglichkeit.«

Ich habe auch gesagt, man solle das Publikum in Handlungen hineinlisten, die es eigentlich gar nicht zur Kenntnis nehmen will. Ich kann aber keinem Menschen aufzwingen, was er in bestimmten Vorgängen auf der Bühne zu sehen hat. Und ich werde oft als großer Zyniker hingestellt, weil man die Probleme, die ich zeige, gar nicht ernst nehmen will. Man hat zum Beispiel nie das Problem diskutiert, das beim »Romulus« gestellt wird: Haben wir überhaupt noch ein Recht, uns zu wehren und zu verteidigen mit unserer Geschichte? Das ist nie ernst genommen worden; die Frage wird auf dem Theater gestellt, doch die Kritiker nehmen sie nicht auf. Warum? Es ist eine sehr unbequeme Frage.

Sie haben ja besonders viel Ärger mit der Kritik und den Kritikern, und Sie können sich auch als nicht besonders gut behandelt fühlen von der Kritik. Woran liegt das eigentlich?

Ich glaube, weil die Kritiker gar nicht auf die Probleme eingehen. Nehmen wir ein Stück wie den »Meteor«. Es ist ein religiöses Stück. Ich will jetzt gar nicht über die Kritiker sprechen; nur ist das Typische, dass niemand auf die Frage eingeht, die da gestellt wird, auf die Frage des Glaubens: Kann ein Mensch, der nicht glaubt, überhaupt zum Glauben gebracht werden? Nun gab es ein öffentliches Streitgespräch, sehr bezeichnend, da hatten wir eine Diskussion mit Theologen, und die griffen mich an. Ich hatte gesagt: Das Ärgernis des Christentums sei für mich die Auferstehung – auch eine Sache, die ich persönlich nicht glauben kann –, und die sagten: Das sei nicht das Ärgernis; das Ärgernis des Christentums sei das Kreuz. Dann muss ich sagen: Das ist ein schwaches Ärgernis, denn es wurden Unzählige im Namen des Gekreuzigten gekreuzigt, was für mich ein viel größeres Ärgernis ist als die Kreuzigung selbst. Das stört einen nicht; aber die Auferstehung geht gegen die Vernunft, nicht eine Kreuzigung. Die Kreuzigung ist angesichts dessen, was bis heute alles gekreuzigt wurde, ein schwaches Symbol. Der Glaube beginnt ganz woanders, und das Interessante daran ist, dass man aus dieser Ecke her gar nicht diskutieren will.

Sind Sie gläubig?

Ich bin ein Mensch, der seinen Zweifel ebenso ernst nimmt wie den Glauben. Kein Mensch hat das Recht, seinen Zweifel zu unterdrücken, weil der Zweifel etwas ist, mit dem man leben muss. Ich muss auch den Zweifel akzeptieren. Ohne Zweifel gibt es auch keinen Glauben. Was Glauben ist, kann man nur subjektiv, nicht aber objektiv erklären. Sobald man den Glauben objektiviert, ist er kein Glauben mehr, sondern ein Dogma. Das hat nichts mit Glauben zu tun.

Glauben Sie, dass die Kirchen als Institutionen den Glauben dogmatisiert haben?

Ich bin total gegen die Kirche. Für mich ist die Kirche etwas vom eben Schlimmsten, was es geben kann, weil die Kirche einen Zwang auferlegt, weil sie einen Scheinglauben, eine Scheinreligion, eine Scheinchristenheit, nur eine Staffage von Glauben hat.

Sie haben selbst einmal gesagt, Sie seien weder Moralist noch Zyniker, für den viele Sie halten. Wie würden Sie denn Ihr Selbstverständnis als Schriftsteller beschreiben?

Schreiben ist eine dialektische Bewegung, Schreiben ist ein ständiges Fortschreiten an sich, ein Vertiefen; Schreiben ist eine Form des Denkens, eine ganz bestimmte Technik des Denkens, ein mit Gleichnissen arbeitendes Denken. Warum schreibt man? Man wird ständig zu neuen Bildern gereizt. Bilder sind Antworten, die man auf die Wirklichkeit gibt. Versuche, mit der Wirklichkeit fertig zu werden in Form von Gegenwelten. Das meine ich auch, wenn ich davon spreche: Man erzählt Geschichten. Die Wirklichkeit ist wie ein Steinbruch, aus dem man diese Geschichten herausbricht. Und ich glaube, das Ganze, das ganze Werk gibt vielleicht einmal ein Bild – was man von jedem Werk sagen kann –; ein Werk kann nur in sich zu Ende gedacht werden, aber nicht als ganze Wirklichkeit; und es wird auch nur einen Teil der Wirklichkeit beleuchten können.

Daher auch die Vielfalt: Jeder leuchtet von seiner Position her einen Teil der Wirklichkeit aus.

Ganz klar. Es ist, als ob man mit einer Taschenlampe in einen dunklen Raum hineinleuchtet.

Eine letzte Frage zum Handwerklichen: Wie arbeiten Sie? Wie lange arbeiten Sie etwa an einem Stück?

Das ist sehr verschieden. Ein Stück kann ein Jahr dauern. Manchmal gibt es große Pausen, da denkt man, man kommt nicht weiter. Ich schreibe immer wieder um, fange immer wieder von vorn an. Ich arbeite nicht so, dass ich erst einmal ein Stück fertig schreibe und dann bearbeite. Wenn ich einen bestimmten Punkt erreicht habe, und ich habe das Gefühl, alles, was vorher steht, ist noch nicht reif, muss ich wieder von vorn anfangen; und dann geht es etwas weiter. So fange ich immer wieder von vorn an, bis ich dann plötzlich das Ganze habe. Aber ich muss grundsätzlich alles immer aus dem Anfang heraus entwickeln; das ist, wenn man so will, mein Stilprinzip, dass sich alles nahtlos aus dem Anfang ergibt, dass alles in einem Fluss bleibt; das Lineare muss da sein, die lineare Bewegung. Drum ist das Schreiben so schwer, weil man immer wieder neu ansetzen muss. Eine Unterbrechung beim Schreiben zwingt mich dazu, von vorn anzufangen.

Sie bearbeiten auch nach einer Inszenierung, die möglicherweise erwiesen hat, dass gewisse Sachen so nicht machbar sind, Ihre Stücke aufs Neue.

Bei einer Inszenierung sieht man ein Stück zum ersten Mal. Das Grausame beim Theaterschreiben ist, dass man einem Stück bei jeder Uraufführung zum ersten Mal gegenübertritt. Man ist in der Lage des Malers, der zum ersten Male zurücktreten kann und sein Bild insgesamt anschaut. Und wenn ich ein Bild male, dann schaue ich das Bild lange aus der Distanz an und sehe, das muss so, das andere so sein usw. Fast alle meine Stücke sind so entstanden, dass der Schluss erst während der Proben gefunden wurde. Ich muss es zuerst sehen, dann finde ich den Schluss.

GESPRÄCH
MIT GÜNTER WALLRAFF

Köln, 18. März 1975

»Ich wollte mich über andere verwirklichen ...«

Herr Wallraff, Sie haben in den 60er Jahren zu schreiben begonnen: Gedichte – politische Gedichte –, sodann Reportagen aus der Arbeitswelt, die in der Gewerkschaftspresse unter dem Pseudonym Günter Wallmann erschienen sind. Vorher haben Sie, nach einer Buchhandelslehre, in Betrieben gearbeitet. Wie sah Ihre Entwicklung bis dahin aus? Gibt es Erlebnisse, Eindrücke, Förderungen oder Behinderungen in Ihrer Jugend, die Sie zur Literatur und zu Ihrem sozialen Engagement nachdrücklich motiviert haben?

Diese Frage stellt man sich auch selbst immer wieder, und man ist natürlich zu befangen, um das wirklich genau nachweisen zu können; man könnte das vermutlich nur auf dem Umweg einer großen Analyse machen, und wenn man die hinter sich gebracht hätte, könnte man möglicherweise gar nicht mehr schreiben, jedenfalls nicht mehr so schreiben. – Es gibt da sicherlich sehr frühe Weichenstellungen, die diese Arbeit in dieser Weise initiiert haben. Es war ein Elternhaus, in dem sich zwei Welten brachen: mütterlicherseits eine Klavierfabrik mit Geschäft, eine Welt, in der man »zur Gesellschaft« gehörte – interessant ist, dass man hier erst dann davon spricht, dass man »zur Gesellschaft« gehört, wenn man über einem bestimmten Einkommen liegt; das andere zählt nicht –; mein Vater dagegen war unehelich geboren, war von daheim verstoßen; er war Fließbandarbeiter bei Ford und erlebte die Welt von unten; gesundheitlich war er schwer angeschlagen durch diese Arbeit, er hat zum Teil am Lackofen – Lackhölle genannt – gearbeitet und schwere Nierenschädigungen mitbekommen. Hier also brach sich etwas im Elternhaus; meine Mutter versuchte, meinen Vater dauernd zum Hochklettern, zum Aufsteigen zu animieren, doch er sperrte sich dagegen; er ging auch nicht darauf ein, irgendwelche Aufstiegswege durch sogenannte gute Kontakte zu gehen. Da merkte man plötzlich, was in der Gesellschaft los war – mein Vater erzählte sehr viel über seine Erfahrungen. Wir lebten in einem Vorort, wo sehr viele kleine Leute wohnten, hier in Köln, Arbeiter und kleine Angestellte, »ein bisschen draußen vor«, wie der Norddeutsche sagt. Ich glaube, da habe ich sehr viele Impulse mitbekommen. Bis zu Eindrücken auf der Straße, als man dort spürte, dass sich das Stärkere durchsetzte, sich Gruppen bildeten, die Schwächere unterdrückten und tyrannisierten – die Gesellschaft spiegelt sich bis in ihren kleinsten Bereich wider, das geht bis auf den Spielplatz und in die privateste Sphäre hinein, bis in die Sexualität; alles ist jederzeit präsent, man muss nicht immer die ganz großen Dinge untersuchen, man kann diese Bedingungen überall nachweisen. Und hier spürte man, dass sich die Stärkeren das Recht herausnahmen, die anderen in ihrem Sinne zu unterdrücken und zusammenzuschlagen – Rocker von heute in einem kindlicheren Stadium. Ich kann mich da an Situationen erinnern, dass ich mich in sinnloser Wut als Einzelner diesen mächtigeren Cliquen entgegenschmiss, entgegenstemmte, mit den Fäusten drauflosging, dann allerdings immer wieder einen in die Fresse bekam, mich aber damit nicht abfand. Da gab es, aus der Wut heraus, es nicht zu schaffen und den Kürzeren zu ziehen, den Drang, nicht aufzugeben. Ich habe in meiner Arbeit ja auch ein bisschen dieses Einzelkämpfertum, das sich nicht damit abfindet, was es sieht, sondern immer wieder den Finger auf den wunden Punkt legt ...

Und nicht nur schreibt, sondern durch das Schreiben handelt.

Und durch das Handeln betroffen und engagiert wird. Es ist vielleicht eine Form, die mir speziell liegt. Ich bin von Natur aus eher ein bisschen faul, von Trägheitsgesetzen abhängig; ich bin von Anfang an auch kein politischer Agitator, kein Rhetoriker gewesen; hinzu kommt eine gewisse Identitätsschwäche, die ich überwinde, indem ich mich einer Sache ganz aussetze. Manchmal habe ich den Eindruck, mich gibt es gar nicht; durch die Reibungsflächen, die ich immer wieder suche, immer wieder herstelle, komme ich überhaupt erst zu einer Identität, zu einem Selbstbewusstsein. Ich habe jetzt in einer frühen Tagebuchaufzeichnung den Satz gelesen, den ich mit sechzehn geschrieben habe – und es war seltsam, fast eine Vorwegnahme dieser Rollenreportagen, obgleich ich den Satz längst vergessen hatte –: »Ich bin mein eigener heimlicher Maskenbildner, setze mir ständig neue Masken auf, um mich zu suchen und mich vor mir zu verbergen, wenn ich mich gefunden habe ...« Ich wollte mich also schon über andere verwirklichen – das ist noch nicht abgeschlossen. Die Frage war aber auch: Wie kam es zu dieser speziellen Form der Arbeit? Es gab noch zwei für mich sehr wichtige Weichen, die da gestellt wurden: Da war ein Studienrat auf dem Gymnasium, ein Deutschlehrer, Protzer, der hatte noch die Erlebnisse als Freiwilliger im letzten Krieg so in den Knochen, dass er als Pazifist zurückgekehrt war; der hat uns Literatur nicht in üblicher Weise vermittelt, sondern deren politische Implikationen aufgedröselt; der hat uns Borchert und den frühen Böll vermittelt. Ich weiß noch, wie sehr Borchert mir unter die Haut ging, wie ich ihn auswendig konnte; ich lebte mit diesem Stück Trümmerliteratur. Das hat mich nachher dazu gebracht, den Kriegsdienst zu verweigern.

War Borchert die erste einschneidende Lektüre?

Ja. Ich schrieb meine Schulaufsätze damals im Stil von Borchert. Man sieht an diesem Beispiel, wie Literatur durchaus zu politischem Handeln führen kann, was in der bürgerlichen Literaturkritik immer bestritten wird, dass Literatur direkt verändernd wirken kann. Mich hat diese intensive Auseinandersetzung mit Borchert später zum Querstellen innerhalb der Bundeswehr gebracht; und das wiederum brachte mich auch zum Schreiben.

Haben Sie sich früh auch schon mit politischen Theorien beschäftigt?

Am Anfang nicht, und lange Zeit auch nicht, und später auch nur flankierend. Man hat mir am Anfang vorgeworfen, dass gerade bei meinen frühen Arbeiten keine marxistische Ideologie drin sei, dass ein Marxist das anders aufgezogen hätte, dass ich vieles zu naiv gesehen hätte. Andere wiederum meinten, das sei die

Stärke dieser Arbeiten, dass dadurch vieles unmittelbarer, neuer gesehen wurde, dass der Blick auf etwas freigesetzt wurde, was außerhalb der üblichen Kategorien lag.

Unbefangener auch, und konkreter.

Genau: konkret. Und es hat auch diejenigen erreicht, die keine Ideologie hatten; die sogar ideologiefeindlich waren und die, wenn man ihnen mit marxistischer Ideologie gekommen wäre, verschreckt worden wären; die aber waren hier bereit, die Fakten auf sich wirken zu lassen, egal, ob einer konservativ war oder links. Ich versuche bis heute, mich nicht einer Ideologie zu verschreiben, weil ich dann nur noch Abwandlungen und Übersetzungen zu einer jeweiligen Ideologie liefere. Ich glaube, für einen Autor ist es auch wichtig, sich jenseits einer Ideologie immer wieder neu der Wirklichkeit zu stellen und auszusetzen. Die Gesellschaft verändert sich ja rasend schnell, und die jeweiligen Ideologien können nur ein Gerüst geben, können aber nicht bis ins Letzte hinein alles erklären. Dann wäre es auch nicht mehr interessant zu schreiben.

Ideologien verändern mit der Zeit ja auch ihre Wertigkeiten, obgleich sie unbeweglicher sind als die Wirklichkeit.

Sie transformieren sich, bekommen andere Gewichtigkeiten.

Mit welchen Theoretikern haben Sie sich beschäftigt?

An Marx kommt man schließlich nicht vorbei.

Selbstverständlich, aber darüber hinaus?

Mit sehr vielen, und aus verschiedenen Lagern. Ich habe mich nie nur einseitig informiert und nie auf etwas geschworen – ich würde das als Personenkult empfinden oder als neue Religiosität. Und man kann auch aus den Konservativen lernen, wenn man sie mit Abstand liest.

Schelsky?

Habe ich früher gelesen. Auch die Soziologen wie Weber, Dircks, den frühen Horkheimer, eben Schelsky. Aber das kam erst, nachdem ich meine Arbeit schon drei Jahre betrieben hatte; erst da fing ich an, mich umzusehen, was von Berufenen noch zur Sache gesagt worden war.

Sie sprachen von der Wirkung Borcherts auf Sie – da hat also so etwas wie Bewusstseinsveränderung stattgefunden. In welchem Bewusstsein nun haben Sie in den frühen 60er Jahren die Diskussion um eine engagierte Literatur erlebt und aufgenommen? Oder hat Sie die Frage nach dieser Art des Engagements damals gar nicht sonderlich interessiert?

Ich war ja, wenn man das vom Literaturparkett her sieht, immer eine Außenseiter- und Randfigur, ich war ja nie »in«, wie man sagt; und obwohl das jetzt so scheinen mag, halte ich mich da raus. Ich habe im Anfang alles andere im Sinn gehabt, als Literatur machen zu wollen.

Aber Sie haben mit Gedichten angefangen.

Da war dann ein Bruch. Ich habe die liegengelassen, mich davon distanziert. Das ist ein abgeschlossenes Kapitel. Ich würde in der Form keine Literatur mehr machen – das waren Sachen für einen kleinen Zirkel, Literatenliteratur.

Aber doch politische Gedichte!

Aber sehr allgemein, sehr vage. Der Blick war nach innen gerichtet. Es gab keine Konfrontation mit dem unmittelbaren Erleben der Wirklichkeit.

Es gab noch nicht die Konfrontation mit der Realität des Betriebs?

Nein. Das kam dann, als mir ein Freund diese Thematik vorschlug und meinte, ich solle mich da einmal hineinbegeben.

Natürlich musste ich auch leben, musste mit dem Lohn, den ich als Arbeiter bekam, auskommen. Ich hätte natürlich weiter in die Buchhandlung gehen können – hatte ja Buchhändler gelernt –, aber das schien mir nach meinem Schockerlebnis bei der Bundeswehr dermaßen unwirklich, dass ich mir diesen neuen Bereich des Betriebs ausgesucht habe. Was die Diskussion um die engagierte Literatur angeht, so erinnere ich mich noch, dass die Studenten, als sie seinerzeit bei der Tagung der Gruppe 47 in der Pulvermühle demonstrierten, sich auf mich beriefen, mit Plakaten und provokativen Parolen, auf denen stand, der Preis der Gruppe 47 solle an mich gehen. Da war ich sehr verwundert, dass plötzlich von einer Studentenbewegung her ein Feedback stattfand. Und auch dass man sich den Problemen des Betriebs, also der Arbeiterbewegung zuwandte, war ja für die Studentenbewegung hier etwas Neues: der Versuch der Studenten, von ihrem elitären Verhalten abzukommen und zum Teil sich breitesten Schichten in Dienst zu stellen – so schlecht das auch gelungen ist. Ich glaube, dazu hat meine Arbeit auch etwas beigetragen.

Man erkannte natürlich die unmittelbare, konkrete Beziehung Ihrer Arbeit zur Wirklichkeit der Massenverhältnisse in der Bundesrepublik, während das, was in der Gruppe 47 an Literatur produziert wurde, zwar auch zu tun hatte mit der Wirklichkeit Bundesrepublik, aber doch auf eine subtilere, vermitteltere Weise, also eher abstrakt exemplarisch als konkret. Und nach der Restauration und während der Großen Koalition, also nach Konstellationen der Unbeweglichkeit, drängte man, wenn auch auf Anhieb allzu spontan, nach Handlung, Veränderung, Aktionismus. Dafür lieferte Wallraff ein geeignetes Schlagwort. – Doch ich meinte den Begriff »engagierte Literatur«, der eben unter der Restauration von nonkonformistischen Schriftstellern besetzt wurde. Handke hat diesen Begriff verurteilt und gesagt, es gebe keine engagierte Literatur; Literatur sei immer Kunst – wo sie ernst zu nehmen sei –, es gebe nur engagierte Schriftsteller, engagierte Menschen. Immerhin hat das Wort einen Bedeutungswandel durchgemacht – welchen Wert würden Sie ihm heute noch beimessen?

Es war damals ein riesiger Nachholbedarf vorhanden. Die Literatur hatte sich allzu lange allzu abstinent zu der Wirklichkeit der Mehrheit der Menschen hierzulande verhalten, so dass, allzu oft mit vordergründiger Bedeutung, viele parolenhaft Bekenntnisse ablegten und deren Inhalte nicht präzise, subtil und konkret realisierten. Aber ich glaube schon, dass das, was damals z. B. als Dokumentartheater kam, was an Protokollen kam, von großer Bedeutung war; es war ja doch eine Sensation, als Erika Runge damals Arbeiter im Film über anderthalb Stunden zu Wort kommen ließ – das kann man nicht wiederholen, dann wird es zur Masche; es war insofern eine Sensation, weil hier Leute sich artikulierten, die im Grunde sehr viel zu sagen hatten, die aber in Wirklichkeit nichts zu sagen haben innerhalb dieser Gesellschaft; und die kamen hier zu Wort, indem sich ein Autor zu ihrem Sprachrohr machte. Und man hörte hin, man ließ sie ausreden – wo gab es das bis dahin im Fernsehen?

Würden Sie denn meinen, dass die authentische Vorführung von Arbeitern, die sich artikulieren, Literatur, die von der Arbeiterklasse erobert werden soll, ersetzen kann? Oder glauben Sie, dass Literatur überhaupt nicht so wichtig ist, dass sie ersetzbar ist durch das Authentische?

Man kann hier keine Doktrin aufstellen. Immer, wenn etwas schon als Gesetz, als Doktrin gefordert wird, ist schon das Ende der Literatur da. Es kommt darauf an, zu welchem Zeitpunkt was wie gesagt wird. Und da kann ein Überraschungsmoment eine noch so gelungene Form in den Schatten stellen. Überhaupt, wenn etwas in Bewegung gerät, in Bewegung gesetzt wird, wenn etwas an verkrusteten, verkleisterten Strukturen aufgebrochen wird, kann Literatur wie Sprengstoff wirken. Ein paar Jahre später, wenn die Gesellschaft sich verändert hat, vielleicht ein Stück weiter ist und all dies Neue schon innerhalb der Gesellschaft diskutiert wird und damit akzeptiert ist, wird diese Form unter Umständen nur noch reiner Selbstzweck; dann kann man sie nicht mehr verwenden und muss nach neuen Formen suchen.

Oder auch alte Formen reaktivieren?

Ja, auch alte Formen wieder reaktivieren. Ich kann mir gut vorstellen, dass Formen, die man völlig vernachlässigt hat, die man als traditionell liegengelassen hat, meinetwegen sogar Ballade und Sonett usw., wieder brauchbar werden.

Sie würden also nicht sagen, dass der Formaspekt so entscheidend und absolut ist, dass Formen, die in früheren Zeiten gewachsen sind, nun überhaupt nicht mehr benutzbar seien, weil sie die alten, überwundenen Ideologien mit sich herumtragen? Sie haben ja einmal in einer frühen Rede vor dem Werkkreis Literatur der Arbeitswelt gesagt: Man solle die Hände von den alten Formen lassen, solle sie auch nicht reaktivieren, sondern neue und angemessenere suchen – zielte diese Rede also auf die damalige historische Situation und nicht prinzipiell gegen die Benutzung der alten Formen?

Das zielte genau auf diese Anfangsphase der Werkstätten und hatte damals auch eine wichtige Funktion; deshalb habe ich das auch so überdeutlich formuliert. Noch heute versuchen mich verschiedene Kritiker auf diese Rede festzulegen, wenn sie behaupten, ich sei ein Bilderstürmer, ein Literaturfeind. Ich würde das heute, da die Werkstätten über die Anfangsschwierigkeiten hinaus sind und auch bemerkenswerte formale Ansätze erarbeitet haben, ganz anders formulieren. Das war damals zu einem Zeitpunkt, als es nichts gab; als die Arbeiter kamen, Manuskripte schickten – Sie wissen selbst, wie das in der Gruppe 61 war –, die in einem epigonalen Goethe- und Schiller-»Stil« geschrieben waren, die zeigten, wie ihre ureigensten Artikulationen verstopft waren von den Bildungsgütern, die sie in der Schule unkritisch mitbekommen hatten; und sie meinten, wenn sie überhaupt ernst genommen werden wollten, müssten sie diesen »hohen Ansprüchen« gerecht werden. Und das war Krampf. Und von daher war zu fordern: Redet erst einmal, wie euch der Schnabel gewachsen ist, seid euch selbst am nächsten, artikuliert euch, auch wenn es holprig wird, unmittelbar, redet zur Sache, vergesst euren Bildungskomplex. Von daher kamen die Formen wie Reportage, Protokoll, Bericht zustande, auch die kurzen agitatorischen Verse, die fast Flugblattcharakter hatten. Inzwischen wachsen Talente heran, die viel weiter ausholen, die aus einem riesigen Erfahrungsschatz heraus formulieren und durchaus auch größere Formen – etwa den Roman – schaffen. Es ist sehr wichtig, dass das so kommt; und wenn das anders propagiert würde, wenn wir eine Gesellschaft wären, wo diese Schichten auch ihre Sprachrohre und Medien hätten, dann wären das die Bestseller unserer Zeit; da sind Sachverhalte drin, die viele Autoren, die hier im Gespräch sind, gar nicht bringen können, weil sie gar nicht diese Erlebensintensität haben. Der Kollege Martin Walser selbst hat das mal sehr gut ausgedrückt, als er sagte, dass es sich hier um die eigentliche Avantgarde handele.

Um eine unausgeschöpfte Avantgarde von großem, unabsehbarem Potential?

Ja.

Also würden Sie auch sagen, dass die sogenannte engagierte Literatur der 50er und 60er Jahre historisch durchaus am Platze war und nicht wegdiskutiert werden kann mit dem heute oft gehörten Hinweis, diese Literatur sei ja nur moralistisch gewesen. Sie hatte doch mit ihrem Moralismus auch ihren politischen Standort innerhalb der Restauration.

Die spätere Entwicklung hat auch dieser Literatur einen neuen Stellenwert gegeben. Und es steigen jetzt auch immer mehr Autoren vom hohen Sockel herab und wenden sich neuen Gesellschaftsschichten zu; sie beginnen sich zu informieren, sich Themen zu stellen, die sie vorher völlig vernachlässigt hatten, und sie bringen ihr Handwerkszeug, ihre Sehweisen mit ein; sie versuchen, sich in diese Schichten hineinzuversetzen, von denen sie früher keine Ahnung hatten. Es kommt natürlich darauf an, wie viel Einfühlungsvermögen jemand hat, dass das nicht aufgesetzt wirkt. Das Normale wäre aber, dass die, die in diesen Schichten und den ihnen zugeordneten Arbeitsbereichen stecken, auch schreiben, dass sie ermutigt werden – und das versuchen die Werkstätten auf vielen Umwegen zu erreichen. Von nichts kommt nichts. Warum z. B. lebten in Holland für lange Zeit die größten

Maler? Doch nur deshalb, weil in jeder Familie gemalt wurde. Und so müsste auch das Schreiben ein ständiges begleitendes Tun sein, eine Rechenschaft über das Tun, das Sein. Einem Arbeiter im Betrieb, der nie gefragt wird, der nie Entscheidungen mitbestimmt, über den nur verfügt wird, über den hinwegbestimmt wird, kommt irgendwann die Sprache abhanden, Reden hat Sinn doch nur, wenn Reden etwas zu erreichen vermag, wenn er also ein Gegenüber hat und Gehör findet. Da hat es also durchaus eine politische Bedeutung, dass jemand zur Sprache findet, um sich damit in seiner Situation behaupten zu können.

Manche Intellektuelle haben, als in den 60er Jahren die Studentenbewegung einsetzte, die bis dahin praktizierte Literatur Literatur sein lassen, weil sie von deren scheinbarer Wirkungslosigkeit enttäuscht waren, weil sie zu sehen glaubten, dass die Studentenbewegung innerhalb weniger Monate mehr bewirkte als ganze Literaturprogramme fortschrittlichen Zuschnitts in zwanzig Jahren. Können Sie diese Enttäuschung verstehen, halten Sie sie für richtig? Oder glauben Sie, dass gerade Ihre Literatur nachweisbarer, unmittelbarer zu wirken vermag als die überkommene nonkonformistische Literatur?

Es kommt auf die historische Phase an. Es gibt Zeiten des Kampfes und der gesellschaftlichen Umwälzung, wo Literatur im sensibilisierten Sinne in den Hintergrund tritt, wo die Literatur eine sehr direkte, aktive, agitatorische Funktion hat, und diese Zeit war mit der Studentenbewegung da. Ich glaube, dass wir jetzt eine Zeit haben, in der durchaus auch Formen gefunden werden müssen, um komplexere Bereiche zu durchdringen.

Also differenzierteres Schreiben?

Zum Beispiel eine Literatur, in der man sich als Schreiber wieder mit einbezieht. Auch ich bin an einem solchen Punkt angelangt, wo ich versuche, mich wieder mit hineinzubringen in das, was ich mache, zu sehen, was mit mir selbst passiert – ich habe das sehr lange vernachlässigt, habe mich selbst wie eine Kamera in diese Bereiche hineingehalten, habe alles auf mich einwirken lassen und mich selbst ganz zurückgenommen, und habe schließlich alles nur organisiert. Es ist aber auch sehr wichtig, dies alles von einer subjektiven Wirkung her zu beschreiben. Auch der Leser kann sich damit stärker identifizieren. Ich meine damit nicht Psychologisierung oder ein Sich-selbst-in-den-Vordergrund-Schieben, sondern einfach eine subjektivere Sehweise.

Aber Sie haben sich doch bei all Ihren Arbeiten auch immer als Person eingesetzt, als Person riskiert. Sie haben Ihre Reportagen zwar immer sehr authentisch und dokumentarisch angelegt, aber Sie haben auch ich gesagt, und Sie haben Ihre Reportagen auch arrangiert, also durchaus das Subjekt sprechen, zumindest wirken lassen.

Aber vielleicht doch noch zu wenig. Innerhalb der Akkordsysteme, der Großbetriebe, Fließbandsysteme, innerhalb dieser Knochenmühlen gibt es doch kaum noch Individuen, die sich da verwirklichen, wie es früher bei den Typen der großen Romane noch der Fall war – da gab es immer noch besondere Menschen, die man individuell beschrieb. Hier aber gibt es eine wirkliche Massengesellschaft in diesen Bereichen, und deshalb habe ich auch nie einzelne Menschen herausgestellt; obgleich ich nun an einem Punkt bin, da ich glaube, man müsse stärker in das Freizeitverhalten der Menschen hineingehen, man muss die Familie einbeziehen; man kann das Leben dieser Menschen nicht nur von den Produktionsstätten her in den Griff bekommen.

Also auch mehr Phantasie entwickeln, mehr Sinnlichkeit, ohne ins Trivialistische abzugleiten.

Ja, mehr Sinnlichkeit entwickeln.

Das ist auch etwas, was den Werkkreisarbeiten sehr fehlt: die Sinnlichkeit in der Darstellung. Sie vermitteln das, was sie wollen, nur sehr, sehr schwerfällig und zäh.

Nun gibt es Ansätze. Diese Autoren sind auch behindert. Sie haben ja doch ihren Hauptberuf – da hätte der Staat eigentlich die

Aufgabe, Förderungspreise zu vergeben, damit jemand einmal ein Jahr sich aus diesem Bereich entfernen könnte, um ein Jahr lang nur noch zu reflektieren.

Das wären aber neue Ausgewählte.

Ja – aber warum soll man nicht immer wieder stellvertretend Einzelne auswählen und ihnen diese Zeit geben, nachdenken zu können und die eigenen Erfahrungen zu durchdringen. Aber das ist nur eine Möglichkeit, damit ist nichts Grundsätzliches zu lösen.

Das Problem der traditionellen Belletristik – um diese Literatur einmal abzugrenzen von der sogenannten Arbeiterliteratur – ist doch, dass sie offenbar in ihrer Wirkung immer bedeutungsloser wurde. Man hatte und hat doch das Gefühl, dass sie alles zu artikulieren vermag, aber wirkungslos bleibt, dass also die Literaten wie gegen Gummiwände anschreiben; dass man sich formal zwar verbreiten kann, initiativ aber in einem Reservat aufgehoben ist. Dann kam die Gründung der Gruppe 61, dann nahm die Arbeiterliteratur an Bedeutung zu, 1970 wurde der Werkkreis Literatur der Arbeitswelt gegründet, es kamen Arbeitsweltthemen ins Fernsehen, und damit stellte sich plötzlich eine ganz andere, neue Öffentlichkeit für Literatur her. Gerade Sie müssten das doch mit dem, was Sie geschrieben haben, besonders deutlich, und auch als Befriedigung, empfunden haben.

Ich kann das genau ablesen an der Korrespondenz. Am Anfang waren es nur Intellektuelle, Soziologen, Studenten, Lehrer, fortschrittliche Pfarrer, die meine Sachen gelesen haben, die damit gearbeitet haben. Das war um 1964/65. Das hat sich dann zunehmend umgeschichtet. Inzwischen sind es sechzig bis siebzig Prozent Arbeiter und Angestellte, die mir schreiben, für die eines meiner Bücher oft das erste Buch war, das sie überhaupt gelesen haben, die durch irgendeine Notiz in der Presse oder durch eine Mund-zu-Mund-Empfehlung spürten: Da ist etwas, was uns angeht, was uns unmittelbar betrifft, was über unsere Probleme aus unserem Blickwinkel geschrieben ist; und die aufgrund ihrer

Lektüre kritischer mit ihrer Umgebung umgehen – das geht bis zu neuem politischem Verhalten, bis zum Gewerkschaftseintritt. Da wurden also Bewusstseinsveränderungen in Gang gesetzt. Das ist ganz interessant: Diese Leute schreiben viel unbefangener in ihren Briefen als etwa Schüler, die gerade eine Abschlussarbeit schreiben über mich, oder als so manche bürgerlichen Intellektuellen. Die verhalten sich auch durchaus kritisch dem Autor gegenüber. Für sie ist das eine Art Gebrauchsliteratur. Sie schreiben z. B.: Das und das siehst du richtig, das und das siehst du gut, und damit können wir arbeiten; aber hier solltest du doch einmal das und das berücksichtigen, hier solltest du einmal länger hingehen, und geh doch auch einmal da hin usw. Und es kommt in letzter Zeit mehr und mehr vor, dass Arbeiter aus Betrieben zu mir kommen und sagen: Brauchst du nicht noch mal neue Papiere, um irgendwo unerkannt zu arbeiten, du kannst meine haben, ich melde sie als verloren. Daran sehe ich, dass diese Arbeit gebraucht wird, dass man sie nicht ästhetisch konsumiert, sondern dass man ihr einen Gebrauchswert zuschreibt.

Ist das die wesentliche Wirkung, die Sie gern haben möchten, oder hätten Sie auch gern in bürgerliche Kreise hineingewirkt? Haben Sie hinsichtlich Ihres Lesepublikums bestimmte Zielvorstellungen?

Meine Zielgruppe war von Anfang an und ist immer mehr die Schicht, die bisher von der Literatur nicht erreicht wurde, also alle, die draußen waren, die nicht gelesen haben – zwei Drittel der Bevölkerung liest sonst kein Buch, ist so abgehängt, dass immer noch nur sieben Prozent der Studierenden aus Arbeiterfamilien kommen. Diese Schichten versuche ich zu erreichen: über die Gewerkschaftspresse, über Sonderausgaben meiner Bücher – wenn die IG Metall zum Beispiel 20 000 Bücher von »Ihr da oben – wir da unten« für acht Mark als Sonderdruck kauft und sie an Vertrauensleute, an Jugendfunktionäre in die Betriebe hineingibt. Und da werden die Sachen gelesen, und da findet Wirkung statt.

Also Zielgruppe Arbeiterschaft.

Kann man generell sagen, obgleich es auch andere Multiplikatoren gibt: fortschrittliche Lehrer oder jene Intellektuellen, die sich als Dienstleistende für die Mehrheit der Bevölkerung verstehen, die von ihrem elitären Verhalten wegwollen. Wenn ich in einer großbürgerlichen Kritik als Arbeiterschriftsteller bezeichnet werde – das kommt hin und wieder vor –, dann empfinde ich das als Geste von oben herab, als Schulterklopfen, hegerisch, pflegerisch, karitativ, von der Art: Das dulden wir ja auch noch am Rande, obgleich es eine zweit- oder drittklassige Literatur ist, aber das lassen wir noch zu – das empfinde ich als hochmütig. Wenn aber ein Arbeiter mir diese Bezeichnung gibt, wenn also einfache Briefe kommen an den »Arbeiterschriftsteller Günter Wallraff, Köln«, weil die Arbeiter die Adresse nicht wissen, dann empfinde ich das als höchstes Lob und als Kompliment und sehe, dass es so verstanden wird, wie ich es möchte.

Das, was von der Kritik mit »Arbeiterliteratur« einmal sehr negativ und von oben herab bezeichnet worden ist, lag aber wohl eher in den 60er Jahren. Inzwischen hat die Arbeiterliteratur doch eine gewisse Hochkonjunktur gehabt und einen bestimmten Stellenwert, auch vor allem an den Universitäten, errungen. Da setzte doch ein großer Umschwung mit der Wende von den 60er zu den 70er Jahren ein. Insofern wird auch von Intellektuellen das Wort »Arbeiterschriftsteller« schon wieder positiv verwendet.

Das stimmt, das ist richtig – aber im Wesentlichen von fortschrittlichen Studenten, nicht unbedingt von Kritikern der ›FAZ‹ oder anderer bürgerlicher Feuilletons.

Da wird es sicherlich als ein Blümchen am Rande des Weges der Literatur gesehen – das mag wohl auch sein. Wie weit kann denn die Aktivität des Schriftstellers in politischen Fragen überhaupt gehen? Soll das Werk des Schriftstellers unbedingt für politische Aufgaben eingesetzt werden, oder können, sich vielleicht sogar gegenseitig befruchtend, politisches Engagement und Kunstproduktion nebeneinander herlaufen? Oder wäre es, wenn man als Schriftsteller politisch wirken will, nicht konsequent, man ginge in eine Partei und arbeitete dort unmittelbar politisch?

Ich finde, das wäre ein zu vordergründiges Selbstverständnis: Das könnte sogar sehr schädlich sein für die Arbeit des Schriftstellers – könnte, wie gesagt, sehr schädlich sein, muss es aber nicht. Für mich wäre es jedenfalls schädlich. Da bei uns die Parteien sehr entschieden mit Abgrenzungen arbeiten – Radikalenerlass usw. –, kommt man allzu schnell in die Gefahr zu taktieren, den Blick nur noch auf das zu richten, was innerhalb der Partei gerade noch opportun ist, tagesopportun ist, und man würde allzu schnell in die Gefahr kommen, sich den Mund verbieten zu lassen und sich zu vordergründig in den Dienst einer Partei stellen zu lassen. Damit meine ich nicht, dass man nicht parteilich sein müsste mit dem, was man schreibt, aber eben nicht im engeren Sinne einer Parteidoktrin.

Also auch nicht in dem Sinne, wie die SED in ihrer Literaturprogrammatik parteiliches Schreiben fordert?

Ich stehe zu wenig in dieser Diskussion – es ist etwas Wahres daran, nur, wie es umgesetzt wird, ist es oft wieder mit sehr viel Rücksichtnahmen, Absicherungen und mit der jeweiligen Tageslosung verbunden. Ich glaube, man muss anecken, man muss stören, man muss z. B. auch innerhalb der SPD und innerhalb der Gewerkschaften den kritischen Hebel ansetzen, um das, was dort an Bürokratie und an Entfremdungen vorhanden ist, aufzubrechen; man muss ganz nahe an die Bereiche herangehen. Und das wird problematisch, wenn man in einer Partei ist. Man kann sich anlässlich einer Wahl durchaus für eine Partei engagieren, aber man sollte sich da nicht absorbieren lassen, wie es meiner Meinung nach einem Kollegen wie Günter Grass ergangen ist. Seitdem er sich für die SPD als Wahltrommler engagiert hat – und seine Entschiedenheit ist sehr verdienstvoll –, ist er in seiner Literatur viel schlechter und dürrer, saft- und kraftloser geworden.

Woran liegt das denn nach Ihrer Meinung?

Die Umgebung färbt ab. Wenn Sie irgendwann nur noch mit Offiziellen verkehren, den Schiller als Taufpaten haben, mit Willy

Brandt Bier trinken, dann färben sich Gesten und Verhaltensweisen ein; dann ist man einfach nicht mehr so nah an den meisten Leuten dran, man ist entfremdet, man bewegt sich in einer abgedichteten, privilegierten Gesellschaft.

Man kommt also von der offenen Bereitschaft, Erfahrungen zu machen, immer mehr zur geschlossenen, statementhaften Äußerung und Überzeugung?

Ja. Man kommt zur Thesenliteratur.

Sie würden vom Schriftsteller also nicht fordern, dass sein Werk – nun mal im vordergründigen Sinne – politisch sein muss; also nicht politisierend?

Muss auf gar keinen Fall. Er sollte versuchen, sich in den Dienst von unterdrückten Mehrheiten, von Schichten zu stellen, die sonst nicht zu Wort kommen, die sonst nicht repräsentativ sind.

Also für die sprechen, die sich selbst nicht artikulieren können.

Wenn er es schafft. Aber er soll dabei ehrlich sein, also nichts aufsetzen, sondern nur dann, wenn er auch mit den gleichen Verhaltensweisen, Ausgangspunkten dort zu Hause ist; wenn er versucht, sich eine Sprache aufzuzwingen, die ihm nicht liegt, dann ist es Krampf. Dann sollte er lieber ehrlich sein, wie Martin Walser, der offen sagt: Ich bin ein bürgerlicher Schriftsteller, ich habe diese Herkunft und also diesen Ausgangspunkt, ich schreibe aus diesem Blickwinkel und bringe diesen Bereich sehr genau zur Sprache – und darüber hinaus versuche ich dann, theoretisch und literaturtheoretisch oder innerhalb von Reden und Programmen das andere zu fördern. Das halte ich für ein sehr gutes Konzept.

Also Handke: Es gibt engagierte Schriftsteller, aber keine engagierte Literatur.

Das kommt auf den Typus an. Es gibt auch andere Schriftsteller, die kommen auch aus anderen Verhältnissen, sind aber jünger und können sich noch steuern, können sich noch in andere Bereiche integrieren. Die Gefahr ist doch, dass jemand, der prominent wird, seiner Ausgangslage sehr schnell entfremdet wird; er wächst sehr bald in eine Zwischenschicht hinein, wo es ihm schon einen Deut besser geht und er milder gestimmt wird.

Würden Sie das als Kollege aus der Gruppe 61 auch von Max von der Grün sagen: dass er Distanz gewonnen hat zu seiner Vergangenheit als Arbeiter und zu seiner Arbeitssituation von 1950 bis 1963?

Das ist schwierig. Der Max ist einer der wenigen, die sehr lange Zeit – er immerhin dreizehn Jahre – unter Tage gearbeitet haben, und das geht nicht raus, das ist ein Fundament, davon kann er ein Leben lang zehren. Camus hat ja sogar einmal gesagt, es genüge ein Tag, um ein Leben lang darüber schreiben zu können. Jemand, der dreizehn Jahre in dieser direkten Auseinandersetzung vor Ort war, der kann es sich schon leisten, dann auch in die Einzelheiten zu gehen. Das ist nicht mein Weg, ich bin ja immer nur kürzer im Betrieb gewesen. Ich würde Max eher als positives Beispiel sehen. Er war auch der Erste, der unbeirrt zur Sache geredet hat, als alle noch über ihn hergefallen sind, als die ganze bürgerliche Kritik ihn zur Sau gemacht hat, als man ihn wie Dreck behandelt hat. Vielleicht hat er zu einer bestimmten Zeit Kriterien der großbürgerlichen Kritik zu sehr berücksichtigt. Ich finde die Sachen, wo er noch aggressiv und cholerisch, also noch am stärksten er selbst ist, am überzeugendsten. Wo er anfängt, sehr subtil, sehr abwägend, sehr literarisierend zu werden, bekommt er zwar mehr Applaus von der Kritik, kommt bei den Kumpels aber nicht mehr so an.

Welchen Einfluss auf Ihr Schreiben, auf Ihre Entwicklung hat die Studentenbewegung gehabt?

Ich habe meine Arbeit angefangen, als es die Studentenbewegung in diesem Sinne noch nicht gab. Und als sich diese Studenten vor der Pulvermühle auf mich beriefen, da waren das noch nicht die Studenten von heute, da hatten die noch kurze Haare und unterschieden sich rein äußerlich noch gar nicht von den Konservativen. Da fand eigentlich, auch innerhalb meiner Arbeit, eine Überschneidung statt. Es sind ja viele Aktionisten, auch Autoren, mit dem Abebben der Studentenbewegung auf der Strecke geblieben. Das hat auf mich keinen Einfluss gehabt, ich habe mein Selbstverständnis auch unabhängig von dieser Bewegung immer gehabt und habe es auch jetzt noch. Es gab da Berührungspunkte, gegenseitige Inspirationen, Wechselwirkungen, aber nicht in dem Maße, wie es rechte Kritiker – z. B. Hans Habe – versucht haben, die versuchten, mich zum Apo-Dichter abzustempeln. Das war eigentlich nie der Fall.

Glauben Sie, dass die Studenten während dieser Jahre 1967 bis 1971 – wenn man das einmal so eingrenzen darf – die Arbeiter erreicht haben? Oder blieben sie mit ihren Ideen nicht viel mehr und zu sehr in einem isolierenden Vokabular und einem isolierten elitären theoretischen Denken befangen, haben sie damit nicht eine Massensolidarisierung geradezu verhindert?

Ganz klar. Sie kamen oft nach dem Motto: Hoppla, da sind wir! und wollten als große Überzeuger missionarisch belehrend Revolution machen, und die Arbeiter, die lebenslang in dem Arbeitsprozess drinstecken, waren von Natur aus und mit Recht misstrauisch und sagten: Erst mal abwarten, das sind später irgendwann mal unsere Vorgesetzten, die haben gut reden und können uns allerhand weismachen und sind letzten Endes durch ihre Bildungsprivilegien doch in einer ganz anderen Situation. Die Studenten hätten erst einmal eine ganz andere Fremdsprache dazulernen müssen: die Sprache des Arbeiters. Aber dass überhaupt das Bemühen da war, sich hier zu vermitteln, war gut; und viele Studentengruppen haben daraus gelernt und sind heute längst nicht mehr so missionarisch-vollmundig tätig, sondern gehen erst mal, fast partisanenartig, in die Arbeiterschaft hinein, akklimatisieren sich und werden zu Arbeitern. Man macht heute gar nicht mehr so viel Aufbebens davon, man hört gar nicht mehr so viel darüber; sie sind zum Teil integriert. Und sie haben auch eine ganz wichtige Funktion für die Arbeiterbewegung. Die Arbeiter haben aus den Studentendemonstrationen gelernt, sie haben gelernt, dass man mit neuer List und neuer Phantasie sich Rechte erkämpfen kann. Die Arbeiter fingen auch an, sich respektloser zu verhalten, sich kritischer umzusehen. Es hat da also durchaus Befruchtendes gewirkt. Und das ist auch noch nicht abgeschlossen, das gärt noch.

Früher, als noch unbekannter Schriftsteller, der unter dem Pseudonym Günter Wallmann schrieb, konnten Sie auch viel in Gewerkschaftsblättern schreiben, z. B. in der ›IG Metall‹ mit einer Auflage von über zwei Millionen. Dann kam gegen Ende der 60er Jahre ein Publikationsstopp dort, man brachte in Gewerkschaftsblättern nichts mehr von Ihnen. Wie kam das? Es hat sich inzwischen ja wohl geändert.

Zu Anfang wurden meine Arbeiten gerade durch die ›IG Metall‹ gefördert, ich hatte dort die ersten Veröffentlichungsmöglichkeiten durch einen sehr engagierten Chefredakteur, Jakob Moneta, dem ich sehr viel zu verdanken habe. Später wurde von Industrieseite aus versucht, über Aufsichtsräte Einfluss zu nehmen, über Aufsichtsräte, in denen auch Arbeitsdirektoren sitzen. Dann konnten meine Arbeiten nur noch ohne Namensnennung der betroffenen Firmen und Betriebe erscheinen. Ich erinnere mich noch an den Fall Blohm & Voß in Hamburg, nachdem ich auf der Werft längere Zeit gearbeitet hatte. Damals war der Bezirksbevollmächtigte der IG Metall der spätere Vorsitzende der Innenministerkonferenz Heinz Ruhnau, ein Mann, der seinem Ausgangspunkt sehr entfremdet war, nicht nur durch seinen Mercedes, der ein paar Nummern zu groß war für seinen damaligen Job, sondern auch durch seinen Umgang, das war z. B. sein Freund Schliecker, also Industrielle. Der versuchte plötzlich mit allen Mitteln zu verhindern, dass diese Reportage in der Form durchkam. Da musste der Chefredakteur wegen dieser Reportage dreimal nach Hamburg fliegen, um mit ihm auszuhandeln, dass überhaupt noch etwas erscheinen konnte. Das war dann so verstümmelt, dass sich eine andere Werft angesprochen fühlte und protestierte. Ein anderes Beispiel: Längerer Bericht über Siemens – da versuchte sich plötzlich die örtliche Gewerkschaft querzulegen, die einen Scheinfrieden, eine Art Burgfrieden mit der örtlichen Werksleitung ausgehandelt hatte; da kann auch ein Hauptvorstand nichts machen. Zudem wurden unmittelbar von Industrieseite Kampagnen gestartet, z. B. über die Aufsichtsgremien in den Rundfunkanstalten; es wurden Dossiers hinter den Kulissen verbreitet, es gab Steckbriefe über mich, die in den Betrieben auslagen – davon habe ich mich ja noch abhalten lassen, in Betrieben zu arbeiten, später habe ich dann mein Aussehen verändert und mir andere Papiere ausgeliehen, man wird da ja erfinderisch, um sich das als Recht herauszunehmen, was für die Mehrheit tagtägliche Pflicht ist. Zuletzt kam vom Institut der deutschen Wirtschaft, angeschlossen der Bundesvereinigung deutscher Arbeitgeberverbände, eine Studie »Dichtung als Waffe im Klassenkampf am Beispiel Günter Wallraff«, die wurde in zigtausend Exemplaren verbreitet und enthielt aus dem Zusammenhang gerissene Zitate von mir. Zum Beispiel regte man sich darüber auf, ich hätte während meines Aufenthalts in der UdSSR nicht deutlich genug für die Dissidenten Partei ergriffen, verschwieg aber, dass ich gerade hier nach meiner Rückkehr Interviews gegeben habe, in denen ich diese Verfolgungen angegriffen habe – das wird alles unter den Tisch geredet.

Ich erinnere mich da an Ihr großes Interview in der ›Frankfurter Rundschau‹, in dem auf wohl differenzierteste Weise in der gesamten westdeutschen Presse die Position der Dissidenten in der UdSSR dargestellt wurde – ähnlich exakt, wie Günter Grass sich dann zur Zeitschrift ›Kontinent‹ innerhalb des Springer-Imperiums geäußert hat; aber mit differenzierten Meinungsäußerungen ist das hier so eine Sache: Man holt sich gern nur das gerade Passende heraus.

Genau. In diesem Interview habe ich natürlich auch gesagt, dass ich, nachdem ich Kontakt mit manchen Dissidenten aufgenommen hatte, bemerkte, dass sie ihre geistige Heimat eher bei Franz Josef Strauß haben als bei einer gemäßigten Sozialdemokratie.

Das hat sich ja auch etwa bei Solschenizyn gezeigt in seinem Brief an die Regierung der UdSSR. Immerhin bleibt die Beurteilung solcher Positionen auch von der Gesellschaft abhängig, in der sie eingenommen werden.

Ich habe jedenfalls in diesem Interview ganz entschieden und an erster Stelle diese Verfolgungen und alle Versuche, kritische Äußerungen, gleich aus welcher politischen Richtung, mundtot zu machen, scharf verurteilt. Ich lege auch in meiner Arbeit immer großen Wert darauf, dass ich nicht vordergründig mich einem ideologischen Block verschreibe; von daher lasse ich mich auch nie vereinnahmen. Meine Arbeit wirkt ja auch ganz anders, als sich das Kulturfunktionäre in Ostblockstaaten vorstellen. Wenn meine Sachen dort gedruckt werden, dann hat das dort oft eine gegenläufige Wirkung. Zum Beispiel sind meine Sachen in Ungarn zwischen 1968 und 1970 erschienen. Daraufhin hat ein Autor, Mikós Haraszti, angeregt durch diese Bücher, die gleiche Probe aufs Exempel gemacht in sozialistischen Betrieben, hat sich dort als Arbeiter verdingt und hat sehr große Widersprüche herausgearbeitet. Ich muss sagen, das war nicht ganz von dieser Krassheit wie hier, aber gemessen an sozialistischen Maßstäben war es schlimm genug. Er hat versucht, diese Arbeiten in der Zeitschrift ›Szociologia‹ zu veröffentlichen, die ihm das auch angeboten hatte, das fiel aber unter die Zensur; dann hat er das hektographiert und vertrieben, daraufhin wurde er verhaftet und zu acht Monaten mit Bewährung verurteilt. Oder ein anderes Beispiel: Ich bekam gerade einen Brief von einem anderen Übersetzer aus einem anderen Ostblockstaat. Der schreibt – die letzten drei Sätze: »Weißt Du übrigens, warum ich Deine Sachen bei uns hier übersetze? Weil es so etwas bei uns nicht gibt (ich meine solche Bücher)!« Das war geschickt, so etwas kommt durch die grobschlächtige Zensur durch, er gibt mir zu verstehen: Die Methode ist bei uns als Kontrollmechanismus genauso angebracht und wichtig. Hier aber wird das ganz vordergründig gesehen, es heißt dann: Geh doch nach drüben! Das sind dann immer die Kreise, die nur mit Verweisen auf angeblich Schlimmeres in Ostblockstaaten das eigene Unrecht bestehen lassen oder nicht wahrhaben wollen. – Aber wir sind abgekommen. Es ging um die Schwierigkeiten, hier in der Gewerkschaftspresse noch etwas unterzubringen. Es gab da einmal einen Versuch von Arbeitgeberseite; es war ein Mann, der für Kulturkontakte zuständig war, ein Fabrikant, der vorher versucht hatte, seinen Einfluss in Rundfunkanstalten usw. geltend zu machen und die Veröffentlichung solcher Dinge dort zu verhindern; der hatte damals z. B. gerade ein Manuskript von Max von der Grün aus dem Luchterhand Verlag auf dem Tisch – zu einem Zeitpunkt, als das Buch noch gar nicht in Satz war –, um es auf den Grad seiner Gefährlichkeit zu untersuchen.

Wer hat ihm das besorgt – der Luchterhand Verlag doch wohl nicht?

Nein, der hatte irgendeinen inoffiziellen Kontakt, ich glaube, es war eine Sekretärin; diese Leute haben übrigens einen recht guten Apparat, um sich auf dem Laufenden zu halten. Dieser Mann versuchte über Gespräche, Kontakte, mir ein Angebot zu machen – zu einem Zeitpunkt, als ich in der Gewerkschaftspresse nicht mehr veröffentlichen konnte –, es kam plötzlich bei einer Einladung zum Essen zwischen dem vierten und fünften Gang: Sie ziehen doch gerade um von Frankfurt nach Köln, haben Sie schon eine Wohnung? Hören Sie mal, wir haben da doch ein paar Dutzend Häuser an der Hand, da lässt sich doch etwas machen. Und wenn Sie veröffentlichen wollen: Sie können bei uns jederzeit unter Pseudonym schreiben, wir zahlen das und das an Honorar – es war das Zehnfache von dem, was die Gewerkschaftspresse zahlt –, Sie können sich auch kritisch äußern, wir brauchen ja auch schon mal Gegenmeinungen. Als ich daraufhin empört reagierte, ignorierte er alles und ging zu einem ganz anderen Gesprächsthema über. Das ist ein Mechanismus, den ich von anderen Kollegen bestätigt bekam, die aus derselben Ecke ganz ähnliche Angebote bekommen haben. Diese Leute versuchten, die existentielle Bedrohung auszunutzen und Leute auf ihre Seite zu ziehen. Nun aber was die Gewerkschaftsveröffentlichungen angeht: Das hat sich inzwischen geändert. Durch den äußeren Erfolg, dass meine Bücher z. B. auf der Bestsellerliste standen, gibt es jetzt wieder verstärkt auch Angebote von

Gewerkschaftsseite, die Sachen zu drucken; es gibt Angebote über Bildungsschulen der Gewerkschaften, über Veranstaltungen zusammen mit der Gewerkschaft, die ich auch wahrnehme, weil ich da eine sehr wichtige Aufgabe sehe.

Max von der Grün ist wegen seiner Kritik an den Gewerkschaften von den Werkkreisleuten – und natürlich von den Gewerkschaften selbst – kritisiert worden. Der Werkkreis bemüht sich sehr um ein Zusammengehen mit den Gewerkschaften – in der Gewerkschaftspresse aber kann auch er kaum publizieren. Würden Sie die Meinung teilen, dass auch die Gewerkschaften als demokratische Institutionen der Öffentlichkeit ebenso kritikwürdig sind wie die Gegenseite: die Unternehmer?

Ich würde von der Grün grundsätzlich zustimmen, dass hier Kritik angebracht und unbedingt erforderlich ist; nur würde ich bei einigen Schlussfolgerungen und beim Ton, der bekanntlich die Musik macht, anders urteilen und würde nicht diese frontale, massive Kritik anbringen. Es ist halt so, dass er vorsichtig sein muss, damit er nicht den Beifall von der falschen Seite bekommt, dass er nicht in die Gefahr gerät, in eine antigewerkschaftliche Position zu geraten. Aber an sich ist seine Kritik, gerade aufgrund der Erfahrungen, die er selbst gemacht hat, berechtigt. Warum soll nicht hier ein Autor mal übers Ziel hinausschießen, wenn das kritische Feld sonst völlig brachliegt und diese Institutionen der öffentlichen Kontrolle entzogen sind.

Schriftsteller schießen ja oft mit Absicht übers Ziel hinaus, um an der Verschärfung von Konflikten und Problemen eine mögliche Gefährdung in der Zukunft zu zeigen – Antizipation ist ein ganz legitimes Mittel der Literatur.

Ja. Oder wie Tucholsky sagt: Man muss in dieser lauten Zeit manches dreimal so laut sagen, um überhaupt gehört zu werden.

Also hat Zensurierung durch die Gewerkschaften in Ihrem Falle durchaus stattgefunden. Hatten Sie – und haben Sie – auch Probleme mit den Massenmedien? Gibt es da Zensur?

Nicht nur Zensur, sondern ein totales Ignorieren, ein totales Draußenlassen und Übergehen.

Aber Sie haben doch im Fernsehen auch schon einige Sendungen gemacht.

Im Fernsehen, ja. Da gab es immer einzelne Ansätze, und dann gab es riesige Komplikationen, so dass in der Regel in derselben Anstalt keine zweite Sendung mehr möglich war. Wenn ich das nachrechne, so habe ich bisher mehr Arbeit gehabt mit gescheiterten Projekten als mit den Sachen, die ich dann untergebracht habe. Und das frustriert auf die Dauer.

Was heißt scheitern? In welchem Stadium der Produktion sind diese Projekte gescheitert?

Zwei Fälle z. B., die ganz eindeutige Auftragsarbeiten waren, Drehbuchaufträge fürs ZDF, nachdem durch mehrheitlichen Beschluss die verantwortlichen Redakteure diese Aufträge vergeben haben. Im einen Falle war die Produktion schon im Gang, Schauspieler und Regisseur waren unter Vertrag, die Motivsuche lief, als ein Draht kurzgeschlossen wurde zum damaligen Programmdirektor Viehöfer, einem Mann der Industrie, der selbst Geld in Radio Luxemburg investiert hatte, und die Sache wurde plötzlich abgeblasen; alle Beteiligten wurden voll honoriert, aber dieses Projekt wurde nicht produziert. Oder es kommen dann manchmal neue ZDF-Redakteure zu mir nach Hause, also Redakteure, die neu verpflichtet worden sind, die guter Dinge und guten Mutes sind und meinen, nun könnte man endlich mal etwas Neues machen mit mir; da kam so ein Redakteur der Abteilung Dokumentarspiel – die Redaktion hatte den Auftrag, sich etwas Neues einfallen zu lassen, weil das alte Konzept von Jürgen Neven DuMont wohl so steril und langweilig war, dass man es ablösen wollte –; dieser Redakteur wollte am liebsten gleich zwei Projekte mit mir unter Dach und Fach bringen, und ich habe ihn in seinem Enthusiasmus und in seiner Euphorie schon etwas gebremst und gesagt: »Warten Sie mal ab, ob das überhaupt zu realisieren ist und ob es nicht vielleicht von oben wieder abgeblockt wird.« Ein Projekt, das er mit mir machen wollte, war der Plan, dass ich mich als ausländischer Arbeiter bei entsprechendem Aussehen und mit entsprechender Sprache in einen Arbeitsprozess hier eingliedern sollte, und mit einer kleinen Kamera wollte ein Freund, mit dem ich das schon öfter praktiziert habe, hin und wieder bestimmte Momente filmisch festhalten: also Innenaufnahmen von der Baracke, in der ich dann gewohnt hätte, man hätte das als Folklore tarnen können und dabei sicherlich Wirklichkeit einfangen können. Dieses Projekt ist gescheitert – ich habe dennoch vor, es noch zu realisieren. Das zweite Projekt war die Glashütte Süsmuth, in der die Arbeiter ja den Betrieb übernommen haben; ich hatte bereits Absprachen getroffen, zwei Monate dort zu arbeiten und diesen Film von innen her, mit Wissen der Kollegen und mit ihnen, zu drehen. Wir wollten mit drei Kameras arbeiten, die jeden Tag dort gewesen wären und eine kontinuierliche Bestandsaufnahme ermöglicht hätten. Das wäre eine ganz neue Form des Dokumentarspiels geworden. Es kam dann sehr bald der Anruf: Das Süsmuth-Projekt sei im Hause sehr schnell auf Entsetzen gestoßen, ob ich bereit wäre, da die Sache ja gut sei, das Projekt an einen Mann im Hause abzugeben? Mit meiner Person sei das unmöglich. Ich habe gesagt, ich habe keine Urheberrechte an diesem Projekt, doch wenn es gemacht worden wäre, dann hätte das jemand auf ganz loyalistische Weise produziert, hätte möglicherweise noch Herrn Schleyer vom Arbeitgeberverband seinen Senf dazu abgeben lassen. Es wäre dann nicht mehr das Modell gewesen, das uns vorschwebte. Es ist dann auch ganz gestorben. Mit mir jedenfalls war es nicht möglich. Auch das Projekt mit den Gastarbeitern wurde mit dieser Begründung abgeblasen. Der Mann, der es mit mir besprochen hatte, rief ganz zerknirscht an: Mein Name sei im ZDF ein solches Reizwort, dass auch dieses Projekt nicht mit mir zu verwirklichen sei. Bei Nennung meines Namens sei Prager, der neue verantwortliche Programmdirektor, ein rechter SPD-Mann, geradezu in Formalbeleidigungen verfallen. Das war nach der Griechenlandaktion, als der Drehbuchauftrag für die Reihe ›Das kleine Fernsehspiel‹ schon vorlag – ich habe das zusammen mit Klaus Antes geschrieben –, und dann wurde es sehr schnell auf Eis gelegt, und es hieß: Gut, es wird zwar bezahlt, aber wir können es nicht produzieren. Prager hätte geradezu Wutausbrüche bekommen und nahm sogar noch die Griechenlandaktion zum Anlass, indem er sagte: Da können wir uns unmöglich drauf einlassen, wenn der hierherkommt und sich an einen Lichtmast vor dem ZDF bindet usw. – auf solch einem Niveau wurde versucht, mir persönlich etwas anzuhängen.

Warum ist der Name Wallraff denn eigentlich solch ein Reizwort für die Medien? Der Name von der Grün ist es doch nicht?

Weil ich mich auf gewisse Spielregeln nicht einlasse, weil ich mit Absicht störe und immer wieder anecke. Ich suche ja auch die Provokation. Ich finde nichts schlimmer, als dass man irgendwann vereinnahmt wird, etabliert wird und plötzlich eine Alibifunktion bekommt; dass man schließlich von jenen den Applaus kriegt, die man entlarven will. Ich brauche diese kritische Funktion von außen auch, um nicht irgendwann absorbiert zu werden. Ich lege es nicht darauf an, ich mache nur sehr unbeirrt diese Untersuchungen; und solange ich damit diese Reaktionen auslöse, merke ich auch, dass ich noch richtigliege.

Das ist natürlich eine zweischneidige Sache. Wenn Sie die Behinderung Ihrer Äußerungen als Beweis Ihres Erfolges ansehen, wird diese Art von Rückkoppelung problematisch.

Das wäre zu vordergründig gesehen. Das an sich ist noch kein Erfolg. Nur das Umgekehrte wäre das Zeichen eines Missverständnisses.

Der Unterschied zwischen von der Grün und Ihnen liegt ja auch in der Art der Produktionen. Von der Grün überträgt, er exemplifiziert, er typisiert und literarisiert, er nennt keine konkreten Fakten, obgleich auch er von authentischen Vorgängen ausgeht, er stellt Zusammenhänge dar, ohne Namen zu nennen, die auch in der Wirklichkeit vorkommen. Sie hingegen nennen Namen und Fakten – und das sieht man nicht gern, vor allem nicht gern in den Massenmedien, die mit ihrer Proporzpolitik ohnehin schon die Wahrheit zu ersticken drohen.

Brecht hat einmal gesagt: Das Verbrechen hat Namen, Anschrift und Gestalt. Das heißt, wenn Sie etwas als Wirklichkeit ausgeben, Personen beim Namen nennen, Ort und Zeit bringen, dann verlassen Sie die Schutzzone des genehmigten literarisch-künstlerischen Bereichs. Allzu lang hat Literatur bei uns ein Reservat, einen Schonbereich eingenommen, es gab da eine Spielwiese, wo sich alle Interessierten austoben konnten. Ich habe mit meiner Arbeit zu einer Zeit begonnen, als ich an diese Vorhaben nicht mit der Schutzfirmierung »Künstler« herangegangen bin, und das war auch die Stärke dieser Sachen; keiner kann dran vorbei, jeder wurde gezwungen, sich damit auseinanderzusetzen und festzustellen: Das ist Realität, das ist nicht irgendwie zusammengebastelte Fiktion, nichts, das sich einer aus den Fingern saugt. Zudem ist inzwischen dieser Schonbereich Kunst und Literatur längst nicht mehr das, was er einmal war, weil sehr viele Autoren sehr geschickt und sehr richtig ihre Arbeit benutzt haben, um hier politische Wirklichkeit zu vermitteln. Und deshalb ist es heute auch schon im entfernten Bereich Fernsehspiel wesentlich schwieriger, etwas Politisches und ganz Konkretes zu machen. Es gab noch ein anderes Projekt – um das abzuschließen –, das mich sehr gereizt hätte. Es war hier ein Produzent, der hatte den Auftrag, gleichsam Zangenberichte aus den Gesellschaftsbereichen DDR – BRD herstellen zu lassen: Ein DDR-Autor sollte einen Bereich in der Bundesrepublik untersuchen und gleichzeitig ein bundesrepublikanischer Autor den gleichen Bereich in der DDR. Dieser Produzent hatte mich aufgefordert, die Lehrlingsausbildung in der DDR zu untersuchen. Ich fand das sehr interessant, denn ich hatte immer einmal vor, in der DDR das Gleiche zu machen, aus Interesse und Neugier: Was ist da wirklich anders, was läuft da eventuell besser, und wo liegt es da noch mehr im Argen. Ich wäre da sehr unvoreingenommen hingefahren und hätte auch kein Blatt vor den Mund genommen. Auch da kam wieder das ZDF mit dem Vetorecht, ich glaube des Intendanten selbst: auf keinen Fall mit Wallraff. Und das geht so weiter, und es frustriert irgendwann. Man möchte nicht nur über Bücher wirken.

Gerade im Zeitalter der Massenmedien sind Film und Fernsehen auch wichtige Medien des Schriftstellers – worauf sich ältere Kollegen nur sehr schwer, auch behindert von der Technik, einzustellen vermögen.

Darum auch der Versuch, im Zeitalter der visuellen Medien hier und da, im Alleingang, etwas Filmisches mit einzubeziehen und damit doch noch einiges sichtbar zu machen. Zum Beispiel die Griechenland-Aktion. Da hat man mir vorgeworfen: Der hat sich da gleich einen Kameramann mitgebracht – was ist das denn für eine Show?! Dass das aber die einzige Möglichkeit war, hier ganz konkret Faschismus zu vermitteln, hat kaum jemand offiziell gesagt. Immerhin wäre ich da fast totgeschlagen worden. Man sah filmisch, wie das ablief. Zuschauer wurden gezwungen, kamen nicht daran vorbei, faschistische Gewalt zu erleben – das wird hier ja sonst nie gezeigt. Wenn ich das in trockenen Fakten mitgeteilt hätte, hätte man mir das womöglich gar nicht geglaubt. Aber hier kam dann der Vorwurf: Erstens Showgeschäft, zweitens Demonstrationsjournalismus und Agitationsjournalismus, das waren Zitate vom Intendanten des Südwestfunks, Hammerschmidt, der, als ›Panorama‹ dies Dokument sendete, protestierte. Der das aufgenommen hat, war ein Freund von mir, man sieht noch, wie viel Angst der hatte, die Bilder sind sehr verwackelt, er zitterte, als er das aufnahm, und er musste auch eine bestimmte Distanz halten, weil er damit rechnen musste, auch zusammengeschlagen zu werden oder zumindest die Apparate zusammengeschlagen zu bekommen. Hätte ich das in einem Ostblockstaat gemacht, dann hätte man mir ganze TV-Stäbe mitgeschickt, und die Perfektion der Nachricht wäre gewährleistet gewesen. Stattdessen kommt ein Hammerschmidt, der so etwas im Ostblock für jederzeit richtig und notwendig gehalten hätte, und sagt in einer Spießermentalität – und das ist nicht die Mentalität eines Schreibtischtäters –: Das ist genauso, als wenn hier skandinavische Journalisten kommen und sich nackt an unsere Badestrände legen würden, um damit zu provozieren, zu welcher Polizeieinschreitung das führen wird; oder wenn amerikanische Journalisten kommen und sich unangemeldet, also ohne ihre Anmeldeformulare ausgefüllt zu haben, in ihre Hotels begeben, um zu sehen, was dann passiert; jedes Land hat seine eigenen Sitten und Gebräuche, die wir respektieren müssen, wir können doch nicht einfach usw. Das kam dann wörtlich in einem Kommentar im ›Sonntagsblatt‹ und auf der ARD-Intendantenkonferenz. Etwas umstrittener – und wo ich selbst abwägen würde, ob es richtig gelaufen ist oder ob da nicht wirklich ein Show-Moment zu sehr im Vordergrund war – ist das im Falle meiner Gerling-Reportage gewesen. Aber auch da muss ich sagen: Hätte ich dieses filmische Moment nicht auch berücksichtigt – und es war ein Risiko, das zu machen, wenn wir aufgeflogen wären, dann wäre das ein ganz mieser Hausfriedensbruch gewesen und Gerling hätte die Oberhand gehabt –, dann hätte ich diese ganze Sache nicht so ins Bewusstsein rücken können.

Ich wollte auch gerade da einhaken, um von Ihrer Arbeitsmethode zu sprechen. Sie sagten vorhin, dass Sie nicht als Künstler angefangen haben; ich bin der Meinung, dass Sie in diesem doch etwas spielerischen Sinne auch kein Künstler geworden sind. Sie sprachen vom Einzelkämpfer: Das war ja immer Ihr Prinzip, sich als Einzelner einzugliedern in einem Arbeitsprozess und unerkannt im Betrieb Erfahrungen zu sammeln und Erkundigungen einzuziehen, um Erkenntnisse vermitteln zu können, die man von außen gar nicht gewinnen kann und die auch von anderen Arbeitern so nicht artikuliert werden können, weil die Ihre anderen Erfahrungen als Schriftsteller nicht haben. Das ging ja eine ganze Zeit lang gut, die Methode hat sich bewährt, obgleich sie in der Öffentlichkeit skandalumwittert war – aber die Erkenntnisse, die Sie mit ihrer Hilfe vermitteln konnten, waren bedeutungsvoller als die sogenannte Regelverletzung: Die Öffentlichkeit entschied so gleichsam auf dem Wege der Güterabwägung für Sie und Ihren aufklärerischen Einsatz. Dann kam die Geschichte mit dem Gerling-Konzern: Sie verdingten sich dort als Bote und ließen sich, auf dem Schreibtisch des obersten Chefs Gerling im Schneidersitz posierend, im Allerheiligsten der Großfirma vom schwedischen Fernsehen filmen. Da nun war doch die Unmittelbarkeit des Fernsehens nicht so wichtig wie in der Griechenland-Aktion, die auf die Gerling-Reportage folgte; denn im Falle Gerling wurden doch eher clowneske Züge verfilmt. Und das hat doch wohl kaum weiterführende Erkenntniswerte gehabt.

Ich glaube doch. Und zwar war es ein adäquates Mittel, diesen Feudalstil des Konzerns zu entlarven.

Aber das weiß man doch, dass die Chefs in feudalen Etagen in Leder und Mahagoni wohnen und ...

Es war das Allerheiligste, darüber raunte nur jedermann in der Firma, da hatte niemand einen Blick hineingeworfen, es war den Blicken entzogen, man wusste nichts davon.

Gut, aber Günter Wallraff im Schneidersitz auf dem Schreibtisch macht das nicht sichtbar, sondern er verunglimpft dies Allerheiligste für einen kleinen Kern von ohnehin Wissenden. In der erwähnten Güterabwägung spricht hier doch das Interesse der Öffentlichkeit gegen Wallraff und – allerdings negativ – allein für das Clowneske, also gegen eine weiterführende Erkenntnis, die Sie vermitteln wollten.

Diese Handlung symbolisiert etwas, sie bringt ein Denkmal zum Wackeln, auch wenn sie es nicht umstürzt. Seitdem hat der Gerling mich symbolisch und stellvertretend immer im Nacken gespürt. Er war da oben eigentlich nie mehr so ganz allein, er war seither viel stärker unter Kontrolle.

Überschätzen Sie das nicht?

Es war die Inbesitznahme eines tabuisierten Bereichs, und dadurch wurde deutlich, was da wirklich ablief; ein riesiges, saalartiges Büro, das nur alle vierzehn Tage einmal benutzt wird, um ein paar Unterschriften zu leisten – und dagegen steht dann, dass es in diesem riesigen Gebäude nicht einmal Unterrichtsräume für Lehrlinge gab; überall dort, wo produktiv gearbeitet wurde, fehlte es an Platz.

Das kommt dann in der Reportage auch zum Ausdruck, im Gedruckten.

Aber viele glauben nicht, was sie lesen – nicht umsonst sagt man: Er lügt wie gedruckt. Man misstraut dem Wort, dem Geschriebenen.

Nun können Sie ja im Film nicht die Abwesenheit von Unterrichtsräumen für Lehrlinge zeigen, jedenfalls nicht so, wie Sie es versucht haben.

Die Leute vom Konzern wussten es aber alle, und da hat es auch die Hauptwirkung gehabt; im Konzern wurde ein wichtiges kritisches Potential freigesetzt.

Zugegeben, innerbetrieblich hat auch die Schreibtischaktion gewirkt – aber nach außen hin, über Gerling hinaus, auf Symptomatisches verweisend?

Auch die Sache mit diesem in goldenen Buchstaben gestanzten Leitspruch: »Fortes fortuna adiuvat« – den Starken steht das Glück bei –, das ist ja ein kapitalistischer Leitsatz; ich habe da einen Zettel danebengelegt, auf dem mit Bleistift stand: »Aber nicht mehr lange.« Das hat auch jeder kapiert. Oder ich habe ein paar Utensilien verändert usw. Natürlich ist das keine Methode, die man fortsetzen kann.

Das eben meine ich. Und als ich das las, war ich erschrocken und dachte: Ob sich Günter Wallraff mit dieser Aktion nun nicht selbst ausmanövriert hat? Ist er vielleicht selbst unzufrieden gegenüber seiner Methode, die er doch so oft erfolgreich angewendet hat, und wollte er hier einen sichtbaren Schlusspunkt mit clownesken Zügen setzen?

Das Motiv war anders. Gerade weil sich Massenmedien gegen Veröffentlichungen von mir stemmen und das Ganze abschirmen, habe ich doch über diesen Umweg eine gewisse Massenpresse gezwungen, diesen Vorgang, wenn auch nur über diesen

Gag, ins öffentliche Bewusstsein zu rücken. Dem Durchschnittsleser, der sonst nur die Bildzeitung liest, dem ist das eingegangen, und der hat angefangen, über diese clowneske Sache hinaus weitere Fragen zu stellen. Das ist ein starkes Symbol.

Also die Clownerie nur als Transportmittel.

Nur als Transportmittel und Aufhänger, und ich meine wirklich, dass es nicht darin steckenblieb. Wir haben durch diesen Effekt auch erreicht, dass später 1200 Angestellte des Konzerns sich im größten Kölner Saal, direkt gegenüber dem Gerling-Konzern, versammelten und aus ihrer Versammlung eine Art Tribunal entwickelten, vor dem sie ihre tagtäglichen Erfahrungen und die Missstände im Konzern zur Sprache brachten, und plötzlich redeten sie, bewirkt durch die große Zahl der Versammelten und durch die Übereinkommen, die da erzielt wurden.

War das nachweislich eine Wirkung Ihres Einsatzes?

Es war eine unmittelbare Wirkung dieses Einsatzes. Wir hatten Plakate verteilt, wo auch wiederum mit solchen Gags gearbeitet wurde und der Konzern karikiert und satirisch dargestellt wurde – die hingen danach in den Büros, bis sie schließlich entfernt werden mussten. Der Bote auf dem Tisch des Herrn – das ist eigentlich das Symbol. Auch dies Sich-Zugesellen zu dem Herrschaftstisch der Direktoren – das ist nun ein einfaches, banales Mittel, das jedermann begreift.

Das wiederum empfand ich als sehr viel wirkungsvoller: Wie Sie sich selbstverständlich an den Mittagstisch der Herren Direktoren setzten, als Bote, und dasselbe sorgfältig zubereitete Essen forderten, weil Sie magenkrank seien. Das war, finde ich, eine unmittelbar wirkungsvolle und erkenntnisträchtige Sache. Mich hat das mehr überzeugt als die Szene in der Chefetage. Ich war der Meinung, Sie nähmen mit diesem Gag Abschied von Ihrer Methode. Dann kam auch sehr bald Griechenland. Und entschiedener als in Griechenland können Sie Ihre Person ja kaum ins Spiel bringen und aufs Spiel setzen.

Griechenland hatte für mich natürlich auch existentiell eine Bedeutung.

Bereits vorher oder erst danach?

Vorher schon. Die Aktion ist zu einem Zeitpunkt gemacht worden, als ich einen riesigen Erfolg hatte, als ich plötzlich ein Bestseller-Autor war, als man mir Schlagzeilen widmete. Ich merkte, wie ich entrückt wurde von meinem Ausgangspunkt, wie ich prominent wurde, und das hat auch immer etwas mit Prostitution zu tun und mit Korruption. Ich wollte mich da hinauskatapultieren. Ich rechnete mit ein, zwei Jahren Gefängnis. Nun war es auch nicht ganz so, dass ich es mir ausgesucht habe. Ich gehörte zu dem Solidaritätsausschuss Griechenland und wurde als Mitglied einer Delegation benannt. Und so ergab es sich. Ich wusste von vornherein, was die Delegation erreichen würde: gar nichts, es würde ein Goodwill-Besuch zur Beruhigung des eigenen schlechten Gewissens sein. Deshalb habe ich versucht, mehr daraus zu machen. Ich bin hier gründlich missverstanden worden und zum Teil von der großen Presse mit bösartiger Infamie behandelt worden. Die haben mir einfach Motive unterstellt, um den Faschismus beim NATO-Partner Griechenland nicht zur Kenntnis nehmen zu müssen. Das ging bis zur Entschuldigung des Faschismus dort. Damit hatte ich nicht gerechnet, dass es so infam ablaufen würde. Aber ich habe daraus gelernt: Ich würde einen solchen Alleingang nicht mehr machen. Allerdings habe ich auch hierbei vorher vergeblich versucht, andere zum Mitmachen zu bewegen.

Haben Sie auch die Härte erwartet, mit der Sie dort dann geprügelt und im Gefängnis gefoltert wurden?

Ich hatte eine Woche vorher mit ehemals Inhaftierten, Gefolterten Kontakt gehabt, und die haben mir bis in Einzelheiten ausgemalt, was ich zu erwarten hätte. Das größte Risiko war, dass man mich allzu früh als Ausländer erkannt hätte; dann hätte man mich abgeschoben, und dann wäre genau der falsche Eindruck entstanden, man hätte sagen können: So schlimm ist es doch gar nicht, hinterher bekommt der noch eine Rückfahrkarte und wird zum Flughafen geleitet, das ist doch ein ganz menschliches, liberales System. Und so wurde es hier auch immer dargestellt, wenn CDU-Politiker als KZ-Touristen nach Jaros fuhren und zurückkamen und sagten: Die Gefangenen werden umsorgt und umhegt. Oder als Heck aus Chile zurückkam: Die Situation im Stadion ist bei Sonne recht angenehm – solche Entschuldigungen wurden doch veröffentlicht. Diesen Eindruck hätte ich verstärkt, wenn ich sogleich als Ausländer erkannt worden wäre. Deshalb habe ich mich, wie es auch sonst ein Prinzip meiner Arbeit ist, anonymisiert. Ich habe aus meiner Jacke das Etikett »Made in Germany« herausgetrennt, habe keine Papiere bei mir gehabt und habe am Anfang ganz verbissen geschwiegen, kein Wort gesagt, so dass nachher, als ich unter der Folter sagte – und irgendwann fängt man an zu sprechen, auch wenn man schmerzstillende Mittel nimmt –, ich sei Deutscher, man mir das nicht glaubte. Die dachten, ich sei als Gastarbeiter eine Zeitlang in Deutschland gewesen und wollte auf diese Weise nun eine mildere Behandlung herausschinden. Da hatten die mich aber schon dermaßen ramponiert, dass die Spuren so sichtbar waren, dass sie mich erst einmal dabehalten mussten.

Welche Erfahrungen haben Sie denn aus dem griechischen Gefängnis mitgenommen – politisch und persönlich?

Dass man vor allem den Begriff »Faschismus« nicht so inflationär gebrauchen sollte, wie es zum Teil von bestimmten Linken geschieht. Dass man früh genug alle noch mobilisiert, die sich hier antifaschistisch engagieren, und das reicht bis zu progressiven Christen und bis zu Leuten im Lager der CDU, die man gewinnen sollte. Das, was man dort erlebte, war eine Stufe der Barbarei, die ich bis dahin nicht für möglich gehalten hatte. Alles, was man bis dahin an Kriterien und Prinzipien hatte, war weg, war völlig gegenstandslos, es zählte nur die nackte Gewalt, jedes Argument stieß auf taube Ohren. Bis zuletzt waren es ja nur drei bis fünf Prozent der Griechen, die die Junta unterstützten, alle anderen gehörten zum passiven oder aktiven Widerstand. Und trotzdem konnte sich dieses Regime über sieben Jahre hinweg behaupten: durch blanken Terror. Und es waren letztlich hundertfünfzig Offiziere, die sich einig waren und die von heute auf morgen die Demokratie exekutierten, obgleich es auch innerhalb der Gesellschaft Kräfte gab, die die Junta unterstützten: Onassis z. B. hat kräftig mitgewirkt, hat Papadopoulos bis zuletzt eine Villa finanziert und sich selbst 160 Millionen Dollar ohne Gegenleistung aus dem Staatshaushalt genommen – also es war auch das Großkapital, das hier am Faschismus partizipiert und von ihm profitiert hat. Und so müssten wir hier versuchen, unter dem Motto »Gefahr erkannt, Gefahr gebannt« möglichst viele darüber aufzuklären, was in Krisensituationen unter ungünstigsten Konstellationen auch hier mal blühen könnte. Es war damals in Griechenland immerhin ein NATO-Plan, den man zur Exekution der Demokratie eingesetzt hat, der NATO-Plan »Prometheus« – auch ein Sinnbild: der gefesselte Prometheus, das gefesselte Volk; und dann kam sehr schnell von Papadopoulos die Definition: Wir müssen das Volk in Gips und die Demokratie auf den Operationstisch legen, und die Gesetze müssen wir erst einmal außer Kraft setzen. Das war damals zu einem Zeitpunkt, als ein Wahlerfolg der Linken bevorstand, auf demokratischem Wege. Und wenn hier einmal das, was sich bei den Jungdemokraten und den Jungsozialisten als Politik abzeichnet, parlamentarisch Gestalt annimmt, dann müssen wir Vorsorge treffen, dass wir nicht irgendwelchen rechten Kräften Putschmöglichkeiten in die Hand geben. Wo z. B. sind die Instanzen, die die Bundeswehr kontrollieren? Wir haben einen Radikalenbeschluss, der aber fast nur, fast ausschließlich gegen Linke angewandt wird; in der Bundeswehr aber sind kaum Linke, besonders nicht diejenigen, die an den hochtechnisierten Geräten die Hand am Drücker haben, das sind in der Regel Offiziere.

Oft auch Technokraten, die funktionieren.

Obgleich, und das entstammt einer demoskopischen Untersuchung, zur Zeit der Erfolge der NPD jeder vierte Berufssoldat NPD gewählt hat. Heute braucht man nicht mehr NPD zu wählen, um diese Interessen vertreten zu lassen. Da ist also wenig transparent. Es gibt ein paar Leute, SPD-Abgeordnete im Verteidigungsausschuss, die da schon mal kritisch gefragt haben, und über die ist man in einem Maße hergefallen, dass sie hinterher selbst wie Verfassungsfeinde dastanden. Es hat eine Untersuchung von Professor Kriele in der ›Zeit‹ gegeben, dass heute schon im Medienbereich der Presse die Voraussetzungen da sind, dass nämlich achtzig Prozent der Zeitungen versuchen, faschistische Putschsysteme zu entschuldigen und zu legitimieren, dass wir hier also schon die flankierenden Maßnahmen der Presse hätten, die, wenn es einen Putsch gäbe, versuchen könnte, ihn als legal darzustellen.

Auch aufs eigene Land übertragen, würden Sie mutmaßen?

Ja, aufs eigene Land übertragen.

Also diese politische Erkenntnis: mehr Wachsamkeit gegenüber den Organen hier, die nicht kontrolliert werden und die zum Putschen dienen können, ohne hier schon ganz konkrete Verdächte auszusprechen.

Und der Versuch, größere Bündnisbereitschaft früh genug zu suchen; also nicht sogleich sagen: Das hier ist ein Konservativer, der ist faschistoid usw. Ich habe im Gefängnis erlebt, dass da von Kommunisten über Sozialdemokraten bis zu Liberalen und Königstreuen alle möglichen politischen Schattierungen einsaßen, also alles, was sich im weitesten Sinne demokratisch gab. Ich habe z. B. den konservativen letzten Ministerpräsidenten getroffen, Kanellopoulos, das war bestimmt kein linker Mann, ein Mann, der hier einen Typus wie Schröder darstellt, der aber innerhalb der Diktatur einen ganz unbeirrten antifaschistischen Standpunkt einnahm. Ich habe erlebt, wie er riskierte, inhaftiert zu werden, als er Angehörige von Gefolterten empfing, wie er ihnen Ratschläge und Hilfestellungen gab; er wurde selbst auch immer wieder unter Hausarrest gestellt – und das hat mich unwahrscheinlich beeindruckt.

Konservative haben gegen den Faschismus oft entschiedener gestanden als opportunistische und wankelmütige Liberale. Der

Konservatismus hat eben auch seine Moral, und der Faschismus predigt unmoralisch die nackte Gewalt. – Was hat Sie persönlich an diesem griechischen Erlebnis beeindruckt, verändert?

Mir kann nichts Schlimmeres mehr passieren. Ich bin durch etwas hindurchgegangen, was mich irgendwie freier macht. Seither nehme ich viel weniger Rücksichten auf gewisse Sachen. Ich habe allerdings noch über ein halbes Jahr an den Folgen gelitten, psychisch und physisch, und bin erst seit ein, zwei Monaten so weit, dass ich wieder konzentriert arbeiten kann und nicht mehr nur durchhänge. Aber es hat mich schon verändert, auch hinsichtlich neuer Sachen, die ich mir vornehme.

Hinsichtlich der Arbeitsweise oder der Komplexe, der Stoffe der Arbeit?

Ich glaube, dass ich mich aus einer bestimmten Geschäftigkeit, aus einer gewissen Schnelllebigkeit, aus einer Hektik heraushalten kann und mich wieder langfristiger Themen aussetzen kann, als ich es vorher konnte. Wenn man ein paar Monate in einer Zelle sitzt, also in einer Isolation sich befindet, dann sammelt man sich wieder, dann gewinnt man wieder Durchblick. Ich habe wieder angefangen zu lesen, konnte ja Bücher lesen, und habe in den zweieinhalb Monaten mehr gelesen als in den letzten drei Jahren.

Sie haben, wenn ich das richtig beobachtet habe, kein rechtes Privatleben, sondern Sie stehen fast ununterbrochen unter dem Druck Ihrer Arbeit, und das heißt Ihrer spezifischen Arbeit: ein paar Monate als Arbeiter im Betrieb, ein paar Monate in der Trinkerheilanstalt usw., um nur zwei Beispiele von einigen Dutzend zu nennen. Ist das auch etwas, was Sie ändern wollen nach Griechenland, um zu mehr Ausgeglichenheit zu kommen? Oder haben Sie vielleicht gemerkt, dass der Rückzug auf sich selbst wieder andere Kräfte für die Arbeit freisetzt und mobilisiert?

Das weiß ich im Moment selbst noch nicht. Diese Arbeit ist so einschneidend und auch so total bestimmt, dass dabei einerseits auch meine Ehe in die Brüche gegangen ist, wobei ich selbst die Verantwortung zu tragen habe; dass ich andererseits versuche, Kontakte herzustellen, die nicht diese Zwanghaftigkeit einer Zweierbeziehung, bei allem Für und Wider, haben; ich versuche da so eine Art korrespondierender Kontakte – das hört sich zwar großartig an, aber anders geht das bei dieser Arbeit nicht.

Sie stehen ganz unter dem Gebot dieser Arbeit, der Sie sich stellen.

Das ist von der Praxis her gar nicht anders möglich: Man ist lange Zeit irgendwo in einem Betrieb oder in einem anderen Bereich und kommt wie ein Mann auf Montage oder ein Seemann nur alle paar Monate mal wieder nach Hause. Deshalb kann man das, was einmal als Ehe, als Zweierbeziehung eingegangen wurde, nicht aufrechterhalten. Das hat natürlich auch Vorteile: Man fährt nicht so schnell fest in seinen Gewohnheiten, man ist offener, auch dem jeweiligen Menschen gegenüber, man ist kontaktbereiter gegenüber denen, die man neu kennenlernt – man soll das nicht nur negativ sehen; nur hat man natürlich auch seine bestimmte Vergangenheit, seine bürgerliche Erziehung, und irgendwo sind da noch Widerstände, die man überwinden muss, um nicht immer zu meinen, man versäume etwas, Geborgenheit oder einen Schutz, nach dem man auch wiederum eine bestimmte Sehnsucht hat.

Die Ehe ist aber doch keine Erfindung des Bürgertums.

Die Zweierbeziehung schon. Ich kann mir schon eine Gesellschaft vorstellen, wo sich viel mehr Menschen offener, auch im privaten und sexuellen Sinne, gegenüberstehen – das muss nicht unbedingt eine Kommune sein. Warum ist denn die bürgerliche Ehe so in Frage gestellt? Überall, wo man hinschaut, wo ein Paar mehr als fünf bis zehn Jahre zusammenlebt: Wo funktioniert das denn noch? Das kommt doch nicht von ungefähr. Es liegt auch daran, dass man nicht mehr offen ist, dass man sich anderen gegenüber verschließt. Und irgendwann hat man sich dann auch nichts mehr zu sagen. Es ist in dieser ungesicherten Gesellschaft eine verständliche Reaktion, dass sich zwei aneinanderklammern und nun glauben, das einzig Verlässliche gefunden zu haben; aber das ist doch eine Illusion.

Wie so vieles Illusion ist und einen dennoch aufrechterhalten kann. – Man hört immer wieder den Vorwurf, das, was Sie produzieren, sei nicht Literatur. Stört Sie dieser Vorwurf? Er kommt meist aus einer konservativen Ecke und von Leuten, denen vor allem die Inhalte, die Sie mit Ihren Reportagen vermitteln, missfallen.

Zuerst habe ich diesen Vorwurf von Unternehmern gehört, die damit kamen: Das ist Bildzeitungsschmiere. Das waren diejenigen, die sonst ihre Interessen und Ideologie über die Bildzeitung verbreiten ließen. Mich hat es eigentlich nie bekümmert, obwohl man schon ein bisschen getroffen ist, keiner kann sich freimachen von einer gewissen Eitelkeit. Es ist umgekehrt auch zu beobachten, dass Dissertationen innerhalb der Germanistik über meine Arbeit gemacht werden, dass Seminare stattfinden über diese Arbeiten. Es sollte einen also nicht bekümmern. Man sollte allerdings schon versuchen, die besten formalen Mittel zu benutzen, um diese Arbeit am dichtesten zu machen. Aber das liegt auch immer daran, wie sehr man betroffen ist, wie total man in einer solchen Sache auch existenziell drinsteckt. Es ist eine Form des Schreibens, die auf Vervielfältigung, auf Fortsetzung, auf Weitermachen aus ist, die andere ermutigt, sich ähnlich zu verhalten und ähnlich zu schreiben; das ist also keine Literatur, die einen Ewigkeitsanspruch erhebt. Je schneller diese Art der Literatur mithilft, gesellschaftliche Verhältnisse zu verändern, um so eher wird sie auch von einer sich fortentwickelnden Gesellschaft als historisch empfunden werden. Es ist Literatur, die ganz konkret für die jeweilige Zeit geschrieben worden ist.

Sie will eingreifen in die Wirklichkeit.

Ja, und mit dran drehen, mit verändern, ein Stück voranträumen. Und Literatur muss diese Schrittmacherfunktion haben, wenn sie nicht grad den zehnten Schritt vor dem ersten tut.

Sie wollen ja gar nicht zur Literatur und zum Literaturbetrieb gehören, sondern den engen traditionellen Literaturbegriff formal und inhaltlich aufbrechen, also mit dem, was Sie machen, nicht in die Literaturgeschichte eindringen, sondern in die aktuelle Geschichte.

Also nicht museal irgendwann einmal abgehandelt und konserviert werden, sondern immer Reibungsflächen bieten – oder eben vorbei sein, wenn die Zeiten sich positiv verändert haben.

In diesem Sinne muss es Ihnen doch sehr viel angenehmer, eine Bestätigung fast, sein, auf den politischen Seiten der Presse statt in den Feuilletons behandelt zu werden.

Ja. Und. wenn das geschieht, merke ich, dass ich etwas erreicht, bewirkt, in Bewegung gesetzt habe. Applaudierende Rezensionen in Feuilletonspalten bringen nichts.

Was Sie schreiben, wird immer im Zusammenhang der Dokumentarliteratur diskutiert. Man wird aber wohl als gesichert ansehen dürfen, dass auch Dokumentarliteratur mit ästhetischen Mitteln arbeitet, also mit Arrangement und Gestaltung von Fakten, und auch Ihre Reportagen arbeiten mit solchen Mitteln, etwa der Konfrontation von verschiedenen Fakten aus jeweils anderen Perspektiven. Wo gleitet eigentlich das Dokumentarische ins Fiktionale über – oder gibt es das Dokumentarische überhaupt nicht? Kann man Literatur überhaupt durch die Realität ersetzen? Auch Erika Runge hat die Gespräche, die sie aufgenommen und dann gesendet und gedruckt hat, beschnitten, arrangiert, und da beginnt sich doch eine Wirklichkeit in etwas zu verwandeln, was nicht mehr reine Wirklichkeit ist, sondern eben ein neues, nach ästhetischen Prinzipien geordnetes Wirklichkeitsbild – immerhin noch nahe genug an der Realität, um unmittelbar etwas davon zu vermitteln.

Das, was in der Literatur das formale Element ist, ist hier das Arrangieren, das Vorbereiten, die Hebelwirkung, andere zum Reagieren, zum Sprechen zu bringen, jene auch, die sonst alles tun, um sich der Kontrolle zu entziehen, d. h., sie so zu provozieren, dass sie Farbe bekennen, dass sie reagieren, dass man ihnen die Masken herunterreißt. Das ist das formale Prinzip und Kriterium: die Sache erst einmal so in den Griff zu bekommen, dass man eindringen kann, dass man dann aber auch diejenigen ins Blickfeld rückt, die sonst versuchen, ihre Herrschaftsmethoden als Symbole von honorigen Leuten auszugeben. Die Gestaltung setzt ein, wenn man das ganze Material unvoreingenommen gesammelt hat, alles, was überhaupt erreichbar ist; ich versuche es z. B. manchmal mit Zeitungsanzeigen: Journalist sucht für Firmengeschichte über dieses und jenes Werk noch Zeugenaussagen, Erlebnisberichte, Dokumente usw. Es gibt Zeitungen, die sich erst mal weigern, solche Annoncen aufzunehmen; das war hier in Köln ein großes Problem, dass der ›Stadtanzeiger‹ das überhaupt brachte. Dann kommen doch sehr viele Beteiligte, die ein Problembewusstsein haben, die inzwischen dort ausgeschieden sind und es sich leisten können, hier Bericht zu erstatten. Wenn das alles mal da ist, dann ist das ein riesiges Sammelsurium, oft sind es stundenlange Tonbandgespräche, die erst einmal ausgewertet werden müssen. Und dann fängt der Autor an, mit einer bestimmten Tendenz, unter einer bestimmten Blickrichtung im Sinne der dort Beschäftigten seine Auswahl zu treffen; und er versucht auch, seine Personen nicht auszubeuten, indem er sie auf unfreiwillige Versprecher festlegt, sie also nicht kulinarisch vorstellt, weil dann ja auch so ein unfreiwilliger Manger-Humor hineinkommt. Also muss der Autor auch Sprachhilfe leisten und das herausholen, was sprachlich als Waffe, als ein Sich-Wehren, als Artikulation stark ist. Man kann auch das bringen, was falsches Bewusstsein spiegelt, ganze Passagen, die falsches Bewusstsein darstellen, weil er keinen Durchblick hat – denn er wurde immer für dumm verkauft; dies sollte aber, erkenntlich für den Leser, mit eingearbeitet werden: Warum das so ist, muss deutlich werden, der Autor darf damit niemanden identifizieren oder lächerlich machen. Das ist die Verantwortung des Autors auch beim dokumentarischen Schreiben. Oft ist es auch noch mehr Arbeit, die Sachen nachher juristisch abzusichern, als sie zu schreiben; das ist ein Manko bei der Arbeit. Ein fiktiv schreibender Autor kann das in die beste Form bringen, was er weiß und was er für richtig hält; ich kann nur das in die Form bringen, was ich im Notfall auch vor Gericht belegen kann – und deshalb muss ich oft auf dichteste, stärkste Momente verzichten.

Also tritt die Frage der Literarisierung auch bei Ihren Arbeiten auf.

Selbstverständlich, das ist ein Gestalten nach formalen Prinzipien, nur dass hier die Form nie überwiegt; man kann sich hier kaum so in die Form verlieben, dass sie zum Selbstzweck wird, denn sie hat immer die Funktion des Transportmittels. Der Inhalt ist das Wichtigste, und die Form hat sich dem Inhalt anzupassen, nicht umgekehrt.

Sie arbeiten mit Ihren Reportagen immer an ganz konkreten Einzelfällen, während die Literatur, auch die sogenannte Arbeiterliteratur, auch die Literatur des sogenannten sozialistischen Realismus, immer mit dem Beispielhaften, dem Typischen arbeitet, Dinge fiktiv und exemplarisch darstellt, auf ihren Verweisungscharakter baut. Ich bin sicher, dass auch Sie mit Ihren Reportagen die typischen Verhältnisse in dieser Gesellschaft aufdecken wollen. Aber verhindert nicht auch die Konkretisierung auf den Einzelfall dieses Verallgemeinernde, allgemeiner Wirkende, das Übertragbar-Exemplarische? Kann der Einzelfall noch sensibilisieren, oder wird er letzten Endes nur noch skandalisieren? Wird er also auch nicht mehr für die Gesamtzustände genommen, sondern bewirkt er nicht im Gegenteil, dass viele denken: Na ja, ein Einzelfall, aber Gott sei Dank sind sie nicht alle so?

Das Problem ist da, und der Vorwurf wird oft gemacht. Ich glaube, dass man durch die Summierung von Einzelfällen so etwas wie eine Struktur, wie ein Mosaik zusammensetzen kann. Innerhalb unserer Massenmedien wird ja nur personifiziert, z. B. in der ›Bildzeitung‹ – über 36 Prozent unserer Arbeiter lesen nur dieses Massenblatt, d. h. dieses Blatt gegen die Massen –, so dass man an der Personifizierung nicht vorbeikommt. Jeder ist gewohnt, alles personifiziert zu sehen – und nun muss man die richtigen, die typischen Personen finden. Oft kann man auch über Extreme auf das Typische zurückschließen. Eine Gesellschaft, die sich demokratisch nennt, muss es sich gefallen lassen, auch an extremen skandalösen Bereichen gemessen zu werden. Wenn aber etwas so sehr Extremes schon zum Alltag gehört, dass jeder es hinnimmt, dass man sich gar nicht mehr darüber aufregt, dann muss man doch sagen: Warum ist das nicht mehr zu verhindern, warum ist das so etwas Selbstverständliches? Es muss also möglich sein, von den Einzelfiguren, die ja auch Repräsentanten sind, auf die Strukturen zu schließen. Das Gefährliche ist, dass man dämonisiert; man darf nicht in die Gefahr kommen, hier böse Menschen darzustellen; man muss es schaffen, sie mit dem Mittel der Verfremdung als funktionierende Charaktermasken eines Systems, einer Struktur darzustellen.

Weil es sonst Ideologie wird und keine Wahrheit mehr ist.

Ja. Da gibt es vielleicht auch Schwächen in meiner Arbeit; ich merke manchmal am Leserverhalten, dass die Leser die Schlussfolgerung ziehen, man müsse jetzt an das Gute im Unternehmer appellieren, damit es besser wird. Das ist illusionär.

Sie haben einmal als einen wesentlichen Begriff Ihres Literaturverständnisses das Wort von der »sozialen Wahrheit« geprägt, die in der Literatur enthalten sein müsse. Was meinen Sie ganz konkret damit, und wie ist dieser Begriff literarisch zu vermitteln?

Es geht darum, dass man ein Unrechtsempfinden entwickelt, dass man das zur Gewohnheit gewordene alltägliche Unrecht, sozusagen die kleinen Katastrophen des Alltags, die die meisten ja als viel einschneidender und als existentiell viel bedrohlicher empfinden als die großen politischen Entscheidungen, noch sieht und erkennt: dass man so sensibilisiert wird, dass man das auch unmittelbar als Unrecht empfindet, dass man sich dagegen auflehnt und sich mit anderen zusammentut und sich dagegen wehrt. Je dichter man am Geschehen ist, je exakter man diese Winzigkeiten festhält und diagnostiziert, um so eher finden sich Möglichkeiten, sich dem entgegenzustellen. Auch die Gewerkschaften, die sich lange Zeit nur um die Pfennige gekümmert haben, die Tarif- statt Bildungspolitik gemacht haben, denken um; denn das ausgehandelte Geld für Humanität wird von der Lohn-Preis-Spirale, an der die mächtigen Konzerne, die Wirtschaftsblöcke, entscheidend drehen; aufgefressen. Und da findet, glaube ich, doch ein Umdenken statt. Da sind Appelle von Schriftstellern, Psychologen, Soziologen und Sozialdiagnostikern auch in diesen Kreisen positiv aufgenommen worden. Man fing erstmals bei Tarifauseinandersetzungen in Baden-Württemberg an, bessere Arbeitsbedingungen auszuhandeln.

Das waren die vor allem von den Arbeitgebern am schärfsten umkämpften Fragen.

Ganz genau. Bei Lohnerhöhungen, wenn die nicht gerade über zehn Prozent liegen, kann man sich immer noch einigen.

Also Tarifpolitik als eine Art Schauturnen. Und hier wurde es konkret.

Ja. Dass man plötzlich anfing zu fordern: mehr Pausen zwischen den Fließband-Takten, Möglichkeiten von Ablösung, vielleicht sogar die Abschaffung von Fließbandsystemen. Das alles war plötzlich in der Diskussion, und ich glaube, da können Autoren sehr viel zu beitragen, diese Sachen noch mehr ins öffentliche Bewusstsein zu rücken. Und da kann sich auch ein Konservativer nicht versperren. Das sind humanitäre Prinzipien jenseits der Ideologien, denen sich sehr viele anschließen können. Wenn alle wüssten, was läuft, und die Ursachen erkennen, und wenn das wirklich vermittelt würde auch über die Massenmedien, wenn die Presse nicht so abhängig wäre von wenigen Konzerninteressen, dann wäre die Gesellschaft ein ganzes Stück weiter. Da ist meine Arbeit zu verstehen als eine permanente Gegeninformation. Wenn das, was ich mache, und noch viel mehr, in allen Zeitungen stünde, würde ich mich erübrigen oder würde eine ganz andere Arbeit machen. Aber das wird dort ausgeklammert, man muss es auf allen möglichen Umwegen immer wieder ins Bewusstsein rücken.

Ihr Begriff von der »sozialen Wahrheit« – und dieses Gespräch ist dafür ein Beispiel – impliziert einen Satz wie »Die Wahrheit ist konkret«: Das Detail ist das Wichtige, nicht der große Spruch, nicht die Ideologie, die bis in Details hinein zu verfälschen vermag.

Ich halte gar nichts von großen Sprüchen, sie schlagen oft die Wirklichkeit tot, obgleich man gewisse Begriffe in der Interpretation solcher Sachverhalte gebrauchen sollte; man sollte schon eine bestimmte Terminologie haben. Es gab ja einmal eine Zeit der Arbeiterbewegung, da soziologische, wissenschaftliche Termini allgemein gebraucht, angewandt und für den Kampf benutzt wurden. Das ist weithin abhandengekommen, auch durch den in die Köpfe hineingehämmerten Antikommunismus.

In einer Kampfzeit wichtige ideologische Korsettage kann sich überleben, und wenn das, was sie trug, zur Macht gekommen ist, muss sie und ihr Inhalt ebenso in Frage gestellt werden, wie sie selbst das ihr Voraufgehende in Frage gestellt und bekämpft hat. So verläuft doch der gewünschte dialektische historische Prozess.

Es gibt auch keinen Endzustand. Es gibt Linke, die träumen vom Tag X, an dem gibt es einen Knall, und plötzlich hat man das Gelobte Land erreicht: Ich glaube eher, dann fängt es erst an; oder wie Brecht es einmal gesagt hat: Dann kommen die Mühen der Ebene.

Rückwärtsgewandte Utopie, die Sehnsucht nach dem verlorenen Paradies, immer vorhanden und unerreichbar.

Man muss dann umso mehr die Dinge in Frage stellen. Und meine Arbeit ist sehr viel mehr auf Fragenstellen aus als auf vorschnelles Antwortgeben, obwohl man da die Funktion auch teilen sollte. Es gibt viele, die erwarten vom Autor im alten großbürgerlichen Sinne die Rolle des Propheten; für sie ist er derjenige, der um die letzten Dinge weiß.

Nicht nur den Diagnostiker, sondern auch den Prognostiker erwarten sie: aber auch die Rolle des Heilenden, der die Lösungen kennt.

Und was ganz schlimm ist: die Rolle des absegnenden Wundertäters. Selbst bei Linken, die einem immer wieder vorwerfen: Du bringst die Sachverhalte ganz richtig heraus, aber nun gib uns endlich die Rezepte. Sie erwarten Lösungen im Schnellverfahren: Man nehme das und das, rühre das so und so, und heraus kommt das und das.

Auch ich will natürlich auf solche Fragen nicht verzichten. Auch ich möchte außer der Analyse des Vorhandenen Ihre Erwartungen auf Lösungsmöglichkeiten kennenlernen und dementsprechend fragen. Die Arbeitsprobleme im Zusammenhang mit Akkord- und Fließbandsystemen gibt es nicht nur im Westen, sondern auch im Osten, und weder hier noch dort zeichnet sich eine Lösung dieser Probleme ab. Ihre Arbeiten zielen im Wesentlichen auf die Abschaffung der Entwürdigung des Menschen durch solche Systeme. Wie nun können diese Probleme möglicherweise gelöst werden – ist die Lösung eine Frage der Ideologie oder der Technologie? Wer im Augenblick ein Interesse an der Beibehaltung solcher Systeme hat, scheint klar zu sein: jene, die ein Interesse an der Produktion haben und nicht an einer Sensibilisierung der Produzierenden, jene, die für die Erhaltung des Status quo sind, ob als Staats- oder Privatkapitalismus.

Das muss man sehr genau untersuchen. Und man sollte vor allem nicht auf Gesellschaftssysteme verweisen, in denen diese Probleme gelöst seien, obwohl man gar nicht unter solchen Systemen gearbeitet hat. Ich habe immer wieder versucht, in Staaten des Ostblocks eine Arbeitserlaubnis zu bekommen, ich habe es bisher vergeblich versucht in Jugoslawien, der Tschechoslowakei, der DDR. Ich brachte vorhin die Beispiele, die ich jetzt nicht zu wiederholen brauche, wie notwendig auch im Ostblock eine solche Arbeit wie die meine wäre und wie sie dort angewandt wird und wie auch die Methode dieser Arbeit dort ins Bewusstsein rückt, und nicht, wie es vordergründige Propagandisten und

Funktionäre gerne gebrauchen: als Ablenkung auf Schlimmeres im Westen. Die Leser dort differenzieren sehr. Ich bekomme Briefe von Schülern, jungen Arbeitern, Studenten aus sozialistischen Staaten, die dort anfangen, die Probe aufs Exempel zu machen und ihren eigenen Bereich an diesen Kriterien zu messen, und die dann auch auf Widersprüche stoßen. Es ist natürlich schwierig, man muss das genauer untersuchen. Es läuft da vieles besser, es läuft vieles anders aufgrund der anderen Voraussetzungen; es gibt dort nicht diese totale Leistungsschraube, es wird nicht in dem Maße wie hier ausgepresst bis aufs Letzte; das drückt sich z. B. darin aus, dass die Unfallzahlen in der DDR nur halb so groß sind wie bei uns. Die Antreiber-, die Managerschicht ist nicht in dem Maße wie hier verselbständigt und nicht dermaßen mit Statussymbolen ausgestattet. Sie verdienen nicht wesentlich mehr als ein Arbeiter und haben eine wesentlich höhere Verantwortung, sie haben in der Regel zwei- bis dreitausend Mark, waren meist vorher selbst Arbeiter und sind auch etwas stärker kontrollierbar; man kann bei Willkür durch Mehrheitsbeschluss durchaus jemanden absetzen. Ich habe in einem VEB-Betrieb mal Beschwerdebücher eingesehen, Betriebstagebücher; da wurde doch ziemlich respektlos mit Vorgesetzten umgegangen. Das alles muss man sehen. Und trotzdem gibt es da, technologisch bedingt, Akkordsysteme, Fließbandsysteme, die stark entfremdete Arbeit produzieren und auch Menschen extrem auslaugen. Dann fragt man sich: Wie kommt das? Inzwischen sind die Wirtschaftsmärkte so ineinander verzahnt, dass Rückkoppelungen zu erkennen sind.

Meine Frage: Ist das nur technologisch lösbar, oder kann das auch auf politischem Wege gelöst werden? Und welche Rolle kann bei einer solchen Frage auch die Literatur spielen als ein sensibilisierendes Element?

Die Literatur hatte ja in den Anfängen der DDR eine Art Kontrollfunktion, z. B. durch die Brigadetagebücher, die allenthalben geschrieben wurden, die kritische Bestandsaufnahmen über das brachten, was an der Basis los war; und die dann so kritisch waren, dass man sie nachher abgewürgt und mehr auf Erbauungs-,

Feierabend- und Beschönigungsliteratur umgemünzt hat. Danach wurden die Brigaden ermutigt und bekamen Belobigungen und Orden dafür, dass sie Betriebsfeiern gestalteten, Betriebsfeste organisierten, dass sie also die schönen ablenkenden Seiten herausbrachten. Auch da wurde die Literatur entschärft, wurden der Literatur die Zähne gezogen. Aber auch da wächst eine neue Generation heran. Vor allem in der UdSSR ist es, bestimmt von der dortigen Tradition, ganz stark spürbar: Wenn da ein Arbeiter im Betrieb Talent verrät, anfängt, sich in seiner Situation umzusehen und sie kritisch zu beschreiben, dann wird er ganz schnell aus seinem Bereich hinausgelobt, dann kommt er auf eine Schriftstellerschule, bekommt er Privilegien, wird irgendwo in einen Schriftstellervorort in eine Datscha gesetzt, und irgendwann landet er bei der Lyrik – das ist dann die Krone der Kunst, und damit ist er dann am weitesten weg von seinem Ausgangspunkt. Hinzu kommt, dass das Durchschnittsalter der dortigen Schriftstellerfunktionäre bei 60 liegt; also die, die an der Basis durch Literatur etwas verändern könnten, werden herausgeholt, und die Literatur erhält diesen Erbauungs- und Ablenkungscharakter.

Literatur allein kann doch diese Probleme nur zur Sprache bringen und möglicher Erkenntnis zuführen. Es muss hier aber doch ganz konkret etwas geschehen, um diese Akkordsysteme abzulösen; vielleicht indem man tatsächlich nur noch Sequenzen von vier Stunden Arbeit am Fließband zulässt. Denn gerade auch ein – vielleicht sogar durch Literatur – sensibilisierter Arbeiter hat es doch sehr viel schwerer, acht Stunden lang am Fließband auszuhalten als jemand, der in eine geistige Stumpfheit hineingebracht worden ist.

Oder es ist eine Literatur, die eben nur ablenkt und in Träume einmündet. Ich glaube, hier muss tatsächlich der Blick frei werden für eine Erkenntnis, dass ein Mensch nicht länger als etwa vier Stunden oder zwei Jahre eine solche Arbeit bestehen kann und dass eine Lösung dieses Problems durch Umschichtungen gefunden werden muss, solange diese Art von Arbeit technologisch nicht abgeschafft werden kann durch Roboter usw. Und auch die Literatur muss diese Forderungen ins Bewusstsein rücken. In Schweden haben wir es erlebt, in Schweden hat die Literatur auch einen ganz anderen Stellenwert, dort haben viel mehr Autoren diese Dinge durch eine dokumentarische Literatur ins Bewusstsein gerückt; die meisten Autoren von Rang haben sich dort der Wirklichkeit ausgesetzt. Plötzlich gab es im Fall ›Volvo‹ einen Erfolg – gleichgültig, welche Gründe das Management hatte: dass sich ein Auto, das menschenfreundlicher, menschengerechter gestaltet wird, in progressiven Kreisen vielleicht auch besser verkaufen lässt –; aber das ist doch nur gut, das ist doch nichts Negatives. Wenn dann Linke kommen und sagen: Das ist ja wieder nur ein Werbeeffekt, das ist abzulehnen – so halte ich das für falsch. Natürlich trugen auch andere Dinge dazu bei, das Fließbandsystem bei Volvo abzuschaffen: Die Fluktuation wurde so stark, dass es keiner mehr länger als ein Jahr aushielt, die Fehlzeiten wurden zu groß und die Krankheitsraten zu hoch. Aber hinzu kam auch, dass diese Frage im öffentlichen Bewusstsein war und sehr kontrovers diskutiert wurde. Ich habe bei VW jetzt Gespräche gehabt, und da sagten mir Betriebsräte und Vertrauensleute, bei ihnen sei die Humanisierungsfrage vor der Rezession stark im Gespräch gewesen, orientiert am Beispiel Volvo; aber seit die Angstmacherei da sei, seit auch wieder kurzgearbeitet werde, sei das alles von der Tagesordnung verschwunden.

Weil die Existenzangst übermächtig wird.

Und weil die Firmen eiskalt operieren können: Seid froh, dass ihr überhaupt eure Arbeitsplätze habt.

Fühlen Sie sich einer politischen Gruppe oder Partei verbunden?

Ich sympathisiere mit verschiedenen politischen Gruppen: innerhalb der Jungsozialisten, bei den Jungdemokraten. Doch man kann das auch nicht so prinzipiell sehen: In Hamburg z. B. haben die Jungdemokraten eine wesentlich progressivere Funktion als die SPD, die da schon so etabliert ist, dass sie zum Teil eine abwiegelnde Funktion bekommt. In anderen Bereichen sind es die

Jungsozialisten. In Betrieben ist es z. B. die DKP, die die klarste arbeiterfreundliche Politik macht – da arbeite ich mit kommunistischen Betriebsräten zusammen, ohne mich mit ihnen ideologisch auf ein enges DKP-Konzept zu einigen, weil ich gerade da zum Teil wesentliche Differenzen sehe, vor allem was ein vordergründiges Nachbeten von DDR- und UdSSR-Positionen angeht. Es widerstrebt mir, dass ich mich irgendwo fast religiös einer Sache verschreibe. Ich verlange, dass jeder sich kritisch engagiert und sich kritisch auch dem jeweiligen System gegenüber verhält. Und ich könnte mir vorstellen, dass, wenn ich in einem sozialistischen Staat leben würde, ich nicht unbedingt zu den gedruckten Autoren gehörte.

Sie sprachen von Zusammenarbeit mit solchen politischen Gruppen. Wie gestaltet sich diese Zusammenarbeit?

Einmal über den Informationsaustausch; es ist, wenn man wie ich arbeitet, wichtig, dass man nicht so ganz allein auf sich gestellt ist, sondern dass man etwa bereits im Werk befindliche Lehrlingsgruppen kontaktiert und wenigstens ein oder zwei Leute einweiht in das, was man macht; sonst gerät man sehr schnell ins Schwimmen, und man verliert jede Orientierung; oft weihe ich auch niemanden ein, weil ich erst nach einer bestimmten Zeit merke, wem man vertrauen kann. Diese Zusammenarbeit sieht so aus, dass man auch etwas vorbereitet, was nach dem Ausscheiden aus diesem Betrieb stattfindet; dass man nicht nur in einen Betrieb hineingeht und hinterher die Sache auf sich beruhen lässt und lediglich veröffentlicht, sondern dass man Mitverantwortung trägt und dafür sorgt, dass diese Dinge an Ort und Stelle bekanntgemacht werden und dass daraufhin politische Arbeit einsetzt: dass sich durch solche Veranstaltungen z. B. Leute gewerkschaftlich organisieren, für mehr Rechte eintreten und mehr Kontrolle in diesem Betrieb schaffen. Solche Veranstaltungen werden von Gewerkschaftsgruppen oder politischen Gruppen mitgetragen, und die führen auch die Arbeit weiter.

Also sind jene, die zuerst auf Ihre Arbeit reagieren, meist auch jene, die in dem Betrieb arbeiten, in dem Sie selbst gearbeitet haben.

Da ist die Wirkung oft auch am stärksten, am unmittelbarsten und auch wirklich nachweisbar. Viele fangen an, auf Veränderungen zu drängen. Ich habe z. B. erreicht, dass in einem Werk, in dem vorher die Gewerkschaft nicht geduldet war, ein Betriebsrat gebildet wurde. In einem anderen Fall ist es zu einer spontanen Arbeitsniederlegung gekommen, zum ersten Streik in der Geschichte dieses Betriebs: Die Ausländer, denen ihre schlechtere Bezahlung und ihre schlechteren Arbeitsbedingungen drastisch deutlich gemacht wurden, verlangten dieselben Arbeitsbedingungen wie die deutschen Arbeiter, verlangten bessere sanitäre Bedingungen in den Werkswohnungen; oft wird auch das Gewerbeaufsichtsamt gezwungen, auf den Plan zu treten.

Also alles konkrete Reaktionen aufgrund Ihrer Recherchen und Ihrer vermittelnden Arbeiten.

Ja. Die aber nicht immer genau vorauszuplanen sind, oft braucht man Glück, um solche Wirkungen zu erzielen. Aber ich habe eine Reihe von Belegen für solche konkreten Wirkungen. Und das macht Mut. Da können meinetwegen Linke kommen und sagen: Das ist doch nur wieder so eine systemimmanente Retusche, warum eigentlich? Aber das ist zynisch gegenüber denen, die hier so völlig in der Scheiße stecken und für die jede graduelle Verbesserung wichtig ist.

Die Wahrheit steckt eben nicht in der Ideologie – sondern im konkreten Detail.

Und für denjenigen, der auf diese Weise Erleichterungen erreicht, wird der Blick vielleicht erst frei für weitergehende Forderungen. Es ist ja nicht so, dass der, der nichts zu verlieren hat als seine Ketten, unbedingt viel wagt; der ist oft am resigniertesten, am niedergedrücktesten, am abgestumpftesten. Wir erleben ja, dass die, die schon mehr Rechte sich erkämpft haben und dadurch auch Erfolge erlebt haben, die Gesellschaft weiterbringen. In Kuba z. B. war vor der Revolution das Analphabetentum am niedrigsten in Lateinamerika.

Sie wirken bei diesen Menschen nicht nur unmittelbar, sondern Sie haben auch eine vermitteltere Wirkung als Schriftsteller. Ihre Bücher sind sogar auf die Bestsellerlisten gelangt. Wissen Sie eigentlich, welche Leser das sind und welche Leserschaften Sie ansprechen? Und welches Publikum wollen Sie erreichen?

Ich merke an den Zuschriften, dass ich zunehmend die erreiche, auf die es mir ankommt: die Bücher werden zu über sechzig Prozent von Arbeitern, Lehrlingen und Angestellten gelesen.

An dieses Publikum denken Sie auch, wenn Sie schreiben?

Bei jedem Satz, den ich schreibe. Es ist oft schwieriger, einen Sachverhalt auf den einfachsten Nenner zu bringen und auszudrücken, als zu einer abstrakten halbsoziologischen Formulierung zu greifen. Denn dort, wo es ganz konkret wird, ist es auch am ehesten nachprüfbar; da kann dann am ehesten der Finger draufgelegt werden mit dem Hinweis: Da stimmt aber etwas nicht. Verständlichkeit ist also ein wichtiges Prinzip meiner Arbeit. Es kam mal vor, dass mir ein Arbeiter gesagt hat: Dich versteht man, das ist das erste Buch, das ich gelesen habe, du schreibst ja wie die ›Bildzeitung‹. So wie er das meinte, war das ein Kompliment, er meinte damit nämlich: Man kann dich verstehen, das andere verstehe ich nicht. Es war nicht gemeint: Du manipulierst so wie die ›Bildzeitung‹.

Wie würden Sie denn, um zum Schluss zu kommen, Ihr politisches Selbstverständnis definieren? Und wie wollen Sie es künftig verwirklichen?

Es ist schwierig, sich da auf einen Nenner bringen zu lassen. Ich bin nicht so leicht mit einem Etikett zu versehen. Man könnte diese Arbeit vielleicht im weiten Sinne mit dem Wort Humanpropagandist umschreiben. Ich habe natürlich sozialistische Kriterien, aber wiederum auch christliche. Ich habe mich nicht umsonst bei meiner Kriegsdienstverweigerung auf christliche Prinzipien berufen. Ich glaube, es ist ein Kriterium dieser Arbeit, dass sehr viele sie sich zunutze machen können, jene, die guten

Willens sind, die noch nicht aufgrund ihrer großen Privilegien so verhärtet und verknöchert sind, dass sie eigentlich nur noch Erfüllungsgehilfen des jeweiligen Systems sind. Es ist eine Form des Infragestellens, der Skepsis, der Aufklärung; der Kontrolle von unten, die nicht von einem Einzelnen gemacht werden sollte, sondern die sich sehr viele in dieser, in jeder Gesellschaft zu eigen machen sollten. Diese Arbeit verlangt nach Vervielfältigung, nach Fortsetzung, sie ist ein ständiger Appell an andere, das Gleiche zu machen. Ich arbeite eigentlich daran, mich zu erübrigen, mich überflüssig zu machen. Wenn das der Fall wäre, dann hätte ich meine Aufgabe erfüllt.

GESPRÄCH MIT PETER HANDKE

Paris, 29. September 1975

»Nicht Literatur machen,
sondern als Schriftsteller leben.«

Peter Handke, Sie haben Jura studiert. Wie kamen Sie zur Literatur?

Die Literatur war schon vor dem Jurastudium da. Eigentlich seit ich angefangen habe zu denken, wollte ich immer Literatur machen. Oder besser: nicht Literatur machen, sondern als Schriftsteller leben.

Als Schriftsteller leben – hieß das schon damals, die Verfügung über sich selbst haben zu wollen? Oder hieß das: irgendetwas, was man wusste, was man empfand, anderen mitteilen wollen?

Wahrscheinlich das Zweite nicht so sehr. Es war eher, in einem ganz altmodischen Sinn, in einem frühen Alter eine Art von Erleuchtung: Ja, so möchte ich leben – nachdem ich Bücher gelesen hatte, nachdem ich auch geschrieben hatte –, zu einer gewissen Zeit des Lebens ist das ja fast eine Art Gesellschaftsspiel, dass in einer Gruppe von Jugendlichen geschrieben wird: Einer schreibt, dann schreibt der andere. Das ist, als ob so eine Manie von Pingpong entsteht. Aber ich habe das als eine Art Erleuchtung empfunden.

Und auch ernst genommen?

Ja, so habe ich gedacht.

Welche Lektüren sind das gewesen, die Sie zu Anfang so stark berührt haben?

Das kann ich ganz genau sagen: Das waren im Alter von fünfzehn oder sechzehn Jahren zwei Schriftsteller, William Faulkner und Georges Bernanos. Das hing damit zusammen, dass ich in einem katholischen Internat lebte, wo man von vornherein bestimmt war, Priester zu werden; und Bücher, wie die von Bernanos und Faulkner, die damals als Rowohlt-Taschenbücher erschienen, die ich unerlaubt gekauft hatte, waren natürlich dadurch, dass sie als Lektüre verboten waren, prädestiniert dazu, mir eine Gegenwelt zu dem zu errichten, was mir das Internat bedeutet hat. Und diese Welt, die mir da aus den Büchern entgegenschlug, war doch im Gegensatz zu der, in der ich lebte, das eigentliche Leben. Also ich begriff, dass es da in den Büchern von Faulkner und Bernanos etwas anderes gab, was vor mir immer nur verschwiegen wurde und was auch ich selber mir immer verschwiegen hatte.

Haben Sie damals auch schon »richtig« geschrieben – also nicht so, wie man halt pubertär schreibt, sondern schon mit einer anderen Verbissenheit?

Ja, ich habe seltsamerweise auch geschrieben, wenn ich nicht diese sogenannte poetische Stimmung hatte. Ich habe auch probiert und gebastelt. Ich habe nicht Gedichte geschrieben, sondern von Anfang an habe ich Prosa geschrieben. Und dann gleich Erzählungen, die dann sehr schnell in routinierten Bahnen verliefen.

Und außer Bernanos und Faulkner?

Das waren natürlich die Initiatoren, eine Art Initiative zum Leben, und durch diese Schriftsteller habe ich immer mehr gelesen: was dazugehört zu Faulkner, was vorher war, was er bewirkt hatte; was Bernanos damals im katholischen Frankreich war, was um ihn herum war; und da kamen mir Julien Green und so weiter.

Hatten Sie Berührung mit dem Theater?

Das seltsamerweise überhaupt nicht.

Im Theater haben Sie aber dann doch Ihren Erfolg als Schriftsteller begründet.

Das ist ja das Paradoxe: Der Erfolg kommt aus der theaterfremden Haltung, die ich hatte. Ich kann mich zwar erinnern, dass in der Schule Raimund und Nestroy zwei Autoren waren, bei denen ich mich schon sehr wohl und zu Hause gefühlt habe. Die Märchenstücke von Raimund sind für mich etwas gewesen, was ich immer noch in meinen Stücken zu erreichen versuche. Vor allem im letzten Stück »Die Unvernünftigen sterben aus« ist im Grunde eine Raimund-Welt da: der unglückliche Reiche und die anderen, seine Genossen. All diese mythischen Erlebnisse vom Theater wirken schon nach; aber damals war ich ein Kind. Und dann lag eine lange Zeit dazwischen, wo mir das Theater ganz fremd war.

Aber Sie sind immer ein begeisterter Leser gewesen, wie auch jetzt noch.

Als ich als Schriftsteller bekannt wurde, 1966, habe ich eine Zeit danach wenig gern gelesen. Aber seit fünf oder sechs Jahren hat das wieder angefangen. Nur freilich viel systematischer und methodischer, als ich das früher tat.

Warum bei so viel Neigung zur Literatur dann das Jura-Studium und nicht ein Germanistik-Studium? Vielleicht gerade, um die Neigung nicht zu kompromittieren?

Ich war in der Ratlosigkeit von Abiturienten, die ich auch jetzt bei den meisten Abiturienten wiederfinde: Ich wusste einfach nicht, was ich wollte. Das Ziel war: Schriftsteller zu werden und zu sein. Und da gab es einen Professor für Deutsch, der mir riet – und der wusste, dass ich schrieb –, ein Studium zu wählen, wo man nebenbei viel Zeit zum Schreiben hätte. Das Jura-Studium ist ja in Österreich so, dass man drei oder vier Monate im Jahr intensiv seine Fakten lernen muss, und so hat man dann vier bis fünf Monate für sich. Diesen Rat habe ich befolgt. Es war Ausdruck der Ratlosigkeit. Heute denke ich natürlich, ich hätte lieber etwas studieren sollen, wo man nicht gleich die Fakten ausgelegt bekommt, wie beim Jura- und auch beim Germanistik-Studium, sondern wo man einfach Fakten sehen lernt, wie in Biologie und Physik.

Haben Sie das Studium beendet, oder haben Sie vorher aufgehört?

Knapp vor der letzten Prüfung kam vom Suhrkamp Verlag die Nachricht, dass mein Roman »Die Hornissen« angenommen sei, und da habe ich sofort aufgehört zu studieren, auf der Stelle. Davon träume ich jetzt noch, dass ich die letzte Prüfung machen soll.

Lesen Sie Ihre alten Bücher wieder? Und mit welchen Gefühlen und mit welchen Erkenntnissen?

In einem Jahresabstand lese ich die ersten Bücher: »Die Hornissen«; »Hausierer« – aber da hüte ich mich eher hineinzuschauen, weil das das Buch ist, das mir am fremdesten erscheint. Aber »Die Hornissen« und die kurzen Prosasachen, die ich noch geschrieben habe, als ich Jura studierte, die »Begrüßung des Aufsichtsrates« heißen, in die schaue ich noch manchmal rein, einfach damit man weiß, was an Kapriolen drin ist, die man nicht mehr mag, und auch um sich zu erinnern, weil das Schreiben damals auch gleichzeitig ein Akt des Vergessens war. Die Erinnerung ist aufgehoben in dem, was ich geschrieben habe, und ich selber habe gar keine Erinnerung mehr. Und wenn ich es noch mal lese, dann erinnere ich mich dann doch an einiges wieder.

Haben Sie das immer gemacht, oder erst in der letzten Zeit?

Immer.

Und was für Gefühle haben Sie jetzt, nicht angesichts dessen, was Vergangenheit war, sondern angesichts dessen, was jetzt als Stil, als Sprache, als Literatur dasteht?

Es ist ja vielleicht so, dass man da von vornherein etwas auswählt, vor dem man keine Angst hat, es wiederzulesen. Oder demgegenüber man selber nachsichtig ist.

Also greift man doch eher nach dem Ungefährlichen, das einen nicht allzu sehr beeinträchtigt, jetzt, in der augenblicklichen Situation?

Beeinträchtigen kann es einen nicht, aber es kann einen mutlos machen, wenn man etwas, was man vor zehn Jahren gemacht hat, dann wiederfindet in dem, was man jetzt noch vorhat zu schreiben; wenn man gleiche Bilder, gleiche Erlebnisweisen immer noch hat, die man abgefertigt zu haben glaubte.

Ist das nicht auch – gerade bei Ihnen – selbstverständlich, dass sich gewisse Dinge durch ein Leben hindurch erhalten, denn die Empfindungen, die Sie haben, ändern sich ja nicht von Jahr zu Jahr?

Das ist richtig; aber es ist auch so, dass sie oft denselben Stellenwert haben, dem die gleiche Bedeutung beigemessen wird. Was ich dann doch lieber hätte, das wäre – das ist ein Phänomen, das immer wiederkehrt im Kopf –, dass das im Laufe der Jahre sich doch ändert; dass das auch kritisiert würde, dass eine Erlebnisweise Jahre später als kritisierte in einem Buch wieder auftaucht, das ist wichtig. Das nehme ich mir nicht vor, das passiert sowieso, durch das Leben, das man führt; schlimm ist es nur, wenn die gleichen Idiosynkrasien mit der gleichen Bewertung an der gleichen Stelle wieder auftauchen.

Weil Ihnen das sagt, dass Sie sich nicht verändert haben?

Ja. Irgendwie hat man das Gefühl, man ist der Gleiche wie damals.

Denken Sie bei Ihren Büchern auch schon mal: »Verdammt, das hätte ich doch besser nicht schreiben sollen!«, oder stehen Sie zu allem und jedem, was Sie geschrieben haben?

Natürlich sagt man sich auch: Das hätte ich besser nicht gemacht. Aber es ist ja nicht so, dass man da ein Gefühl der Schuld oder des Überflüssigen hätte. Schlimmer ist es bei Sachen, die einfach zu glatt sind, die von Anfang bis Ende nur formal sind, wo nichts zuwiderläuft, wo ein formales Modell eben als formales Modell erscheint und als nichts anderes. Und da habe ich bei dem Roman »Der Hausierer« das Gefühl, dass ich den lieber anders geschrieben hätte, auch Stücke wie »Weissagung« und »Hilferufe« – wenn diese drei Stücke aus meinen Arbeiten raus wären, dann wäre mehr Freiheit drin.

Man hängt doch mehr an einer Arbeit, die gescheitert ist, weil sie ja auch etwas Unbewältigtes enthält, als an einer Arbeit, die einem zu leicht gelungen ist?

Ja, das hängt natürlich auch mit der Erinnerung an die Arbeit zusammen: Wenn man sich zum Beispiel erinnert, dass man bei einer Arbeit nie irgendwelche Probleme hatte, dass man nie aufgeben wollte, dass man nie das Gefühl hatte, jetzt kommt ein entscheidender Moment, den musst du bewältigen. Beim »Hausierer« gab es nie so entscheidende Momente; es kam nie das Problem vor, dass es jetzt darauf ankomme. Das war eine konzentrierte Montage von Sätzen, die mir so durch den Kopf gingen; das war eine intellektuelle Arbeit, wo ich nicht richtig durcheinander war, wo ich nie weder aus noch ein wusste. Das ist es, was einen daran im Nachhinein stört. Bei den Prosatexten gab es sonst immer Momente, wo ich – auch wenn das so locker aussieht – aufgeben wollte.

Wie sehen Sie denn diese alten Bücher, die Sie wieder lesen: als Durchgangsstationen, wichtige Stationen, die Sie einmal erreicht, aber dann auch abgelegt haben, indem Sie das Buch schrieben?

Ich weiß nicht, ob eine Antwort darauf jemanden interessiert, glauben Sie?

Mich interessiert es jedenfalls.

So ein Buch wie »Die Hornissen«, in dem dauernd Bilder aus der Welt erscheinen, in der ich aufgewachsen bin, das möchte ich schon mal wiederaufnehmen, ich möchte dahin zurückkommen, zu diesem Buch.

Aber in einem anderen Verständnis?

Ja, in einem Verständnis, dass die Geschichte eben anders ist; dass dann auch gezeigt wird, wie es zu solchen vereinzelten Bildern kommt in meinem Bewusstsein.

Welche Beziehungen haben Sie denn überhaupt zu den Stücken, welche zu den Gedichten, welche zur Prosa?

Zu meinen Sachen?

Ja. Haben Sie eine größere Liebe, sich lyrisch oder theatralisch auszudrücken oder in Prosa?

Früher war das mehr geteilt im Bewusstsein: Stücke zu schreiben oder Prosa zu schreiben. Es war eine andere Arbeit, ein Theaterstück zu machen; es war etwas weitaus Technischeres, als Prosa zu schreiben. Prosa war immer das, worin ich mich freier gefühlt habe. Stücke waren wie Maschinen, die ich hergestellt habe.

Auch Filme?

Ja. Das war wie eine Art Werk, das man herstellt. Inzwischen ist es kaum noch ein Unterschied.

Sie sind als Schreiber nicht vom Kino beeinflusst?

Nein, nicht im mindesten. Nein, die Prosa nicht.

Bei Achternbusch ist dieser Einfluss ja sehr deutlich zu spüren.

Achternbusch ist nicht so sehr von der Technik beeinflusst, sondern das Kino ist für ihn eine Lebensform. Im Kino sieht er die

Träume verwirklicht, die er selber nur zu kurz träumen kann. Ich glaube, das ist keine formale Übernahme. Wenn man Kinotechniken in der Literatur verwendet, kommt immer nur Kunstgewerbe heraus.

Noch einmal die Frage nach der bevorzugten Gattung. Theater auf der einen Seite, als eine objektivere technische Möglichkeit ...

Das ist eine unfruchtbare Frage. Eine bevorzugte Gattung hieße ja, dass ich mich nur als Hersteller einer bestimmten Ware betrachten würde. Ich kann es einfach nicht beschreiben. Es kommen gewisse Themen, gewisse Existenzformen, die man sich auf dem Theater abgehandelt besser vorstellen kann. Die Geschichte einer Familie, wenn jemand zu Besuch kommt, die Unterschiede zwischen politischen Klassen, die Spannungen zwischen den Bewohnern der Stadt und des Landes – alles, was mit Klasse, Generation, Alter, Land und Stadt zu tun hat: Davon kann ich mir vorstellen, dass man das besser auf dem Theater erzählen kann als in einem Roman.

Darauf kommt es mir an.

Aber es kommt alles aus derselben Biographie. Es muss bekräftigt werden durch den, der schreibt. Nicht dass ich ein unpersönlicher Hersteller wäre von literarischen Uhrwerken, was ja noch am Anfang der Fall ist: in den Stücken, in den Sprechstücken; sondern es kommt alles aus dem Durcheinander, aus dem Verworrenen, Undefinierbaren des eigenen Lebens, sowohl die Stücke als auch das, was man Roman oder Erzählung nennt.

Nun ist es, wie Sie eben selber sagten, doch ein Unterschied, ob ein Thema, ein gesellschaftspolitisches Thema etwa, auf der Bühne abgehandelt wird; oder ob man in einem Buch wie »Der kurze Brief zum langen Abschied« auch mit individuellen, persönlichen, ja privaten Dingen zu Rande kommen will. Das ist ein Unterschied. Man handelt in der Prosa immer mehr von sich selbst, auch wenn man die Er-Form wählt, als auf dem Theater; denn auf dem Theater spielt man eher Themen durch – natürlich in der eigenen Sicht.

Dass ich zum Beispiel nicht nur Prosa schreiben mag oder nicht nur Geschichten schreiben mag, hängt auch damit zusammen, dass ich die Gefahr sehe, durch das Erzählen einer Geschichte einfach zu sehr in mir selber zu versinken. Ein Theaterstück ist dann immer das Mittel zu versuchen, zumindest eine Fiktion von Objektivierung herzustellen, eine Art Balance zwischen dem Leben, das man selber führt – das man immer geneigt ist, als Absolutes zu sehen, wenn man Prosa schreibt –, und den anderen Menschen: wenn auch nur als Fiktion, aber doch als Anstrengung, die man für sich selber benötigt.

Aber das ist doch schon ein wichtiger Unterschied ...

Das ist vielleicht ein Unterschied, der etwas krampfhaft von mir konstruiert wurde. Schauen Sie, ich schreibe Theaterstücke, weil ich auch einmal angefangen habe damit; warum soll ich jetzt aufhören? Durch das Schreiben der Theaterstücke habe ich Schauspieler, Regisseure gesehen, habe gesehen, wie die leben, wie sie sich geben, was sie denken usw. Und ich habe dadurch einfach Lust, für die Leute, die ich kenne, Theaterstücke zu schreiben, weil ich denke: Ja, so könnten die und die da spielen, wenn ich so und so schreibe.

Haben Sie auch Theaterregie geführt?

Nein, nie.

Aber Sie waren dabei, wenn ein Stück von Ihnen vorbereitet wurde?

Nie richtig. Entweder soll ein Autor von Anfang bis Ende dabei sein oder überhaupt nicht, finde ich.

Reizt es Sie, mit Figuren und Bewegungen auf der Bühne etwas darzustellen, was Sie im Kopf hatten, geschrieben haben?

Figuren und Bewegungen klingt so ballettös ... Natürlich würde ich gern mal ein Stück wie »Kaspar« inszenieren – ohne diese technischen Mittel, die als avantgardistisch abgetan sind: wie man ganz langsam und ganz ruhig zeigt, wie eine Figur aufgebaut wird, wie die zu was wird und wieder zu nichts wird. Ohne diese Lautsprecher, ohne diese Masken usw. Ich würde auch gern an dem Stück »Die Unvernünftigen sterben aus« zeigen, dass es durchaus verschiedene Personen sind, Figuren sind, dass das nicht nur Auffächerungen des Ichs des Autors sind, sondern dass jeder verschieden ist usw.

Also würden Sie schon ganz gerne mal Missverständnisse, die durch eine fremde Regie entstanden sind, korrigieren?

Würde ich gern, ja, das ist ein Impuls. Aber dann denkt man sich, dass es vielleicht doch keine Ungerechtigkeit gibt in der Aufnahme eines Stücks, dass sich eben doch einmal zeigen wird, dass ich der Meinung bin, das Stück sei nicht so. Und wenn es sich nicht zeigt, dann ist es halt richtig, wie die Leute es aufgenommen haben.

Sind Sie denn im Allgemeinen zufrieden mit den Aufführungen Ihrer Stücke? Sind Sie zufrieden mit dem, als was Ihre Stücke erscheinen auf den Bühnen?

Ich glaube, jedem Autor wird es so gehen, dass er ziemlich verlegen ist, wenn er Figuren auf der Bühne sieht, deren Text und Bewegungen er verfasst oder vorgeschrieben hat. Es hat mich immer erstaunt, wie seltsam erkünstelt und seltsam konventionell die Figuren agieren, die ich mir im Kopf ganz anders gedacht habe; dass da irgendetwas, was als erlebt vorgeführt werden sollte, ganz leicht in eine abgelebte Theatralik ausarten kann. Aber das geht jedem Autor so. Ich dachte immer wieder: Dieses verzopfte Zeug! So hast du es doch nicht gemeint! Dann schlug das natürlich auf mich zurück, auf den Autor, so dass ich dachte: So hättest du es doch nicht schreiben sollen – wenn das dann so gesprochen wird.

Sie haben sehr früh einmal erklärt, dass, wenn man einmal ein Modell für etwas geschrieben hat, man das nicht wiederaufnehmen könne?

Ja, diesen Satz kriege ich immer um die Ohren geschlagen.

Warum um die Ohren geschlagen?

Da sagt man: Jetzt hat der in diesem Buch schon wieder eine Geschichte erzählt. Und ich hätte auch da irgendwo mal geschrieben, dass ich mir das Geschichtenerzählen nicht mehr vorstellen könne usw. Vor allem aus diesen früheren Aufsätzen kommen Sätze, dass man ein Modell eben nur einmal verwenden könne.

Das heißt aber doch nicht, dass man nur noch eine einzige Geschichte schreiben kann?

Ich verstehe nicht sehr, warum einem das immer wieder vorgehalten wird.

Ich wollte es Ihnen gar nicht vorhalten. Ich finde, dass das ein richtiger Satz ist; denn man sollte sich nicht wiederholen; aber das heißt ja nicht, dass man Theater nur einmal machen könne, dass Theater immer dasselbe sei. Der Satz meint doch wohl, dass, wenn eine bestimmte Position erreicht ist, man die nicht dauernd wieder nachklappern kann? Weil man dann in Routine verfällt.

Es gibt Autoren, die haben ihr Thema und auch die Art und Weise, wie sie darüber schreiben, wie zum Beispiel Heinrich Böll, und da merkt man: Das stimmt, der hat sich vorgenommen, die Menschen zu einer bestimmten Zeit in ihrer Umgebung in dieser Art von Fabeln darzustellen, und man spürt: Das entspricht ihm. Dann gibt es aber Momente, wo man für sich selber glaubt: Aha, jetzt habe ich gefunden, wie es weitergeht für die nächste Sache. Und gleichzeitig kriegt man eine Besorgnis, einen Überdruss bei der Vorstellung, wie es weitergeht. Man hat mir nach der Erzählung »Wunschloses Unglück« gesagt, jetzt wäre es doch klar, wie ich weiterschreiben könnte. Und in dem gleichen Moment – nicht nur aufgrund einer solchen Bemerkung – habe ich gemerkt, dass es nicht so weitergeht, dass eben nichts selbstverständlich ist. Ich habe gewusst: Es ist jetzt kein Werk herzustellen, es ist kein abruf- und ablieferbereites Werk in Sicht; das wird nicht durchschlagen von einer Sache, die man schreibt, zur anderen, von einem Lebensausdruck zum anderen; es wird einfach nichts herstellbar sein. Das ist natürlich ein scheußliches Gefühl.

Es entsteht auch ein Problem, wenn man so verfahren würde: Das führt sehr leicht zur Erstarrung, zur Unbeweglichkeit; man ist dann nicht mehr offen für neue Anstöße, nicht mehr bereit für das Leben.

Wenn jemand ein Schriftsteller ist und irgendwie halbwegs lebt, dann wird er sicher zwischendurch immer in irgendeine Art Routine verfallen – aber eher aus Angst als aus Lust; aber dann wird er immer wieder mit dem Kopf auf irgendetwas stoßen, was sein eigenes Leben ihm vorhält, was ihn dazu bringt, wieder aufzuwachen aus dem, was nur die anderen Leben nennen, was aber nicht sein Leben ist.

Passiert Ihnen das oft?

Ich hatte nach dem letzten Buch »Die Stunde der wahren Empfindung« das Gefühl, völlig frei zu sein, und das Gefühl, es könne mir jetzt nichts mehr passieren, nicht als Schriftsteller, sondern einfach als Existenz: Jetzt wäre ich völlig frei, jetzt könnte ich wie ein Meister, wie jemand, der alles durchgemacht hat, die Menschen, die es gibt, und die Ereignisse wirklich durchschauen, alles sehen, alles verstehen und müsste nichts mehr mit mir zu tun haben. Und das ist natürlich ein äußerst beängstigendes Gefühl: eine Zeit vor sich zu haben, von der man denkt, sie sei gesichert, oder man sei faktisch bis ans Lebensende vor irgendwas sicher. Es ist ein Triumph, und andererseits ist es beängstigend: Das kann es ja nicht geben. Zum Glück stellen sich bald die Widersprüche ein, und man merkt, es ist eine Lösung und eine Harmonie, die es nicht geben kann. Und auch ein Offensein für andere Leute zerstört einen dann selber. Aber andererseits ist es auch wieder ganz schön, dass man nach einem Buch, das exzessiv sich mit einem Subjekt – wobei mit Subjekt nicht ich mich selber meine – beschäftigt, man sich einfach nicht mit sich selbst beschäftigen darf, man sich selber verwehrt, sich ernst zu nehmen – nicht ernst zu nehmen, sondern: sich wichtig zu nehmen; das ist fast schon eine Selbstkur. Selbstkur klingt blöd, aber irgendwas geht einfach nicht mehr: Das kann man nicht mehr machen.

Haben Sie deshalb auch seit dem letzten Buch nichts wieder geschrieben? Weil Sie dieses Gefühl hatten?

Nein. Ich habe vor allem deswegen nichts geschrieben, weil ich dachte, ich hätte jetzt Zeit, ich hätte nichts zu verlieren. Andererseits ist es schwer auszuhalten, nicht zu arbeiten. Das kommt daher, dass, indem man arbeitet, man auch viel intensiver lebt. Das Lebensgefühl, das nicht nur aus Stimmungen besteht, erzeugt eben die Arbeit, die schriftstellerische Arbeit, und das fehlt mir schon, dass ich wenig arbeite im Moment.

Es gibt verschiedene Selbstbegründungen von Schriftstellern für ihre Existenz, für ihre Arbeit. Wie würden Sie die Ihre bezeichnen: Schreiben Sie für sich – schreiben Sie für ein Publikum?

Ich denke, glaube ich – das mag bei mir paradox klingen –, nicht mehr so sehr an mich selber bei dem, was ich will. Ich bin immer mehr dazu gekommen, wie kann ich andere dazu bringen – das klingt natürlich scharf nach Kalkül –, aber wie kann ich andere dazu bringen, dass sie in der tiefsten Seele getroffen sind oder mitbewegt sind bei dem, was ich mache. Zu diesen anderen zähle ich mich natürlich auch: dass ich mit dem Schreiben etwas erzielen will, an das ich mich dann halten muss. Also ich stelle mit dem Schreiben etwas her, von dem ich dann im Leben auch nicht abgehen kann – sonst hätte ich ja einfach geschwindelt. Ich versuche zumindest, mich daran zu halten.

Aber es ist doch nicht so, dass Sie einfach ein Buch wie einen Pflock in die Erde treiben als Bekenntnis, an das Sie sich binden? Ihre Bücher, zumindest die Romane seit dem »Kurzen Brief«, sind doch Ergebnisse Ihrer eigenen, sich ereignenden Existenz!

Das sind Daten meiner eigenen Existenz, mit denen ich mich schreibend auf eine Art Reise begebe, von der ich nicht weiß, wo sie hinführen wird. Aber ich sammle ganz stumpfsinnig Einzelheiten, aus denen ich bestehe, von denen ich natürlich glauben muss, dass sie nicht meine Einzelheiten sind, sondern allgemeine Einzelheiten, und die fingiere ich zu einer Art Erzählung, zu einer Art Geschichte, die ich selber nicht erlebt habe; wohl aber habe ich viele einzelne Sachen erlebt. Und ich versuche, aus diesen realen Einzelheiten meines Lebens einen Entwurf herzustellen. Ich darf mir keine Perspektive vornehmen, ich darf mir nicht vorstellen, was ich erreichen will, ich darf nicht wissen, wie die Entwicklung sein soll. Wenn sich aber aus den Einzelheiten, mit denen ich schreibe, schreibend mich auf die Reise mache, plötzlich Perspektiven, Auswege aus meinem Leben ergeben, dann denke ich immer: Jetzt hat das Schreiben einen Sinn, jetzt hat die Arbeit, die ich mache, auch Perspektiven und wird verbindlich. In dem Moment, wo sich unvorgefasst Perspektiven ergeben, aus meinen täglichen Einzelheiten, aus meinem Leben, bin ich zufrieden mit meiner Arbeit.

Aber nicht als beliebig sortierte Einzelheiten, sondern als Konsequenzen.

Als Konsequenzen aus dem nicht Erfundenen, nicht als abstrakte Utopie des unbedingt Gewollten: Ich muss die Utopie erreichen! Das ist völlig falsch, da bin ich ganz sicher. Der Ausgangspunkt und die Einzelheiten müssen realistisch sein, müssen ganz realistisch sein. Wenn sich aber daraus Perspektiven ergeben, dann weiß ich, dass die Literatur einfach jeder anderen Art von Beschäftigung mit der Welt überlegen ist. Und dann weiß ich – so blöd das klingt –, dass das gebraucht wird. Ich muss das Gefühl haben, dass andere das brauchen, dass es eine nützliche Literatur ist, im weitesten Sinn.

Weil in dem Moment, wenn sich aus Ihren Arbeiten, aus Ihrem Leben im Schreiben Perspektiven ergeben, Sie auch zufrieden sind, da Sie dann sehen, dass es weitergeht?

Dass es weitergehen könnte! Manchmal geht's ja dann im Leben auch nicht weiter, und man macht die gleichen Unbedachtsamkeiten im Verhältnis zu anderen Individuen, man hat die gleiche automatische Wut, die gleiche automatische Verachtung aus der Kinderzeit wieder. Aber man weiß zumindest, dass man sich Rechenschaft gibt in dem Moment, wo man sich wiederholt – was man nicht will –, also im Leben sich wiederholt; dass man eigentlich dem abgeschworen hat, und zwar nicht bloß abschwörend, sondern eben analysierend und einzelheitsbezogen abgeschworen hat; und dann wird irgendeine Art von Konsequenz erfolgen müssen: nicht eine Lösung, aber so wird es jedenfalls nicht weitergehen. Das kann natürlich zur Selbstzerstörung führen, weil die Scheinheiligkeit, die Diskrepanz zwischen dem, was man erkannt hat, und dem, was man ist, nicht durchzuhalten ist. Oder dann geht man halt in irgendeine Anstalt.

Zu den Details, von denen Sie ausgehen und die realistisch sind: Ich sehe, wenn wir uns hin und wieder mal treffen, dass Sie meist ein Notizbuch in der Hand haben und sehr viel notieren; sehr viel vielleicht an momentanen Dingen, die Ihnen auffallen, die Sie sehen, die Sie beobachten? Passagen in »Die Stunde der wahren Empfindung« muten mich wie solche Notierungen an. Wie arbeiten Sie? Aus solchen Notizen heraus, die jene Empfindungen enthalten, die Sie in bestimmten Zusammenhängen in der dann zusammenhängenden Niederschrift einer Geschichte gebrauchen können? Und noch weiter gefragt: Notieren Sie das auch in dem Augenblick, um diese Wahrheit der momentanen Empfindung für sich festzuhalten, das Zutreffende einer Beobachtung, die Sie machen und die genau eine bestimmte Empfindung ausdrückt?

Das kann man nicht verallgemeinern. Es kommen Geschichten oder Texte vor, wo ich fast gar keine Notizen mache. Zum Beispiel habe ich für das Drehbuch zur »Falschen Bewegung« eigens keine Notizen gemacht, weil die Einzelheiten, die in der »Stunde der wahren Empfindung« so wichtig werden, dort eben nicht diese Bedeutung haben. Und im »Kurzen Brief zum langen Abschied« habe ich in Amerika fast keine Notizen gemacht, weil ich wollte, dass erst mal eine ganze Bewegung entsteht. Dass ich hier, im letzten Buch, in »Die Stunde der wahren Empfindung«, viele Notizen verwendet habe, liegt eben daran, dass es für diesen Helden keine Ganzheit, keine Einheit, keine Harmonie gibt. Jede Einzelheit kann von einer Sekunde zur anderen etwas anderes bedeuten, und vor allem nimmt die Hauptfigur Keuschnig die Welt, die sie sich vorher als harmonisch vorgestellt hat, plötzlich nur noch als eine unordentliche Welt von Einzelheiten wahr. Deshalb waren in diesem Falle Notizen wichtig.

Aber es ist doch nicht so, dass Sie erst, wenn Sie eine Geschichte schreiben, hingehen und bewusst Notizen machen? Sie notieren doch ständig?

Nein, das stimmt nicht. Das Notieren ist zu anstrengend: ein Zustand des totalen Wachseins, in den man sich künstlich versetzt und der sehr erschöpfend ist.

Nach dem »Kurzen Brief zum langen Abschied« von 1972 und auch nach dem 1972 erschienenen »Wunschlosen Unglück« bescheinigten Ihnen die Kritiker ein völlig neues »Handke-Gefühl«: Sichtbare Realitätsbezüge, wie das da hieß, Angerührtsein von persönlich erlittenen Erfahrungen usw. Da waren sehr schnell die persönlichen und privaten Gründe als Begründungen von Kritiken zur Hand. Aus dem damaligen »Modellschriftsteller« Handke wurde plötzlich eine Art »Erlebnisschriftsteller«. Abgesehen von den tatsächlich einschneidenden persönlichen Veränderungen in Ihrem Leben – hat sich Ihr literarisches Selbstverständnis wirklich so verändert?

Wenn man »Die Hornissen« lesen würde, das erste Buch, das ich geschrieben habe, dann würde man wohl vieles von den Obsessionen und vielleicht auch nur Ticks, die da in dem »Kurzen Brief zum langen Abschied« dargestellt werden, mit versuchter Begründung, schon finden – nur eben verschlüsselt in eine eben damals mir notwendig erscheinende Romanform, und nicht nur verschlüsselt, sondern auch entfernt und …

Zum Teil auch noch nicht gelöst?

Ja, eben; ich glaube, weil sie nicht gelöst waren, weil ich mir selber genau Rechenschaft darüber geben konnte, wurden sie auch aufgefangen in Künstlichkeitsformen von Sprache und Rhythmus usw. Deswegen habe ich auch vorhin gesagt, dass mir »Der Hausierer« so fremd ist, weil mein Ich nur noch als Reflex erscheint, in alogisch aufeinanderfolgenden Satzzuckungen. Aber auch in den Texten, in der »Begrüßung des Aufsichtsrates« wird man all das wiederfinden, was zum Beispiel im »Wunschlosen Unglück« der Fall ist. Zum Beispiel würde man, wenn man die Hörspiele liest, ein Bild, das in »Wunschloses Unglück« vorkommt, wiederfinden: Da geht ein Mann mit einem Stück Papier auf der Nase eine Allee hinunter, einen Hund an der Leine. Im »Wunschlosen Unglück« wird dieses Bild aufgelöst in die Erzählung, wie ich meinen Vater zum ersten Mal gesehen habe. Und so sind in den »Hornissen«, in »Begrüßung des Aufsichtsrates« usw. schon viele Bilder drin, wo die Ursachen, die Vorgeschichten und Nachgeschichten abgeschnitten sind.

In der Kritik kam das aber noch viel oberflächlicher, äußerlicher: Die Kritik witterte, dass durch die persönliche – private – Berührung von Peter Handke sein Bewusstsein für die Realität um ihn herum aufgeweckt worden sei. Daraus folgte dann dieser Umschwung in der Kritik.

Ich kann es mir auch nicht genau erklären; aber diese Erklärung ist sicher falsch. Ich habe immer schon vorgehabt, durch das Schreiben mutiger zu mir persönlich zu werden. Das Schreiben hat mir auch geholfen, unverschämter zu werden. Unverschämter als in meinem letzten Buch kann ich nicht mehr schreiben, glaube ich: Da ist die Grenze zum bloß Privaten hin erreicht – sonst würde es nur privat werden.

Mir scheint auch, dass Ihr letztes Buch »Die Stunde der wahren Empfindung« Ihr persönlichstes und auch wohl intimstes Buch ist, zugleich aber auch Ihr am meisten exemplarisches, also über sich selbst hinausweisendes Prosastück. Spüren Sie auch selbst, dass Sie damit vielleicht eine neue Stufe des Schreibens, Ihres Bewusstseins gewonnen haben?

Das klingt so nach Stufentheorie, das macht einen so mutlos, wenn man wieder eine neue Stufe erklommen hat. Nein, ich habe Ihnen vorher schon gesagt, man hat dann etwas geschrieben, an das man sich halten muss – oder man muss aufhören zu schreiben. Es war einfach so vieles ungeklärt von mir. Ich war mir über vieles nicht klar. Ich habe so vieles verschwiegen. Wie Max Frisch, der in seinem neuen Buch »Montauk« schreibt, er hat eigentlich, indem er vorgab, über sich zu schreiben, immer nur verschwiegen. Auch mit dem »Kurzen Brief« ist so vieles verschwiegen, dass ich dachte, man muss doch eigentlich mal von vorn anfangen, als ob es noch nichts gegeben hätte, als ob nichts klar, nichts geklärt sei. Und ich müsste mit der größten mir zustehenden Wut und Leidenschaft mein Lebensgefühl darzustellen versuchen. Meine Meinung ist, solange ein Schriftsteller nicht entschieden versucht hat, sich zu klären, nicht versucht hat, sich selber zu erforschen, und nicht versucht hat, alle Mogeleien und alle Erklärungen mal wegzutun, kann er nicht ehrlich sein. Jeder Schriftsteller muss einmal einen Moment haben in seinem Leben, wo er zumindest die Fiktion durchjagen muss: es gäbe nichts, es gäbe keine Erklärung, es gäbe keinen Sinn, es sei alles Blödsinn, alles Scheißdreck, was es gibt auf der Welt, er selber auch. Und das muss er mal versuchen darzustellen, nicht in einer so oberflächlichen Form, wie ich es jetzt hier sage, sondern in einer an Einzelheiten sich orientierenden Geschichte, Erzählung. Die Erzählung macht es ja dann erst verbindlich für andere. Und davon bin ich ausgegangen, von diesem meinem, vielleicht von der Geburt an mir gegebenen Lebens- und Existenzgefühl, das ich mal exemplarisch darstellen wollte. Ich habe dann gemerkt, dass ich das Wort ICH dabei nicht gebrauchen kann. Ich habe die Erzählung angefangen, schon vor längerer Zeit, und das Wort ICH hat mich gestört. Dann habe ich gedacht, das muss ein Mann sein, der ganz gewöhnlich ist, der nicht wie ein Schriftsteller, also wie ich, davon lebt, dass er plötzlich das Gefühl hat, alles sei fremd, anders, widerlich, sondern der das wider Willen, gegen seinen Willen so erlebt. Ein Schriftsteller, der denkt ja: Ha, ich erlebe das anders, als ich es bisher erlebt habe, also kann ich davon leben, durch meine Arbeit, ich kann Geld verdienen damit. Und mir war bewusst, dieser Mann muss ein möglichst gewöhnlicher, möglichst unauffälliger, aber nicht völlig vertrottelter Mann sein. Zufällig kenne ich zwei Leute, von der deutschen und von der österreichischen Botschaft, und habe gedacht, das ist die Lösung: jemand, der eigentlich so im Niemandsland lebt, mit Frau und Kindern, und der eines Tages wider seinen Willen seine Existenz und – ganz pathetisch gesagt – den Sinn seines Lebens nicht mehr hat und für den die Gleichgültigkeit, die er vorher vielleicht auch schon hatte, plötzlich ein ungeheurer Schmerz wird. Der mag das ja gar nicht, der genießt das ja nicht; mit Widerwillen geht er auf die Reise in diese Hölle der zwei Tage. Und je länger ich schrieb und dieses Wort ICH auch so verwendet habe, habe ich gemerkt: Ich gehe mir auf die Nerven; ich habe dann keine Beziehung zu mir, zu mir hätte ich keine Beziehung. Aber in dem ER habe ich, je länger, je mehr, seltsamerweise eine Freundschaft zu dieser Figur empfunden, komischerweise, so widerwärtig die dann für viele Leute reagiert. Ich habe gewusst, der reagiert wahr: dass er im einen Moment allein in einem Bus sitzt und ein Glücksgefühl hat, allein in dem Bus zu fahren, und im nächsten Moment sieht er Köpfe vor sich und kriegt einen Überdruss, und im nächsten Moment macht der Anblick von den Anzügen, die draußen auf der Straße sind, ihn wieder zufrieden – also dass nichts gefestigt ist; von einem Augenblick zum anderen bekommt jeder Gegenstand, den er sieht, andere Gefühlsbedeutungen. Und ich habe gefühlt: Das stimmt.

Es sind aber auch eigene Gefühle gewesen, die Sie da mitgeteilt haben?

Natürlich, es muss bekräftigt sein durch mich – wenn es nicht zumindest möglich wäre bei mir selber, hätte es keinen Sinn. – Was mich erstaunt hat: Ich habe eine Kritik von Jean Améry im ›Merkur‹ gelesen, da schrieb er ungefähr so: Wie sei denn das möglich, das sei doch alles so beliebig, was der erlebt, zum Beispiel der Anblick eines Mädchens, das mit einer Bluejeans geht, auf dieser Bluejeans steht hinten drauf »Chicago City«, es bewegt ihn, ihr nachzugehen, und im nächsten Moment hat er sie schon vergessen, und dass er dann auf der Bank allein sitzt und die Füße ausstrecken kann, das macht ihm Zufriedenheit, und im nächsten Moment ist es für ihn ein Glücksgefühl, dass ein Fotoblitz in einer Fotozelle sein Gesicht erwärmt – das sei doch alles austauschbar, es könnte ebenso gut statt des Fotoblitzes die Sonne sein ... das hat mich verwundert. Gerade dieses Austauschbare, dass jeder Gegenstand in seinem emotionalen Wert plötzlich austauschbar ist, das erscheint mir als das wirklich Neue und als das Radikale an der Geschichte: dass eben nichts mehr gilt. Und es hat mich sehr gewundert, dass ein Mann wie Améry nun mit einem philosophischen System kam: Das muss doch durchgehalten werden! Warum ist das alles austauschbar bei dem? – hat er gefragt.

Also die Zersplitterung will er paradoxerweise in einem System, als Zusammenhang zeigen?

Gerade das, was mir an dem Buch als wahr erscheint, erschien ihm als zufällig.

Das hat Sie geärgert?

Ja. Da hat er genau erkannt, was das Eigentümliche an dem Buch ist, was der Unterschied ist auch zum »Ekel« von Sartre, er hat das genau erkannt und hat es mir als Tadel vorgehalten.

Sie sagten, Sie seien gerade mit diesem Buch mutiger geworden – in welcher Hinsicht mutiger? Dass Sie sich selbst bis an eine Grenze gebracht haben, an eine Grenze des Schreibens, des Beschreibens?

Statt »mutiger« wollen wir lieber sagen: unverschämter. Ich hatte, bevor ich das Buch schrieb, auch den Vorsatz, vor allem über Sexualität zu schreiben: inwiefern Sexualität heute diese pure, nur noch aktionistische Sexualität ist. Und dieses Lebensgefühl, dass es eben kein kontinuierliches Lebensgefühl mehr gibt, dass es keinen Zusammenhang geben kann, dass die Fiktionen: politische Ideologien, Religion oder Mystik usw. – einem wenig Dauergefühle verleihen und dass die Sexualität, diese aktionistische Sexualität ein Akt dieser Verzweiflung, dieser Sinnlosigkeit ist. Es gibt ja einige sexuelle Szenen in diesem Buch. Die Sexualität erscheint da aber auch nur als Gewalt: wie er eine Frau auszieht, wie er sie zu prügeln anfängt.

Diese Szene erinnerte mich an den Bergman-Film »Das Schweigen«: Sexualität geschieht in einer sprachlosen Welt, in einer unverständigen Welt, in einer sinnlosen Welt.

Mir erscheint die Sexualität als eine Art Rache an der Schöpfung. Das ist natürlich keine Apotheose der Sexualität; es ist nur ein Versuch zu beschreiben, wie die Sexualität heutzutage funktioniert.

Ich komme noch einmal auf den Titel des Buches zurück: »Die Stunde der wahren Empfindung«. »Wahre Empfindung«, das ist doch ein Schlüsselwort für Sie.

In »Die Stunde der wahren Empfindung« gibt es eine kurze Passage, wo der Mann am Abend auf der Bank sitzt nach dem Regen und drei Dinge vor sich sieht: eine Kinderzopfspange, ein Kastanienblatt und noch irgendwas; und nach dem schönen Tag, den er erlebt hat in seinem Kopf, wo da so ein Sturm gewütet hat in ihm, sieht er diese drei Dinge an: In diesem Moment, an diesem Abend, eine, zwei Sekunden lang, erlebt er das wie eine Besänftigung, wie eine Beruhigung – so wie man im Märchen im Wald auf dem Boden drei Wunderdinge sieht, und die helfen einem weiter –, und er fühlt dann ein paar Atemzüge lang Glück, Einverständnis, Zufriedenheit und Geheimnis – die Welt wird geheimnisvoll; das stimmt. Und zwei Momente später steigt er in den Bus, da ist ein betrunkener Marokkaner, der sich in einer Kurve übergibt, der Fahrer hält den Bus an, und der Marokkaner wendet sich noch an ihn hinten, der das gesehen hat, ob er ihm helfen würde, aber er schaut weg, der Marokkaner steigt aus – und dieses mystische Erlebnis, das er noch Momente vorher gehabt hat, das er dachte anwenden und anhalten zu können, war völlig sinnlos geworden. Und ich verstand nicht, dass man mir nun eine Propagierung des Mystischen vorwarf. Es ist doch so: Nur an ein paar Momenten dieses langen Tages tritt eine Besänftigung ein durch etwas, was man natürlich ein mystisches Erlebnis nennt, was aber fast keine Konsequenzen hat, sondern eher gegenteilige: also ihn nicht einschreiten lässt, wenn dieser nordafrikanische Arbeiter des Busses verwiesen wird. Aber dieses mystische Erlebnis nun zu verschweigen wäre ja auch falsch. Warum? Es kommt eben alles durcheinander: Fast das ganze Abendland passiert, auf eine realistische und jedermann einsehbare Weise, an diesem Tag; aber kein Erlebnis führt zu etwas anderem, keines hilft ihm weiter für das, was im nächsten Moment kommt. Deshalb verstehe ich diesen Vorwurf nicht: Ich habe die Mystik nicht verhimmelt, aber ich habe beschrieben, dass das vorkommt. Und der Schriftsteller muss doch einfach alles, was sich im Bewusstsein ereignet – wenn er schon diese Geschichte beschreibt von der Sinnlosigkeit –, vorkommen lassen.

Die Kritik erwartet vielleicht, dass hier durch Literatur eine Anweisung vermittelt werden solle, wie sich jemand in einem solchen Falle zum Wohle der Menschen zu verhalten habe. Und dann wird gesagt: Der schreibt das da so unbeteiligt, der hätte lieber schreiben sollen, wie dem nordafrikanischen Arbeiter geholfen wird.

Mir schien das schon fast zu aufdringlich, dass dieser Held gerade nach diesem mystischen Erlebnis, wo er sich mit allen Leuten so verbunden fühlt, hätte einschreiten sollen – und er tut gar nichts, er ist gelähmt und schaut einfach weg.

Ich will noch einmal auf den Begriff »wahre Empfindung« zurückkommen, weil ich glaube, dass das ein Schlüsselwort ist für das Verständnis dessen, was Sie schreiben. »Empfindung« ist etwas Momentanes; »wahr« ist aber doch ein objektiver Aspekt, unter »Wahrheit« versteht man etwas objektiv Zutreffendes. Oder gibt es Wahrheit überhaupt nicht, und ist Wahrheit hier nur die Empfindung des Subjektes, mit sich selbst übereinzustimmen?

Ja, genau das ist es: etwas völlig Flüchtiges: Empfindung, Stunde, Wahrheit – das ist ganz vorübergehend; das ist nur der Moment, in dem er denkt: Ja, das stimmt jetzt, was ich fühle, lebe – existiere ich. Das ist aber keine Behauptung, dass das jetzt objektiv wahr ist.

Da liegt aber auch das Problem: Wenn Sie als Schriftsteller diese Empfindungen haben und das, was Sie als wahre Empfindung in der Herstellung Ihrer Identität verspüren, beschreiben, mitteilen, ist da nicht immer wieder das Missverständnis möglich, hier sehe sich nur wieder ein Subjekt ganz radikal innerlich?

Das Missverständnis ist natürlich möglich, weil immer mehr, vor allem auch wegen der vorhergehenden Bücher, das Subjekt des Schriftstellers, der ich bin, mit hineingezogen wird in die neuen Bücher. Das Ideal wäre natürlich, dass dieses Buch allein existieren würde. Die Person des Autors ist, glaube ich, gar nicht so sehr drin in dem Buch als etwas Ausschließliches, wie man tut. Dieser Eindruck entsteht, weil auch meine Biographie durch die vorhergehenden Bücher, durch »Das wunschlose Unglück« usw., in zunehmendem Maße publiziert wurde und so eine Art Schein auch über die Bücher wirft. Aber ich bin auch sicher, dass, wenn meine Biographie verschwindet, weil sie eben nicht geformt ist, weil ich eben nur lebe, wenn also dieser Schein zurückgeht, solche Bücher ohne diesen Schein viel verbindlicher werden, viel mehr auf andere ausgerichtet existieren können. Bei dem letzten Buch, das das radikal Subjektive zum Movens, zur Bewegung macht, habe ich wie noch nie bei einem Buch, auch nicht bei dem Buch über meine Mutter, das Gefühl gehabt, für andere zu schreiben. Ich hatte, je länger ich schrieb, ganz plastisch das Gefühl, mich in der Mitte von anderen Menschen zu bewegen. Das war ein körperliches Gefühl. Ich hatte das Gefühl, ich schreibe das typische Buch eines Angestellten – so blöd das auch klingen mag.

Ich finde, dass dieses Gedicht vom Juni 1973, »Das blaue Gedicht«, sehr viel Ähnlichkeit mit der Bewusstseinsbewegung in der »Stunde der wahren Empfindung« hat.

Ein Freund hat mir gesagt, dass die »Stunde der wahren Empfindung« die Erzählung zu den Gedichten sei. Das ist es, was mich seit diesen Jahren beschäftigt: Wie kann man das Glück darstellen? Wie kann man vor allem das Glück dauerhafter zu machen versuchen? In der »Stunde der wahren Empfindung«, im Gegensatz zu den Gedichten, wo das Glück ja nur in den Momenten der Freizeit beschworen wird, geht es ja gegen Schluss darauf aus, dass er, der Held, erkennt – und das finde ich wirklich eine Erkenntnis –, dass das Glück nicht nur eine vorübergehende Stimmung sei, und das sei zu vermeiden dadurch, dass er eine Arbeit finde, die für ihn und für andere so notwendig wäre wie sonst nur ein Gesetz. Das hat man wenig erkannt an dem Buch, man hat nur gesagt: Wie kommt dieser Schluss zustande? Aber der Held versucht ja, darüber nachzudenken, was diesen unheimlich wechselnden Stimmungen ein bisschen von Ordnung, von Kontinuität geben könnte, und das Einzige ist ja eben die – Entschuldigung für das Wort – nicht entfremdete Arbeit.

Das nicht entfremdete, das nicht zerrissene Dasein; sich als Individuum wiederzufinden und zu fühlen und nicht als unentwegtes »Dividuum«. Martin Walser hat in der »Halbzeit« dieses Problem der Zerteiltheit des Menschen auf andere Weise dargestellt.

Wenn dieses Gefühl, dass das Glück allein nicht zu schaffen ist, körperlich wird, dann kann man, glaube ich, auch ganz richtig politisch schreiben. Aber die meisten »politischen« Schriftsteller haben das ja nicht körperlich gefühlt. Das muss man an Leib und Seele erfahren. Das weiß ich immer mehr: Ich kann mein Glück nicht preisen, wenn es gleichzeitig, nicht nur rundherum, sondern auch im entferntesten Winkel, Unglück gibt. Das ist nicht nur so deklamiert, sondern jetzt weiß ich es auch. Durch das Schreiben von solchen Geschichten übers Glück weiß man von der Verantwortung, die man hat, und man weiß, dass man nichts vergessen darf. Während wir hier sitzen, sind die Zeitungen voll von den Hinrichtungen in Spanien, und man weiß, wie man selber funktioniert – wenn Franco stirbt, dann würden einige Liberalisierungen eintreten, und man würde diese Toten entweder vergessen, oder man würde aus der Erinnerung an sie einen Fetisch machen; man darf beides nicht machen: auf keinen Fall das, was passiert ist, vergessen, und andererseits daraus keine Ikonen machen. Und diese Verbundenheit, die ich jetzt spüre und die ich früher mehr mit Zwang aufoktroyiert durch Meinungen gespürt habe, ist mir immer mehr, durch das Schreiben, durch das Erforschen von mir selber, selbstverständlich geworden. Und ich könnte jetzt nie von mir aus in die Welt hinausposaunen, wie zufrieden ich wär.

Das beeinträchtigt Ihr Schreiben nicht? In dem Sinn, dass es Sie verhindert oder dass es Sie zum politischen Schriftsteller macht? Wobei ich mit politischem Schriftsteller jenen meine, der das Politische äußerlich macht: kommentierend, manifestierend.

Der Eindruck von solchen Erschießungen, neben der Fassungslosigkeit, ist die Hilflosigkeit: Was soll man machen? Das Einzige, von dem ich gespürt habe, dass ich es machen kann, ohne dass ich es mir vornehmen muss, ist, dass ich eine größere Bewusstheit in meiner ganz privaten Umgebung zu entwickeln versuche, dass ich mit den Leuten, mit denen ich umgehe, offener werde, aber nicht in dieser Offenheit, die nur auf politische Aktion drängt, sondern so, dass ich mit den anderen mehr leben kann; das finde ich ganz wichtig, und das sagt man viel zu wenig: inwiefern solche Ereignisse das private Leben dann doch weiterbringen, inwiefern da ein Zusammenhang besteht zwischen Politik und Privatheit, inwiefern einen so etwas das tägliche Leben wahrhaftiger und gewissenhafter führen lässt. Vielleicht nur ein paar Tage lang, dann vergisst man es wieder. Aber wenn man darüber schreibt, dann darf man es nicht vergessen. Wenn man nicht drüber schreiben würde, dann würde man es vergessen.

Sie haben doch gegen Ende der 60er Jahre während der Studentenbewegung ziemlich viele und heftige Auseinandersetzungen gehabt mit linken Gruppen, die Sie der Verinnerlichung und des Verfassens von Innerlichkeitsliteratur bezichtigten. Hat Sie das damals sehr betroffen?

Das hat mich seltsamerweise nicht betroffen.

Haben Sie sich gar nicht darum gekümmert?

Natürlich habe ich das gelesen. Das wäre einfach falsch, wenn ich sagen würde, es wäre mir egal gewesen. Aber das ist ja alles vergessen, vertan und vorbei, vieles ist kindisch gewesen, von meiner Seite und von der anderen. Was mich immer stört, was vielleicht schade ist: Warum wird nicht versucht zu denken, dass die Art Literatur, die ich schreibe, ja nichts Gegensätzliches ist zu der aktionistischen oder rein begrifflichen Auffassung von Gesellschaft, Individuum usw.? Als ob die Literatur, die ich mache, nicht auch dazu beitragen könnte, dieses ganze System von Begriffen, von Aktionen mitzubewegen. Als ob die subjektivistische Literatur, die ich mache, nicht auch ...

In einer Zeit des kollektivistischen Trends erscheint die Subjektivität als obsolet.

... als Korrektur, als ein Modell von Möglichkeit, Leben darzustellen, akzeptiert werden kann. Ich fühle mich ja doch nicht selbstbewusst und gesichert und abgesichert, indem ich so lebe, wie ich lebe. Das braucht man eigentlich gar nicht zu sagen – jeder Schriftsteller hat doch oft Momente der Angst, und nicht nur Momente: Der ganze Lebens- und Existenzuntergrund ist zeitlebens bestimmt davon, dass er nicht das Richtige tut.

Sie haben nun das Glück, erfolgreich zu sein, Sie sind finanziell gesichert, das macht es natürlich auch leichter, mit diesem Bewusstsein existieren zu können.

Ja; ich wüsste nicht, wie ich es aushalten sollte, wenn ich nicht gelesen würde.

Das ist ein Argument für das Lesen, nicht für das Verdienen von Geld mit Büchern.

Ich würde es auch schwer aushalten ...

Arm zu sein?

... kein Geld zu haben, ja. Ich weiß es nicht, ich kann es nicht sagen. Bis ich 24 Jahre alt war, hatte ich kein Geld – ach, das sind so alberne Geschichten, reden wir nicht darüber.

Wie erklären Sie sich Ihren literarischen Erfolg? Oder machen Sie sich darüber überhaupt keine Gedanken?

Das mag jetzt zynisch klingen, aber das erklärt sich auch schon dadurch, dass ich, zwar nicht auf den Markt hin, aber wohl daraufhin schreibe, dass viele das lesen können. Ich stelle mir den und den vor, ich stelle mir zum Beispiel meine Schwester vor, die Verkäuferin ist, und denke: Könnte die das lesen? Oder ich stelle mir einen Freund vor – das ist dann im Hinblick darauf auch geschrieben. Ich möchte als Schriftsteller, zumindest ist das mein Wunschtraum, wie ein amerikanischer Schriftsteller sein: dass ich nicht einfach meine Phantasie und meine Ängste ausbreite, sondern dass ich da eine Geschichte finde, die die Kommunikation bewirkt. Das ist natürlich ein Kalkül, und ich finde auch überhaupt nichts Schlimmes daran. Es ist eine Art Kundendienst. Ich denke, dass die Leute – ich denke immer, für alle Leute zu schreiben – cum grano salis meine Kunden wären: Und wie leben die, was ist gemeinsam zwischen unserem Leben, was können die verstehen, was wollen die vielleicht *nicht* verstehen? – aber das muss ich natürlich auch beschreiben; sonst wäre das ja Ware, was ich mache. Genau das ist der Unterschied. Der Simmel zum Beispiel ist ein Schriftsteller, der weiß, die wollen das und das verstehen; und was sie nicht verstehen wollen, das schreibt er auch nicht. Aber ich weiß ganz genau, was ich möchte: dass sie auch das verstehen, was sie nicht verstehen wollen, was sie abwehren, was sie immer abgetan haben. Und deswegen glaube ich, dass es zwar Ware ist, was ich mache, dass es aber in diesem entscheidenden Punkt einen wesentlichen Unterschied gibt: dass ich nämlich auch das schreiben will, was die Leute verdrängen, was sie wegtun.

Also haben Sie einen ganz bewussten Publikumsbezug – was ja viele Autoren ablehnen.

Hab ich.

Auch beim Schreiben: Stellen Sie sich da bestimmte Leser vor, Angestellte, Sie reden von Ihrer Schwester, oder Beamte: Und für den oder den muss ich das jetzt so oder so darstellen, damit er das kapiert?

Jetzt wird es schon wieder schwierig. Ich habe bei Frankfurt in einer Siedlung gewohnt, wo höhere Angestellte, Manager, Flugkapitäne usw. wohnten, mit denen war ich auch zusammen. Und beim Schreiben eines solchen Buches wie »Die Stunde der wahren Empfindung« habe ich mir konkret vorgestellt: Was ist mit diesem Publikum von höheren Managern, die vieles in der Hand haben, was bei uns in der Bundesrepublik passiert, könnten die das in ihrer Verstocktheit – die ja keine ist, wenn man die ein bisschen näher kennt –, in ihrer ungeheuren Unsicherheit, in ihrem Ekel, ihrem Überdruss ... könnten die das lesen?

Ich meinte das so, dass man dann Sätze schreibt, die den oder den besonders treffen ...

Ich denke: Ich muss diese Leute wider ihren Willen erwischen, das muss so einfach und so schlagend sein, dass sie nicht anders können, als irgendwie zu reagieren. – Ein paar Leute haben mir Briefe geschrieben zu dem letzten Buch: Das hätte etwas mit dem »Malte Laurids Brigge« von Herrn Rilke zu tun. Darauf habe ich mir das noch einmal angeschaut und habe ganz genau bemerkt, was der Unterschied sein könnte: dass Rilke auf eine Sprache aus ist, die eben exklusiv ist, die sich so schlingelt und kräuselt, dass sie als poetische Sprache gleich erkennbar ist. Und das gerade ist es, was ich nicht will; ich bin auf eine Sprache aus, die jedem vertraut ist, die jeder kennt – und wenn mal so ein gekräuselter Satz stehen bleibt, passiert er mir halt, dann ist das ein Betriebsunfall des Handke. Aber ich gehe auf jeden Fall von der Gemeinsprache aus, die jeder kennt, die jeder spricht, und versuche herauszubringen, was in dieser Gemeinsprache an lebendigen Einzelheiten, wenn man bestimmte Elemente gegeneinanderstellt, aufleuchtet und vorkommen kann. Und der Weg von der Gemeinsprache zur Gemeinsprache ist dann in den Sätzen. Ich mache also nicht nur ein Zitat von Gemeinsprache oder verwende die Gemeinsprache nicht unverschämt und unbewusst wie Autoren wie Simmel und Konsalik, sondern ich versuche, von der Gemeinsprache wieder zur Gemeinsprache zu kommen, und bemühe mich, dass diese Gemeinsprache dann aber ganz frisch erscheint, leuchtend. Und wenn ich unterwegs stehen bleibe, dann kommt halt auch mal so ein blöder poetischer Satz raus.

Schreiben Sie eigentlich leicht?

Nein, überhaupt nicht.

Sie sind, wenn Sie einen Roman schreiben, sehr intensiv in der Arbeit?

Manchmal passiert es mir, dass ich in einem Zug zwei Sätze hintereinander schreibe, und dann kriege ich schon ein schlechtes Gefühl und denke, da stimmt etwas nicht. Wenn ein Satz in einem Zug entsteht, untersuche ich ihn: ob da etwas fehlt, ob vielleicht ein Widerstand nicht eingetreten ist. Ich könnte wahrscheinlich sehr leicht schreiben, aber ich schreibe absichtlich ganz, ganz vorsichtig – und im Endeffekt sieht das dann ziemlich leicht aus: Ich bin schon darauf aus, dass ein Gefühl der Leichtigkeit auch bei dem schlimmsten Thema da ist, weil ich meine, dass die Anmut und die Leichtigkeit das, was ich will, verbindlich machen und für die anderen auch das Private wegnehmen, dass also die formale Anmut alles Private ausmerzen kann.

Wie reagieren Sie auf Kritik, literarische Kritik? Ist es Ihnen wichtig, von einem Kritiker erkannt worden zu sein, auch wenn in seiner Meinung das, was Sie geschrieben haben, negativ erscheint? Oder ist Ihnen in jedem Fall ein positives Urteil wichtiger? Kann Kritik Sie richtig ärgern?

Ja, natürlich. Ich habe schon manchmal, wenn ich so etwas lese, die Lust zu körperlichem Einschreiten: dass ich dem einfach eins reinhauen möchte. Aber ich möchte nicht antworten; meine Reaktionen haben sich mit der Zeit reduziert auf Gewaltvorstellungen, die ich aber eh nicht ausführe. Aber es ist schon so – das klingt auch zynisch –: Es ist mir eine Kritik lieb, die man zu

Werbezwecken verwenden kann, wo Sätze drinstehen, die der Verlag dann in die Reklame aufnehmen kann, wo dann steht: Das ist ein Meisterwerk des zwanzigsten Jahrhunderts! – das kann man dann auf einer Bauchbinde so schön übers Buch kleben ... Wenn da eine noch so positive Kritik steht, und da ist kein Satz drin, den man verwenden kann – dann hat der Kritiker etwas verfehlt ...

Nun mal Scherz und Äußerlichkeiten beiseite – regt Sie Kritik nicht innerlich auf, so, dass Sie sich auf irgendeine Weise beim Schreiben beeinflussen lassen, im positiven wie im negativen Sinne?

Sicherlich. Erst muss man sich auch einmal bewusstmachen, dass man von den Kritikern abhängig ist – so frei man auch tut und so verächtlich man sich auch gebärden mag: Man ist einfach von denen abhängig; wenn jemand so tut, als werde Literatur auch ohne Kritik gekauft und gelesen, dann stimmt das einfach nicht.

Glauben Sie wirklich an die Abhängigkeit der Autoren von den Kritikern?

Das ist doch nachzulesen, dass die Autoren immer feiger und ängstlicher schreiben, auch weil das Lesepublikum zurückgegangen ist, immer darauf bedacht, die gerade gefundenen Lösungen für alle Nöte, die die Kritiker propagieren, nachzubilden. Das ist doch der entscheidende Grund für die ideologische, künstlerische, für die ganze Harmlosigkeit der meisten jetzt hergestellten Literatur: dass nie jemand etwas zu schreiben wagt, was grad als abgetan propagiert wird. Vor allem trifft das auf das Theater zu, dass niemand wagt, irgendwelche Obsessionen, ein Durcheinander, ein Kauderwelsch auf die Bühne zu stellen; alles ist fein säuberlich ausgerichtet auf den Fluchtpunkt dessen, was verlangt wird.

Was wird verlangt?

Es wird zum Beispiel »Gesellschaftsbezug« verlangt, ohne dass man allerdings genau weiß, was das ist, und ohne dass man weiß, dass es viele Ich-Konvulsionen gibt, die über die Gesellschaft mehr aussagen als brav hergestellte Skizzen, die dann nur nachgestellt sind irgendwelchen Aussagen über die Wirklichkeit, die aber mit der Wirklichkeit nichts zu tun haben. Die meisten sogenannten realistischen Stücke sind überhaupt nicht realistisch, sondern trivialisierten Aussagen über Wirklichkeit nachgeschrieben. Das ist schade. Die Kritiker klagen immer darüber, dass das deutsche Theater und seine Stückeschreiber so schwach geworden seien, und haben das selbst bewirkt mit der Propagierung von Gesellschaftsbezogenheit, Realistik, und haben dann auch beschrieben, was Realistik jetzt ist. Und haben vorgesagt: Jetzt müssen wir wieder Spaß haben am Spiel, jetzt muss man das Theater wieder entfesseln, sinnlich machen und so 'n Zeug, und die Autoren haben natürlich »sinnliches«, »spaßiges«, »gesellschaftskritisches« Theater gemacht, das völlig unsinnlich, harmlos, unwirklich und ein Schuss mit der Gaspistole in die Luft ist, nicht mehr. Aber das liegt auch an den Autoren. Ein Autor, der sich nicht darum kümmert, der muss allerdings sehr, sehr stark, sehr unbeirrbar, der muss fast ein halber Irrer sein, damit er das durchhält.

Mal zynisch gefragt: Kann ein Autor eigentlich darauf verweisen, dass die Kritik ihn kaputtgemacht habe?

Nein, das kann er nicht, es ist völlig richtig, was Sie sagen. Wenn ein Autor jammert, die Kritiker hätten ihn zerstört, dann hat ihn vielleicht seine Frau zerstört oder sein Leben, dann hat er einfach nicht richtig gelebt, dann hat er das nur zum Anlass genommen, in der Klageposition seinen Lebensinhalt zu finden. Ich habe auch mal eine Rezension geschrieben, und der oder die Betroffene schrieb mir dann etwas über meine »existenzvernichtende« Kritik; das habe ich nicht verstanden: wenn einen eine einzelne Kritik vernichten kann! – das ist für mich bloße Theatralik gewesen.

Es gibt aber schon Kritiken, die auf die Existenz wirken! Wenn Sie, wie geschehen, im ›Spiegel‹ eine vernichtende Kritik über eine junge Autorin wie Karin Struck schreiben, dann hat das eine andere Wirkung, als wenn ein Routine- und Alltagskritiker in irgendeinem Feuilleton dasselbe betreibt.

Und, zum Teufel, Herr Arnold, warum soll man nicht andere Leute vernichten? Man vernichtet ja auch nicht andere Leute, sondern man vernichtet etwas, von dem man glaubt, dass es gelogen ist. Und das kann durchaus eine Lust sein, und man kann gleichzeitig eine Notwendigkeit spüren, das zu tun. Und wenn Sie als Kritiker mal wirklich eine existentielle Wut kriegen, dann werden Sie natürlich nicht nur einen sogenannten Verriss schreiben, sondern Sie werden versuchen, von Grund auf zu beschreiben, nicht nur, was da an dem Buch, sondern an einer bestimmten Lebensauffassung Ihnen missfällt, was Sie als Pose, Theatralik und als Getue ansehen. Und das wird den oder die dann vielleicht im Schreiben vernichten, aber es wird sie oder ihn noch mehr dazu bringen können, seine Positionen ganz zu überdenken oder irgendwie eine Art Gleichgewicht herzustellen. Und in dem Sinne empfinde ich auch gewisse Kritiken als Korrektur. Ich brauche das auch.

Kritiken, die Sie auch annehmen.

Es gibt gewisse Kritiken, die mir zeigen: Aha, ich bin in der Gefahr, so hinzutrudeln. Das Maß ist so schwer zu erreichen, dieses Maß zwischen dem ICH, das man ist, und den anderen; dass man da ein Gleichgewicht findet, ist höllisch schwer – das hat vielleicht nur Goethe erreicht. Vielleicht ist das auch nicht erstrebenswert. Aber ich meine das nicht verächtlich, bei Goethe merke ich doch, dass in dessen Maß aller Quatsch, alles Durcheinander wieder aufgehoben ist, es ist kein leeres Maß. Und es klingt vielleicht blöd: Aber so etwas möchte ich in meiner Arbeit, in meiner Literatur erreichen: dass die anderen darin schwingen, ich selber aber auch. Im letzten Buch ist natürlich vorgefasst, dass nur das eigene ICH, nur das eigene Bewusstsein gilt.

So dass es auch daher nach außen hin einen inhumanen Akzent bekommt.

Natürlich, das ist auch beabsichtigt.

Mit einer bestimmten Funktion?

In dieser Geschichte war es das, was der Fall war. Aber ich möchte darauf hinaus, alle diese verschiedenen Figuren in Beziehung zueinander zu sehen. Wenn Sie sich überlegen, was ich vorher geschrieben habe: diesen ICH-Erzähler in »Der kurze Brief zum langen Abschied«, der nach Amerika fährt, dann den Tormann, den Josef Bloch, dann den Unternehmer Hermann Quitt aus »Die Unvernünftigen sterben aus«, dann die Mutter aus »Wunschloses Unglück« und dann im letzten Buch diesen Gregor Keuschnig – das sind doch alles ähnliche Dispositionen von Leben, aber sie sind auch alle in verschiedene Richtungen geführt. Und das macht mich stolz: Die Disposition ist meine, aber die Möglichkeiten sind doch ganz verschieden, die Verwirklichungen, die Perspektiven. Und – das ist keine vorgefasste Lust – ich empfinde das als eine lustvolle Notwendigkeit, all diese Möglichkeiten in einer langen Erzählung vorkommen zu lassen. Der Quitt ist ja wieder ganz verschieden von dem Bloch, der Bloch ist wieder ganz verschieden von dem ICH-Erzähler. Das alles sind natürlich monomanische Bücher, und es wäre mein Wunsch, ein Buch zu schreiben, in dem diese Monomanie aufgehoben würde, in dem alle miteinander sind.

Es gibt in der Kritik hin und wieder den Vorwurf: Handke ist monomanisch. Wie stellen Sie sich zu diesem Vorwurf?

Ich empfinde mich nicht als monomanisch, aber ich schreibe Bücher, die jeweils eine bestimmte Form von Monomanie zeigen – das ist schon ein Unterschied. Weil ich glaube, dass Literatur nur dann verbindlich wird, wenn sie in die äußerste Tiefe des ICH hineingeht. Ich schreibe so nur, um eine Art von Verbindlichkeit zu erreichen. Es gibt – das ist vielleicht nur eine Hilfstheorie von mir – eine Oberfläche von Erleben, die wir alle gemeinsam haben, also die oberflächlichste Oberfläche; und dann gibt es die tiefste Tiefe der ersten Regungen und der Träume, die haben wir wieder gemeinsam. Und deshalb, glaube ich, wird diese oberste Oberfläche in meinen Büchern beschrieben; und die geheimsten, albernsten, verwickeltsten Regungen. Daraus bestehen meine Bücher: aus der äußersten Oberfläche und aus dem äußersten Verbohrten. Und dass diese Oberfläche und die Tiefe allen gemeinsam ist, das ist meine Fiktion beim Schreiben; und dazwischen sind wir verschieden.

GESPRÄCH
MIT ROLF HOCHHUTH

München, Herbst 1976

»Erledigt hat sich die politische Brisanz
sicherlich nicht.«

Herr Hochhuth, ich las neulich eine Äußerung von Ihnen, da hieß es: »Fünfzigjährige sind in der Literatur abgebucht. Da geht es nicht weniger brutal zu als auf dem Arbeitsmarkt der Angestellten.« Sie sind noch nicht fünfzig. Spricht diese resignierende Feststellung dennoch aus Ihrer eigenen Erfahrung?

Nein. Ich habe das vor zehn Jahren geschrieben und habe es wiederholt vor etwa sechs Jahren in einem Aufsatz in der FAZ zugunsten von betagten und heute deshalb idiotischerweise missachteten Schriftstellern in Deutschland. Ich habe diese Erfahrung noch nicht gemacht. Aber wenn ich alt werde, wird es mir ebenso ergehen wie den andern.

Glauben Sie nicht, dass Ihr Erfolg da schon ein paar Sicherungen eingebaut hat?

In keiner Weise. Autoren, die heute zwischen fünfzig und sechzig Jahre sind und total abgebucht vom literarischen Arbeitsmarkt, waren z. T. sehr erfolgreiche Autoren.

Sie haben gerade wieder ein neues Stück, diesmal einen Monolog, herausgebracht, den Hemingway-Monolog »Tod eines Jägers«. Wenn Sie nun an Ihre ersten Stücke denken: »Der Stellvertreter«, »Soldaten«, »Guerillas« oder »Die Hebamme« werden in der BRD kaum mehr gespielt. Warum?

»Die Hebamme« ist vor einiger Zeit erst am Kurfürstendamm 88-mal aufgeführt worden, mit Inge Meysel in der Hauptrolle. Ich kann mich da gar nicht beklagen. Wir haben allein von diesem Stück 32 deutschsprachige Inszenierungen gehabt.

Nun ist »Die Hebamme« die einzige große Ausnahme, das erfolgreichste Hochhuth-Stück in Deutschland.

Ja. Bei den anderen Stücken ist zu sagen, dass sie ihre Wirkung im Ausland zum Teil erst nach Jahren haben können. Zum Beispiel ist der »Stellvertreter« in Tokio erst vor zwei Jahren aufgeführt worden. Obwohl es nur 0,2 Prozent Katholiken in Japan gibt und man denken sollte, das Stück hätte dort doch gar keine Resonanz, hat es doch 47 Aufführungen in Tokio gehabt. Und »Lysistrate« ist in Jugoslawien erst kürzlich gespielt worden. Ich habe sie Melina Mercouri geschickt, weil sie mir geschrieben hat aufgrund einer ›Newsweek‹-Besprechung des Stückes bei seiner Uraufführung in Wien und Essen. Es dauert einfach ein, zwei Jahre, bis die Stücke übersetzt sind. In der Bundesrepublik unterliegt das Theater einem – ich muss schon sagen – blödsinnigen Gesetz, wie der Buchhandel: Es ist entartet zu einem reinen Novitätenmarkt. Das Stück, das einige Jahre alt ist, wird für eine Neuinszenierung so wenig diskutiert wie der drei Jahre alte Roman für eine Neuauflage. Ich halte das für eine sehr gefährliche Sache. Meine Stücke sind natürlich als Taschenbücher zu haben, und sie werden auch laufend gekauft, das sehe ich an den Neuauflagen, die dauernd veranstaltet werden. Der »Stellvertreter« hat jetzt das 475. Tausend erreicht.

Das sind ja auch ganz spannende Lesedramen.

Ich habe sie immer für *Leser* geschrieben. Ich war mir darüber klar: Es gibt sehr viele Provinzen in Deutschland, in denen ich auf der Bühne niemals vorgezeigt worden bin. Städte wie Bremen und Braunschweig haben mich nie zu sehen bekommen – das kann also keine konfessionellen Gründe haben. Ich war froh, dass die Stücke auch als Bücher immer zugänglich waren und in dieser Form wirklich aufgenommen worden sind vom Publikum.

Bleiben wir noch mal beim Theater. Sie sagen: Theater wird immer mehr zu einer reinen Novitätenschau. Aber wenn Sie gleichzeitig sagen, dass die »Hebamme« vor einiger Zeit in Berlin 88 Aufführungen hatte, widerspricht das einer solchen Feststellung.

Das ist kein Gegenbeispiel, denn die »Hebamme« ist ja noch gar nicht so sehr lange erschienen. Und der Vertrag für diese Aufführung am Kurfürstendamm in Berlin wurde gleich nach Erscheinen gemacht. Aus personellen Gründen wurde die Aufführung erst viel später durchgezogen.

Die Tatsache, dass Ihre alten Stücke nicht mehr gespielt werden: hat sie nur darin ihren Grund, dass das Theater allgemein nur Novitäten haben will? Oder liegt es nicht auch an der politischen Brisanz eines Stückes, die heute für die Bühnen nicht mehr opportun ist – oder die sich historisch erledigt hat, weil sie ihre Wirkung hatte?

Erledigt hat sich die politische Brisanz sicherlich nicht. Ich kann natürlich nur von meinem begrenzten Arbeitsfeld sprechen. Ich habe mich nur auf Themen eingelassen, die nicht etwa ihre Erledigung fanden in der Diskussion über ihre dokumentarischen Hintergründe. Ich finde, ein Stück sollte vor allem ein Stück sein und erst in zehnter Linie eine Dokumentation. Es ist ja überhaupt der merkwürdige Gedanke gehegt worden, dass das sogenannte politische Theater durch Dokumente in Bewegung gebracht werde. Das ist ganz falsch. Theater wird nicht durch Dokumente in Bewegung gebracht, sondern durch Charaktere, sonst würde jedes dicke Buch, das die Dokumente einer Epoche aneinanderreiht, das Drama überflüssig machen. Das ist in keiner Weise der Fall.

Durch Charaktere, aber vor allem auch durch Handlungen, natürlich. Sie hängen Ihre Handlungen immer an einzelnen Figuren auf.

Die Frage ist, ob Theater Handlungen nicht immer an einzelnen Figuren aufhängt. Ich weiß nicht, worauf Sie abzielen? Sie wollen sagen – und mir wird oft dieser Vorwurf gemacht – ich hätte den Helden wieder eingeführt; das ist ganz falsch. Ich habe nicht den Helden eingeführt, sondern den Einzelnen; ob das ein Held ist oder das Gegenteil eines Helden.

Den handelnden Einzelnen.

Den handelnden Einzelnen habe ich eingeführt. Aber nicht, weil ich mich unbedingt gegen Brecht stellen wollte, wie mir auch zuweilen zugeschrieben worden ist. Man soll sich doch die Stücke von Brecht ansehen! Schon die Titel sagen ja: »Mutter Courage«, »Galileo Galilei«, »Herr Puntila und sein Knecht Matti«, auch er hat immer den handelnden Einzelnen in den Mittelpunkt gestellt. Man kann also Brecht genau denselben Vorwurf machen; man kann sagen: Wie konnten Sie ausgerechnet die Geschichte des Dreißigjährigen Krieges an einer namenlosen Marketenderin abhandeln? Brecht hat es auch mit dem Einzelnen zu tun gehabt, er ist nur nicht so ins Schussfeld geraten wie ich. Man hat ihm nicht vorgeworfen, er habe den Helden wieder eingeführt.

Brechts Helden machen aber auch eine andere Figur. An Galilei oder Mutter Courage erprobt sich sozusagen die Geschichte, es sind negative Helden, oder Helden, die durch Nichthandeln wirken und ungewollt Handlung in Gang setzen, während Ihre Figuren, Ricardo oder Churchill nur als Helden Handlung in Gang setzen; das sind doch Figuren, die, wie selbst die Hebamme, etwas Positives bewirken wollen. Das ist eine grundsätzlich andere Dramaturgie.

Das können Sie nicht sagen. Ja, sie wollen etwas Positives bewirken. Aber der Ricardo im »Stellvertreter« bewirkt ja tatsächlich gar nichts, er bewirkt nichts. Er bewirkt immerhin den Nachweis, dass nichts geschieht und dass er nichts tun konnte. Er wird verheizt in Auschwitz, namenlos, wie eine Schnecke unterm Autoreifen. Ich habe ihn in keiner Weise in eine Heldenrolle gebracht. Er will etwas erreichen, und er erreicht gar nichts. Ich habe neulich ein Gedicht geschrieben über Johann Georg Elsner, den ich für die rührendste Figur in der Geschichte unseres Jahrhunderts halte.

Den schwäbischen Attentäter auf Hitler ...

... ja, der im Münchner Bürgerbräukeller 1939 eine Bombe in eine Säule eingegraben hat. Selbst von diesem Mann würde ich sagen, er war ein Held; der hat sich 35 oder 38 Nächte lang im

Bürgerbräukeller einschließen lassen, und er hat, kniend vor der Säule, die Bombe eingebaut ... das war ein Held. Aber was hat er erreicht? Nichts. Er hat sieben oder acht Nazis zerfetzt mit seiner Bombe – und Hitler entkam.

Ist das Ihr ›Modell‹? Ricardo hat auch ein paar Menschen zur Besinnung gebracht, aber am System hat er nichts geändert, er hat es nicht beseitigen können.

Das hat aber auch die Antigone des Sophokles nicht getan. Sie wurde eingemauert. Ich verstehe nicht, dass unsere Ästhetiker dem Spleen aufsitzen konnten, dass der Einzelne oder der Held, wie Sie zu Unrecht sagen, in der Geschichte jemals hätte etwas bewirken können. Er konnte es zuweilen. Natürlich konnte ein Hitler oder ein Churchill etwas bewirken, im Guten wie im Bösen, genauso wie ein Chruschtschow oder wie ein Che Guevara. Das sind Ausnahmefiguren. Die Tatsache, dass sie am Hebel wirklich entscheiden, ob die Weiche gestellt wird oder nicht, ist das Entscheidende.

Sie sind – bis vielleicht auf Che Guevara – in diesem Sinne natürlich auch keine Helden. »Held« ist hier als dramatische Figur gemeint, und nur so kann man den Begriff benutzen, ohne rot zu werden.

Heute werden zwei Dinge verwechselt. Es wird gesagt: der Einzelne ist nicht kraft seiner eigenen Überlegenheit, Intelligenz, Stärke oder Schurkigkeit an den Hebel gelangt, sondern anonyme Wählermillionen, mit denen man »Blinde Kuh« spielt, haben ihn dahin gebracht. Das ist vollkommen richtig. Das ist aber kein Einwand dagegen, dass ich sage: Wenn sie nun dort oben sind, diese Einzelnen, wie immer auch sie dahin gelangt sind – die sind in der Weltgeschichte übrigens immer in höchst fragwürdiger Weise an den Hebel gelangt –, dann sind die es aber doch, die entscheiden, wie der Hebel gestellt wird.

Aber das sind – mit der Ausnahme Churchill – auch nicht die Einzelnen, die ich als Helden ihrer Stücke anspreche. Die Einzelnen, die ich als Helden ihrer Stücke anspreche, sind jene Einzelnen, die sich gegen die, die am Drücker sitzen, wehren: als Handelnde, die Geschichte machen.

Natürlich. Das sind für uns heute auch die interessanteren, die sich wehren; die Namenlosen, die versuchen, gegen die Apparatur anzugehen.

Auch wenn ihre Handlungen nur symbolisch sind.

Es sind oft nur symbolische Handlungen, und sie waren es immer nur. Der Matrose, der heute in einem versunkenen Schlachtschiff eingeschlossen ist wie der Bergmann in einem verschütteten Schacht – Sie wissen, dass das in Pearl Harbour und auf der Tirpitz passiert ist, dass Matrosen noch tagelang darin lebten –, ist genauso einsam und machtlos, wie irgendein Galeerensklave in der Schlacht bei Lepantho oder bei Salamis. Da hat sich nichts geändert.

Ich möchte noch einmal zurück auf Ihre Anfänge. Sie erwähnten vorhin Brecht und sagen, Sie hätten nicht bewusst gegen Brecht angeschrieben. Als Sie den »Stellvertreter« schrieben, waren Sie ja noch Verlagslektor bei Bertelsmann. War Brecht da eigentlich schon in Ihrem Kopf? Aus welchen Motivationen kamen Sie auf das Thema des »Stellvertreters«? Und warum haben Sie dann ein Stück aus diesem Stoff gemacht? Warum haben Sie aus diesem ungeheuren Stoff nicht einen Roman gemacht?

Das sind mehrere Fragen. Zunächst Brecht. Er hat mich nicht beeinflusst. Ich bin eigentlich mehr ein Schüler von Shaw und Schnitzler und Hauptmann, und selbstverständlich auch von Schiller. Nur wenn man sagt: Hochhuth hat Schiller'sche Konstellationen heraufbeschworen – und das ist altmodisch und heute unerlaubt, dann halte ich das für einen grotesken Vorwurf. Wenn man z. B. wie ich im »Stellvertreter« einen Vater-Sohn-Konflikt auf die Bühne stellt, den zwischen Ricardo und seinem Vater, dann hat das nichts mit Schiller zu tun oder mit der Anlehnung an einen großen Schriftsteller, wenn die Situation zwischen Vater und Sohn ein wenig jener in »Piccolomini« gleicht; das sind Urkonflikte, wie sie in der Familie früher und heute vorhanden sind. Man ist doch nicht der sklavische Nachschreiber eines anderen Dramatikers, wenn man eine ähnliche Konstellation seiner Figuren aufgezwungen bekommt. Es ist doch nicht so, als wisse der Stückschreiber genau, wohin seine Figuren abzielen, wenn er ein Stück anfängt. Sobald diese Figuren leben, leben sie ihr Eigenleben, haben durchaus ihren eigenen Willen, der oft dem Willen des Autors zuwiderläuft. Die Tatsachen, die ich z. B. vorfand, als ich den »Stellvertreter« schrieb, seine Exposition habe ich ja nicht erfunden: den Einbruch des SS-Mannes Gerstein in die Päpstliche Nuntiatur in Berlin, in der Hoffnung, er könne den Vertreter des Papstes zu einem Protest gegen die Ermordung der Juden aufwiegeln – diese Situation war mir vorgegeben, und das ist eine klassische Exposition und zugleich eine authentische Situation, und diese authentische Situation hat mir auch die Form des Dramas aufgezwungen. Als ich das gelesen hatte, dachte ich: Ich schreibe eine Gerstein-Novelle. Als ich dann damit anfing, war es plötzlich eine Szene, und so entstand mein erstes Stück. Natürlich war ich als Lektor belesen, und ich hatte auch Stücke von Brecht gesehen. Aber es ist nun wirklich nicht so, dass man sich hinsetzt und versucht, einen Klassiker oder einen großen Meister zu kopieren. Im Gegenteil, man hat eher das unbedingte Gefühl, dass man dem Sog, der von einem solchen großen Autor und seinem Werk ausgeht, entkommen muss.

Und Sie waren damals schon sehr bald davon überzeugt, dass das alles nur szenisch zu zeigen war, obwohl der »Stellvertreter« auch als Lese-Drama veröffentlicht worden ist, mit zahlreichen fast essayistischen Einschüben?

Ich habe diese essayistischen Einblendungen immer mit Vergnügen geschrieben, weil sie mir sehr geholfen haben, meine Figuren zu verstehen und die Szenen in Bewegung zu bringen. Ich schrieb sie, so gut ich konnte, und ich merkte bald, dass sie den Lesern gefielen. Und ich sah keinen Grund, sie zu streichen. Als ich anfing zu schreiben, wusste ich im Verlagsleben ein bisschen

Bescheid. Ich kannte mich aber überhaupt nicht aus auf der Bühne. Ich hatte noch niemals eine Bühne von hinten betreten. Ich kannte keinen Theatermenschen persönlich, und ich hatte eigentlich gar keine Hoffnung, dass mein Stück jemals aufgeführt würde. Ich hatte aber durchaus die Zuversicht, dass es als Buch gedruckt werden würde.

Es war dann ja auch schwierig, den »Stellvertreter« als Stück unterzubringen.

Es war Zufall, dass ich Piscator fand, oder dass Piscator mich fand, und dass er zufälligerweise, nachdem er fünfzehn Jahre als Gastregisseur durch die Lande gereist war, wieder Hausherr geworden war: in der »Volksbühne« in Berlin, und dass er das Stück annehmen konnte.

War das wirklich alles so zufällig?

Wenn ich daran denke, dass eine ganze Anzahl von Kollegen namenlos auf der Strecke blieben, weil man ihre Stücke nicht einmal liest, weil man ihnen keinerlei Hilfe zukommen lässt, dann kann ich mir nicht einbilden, dass es mehr ist als ein Zufall, dass ich eben das Glück hatte, Piscator in die Hände zu fallen.

Ich meine es nicht so. Gab es damals nicht Theater, die das Stück abgelehnt haben wegen seiner politischen Brisanz?

Die meisten, selbstverständlich. Ich hatte einen Freund gefunden in Hilversum, einen literarischen Agenten, der auch die deutsche Theater- und Verlagsszene genau kannte, der hat sich die Finger wund geschrieben, um für das Stück Aufmerksamkeit zu erregen. Es ist ihm nicht geglückt.

Haben Sie damals auch an die mögliche politische Wirkung gedacht, als Sie das Stück schrieben? Oder waren Sie von der Figur Ricardos und von der Konstellation ihrer Umwelt so besessen, dass Sie an so etwas Äußerliches wie an eine mögliche Wirkung überhaupt nicht gedacht haben?

Wenn man sich die Schwierigkeiten einer Realisierung beim Schreiben eines Buches vor Augen hielte, dann wäre man so gelähmt, dass man überhaupt nichts zu Ende brächte. Dass es schlimm werden würde, habe ich einmal geahnt, als ich einem Freund, der damals in der Presseabteilung von Bertelsmann arbeitete, an einem Sonntagabend vorlas aus dem Stück. Und später hörte ich dann – ich hörte es glücklicherweise erst sehr spät –, dass er nach der Lesung in die Küche gegangen war, zu meiner Frau, die Abendbrot machte, und sagte: Reden Sie ihm das doch aus, dass ist ja Unsinn, was er da macht, dieses Stück wird niemals eine Bühne finden, das kann keiner aufführen, da käme ja die Polizei. Das war auf dem Höhepunkt des Kalten Krieges, und man konnte wirklich nicht glauben, dass ich eine Bühne finden würde. Und beinahe hätte dieser Freund ja auch recht behalten.

Aber diese Bühne hat sich gefunden. Piscator hat das Stück realisiert, und es gab einen Skandal ersten Ranges, wie man ihn nach 1945 auf der Bühne nicht mehr erlebt hat, mit allen Wirkungen, die sogar bis ins Ausland reichten.

Im Ausland waren die Proteste eigentlich noch heftiger als in der Bundesrepublik, z. B. in Paris, wo die ersten dreizehn Vorstellungen überhaupt nur stattfinden konnten, weil während der Vorstellung bei offener Bühne Polizei die Schauspieler davor schützte, verprügelt zu werden. Es gingen da regelmäßig Türen und Scheiben kaputt, und dann nach der dreizehnten Vorstellung war Ruhe bis zur 346. Vorstellung, weil General de Gaulle eingegriffen hatte. De Gaulle hat das Stück ermöglicht. Der Kardinal von Paris hat sein Verbot durchsetzen wollen, aber de Gaulle hat gesagt: Nein, er finde, das Stück sei wahr. Und dann war Friede.

Wie haben Sie diese politische Wirkung aufgenommen: mit innerer Befriedigung?

Ich war sehr erschrocken und auch sehr überfordert, denn ich wurde danach von Diskussion zu Diskussion geschleift, bis ich mich dann irgendwohin zurückzog, nach London, und so weiter, und ich habe unverhältnismäßig lange gebraucht, um mich auf ein neues Stück – »Die Soldaten« – überhaupt konzentrieren zu können.

Sie wurden damals als Skandalautor beschimpft. Das war eine der üblichen Formen, mit denen man umging mit einem Autor, der ein brisantes, tabuisiertes Thema aufgriff. Und auch Ihr nächstes Stück, die »Soldaten«, brach wieder in einen Tabubereich ein, da ging es um Churchill, um den Bombenkrieg und um den Tod Sikorskis, der nach Ihrer Darstellung zumindest in die Pläne Churchills passte ...

Das ist noch harmlos ausgedrückt ...

Natürlich, Sie haben es als Mord dargestellt. Jedenfalls kam ein neues Stück des Skandalautors Hochhuth in bewährter Weise. Wie kamen Sie eigentlich zu diesem Stoff?

Es war mir klar, dass nach der Tragödie der Judenausrottung ich mich dem zweiten, dem danach nächstliegenden brisanten Thema des Zweiten Weltkrieges zuwenden müsste, nämlich der systematischen Bombardierung von Bevölkerungszentren. Als ich mit dem Stück »Soldaten« anfing, ahnte ich noch nicht, wie aktuell sein Thema ein Jahr später werden würde, nämlich in Vietnam, als man dort anfing, wieder Städte und Zivilisten gezielt auszurotten. Das Problem, das mir beim Schreiben der »Soldaten« kolossal zu schaffen machte, ist folgendes: Ich habe das Stück begonnen in der Meinung, dass der Bombenkrieg gegen Zivilisten eindeutig zu verurteilen sei, und ich bin heute noch dieser Meinung. Ich bin damals nach Genf gefahren zum Internationalen Roten Kreuz und bin vom Vizedirektor dazu aufgefordert worden, dafür zu sorgen, dass man dem Landkriegsrecht und dem Seekriegsrecht, was ja seit Jahrzehnten international verankert ist, das bis heute fehlende Luftkriegsrecht hinzufügt. Ich habe an den Bundespräsidenten damals einen offenen Brief geschrieben. Mir ist dann aber beim Schreiben Folgendes passiert: Ich fand für Churchills Kriegführung eine Fülle von Entschuldigungen, z. B. dass die Briten keine Infanterie hatten, mit der sie den Deutschen vor El Alamein begegnen konnten, z. B. die erdrückende Übermacht der deutschen Wehrmacht, die Churchill zu dieser Verzweiflungstat getrieben hat, die als militärisches Ergebnis völlig idiotisch war – was wir heute wissen, was er aber damals noch nicht wissen konnte –, weil sie 56 000 britische und 44 000 amerikanische Bomberpiloten das Leben gekostet hat. Ich kam dahin, dass ich Churchill dafür kaum verurteilen konnte, nicht nur wegen der alten Devise: Wer Wind sät, wird Sturm ernten – wir Deutsche hatten ja auch offene Städte bombardiert, z. B. Rotterdam. Aber mir ist dabei Folgendes passiert: Ich habe plötzlich gemerkt, dass selbst ein Mann wie Churchill ein völlig unfreier Mensch ist, der in seinen Entschlüssen nur sehr begrenzt vernünftig handeln kann, dass er sich z. B. nur durch den Bombenkrieg, der am 18. 2. 41 entfesselt wurde, durch den Befehl an sein Bomberkommando, nicht in erster Linie Industrie und Eisenbahnen zu bombardieren, sondern sich völlig auf die Stadtzentren zu konzentrieren und die Vernichtung von Industrie nur in Kauf zu nehmen, Fortschritte erhoffen konnte. Churchill war in einer verzweifelten Situation. Und wenn man denkt, dass die Deutschen gleichzeitig allein aus einer Stadt wie Amsterdam 100 000 Zivilisten, nämlich Juden, in die Vernichtung deportiert haben, dann kann man den Bombenkrieg nur sehr relativ als ein Kriegsverbrechen ansehen. Er war ein Kriegsverbrechen. Aber gemessen an unseren eigenen Schandtaten hielt er sich durchaus im Rahmen.

Kamen Sie aus solcher Not der dramaturgischen Konstruktion mit der Figur Sikorski in Berührung?

Mit der Figur Sikorski kam ich in Berührung, weil ich, um ebendiesen Mann Churchill gerecht darzustellen, alle seine Schwierigkeiten im Frühjahr 1943 in Erwägung ziehen musste, und da war eines seiner Probleme das Problem mit Polen: das Gespenst eines Separatfriedens zwischen Hitler und Stalin wegen der polnischen Tragödie. Goebbels konnte am 13. 4. 43 der Welt verkünden, die Deutschen hätten die Massengräber ermordeter polnischer Offiziere bei Katyn gefunden. Sikorski hat im internationalen Roten Kreuz hinter dem Rücken seiner britischen Gastgeber in London den Auftrag erteilt, die Gräber von Katyn neutral zu untersuchen, womit er natürlich als Alliierter nicht nur Churchills, sondern auch Stalins deutlich machte, dass er den Mord nicht den Deutschen anlastete, sondern den Russen: Damit war das Ende der großen Koalition in bedrohliche Nähe gerückt, und Churchill musste handeln, denn das war zweifellos ein furchtbares Verbrechen. Dass dann dieser polnische Ministerpräsident Sikorski auf vier hintereinander erfolgten Reisen – und andere Reisen hat er überhaupt nicht unternommen in der Zeit – fünf Unfälle in Flugzeugen hatte, die ihm die Downing Street zur Verfügung gestellt hatte – und der letzte war tödlich –: das war ein deutlicher Hinweis. Andererseits glaube ich, dass ich meinem Churchill ein hohes Maß von Gerechtigkeit habe angedeihen lassen; denn ich zeige ihn als einen Mann, der anders nicht handeln konnte, wenn er sich nicht in Gefahr begeben wollte, den Krieg zu verlieren. Denn ein Separatfrieden zwischen Stalin und Hitler, von dem damals viel die Rede war, hätte ja tatsächlich das Ende der freien Welt im heutigen Sinne bedeutet.

Es hätte aber natürlich auch durchaus sein können, dass das Gerede von dem Separatfrieden gesteuert war, um Churchill zu ebensolchen Entscheidungen zu bringen.

Es war viel weniger dran an diesem Gerede über einen Separatfrieden; Hitler war ja unfähig, das den Russen entwendete Territorium wieder herauszurücken; und Stalin konnte nicht mit diesem Mann reden.

Mir hat sich bei der Lektüre Ihrer »Soldaten« Churchill als ein Urviech aufgedrängt, das Sie bewundern.

Das ist er ja gewesen. Im Guten wie im Bösen. Sogar als Autor; er hat zu Recht den Nobelpreis für Literatur bekommen, weil er ein fabelhafter Prosaerzähler ist. Er ist ein Urviech gewesen, vielleicht der produktivste Mensch dieses Jahrhunderts. Churchill hat in der Geschichte denselben einzigartigen Rang, den Michelangelo in der Kunst hat.

Da, verzeihen Sie, komme ich aber wieder auf Ihre Figurenkonzeption: Sie stellen den Einzelnen so heraus, dass sich um ihn die ganze Handlung dreht.

Aber das liegt doch an der Tatsache, dass dieser Einzelne, von dem Sie jetzt reden, Premierminister einer kriegführenden Nation war.

Also eine für einen Dramatiker sehr gute Situation?

Will ich gar nicht sagen. Im Gegenteil, es ist mir damals passiert – ich habe auch darüber geschrieben –, dass ich den fabelhaften Argumenten, die Churchill für seine Handlungsweise in den Diskussionen ins Treffen führen konnte, soweit er überhaupt diskutiert hat, fast nichts entgegensetzen konnte. Der Bischof von Chichester, ein Gegner Churchills, und der Bomberpilot Dorland, der von ihm empfangen wird und ihm berichtet über die Angriffe auf die deutschen Städte, hatten ihm im Grunde nichts entgegenzuhalten. Das liegt natürlich nur zum Teil an seiner Überlegenheit als Mensch, es liegt in erster Linie an der Tatsache, dass er der Premierminister war, der das Sagen hatte und der das auch rücksichtslos ausnutzte.

Zum Verhältnis Geschichte und Erfindung im Stück: In welcher Relation stehen bei Ihnen die authentische Wirklichkeit, von der Sie ausgehen, und Dichtung?

Die dichterische Leistung, wenn Sie mir überhaupt eine zugestehen, ist das Sprachliche und die Figurencharakterisierung; die Handlung am allerwenigsten. Die Handlung ist weitgehend – aber natürlich auch nur teilweise – vorgegeben. Zum Beispiel habe ich die Handlung in den »Guerillas« von Anfang bis Ende erfunden, was aber nicht bedeutet, dass ich mich hinwegsetze über die Realität. Ich habe z. B. damals folgende Erfahrung gemacht: Ich gab meiner Frau das Manuskript zu lesen, und sie gab es mir zurück und sagte, ziemlich enttäuscht, wer regelmäßig »Newsweek« und »Spiegel« lese, kenne das schon. Das war durchaus verächtlich gemeint. Ich habe das aber als Kompliment aufgefasst. Denn ich habe gedacht – ich habe es dann auch im Vorwort begründet –: Der Autor ist in erster Linie Katalysator, er soll sich nicht einbilden, dass er ein Eigenleben jenseits seiner Zeitgenossen auch nur in der Phantasie zu führen vermöge. Es geht durch uns ja etwas hindurch, was wir alle irgendwie erleben;

wäre das nicht der Fall, würden unsere Stücke oder Bücher keinen Menschen außer uns selbst interessieren. Und so ist es also mit der Erfindung. Ich habe für mich zwei wichtige ästhetische Leitsätze Thomas Mann abgelauscht, der für mich überhaupt der entscheidende Lehrmeister gewesen ist, obwohl er selber keine Stücke schrieb. Der eine Satz heißt: »Der Dichter soll sich nichts ausdenken, sondern er soll aus den Dingen etwas machen.« Das finde ich fabelhaft: So ist es nämlich. Und der zweite Satz heißt: »Alles Materielle ist langweilig ohne ideelle Transparenz.« Die Idee muss also hindurchleuchten, man kann nicht einfach die Realität weitererzählen. Das kann jedes Tonband und jede Wochenschau viel besser.

»Aus den Dingen etwas machen.« Im »Stellvertreter« haben Sie aus der geschichtlichen Realität wirklich etwas gemacht, selbst für die »Soldaten« möchte ich das akzeptieren. Aber beginnt nicht bei den »Guerillas« die Kolportage?

Die Kolportage ist ein notwendiges Element des Dramas, weil sie leider ein unentbehrliches Element der Weltgeschichte ist. Es gibt keine fürchterlichere Kolportagehandlung als die Ermordung der Brüder Kennedy und Martin Luther Kings innerhalb von wenigen Jahren. Das ist die Kolportage der Realität. Es gibt unzählige solcher ›Kolportagen‹. Es gibt so phantastische Geschichten wie den Verkauf Alaskas an die Amerikaner; das sind Dinge, die man gar nicht auf die Bühne bringen kann. Wenn man 1940 in London ein Drama aufgeführt hätte, in dem gezeigt worden wäre, wie ein namenloser Schreinergeselle in einer Münchner Bierwirtschaft eine Bombe in eine Säule gräbt, um Hitler zu ermorden, weil Hitler dort seit zehn Jahren jedes Jahr am selben Tage erscheint – und die Polizei hätte ihn nicht erwischt: da würde man sich nach dem ersten Akt totgelacht haben, man würde gesagt haben, so etwas Idiotisches kommt nicht vor. In der Wirklichkeit aber kam es vor.

Sie kennen sicher das poetologische Wort von Boileau: »Der Dramatiker braucht nichts zu erfinden, die Realität ist viel unwahrscheinlicher als das, was erfunden wird.«

Das kenne ich nicht: Aber das ist tatsächlich der Fall. Im Gegenteil: Wenn man die Realität aufgreift, wie ich es z. B. in meinen Stücken versuche und auch in »Guerillas« – dann muss man sich als Autor hüten, sich das zu erlauben, was die Realität sich jeden Tag erlaubt. Ich erinnere mich an schnelle Kritiken, die sich hohnlachend darüber lustig machten, dass in diesem Stück die Frau eines Senators gekidnappt und umgebracht würde. Wir gingen nach der Premiere in Zürich in ein Lokal, und noch an dem Abend der Premiere lasen wir in der Zeitung, dass in Washington eine Verschwörung aufgedeckt worden war, in der katholische Theologen und ein paar Priester versucht hatten, den Präsidenten umzubringen. Das war also eine dieser weit über die Realität hinausgehenden Tatsachen. Der Autor muss diese Dinge natürlich respektieren, er muss es auch hinnehmen, dass die Kritik sagt: Das ist blöd. Aber das gibt es eben.

Ich meine, dass Sie mit Nicholson in den »Guerillas« jene Stufe der Moralisierung, also auch der Realisierung von Moral und Dichtung nicht haben, die Sie in der Figur des Ricardo im »Stellvertreter« und auch in der Figur von Dorland in den »Soldaten«, selbst noch in der Figur von Churchill, erreichen. Ich habe das Buch eher als einen Polit-Thriller gelesen.

Es ist ein Polit-Thriller. Ich habe nichts gegen diese Bezeichnung. Die Geschichte des 20. Juli ist auch ein Polit-Thriller.

Da sind wir aber auf eine ganz andere Weise historisch verpflichtet. Was aber geht bei den »Guerillas« über die Rampe, wenn es aufgeführt wird?

Es kommt auf die Aufführung an. Ich habe z. B. im Volkstheater Wien mit Kurt Meysel in der Titelrolle des Senators eine fabelhafte Aufführung erlebt. Ich habe aber auch eine erlebt, wo ich es nicht bis zur Pause aushalten konnte, weil ich es so schrecklich fand. Ich habe sogar eine Aufführung der »Guerillas« erlebt, wo ich den Regisseur angezeigt habe. All das kommt vor. Das kann dem Romancier nicht passieren; der hat die Garantie, dass sein Buch so vor den Leser kommt, wie er Korrektur gelesen hat.

Diese Garantie hat der Stückeschreiber nicht. Was z. B. in den »Guerillas« über die Rampe kommt, ist die These, dass perfekte Polizeistaaten – und dazu gehören die Vereinigten Staaten von Amerika natürlich ebenso wie die Sowjetunion – nur von innen aufgebrochen werden können, dass der Unterwanderer, der den Machtapparat an sich reißt, mit seinen Gefolgsleuten nach meiner Auffassung nur dann der einzige moralische Revolutionär ist, wenn er das Blutvergießen auf den Straßen weitestgehend oder völlig verhindert. Ich habe damals aus einer persönlichen Erfahrung geschrieben. Ich habe damals eine Anti-Vietnamkriegs-Demonstration in New York mitgemacht, wir waren etwa 80 000 Menschen, und wir wurden mit Polizeihubschraubern rührend umsorgt. Es war mir ganz klar, eine solche ›Ordnungsmacht‹ kann nicht frontal angegriffen werden, sie kann nur verwandelt werden, wenn Revolutionäre im Staatsapparat an den Hebel kommen, Revolutionäre wie der sehr große und heute noch immer unterschätzte Präsident Franklin D. Roosevelt. Das war ein sozialer Revolutionär, der aus dem höchsten Establishment stammte und in Amerika tatsächlich soziale Reformen durchgeführt hat; so wie Chruschtschow die Entstalinisierung nur deshalb durchführen konnte, weil er oben saß.

Aber sind die »Guerillas« nicht gerade der Gegenbeweis dafür? Nicholson hat keinen Erfolg.

Nicholson hat keinen Erfolg. Er macht Fehler, die ich aber bewusst eingebaut habe, z. B. denselben Fehler, den Stauffenberg gemacht hat: Er hat in seiner Person zu viel Macht vereinigt. Auch das spricht dagegen, dass ich immer nur den Einzelnen stärken möchte. Stauffenberg musste in der Wolfsschanze die Bombe zünden und dann zurückfliegen nach Berlin, um den Putsch auszulösen. Diese Zeit aber war nicht mehr aufzuholen. So hat sich Nicholson in seinem Stück nicht nur auf den Umsturz in Nordamerika eingelassen, sondern er hat sich aus sentimentalen Gründen auch auf dem lateinamerikanischen Kriegsschauplatz engagiert, weil seine Frau von dort stammt. Er hat sich verzettelt und fliegt deshalb auf.

Hochhuth ist als Historiker in den »Guerillas« ebenso wie in »Lysistrate und die NATO« weniger anwesend als in den vorherigen Stücken.

Das liegt auch einfach daran, dass diese beiden Stücke überhaupt keinen historischen Sinn haben. Der »Stellvertreter« und die »Soldaten« spielen – wie auch die Berliner Antigone – 1943, das ist jetzt vierzig Jahre her. Die »Guerillas« und die »Lysistrate« spielen heute.

Aber das ändert doch nichts an ihrem historischen Charakter: Es sind doch Zeitstücke.

Aber zeitgenössische Geschichte ist schwieriger auf die Bühne zu transportieren als Geschichte, die, sagen wir mal, aus dem Abstand von 20 bis 25 Jahren zu betrachten ist.

Würden Sie denn diese beiden Stücke als ›Aufrufstücke‹ verstanden wissen wollen: zur Nachahmung empfohlen?

Das ist das höchste Prädikat, das man ihnen zukommen lassen könnte. Ich würde mir nicht erlauben, es ihnen zukommen zu lassen. Aber das ist immerhin der Vorsatz gewesen.

Sind die Themen dafür aber nicht zu allgemein gefasst?

Nehmen Sie die »Lysistrate«. Ist das allgemein? Hier wird gezeigt, wie sich auf einem kleinen griechischen Inselchen die Landbevölkerung zusammenfindet, um das zu tun, was in Europa sicherlich hundertmal geschehen ist im Laufe der letzten zwanzig Jahre: Sie lehnt sich dagegen auf, dass ihr Land zum Truppenübungsplatz der NATO erklärt wird und dass man dort Raketenstellungen eingräbt, die im Falle eines Ost-West-Konflikts die Insel zu einem erstklassigen Zielpunkt einer sowjetischen Raketenkartei machen würde. Ich finde, das ist kein entlegenes Thema. Ich stamme aus Eschwege, das liegt an der Grenze zur DDR, ich weiß, wie wir alle damals aufs äußerste entsetzt waren, als die Bundesrepublik dort Atomminen eingraben ließ. Der einzige

Staat in der Welt, an der einzigen Grenze in der Welt – zwischen Deutschen –, in dem damals Ärzte und Polizisten durchaus noch der gemeinsamen Meinung waren, die Bevölkerung sei berechtigt zur Selbsthilfe, die Minen auszugraben und zu sabotieren. Diese Minen, die ganze Dörfer gefährdet haben, sind ja nun verschwunden. Ich habe mit Rücksicht auf die Tatsache, dass die BRD für außerdeutsche Betrachter völlig uninteressant ist, dieses Stück in eine Gegend verlegt, die den Menschen reizvoll erscheint und woher die Lysistrate ursprünglich kam, nämlich Griechenland.

Der Charakter eines Zeitstücks mit Zeigefinger: So solltet ihr euch eigentlich verhalten!

Zeigefinger klingt sehr böse. Ich habe das dadurch zu umgehen versucht, dass ich mein Thema in der »Lysistrate« wie in der »Hebamme« in Komödienform serviert habe. Das ist natürlich ein großes Problem. Es geht überhaupt nur in Komödienform. Die Sozialkritik, wie Hauptmann sie beschrieben hat, ist heute nur noch in Komödienform denkbar. Ich glaube, dass Sozialkritik in sehr vielen Fällen – ich will das nicht verallgemeinern – vom Publikum heute überhaupt nur aufgenommen wird als Komödie. Wenn ich diese beiden Stücke – »Hebamme« und »Lysistrate« – geschrieben und das Problem mit krudem Ernst behandelt hätte, dass nämlich doppelt so viel Bundesdeutsche, wie wir Soldaten haben, nämlich 1,1 Millionen obdachlos sind oder in Baracken hausen – dann wäre kein Mensch in das Stück gegangen.

Für Sie ist das Theater eine moralische Anstalt. Frei nach Schiller?

Wenn man Politik auf die Bühne bringt, dann ist die Frage nach der Moral eigentlich schon gar nicht mehr gegeben. Schon die Tatsache, dass man sich der Gesellschaft überhaupt als Kritiker zuwendet, ist vielleicht – hochgegriffen – ein moralischer Akt. Ich glaube aber, dass diese Zeile, die Schiller damals als Überschrift seines Vortrags gewählt hat, einen ungeheuren Unfug angerichtet hat; er hat den Stücken einen moralisierenden Beigeschmack anhängen wollen, den sie nicht haben können und – nicht haben dürfen. Ich halte das für keine sehr brauchbare Definition.

Wollen Sie mit Ihren Stücken das Publikum auch unterhalten?

Ich glaube, dass man die ›Botschaft‹ oder den politischen Gehalt oder die Sozialkritik: dass man also irgendetwas davon beim Publikum nur anbringen kann, wenn man es sehr unterhaltsam tut.

Ihre Stücke sind – und das wird auch immer wieder in der Kritik honoriert – große Lesedramen, die man fast wie einen Roman lesen kann, wenn man die Dialoge einfach einschließt in das Romangeschehen; Sie haben auch große essayistische Einschübe darin. Das alles auf die Bühne zu stellen, ist natürlich schwierig. Ihre Stücke sind auch nie ganz durchgespielt worden.

Das habe ich auch nie gewollt. Ich habe z. B. mit meinem englischen Übersetzer, der ein praktischer Bühnenmann ist – er ist Oberspielleiter in Glasgow –, diese eckigen Klammern in die Taschenbücher hineinnotiert, um zu verhindern, dass die Stücke komplett gespielt werden: denn ich bin der Meinung, ein Theaterabend sollte nicht länger dauern als 2½ bis drei Stunden, aber inklusive Pause.

Drei Stunden sind natürlich schon sehr viel. Aber Sie bringen fast doppelt so viel ins Angebot. Warum reduzieren Sie Ihr Stück nicht gleich auf den Text, den Sie gespielt wissen wollen?

Ich mache ja die Klammern vor der Drucklegung.

Was außerhalb der Klammern steht, ist also prinzipiell das, was Sie gespielt haben wollen? Für wen ist das bestimmt, was in den Klammern steht?

Für den Leser, für den Historiker, für den, der sich stärker mit den Figuren beschäftigen will. Es ist beim heutigen Stand der tagtäglichen Information, die jedem Zeitgenossen nicht nur durchs Fernsehen ins Haus kommt, unzumutbar, dass man gewisse Probleme, politische, gesellschaftliche, familiäre, derartig reduziert und vereinfacht.

Das Theater neigt dazu zu vereinfachen.

Das Theater neigt ohnehin dazu zu vereinfachen. Ich finde, man soll als Autor dagegen anschreiben. Man soll die Leute nicht für dumm verkaufen, sondern soll jede Seite der Medaille möglichst deutlich machen.

Warum haben Sie denn dann Stücke geschrieben? Warum haben Sie dann nicht gleich Romane geschrieben? Wollten Sie beides zugleich?

Das will ich nicht sagen. Die Gesetze des Epikers sind doch andere. Meine Figuren, selbst wenn ich sie als Romanfiguren behandelt hätte, hätten doch immer zum Dialog gedrängt. Das liegt einfach an meinen Möglichkeiten, mich mitzuteilen.

Als Buchautor haben Sie aber doch größeren Erfolg denn als Theaterautor.

Das ist möglicherweise wahr. Man kann das nicht verallgemeinern. Ich kann mich auch über Erfolge auf dem Theater nicht beklagen. Wenn die »Hebamme« in über dreißig Städten inszeniert wurde, dann haben doch mehr Leute das Stück gesehen, als die – glaube ich jetzt – 88 000, die das Buch gekauft haben?

Der »Stellvertreter« hat als Buch inzwischen immerhin eine Auflage von fast einer halben Million. Sie sind durchaus ein gelesener Autor.

Ich bekomme auch tatsächlich die intelligentesten und interessantesten Briefe von Lesern, und nicht von Zusehern.

Haben Sie jemals Regie in einem Ihrer Stücke geführt?

Nein. Ich habe aber sehr oft eingegriffen. Manchmal zum Ärger des Regisseurs, manchmal zu seiner Freude. Ich habe dabei immer eine sehr gute Beziehung zu den Schauspielern gefunden: ein sehr spontanes, herzliches Verhältnis.

Wie ist Ihre Wirkung in der DDR? Werden Sie da gespielt?

Ich werde dort jetzt wieder gespielt. Man hatte mir wohl einmal übelgenommen, dass ich diese Resolution gegen den Einmarsch in Prag mitunterzeichnet hatte und einen Brief zugunsten von Solschenizyn – noch lange, ehe das schick wurde, für ihn einzutreten, noch lange, ehe er unter dem Schutz des Nobelpreises stand. Und dann hat man natürlich die »Soldaten« dort niemals gutgeheißen. Man hat dort aber meine beiden Komödien, die »Hebamme« und »Lysistrate«, ganz ausgezeichnet im Fernsehen gebracht, und auch auf der Bühne im Volkstheater Rostock. Ich habe in der Person des Generalintendanten von Rostock, Professor Perten, einen treuen und unermüdlichen Förderer.

Nochmals zu der Alternative: Lesestück – Aufführungsstück. Ihr letztes Stück ist ein Monolog, ein Monodram; ein Monolog Hemingways, den er spricht an dem Morgen, an dem er sich erschießt: »Tod eines Jägers«. Das ist ein riesiger Monolog, der das Leben Hemingways rekapituliert: seine Niederlage als strahlender Sieger, als Rollenspieler, als Jetset-Figur usw. Sehen Sie für einen solchen Zwei-Stunden-Monolog Aufführungschancen – oder ist das vielleicht auch ein Stück, was ganz deutlich in die Richtung zum Lesestück zielt?

Nein. Das Stück haben Schauspieler gelesen. Und Schauspieler lesen die Stücke natürlich anders als der Normalverbraucher, der sie wie einen Roman liest. Diese Schauspieler haben mir gesagt, wie gern sie diese Rollen spielen würden, obwohl es für einen Schauspieler eine ungeheure Zumutung ist, den Text zu lernen; aber es ist auch ein sehr faszinierender Reiz, allein zwei Stunden lang ein Theater zu unterhalten. Und ich bin überzeugt, dass sich einige Schauspieler, die potentiell die Möglichkeiten haben, Hemingway darzustellen, bereitfinden, das zu tun. Es ist natürlich eine schwere Aufgabe; aber es war auch beim »Stellvertreter«, bei meinem Churchill-Stück schwer, Figuren, die jeder Zeitgenosse mehr oder weniger vor Augen hat, durch einen anderen verkörpern zu lassen. Aber das wird glücken.

Was hat Sie an der Figur Hemingway gereizt? Wieder der große Einzelne, der heldisch gelebt hat und trotzdem seine Niederlage hinnehmen musste?

Er hat doch nicht heldisch gelebt! Er war eben der passionierte Jäger und der sehr mutige Mann, der Sportflieger, der Fischer, sicher! Er hat extrem individualistisch gelebt! Nein, mich hat überhaupt nicht Hemingway gereizt, sondern die Endsituation, die Tatsache, dass da ein Mann allein ist und sein Gewehr putzt, um sich bei aufgehender Sonne totzuschießen. Diese Situation und die Frage, was einem solchen Mann in dieser Situation oder einer Frau durch den Kopf geht und wie sehr sie die persönliche und die Inventur ihrer Zeit vornehmen wird – das hat mich gereizt, und ich bin auf Hemingway gekommen, weil er auch zur Literatur, der ich natürlich sehr nahestehe, mehr zu sagen weiß als irgendein anderer, der in diese Endsituation sich gedrängt fühlt.

Aber Sie treiben ja diese Endsituation aus Hemingways Leben hervor. Es ist ja nicht nur die Endsituation, die Ihr Stück bestimmt, es ist ja die Konsequenz dieses so von Hemingway gelebten Lebens.

Nein, nicht nur, Herr Arnold. Es ist die Konsequenz seiner Krankheit. Hemingway hat aufs schwerste an Verfolgungswahn gelitten in seinen letzten Jahren, und vor allem war er zu Tode betrübt durch die Einbildung, nicht mehr schreiben zu können. Vielleicht konnte er wirklich nicht mehr schreiben – das kann ich aber nicht beurteilen.

Aber diese Hypochondrie der letzten Lebensphase ist doch auch wieder in Relation zu sehen zu dem vorherigen Leben.

In erster Linie aber, obwohl auch ein bisschen familiär bedingt, weil auch sein Vater, der Arzt war, sich erschossen hat. Auch ungefähr im gleichen Lebensalter.

Ich habe das Gefühl, dass dieser Hemingway-Monolog durchsetzt ist mit autobiographischen Übertragungen. Irre ich mich da?

Selbstverständlich ist er das. Es ist ja überhaupt eine gar nicht genug auszulotende Frage, wie sehr man sich mit seinen Figuren identifiziert. Schon der Ricardo oder der Gerstein oder, wenn Sie so wollen, auch schon der Doktor mit seinen Zynismen über Gott und Geschichte sind ja immer auch Spiegelbilder der Dialoge, die sich im Autor selber abspielen; selbst ein Schriftsteller, der auf sein Leben und auf seine Zeit zurückblickt, der z. B. die Frage stellt, wieweit er die Zeit mitgeformt hat oder wieweit er sich dadurch herausreden kann, er sei nur Produkt seiner Epoche gewesen. Dass in solche Monologe oder Dialoge viel autobiographische Erfahrungen eingepackt werden, das ist, glaube ich, überhaupt nicht zu vermeiden.

Ich meine es noch subtiler. Sie stellen z. B. Hemingways Hochschätzung für Melville, den Autor des »Moby Dick«, der völlig vergessen auch gestorben ist, sehr stark heraus. Ist Ihre Beziehung zu Hemingway vielleicht dieselbe Beziehung, die Hemingway zu Melville hatte?

Überhaupt nicht. Ich habe zu Hemingway keine so starke Beziehung gehabt wie zu Thomas Mann oder George Bernard Shaw, bei weitem nicht. Ich war mit fünfzehn Jahren natürlich wie alle Deutschen, nach dem Krieg, als ich anfing zu lesen, fasziniert von der Begegnung mit den Werken Hemingways. Ich weiß, dass ich eine Novelle zu schreiben versuchte, zweifellos nach dem Muster von »Schnee auf dem Kilimandscharo«: Die Endsituation eines Offiziers, der am 20. Juli dabei war und auf seine Hinrichtung wartete und der auch diese Erinnerungen hatte wie der Held Hemingways am Kilimandscharo, der dort stirbt. Aber ich habe mich sonst für Hemingway viel weniger interessiert als für deutsche, europäische Schriftsteller. Ich hätte diesen Monolog auch sehr gern Georg Trakl in den Mund gelegt, der sich als österreichischer Sanitäter 1914 umgebracht hat – aber Trakl war nicht allein, sein Bursche war dabei, und die Verwundeten, die ihm anvertraut waren. Und ich wollte ausprobieren – das hatte auch ganz formale Reize für mich – ob eine solche Figur mir glücken würde, die das Publikum einen ganzen Abend spannt.

Gibt es da nicht doch eine Faszination vor Hemingway? Mag sein, vor dem Schriftsteller? Hemingway hat ein Faible für das Heroische im Einzelnen gehabt, für das Heldische, für den Einzelnen, der die Situation zu bestehen hat. Seine Figuren haben doch eine gewisse Verwandtschaft mit Ihren Figuren, mit Ihrer Konzeption des Einzelnen.

Darüber habe ich nie nachgedacht, weil seine Figuren, selbst wenn die in den Spanienkrieg gehen, eigentlich sehr unpolitische Figuren sind; während meine extrem politische Figuren sind.

Sind Ihre Figuren wirklich so politisch, wie Sie meinen, oder ist nicht das Geschehen, in dem sie als moralische Menschen handeln, politisch? Werden sie nicht durch das Geschehen politisch aufgeladen?

Das ist wahr.

Sie lassen Hemingway einmal sagen: »Der Journalist in mir ist schuld, dass ich kaum Blicke für das Alltägliche hatte, sondern nur für das Sensationelle und für Privilegierte, von denen ich selber einer war.« Trifft dieser Satz, wenigstens sein erster Teil, auch auf Sie zu?

Ich weiß nicht, ob er zutrifft. Zum Beispiel eine Figur wie die Hebamme und die Leute, die sie umgeben, die Stadtverordneten, Sluminsassen, die Ärzte usw. – sie sind alle vollkommen normale, durchschnittliche Figuren des bundesdeutschen Alltags. Hingegen siedelte Hemingway seine Schauplätze schon weit jenseits der USA an. Hemingway hat ja keine Romane in seiner Heimat spielen lassen, weil ihn das nicht interessierte oder weil das unerträglich war, sie spielen in Venedig oder im Spanienkrieg oder auf der Jagd in Afrika oder im Golfstrom beim Fischfang. Oder, wenn sie zu Hause spielen, an der Küste von Florida, dann handelt es sich um romantische Figuren: einen Schmuggler, einen Fischer. Ich glaube, das trifft auf mich so nicht zu. Die stärkste Verwandtschaft – als ich das Stück schon schrieb, nicht als ich es erst anfing – empfand ich im gemeinsamen Interesse am Krieg; dabei ist das Interesse von Hemingway natürlich viel legitimer als das meinige, weil Hemingway ja in beiden Weltkriegen – ich will nicht sagen mitgekämpft hat, aber doch – im ersten hat er ja mitgekämpft – relativ aktiv teilgenommen hat, also auch viel mehr dringestanden ist als ich, der ich erst vierzehn war, als der Zweite Weltkrieg zu Ende war. Ich glaube, es führt nicht sehr weit, wenn man da biographische Übereinstimmungen sucht.

Sicher nicht. Aber Sympathien.

Die Sympathie mit dem vor den Jahren alt gewordenen Mann, der dieses Schicksal hatte: Arteriosklerose hat ihn ungeheuer geschlagen, er hatte schon mit 52, 54 Jahren sehr hohen Blutdruck – die Sympathie war natürlich sehr stark, und sie ist während des Schreibens gewachsen. Er war mir viel problematischer beim Anfang des Schreibens als beim Ende des Stücks. Ich habe sehr viele Biographien gelesen, es gibt glänzende Schreiber unter seinen Freunden und Zeitgenossen, die aufregende Bücher über ihn gemacht haben, Hotchner, Baker, sein Bruder. Aber um auf Ihre Frage zurückzukommen: Ohne Mitgefühl kann man solch eine Figur nicht auf die Bühne bringen, das ist klar.

Unser Gespräch begann mit meiner Frage und Ihrem Zitat, dass Fünfzigjährige in der Literatur abgebucht seien, vereinsamte Menschen. Fühlen Sie sich einsam?

Das wäre eine Anmaßung, denn ich habe Kinder und eine Frau, Eltern und Brüder; einsam bin ich nicht. Ich bin natürlich bei meiner Arbeit und bei der Entscheidung, was ich mir nun vornehme: bei meinen Stoffen, sehr einsam, und da mache ich wahrscheinlich auch große Fehler. Die Tatsache, dass ich älter werde, beschäftigt mich jetzt nicht mehr so sehr wie kurz vor meinem dreißigsten Geburtstag. Das war damals gleichsam eine kosmische Katastrophe für meine Person; da hatte ich das Gefühl, jetzt muss ich ein Erwachsener sein, der etwas zu sein hat, etwas geleistet haben muss. Ich glaube, das zunehmende Alter hat den Vorteil, dass man das nicht mehr so sehr reflektiert.

GESPRÄCH MIT PETER RÜHMKORF

Hamburg, 13. Dezember 1976

»Ich hasse Schriftsteller,
die nicht alle paar Jahre mal Hasard spielen.«

Peter Rühmkorf, Jahrgang 1929, heute 47 Jahre alt, Lyriker, Essayist, Theaterschreiber, zurzeit Stadtschreiber von Bergen-Enkheim als Nachfolger von Wolfgang Koeppen und Karl Krolow, dann Träger des Merck-Preises für 1976. Die Auszeichnungen und damit auch ein bisschen mehr an Ruhm kommen recht spät. Kommen sie zu spät?

Ich habe innerlich eine gewisse Aversion gegen diese Kategorien, sie interessieren mich eigentlich nur zwangsweise; was mich interessiert, aber im Hinblick auf meine eigene Arbeit und die Produktion dringender beschäftigt hat, ist das finanzielle Substrat gewesen, und das ist jetzt für das nächste Jahr gegeben. Das ist ein entscheidender Punkt für mich.

Das heißt, die Gelder, die durch diese Preise in die Kasse des Stadtschreibers klingeln; befreien von Brotarbeit durch Rezensionen usw., schaffen gesicherte Zeit, in der etwas Neues entstehen soll.

Es soll etwas Neues entstehen, ich hoffe, dass etwas Neues entsteht. Ich bin allerdings selbst gespannt, weil ich noch nie diesen Status eines angestellten freien Schriftstellers gehabt habe. Das ist ein neuer Status für mich, und ich muss mal sehen, wie ich mich in ihn einlebe. Ich habe ja bisher meine Bücher zur Hälfte immer selbst finanzieren müssen, weil, selbst wenn sich die Bücher in Auflagen von zehn- bis zwanzigtausend verkauften, so viel Arbeit und Zeit investiert worden ist, dass ich die Hälfte von den Büchern selbst getragen habe. Wer ist dafür aufgekommen? Kein Gott, Verleger und Tribun – ich selbst.

Rühmkorf hat bis jetzt von seinen Büchern nie leben können.

Nein, im Gegenteil, die Bücher haben von mir gelebt.

Es sind nun einige Bücher zusammen erschienen; die »Gesammelten Gedichte«, »Die Jahre, die Ihr kennt«, »Walther von der Vogelweide, Klopstock und ich«, auf dem Markt sind vier oder fünf Rühmkorfs, auch »Über das Volksvermögen«. Auch heute könnte Rühmkorf von dem, was er an seinen Büchern verdient, immer noch nicht leben?

Nein, daran ist überhaupt nicht zu denken.

Und der Ruhm des Preisträgers? Hat Rühmkorf nie in diesen Kategorien gedacht, und wenn, dann allenfalls in Verbindung mit dem Finanziellen? Haben Sie eine Ahnung, warum er nie bedacht worden ist mit Literaturpreisen, die doch in den 50er und 60er Jahren auf die deutschen Schriftsteller herabgeregnet sind?

Diese Quellen haben tüchtig gesprudelt, sie sind aber immer an mir vorbeigeflossen. Über die Gründe kann ich nur rätselraten. Man könnte sich leicht, und ich habe das oft bei Kollegen gehört, auf einen Standpunkt zurückziehen: Ich bin politisch zu weit in den Vordergrund geraten, ich habe mich politisch zu weit nach links von der Norm entfernt, und deswegen habe ich ebendiese Dotationen nicht gekriegt. So einfach möchte ich es mir mit mir nicht machen.

Nun tat sich ja selbst mit dem Johannes-Merck-Preis Merkwürdiges, oder besser mit jenem Büchner-Preis, der nur ein Merck-Preis wurde; es wurde nicht der Lyriker Rühmkorf geehrt, sondern der Essayist; der Merck-Preis ist ein Preis für literarische Kritik. Mutmaßungen wurden ausgesprochen, in den Zeitungen wurde es geschrieben: Rühmkorf sollte aufgebaut werden, von Reich-Ranicki in der ›Frankfurter Allgemeinen Zeitung‹, um der Akademie in Darmstadt als Büchner-Preisträger genehm zu werden. Hat Rühmkorf das nötig? Aber er hat den Büchner-Preis nicht bekommen, sondern eben den kleineren, den Merck-Preis. Wie fühlt sich Rühmkorf mit dieser Auszeichnung, in diesem Ambiente von Tratsch und allseitigem Manipulieren?

Nun ja, wie fühle ich mich? Zum Ersten wusste ich das alles gar nicht und habe von diesem ganzen Hin-und-her-Gekunkel auch erst aus der Presse erfahren, und als ich dann gelesen habe, wie die Verteilung der beiden Preise aussieht, habe ich mir natürlich auch meine Gedanken gemacht, warum mich nur der kleine Preis erwischt hat, der ja eigentlich nur einem Teil meiner Talente und Beschäftigungsnachweise gilt, und da habe ich dann der Akademie erzählt, dass ich als Essayist diese Ehrung gern entgegennehme, dass ich aber den finanziellen Teil des Preises an jemanden weiterreiche, der in diesen Zusammenhängen nicht erwähnt worden ist, der zu Hause geblieben war.

Das ist der Lyriker Peter Rühmkorf und auch der Theaterschreiber, den man nicht vergessen sollte, der aber weniger berühmt ist als der Lyriker Peter Rühmkorf – was ihn selbst vielleicht gar nicht so freuen mag.

Aus einem ganz bestimmten Grunde auch nicht: Der Theaterschreiber hat die Gesamtperson so in die roten Zahlen gedrängt, dass ich schon aus Liebe zu diesem ungeratenen Kind den Theaterschreiber besonders gernhabe. Es ist ja oft so: An den Teilen von sich, die nicht so beachtet worden sind, hängt man doch besonders, oder zumindest springt man verteidigend für sie ein.

Wenn man überhaupt dividieren will – in einem solchen Gespräch kann man es vielleicht versuchsweise tun –: Was ist Rühmkorf denn lieber: Lyriker, Theaterschreiber oder Essayist? Es kommt schließlich alles aus einem Kopf, auch wenn es dann doch in anderen Formen daherkommt.

Das kann ich überhaupt nicht alternativ beantworten. Eine Erfahrung, die auch als seelische Erfahrung für mich existiert, ist diese, dass ich anscheinend mit kontroversen Anlagen, kontroversen Schreibantrieben in mir leben muss. Und ich habe es mir schon in sehr früher Zeit bewusstgemacht, dass ich einen Aufklärer, einen aufklärerischen Prosamann in mir habe, der dem anarchistisch-vitalistischen Lyriker in der eigenen Brust vergleichsweise kontrovers gegenübersteht. Mit diesem Jekyll-Hyde-

Phänomen operiere ich mein Leben lang herum; und mit ihm setze ich mich auch immer wieder mal theoretisch auseinander.

Der aufklärerische Prosaschreiber? Es gibt von Peter Rühmkorf aber keine Prosatexte als Primärtexte, es gibt den aufgeklärten Prosaschreiber in seinen Essays.

Das sind für mich Primärtexte gewesen. Ich habe den Essay immer als entscheidende Kunstform verstanden, eine Kunstform allerdings, die nach außen zielt, die der Öffentlichkeit zugedacht ist, die sich der öffentlichen Anliegen annimmt und auf dem gesamten Gebiet, das Politik und Kulturpolitik heißt, frische Luft zu schaffen versucht.

Der Essay als literarische Gattung ist noch in den 20er Jahren etwa so in der Diskussion gewesen wie heute die Interview-Literatur oder die Reportage-Literatur: als literarische Gattung immer noch nicht ganz akzeptiert. Seit Lessing ist die essayistische Form aber schon immer eine Form der Literatur gewesen.

Die meisten Essay-Schreiber machen sich ja heute keine Mühe mehr.

Aber Rühmkorf gleitet ab ins Feuilleton, zum Beispiel der ›Frankfurter Allgemeinen Zeitung‹.

Was auf der anderen Seite natürlich den Ehrgeiz beflügelt, gerade auf diesem Gebiet etwas Exorbitantes zu machen. Das will ich einfach mal so sagen.

Rühmkorf fing mit einer sehr expressionistischen Lyrik an. Zum Beispiel aus: »Die Jahre, die Ihr kennt«: das Gedicht »Anfälle und Erinnerungen«, eines seiner frühen Gedichte: »Wir wollen den Leib des Himmels sprengen, / dass die Wolken wie Därme auf die Erde hängen, / wir wollen fremde Gestirne düngen, / dass sie Früchte bringen. / Wir werden / die Steine schmelzen und / Wasser härten, / wir beten / Motor Unser, der Du bist auf Erden, / Wir werden / geboren, gelebt, gestorben und zertreten.« Expres-

sionismus in Reinkultur, wenn darin nicht schon etwas typisch Rühmkorf'sches wäre, etwas Parodistisches: »Motor Unser, der Du bist auf Erden«. Gab es nach der expressionistischen Phase aus solchen Keimen und Setzlingen heraus dann so etwas wie einen ganz neuen Anfang, auf dem Wege über die Parodie? Denn Rühmkorf ist ja auch der Parodist unter den modernen Schreibern.

Eigenartigerweise habe ich die Parodie selbst als eine Art Naturverfahren betrieben, eine Zeitlang. Es hat sogar eine Weile gedauert, bis ich gemerkt habe, wie ich alles parodiere, wie viele Zeilen aus traditioneller Literatur, wie viele umgangssprachliche Versatzstücke ich verwende und einbaue; und diese parodistische Kunst, die ja auch starke Montagemomente hat; habe ich vergleichsweise naiv betrieben, und erst später ist es mir aufgefallen; dann habe ich mich auch theoretisch über dieses Problem hergemacht.

Die Montage ist eine Arbeitsmethode der modernen Literatur, kommt von Joyce, Faulkner, Dos Passos usw. Wo Dos Passos, Joyce und Faulkner partikuläre Eindrücke von Realität als imaginierten Zusammenhang montieren, werden bei Rühmkorf literarische Zitate, literarische Tradition, literarische Versatzstücke montiert – ein Hinweis darauf, dass die Literatur für eine eigene Wirklichkeit genommen wird?

Nicht nur die Literatur, sondern alle sprachlichen Fertigformen. Wenn man sprachliche Fertigpartikel verwendet, so können das Literaturzitate sein, es können aber auch Stücke aus Wasserstandsmeldungen, aus Wetterberichten, von Verkehrshinweisen sein; das sind Fertigstücke, mit denen unsere, man kann sagen, zweite Natur voll besetzt ist. Und da habe ich mächtig hineingegriffen, ganz einfach, weil ich unsere Gegenwart, unsere Umwelt als mit Fertigstücken besetzt und zugestellt empfinde.

So dass der Weg zur Wirklichkeit für Rühmkorf immer ein Weg über und durch die Sprache ist, durch die Zeichensysteme der Menschen?

Durch die Zeichensysteme, das ist völlig richtig. Man sieht doch ein Wetter heute gar nicht mehr – man sieht es im Fernsehen oder hört von ihm im Rundfunk, und wenn Sie Nachrichten aus fernen Welten rezipieren, erleben Sie sie als sprachlichen Niederschlag, als Nachrichtenmeldung. Und solche Dinge haben mir dann zu denken gegeben: dass man in einer sprachlichen Fertig-Welt lebt, in der das direkte Erlebnis zumindest ein Äquivalent durch das Erlebnis solcher in Sprache gebundenen Nachrichten erfährt. Das schien mir eine ganz interessante und wichtige Aufgabe für die Literatur zu sein, diesen Teil der Wirklichkeit mitzuspiegeln.

Literatur ist eine Interpretation von Wirklichkeit, und wenn Rühmkorf diese sprachliche Wirklichkeit, die eine Interpretation darstellt, aufnimmt, dann interpretiert er ja wieder die Interpretation, und das heißt, auch die Interpretation von Wirklichkeit wird konterkariert, untersucht und auf ihre Stichhaltigkeit hin befragt?

Stichhaltigkeit, wenn Sie es so nehmen, dass diese – es ist ein banaler Begriff, aber ich möchte ihn trotzdem benutzen – zweite Wirklichkeit mit der ersten Wirklichkeit konfrontiert wird. Und das werden Sie in vielen Gedichten finden, dass Zeilen, die durchaus von Emotionen getragen sind – ich habe Emotionen für die Lyrik, für die Kunst nie geleugnet und habe mich da zu meinen subjektivsten Gefühlswallungen immer bekannt –, dass solche emotionsgetränkten Zeilen solchen Fertigpartikeln gegenüberstehen. Ich habe eigentlich immer das Gefühl gehabt, dass wir uns in dieser gebrochenen Welt bewegen, und insofern spiegelt das auch im Sinne einer Widerspiegelungstheorie eine gebrochene Wirklichkeit wider.

Parodie setzt ein entschiedenes Bewusstsein von Tradition voraus, die kritisiert oder aufgehoben oder aktualisiert wird, je nachdem. Ist Rühmkorf Traditionalist, ein Mittler zwischen Tradition und Zeitgenossenschaft? Er erhebt ja selbst den Anspruch in einem seiner letzten Bücher, das heißt: »Walther von der Vogelweide, Klopstock und ich«.

Darf ich noch einmal kurz zur Parodie zurückkehren? Ich habe sie eben in Beziehung gestellt zur Montage, weil beide Verfahren insofern verwandt sind, als sie auf fertig ausgeformte Sprachelemente zurückgreifen. Im Hinblick auf die Parodie, das heißt, speziell im Hinblick auf literarisches Erbe, habe ich mich eigentlich immer dialektisch bewegt, das heißt, ich habe versucht, mir etwas anzueignen von den alten Stoffen, von den alten Themen, von den alten Formulierungen, um gleichzeitig etwas abzustoßen. Und so einerseits die Nähe und Verwandtschaft herausspürend, andererseits auf Distanz gehend, habe ich mich durch zahlreiche literarische Erbgüter hindurchbewegt, was auch als ein Prüfungsverfahren gelten kann: Mal sehen, was von dem noch zu halten ist, was uns überkommen ist. Parodie ist ein kritisches Sondierungsverfahren, und es ist dann auch wieder ein kritisches Traditionsverfahren. Ich habe niemals Autoren parodieren können, an denen mir nichts liegt. Ich habe sehr früh Klopstock-Variationen oder Klopstock-Parodien geschrieben, sehr früh Eichendorff, Hölderlin und Claudius parodiert – variiert –, alles Autoren, die ich sehr verehre. Bei der genaueren Prüfung sehe ich aber auch, wo sich die Distanz herstellt, und insofern habe ich mich anlehnend und ablehnend durch diese alten Literaturtexte hindurchbewegt.

Also eine Art Vermittlerrolle für die Tradition.

Es ist die Vermittlerrolle.

Viel entschiedener und wirkungsmächtiger, als die Germanistik sie erfüllt; denn sie leistet sie meist nur museal.

Ja, das ist ein alter Streit zwischen mir und der Germanistik. Ich habe der Germanistik nie abgeschworen und bewege mich ja heute auch noch mit germanistischen Sondierungsverfahren durch die Welt; aber das ist so ein Streitpunkt, der immer da war: dass auf der einen Seite Traditionshüterei betrieben wird im Sinne von Tradition feststellen, wohingegen ich Überlieferung als aktiven Vorgang verstehe.

Überhaupt die Frage der Übernahme literarischer Tradition – und in der Frage der Übernahme von literarischer Tradition spiegelt sich das Verhältnis zur Geschichte, zur Geschichte als Lernobjekt: Kann der Mensch aus dem geschichtlichen Geschehen, das hinter uns liegt, etwas lernen für die Zukunft?

Für die Gegenwart, würde ich sagen.

Für die zukunftschaffende Gegenwart, gut.

Es gibt hier Kontroversen anzumelden, mit Wissenschaftlern zum Beispiel, die sagen, einen Klopstock, einen Walther von der Vogelweide muss man aus seiner eigenen historischen Zeit begreifen, und man kann diese Leute, große Literatur- oder andere Künstlersleute, nicht in unsere Gegenwart versetzen, oder, man kann unsere Gegenwart nicht in sie zurückprojizieren. In diesem Falle bin ich krass Partei, nämlich Gegenpartei. Ich glaube, dass eine nur historische Betrachtungsweise eine historisierende Betrachtungsweise ist, die das Untersuchungsobjekt in die Neutralität der Vergangenheit, des Abgehakten und bereits Verflossenen abdrängt und isoliert. Im Verhältnis zwischen Erkenntnis und Interesse, um diesen Habermas-Begriff aufzugreifen, bin ich immer dafür, dass man seine eigenen, gegenwärtigen, zeitbezogenen und auch persönlichen Probleme an denen von Vorbildern misst. Nur wo man sich seiner persönlichen oder gesellschaftlichen Interessen bewusst ist, kann man auch neue Erkenntnisse machen.

Das wird sehr deutlich an den beiden Figuren in diesem Buch, an Walther von der Vogelweide, an dem zwischen den Klassen wandelnden Sänger, und an Klopstock, der versucht, über das literarische Leben seiner Zeit hinauszukommen bzw. der erst einmal so etwas zu installieren versucht wie literarisches Leben: um dort wirksam zu werden. Ich glaube, das sind sehr typische Figuren.

Meine Klopstock-Liebe ist vergleichsweise alt, weil ich mich mit Klopstock schon in den frühen 50er Jahren beschäftigt habe, ihn aktiv parodierend, ihn aktiv mehr aneignend. Walther von der Vogelweide ist später dazugekommen. Beides sind »subjektivistische« Autoren – das setze ich aber jetzt ein bisschen in Anführungsstriche, weil für Walther von der Vogelweide der Begriff des Subjektivismus noch nicht zutrifft –, es sind jedenfalls beides Autoren, die das eigene Ich als Versuchsperson benutzt und die persönlichen Emotionen ernst genommen, als Gefühlsträger ernst genommen haben, wobei die Botschaften und die Leidenschaften dann gewissermaßen zusammenfallen können; jedenfalls wurden das für mich Leitfiguren in einer Zeit, als das Ich für uns wieder problematisch geworden war. Das ICH ist nach der Zerlösung und dem Zusammenbruch der APO, dieses großen utopischen Integrals, ungeheuer problematisch geworden.

Auch im Sinne einer Entdeckung?

Einer Entdeckung, ja, es war nur ganz und gar kein Renaissancegefühl dabei. Es war eher ein tragisches Gefühl, dass die große Solidarität nicht gehalten hat, dass das soziale Integral auseinanderging, und die Geburtsstunde des neuen ICH-Gefühls stand eigentlich im Zeichen von Depressionsgestirnen. Und da können Sie sowohl bei Walther, »Owê, war sint verswunden, alliu mîniu jâr ...«, als auch bei den »Frühen Gräbern« Klopstocks ganz interessante Verwandtschaften entdecken.

Klopstock und Walther von der Vogelweide sind nicht mehr als authentische Figuren greifbar, das heißt, man muss sich durch einen Wust von Texten hindurcharbeiten, um zu ihrer Authentizität vielleicht vorzudringen, und ich meine damit nicht nur die Texte der beiden, sondern den Wust der über sie geschriebenen Bücher. Was liegt in diesen Kubikmetern an Literatur- und Geschichtsinterpretationen begraben?

Ich habe bei der Beschäftigung mit beiden Dichtern festgestellt, dass unentwegt interpretiert, ideologisiert, manipuliert worden ist. Nun manipuliere ich selbstverständlich auch, freilich mit besseren Gründen und gewissermaßen völlig offen, was den Vorwurf der Manipulation sofort entkräftet insofern, als ich sage:

Ich lege die Koordinaten auf den Tisch. Das haben frühere Manipulateure nicht gemacht. Die haben sich einfach nur einen völkischen, nazistischen oder was immer für einen Autor zurechtgemodelt und nie gesagt: Wir bieten einen verbogenen Walther, wir bieten einen subjektiv oder zeitlich eingetrübten Klopstock. Die haben sich und anderen vorgespielt: Wir verkörpern die reine Wahrheit. Ich habe immer gesagt: Hier sind für unsere Zeit, hier sind für mich persönlich Ansatzkeime einer Identifikation.

Das geht ja so weit, dass auch ein Text von Walther von der Vogelweide, wenn ich es recht erinnere, nicht weiter übersetzt, sondern nur ein ganz bestimmter Teil des Textes in die Interpretation und in die Übersetzung hineingenommen wurde mit der Begründung: Das, was weggelassen worden ist, sei nicht das Eigentliche von Walther, da werde er konventionell, da passe er sich opportunistisch an, das verdecke das andere; nur in dem zitierten Teil sei er »eigentlich«, und das sei interessant für den Vermittler. Ein kühner Sprung, den kein Germanist billigen würde.

Er muss ihn mir schon zubilligen, weil ich diesen Sprung einfach gemacht habe. Auf der anderen Seite ist objektiv feststellbar: Die hohe Minnelyrik von Walther von der Vogelweide – das wird Ihnen jeder Wissenschaftler, jeder Altphilologe bestätigen – ist konventionell, er wird nicht sagen: ist nicht Walther. Die Huldigungsgedichte an die unterschiedlichen hohen Herrschaften bewegen sich im Regelrahmen des Üblichen. Wirklich entfaltet hat Walther sich immer erst, wenn persönliche Leidenschaften mit ins Spiel kamen, in diesem eben genannten Fall: »Owê, war sint verswunden, alliu mîniu jâr ...« – tiefe Trauer und Melancholie. Und der Rest zeitüblicher Kreuzzugslyrik ist dann eben nicht mehr als eine angehängte Troststrophe höchst konventioneller Art.

Ein Vermittler, der die Interessen seines Autors vertritt und damit sein Eigentliches gegen die Verdeckung durch konventionelle Gebärden in Schutz nimmt – also nicht nur ein Interpret und Nachdichter aus zweiter Hand.

Nein, ich habe versucht, ein Stück alter Primärliteratur von früher zu einem Stück Primärliteratur von heute zu erklären und zu Recht zu übersetzen.

Aber auch zu begleiten und zu kommentieren.

Auch zu begleiten und zu kommentieren, ja. Begleitung und Kommentar zeugen in diesem Fall davon, dass ich nicht rein subjektiv die Leute nur aus meinem Interesse heraus betrachte, sondern dass ich sie gleichzeitig, und das ist wieder ein dialektischer Vorgang, aus ihrer Zeit heraus zu verstehen versuche und sie im anderen Schritt für unsere Zeit aufzuschließen versuche. Sie haben da wieder dieses Dopplerverfahren. Wenn ich mich als Mittler verstehe, dann unterhalte ich mich mit diesen Literaturfiguren oder Literaturgestalten immer als Kollege. Und ich glaube auch, dass sich im Zwiegespräch zwischen Dichter und Dichter, Autor und Autor, Schriftsteller und Schriftsteller gelegentlich Erhellungen ergeben, die im Zwiegespräch zwischen Wissenschaft und Dichtung nicht herauskommen.

Warum nicht?

Weil Erkenntnis und Interesse getrennt sind. Weil ich von meiner Psyche her, aber zum Teil auch von meinen Arbeitsbedingungen her, von meiner Arbeitsökonomie, aber auch von meiner Arbeitspsychologie her die Interessen von Schriftstellern teile. Wissenschaftler teilen sie nicht so unbedingt. Für den Wissenschaftler ist das Studierstoff, Analysierstoff.

Das Sezieren einer Leiche?

Nicht unbedingt. Bloß: Für den Schriftsteller verschiebt sich das Gewicht natürlich mehr vom Studierstoff zum Leucht- und Erregungsstoff hin.

Was ist den Germanisten mehr zu wünschen?

Mut. Mut zu den eigenen Interessen. Mut, sich selbst zu erkennen. Mut, die eigenen Antriebe damit kundzugeben. Das könnte zwar zu einer subjektiven Wissenschaft führen, aber zu einer in ihrer Subjektivität überprüfbaren Wissenschaft, zu einer Wissenschaft, die sich nicht in ein Reich scheinhafter historischer Objektivität verflüchtigt.

Wobei unterstellt wird, dass diese subjektiven Antriebe vorhanden sind, und das will ich auch gar nicht bestreiten. Aber kann es nicht sein, dass der Wissenschaftsbetrieb in Deutschland mit Promotion, Habilitation, Abhängigkeiten usw. ...

... ein Subjekt ganz eigener Art erzeugt ...

... so dass die Interessen, die vielleicht einmal vorhanden waren, sich nachher überhaupt nicht mehr regen?

Wenn sich heute jemand zum Beispiel mit dem Expressionismus beschäftigt, möchte ich schon meinen, dass ein scheinbar objektives und neutrales Interesse mit einer sehr persönlichen maniakalischen Neigung zusammenhängt; bloß sollte man dann auch die Karten auf den Tisch legen und sagen: Das und das sind meine Antriebe, das und das meine Beweggründe. Es müssen nicht immer dezidiert persönliche Gründe sein, es können Gründe sein, die mit der Zeit zusammenhängen, dass das Resümee dann so heißt: Damals die Zeit ähnelt hier unserer Zeit. Das sind natürlich Erwägungen und Überlegungen, die fast für verboten gelten.

Aber ohne intensive Einsichten in die Psychologie, in die Geschichte und in die Gesellschaft einer Zeit wird er solches nicht erwägen können, und daran krankt natürlich auch vieles; die Germanistik befasst sich zu viel mit Formen und Gattungen, was sie auch sollte, aber sie vergisst darüber deren Geschichte, und diese Geschichte ist nicht nur ästhetisch, sondern auch soziologisch und psychologisch wirksam gewesen.

Aber auf der anderen Seite können Sie bei Schriftstellern wieder feststellen, dass irgendjemand sich irgendetwas ganz subjektiv aneignet, und es ist tatsächlich nicht mehr als eine Privatpassion, es bleibt privat.

Vom expressionistischen Sound zur Parodie, wenn man das mal so sagen darf: Da gab es auf dem Wege, den Rühmkorf zurückgelegt hat, auch noch Gottfried Benn, antibürgerlich, finalistisch bestimmt und mit berauschend sinnlichen Tönen, die auch den Lyriker Rühmkorf auszeichnen. Steckte im Parodistischen auch eine bestimmte Abwehrhaltung gegen die Benn-Tradition, oder war das Parodistische ein Mittel des Aufklärers gegen den berauschenden Betörer Benn?

Man soll, glaube ich, nicht ableugnen, was man bei großen Leuten gelernt hat. Ich habe nie geleugnet, dass Benn ein großer Lehrmeister für mich war, wie auch Brecht und, aufs Ganze gesehen, der gesamte Expressionismus. Benn ist nun mal eine der bedeutendsten Gestalten dieser Bewegung, die unsere Jahrhundertmitte noch lebend erreichte, bei ihm bin ich also in die Schule gegangen. Womit ich mich nie habe identifizieren können, das ist der politische Irrationalismus bei Benn, und gerade neuerliche Benn-Studien haben mich wieder davon überzeugt, dass hier eine Scharlatanerie vorliegt, die sich mit Aufklärung nicht mehr vereinigen lässt.

Ist Benns »Scharlatanerie« bedingt von seiner Lyrik, in der sich sein finalistisches Weltempfinden ausdrückt?

Das glaube ich nicht. Ich glaube, das muss sich nicht ausschließen. Finalistisches Weltempfinden oder sagen wir einfach Schwermutspoesie oder Depressionslyrik muss nicht unbedingt einen aufklärerischen Kopf ausschließen. Das ist die Sache eines anderen Tages und einer anderen Stunde. Der entscheidende Bruch liegt bei mir ja gerade dort, wo der Aufklärer in mir mit dem anarchistisch-vitalistischen Typus zusammentrifft. Aber das hakt wieder in das zurück, was wir vorhin schon besprochen haben. Es hat mich von Benn immer getrennt, dass bei Benn dieser ganz starke Zug zum politischen Irrationalismus vorliegt.

Mir fällt da ein Zitat ein aus »Die Jahre, die Ihr kennt«: Rühmkorf hatte einen Traum und erwachte mit der Vision: »Ich heiße ja nur Ambivalenz.« Typisch Rühmkorf? Da gibt es den vitalistischen Lyriker und den rationalen Aufklärer, da gibt es den solidarischen Rühmkorf und den einzelgängerischen Rühmkorf, und es gibt die Tradition, von ihm in die Moderne vermittelt.

Also dieser Ambivalenztraum – da hatte ich nämlich von dem Dichter Lenz geträumt und dann gesagt: Ich heiße ja nicht Lenz, ich heiße Ambivalenz. Das stand – das ist lange her, so in den 50er Jahren – unter dem Eindruck der Ambivalenztheorien von Benn, und es mag sein, dass Benn in diesen Traum mit hineingefunkt hat. Die wechselseitigen Bezüge empfinde ich seit langem nicht mehr als ambivalent, sondern als dialektisches Zusammenspiel. Keineswegs nur ein »einerseits so – andererseits so«, kein disparates Nebeneinander, kein Sichbekämpfen der Schreibtriebe, der Antriebe, sondern eine ziemlich klare Bewusstheit, an beiden teilzuhaben und beide vermitteln zu sollen.

Also ein dialektischer Prozess. Kommt der – ganz platt gefragt – von Marx her?

Dialektik und dialektisches Denken muss ja nicht partout von Marx herkommen, es kann auch Hegel dahinterstehen. Ich habe dialektisches Denken freilich nicht so sehr von Hegel und auch nicht bei Marx gelernt, sondern eigentlich von marxistischen Soziologen. Ein bedeutender theoriebestimmender Eindruck ist für mich die Begegnung mit solchen Literatursoziologen wie Arnold Hauser gewesen, die für mich im Hinblick auf mein Instrumentarium mehr bedeutet haben als Marx. Ich habe dann auch Marx gelesen und habe selbstverständlich gerade solche dialektischen Wechselbezüge wie zwischen dem gesellschaftlichen Sein und den unterschiedlichsten Bewusstseinsformen bei Marx nachprüfen können. Es ist aber so, dass ich eigentlich eher durch Hauser und andere Figuren der Kunst- oder Literatursoziologie beeinflusst worden bin. Ich habe Marx später gelesen als Hauser und habe Hauser in Marx bestätigt gefunden – so war meine persönliche Berührung mit diesen beiden Figuren.

Aber mit Hauser intensiver, weil zuerst?

Ja, weil ich Hauser schon in einer Zeit gelesen habe, als in den Literaturseminaren Soziologie noch für Sozialismus galt: in ganz frühen Zeiten des Kalten Krieges und der politischen Ultra-Restauration.

Rühmkorf war zu Beginn seiner literarischen Laufbahn, während der er noch in den Seminaren von Herrn Pyritz in Hamburg saß, schon so etwas wie ein Allroundkünstler. Er machte Theater, Kabarett, schrieb Verse, machte, glaube ich, auch Zeitungen ...

Ich habe lange Zeit Zeitungen gemacht und habe eigentlich immer mit der Zeitung Kontakt behalten. Ich weiß nicht, ob es ein ganzes Bein war, aber einige Zehen habe ich immer im Journalismus gehabt.

Und dann kommt die Bekanntschaft mit Hauser, danach mit dem Marxismus, und es ergibt sich das einigermaßen ideale Instrumentarium, um produktiv und rezeptiv mit Literatur umzugehen. Wie teilt sich kritische und vitalistisch-schöpferische Produktion, und wie geht das für Rühmkorf dann zusammen? Wie könnte man das kurz umschreiben?

Nein, das kann ich nicht. Zumal Sie mit diesem Problem einen Kardinalwiderspruch angesprochen haben: das Theoretisieren über Literatur und das Machen von Literatur. Beides geht nicht auf die gleiche Wurzel zurück.

Aber der Widerspruch findet sich doch da zusammen, wo Rühmkorf sagt, dass seine Texte über Schriftsteller oder literarische Zusammenhänge auch eigene, eben primärliterarische Texte seien.

Ich habe versucht, die Form des Essays wirklich wieder zu einer Kunstform zu machen, weil ich sah, dass der Essay als Kunstform gar nicht ernst genommen und dass da etwas für Essay ausgegeben wurde, was doch bloß gerade eben, nun sagen wir mal ›Spiegel‹-Essay war. Das ist ja geradezu von einem unfasslichen

Lächerlichkeitsgrad. Aber lassen Sie uns noch einmal zu dem zurückkehren, was ich eben als Hauptwiderspruch des Schreibens darzustellen versuchte: Die essayistische Schreibweise, das heißt die essayistische Verfahrens- und Denkweise bildete für mich einen deutlichen Widerspruch zur poetischen Produktions-, fast möchte ich sagen: Lebensweise. Und insofern sind es wieder mal Antipoden.

Aber dann doch allenfalls Antipoden, die für Rühmkorf zwei Seiten derselben Münze sind.

Ja, ja, schon, schon. Aber wenn ich mich ganz ernsthaft befrage – und das ist ein erkenntnistheoretisches und ein schriftstellerisches Existenzproblem –, wenn wir uns wie im Augenblick in Prosa und mit allen Gesetzmäßigkeiten des Prosadenkens bewegen, dann kann ich eben in diesem Augenblick eigentlich gar nichts über den Lyriker aussagen. Ich habe mich zwar immer gern über Lyrik und Poesie anderer Leute geäußert, weil ich das mit dem aufklärerischen Teil meines Kopfes bestens vereinbaren konnte. Zu meinem eigenen poetischen Antipoden habe ich mich aber sehr viel seltener geäußert, auch kaum Selbstinterpretation betrieben; nur gerade so technische Begriffe wie Parodie usw. zu klären versucht. Ich halte den Prosamann nur für begrenzt befugt, über diesen ganz anders arbeitenden Lyrikmann etwas zu sagen. Und der Lyrikmann auf der anderen Seite treibt dann so Dinge, die der Prosamann eigentlich für verboten halten müsste.

Immer wieder diese Ambivalenz, diesmal als Fluchtbewegung. Sitzt Rühmkorf eigentlich gern zwischen allen Stühlen, um nicht auf einem festgenagelt zu werden? Nun also ist, so angesprochen, diese Ambivalenz zwischen dem Aufklärer und dem Lyriker ein Problem für ihn. Ich zitiere mal aus dem »Mailied für junge Genossen«, wo es heißt: »Gestern Kommunist, morgen Kommunist, aber doch nicht jetzt beim Dichten«, und das »Dichten« steht gesperrt darin, und dann liest man da auch noch: »Kunst als Waffe, da sei Majakowski vor«. Kunst als was denn also?

Kunst als Ausdruck von Lebensproblemen. Ich glaube, dass manche Leute überhaupt keine Kunst zu machen brauchten. Kunst ist eine Sache, die von Problemträgern gemacht wird und die sich an Problemträger richtet, ohne dass ich das im Einzelnen zurechtdefinieren möchte. Es gibt Schriftsteller, selbstverständlich, die schreiben einen Roman nach dem anderen. Sie finden die Welt unterhaltsam. Und möchten, wie ich meine, ihrerseits die Welt unterhalten. Das ist so eine Sorte von Literatur, die mich persönlich nur interessiert, wenn ich schnell einschlafen möchte.

»Überlebenskunst« hat Rühmkorf die Kunst, die Literatur einmal genannt. Ist Rühmkorf eine Art Notwehrschriftsteller – wie in anderen Gesprächen Max Frisch sich als Notwehrschriftsteller bezeichnet hat?

Na ja, es gibt ja auch das Goethe-Zitat: »Wenn der Mensch in seiner Qual verstummt, gab mir ein Gott zu sagen, was ich leide« – eine Position, die subjektiv interessant sein mag, die aber eigentlich nur von Schriftstellern einzunehmen ist und alle anderen Personen ausschließt. Wenn ich dagegen Kunst als »Überlebenskunst« bezeichne, dann ist gemeint, dass jeder Versuch, den Menschen in seinen Spannungen und Zerspaltungen ernst zu nehmen und gleichzeitig ebendiese Widersprüche auszubalancieren, künstlicher Natur ist. Und insofern ist Kunst hier nur ein Sinnbild für andere Harmoniebestrebungen, das heißt für Möglichkeiten, mit den ungeheuerlichen Widersprüchen der Welt und der eigenen Person in eine lebensmögliche Balance zu kommen.

Kann es sein, dass der Aufklärer Rühmkorf, wenn es ihm mal allzu dick kommt oder wenn er zu wenig beschafft mit seiner aufklärerischen Arbeit, dann in die lyrische Produktion flieht?

Diese beiden Personen leben in ständiger Interdependenz. Ein Wort möchte ich allerdings heftigst befehden, eine Vokabel, die mich nun schon in unzähligen Diskussionen gestört hat: Flucht. In diesem Falle, wo wir es mit Produktion zu tun kriegen, wo etwas entsteht, wo etwas geformt wird, wo etwas in Sätze, in Sprache gefasst wird, kann von Flucht überhaupt nicht mehr die Rede sein, sondern das ist ein positiver Widerstand.

Aber da gibt es auf der einen Seite das Wort – und das kennt man ja nun hinlänglich – vom »Tod der Literatur«. Und andererseits zieht man sich in die Literatur zurück, weil man in der Realität, aktiv, politisch, nichts bewirkt.

Es gibt das nun mal beides. Es gibt es nun mal, dass man sich aus Verzweiflung an der politischen Lage in die Literatur hineinbegibt. Auch Literatur ist ein Daseinsort, und es scheint mir nicht der übelste zu sein, weder für Schreiber noch für Leser. Ich habe noch nie gehört, dass man einem Musiker den Vorwurf macht, er fliehe in die Musik – kein Mensch denkt daran, ihm politische Bekenntnisse abzufordern, nicht einmal so etwas wie Aufklärung wird man ihm abverlangen.

Würde Rühmkorf denn die Forderung für richtig und angemessen halten, dass die Literatur auch das andere zu sein habe: nämlich Aufklärungsarbeit, politische Arbeit?

Wenn ich das fordern würde, dann wäre ich etwas hybrid. Natürlich neigt man dazu, seinen eigenen Typus in älterer Literatur wiederzuerkennen und in die Zukunft zu projizieren und ihn als besten aller Typen zu propagieren. Man sucht sich seine eigene Perspektive in der Geschichte, und in der Weltliteratur sucht man sich seine Verwandten, die schiebt man dann gewissermaßen vor sich her, um nicht so allein zu sein mit seinen Widersprüchen; aber die Weltliteratur wimmelt schließlich von solchen gespaltenen Individuen.

Es ist ja auch etwas anderes, ob man rückblickend über einen Autor der Literaturgeschichte sagen kann: Er hat sich mit den Zeitströmungen in Übereinstimmung befunden, oder er ist ihnen vorweggeeilt, er hat etwas antizipiert mit seiner Literatur. Oder ob man aus aktivistischen politischen Gründen an zeitgenössische Künstler und Literaten den Anspruch stellt, all das, was sie schaffen, habe die Gesellschaft als politischen Faktor explizit zu reflek-

tieren. Ich halte das für sehr fragwürdig. Man kann sehr wohl bestimmen, wie jemand sich artikuliert hat; aber man darf solche Einlassungen nicht als notwendige Programme von den Künstlern fordern.

Ich würde das als Forderung auch nicht vorbringen. Denken wir nur einmal – ich liebe ihn – an einen so großen Lyriker wie Georg Trakl. Dezidiert politische Äußerungen liegen von ihm kaum vor. Man kann beinahe sagen, dass sich seine ganze Existenz nur in Lyrik, und zwar in einer sehr melancholischen Lyrik, ausgedrückt hat. Aber ist das etwa nichts? Ist das Flucht? Taugt das nichts? Oder weisen diese seltsamen Desperationsgedichte nicht sogar auf penetrante und wahrhaftige Art auf den zerrütteten Zustand einer Gesellschaft hin?

Wer die Augen hat, dies zu sehen, der wird das auch erkennen. Aber es ist doch etwas anderes mit der Kunst, das auch den, der diese ausgebildeten Augen nicht hat, dazu bringt, Trakls Gedichte zu lesen. Warum zum Beispiel lesen Leute Trakl, die keine Literaturwissenschaftler sind?

Weil bestimmte Zeiten bestimmte Probleme und bestimmte Problematisierungen erzeugen, die immer wieder auftauchen können, wenn die politischen Konstellationen ähnlich sind. Wenn die politischen Konstellationen Verwandtschaft nahelegen, dann greift man zurück auf ältere Dichter und erkennt an ihnen seine eigenen Sprünge und Risse.

Peter Rühmkorf hat einmal gesagt, Kunst, Poesie entstehe zurzeit nur in dieser gewittrigen Hochspannungszone zwischen eindeutig fundamentierten Klassen. Aber in welchem Kopf entsteht sie?

Das ist eine Beobachtung, die sich auf statistische Unterlagen bezieht. Sie können kaum einen Arbeiterschriftsteller von einiger Relevanz nehmen, sie sehen auch kaum einen Schriftsteller, der aus den gehobenen Kreisen der Bourgeoisie stammt. Das gibt es nicht. Rein statistisch sind wir als Vertreter des Mittel- und Kleinbürgertums einfach in der Priorität. Wir machen die

Kunst heute, und in der Zeit des Expressionismus war es ganz ähnlich. Sie entdecken vielleicht als Kuriosität mal einen Arbeiterschriftsteller oder zwei oder drei, aber prinzipiell wird die Kunst schon seit langem vom Klein- und Mittelbürgertum gemacht. Nicht nur getragen, sondern gemacht.

Es gibt ja auch ein sehr allgemeines Kunstbedürfnis. Rühmkorf hat ein Buch »Über das Volksvermögen« herausgegeben, in dem von der Kunst als von einem Elementartrieb die Rede ist: Wo die Hausfrau das Kissen knifft, ist Kunst. Heißt das nicht letzten Endes, dass der Mensch prinzipiell ein Kunstbedürfnis hat?

Richtig, und da brauchen wir auch gar nicht erst auf Beispiele der Geschichte und Vorgeschichte zurückzugreifen. Selbst die Zuneigung zu den übelsten Surrogaten der Kunst bezeugt ein schier unausrottbares Bedürfnis der Menschheit nach Kunst. Die Menschheit will dieses Höhere, sie will sich in Kunst erleben. Das ist ein Gedanke, der von marxistischen Paradiesesvorstellungen gar nicht einmal abweicht. Der Mensch sucht Zustände eines nicht entfremdeten Daseins. Wo? In Kunst. Nun liegt es natürlich an der augenblicklichen Gesellschaft, dass sie dem Menschen keine Kunst bescheren möchte, sondern Mist, Scheinkunst, Schlager, Werbetexte, die letzten, die übelsten Surrogate von Kunst. Aber das Bedürfnis ist zunächst als Elementartrieb überall festzustellen, und selbst wenn die Hausfrau die Gardinen in gefällige Falten zwingt, drückt das eben ein Bedürfnis nach Kunst und einer künstlerischen Organisation ihres Haushaltsdaseins aus.

Da haben wir nun auf der einen Seite den Künstler: als den Einzelnen, den Einzelhändler, den Mittelständler und Kleinbürger; und auf der anderen Seite gibt es ein allgemeines Bedürfnis nach Kunst. Aber die Allgemeinheit, und das ist eine Tatsache, ist eben nicht der Empfänger der Kunst dieser Einzelnen. Da gibt es doch eine ganz große Diskrepanz.

Ich weiß, das ist eine Diskrepanz, und die lässt sich mit Tricks auch nicht so einfach überwinden. Im Augenblick, da irgendwie relevante Kunsterzeugnisse innerhalb des Mittelstands und Kleinbürgertums entstehen, zielen sie auch auf Rezipienten innerhalb dieser Gruppe oder dieser Zwischenklasse, das ist ganz klar. Das große Bedauern, nicht die übrige Masse zu erreichen, kenne ich sehr wohl, und mein Buch »Über das Volksvermögen«, das ja Volks- und Kinderkunst gesammelt vorweist, legt eben auch Zeugnis ab von diesem Bedürfnis, den Anschluss an die unteren Klassen, ihr Kunstbedürfnis, aber auch ihre Kunstfertigkeit, wiederzugewinnen. Es ist, ich muss es gestehen, ein romantischer Kunstgriff, um sich dessen zu bemächtigen und um sich an das anzuschließen, was das Volk und die Kinder an Kunst produzieren und für Kunst halten. Das ist ein altes romantisches Verfahren, das immer dann einsetzt, wenn Künstler den Anschluss an die eigene Gesellschaft sei es verloren haben, sei es als getrübt und auseinandergespannt erleben, und das zumindest die Hoffnung erkennen lässt, sich über solch ein Medium, fast möchte ich sagen: über ein »magisches Medium«, dem Volk, dem Kollektiv anzuvermählen.

Diesen Gedanken weitergedacht, könnte man doch auch sagen, dass eine Schriftstellerin wie Erika Runge, die Interviews mit Arbeitern und Leuten aus dem Ruhrgebiet macht, dass Schriftsteller mit akademischer Ausbildung, die sich in Werkkreisen betätigen, auf ebendiese romantische Art und Weise versuchen, sich dem Volke anzuvermählen oder zumindest der Klasse, nämlich der Klasse der Arbeiter.

Genau das möchte ich behaupten, und obgleich sich diese Richtung durch solche doch exzellenten Figuren wie Wallraff oder Erika Runge repräsentiert, möchte ich meinen, dass sich hier eine unreflektierte Romantik ausdrückt, weit weniger unreflektiert als die, für die ich eben gesprochen habe. Wenn Sie übrigens mal die Reihen der Käufer, der Rezipienten, der Leser von Runge und Wallraff durchmustern, werden Sie feststellen, dass es sich hier genau um das gleiche mittelständische Bürgertum handelt, vielleicht eine andere Sparte dieses mittelständischen Bürgertums, das als Leser, Hörer, Käufer bei den sogenannten Kunstschriftstellern mobil wird.

Täuscht das nicht doch nur eine Annäherung an das Volk vor? Findet die Vermählung zwischen Rühmkorf und dem Volk oder auch zwischen Runge, Wallraff und den Arbeitern, die gewünscht wird, wirklich statt?

Diese Leser rekrutieren sich bei beiden Richtungen aus der Mittelschicht, aus dem Kleinbürgertum, das ist ganz klar; und auch die Produzenten sind Mittel- oder Kleinbürger, das heißt, die gesamte Kunst spielt sich innerhalb dieses Rahmens ab. Ich kenne doch diese ganzen Feigenblätter von Arbeitern, die zum Beispiel der Dichter- und Doktorenflügel innerhalb der DKP für sich in Anspruch nimmt. Zwei, drei Leute kennen sie, mit denen unterhalten sie sich in den Kneipen, aber sonst ist die Arbeiterschaft doch gar nicht relevant vertreten als Publikum, einfach nicht vertreten, nicht von der Produktion her und auch nicht als Publikum. Und wenn Sie eines mal sich vergegenwärtigen: Was in diesen Werkkreisen produziert wird, hat objektiv und definitiv eine Resonanz, die weit unter der liegt, die – ich sage es noch mal provozierend – Kunstschriftsteller wie Enzensberger und ich zu erzeugen imstande sind. Die Zirkulation findet innerhalb einer Randgruppenelite von ganz besonderer Art und äußerst beschränkter Reichweite statt.

Ergibt sich dadurch die Gefahr der Abspaltung und des Hochmuts?

Das möchte ich nicht ganz so abfällig bewerten. Ich möchte einfach sagen, es gibt dies und das und jenes, und ich zweifle nicht an der Lebensberechtigung all dieser literarischen Lebewesen, auch wenn ich oft genug sagen muss: Meine Richtung ist es nicht.

Wer wird denn erfolgreicher rezipiert, der Lyriker oder der Essayist Rühmkorf? Oder der Herausgeber und Sammler des »Volksvermögens«?

Ich glaube, es ist schon der gesamte, aus vielen Facetten zusammengesetzte Schriftsteller, obwohl ich selbst einwenden muss, dass meine unterschiedlichen Bücher ganz unterschiedliche Gemeinden haben, die zum Teil nichts voneinander wissen. Ich sag das Wort »Gemeinden« einfach mal so dahin, aber praktisch ist es so: Es gibt Leute, die das »Volksvermögen« schätzen – das ist ja mittlerweile in 100 000 Exemplaren verbreitet, und das ist schon eine ganze Menge, wenn man sich die mal auf einem Haufen vorstellt; dann gibt es die Leser von »Walther von der Vogelweide«, wobei sich die Rezeption wohl vornehmlich in höheren Zirkeln, in Universitäten, in Oberschulen abspielt; dann sind da die 20 000 Liebhaber oder Käufer von »Die Jahre, die Ihr kennt«, wieder ganz andere Menschen, wie mir scheint, Generationsgenossen vielleicht oder Brüder im Geiste, in Gesellschaftskritik.

Ich möchte jetzt einmal zu der dritten Gattung von Literatur kommen, die Rühmkorf auch liebevoll befruchtet hat: zum Theater. In der Lyrik also Rühmkorfs Subjektivität, der Selbstausdruck auf »Biegen und Zerbrechen«, wie er selbst das einmal genannt hat, dann die aufklärerische Arbeit im »tagespolitischen Augiasstall«, auch ein typisches Rühmkorf-Zitat – und beides in etwa kontroverse Haltungen. Obgleich: Da ist auch die Gemeinsamkeit des Kopfes, aus dem beides kommt. Könnte es sein, dass das Theater-Schreiben, das Rühmkorf fünf Jahre lang, also sehr intensiv, betrieben hat, ein Versuch der Zusammenführung beider Haltungen war, begünstigt auch durch die Zeit, die Zeit der Studentenrevolte: Wird in diesem Versuch Kunst zusammengeführt mit der politischen Agitation?

Stimmt genau, stimmt sehr genau! Ich habe an einem bestimmten Punkt der politischen Entwicklung gedacht, dass man diese unterschiedlichen Intentionen im Kopf und in der eigenen Brust zusammenbringen müsste, und ich habe das Theater für das entscheidende Sammelmedium gehalten. Anscheinend sind das Publikum und die Kritik nicht bereit, mich gesammelt in Empfang zu nehmen.

Peter Rühmkorf hat aber doch schon sehr früh Theater geschrieben; ich glaube, sein erstes Stück »Was heißt hier Volsinii« entstand schon 1964.

Das ging 1964 los, ja, vor der Studentenbewegung. Das war in gewisser Hinsicht eine Antizipation der Themen und Interessen, die dann in der Studentenbewegung ausgetragen wurden.

Zur Zeit der Studentenbewegung hat er das dann einmal so formuliert, dass dieser Versuch der Zusammenführung das ungeheure Risiko in sich barg, dass seine dividierten Neigungen und Talente nun vollends auseinanderfallen würden. »Kein Lyriker mehr auf dem von mir geträumten Platz und von politischer Dramatik noch nicht der Hauch einer Spur. Das waren so private Bedenken.« Haben sich diese Bedenken nicht bestätigt durch die gescheiterten Versuche auf der Bühne?

Ich bin nicht bereit und werde es nie sein, meine Bestätigung in flüchtigen Resonanzen und flüchtigen Nichtresonanzen zu suchen. Ich weiß, es kann sein, dass es eine unglückliche Liebe ist, die ich zum Theater habe, und es kann auch durchaus möglich sein, dass ich in diesen Produkten mein eigenes Selbst als gesammelt und gebunden und auf einer Bühne auftretend empfinde, und vielleicht ist es nur ein theatralischer Irrtum. Ich selbst beharre aber gerade auf diesen Verbiesterungen.

Aber wir müssen ja auch ein bisschen von dem Erfolg dieser Theaterarbeit ausgehen.

Das war ein ungeheurer Reinfall. Ich möchte so sagen: Ich habe Geld verspielt mit dem Theater, ungeheuer viel Geld – denn wer kann schon fünf lange Produktionsjahre von sich aus finanzieren? Nun, egal, dieses Geld habe ich auf der Theaterbühne verspielt.

Die Theaterjahre waren eine teure Lehrzeit – aber waren sie wenigstens eine Lehrzeit?

Es kann ja sein, das schließe ich gar nicht aus, dass ich noch mal schöne Theaterstücke schreibe. Es kann aber auch sein, dass ich mich mal anderen Literaturformen zuwende, in denen der Dialog eine Rolle spielt. Und dann war es eine Lehrzeit, die sich auf einem ganz anderen Gebiet rechtfertigt.

Wo liegen die wichtigsten Gründe für das Scheitern Rühmkorfs auf der Bühne?

Das weiß ich nicht. Ich habe es damals so empfunden, als ob es tatsächlich auch gegen das Stück »Was heißt hier Volsinii« – und zwar von beiden Teilen Deutschlands, von beiden Deutschländern – so gravierende Bedenken gab, dass es nicht die richtige Aufnahme gefunden hat. Dieses Stück sollte zuerst in der DDR aufgeführt werden, und da war Prag noch sehr frisch und sehr neu im Bewusstsein des möglichen Publikums, es ist immerhin ein Stück gegen Einmarsch, gegen Imperialismus, gegen die Verbündung einer herrschenden Klasse mit einer fremden Imperialherrschaft – und ich bin in der DDR auch reichlich oft befragt worden, ob der DDR-Zuschauer es in Richtung Prag anvisieren könne. Ich habe gesagt, dass ich das nicht wisse. Ich hatte es lange vor Prag geschrieben, und in der Bundesrepublik hatte man es auf die lange Bank geschoben. Es könnte also sein, dass in diesem Fall tatsächlich politische Bedenken von zweierlei Art gegen dieses Anti-Einmarsch-Stück gravierend geworden sind.

Ein rein politischer Grund. Gibt es auch unter Umständen künstlerische Gründe für das Scheitern – es sind ja drei Stücke: Waren es vielleicht zu literarische Theaterstücke?

Ich könnte sagen, ich bin grob fahrlässig beurteilt worden, was ich damals tatsächlich so empfunden habe. Es ist ja eigenartig, nur zwei Stücke sind aufgeführt worden: »Lombard gibt den Letzten« in Dortmund, das war mein zweites Stück und ist zuerst aufgeführt worden, und als zweites »Was heißt hier Volsinii« im Großen Schauspielhaus in Düsseldorf. Das dritte Stück »Die Handwerker kommen« ist bisher nie aufgeführt worden. Nun habe ich allerdings persönlich miterlebt, dass die Publikumsresonanz in beiden Fällen positiv war. Im Falle des Stückes »Was heißt hier Volsinii« so positiv, dass die ganze Theaterbelegschaft glaubte, das wäre ein richtiger Durchbruch. Und da habe ich gedacht, warten wir erst mal ab, was der Montag bringt, und der Montag brachte eine ziemlich einhellige Verdammung durch die Kritik. Für mich ein interessanter Punkt weiterzufragen: Wo steht die Kritik, für wen arbeitet die Kritik? Ich konnte aus der Resonanz des Publikums immerhin ersehen, dass ich ein versorgungsbedürftiges Publikum mit bestimmten Aufklärungsinhalten und mit Kunst, mit Theaterkunst bedient und versorgt hatte. Ich habe mich auf der anderen Seite gefragt, warum die Kritik das nicht zur Kenntnis genommen hat. Sie hat es verschwiegen, oder sie hat es zu einem Misserfolg beim Publikum umgelogen.

Was waren denn die Kriterien dieser Kritik?

Die Hauptkriterien haben sich in der reaktionären Presse gebildet, und sie lauteten etwa so: Wenn eine Figur auftaucht mit dem (im Übrigen ur-etruskischen) Namen »Achsi Caie Sprinte«, dann ist das natürlich Axel Cäsar Springer. Und: Noch primitiver ginge es wohl nicht. Im politischen Theater muss es aber manchmal so primitiv zugehen wie in der wirklichen Welt.

Konnte sich Rühmkorf, nun ganz allgemein gefragt, von der literarischen Kritik zu Recht oder zu Unrecht behandelt fühlen?

Nein, außer auf dem Gebiet des Theaters habe ich im Augenblick nicht so großen Hader mit der Kritik.

Im Augenblick nicht, aber früher?

Ja, früher schon, und sicher nicht grundlos. Ein Schriftsteller existiert nun einmal aus seinen Antizipationen – oder er soll die Finger ganz aus der Literatur lassen. Falls man Vorgriffe macht, dann muss man Zeit und Sitzfleisch haben, die Geduld und den Mut, die Zeit der Vorgriffe und Vorausahnungen durchzustehen, und wenn er Glück hat, kapiert die Kritik noch zu seinen Lebzeiten, was da eigentlich los war. Das hat bei mir immer ein Weilchen gedauert. Aber ich habe daraus auch meine eigenen Lehren des Widerstehens und des Ausharrens gezogen.

Es gibt eine Gattung der Literatur, die Rühmkorf nie geschrieben hat, die erzählende Prosa. Warum, wo er doch so schön erzählen kann?

Nein, ich glaube nicht, dass Erzählen zu meinen Begabungen gehört. Es kann sein, dass ich auch auf diesem Gebiet noch mal experimentiere. Das kann sogar schon bald sein: Es ist wieder eine Sache der Investitionen, die hier vorab zu leisten sind. Vielleicht kann ich es mir im nächsten Jahr, mit den Subsidien von Bergen-Enkheim versehen, erlauben, wer weiß. In welcher Form, das allerdings möchte ich noch in der Luft schweben lassen.

Ich habe mir überlegt, warum das so sein könnte: Vielleicht weil die Prosa viel zu weit von Rühmkorf selbst wegführt, viel weiter jedenfalls als die Lyrik und viel weiter auch als der Essay, wie er ihn begreift. Nur das Theater macht eine Ausnahme. Und Rühmkorf bleibt lieber bei sich selbst.

Ja was heißt: »Bei sich selbst«? Es kann natürlich sein, und diese Gedanken habe ich mir auch schon öfter gemacht, dass ich, wenn ich erzählende Formen angehe, vielleicht über Tagebuchformen zu Erzählformen finde. Das ist jedenfalls ein Gebiet, auf dem ich wenig experimentiert habe, auf dem ich ganz wenig Erfahrung, ganz wenig Training habe. Möglicherweise sind das Eigenschaften und Talente, die ich in mir noch ausbilden muss. Und es ist wieder mal eine Sache, die ein Hasardspiel ist. Ich hasse Schriftsteller, die nicht alle paar Jahre mal Hasard spielen. Ein Roman und noch ein Roman, ein dritter, ein vierter, ein fünfter, das sind doch im Grunde ziemlich elende Reproduktionsexistenzen, grauenhaft. Ich glaube, dass das überhaupt zu einem Schriftsteller gehört, sich selbst alle soundsoviel Jahre rabiat mit neuen Büchern in Frage zu stellen und Bücher in die Welt zu entlassen, bei denen von Anfang an unentschieden ist, ob es gut ausgeht oder nicht.

GESPRÄCH MIT HELMUT HEISSENBÜTTEL

Göttingen, 6. Mai 1981

»Die Literatur muss anarchisch sein ...«

Nach 22 Jahren Arbeit als Redakteur des Radio-Essay beim Süddeutschen Rundfunk hast du den frühestmöglichen Pensionstermin gewählt, um deine Rundfunkarbeiten in Sachen Literatur zu beenden und nur noch der ganz und gar selbstbestimmten literarischen Arbeit nachzugehen. Mich interessiert die Bilanz eines Schriftstellers, der über zwanzig Jahre lang neben seiner persönlichen Schriftstellerei im Medium Rundfunk Literatur vermittelt hat.

Man muss, glaube ich, am Anfang dazu sagen, dass ich das nicht ganz freiwillig gemacht habe, sondern in den Jahren 1954 / 55 vor der Frage stand: Soll ich frei arbeiten, soll ich versuchen, von Büchern zu leben – ich hätte auch versuchen können, eine wissenschaftliche Laufbahn einzuschlagen –, oder soll ich jobben? Dann hat sich eins aus dem anderen ergeben, und ich bin an den Süddeutschen Rundfunk gekommen; korrekt sind es sogar mehr als 22 Jahre, denn ich bin am 1. April 1957 als Nachfolger von Hans Magnus Enzensberger zu Alfred Andersch gekommen; und dass ich die ersten 1¾ Jahre beim Funk frei gearbeitet habe, war nur eine äußerliche Sache. Ich habe praktisch genau dasselbe gemacht, was ich dann ab 1. Januar 1959 auch gemacht habe.

Nur als freier Mitarbeiter.

Ja; es war in dieser Übergangszeit gar nicht üblich, sich anstellen zu lassen. Andersch hätte es immer abgelehnt, ein Angestelltenverhältnis einzugehen, Enzensberger übrigens auch. Das vergisst man heute, dass man, obwohl man freier Mitarbeiter war, genauso die Verpflichtung hatte, acht Stunden im Büro zu sitzen und genau dieselbe Zahl von Sendungen zu machen wie später als Festangestellter. Jedenfalls habe ich das während der ganzen Zeit so gemacht; und dieses Programm, das ich da betreut habe, hat sich im Laufe der Zeit vielfach gewandelt, ist auch praktisch fast über alle Wochentage weggewandert. Ich habe das immer sehr gern gemacht, weil es auch das Programm war, das ich selber im Radio gehört habe. Ich habe nach dem Krieg, sobald es in Hamburg wieder ein normales Programm gab, im Radio solche Dinge gehört, die ich dann in Stuttgart machen konnte.

War der Rundfunk damals wirklich ein so idealer Freiraum für Intellektuelle und für Schriftsteller, wie das heute gesagt wird über die 50er Jahre?

In einer Weise schon, in anderer Weise natürlich nicht. Alle diese mehr oder weniger intellektuellen Dinge sind ja eingerichtet worden nach dem Muster der BBC III. Und was heute auch etwas in Vergessenheit geraten ist: BBC III ist ja auch erst 1945 gegründet worden mit einem gewissen höheren Anspruch, man wollte also nicht dem allgemeinen Hörergeschmack nachgeben, wollte sich nicht auf Demoskopie stützen, sondern man hatte das Konzept, kulturelle Sendungen zu machen. Und das war auch das, was ich dann machen sollte. Es hatte auf der anderen Seite die Einschränkungen, die überhaupt für die 50er Jahre galten. Ich erinnere mich, als ich in Stuttgart ankam, wurde ich vorgestellt und kam auch zu dem damaligen Intendanten Dr. Eberhard, und der hatte auf dem Tisch meine beiden ersten Bändchen liegen, »Kombinationen« und »Topographien«. Und wir haben uns lange unterhalten, er hat mich gefragt, was ich für Interessen habe und so, und am Schluss machte er eine Pause und tippte mit dem Finger auf die beiden Bändchen und sagte: »Aber das wollen Sie doch wohl nicht machen hier.« Und da war eine Grenze. Diese Grenze war in anderen Bereichen zu der Zeit natürlich noch viel stärker: in moralischen Fragen, im kirchlichen Bereich. Wir haben eine einzige leichte Auseinandersetzung gehabt mit dem jetzigen Intendanten Bausch, 1958, über einen Beitrag von Heinrich Böll: »Brief an einen jungen Katholiken«, eine von heute aus gesehen völlig harmlose Sache. Nur war man damals darin noch empfindlicher. Und das Ganze hat damals auch damit geendet, dass Böll seine Geschichte selber zurückgezogen hat. Das hat sich gelockert. Also auf der einen Seite, kann man sagen, war ein Freiraum insofern vorhanden, als man dort einiges mehr machen konnte als heute, es war formal nicht so eingegrenzt wie heute, wo man eben publikumswirksame Programme haben will; aber es war inhaltlich stärker begrenzt als heute, es gab mehr Tabus, die man brechen konnte oder nicht. Ich erinnere mich an eine andere Sache. Mit dem Lyriker und Psychiater Dieter Wyss hatte ich eine Sade-Sendung verabredet, auch 1958, in der der damalige Prozess gegen den Pariser Verlag Pauvert featureartig abgehandelt werden sollte; ich war im Urlaub, und das Manuskript lag da, und Andersch bekam es zu lesen. Und gerade jetzt beim Aufräumen habe ich Anderschs Aktennotiz gesehen: Er hat sich aufs höchste dagegen verwahrt, dass wir eine solche Sendung machen. »Nur über mein Imprimatur, ich möchte wegen Sade nicht vor den Kadi kommen«, steht da drin.

Waren denn früher die Zuhörergruppen der Dritten Programme nach deiner Erfahrung größer, und sind sie heute kleiner?

Das ist überhaupt nicht festzustellen. Es wird heute immer gesagt, die Hörfunkprogramme sind so erfolglos geworden, das Hörspiel hat seine Hörer verloren, usw. Das beruht dann auf demoskopischen Erhebungen. Da seit langem die demoskopischen Erhebungen unter zwei Prozent gesunken sind, was alle diese Sparten betrifft, gibt es + / − null. Das kann man nicht mehr messen.

Gleichsam unerheblich.

+2 kann auch −2 sein. Und das lässt sich nicht messen. Andererseits wird der Erfolg der heutigen Programme über den ganzen Tag gemessen, und über den ganzen Tag bekomme ich viel leichter demoskopische Ergebnisse. Was damals gemessen worden ist, lag vorm Fernsehen. Auch das spielt eine große Rolle. Dann spielt etwas anderes eine große Rolle: Zu der damaligen Zeit wurde absolutes Gewicht auf die Hörerpost gelegt, die Hörerpost wurde nach einem Schlüssel soundsovielmal multipliziert, und daran wurde dann der Erfolg gemessen. Und es ist nicht so, dass wir heute weniger Hörerpost haben; in den 70er Jahren bekam ich die meiste Hörerpost bei den Sendungen von Jean Améry.

Wird heute noch auf die Hörerpost gehört?

Überhaupt nicht.

Auch nicht, wenn Politiker als Hörer Briefe schreiben an Intendanten? Die haben doch sehr genau nachgehört und nachgeforscht.

Das betrifft nicht das Programm, sondern das betrifft die Politik, die der Intendant macht.

Aber es betrifft – die Erfahrung haben wir ja hier in Niedersachsen gemacht – durchaus auch einzelne Sendungen im Programm.

Die werden nur auf ihre Politik hin geprüft. Damals war es ja ein Interesse der Hörer am Programm allgemein. Und dieses Interesse am Programm gibt es heute genauso wie damals. Ich habe über Jahre hinweg – in der zweiten Hälfte der 60er Jahre vor allem – Schwierigkeiten gehabt, weil ich Sendungen gemacht habe, die sich eigentlich direkt an Studenten richteten. Baden-Württemberg für sich hat schon sehr viel Konzentration an Universitäten und viele Studenten, und seit wir mit dem Südwestfunk und dem Saarländischen Rundfunk kooperieren, hatten wir überhaupt die größte Zahl von Universitäten, die man sich in einem Sendegebiet vorstellen kann. Die Leitung der Sender war damals leicht irritiert durch bestimmte Themen, die aber die Studenten interessierten; sie waren auch irritiert durch einen gewissen Jargon.

Welche Themen zum Beispiel? Politisch brisante Themen?

Gar nicht mal so sehr soziologische Themen. Eher allgemeine Untersuchungen von Zusammenhängen zwischen Politik und Literatur usw. Es störte mehr das latente Politische. Der politische Freiraum hat sich von den 50er Jahren, würde ich sagen nach meiner Erinnerung, in die 60er Jahre geöffnet, und ich meine nach wie vor, die goldenen waren die 60er Jahre, weil es in den 60er Jahren sehr viel Freizügigkeit gab. Das hat sich natürlich Richtung 1968 zugespitzt.

Auch zugespitzt im Sinne einer ganz bestimmten, vielleicht politologischen Verengung?

Nein, nicht verengt; vieles wurde schärfer gesagt, es wurde einfach etwas deutlicher geredet, pointierter geredet.

Nicht mehr metaphorisch verallgemeinernd, sondern direkter?

Dass man einmal überhaupt kein marxistisches Vokabular gebraucht hat, ist ja heute ungewohnt, obwohl das inzwischen wieder in Verruf ist; aber das hat sich ja auch erst in den 60er Jahren entwickelt, dass man so etwas gebrauchen durfte. In den 50er Jahren hätte kein Mensch sich getraut, marxistisch zu reden.

Dieses Vokabular war ja damals auch so allgemein nicht bekannt.

Es ist allmählich studiert worden, und es hat sich herumgesprochen. Und diese ganze Entwicklung, die auch zwischen Literatur und Politik liegt, betrifft eigentlich die 60er Jahre. Und dann wurde in den Leitungen der Rundfunkanstalten allmählich der Verdacht stärker, dass unter dem Deckmantel der Literatur auch Politik gemacht werden könnte – eine These, die ja gegen Ende der 50er Jahre Hans Werner Richter vertreten hat und auch Alfred Andersch. Beide haben ihre Arbeit in der Gruppe 47 zunehmend so verstanden, dass man auch mit Literatur Politik machen konnte.

War das ihre alte Konzeption noch aus den späten 40er Jahren, die Konzeption der politisch-literarischen Zeitschrift »Der Ruf«?

Ja, aber auch nicht so ganz. Es ist heute auch in Vergessenheit geraten, dass Hans Werner Richter ja zugunsten des sogenannten Grünwalder Kreises 1956 die Gruppe 47 eigentlich aufgeben wollte, um eine rein politische Gruppierung zu machen. Doch das ist gescheitert. Und als das gescheitert war, wurde die Vorstellung umso stärker, mit Literatur Politik zu machen. Diese These ist zum Beispiel auch aufgegriffen worden von Günter

Grass. Auf der anderen Seite waren 1967 die Vertreter, die ernsthaft Literatur und Politik zusammenkoppeln wollten, wie Lettau und Fried, für Grass Linke, mit denen er nicht kooperieren wollte.

Da ging es ja um bestimmte politische Positionen, die schärfer umrissen waren als die literarischen, und gerade da mussten sich ja auch die Fronten zeigen. Da waren die einen auf dieser politischen Position und die anderen auf jener, und die Auseinandersetzungen um diese verschiedenen politischen Positionen waren ja im Grunde wohl auch einer der entscheidenden Gründe für das Ende der Gruppe 47.

Ich glaube, die Gruppe 47 ist daran gescheitert, dass sie die in ihr liegenden latenten Gegensätze politischer und auch literarischer, ästhetischer Art in dem Moment nicht mehr bewältigt hat, als sie offen in Fronten auseinanderklafften. Das wäre vielleicht noch zu kitten gewesen durch spektakuläre Auslandsauftritte, das war auch immer Hans Werner Richters Idee: Nach dem Scheitern in Prag wollte er ja noch nach Jugoslawien. Wir haben es dann aufgegeben. Aber diese Entwicklung spielt für den Rundfunk und für das, was ich im Rundfunk auch gemacht habe, insofern eine Rolle: In dem Moment, wo um 1968 der Verdacht auftauchte, dass vielleicht das politisch Störende in den Literaturabteilungen stattfinden könnte, wurden die Möglichkeiten, das im Rundfunk zu machen, immer mehr eingeschränkt. Dann begannen die Leitungen der Sender darauf zu achten, was dort eigentlich gesagt wurde. Die Sendungen wurden geprüft auf die politischen Inhalte hin, auf die politischen Aussagen, die impliziert waren. Und dann hat eine andere Entwicklung eingesetzt: Programme wie der Radio-Essay oder das Dritte Programm in Hamburg wurden als intellektuell bezeichnet, und es wurde gefordert, die Programme volkstümlicher zu machen.

Aber doch nicht in dem Sinne, dass ein politisches Programm oder ein bewusstseinsveränderndes Programm in einem sehr viel allgemeinverständlicheren Sinne hätte gemacht werden sollen.

Nein, man wollte nicht das Allgemeinverständlichere, man wollte es gar nicht. Das, was sich dann immer deutlicher herausgeschält hat und was heute meiner Ansicht nach ganz deutlich sichtbar ist, ist das Programm, das an keiner Stelle mehr Ecken, Kanten, Störfaktoren enthält.

Betrifft das auch die avantgardistische Literatur? Jene spezielle Art von Literatur, die in den Augen der Politiker doch vordergründig als unpolitisch gilt?

Der Avantgardismus spielte in seiner ausgesprochenen Form gar nicht eine so große Rolle. Es waren ja eigentlich doch mittlere Themen, die eine Rolle spielten.

Wenn ich mich erinnere an deine Programme: Du hast ja immer auch das gemacht, was Herr Eberhard damals nicht wollte, hast doch die Literatur im Rundfunk vermittelt, die auf deiner Linie lag, also eine prononciert avantgardistische, bewusstseinsverändernde, immer für Alternativen offene Literatur.

Offen für Alternativen schon; nur ist das Avantgardistische natürlich wieder so eine Sache, über die man sich streiten kann: Wo steht diese Literatur eigentlich? Und die reine Verfechtung des Avantgardismus ist nun auch zu Anfang der 80er Jahre etwas fragwürdiger geworden. Es war ja auch nicht so, dass ich das in den Sendungen den Hörern an den Kopf geschmissen habe, sondern es ist ja immer wieder vermittelt worden. Wir haben eine lange Serie gemacht gegen Ende der 60er Jahre / Anfang der 70er Jahre über die Ursprünge der neueren Literatur, da haben Frau Gerhard und ich uns bemüht, eine weitgefächerte Beispielsammlung zu bieten von dem, was jetzt an Ungewohntem in die Literatur hineingekommen ist.

Eine literarische Documenta gleichsam.

Ja, aber auch übergehend in eine genauso breitgefächerte Beispielsammlung von Trivialliteratur, wo all die Dinge – Krimis, Science-Fiction, politischer Roman usw. – eine Rolle spielten, die ja heute auch zur Literatur gehören. Und diese ganze Breite ist immer beachtet worden.

Ist der Rundfunk ein geeignetes Medium für Literatur – jetzt mal abgesehen von speziellen »funkischen« Arbeiten, wie es so schön heißt, wie Funkessay, Hörspiel, Feature? Ist der Rundfunk nicht auch ein Medium, das der Literatur – die man liest, die man wieder lesen kann, da der wiederholende Effekt sehr wichtig ist – nicht ganz gerecht wird, ein Medium also, das auch einebnend, verflachend auf diese Literatur wirkt?

Überhaupt nicht. Ich glaube, jede Literatur hat auch eine akustische Seite. Literatur, die nur auf dem Blatt steht, die man leise liest, alleine, gibt es, glaube ich, sehr selten. Die Frage des Wiederlesens ist in sehr vielen Fällen fiktiv, weil, wer einmal ein Buch gelesen hat, es sowieso selten wieder liest.

Gut, aber man kann z. B. sogleich Sätze nachlesen, die einem nicht unmittelbar aufgehen.

Das ist eine Frage des Verständnisses. Ich kann etwas leichter begreifen – das habe ich beim Funk gelernt, habe ich früher nicht so gewusst –, wenn ich es höre. Ich muss nicht Wiederholungen haben; ich kann auch schwierige Dinge akustisch schneller und umfassender aufnehmen, wenn sie mir einigermaßen angemessen geboten werden, wenn sie also mit Überzeugung akustisch geboten werden, als ich sie aufnehme, wenn ich lese; ich neige vielmehr dazu, beim Lesen abzuschweifen.

Was man sich beim Zuhören aber nicht erlauben kann.

Nein, aber ich soll ja auch nicht zuhören wie einer Geräuschkulisse – da kann ich ein Schlagerprogramm anmachen. Und heute ist eben die allgemeine Meinung, dies sei das Sinnvollere, und das bezieht sich in der Hauptsache auf das Modell des Autoradios. Dagegen: Wenn ich höre, muss ich konzentriert zuhören. Wenn ich eine neue Musik zum ersten Mal höre – ich will mal sagen ein Klavierkonzert von Schönberg –, dann wird doch auch erwartet, dass ich was mitkriege. Und das ist doch nun wirklich weit, weit schwieriger, als wenn ich heutige Literatur lese. Wobei etwas anderes hinzukommt: Man kann nicht sagen, man soll Schönberg in der Partitur lesen, denn das ist noch viel schwieriger.

Vor allem für Leute, die nicht einmal imstande sind, Noten zu lesen.

Es ist auch schwierig, dann herauszukriegen – und auch musikalisch gebildete Leute, selbst Dirigenten, sind bei schwierigen Notentexten nicht immer in der Lage, das voll abzuschätzen –, was da akustisch alles herauskommen kann. Aber was für die Musik gilt, gilt meiner Ansicht nach für die Literatur auch. Und wenn es schwierige Literatur ist, und man kann sie nicht mit einem Mal aufnehmen, dann sollte man das wiederholen – nur sträubt sich jeder dagegen. Ich habe immer wieder einmal vorgeschlagen, dass man doch bestimmte Dinge en suite senden solle; in jeder Woche zu einer bestimmten Zeit einmal, und zwar drei Wochen lang, immer dasselbe. Dann schlagen alle Leute die Hände über dem Kopf zusammen und sagen: Ja, das kann man doch nicht machen, da muss doch was Neues hin – es muss ständig etwas Neues gemacht werden.

Das kann man ja heute dadurch lösen, dass man eine Kassettenaufnahme macht und sich das selbst noch mal wieder vorspielt.

Das ist die eine Seite – betrifft natürlich auch, weil das jetzt das Neueste ist, das Fernsehen. Mir fällt es sehr viel schwerer, so konzentriert zuzusehen, dass ich nachher genau sagen kann, ich habe jedes Detail mitbekommen. Das kann ich vom Hören her leichter. Es mag sein, dass das auch am Typ liegt. Nur glaube ich, dass das Radio natürlich für jemanden gemacht ist und für jemanden sendet, der auch in der Lage ist, akustisch aufzunehmen und akustisch konzentriert zuzuhören. Jedenfalls muss ich das voraussetzen; denn ich nehme ja auch nicht an, dass Bücher für Blinde gedruckt werden.

Aber genau das ist doch der Punkt. Erziehen denn die Rundfunkanstalten ihre Hörer zu solchen aufmerksamen Hörern, oder tun sie heute nicht im Gegenteil etwas ganz anderes, sie machen es ihnen leichter und dienen ihnen seichtes Zeug an.

Ich habe in den ersten zehn Jahren, sozusagen als Faustregel für mich, im Scherz immer gesagt: Der Rundfunk unterfordert den Hörer an so vielen Stellen, dass irgendwo in der Woche auch eine Stunde da sein muss, in der er überfordert wird.

Nur: Was nützt es, wenn einer acht Stunden am Tag Rundfunk hört und sieben Stunden unterfordert wird – dann kann er in der achten Stunde der Überforderung wahrscheinlich gar nicht mehr nachkommen.

Keiner hört acht Stunden Rundfunk, es sei denn, er fährt wirklich den ganzen Tag auf der Autobahn und will berieselt werden. Es gibt natürlich Leute, die, wenn sie zu Hause sind, das Radio anstellen und es dann nicht wieder abstellen. Es hat sich aber herausgestellt – und da hat sich von der Hörerpost überhaupt nichts geändert, das ist in den letzten Jahren, zweite Hälfte 70er Jahre, sogar eher wieder besser, also mehr geworden –: Die Leute, die sich für literarische Dinge interessieren, die sich für philosophische Dinge interessieren, die etwas Hintergrund haben und die etwas mehr in die Tiefe gehen wollen, die stellen gezielt das Programm und die Sendung ein, wo sie das hören können. Und die sind dankbar dafür, wenn man ihnen so etwas bietet. Und dass man gezielt das Radio einstellt, das wird heute unter den Tisch gewischt, nicht den Hörern zuliebe, sondern weil da natürlich wieder etwas Kontroverses drinstecken kann. Die Programme sollen im Prinzip so sein, dass sie durchkontrolliert werden können. Und das geht am besten, wenn man ein 14-Stunden-Magazin hat. Wenn da etwas vorkommt, das fällt auf, und das wird abgestellt. Dann wird der Moderator entlassen, oder er wird ermahnt, oder er kommt in eine andere Abteilung usw. Man kann in fünf Minuten natürlich auch nichts Kontroverses machen – es sei denn, man fällt aus der Rolle, dann ist man sowieso raus. Wenn man etwas Kontroverses machen will, muss man es auch begründen, dann muss man auch etwas mehr in die Tiefe gehen, braucht mehr Zeit.

Es braucht dann auch längere Anläufe, Planungen usw., und es bleibt dann möglicherweise schon in der Programmplanung stecken.

Programmplanung ist ja auch etwas, was jeder machen muss, der jetzt für das Programm verantwortlich ist. Die Einflussnahme, das muss man auch sagen, im Hörfunk verläuft anders als im Fernsehen. Wer im Rundfunk sitzt, wer die Sendungen in Gang bringt, sie macht, der hat die Verantwortung dafür. Das wird nicht bis oben hin voll durchkontrolliert, und es wird auch nicht von oben her geplant; man ist nicht so weisungsgebunden. Das ist im Fernsehen viel stärker, weil das Fernsehen natürlich sehr viel mehr nach außen geht, da spielen die Abnahmen der Sendungen natürlich eine große Rolle.

Um zurückzukommen auf deine Rolle im Rundfunk, die du ja über zwanzig Jahre gespielt hast: du hast ein sehr konsequentes Programm gemacht im Radio-Essay in Stuttgart. Hat sich die Freude an der Arbeit mit der Zeit verloren? Du lässt dich früher als notwendig pensionieren. Ist das in gewisser Weise auch eine Art von Handtuchwerfen? Ist es schwieriger geworden, ein Programm zu machen, wie du es möchtest? Oder ist es ganz persönlich jetzt einfach die Lust: Ich will als freier Schriftsteller leben?

Nein, als freier Schriftsteller habe ich nie leben wollen, denn das war ja eine Entscheidung, die ich mit Anfang dreißig getroffen habe, als ich festgestellt habe, dass freier Schriftsteller eigentlich kein Beruf ist. Ich will jetzt nicht unbedingt ein freier Schriftsteller sein, wenn ich pensioniert werde; ich bin wie jeder andere Pensionär darauf bedacht, möglichst viel Freizeit zu haben, spazierenzugehen und Musik zu hören, aber nicht zu schreiben.

Das kann mich nicht so recht überzeugen.

Das Schreiben kommt dann vielleicht noch dazu, aber das ist eine andere Sache. – Die Lust am Programm entwickelt sich ja mit dem, was man machen kann. Und es gibt Dinge, die sich abnutzen. Ich habe diese Abnutzungserscheinung bemerkt an der Wende von den 60er zu den 70er Jahren. Und ich weiß das auch von vielen Kollegen, die dann gesagt haben, also jetzt machen wir eigentlich nur noch Routine. Das hängt zusammen einerseits mit der Neugier auf das, was um einen herum vorgeht; das hält man natürlich nur begrenzt durch, wenn man älter wird, verliert sich da manches. Auf der anderen Seite hängt es mit den Autoren zusammen, man muss auch ständig wieder das Interesse geweckt bekommen von den Autoren her. Und da habe ich dann in die 70er Jahre hinein doch eine ganze Reihe jüngerer Autoren kennengelernt, mit denen ich wieder Spaß hatte zu arbeiten. Und das weiß ich auch von anderen. Das ist ja immer die Frage, wie man der Zeit oder wie man der Entwicklung auf der Spur bleibt. Und ich glaube, dass ich nie in dem Sinne so konsequent war, sondern ich bin immer neugierig gewesen; jedenfalls habe ich keine Konsequenz gehabt, die man jetzt sozusagen mit einer Richtschnur ablesen könnte, sondern ich bin dieser Neugier gefolgt und habe mich auf mein Urteil eher verlassen als auf die Übereinkünfte, als auf den sogenannten Konsensus, den ich natürlich auch mitbekommen habe. Ich habe also lieber etwas gegen den Strich gemacht, als dass ich mit den Wölfen geheult habe.

Und ebendiese Neugier wurde doch auch sehr produktiv gerade für die jungen Schriftsteller und auch für die Literatur.

Aber darin steckt ja auch wieder Auseinandersetzung. Wenn du dich erinnerst: 1968 wurde die Politisierung der Literatur gefordert. Ich gehörte ja nicht zu den politischen Autoren, sondern zu den von denen eher etwas scheel angesehenen, zu den Bastlern.

Zu den »Labordichtern«.

Ja. Auf der anderen Seite habe ich aber ja immer ein politisches Bewusstsein gehabt, und das steckt auch in meiner eigenen Literatur. In den sogenannten abstrakten Gedichten steckt immer auch latent etwas Politisches drin, ist politische Stellungnahme enthalten. In dem »Textbuch 5« zum Beispiel sind eine Menge politischer Themen.

Ja, ich denke nur an den Text »Politische Grammatik«: »verfolger verfolgen verfolgte ...«.

Es ist auch nicht so, dass das nicht wahrgenommen worden ist. Ich habe zum Beispiel bei der Gruppe 47, wo ich das ja mal vorgelesen habe, ein Gespräch mit Hans Werner Richter gehabt, der das schon gesehen hat. Es war nur nicht seine Art Literatur. Und da haben sich die Dinge auch ein bisschen verschränkt. Es kam dann zur Auseinandersetzung um die Zeit, als das berühmte Kursbuchheft kam: »Tod der bürgerlichen Literatur« usw. Dazu habe ich auch Stellung genommen. Diese Auseinandersetzung hat sich auch in die Funkarbeit übertragen, und es hat Diskussionen gegeben, es hat Stellungnahmen gegeben. Und so etwas hält die Sache in Gang.

Ich wollte vorhin einhaken, als du davon sprachst: Gefordert wurde die Politisierung der Literatur, und das, was du gemacht hast, sei immer scheel angesehen worden. Da müsste man sich doch mal sehr genau über den Begriff »politisch« unterhalten; denn gerade die Art von Literatur, für die dein Name steht, ist doch auf eindringlichere Weise bewusstseinsverändernd, Alternativen öffnend, offenhaltend – und also im Grunde wirkungsvoller politisch, im wirklichen politischen Sinne, als etwa die Einnahme einer tagespolitischen Position, die oft nicht mehr ist als eine plakative Politisierung, also oberflächlich und äußerlich.

Die Schwierigkeit lag darin, dass in der Studentenbewegung, und zwar von Frankreich aus – und die französischen Ursprünge sind bis heute hier gar nicht genug durchreflektiert worden, weil sich niemand so recht darum gekümmert hat –, etwas wiederentdeckt worden ist, was verlorengegangen war, und das wurde übertrieben: Der Marxismus der 20er Jahre wurde plötzlich als Offenbarung genommen, und dann ging man rückwärts und entdeckte den Marxismus zur Zeit von Marx usw. Und das jetzt direkt in Literatur umzusetzen, ist wahrscheinlich etwas einseitig. Die Frage ist: Was ist dann Politik und Literatur, wo zeigt sich die Politik in der Literatur? Und ich würde das ganz kurz und ganz pauschal sagen: Die Literatur im 20. Jahrhundert, wenn sie was taugt, kommt nicht aus ohne einen anarchischen Zug. Wenn nicht eine Spur Anarchismus drin ist, dann wird die Literatur uninteressant, und das kann nach ganz verschiedenen Seiten gehen. Man kann aber auf der anderen Seite sagen: Es gibt keine CDU-Literatur und keine SPD-Literatur und noch gar nicht eine FDP-Literatur, so wie es im Grunde auch keine faschistische Literatur gegeben hat, wie es keine faschistische Kunst gegeben hat. Es hat Künstler und Literaten gegeben, die im Faschismus mitgemacht haben, und es gibt heute noch Schriftsteller, die sich aus der elitären Perspektive, die im Faschismus eine Rolle spielte, nicht herauslösen können. Und das ist die andere politische Seite.

Etablierte Kritiker, die heute die Literatur der späten 70er und Anfang 80er Jahre zu bestimmen versuchen, sprechen gern davon, dass die Literatur im Augenblick uninteressant, fragwürdig, auf Talfahrt sei; Reich-Ranicki hat das ja gleichsam ex cathedra verkündet. Meint ein solches Verdikt nicht gleichzeitig die Ablehnung jenes anarchistischen Elements und jeder Öffnung von Literatur? Ist das nicht ein Plädoyer für eine Literatur von imaginierter Klassizität? Und ist dies nicht auch einer der restaurativen Züge unserer Zeit?

Ja, aber das Restaurative und das Elitäre und das Faschistische gehen alle leicht zusammen; und das sollte man versuchen, immer wieder aufzubrechen. Reich-Ranicki ist in einer Weise ein Klassizist, wenn auch ein schlechter, und das ist seine Achillesferse; er kann einfach nicht anders, er muss es immer messen, er muss einen Maßstab haben, er muss ein Zentimetermaß haben und muss die Größe messen und muss die Korrektheit messen und alle solche Dinge.

Nur, er sagt nie, wo sein Metermaß liegt.

Na ja, das wechselt er. Er hat es eine Weile bei Thomas Mann geliehen ...

Bei Lukács ...

Ja. Das ist aber auch wieder sehr fragwürdig, weil man dann erst mal in eine Lukács-Diskussion eintreten müsste. Es ist mehr eine so allgemeine Übereinkunft, es sind so ein bisschen Schulbuchmaßstäbe, die da drinstecken.

Man spricht ja schon länger als von der Fragwürdigkeit der gegenwärtigen Literatur von der Fragwürdigkeit der literarischen Kritik. Du arbeitest ja auch regelmäßig als Kritiker, seit vielen Jahren. Hat nun das eine mit dem anderen zu tun: Produziert eine bestimmte Literatur auch eine bestimmte kritische Haltung, eine bestimmte Kritik: Bestimmt die Literatur die Kriterien der Kritik?

Nicht systematisch, also für mich jedenfalls nicht, und ich glaube, für andere auch nicht. Man kann nicht sozusagen pro domo Kritik üben und die Maßstäbe, die man an sich selber anlegt, an andere Werke legen.

Was Schriftstellern als Kritikern ja häufig passiert.

Ja, aber sollte nicht sein, ist auch nicht so oft, glaube ich, das ist eher die Ausnahme. Es ist umgekehrt so, dass, wenn Kritiker anfangen zu schreiben, sie dann leicht versuchen, Bücher zu schreiben, die nach ihren Kriterien gebaut sind; das ist nicht sehr erfreulich.

Da unterstellst du aber etwas, was ich sehr in Frage stellen möchte: dass die Kritiker Kriterien haben, deren sie sich bewusst sind.

Die Kritiker, die sich wie Schulmeister und Beckmesser benehmen, haben bestimmte Grundsätze. »Das Milieu muss stimmen«, hat Reich-Ranicki neulich abends gesagt, habe ich gehört. Kann man ja sagen, ist auch recht; aber »das Milieu muss stimmen« ist ein Grundsatz, der vor allem für den Krimi gilt, und im

Krimi ist er absolut notwendig, weil das eine Gattung ist, die sich wirklich an Grundsätze halten muss; denn wenn man da bestimmte Regeln nicht einhält, kommt man ins Schwimmen. Und da kann ich gleich anknüpfen, da ich, verführt ursprünglich durch Wolfgang Weyrauch, seit fast dreißig Jahren Krimileser bin. Das ist ja nichts, was ich schreibe, sondern das ist etwas, was ich beurteilen kann. Denn da wird in den vorgeprägten Literaturformen geschrieben, die es heute gibt und die es heute viel stärker und viel einflussreicher gibt als zu irgendeiner anderen Zeit; da kann ich ja auf Kriterien zurückgehen, das kann ich auch messen. Nur, das wollen ja die Kritiker, die feste Kriterien immer beanspruchen, gar nicht; denn das ist ihnen ja zu gering. Sie wollen ja aufs Höhere, und das Höhere ist immer der Gehalt; und das Poetische, das Dichterische, das muss dann immer hinein.

Man kann aber doch Strukturen, ästhetische Funktionen usw. bestimmen, und daraus können sich auch Kriterien entwickeln lassen; nur müssen sie bestimmt und benannt werden.

Ich glaube aber, dass da ein Unterschied besteht. Was heute so leicht unter dem Sammelnamen Trivialliteratur gefasst wird, also die mehr unterhaltenden Sparten, das hat ja auch Qualitätsunterschiede. Diese Sparten sind meiner Ansicht nach insgesamt restaurativ insofern, als sie auf etwas zurückgreifen, was in der sogenannten ernsten Literatur schon erledigt ist. Und das Fragwürdige, das du angesprochen hast in der Literatur, betrifft ja das Heraustreten aus diesen vorgegebenen Kriterien. Die Literatur tritt heraus, und sie weiß selber nicht, und der Autor weiß im Moment selber noch nicht, wo es hingeht, was er macht. Und das ist immer wieder ein Abenteuer, das man eingehen muss. Und ich glaube, da kann man gar nichts anderes machen, als es ausprobieren und immer wieder neu probieren.

Auch als Kritiker? Sollten also die Kriterien der Kritik aus dem kritisierten Werk entwickelt werden, um ein Stück Literatur an seinen eigenen Voraussetzungen zu messen?

Ich glaube, das ist besser, als wenn man von außen hergenommene Maßstäbe oder Gattungsmaßstäbe oder historisch entwickelte Maßstäbe anlegt. Natürlich kann man die nicht ganz herausnehmen; aber es ist besser, das einzelne Werk sui generis zu betrachten und sich als Kritiker eher auch als Liebhaber dieses einzelnen Werks zu verhalten und es zu interpretieren.

Aber sich auch als ein solch subjektiver Liebhaber zu erkennen geben in der Kritik.

Natürlich, und nicht vorschnell aburteilen, und, wenn möglich, als Kritiker überhaupt nicht negativ kritisieren, sondern in der Hauptsache nach dem Grundsatz handeln: Ich habe dieses Buch gerne gelesen, ich sehe etwas darin, was mir wichtig scheint, und ich muss anderen möglichen Lesern klarmachen, was das ist, damit die auch Lust kriegen, das Buch zu lesen. Das ist für mich der oberste Grundsatz als Kritiker. Ich will gleich auch noch etwas sagen über die Vorstellung, die ich ganz persönlich von einem Kritiker habe. Ich bin mit Büchern groß geworden, ich lebe mit Büchern, und ich kann mir nicht vorstellen, ohne Bücher zu leben. Wenn ich gar nichts zu lesen hätte, nur alte Zeitschriftenjahrgänge, dann würde ich die auch alle von vorn bis hinten durchlesen. Lesen ist für mich etwas, was zum Leben gehört, und vielleicht genauso wichtig wie alle anderen Dinge, die ich im Leben mache. Wenn man so lebt, dann ist Kritik nur der Versuch, anderen Leuten klarzumachen, warum es so ist, und das an einzelnen Beispielen deutlich zu machen. Dann ist aber auch, wenn man selber schreibt, dieses eigene Schreiben nur ein Teil vom Leben mit Büchern und in Büchern.

Kritik also auch als ein Stück Literatur.

Nicht Literatur in dem Sinne, als ob Kritik etwas sei, wie das, was ich schreibe. Es ist etwas anderes. In der Kritik versuche ich zu vermitteln, warum man in Büchern und mit Büchern leben kann, und ich glaube, es ist heute wieder sehr wichtig, dass man sagt, dass man mit Büchern und in Büchern leben kann. Und es gibt ja ungeheuer viele Bücher. Die Kritik wird nicht zur Literatur, die parallel läuft zu der Literatur, die ich als Literatur zu schreiben versuche, sondern umgekehrt: Die Literatur, die ich zu schreiben versuche, ordnet sich dann wieder ein in den allgemeinen Vorrat an Büchern und Literatur, in denen ich lebe. Ich lebe nach einer Weile dann auch wieder in meiner eigenen Literatur, wie ich – wie soll ich jetzt sagen – in Literatur von Joyce bis Jünger lebe.

Worauf sollte die Kritik denn immer zielen? Auf die Literatur als ein vom Autor abgelöstes Produkt, oder auch auf den Autor, der ja seine Literatur auch mit seiner Existenz verbürgt?

Ich bin der Meinung, dass diese Voraussetzung falsch ist. Ich kann auf den Autor eingehen, und ich kann es als losgelöst ansehen. Ich kann nicht sagen: entweder – oder.

Also nicht trennen.

Nicht trennen und auch nicht künstlich auseinanderhalten. Der Autor verwandelt sich in gewisser Weise in seinem Buch, in seiner Literatur, insofern kann ich ihn auch wieder herausziehen. Es hat aber keinen Sinn, jetzt Autobiographie aus dem Buch herauszuholen, oder eine bestimmte Geschmacksrichtung, oder eine bestimme stilistische Färbung. Man müsste das als Komplex sehen, als Komplex, den man nicht künstlich unterteilen soll.

Nun gibt es in der Bundesrepublik ja eine Institution, die nennt sich »Bestenliste«. Da bestimmen monatlich 27 Kritiker, was sozusagen das Beste in der augenblicklich erscheinenden Literatur ist. Was ist denn nun literarische Qualität, die man so listenmäßig herbeipunkten kann?

Bei der Bestenliste des Südwestfunks muss man meiner Ansicht nach zwei Dinge beachten. Einmal ist sie ja ins Leben gerufen worden von einem Fernsehredakteur, der auch Bücher schreibt, unter anderem auch, weil er damit etwas auf die Beine stellen wollte; es ist nicht ganz ohne für seinen eigenen Ruhm auch. Auf der anderen Seite war es ein Gegengewicht gegen die Bestsellerliste. Es sollte eine Anti-Bestseller-Liste werden. Das klappt manchmal, und ich glaube, dass diese Bestenliste in der Regel ganz nützlich ist. Es kann aber auch sein, dass sich dann alle zu einer Geschichte entschlossen haben und dann doch wieder die übliche Klüngelei der Leute, die sich im Geschäft der Kritik kennen, herauskommt, die es anderswo auch gibt. Ich habe ja eigentlich mehr an der Anti-Bestseller-Liste gehangen, die Herr Röhl einst in ›konkret‹ gemacht hat, weil es da einfach nur auf die Gegenposition ankam. Da konnte man Punkte geben gegen den allgemeinen Geschmack und gegen die allgemein gängigen und verkauften Bücher. Und das führt wieder auf das zurück, was ich auch sonst meine. Da steckte auch ein bisschen Anarchie mit drin. Es wird immer dann fragwürdig, wenn es sich so regelt, wenn man wieder Absprachen treffen kann, wenn man wieder Konsensus herstellen kann. Es ist immer besser, wenn man ein bisschen gegen den Strich geht, und auch auf die Gefahr, dass das Gegen-den-Strich-Gehen aushakt. Und diese Offenheit und diese Freiheit muss man behalten, meiner Ansicht nach.

Stichwort Anarchie, aber ein anderes Thema: Deutsche Gegenwartsliteratur. Ist das, was als Subjektivismus, wiedererwachter Subjektivismus dieser Literatur so benannt wird – ist das auch eine Literatur, in der ein Großteil eines neuen anarchischen Bewusstseins sich durchsetzen möchte? Ablehnung der genormten, zur Klassizität hindrängenden, der irgendetwas Allgemeineres transzendierenden Literatur?

Ich glaube schon, dass auch eine Spur Anarchie mit drin ist. Aber wichtiger ist zunächst mal das »nein«: »Wir wollen das nicht, was bisher gemacht worden ist, wir wollen was anderes«. Und das hat sich ja in verschärfter Form noch an einigen Stellen gezeigt, die gar nicht mal mehr unter die neue Subjektivität zu rechnen sind.

Woher kommt dieses »nein« in der Literatur? Es fällt ja doch sehr auf, dass dieses »nein« in der Literatur zusammenhängt mit dem »nein« von großen Teilen der Jugend. Ist es nur gegen das Bestehende gerichtet? Wir haben ja schon über dreißig Jahre Frieden, die Gesellschaft hat sich etabliert, die Bürokratie wird immer stärker usw. – ich will jetzt nicht alles aufzählen, was an Gründen für dieses »nein« von gutmeinenden Politikern genannt wird; aber ist es nur dieses Aufbegehren gegen den sich verhärtenden Staat, oder ist es nicht vielleicht auch eine Lustlosigkeit als Reaktion auf eine Art von Politisierung, die ja, wenn sie ernst genommen wird, doch sehr viel Arbeit erfordert, sehr viel Marsch durch die Ebenen.

Ich glaube, beides spielt eine Rolle, und beides müsste man natürlich verschieden beurteilen. Das reine »nein«, das »nein« um seiner selbst willen, ist relativ selten. Das geläufige »nein« kommt oft daher, dass die etwas sehen, was sie von ihren Eltern oder von der Schule usw. vorgesetzt bekommen, und gleichzeitig sehen sie, dass nicht viel dabei rausgekommen ist. Das »nein« entsteht doch nur dadurch, dass die Jüngeren sagen: »Wenn wir das nun alle mitmachen, was sollen wir denn besser machen, da kommt ja sowieso nichts raus; denn ihr habt den langen Marsch gemacht, und am Ende seid ihr noch genauso, wie ihr angefangen habt; ihr habt ja nichts gewonnen bei dem langen Marsch.« Das können sie nicht erkennen; das spielt eine große Rolle. Es spielt auch eine Lustlosigkeit eine Rolle. Es spielt auch eine große Rolle, dass sie alles geboten bekommen haben, dass sie alles, was man überhaupt bekommen kann, bekommen können, Geld relativ keine Rolle spielt. Die sind nicht so arm groß geworden wie wir in unseren 20er Jahren noch. Ich weiß, wie es ist, wenn kein Geld da ist und wenn man sparen muss mit dem Essen, wenn der Vater arbeitslos ist. Aber der Überfluss und die Möglichkeit, an alles heranzukommen, macht es verlockend, jetzt arm zu sein und gar nichts zu haben. – Ich glaube nicht, dass man das »nein« der jüngeren Generation oder auch das Aussteigen von Intellektuellen unbedingt an dem Kriterium Arbeit oder nicht Arbeit messen kann, denn das ist ganz verschieden. Es gibt schon sehr viele, die sich trotzdem wahnsinnig viel Arbeit machen, im Gegenteil. Ich würde sagen: Wenn das Aussteigen bedeutet, dass einer nun wirklich und von Grund auf faul ist, das fände ich fabelhaft. Nichts mehr tun, überhaupt nichts mehr tun.

Du lässt dich jetzt pensionieren. Bist du auch ein Aussteiger?

Jedenfalls habe ich nicht den Plan, etwas zu tun, sondern ich richte mich jetzt, will ich mal sagen, an der Oberfläche nach meiner Rolle. Über 25 Jahre lang habe ich einen Acht-Stunden-Tag gehabt, bis auf den Urlaub und auf gelegentliche Dienstreisen habe ich meinen Acht-Stunden-Tag auch erfüllt, ich habe oft kein Wochenende gehabt, habe oft bis abends zu Hause gelesen, nachgeguckt usw.; ich kann also sagen, dass ich viele Jahre lang mit dem berühmten 12- oder 14-Stunden-Tag von Arno Schmidt rechnen kann, und wenn ich pensioniert bin, muss ich nichts mehr tun, dann kann ich also faul sein. Und es ist eine Wunschvorstellung, dass ich den ganzen Tag herumliege und nichts mehr mache.

Ich glaube das natürlich nicht; und ich glaube es auch deswegen nicht, weil ich selber weiß, wie schwer es ist, nichts zu tun, wenn man mal zehn, zwanzig Jahre lang in einer immer wieder sich selbst verordneten Pflicht und Leistung gesteckt hat.

Aber gerade deswegen sollte man es mal einen Augenblick versuchen, und jetzt nicht auf die Tour wie im Urlaub, wo das Nichtstun dann gleichzeitig Trimm-dich ist.

Also doch wieder was tun. Aber um noch einmal auf die »Neinsager« zurückzukommen, auf die, die sich verweigern: Ist da nicht auch ein Punkt erreicht, wo man sagen müsste, dass die Aufklärung, die ja diese ganze Fortschrittsideologie in Gang gesetzt hat, hier an eine ganz bestimmte Grenze gestoßen ist?

Ganz sicher, ganz sicher, und zwar hat die Aufklärung unter anderem zur Folge gehabt einen ungeheuerlichen und für uns wahrscheinlich im vollen Umfang noch gar nicht zu übersehenden technischen Aufschwung. Was sich in den letzten hundert Jahren alles entwickelt hat, ist so schnell gegangen, dass es einem schwindelig wird. Nur hat dieser ganze Fortschritt, der ein Produkt der Aufklärung ist, aus sich heraus keine eigenen Wertvorstellungen geliefert. Die Wertvorstellungen, die aus dem Fortschritt selber kommen, sind rein technologischer Art, d. h. rein praktisch gebunden: Nutzt es was für die Sache oder nicht? Daraus kann ich keine Werte ableiten.

Aus ratio wurde Rationalismus und schließlich Rationalisierung.

Der Rationalismus hat sich weiter verengt. Und diese Verengung des Rationalismus zum reinen technischen Fortschritt bedeutet, dass Wertvorstellungen nur im Weitergehen des technischen Fortschritts bestehen, d. h. etwas übertrieben gesagt: Wenn jetzt Leute ein chemisches Nervengift oder irgendetwas entwickeln, von dem sie meinen, dass jetzt ein großer Teil der Menschheit in einen debilen Zustand, ohne zu sterben, gebracht wird, und die sagen, die Forderung, die wir dabei stellen, ist die, dass man es anwendet – das ist eine Diskussion, die in den USA durchaus geläufig ist zurzeit –, dann kann man sagen, es hat sich aus der Aufklärung und aus dem Fortschritt nichts entwickelt, was man mit den Wertvorstellungen vergleichen kann, die sich überall dort in der Geschichte entwickelt haben, wo es sich um – jetzt auf der Gegenseite – metaphysisch gebundene Gesellschaften gehandelt hat. Da wir das jetzt nicht haben, greifen wir zu den früheren Wertvorstellungen. Es werden jetzt die alten Wertvorstellungen wieder hervorgehoben. Dann gibt es Philosophen, die versuchen, diese alten Wertvorstellungen in eine abstrakte Ethik zu verwandeln, in allgemeine Regeln des Ethischen. All dies ist aber, glaube ich, geborgt. Und die Kinder, die nur den Reflex, den Außenreflex davon wahrnehmen, oder auch andere, die anfangen zu denken, sehen, dass das ja alles keine aus der Sache entwachsenen Werte sind, sondern dass das alles aufgeklatscht ist. Sowie, kann man sagen, ein Präsident Jimmy Carter mit Jeans ins Weiße Haus kommt, ist die Wertvorstellung »Jeans«. Dann kommt der Präsident Reagan mit einem Frack, und dann ist die Wertvorstellung »Frack«. Das sind Dinge, die man wechseln kann wie die Mode. Und infolgedessen erwecken sie bei all denen, die das ernst meinen, überhaupt kein Zutrauen. Und die, die aussteigen, meinen es ernster. Ich habe im ›Spiegel‹ gelesen von einem Besuch des Verkehrsministers Hauff bei den Alternativen in Berlin. Was war das Ergebnis? Die konnten nicht miteinander reden, weil der eine jetzt in seinem Kanal dachte und sie überreden wollte, Bonner Politik zu machen, d. h., harte politische Arbeit zu machen. Und die anderen sagten: Ja, was macht er denn, er müsste doch selbst sehen, wenn er sich umguckt, dass er überhaupt nichts damit erreicht und dass das, was er da jetzt in Bonn tut, das reine Zeittotschlagen ist, oder ein Kompromiss am anderen; wir wollen grundsätzlich die Fragestellung nicht, wir wollen eine andere Fragestellung. Andererseits sind aber jetzt – die Alternativen in Berlin genommen – diese Alternativen offenbar nicht in der Lage, ihre eigene Fragestellung zu formulieren. Und da steckt ein großer Unterschied am Anfang der 80er Jahre zu der Situation Ende der 60er Jahre. Ende der 60er Jahre hatte man die Theorie wiederentdeckt, da wurde theoretisiert; und von daher wurde mit einer stimmigen Theorie gegen die praktische Politik angegangen. Und jetzt sind die aus der Zeit inzwischen zu höchsten Machtpositionen gekommenen Politiker daran gewöhnt, dass sie gegen Theorie Stellung nehmen müssen – so wie der Bundeskanzler, der ist gewöhnt, sich von seinem pragmatischen Standpunkt aus mit theoretisierenden Linkspolitikern auseinanderzusetzen und sie in die Pfanne zu hauen unter Umständen; jetzt hat er aber gar keine Theoretisierenden vor sich, sondern eher welche, die dumme Witze machen oder blödeln oder Quatsch reden. Auch die Literatur war in den 60er Jahren der Meinung, dass man die Geschichte theoretisch lösen könne. Und da gab es den Gegensatz zwischen der sogenannten konkreten Literatur und der politischen Literatur. Beide beriefen sich auf theoretische Argumente. Und man kann sogar sagen, dass das Dritte, was damals nicht sichtbar war, aber heute sichtbar ist, innerhalb des deutschen Sprachraums die DDR-Literatur war, die sich auch auf Theorie berief, nämlich auf die Theorie des Becher-Instituts: dass man die alten Formen neu fassen kann und dass man auch ganz neue Dinge mit den formalen Dingen machen kann.

Das war ja damals in der Bundesrepublik die sogenannte zweite Aufklärung, die gefordert wurde.

Ja, aber die Frage war insofern schon komplizierter, als diese neue Aufklärung, die von der Linken gefordert wurde, bereits ein Aufguss war, und das ist im Grunde in Frankreich sehr viel deutlicher gewesen, hat sich hier nur in den Konsequenzen nie völlig niedergeschlagen. Aber die Leute, die in Frankreich gewesen sind zu der Zeit, sagen: Das war Maskerade; der ganze Mai '68 war Maskerade, und zur Theorie gehörte die Maskerade dazu. Das war dort deutlicher zu sehen, bei uns war das nicht so deutlich. Bei uns stand die Theorie so hart im Vordergrund, dass wir immer nur daraufgestarrt haben.

So dass aber doch 1967 / 68 folgende durchaus noch in der Konsequenz der alten Aufklärung gestanden haben, zwar in Spruch oder Widerspruch sich entwickelt haben, aber noch unter den Spielregeln dieser Aufklärung, während ja heute eine Absage an diese Spielregeln überhaupt erfolgt. Und da frage ich mich eben: Was kann da noch die Rolle der Literatur sein? Wenn wir von antizipatorischer Literatur gesprochen haben, war das ja immer noch ein Nachklang dessen, was die bürgerliche, die frühbürgerliche Literatur einmal gewesen war, nämlich Eroberungsliteratur des Bürgertums, eine wirklich antizipatorische, eine wirklich vorwärtsschreitende Literatur, die im 19. Jahrhundert dann zu einer wertbeständigen Klassizität gemacht worden ist und nicht mehr in Frage gestellt wurde.

Das hängt aber mit der Vorstellung des Fortschreitens und des Fortschritts überhaupt zusammen. Ich glaube, man kann heute sagen, dass es eine fragwürdige Sache geworden ist, dass wir überhaupt den Fortschritt in dem Sinne nicht mehr recht erkennen können, weil er immer mit so viel Rückschritt verbunden ist, und dass die Literatur vom Fortschreiten her eigentlich nichts hat. Der Fortschritt der Literatur endet im Grunde bei Joyce, Proust, bei Surrealismus und Dadaismus.

Gibt es also heute auch ein Ende der Literatur?

Alle die Leute, die zu der Zeit das Ende der Literatur proklamiert haben, haben gleichsam eine Spitze gebildet. Danach hat es Mischverfahren und Rückgriffe gegeben, alles mögliche; oder Frontstellungen, wie die zwischen Formalismus und politischer Literatur. Heute sind diese Frontstellungen auch noch da, aber die Jüngeren können damit spielen, die machen in einem einzigen Gedicht Formalismus und politisch alles durcheinander. Aber häufig wird es auch ein leeres Spiel, um einfach so schöne Sachen zu zeigen.

Wobei das Ineinander von formalem Spiel und politischen Inhalten, Themen ja ein möglicher Weg wäre.

Es ist die Frage, was man heute noch daraus machen kann und wie das aussehen kann. Und darüber gibt es bisher keine Übereinkunft. Man kann sich auf nichts stützen, man muss das Risiko eingehen, ohne Seil durch die Luft zu hüpfen.

Das wollen ja die, die »nein« sagen, ganz bewusst.

Die Neinsager sagen zunächst mal »nein«. Ob sie dann wissen, was sie positiv wollen, ist noch eine Frage.

Gut, aber sie nehmen es in Kauf, ohne Netz aufs Seil zu gehen.

Ja, die wollen möglichst auch noch ohne Seil seiltanzen. Es führt dann auch wieder zu ganz altmodischen Dingen. Allmählich zeichnet sich ja nun schon auch eine Hausbesetzerliteratur ab, dann haben wir auch eine Wiederauflage der 60er-Jahre-Literatur mit veränderten Vorzeichen.

Das führt zu der Frage, welche Funktion Literatur heute noch haben kann. Wobei mir jetzt beim Formulieren der Frage bewusst wird, dass dies eine Frage ist, die im alten Sinne gestellt wurde. Muss Literatur denn überhaupt eine Funktion haben?

Du hast gesagt: antizipatorisch. Ich würde eher sagen: Die Literatur hat heute in entscheidendem Maße eine irritierende Funktion. Ich soll durch die Literatur aufgeschreckt werden, und ich soll in eine Richtung verleitet werden, an deren Ende ich dann sage: Ist es denn eigentlich so? Die Literatur sollte heute Fallgruben bilden und Löcher machen, in die der Leser reinfällt – das fände ich eine aktuelle Funktion der Literatur – und aus denen heraus er gezwungen ist, selber zu überlegen und sich selber Gedanken zu machen. Die Frage ist natürlich, ob das auch schiefgeht. Ob, wenn man das macht, die Leser, die das lesen, dann nicht vollends konfus sind und lieber zu, was weiß ich, Marlitt und Wilhelm Raabe zurückkehren.

Und das am besten auf dem Weg übers Fernsehen.

Vielleicht, vielleicht. Obwohl sich das Fernsehen an die viel schlechtere Courths-Mahler rangemacht hat, Marlitt wäre schon besser als Courths-Mahler.

Früher wurden ja immer solche Fragen gestellt: Kann die Literatur der Welt noch beikommen? Und wurden ernst genommen. War das nicht auch eine Illusion? Konnte die Literatur der Welt überhaupt beikommen? Leibniz hat noch ein Universalsystem zu erstellen vermocht, aber damals schien das Universum auch sehr viel kleiner zu sein.

Es hing nicht nur mit dem Universum zusammen, sondern es hing einfach daran, dass die Begriffe auf einen Punkt gebracht werden konnten, dass man noch in der Lage war, die Begriffe, in die die Welt gefasst wurde, in die die Welt kategorisiert wurde, auf einen Nenner zu bringen. Man kann sagen, das ging bis Kant. Bei Hegel hört es dann vielleicht auf.

Hegel war der erste Beweis dafür, dass es aufgehört hatte.

Ja. Und um dieselbe Zeit, in der Hegel an der Grenze stand, hat die Literatur dann die Rolle übernommen, die Welt zu registrieren, aufzunehmen, die verschiedensten Richtungen, die möglich waren, von, man kann sagen, Goethe bis Zola. Das ist ja alles Weltaufnahme. Und Dieter Wellershoff hat, glaube ich, einmal gesprochen von der simulatorischen Funktion der Literatur, dass die Literatur lange Zeit hindurch Vorgänge, Entscheidungsvorgänge, Bewusstseinsvorgänge, Verhaltensweisen der Welt gegenüber, von Mensch zu Mensch, simuliert hat, die der Leser dann leichter in eigener Entscheidung machen konnte, wenn er diese Literatur gut im Kopf hatte; das war eine echte Funktion durchs ganze 19. Jahrhundert; noch bis Döblin. Ich glaube, dass die Literatur heute diese Funktion nicht hat; sondern wenn sie etwas simuliert, dann die Ratlosigkeit; und dass sie die Ratlosigkeit zu Ende simulieren muss, aber nicht so, dass man anschließend sagt: Jetzt bleibt mir nichts anderes übrig als ein Strick, Gift, Gas oder was, sondern dass man das Gefühl hat, man sackt da auf einen Nullpunkt, von dem aus man wieder anfängt. Und das ist ja etwas, was theoretisch – praktisch, glaube ich nicht – bereits gefordert ist bei Sartre im Existentialismus; dass man da die Literatur zu etwas benutzt, um die Leute auf den Nullpunkt zu schieben – und dann kann man wieder weitermachen. Heute taucht die Simulation ja ganz woanders auf. Ich bin kein Autofahrer, sondern Straßenbahnfahrer, und ich fahre regelmäßig und zu denselben Zeiten Straßenbahn und am Morgen häufig mit Schülern zusammen, die zur Schule fahren. Und ich nehme zunehmend wahr, wie die Schüler sich gegenseitig das erzählen, was sie am Tag vorher im Fernsehen gesehen haben. Und wie sie vom, was weiß ich, Bergsteigerfilm bis zum Krimi, bis zum Western sich in dessen Rollen versetzen und wie sie jetzt à la Brechts Verfremdungseffekt in der Straßenbahn das Fernsehen nachspielen. Und da steckt ja ein ganz anderer Simulationseffekt des Fernsehens drin, d. h., das Fernsehen simuliert nicht Wirklichkeit, sondern die imitieren in der Straßenbahn das Fernsehen. Und wenn sie das immer weitermachen, und wenn man sich vorstellt, dass das über Generationen weggegangen ist, dann ändert sich die ganze Menschheit, wenn das Fernsehprogramm sich ändert.

Ich habe mir noch einen anderen Satz notiert. Max Frisch hat mal gesagt: Die Literatur muss den Politikern die Phrasen verderben.

Einverstanden.

Und dann hieß es ja auch immer: Man muss Sand im Getriebe sein. Aber war nicht dieser Literatur, die im Verfolg dieser Aufklärung geschrieben wurde – so, wie du sie eben auch beschrieben hast –, war dieser Literatur nicht immer noch beizukommen wiederum durch andere Worte, die nicht Phrasen waren, sondern durch eine geschicktere Verhaltensweise in Sprache, durch ein Weiterdrehen dieser selben Schraube Aufklärung, während die Literatur der Gegenwart, die wir als Nein-Literatur, als Absage-Literatur definiert haben, nun wirklich Sand im Getriebe der Gesellschaft werden kann. Oder wird sie nur bedeutungslos?

Die Frage ist, ob man das »Sand-im-Getriebe-Sein« oder das »Den-Politikern-die-Phrasen-Verderben« als eine direkte Funktion ansieht, und ich glaube, Frisch hat es so gemeint. Frisch hat gemeint, dass der Schriftsteller noch so viele Möglichkeiten hat, dass er dem Politiker die Phrasen verderben kann. Er kann ihm im Moment die Phrasen nicht mehr verderben, wo der Politiker gar nicht weiß, dass es diesen Schriftsteller gibt, und ihn noch viel weniger liest. Dann könnte – für den Bundestag gesehen – nur Klaus Mehnert noch den Bundestagsabgeordneten die Phrasen verderben. Der bringt sie ihnen aber bei. Und die andere Seite, ob man Sand im Getriebe sein kann, ist latent. Es ist fraglich, ob es schon genügt, dass einer ausgefallene Gedanken hat oder ausgefallene Geschichten schreibt. Und das geht natürlich von einem Schriftsteller zum anderen ganz unterschiedlich; das kann man auch wieder kritisch beurteilen, ob er jetzt sozusagen die letzte Konsequenz, die er in sich hat, befolgt hat oder nicht.

Aber was heißt eigentlich »letzte Konsequenz« eines Schriftstellers.

Man muss das Gefühl haben, er hat hier wirklich versucht, die Vorbehalte aufzugeben. Das ergibt sich als Erfahrung aus dem Lesen. Und das wäre zum Beispiel für mich: das Risiko eingehen, so weit wie möglich aus seinen Vorbehalten heraustreten, ohne Netz arbeiten; das sind für mich eher Kriterien als irgendwelche stilistischen oder sonstigen.

Da möchte ich jetzt auf deine Literatur zu sprechen kommen. Ich kenne von dir Texte aus 35 Jahren, denn du hast mir selbst ausgegrabene Erzählungen von 1945 bis 1947 zur Veröffentlichung für »Text + Kritik« gegeben; Erzählungen aus der Kriegs- und Nachkriegszeit, die mich ein wenig an Heinrich Bölls Erzählungen erinnert haben, allerdings scheinen sie mir weniger idealistisch begründet zu sein als die Böll'schen Erzählungen, präziser, weniger emotional, aber auch stark metaphorisch und zum Teil sehr deutlich mit biblischen Bezügen. Dann hast du bis zu Anfang der 50er Jahre Gedichte geschrieben, Gedichte, die durchaus traditionell wirkten, gereimte Verse, Anklänge an Trakl, Gottfried Benn, George, auch Brecht-Töne meine ich da gefunden zu haben.

Ja, das ist richtig ...

Und dann lösen sich diese Schreibweisen in den 50er Jahren auf. Titel der Gedichtbände sind »Kombinationen«, »Topographien«, »Texte ohne Komma«, Titel, die schon signalisieren, in welche sprachskeptische Richtung sich diese Texte dann entwickeln. Mich interessiert: Wie kam dieser Bewusstseinssprung zustande? Irgendwann muss es doch gefunkt haben, muss die Erkenntnis gekommen sei, dass die Sprache, die du in den frühen Texten verwendet hast, die zum Teil epigonale Sprache, das Klischee, etwas ist, was nicht nur jeder so benutzt, der anfängt zu schreiben, sondern dass dieses Sprachverhalten ein Grundzug der traditionellen Literatur ist. Wie bist du dann plötzlich auf diese andere Schreibweise gekommen?

Ich glaube, man muss eines sagen, und das hat vor einiger Zeit ganz deutlich Hans G Helms gesagt, der ja in jenen Jahren vielleicht das extremste bundesdeutsche Buch geschrieben hat: Für alle, die im Dritten Reich gelebt haben, hat die traditionelle Sprache und die traditionelle Literatursprache ein Fragezeichen gekriegt – wenn die nicht sogar völlig verhunzt worden ist. Diese Unbrauchbarkeit der traditionellen Sprache zu erkennen, diese Sprache zu erneuern – das war aber kein Schnitt, dass man 1945 plötzlich gesagt hat, nun machen wir ganz was Neues –, das war ein Abarbeitungsvorgang. In diesem Abarbeitungsvorgang haben einerseits die Anklänge der traditionellen Literatur und das, was man weiter gelesen hat, eine Rolle gespielt, für mich zum Beispiel Rudolf Borchardt, aber auch noch George; auf der anderen Seite Dinge, die man dann erst neu kennengelernt hat, zum Beispiel Kurt Schwitters, Gertrude Stein, Ezra Pound, um nur die drei zu nennen; Benn hat in dem Sinn nicht so eine Rolle gespielt. Man hat gesehen, was man auch machen kann in einer anderen Richtung. Und dann ist es eine Frage: Wie kommt man dazu, so was zu machen? Dafür kann ich eigentlich jetzt am besten eine Anekdote erzählen, bei der man aber als Hintergrund die Lektüre und das Suchen in einer anderen Richtung mit sehen muss. Ich hatte für die Gedichte, die ich damals gemacht habe, immer Notizen gemacht, also sehr schnell und ohne weiter zu überlegen mir was aufgeschrieben, Wörter, Sätze, Satzbruchstücke usw. Und ich erinnere mich, dass ich eines Morgens zufällig kein Papier hatte. Ich war aber beim Bäcker gewesen und hatte Brötchen geholt, und die Brötchentüte lag da, und dann habe ich auf die Brötchentüte notiert; und die blieb liegen, ich musste dann in die Universität und hatte ein oder zwei Tage was zu tun, jedenfalls lag die Brötchentüte mit den Notizen da rum; und jetzt, natürlich auch durch dieses zufällige Heraustreten auf dem Papier einer Brötchentüte, fiel mir das, was ich da notiert hatte, stärker ins Gesicht, und plötzlich dachte ich: Ich kann das so stehen lassen, warum soll ich da jetzt noch was dran tun. Ich lasse diese einzelnen Wörter und die Satzbruchstücke einfach so stehen, wie sie da sind. Den Entschluss, das zu tun, würde ich von heute aber auch nur so erklären, dass ich bereits etwas gesehen und gelesen hatte, was in diese Richtung ging. Ich hab's dann mal selber probiert, mit einer Brötchentüte sozusagen. Und das hat sich dann fortgesetzt. Ich habe dann bewusst versucht, das so zu machen. Dazu kam etwas anderes. Das war die Zeit, in der ich – das muss so 1952 / 53 gewesen sein – zum ersten Mal den Begriff der seriellen Musik gehört hatte, und ich hab im Radio im Nachtprogramm alle Konzerte, die gegeben wurden – Hamburg: »Das neue Werk« – angehört; und ich hörte dann von einem gewissen Karl Heinz Stockhausen, den ich bis dahin nicht kannte, der mir unbekannt war, eine These, dass auch das Nichtklingende für die Komposition eines Musikstücks wichtig wäre, dass also die Pausen genauso bedeutend sind wie das, was man jetzt hört. Dass das Gehörte nicht, wie im klassischen Sinne, einen ununterbrochenen Zusammenhang haben muss, sondern dass man einfach was weglassen und springen kann. Und das kam jetzt dieser Idee mit dem Stehenlassen der Notizen, und die schon als Gedicht zu nehmen, entgegen. Denn ich konnte jetzt sagen: Von Stichwort zu Stichwort springt es über Leerstellen.

Weil der assoziative Hof auch viel größer ist, als wenn die Pausen ausgefüllt würden?

Das war mir noch gar nicht so klar am Anfang, das habe ich jetzt zunächst nur formal so probiert, hab verschiedene Dinge aufgeschrieben usw. Und das ergab dann am Ende die Gruppe »Kombinationen«. Und aus dieser Sache ergab sich dann auch wieder eine Weiterarbeit in der Gruppe »Pamphlete« und »Topographien«, wo dann auch verdeckte, reduzierte Sätze, in Abfolge mit Pausen, dazwischenstanden. Es ergab sich aber, etwas anderes zu versuchen, jetzt doch wieder einen engen Zusammenhang herzustellen, sozusagen das Getrennte wieder zusammenzuschweißen. Und da war dann für mich interessant, dass das nicht einfach ging, indem ich das wieder in eine logische Abfolge oder in eine Erzählabfolge brachte, sondern eigentlich ganz kontroverse Dinge unmittelbar aneinanderdrängte. Und das führte dann etwa zu dieser Gruppe »Einsätze«, wo jedes Mal ein Supersatz mit multiplen Satzteilen gemacht wurde. Und das war etwas, was ich dann gelesen habe, was also bei Butor zum Beispiel eine Rolle spielte und was vor allem dann am deutlichsten ausgedrückt worden ist in der Kritik von Butor zu »Finnegans Wake« von Joyce. Und daraus ergab sich dann allmählich immer mehr ein Gefühl für das, was man, wie es damals hieß, aus der Sprache sprachimmanent herstellen kann. Und da habe ich mich vorwärtsgetastet. Und weil sich das dann leichter ausdrücken ließ mit dem Begriff des Textes als mit dem des Gedichtes oder der Prosa oder der Erzählung oder, was weiß ich, Essay usw. und weil damals das Wort Text auch eine gewisse Modefunktion hatte, habe ich angefangen, diese Bücher »Textbücher« zu nennen. Und im Grunde ist der allererste Anstoß dazu gar nicht von mir gekommen, sondern von Andersch; als ich frisch in Stuttgart war, haben wir mal so darüber gesprochen, und es kamen zwei Seiten heraus: Andersch sagte etwas über das, was ich geschrieben hatte, und ich sagte ganz unwillkürlich: Das bedeutet natürlich das und das. Ich hatte also die Reduzierung und das sprungweise Verfahren wieder aufgelöst und versucht zu erklären, was dahintersteckte. Worauf Andersch mich ganz erstaunt anguckte und sagte: Und bedeuten soll es auch noch was? Das war die eine Seite. Er nahm es abstrakt, während es für mich überhaupt nicht abstrakt war.

Sozusagen abstrakt-visuell.

Ja, aber für mich ist es nie nur ganz visuell und nie nur ganz abstrakt gewesen, sondern es steckte Erfahrung drin, die ich nur auf meine Weise und gegen die gängige Sprache ausdrücken wollte.

Nun lag das Ungewöhnliche ja vielleicht darin, dass Literatur immer etwas transportieren will, Inhalte transportieren will; und diese Inhalte, die du gedacht hast und die du auch beim Wiederlesen und beim Vorlesen sogar hast realisieren können, vom einfachen Leser unter Umständen gar nicht aufgenommen werden können ...

Doch, doch ...

... und deshalb diese Reaktion von Andersch.

Ich habe eben auch die doch verblüffendsten Beispiele dafür, wie das ganz richtig aufgenommen worden ist. Dass es nicht aufgenommen worden ist damals, lag auch daran, dass es so ungewohnt war. Nur, es war damals auch so, dass Andersch dann sagte: Also in der Konsequenz sollten Sie eigentlich »Textbuch« sagen, wenn Sie so was machen. Und da habe ich mir das überlegt und habe dann gesagt, er hat eigentlich recht, und das Wort »Textbuch« habe ich dann konsequent angewendet, wobei mitgedacht war bei »Textbuch« damals auch noch der Gegensatz zu

Bilderbuch. Und diese ganze Sache hatte eine gewisse innere Konsequenz, die ich weitergemacht habe.

Bis hin zu den Projekten? Also »D'Alemberts Ende«?

Nein, noch nicht. Im Grunde bis zum Ansatz zu Collageverfahren, die im »Textbuch 6« stehen. Und bei »Textbuch 6« war das Muster eigentlich »Menge mit aufgeprägter Metrik«. Ich war zu der Zeit in Hamburg in Urlaub und bin eine Woche lang nur mit der U-Bahn und S-Bahn gefahren in Hamburg, hin und her, alle Strecken, die es überhaupt gibt, und habe immerzu Notizen gemacht und habe die Notizen dann so gelassen, habe sie aber durcheinandergerührt.

Welche Art Notizen?

Was mir in den Sinn kam, was ich sah, optische Notizen, was ich gehört habe. Dazwischen habe ich ein Mathematiklexikon gelesen – daher kommt der Titel –, weil ich was nachschlagen wollte; und es ist also eine Spur von acht Tagen meines Lebens, wie sie sich spontan und zufällig verbal in einem Notizbuch niedergeschlagen hat, ohne weiter zu reflektieren. Das Ganze wurde dann in ein zufälliges Verfahren umgewandelt und umgerührt und dann ausgeweitet. Das war aber damals ganz am Anfang. Und das Projekt Nr. 1 »D'Alemberts Ende« war dann ein Versuch, dieses mit »Textbuch 6« gewonnene Verfahren auf einen ganzen Lebensbereich auszudehnen, nämlich auf die Stadt Hamburg und auf mein Verhältnis zur Stadt Hamburg. Wobei das alles eine verdeckte und natürlich jetzt überhaupt für Außenstehende nicht erkennbare autobiographische Seite hat.

Was ist denn dann eigentlich an »D'Alemberts Ende« vermittelbar?

Ich glaube, dass es ein Modell ergibt, in das das Autobiographische untergegangen ist und als etwas Untergegangenes auch nicht wieder herauszuholen, dass aber dieses Modell, das jetzt aus Sprache besteht und aus vielen Sprachfloskeln, die immer wieder Kleinmodelle in sich bilden, als Modell erkennbar ist. Das bildet Kapitel für Kapitel eine Art Karussell-Modelle aus, und vor allen Dingen im Mittelteil, in den Gesprächen, wird fast enzyklopädisch, aber bruchstückhaft – und das sind keine Widersprüche, sondern das ergänzt sich, die Bruchstücke werden enzyklopädisch behandelt – der Gesprächsstoff dieser Zeit, der zweiten Hälfte der 60er Jahre, aufgefangen und behandelt.

Der Gesprächsstoff im Wesentlichen in den sogenannten intellektuellen Kreisen?

Nicht nur der Intellektuellen, sondern auch dessen, was in den Zeitungen stand, was im Rundfunk geredet wurde. Es sind ja viele Zitate zum Beispiel aus dem ›Spiegel‹, aus ›konkret‹ und ähnlichen Publikationen drin. Und auch ganz beiläufige, banale Geschichten. Natürlich dreht es sich dann immer wieder um Literatur, insofern sind es Intellektuelle. Es sind alles mehr oder weniger Literaten, die da reden. Diese Literaten sind ihrerseits wieder stilisiert. Dieses Modell ist vermittelbar, glaube ich, und das ist auch das, was ich eigentlich vermitteln wollte. Wenn man das weitertreibt, kommt man drauf zu sagen: Kann ich denn nicht jetzt bloß noch mit der Sprache, alles andere weglassend, nur mit der Sprache etwas machen? Und zwar nicht so, dass ich jetzt Wörter aus dem Wörterbuch nehme oder zurückgehe auf Grundsatzgrammatik, Syntax usw., sondern indem ich ausgebildete Sprache nehme, Sprache aus Gedichten, aus Romanen, aus der Philosophie usw., aber auch Geschwätz, was man nur mit halbem Ohr hört. Und alle diese Dinge spielen eine Rolle in dem Projekt Nr. 2 »Das Durchhauen des Kohlhaupts«. Und im Prinzip, würde ich heute sagen, hat es sich darum gehandelt, Sprachmengen mehr oder weniger miteinander zu vermischen und gegeneinanderzuhalten. Ich würde aber von heute aus sagen, dass es sich abkapselt gegen die Vermittelbarkeit; dass die Dinge in dem Projekt Nr. 2, die zum Teil ursprünglich als Hörspiele gedacht waren – auch von denen, die nicht als Hörspiele gedacht waren, sind welche gesendet worden als Hörspiel –, sich abkapseln. Und da steckt etwas drin, was ich neu machen müsste. Das kann ich aber im Moment gar nicht sagen. Ich glaube, dass ich mich da in eine bestimmte Richtung verrannt habe, die wieder zurückgeholt werden müsste. Ich würde dies jetzt von allen Büchern, die veröffentlicht worden sind, auch als einziges widerrufen und sagen, das muss überprüft werden für später. Und aus dieser Vorstellung oder aus dieser Skepsis gegen das, was ich da gemacht habe, hat sich dann ein Nachdenken ergeben, wie man das anders machen kann. Und da habe ich verschiedene Dinge ausprobiert und angefangen, wieder liegengelassen. Und das hat alles zu nichts geführt, und ich habe dann 1976 mal versucht, einen größeren, jetzt unvermittelt autobiographischen Komplex herzustellen, wo ich's nicht verschlüsselt habe, sondern direkt geredet habe. Das ist auch liegengeblieben. Aber aus diesem Versuch ist hervorgegangen ein eher spielerischer Umgang mit Erzählformen. Ich habe für eine Anthologie etwas gemacht und an einer anderen Stelle etwas ausprobiert; dann habe ich in einem Geschäft ein Brot gesehen, das »Mürbekapsel« heißt in Schwaben, und hab gedacht, das ist ein schöner Name für einen Helden, was soll er jetzt für Vornamen haben, und dann habe ich gedacht, Ottokar, auch Franz, und so habe ich das ein bisschen spielerisch versucht. Aber alle diese Geschichten, die dann in »Eichendorffs Untergang« und in den anderen beiden Bänden stehen, sind in ihrem Ursprung entstanden doch aus dem Unbehagen daran, dass etwas sich nicht mehr vermittelt. Und dieses sind jetzt Dinge, die zunächst mal auf Vermittlung berechnet gewesen sind. Ich wollte etwas mitteilen und wollte eine Geschichte erzählen, die man aufnehmen kann. Dann hat sich aber in diese Geschichten etwas hineingemischt, was wieder Schwierigkeiten macht, wo wieder etwas drinsteckt.

Diese letzten drei Bücher des Projekts 3 / 1 – 3 haben ja dann auch Verblüffung ausgelöst bei der Kritik, als hieße es jetzt, der Heißenbüttel, der immer diese »Labortexte« gemacht hat, dieser Experimentelle, der fängt jetzt plötzlich an zu erzählen. Und man war sehr überrascht und hat gedacht, das hat überhaupt nichts mehr mit dem anderen zu tun. Aber in Wirklichkeit glaube ich eben doch, dass das sehr viel miteinander zu tun hat. Es kommen allerdings jetzt sehr viel psychoanalytische Geschichten hinzu; es kommen Erzählebenen hinein, wie andere Dimensionen, wie an-

dere Streben, aber mit diesen arbeitest du doch eigentlich ähnlich wie in den anderen früheren Texten.

Ja, die psychoanalytischen Elemente zum Beispiel sind früher auch drin gewesen, nur waren sie natürlich verschlüsselter und versteckter. Man kann sagen, dieses ist in einer Weise entschlüsselt, es ist nicht so konzentriert, aber es ist vom Thema und von dem, was an Erfahrung drinsteckt, nicht so unterschiedlich wie das, was ich früher auch gemacht habe. Es ist eine Konsequenz; der Unterschied liegt in der anderen Auffassung der Vermittelbarkeit. Ich meine, da steckt noch ein Punkt, an dem ich früher sehr gehangen habe, dass das, was ich hineingebe, wenn ich es nur sehr allgemein oder auch unter Umständen vage oder zurückgenommen ausdrücke, Raum lässt für den Leser oder Hörer, nun mit seiner eigenen Erfahrung und seiner eigenen Vorstellungswelt sich hineinzubringen. Dies ist jetzt etwas eingeengt in den Erzählungen, aber auch nicht ganz, denn die haben auch überall wieder offene Stellen, wo der Leser oder der Zuhörer mit hineinkann.

Aber es ist schon so, dass, was wir vorhin mal sagten, die Texte früher mit ihren, wenn ich zum Beispiel an die »Sprechwörter« denke, großen Lücken zwischen einzelnen Wörtern sehr viel Freiraum für die Eigenassoziation des Lesers ließen, und dass jetzt natürlich durchgeschriebene, gleichsam kompakte Texte vorliegen.

Ja, die aber auch wieder so einen Exempelcharakter haben. Meine Vorstellung ist ja, dass das auch dazu dienen kann, dass sich der Leser dann selber solche Geschichten ausdenken könnte.

Du hast ja diese kleinen Geschichten gemacht – erst in »Eichendorffs Untergang«, also in Projekt 3 / 1 –, die enden mit den Sätzen: »Mehr lässt sich darüber eigentlich nicht sagen«; und im Projekt 3 / 3 »Das Ende der Alternative« – enden diese kurzen Texte immer mit Formulierungen wie: Darüber müsste man eigentlich noch mehr sagen.

Ja, genau: »Darüber ließe sich wohl viel noch sagen.« Und das ist ein Satz, der aus einer Briefstelle von Hegel entwickelt ist, die ich schon früher für »Gedichte über die Übung zu sterben« benutzt habe, und später noch einmal in einem Gelegenheitsgedicht. Darin steckt aber auch, dass eine solche Kurzfassung, eine solche Minigeschichte, weiterzuarbeiten ist, also dass jeder, der das liest, für sich Dinge, die mit seinem Lebensbereich zusammenhängen und ihm naheliegen, auf ähnliche Weise formulieren kann.

Wie geht's denn jetzt weiter? Woran arbeitest du jetzt im Augenblick?

Ich habe für das »Text + Kritik«-Heft ganz am Schluss noch »Zweizeiler überher« gemacht – was eine niederdeutsche Wendung ist, das heißt »Noch eins drüber«: Einiges ist schon zu Ende, jetzt mach ich noch eins drauf. Und dann hab ich festgestellt – das war 1980 / 81 –, dass man das auch noch weiter machen kann, und jetzt hab ich gedacht, ich versuch mal über das Jahr 1981 in jedem Monat so eine bestimmte Anzahl von Zweizeilern, die sich reimen, zu machen. Ende März kriegte ich einen Hexenschuss und lag dann vierzehn Tage eigentlich ziemlich konstant flach und hatte sehr große Schmerzen. Und das führte dazu, dass ich Zweizeiler über den Schmerz gemacht habe. Das ist etwas, was sich ganz aus dem täglichen Lebenslauf ergeben hat.

Ja, und gleichzeitig Ernst Jünger gelesen.

Das auch noch, das hat mir aber andere Schmerzen bereitet.

Noch mal zurück zu den frühen Texten. Du hast ja seit 1955 in der Gruppe 47 vorgelesen.

Ich war im April 1955 in Berlin zum ersten Mal eingeladen. Ich sollte 1954 eingeladen werden, das ging über Vermittlung von Weyrauch; das hat einerseits nicht geklappt, weil nur eine bestimmte Anzahl fahren konnte, und außerdem war das in Italien, da hatte ich damals gar nicht so viel Geld, dass ich da hätte hinfahren können.

Mich interessiert jetzt die Wirkung, die deine Texte im Verfolg der Zeit gehabt haben in der Kritik, die in der Gruppe 47 geäußert wurde, aber auch nach deiner Einschätzung auf andere Autoren. Wie sind die Texte aufgenommen worden nach und nach, und zu Anfang?

Ich bin also durch Vermittlung von Wolfgang Weyrauch dorthin gekommen. Und ich hab Weyrauch gefragt vorher, wie es da so zugeht und was ich da machen müsste und wo ich mich vorbereiten müsste, und hab ihm dann auch gesagt, was ich vorlesen wollte. Das war die Gruppe »Topographien«. Und das hat er sich angeguckt und dann gezögert und gesagt: Ich will nicht sagen, dass die Gruppe 47 reaktionär ist, aber sie sind an so was nicht so recht gewöhnt, haben Sie nicht mal was Gereimtes? Dann hab ich ein älteres Gedicht mitgenommen, ein gereimtes, und habe das zuerst vorgelesen. Das war aber irgendwie nicht richtig; die anderen, die das Befremden erregten, die machten Eindruck. Die erste Kritik kam von dem Mann, der den Stadtschreiber in Bergen ins Leben gerufen hat, der sagte: Wenn das Gedichte sein sollen, dann weiß ich nicht mehr, was Lyrik ist; als unser Freund Günter Eich hier las, da hat das doch ganz anders eingeschlagen. Und dann sagte ein anderer, Herr Schneider: Halten Sie eigentlich Lyrik für eine Art Artillerie oder was? Und daraus entwickelte sich ein Gespräch, das aber nur aus dieser ersten Kontroverse entsprang und eigentlich so auf null rauslief. Aber am selben Tag noch kam Günter Grass, der auch bei der gleichen Tagung zum ersten Mal da war, und da tauchte, von Hans Werner Richter formuliert, das Wort »vital« auf, und das wurde dem Grass eben so als Stempel auf die Stirn gedrückt. Das war es dann auch, er war dann der vitale Lyriker in der Gruppe 47.

Hattest du denn auch gleich einen Stempel?

Nein. Ich war sozusagen etwas, was sie nicht gewöhnt waren, und als der bin ich immer da drin gewesen. Die haben sich ja immer gegen »konkret« oder »experimentell« oder so was gesträubt. Das wurde aber nicht mit mir in Verbindung gebracht; sondern der Richter hat eigentlich immer gesagt, wir wollen nicht diese Höllerer-Schüler hier haben. Also Richter war eher geneigt, das Ganze Höllerer zuzuschieben, der ja auch da war, aber wenig gelesen hat und ja auch nicht als experimentell bezeichnet werden kann. Höllerers »Elephantenuhr«, ihr Anfang, ist sehr früh, schon 1960, vorgelesen worden. Ich habe dann in der Folgezeit immer, wenn ich was Neues hatte, es zuerst in der Gruppe 47 vorgelesen, und ich habe immer in der Gruppe 47 Dinge vorgelesen, die ich noch nie sonst vorgelesen hatte, und habe das für mich immer als eine Art Testverfahren angesehen, wobei es für mich nicht darauf ankam, ob die Kritik positiv oder negativ war, ich wollte nur wissen, *wie* die Kritik läuft. Und es ist immer wieder auch mal vorgekommen, dass gerade negative Kritik mich spontan bestätigt hat in dem, was ich mir so gedacht habe.

Aber ist nicht mit der Zeit eine größere Resonanz entstanden auf das, was du gemacht hast, auf diese spezielle Art von Literatur?

Nicht über die Gruppe 47. Ich bin durch die Gruppe 47 im Herbst 1955, das heißt genauer über Hans Georg Brenner, zu meinem ersten Job gekommen, im Verlag. Und ich bin auch über die Gruppe 47, weil ich dort Andersch kennengelernt hatte, in den Rundfunk gekommen. Ich war nichts im Rundfunk, ich war überhaupt nichts, als ich zur Gruppe 47 kam. Ich war ein abgebrochener oder verlängerter Student und habe allerdings, als ich zum ersten Mal von der Gruppe 47 zurückkam, 1955, das einzige Mal in meinem Leben mir die Frage gestellt, ob ich jetzt vielleicht ein berühmter Mensch bin. Aber die Frage habe ich nie wieder gestellt danach. Es ist aber in der Folgezeit natürlich für mich dann die Gruppe 47 als Lieferant für den Rundfunk sehr viel wichtiger geworden als für das direkte literarische Gespräch. Ich bin ja dann bis 1967 regelmäßig zur Gruppe 47 – außer nach Amerika, da war ich nicht – gefahren, einfach aus Rundfunkgründen, weil ich dort Anregungen kriegte, weil ich da Sendungen besprochen habe – so wie ich zu anderen Veranstaltungen auch gefahren bin. Und das heißt, dass meine Person sich mit der Tätigkeit als Redakteur für die Gruppe 47, sofern man sie als Kollektiv nimmt, immerzu vermischt hat und dass meine Redakteursrolle dann zeitweise doch genauso stark dort eine Rolle spielte wie die Rolle als Autor. Und darin war ich ja auch nicht allein; es waren ja immer Verlagsleute, Redaktionsleute und so dabei.

Aber in der Rolle dessen, der diese Art von Literatur vortrug, warst du doch wohl ziemlich allein, ganz zu Anfang und auch weiterhin.

Ich war einer von den wenigen. Es hat dann gelegentlich Versuche gegeben, so etwas mit reinzuziehen, einiges hätte sich fortsetzen lassen, anderes hat nie geklappt. Richter hat auch 1960 schon mal so einen Versuch gemacht; er hat bewusst am Anfang hintereinander Jürgen Becker, Ludwig Harig und Dieter Wellershoff lesen lassen, und das war der Moment, wo Reich-Ranicki sagte: Wo bin ich denn hier überhaupt, ist denn das noch Literatur, was ich da höre? Wellershoff ist noch gelegentlich da gewesen, Harig ist, glaube ich, nie mehr da gewesen, Becker ist integriert worden. Und zwar so voll, dass er 1967 den Preis kriegen konnte und dass er heute eigentlich als typisches Mitglied der Gruppe 47 gilt.

Offensichtlich hat es also eine zunehmende Resonanz, im Sinne von Zustimmung, auf solche Literaturformen in der Kritik innerhalb der Gruppe nicht gegeben.

Kaum. Ich habe mehr Zustimmung gekriegt, auch beim Lesen, als Person sozusagen. Das hat sich so mit den Jahren ergeben. Da spielen natürlich auch Gewohnheitsmomente eine Rolle.

Aber einige Autoren, du nanntest ja eben selbst Jürgen Becker, sind meiner Meinung nach ohne die Vorarbeit, die du geleistet hast, nicht zu denken. Die »Felder« von Becker sind für mich eine Art von Anwendung deiner Sprachdemonstration.

Ja und nein. Das ist jetzt, glaube ich, so einfach gar nicht zu lösen. Das sind Dinge, die sehr ineinandergeflochten sind. Wenn man längere Zeit in dem Ganzen drinsteckt, dann kennt man einige Leute besser, einige weniger. Daraus ergeben sich Einflussnahmen, Hin-und-her-Verhältnisse, und ich hab von anderen auch was übernommen und gelernt, und ich weiß nicht, ob man das so sagen kann. Und Jürgen Becker hat ja immer einen gewissen Wert drauf gelegt, dass er am Anfang ebenso sehr was von Vostell, also von einem Maler, gelernt hat wie von Literaten.

Ich will jetzt zum Abschluss noch auf ein anderes Thema kommen: auf die Rolle von Schriftstellern heute – wir haben ja schon verschiedentlich davon gesprochen, und du selber gehörst ja auch zu jenen, die beruflich sehr viel unterwegs sind.

Aber als Rundfunkredakteur, weniger als Schriftsteller. Ich habe an Tagungen teilgenommen, aber nicht so exzessiv wie mancher andere. Lesungen habe ich etwas reduziert, niemals Tourneen gemacht, das würde ich einfach nicht aushalten: vierzehn Tage lang hintereinander jeden Tag oder jeden zweiten Tag aus demselben Buch vorzulesen, nach einer Woche wäre ich viel zu fertig, das kann ich nicht durchhalten.

Aber viele Schriftsteller tun das ja, und immer mehr.

Ja, und welche, die früher sich geweigert haben, die früher es weit von sich gewiesen haben, wie Wolfgang Koeppen zum Beispiel.

Aber zur Rolle des Schriftstellers heute. Ist der Schriftsteller, wenn er relativ erfolgreich sein will, überhaupt ohne die Medien, ohne Rundfunk und Fernsehen denkbar? Nicht nur, weil er Rundfunk und Fernsehen für seine und die Verbreitung seiner schriftlichen Arbeiten braucht – umgesetzt als Fernsehspiel oder als Drehbuch aus einem Roman usw. –, sondern vor allen Dingen auch, weil er davon leben muss, weil er Fernsehen und Rundfunk beliefern muss mit Auftragsarbeiten, die sich in seinem literarischen Werk scheinbar nicht niederschlagen. Aber ist es nicht genau diese Arbeit, die ihm unter Umständen seine eigene Literatur verdirbt?

Das kann sein, muss aber nicht sein. Ich glaube, dass der Rundfunk schon eine gewisse Rolle spielt und dass eine große Anzahl von Autoren vom Rundfunk lebt, dass auch mehr, als so in der Öffentlichkeit im Allgemeinen bekannt ist, regelmäßig im Rundfunk arbeiten; auch mehr sind redaktionell, zumindest zeitweise, tätig gewesen. Niemand weiß heute mehr, dass Siegfried Lenz über zehn Jahre lang Feature-Redakteur war und gerade auch in dieser Zeit selber große Mengen von Features geschrieben hat. Ich glaube, das ist völlig anders in der Literatur nach 1945 als in der Literatur davor. Ob das einen negativen Einfluss hat, ob das das Schreiben verdirbt, ist eine Frage, die an jedem Einzelnen liegt. Ich würde sagen: Es kann genauso gut umgekehrt sein. Wenn ich regelmäßig für den Rundfunk arbeite – und zwar ist das stärker beim Rundfunk, als wenn ich für Zeitungen oder für Zeitschriften arbeite –, kriege ich ein anderes Verhältnis zum Schreiben. Ich kann entweder sehr sorgfältig schreiben und, was weiß ich, zehn Fassungen herstellen, eh ich mich entschließe, ans Mikrophon zu gehen; ich kann aber auch auf dem Standpunkt stehen, dies, was ich für den Rundfunk mache, ist sozusagen eine Kommentartätigkeit, die im Prinzip nicht so viel Unterschied hat zu einem Kommentar, den ein Sportreporter zu einem Fußballspiel macht: Der muss sich ja sofort entscheiden, was er sagt. Und in dieser Tätigkeit steckt ein Verhalten zur Sprache, das sofort Öffentlichkeit bringt, das man reflektieren muss, das man in seinen sprachreflektorischen Apparat mit aufnehmen muss. Und ich glaube, das kann durchaus von Nutzen sein, da lernt man immer was. Es ist nur die Frage, ob man das, was man da lernt, auch umsetzen kann, ob sich das niederschlägt, ob das jetzt dazu dient, die eigene Literatur offenzuhalten, nicht zuzuschließen; oder ob es die Gefahr in sich birgt, jetzt nur noch in Klischees zu reden oder Floskeln zu bilden, sich sozusagen seinen eigenen Stilapparat herzustellen. Für beides gibt es Beispiele in großen Mengen; ich will hier überhaupt keine Namen nennen, denn das würde ins Uferlose führen. Ich glaube, es ist ein Charakteristikum, dass es so ist. Als ich im Rundfunk anfing, hat Andersch, der ja immer für die simplen und leicht verbreitbaren Themen war, gesagt: Der Rundfunk ist nichts anderes als der heutige Mäzen des Schriftstellers. Das ist zu einfach. Und das hat sich auch gezeigt, dass es so einfach nicht ist. Die Möglichkeiten, im Rundfunk zu arbeiten, sind ja auch sehr vielfältig. Ich kann ein theoretischer oder politischer Kommentator sein und dann auch Bücher oder Gedichte schreiben.

Dir hat es jedenfalls nicht die Literatur verdorben.

Nein, es hat meine Vorstellung von Literatur erweitert. Das Leben in Literatur und in Sprache und in Büchern war eben über lange Zeit auch ein Leben in akustisch vermittelter Sprache, in akustisch vermittelter Literatur. Ob es das, wenn ich selbst nicht mehr im Rundfunk arbeite, weiterhin sein wird, weiß ich nicht. Ich habe jetzt manchmal das Gefühl, dass in der Zeit, die mir noch bleibt, sich doch noch einmal eine Wendung ergibt und ich mich viel mehr wieder aufs Visuelle besinnen möchte als auf das Akustische.

In welcher Hinsicht? Malerei?

Nein, das nicht so sehr, aber rein von der Literatur her, etwas zum Lesen; oder Drucke, dass man etwas auf einzelne Blätter druckt oder so, in der Richtung. Aber nicht so stark mehr verbunden mit dem rein Akustischen.

Und auch nicht mit der unmittelbaren Umsetzung – hängt das auch damit zusammen?

Das weiß ich eben nicht. Ich habe ein bisschen ein unsicheres Gefühl im Moment. Wobei es auch möglich ist, dass ich glaube, dass die Rundfunkanstalten sich wieder mehr zuschließen für uns, und wenn man dort arbeiten will, man wieder in andere Richtungen gehen müsste, nicht, dass man sich irgendwo als Kommentator, oder in ganz anderer Weise, oder als Moderator, was 'ne Möglichkeit ist, sich als Moderator à la Wapnewski …

Ich glaube, das reicht, das machst du sowieso nicht …

GESPRÄCH MIT PETER WEISS

Stockholm, 19. September 1981

»... ein ständiges Auseinandersetzen mit den Fehlern und Missgriffen.«

Peter Weiss, ein Kritiker hat jüngst Folgendes geschrieben: »Peter Weiss versteht nicht. Und gerade das gibt allem, was er geschrieben hat, seine Qualität. Zwar wollte und will er verstehen, aber nicht um den Preis des Einverständnisses. Diesen Preis hat Peter Weiss nicht gezahlt, kein Einverständnis, kein Verzeihen.« Und ein Satz weiter noch: »Zwar weiß er, was es auf sich hat mit der Welt, aber er versteht nicht.« Fühlen Sie sich von diesen Sätzen verstanden?

Ich würde das, was mich selbst betrifft, nicht so definieren; denn ich glaube, das Verständnis muss doch da sein, wenn man sich überhaupt über irgendetwas äußert. Dagegen der Zweifel, die Kritik, das Bewusstsein, dass alles aus Gegensätzen aufgebaut ist und verschiedenartig gedeutet werden kann – das ist überwiegend und leitet meine Arbeit ständig an; denn etwas Fertiges vorzufinden und etwas Fertiges darzustellen ist im Grunde uninteressant für mich. Aber einen Sachverhalt oder einen Vorgang darzustellen mit den inneren Antagonismen, das, finde ich, ist fruchtbar. Wenn jemand meint, ich verstehe nicht, meint er natürlich, ich verstehe nicht, was er für richtig hält. Ich glaube, er will damit mein Denken mystifizieren. Ich verstehe in allem, was auf mich zukommt: Es kann so und so ausgelegt werden, es ist vieldeutig – und jeder sucht nach Erklärungen. Und allein das Suchen nach Erklärungen setzt schon ein grundsätzliches Verständnis voraus; denn ohne dieses Interesse, dieses Vorherdenken, kann man sich mit einer Sache gar nicht auseinandersetzen. Wenn ich etwas überhaupt nicht verstehe, dann heißt das: Ich sitze verstummt da und starre die Wirklichkeit von einem Nullpunkt aus an. Aber solch ein Unverständnis ist selten. Referenzbilder stürzen sich doch gleich über das Unbekannte.

Heinrich Vormweg, der die von mir zitierten Sätze in seinem Buch über Sie geschrieben hat, geht dort aus von dem Satz: »Alles verstehen heißt alles verzeihen«; und mit »Verständnis« spielt er darauf an, dass die, die alles zu verstehen glauben, auch alles zu erklären versuchen und dann alles auch verzeihen können. Also die Haltung eines, vielleicht auch billigen, jedenfalls preiswerten Engagements – Enzensberger hat einmal gesagt: »Gratismut« –, mit der man irgendwie doch immer wieder mit den Dingen in dieser Welt zurechtkommt. Und diese Haltung vermutet er bei Ihnen nicht.

Nein, keineswegs, das schließt ja eigentlich auch die These des Verzeihens aus; denn es gibt Dinge, die mich mit einem bodenlosen Hass erfüllen, und dieser Hass, der wird nie weggearbeitet, sondern der bleibt da, der ist ja auch ganz fruchtbar; denn ohne Wut und ohne Hass auf ganz bestimmte Vorgänge kann man auch schwer an ganz entscheidenden Dingen teilnehmen und sich dafür engagieren. Der Zorn ist ein guter Motor. Er setzt politische Handlungen in Gang. Ich glaube nicht, dass echter Zorn blind macht. Gleichgültigkeit, Ironie, Zynismus machen einen viel stärker blind. So übertüncht man. Es gibt genug Dinge in der heutigen Wirklichkeit, die unverzeihlich sind.

Ich kenne Schriftsteller, die sagen: Ich muss mir etwas einfach auf die schlimmste Weise imaginieren, um so richtig einen Druck zu bekommen, der mich zum Schreiben darüber bringt. Aber Hass ist doch etwas Zwanghaftes, Verschließendes, auch etwas, das verfälschend auf die eigene Psyche zurückschlägt. Und Sie schreiben in den »Notizbüchern« hin und wieder – ein paarmal gibt es diese gravierenden Sätze –: »Ich hasse.« Das ist Ihnen ja auch von der Kritik vorgeworfen worden.

Natürlich kann auch das Verständnis bestimmte Grenzen haben. Wissenschaftlich, gesellschaftswissenschaftlich lassen sich die meisten Dinge erklären und auf Anlässe zurückführen. Aber damit auch die Anlässe oder die Folgen der Anlässe zu verzeihen, das ist ein weiter Schritt.

Das muss nicht sein.

Man kann sie verstehen. Aber wenn man seine Stellung, die man beim Ausdeuten der Konflikte erreicht hat, bewahren will, muss man auch seinen Zorn und seinen Hass bewahren, die dem Standpunkt seine bestimmte Farbe geben. Die Welt ist heute so voller Gemeinheiten, Schändlichkeiten, Verbrechen, denen mit Verständnis und Verzeihen weiß Gott nicht beizukommen ist.

Das ist der Punkt, glaube ich, auf den hier von Vormweg angespielt wird. Aber da liegt, meine ich, eben auch der Unterschied zum Hass. Man kann natürlich auch Zusammenhänge erklären, um erst durch diese Erklärungen zu ihrer Veränderung beizutragen. Aber der Hass macht auch stupide.

Ja, ja, es gibt einen Hass, der blind macht, und Ausbrüche eines solchen Hasses sind nicht besonders fruchtbar, jedenfalls analytisch gesehen geben sie nichts her; aber manchmal sind sie ein guter Anlass und ein wichtiger Anlass, denn ohne den unmittelbaren Hass und ohne den Aufruhr gegen die Lüge, die Unterdrückung, die Ausbeutung kann man diese Dinge gar nicht angreifen. Ich glaube, wenn man das ganz kühl und intellektuell machen will, geht es oft daneben. Wenn man sich Bewegungen ansieht, die gesellschaftliche Veränderungen hervorrufen, so ist da gerade die Triebkraft der Wut und des verzweifelten Überdrusses sehr wichtig, denn daraus erwächst die Gewalt, die Veränderungen herbeiführen kann.

In der Realität – als Revolution, als Revolte – schlägt sich Hass oft materiell um – aber in der Literatur? Ist Literatur nicht etwas, was den Hass auflösen sollte? Ich setze eher auf die Vernunft.

Ja, ich auch, ich auch, unbedingt, das ist klar, dass das gepaart werden muss mit Vernunft, und ich meine Hass oder Wut und Entsetzen auch nicht als direkte Regulatoren für den Mechanismus des Schreibens, sondern eher als eine Emotion, die dahinter liegen kann. Und dann muss natürlich die Vernunft einsetzen, um zu analysieren, warum man diesen Hass empfindet, gegen was man vorgehen will, was man verändern will, auf welche Weise – das ist klar. Schreiben ist ja doch die Auseinanderlegung der Emotionen, die man in sich hat. Die Emotion an sich ist sehr wichtig, aber wenn man versucht, sie zu artikulieren, kommt man schon an die Analyse heran, die Analyse ist die Voraussetzung für die Deutlichkeit des Schreibens. Aber ich möchte doch noch einmal gegen den Satz, von dem Vormweg ausgeht, dass, wer alles versteht, auch alles verzeiht, opponieren; denn eigentlich ist das meiste, wozu ich von Kindheit an, über die Jugendjahre und über das erste politische Bewusstsein hinweg, Stellung genommen habe, geleitet gewesen von einer Unversöhnlichkeit. All die Situationen im Leben, die Grundunterdrückung, die man erfährt als Kind, die Grundungerechtigkeiten, Verleumdungen, die Hetze und die Gemeinheiten, die man als Kind erlebt – sie sind schon die Vorbereitung für ein späteres politisches Engagement. Und es braucht gar nicht unbedingt politisch zu sein, sondern es ist ein soziales Gewissen, ein soziales Empfinden, das man in sich hat und dessen Wurzeln ganz tief liegen in den frühesten Erlebnissen. Und diese Reaktionen werden weitergeführt, später dann natürlich artikuliert, nicht mit einem wüsten Geschrei wie als Kind und auch nicht mit Ausbrüchen des Hasses wie in pubertären Zeitläuften, aber doch – es muss eine Gewalt dahinter sein, etwas Unversöhnliches.

Hängt es vielleicht auch damit zusammen, dass, wenn ich richtig beobachtet habe, in Ihrem gesamten Werk so etwas wie Psychologisierung von Figuren überhaupt nicht vorkommt?

Sehr wenig, ja. Und eigentlich deshalb, weil ich mich sehr lange praktisch mit Psychoanalyse beschäftigt habe, Anfang der 50er Jahre. Da wurden viele Impulse und Reaktionen direkt in einem psychoanalytischen Prozess verarbeitet. Das private Leben konnte etwas zurücktreten. Stattdessen traten später die gesellschaftlichen Kräfte, die Welt um das Ich und um die eigene Person, in den Vordergrund, und die gesellschaftlichen Kräfte wurden dann überwiegend und haben meine Arbeit von den 60er Jahren an geleitet.

Nun gehört ja zum modernen Erkenntnisinstrumentarium, auch zum Erkenntnisinstrumentarium gesellschaftlicher Vorgänge, die Psychologie ebenso wie die Soziologie. Und ich möchte das, gerade im Hinblick auf die Unversöhnlichkeit, über die wir gesprochen haben, die ja in Ihrem Werk und in Ihrer politischen Haltung deutlich wird, zu erläutern versuchen: Wenn man psychologisiert, leitet man natürlich auch an zum Verständnis, das heißt, jedes Verbrechen hat seine Gründe, auch Verbrechen an der Menschheit haben ihre Gründe, die soziologisch, mit gesellschaftlichen Theorien, zu erklären sind, die aber individuell auch jeweils psychologisch zu erklären sind. Liegt darin nicht auch ein Grund dafür, dass die Psychologisierung von Figuren vieles erklärbar macht und dadurch die Versöhnlichkeit auch erst herstellt?

Sehr aktualisiert hat sich diese Fragestellung ja zu Anfang der 60er Jahre, als ich mich mit dem Auschwitz-Komplex auseinandersetzte, für die »Ermittlung«, als ich bei den Prozessen in Frankfurt dabei war und den früheren Folterknechten und Mördern Auge in Auge gegenüberstand und versuchte, mich selbst zu fragen: Wie funktionieren diese Menschen, was sind das für Triebkräfte, die sie dazu gebracht haben? Oder sind es überhaupt Triebkräfte, sind es nicht rein gesellschaftliche Zusammenhänge, die sie in eine ganz bestimmte Art des Handelns hineingepresst haben? Und wie hätte ich mich selbst verhalten, wenn ich nicht ins Exil gekommen wäre, wenn ich dageblieben wäre, wie doch der größte Teil meiner Generation? Wie hätte ich reagiert? Wäre ich auch fähig gewesen zu diesen Verbrechen? Das sind ja Fragen, die nicht nur ich mir gestellt habe, sondern die grundsätzlich zu dieser ganzen Auseinandersetzung gehören. Darüber ist auch viel geschrieben worden: »Der Mörder in uns« und »Hitler in uns«, diese ganzen Schlagworte, die sich durchgesetzt haben und dazu geführt haben, dass man diese Dinge allzu leicht versteht und allzu leicht verzeiht, indem man sagt: Ja, ich wäre ja auch dazu fähig gewesen. Wichtiger ist der Punkt – zu dem man durch eigene Erfahrung und eigene Reaktionen gelangt –, die Einsicht: Es gibt Menschen, die sich nicht haben knechten und unterdrücken und einzwängen lassen in diese Muster, sondern die standgehalten und sich gewehrt haben. Und ich nehme an, oder besser: Ich glaube nach meinen Erfahrungen, dass ich nicht zum Mörder und Folterknecht hätte werden können, weil meine ganze Entwicklung mich in eine andere Richtung führte. Ich war immer gegen die Machthaber, die Autoritäten, ich gehörte eher zu den Unterdrückten, den Fliehenden, und ich habe gelernt, wie viele andere auch, das, was mir an die Existenz will, zu bekämpfen. Da muss man krass unterscheiden: Wer stellt sich dagegen, wer lässt sich fangen. Dieser Konflikt geht ja doch durch alle Erscheinungen der Ungerechtigkeit, der Ausplünderung, der Unmenschlichkeit hindurch: Wer wird ausgebeutet, und wer ist derjenige, der zum Ausbeuter wird? Das sind immer Dinge, die man sowohl psychologisch als auch gesellschaftskritisch erklären kann. Aber man muss eine Entscheidung treffen, man muss sie selbst treffen; wie ja auch Sartre sein ganzes Werk auf der Notwendigkeit aufbaut, sich zu entscheiden, auf der Notwendigkeit, eine Partei zu ergreifen, Stellung zu beziehen und gegen das zu kämpfen, was einem an den Hals will, selbst dann, wenn es aussichtslos erscheint. Wir haben es doch gesehen in den ganzen Jahren während des Faschismus und des Kriegs und auch später, heute in der ganzen Welt, dass es immer und überall Menschen gibt, die sich entscheiden, gegen das anzugehen, was ihnen den Lebensnerv kaputtmacht.

Gerade in der Bundesrepublik ist doch inzwischen über das, was zwischen 1933 und 1945 passiert ist, ziemlich Ruhe eingekehrt. Wir haben zwar die Serie »Holocaust« im Fernsehen gesehen, und die Wirkung war da, aber nur unmittelbar und emotionalisierend; inzwischen ist sie weg. Oder, wenn man beobachtet, dass nach dem Tod von Willi Bleicher – eines Mannes der Gewerkschaft, eines alten Kämpfers gegen den Nationalsozialismus – die Medien der Bundesrepublik darüber so gut wie kein Wort verlieren, dann aber beim Tode Speers die Medien voll sind von Nachrufen, die ARD ein uraltes Interview zum x-ten Male wiederholt usw. Wenn man diese Vorgänge sieht, merkt man doch, dass diese Gesellschaft kein schlechtes Gewissen mehr hat – nur ein schlechtes Gedächtnis und ein allzu gutes Gewissen.

Gutes Gewissen – aus dem »Geist der Versöhnlichkeit«. Dieser »Geist« wird angepriesen im Erziehungssystem, verbrämt mit humanistischen Begriffen, in unseren Schulen – in der Bundesrepublik und in den skandinavischen Ländern –, hier beruft sich der Unterricht auf die Notwendigkeit des liberalen Prinzips, dass man sich mit allem versöhnen könne, dass alles ausgeglichen werden könne und dass es im Grunde genommen keine starken Gegensätze zu geben bräuchte, wenn man sich nur ruhig verhält und wenn die Gesellschaft schön so funktionieren kann, wie die herrschenden Kräfte es wollen. Was erreicht wird, ist das Ende der Dialektik, die Entpolitisierung. Verheerend, wie die junge Generation kaum mehr eine Ahnung hat von den Ereignissen, die eine Generation oder zwei Generationen früher geschehen sind, während diejenigen, die sich noch damit befassen – nicht aus allgemein moralischen Prinzipien, sondern weil die Problematik noch lebendig für sie ist –, in einer verschwindend geringen Minderheit sind. Und gerade diese Situation der Minderheit zwingt sie manchmal zu Hassausbrüchen, zwingt sie auch zu Gewaltaktionen; und diese Aktionen, die Tendenz des individuellen Terrors, die daraus erwächst, schlagen auf sich selber zurück, sie sind verständlich, scheinen den Ausübenden berechtigt, schädigen aber die Kräfte des Widerstands, rauben der Gegenwehr ihre Legitimität. Auf diese Weise lassen sich die Fragen nicht lösen. Aber solche Haltungen werden heraufbeschworen durch diese Gleichmacherei, durch diese ewige feuchte dicke Decke, die über alles gelegt wird. Da gibt es eben Menschen, die das wie ein Ersticken empfinden, die sich dann zur Wehr setzen mit allen Mitteln, die wir nicht akzeptieren wollen, nicht akzeptieren können. Solche Menschen werden dann mit der ganzen Gewalt, die der Gesellschaft zur Verfügung steht – eben der Gewalt, gegen die sie sich auflehnten –, zerschlagen. Sie werden in einer Weise eingekerkert und bestraft von den herrschenden Kräften wie kein sonstiger Verbrecher, der irgendwelche anderen Gewalttaten begeht. Die Ausübenden des Terrorismus sind eine Art Selbstmordkommando innerhalb des Ausbruchsversuchs aus dem gigantischen Prozess der Verdrängung.

Nun neigt der Mensch ja dazu, nach Erkenntnissen zu suchen, nach Erkenntnis von etwas, woran er sich halten kann. Man hat das ja mal »Wahrheit« genannt. Aber ist das noch möglich in einer Welt, die unterteilt ist in Blöcke von unterschiedlichen »Wahrheiten«, die sich beide tatsächlich mit Lügen aufrechterhalten, deren Machthaber nun wirklich nicht unverdächtig sind der Lüge und auch der Gewalttätigkeit? Wie kann sich denn der Mensch verhalten, wenn er in diesen Blöcken lebt? Gibt es denn überhaupt noch die Möglichkeit, so etwas wie Humanität, Humanismus zu entwickeln?

Wenn man die gegenwärtige Lage überblickt und sie herleitet aus der Entwicklung, die zumindest meine Generation durchgemacht hat, dann sehen wir ja, dass viele Menschen diese Gewalt von oben so stark empfinden, dass sie meinen, sie könnten gar nichts mehr dagegen unternehmen. Diese Mutlosigkeit und Machtlosigkeit derjenigen, die in ihrem alltäglichen Kram festsitzen, die so weit getrieben worden sind von Kindheit an, durch Erziehung, Elternhaus, Schule, Militär, dass sie ihre eigenen, natürlichen Reaktionen so stark unterdrückt haben, dass sie selber gegen nichts mehr ankommen können, und diese Passivität, diese daraus entstehende Lethargie nehmen so überhand, dass es uns schon fast wundernimmt, wenn einer noch stark und unverstellt reagiert. Das scheint uns dann desparat oder irrational. Man findet Träger solcher Reaktionen häufig in den psychiatrischen Kliniken, wo sie aufgrund ihres abweichenden Verhaltens eingesperrt sind. Es ist doch so, dass die Machtkonzentration der großen politischen Blöcke – der westliche Block, der sowjetische Block, aber auch China, Südafrika, die lateinamerikanischen Diktaturen – ein Muster entwickelt haben, nach dem die Menschen sich weitgehend still verhalten und heute auch nur wenig Mittel besitzen, um wirklich etwas dagegen zu tun. Es gibt keine großen, mitreißenden Organisationen mehr wie am Anfang der Arbeiterbewegung, als sich die unterdrückten Massen sammeln konnten unterm Zeichen einer Gemeinsamkeit, um dann für ihre Sache zu kämpfen. Das ist doch schon fast anachronistisch geworden. Heute sind die Unterdrückungsmechanismen so unmenschlich, dass schon der Mut zu einem Zusammenschluss versickert. Die Parteien haben so viele ideologische Niederlagen erlitten, dass Skepsis und Lähmung um sich greifen.

Sie sagen »diese Unterdrückungsmechanismen sind unmenschlich«. Ich habe vor zehn Jahren in Schweden das erste Mal das Wort »Soziopath« gehört, ich war entsetzt; ich habe gehört, dass dieses Wort inzwischen ein Begriff in der Soziologie ist. Ist das nicht eine grauenvolle Vorstellung, dass jemand als an der Gesellschaft Kranker dargestellt wird, nicht als einer, der an der Gesellschaft, in der er lebt, leidet, sondern als gesellschaftlicher Krankheitsfall, der der normierenden Behandlung ausgesetzt wird – ob nun im Wohlstand erstickt, am Egoismus oder gewaltsam unterdrückt in einer Diktatur – das ist zwar äußerlich ein gewaltiger Unterschied, aber hinsichtlich der Vorstellungen von mündigen Menschen, wie sie noch in Lessings oder in Kants Kopf waren, doch wohl nicht.

Weil die Mächtigen eben im Besitz der Waffen sind; weil – ich weiß nicht, ob Lenin es gesagt hat oder wer es war damals während der Oktoberrevolution – Tausende nichts vermögen, wenn an der Ecke eines Platzes ein Maxim-Maschinengewehr aufgestellt ist; weil ein Maschinengewehr Tausende niederknallt, die mit bloßen Händen oder mit Steinen bewaffnet sind – sie können gegen ein Maschinengewehr nichts tun. Und dieses Verhältnis der Machtlosigkeit der unbewaffneten Masse gegenüber den Schwerbewaffneten hat sich vervielfältigt. Uns ist ja noch sehr gegenwärtig, was in Chile passiert ist, wo die großen Massen ihr Freiheitsbewusstsein zur Sprache gebracht hatten und ihren Staat, der nach einer sozialen Gerechtigkeit strebte, errichtet hatten, der dann doch innerhalb weniger Tage mit einigen Handvoll schwerbewaffneter Söldner zerschlagen wurde. Und wir erleben es heute wieder in Angola und Moçambique, wo eine revolutionäre Bewegung täglich angegriffen wird von südafrikanischen Militaristen; in allen Erdteilen sehen wir es – und die starken Mächte können ungestraft handeln. Dieses Kräfteverhältnis könnte nur verändert werden durch eine ungeheuer starke, große, breite Organisation, die wirklich die Mehrzahl der

Menschen umfasst – dies wäre die einzige Möglichkeit; doch ebendiese Möglichkeit der Gegenwehr gegen die militarisierten Machtunternehmungen steht noch aus oder vielmehr – sie befindet sich vielleicht in ihrem Entwicklungsstadium, in der weltweiten Friedensbewegung. Sollte sie einmal eine solche Stärke annehmen, dass sie tatsächlich die Mehrzahl der Bevölkerung umfasst, dann müsste sie auch militärische Macht vernichten können, müsste sie jedenfalls beiseitedrängen, teilweise ausschalten können, um dann irgendwo einen Keil in das System hineinzutreiben, wie es in Portugal vor einigen Jahren geschah; aber dort mit Hilfe des Militärs, bewaffnet. Ein außerordentlich seltener Fall, dass das Militär, die Waffenmacht, durchsetzt wurde mit freiheitlichen Kräften. Wo anders als unter den Bedingungen einer Revolution kann das Militär, dessen Potential doch aus arbeitenden Menschen besteht, auf die Seite derer gebracht werden, die um Freiheit und Selbständigkeit kämpfen?

Und die Medien.

Ja, die Medien! Meistens kommen sie hinterher. Zumeist stehen sie auf Seiten der Herrschenden. Das Militär hat seine materielle Überlegenheit gegenüber den Unbewaffneten, kann diese zeitweise niederschlagen; letzten Endes aber können die Unbewaffneten, weil sie eine solche Menge ausmachen, ihre natürliche, »gerechte« und »moralische« Überlegenheit gewinnen. Ein Beispiel dafür wieder Vietnam. Die überlegene amerikanische Militärmacht hat es nicht vermocht, dieses arme Agrarland völlig zu vernichten. Und hinter Vietnam stand damals die Massenbewegung einer Weltmeinung, die dem Angreifer einen großen Teil seiner Schlagkraft nahm und schließlich zu seinem Rückzug beitrug. Sie nannten die Medien. Ja, die Medien haben dann später doch einen elenden Sieg davongetragen. Was den Streitkräften der USA nicht gelang, das gelang den imperialistischen Massenmedien. Die Vietnamesen vertrieben die Amerikaner, aber die von den Amerikanern gelenkte Presse trieb Vietnam durch Verleumdung und Hetze in eine Niederlage. Nicht durch Bomben, sondern durch die Lügen des Medienkriegs, gepaart mit der systematischen Aushungerung, wurde Vietnam zermürbt. Aber, das ist klar – sich zur Wehr setzen gegen Militär und Medien, also gegen den stärksten Überbau der etablierten Kräfte, das fordert ungeheure Energien.

Halten Sie es für möglich, dass sich eine solche Energie heute noch zu diesem Zweck bündeln, organisieren lässt?

Ich glaube, im Prinzip ist das möglich, denn es ist ja hin und wieder möglich gewesen – man kann das, aber dazu ist ein Bewusstseinsprozess nötig innerhalb eines Volkes. Die Frage aber ist: Woher kommt er? Von oben, von politischen Denkern, von charismatischen Persönlichkeiten, von Organisatoren – oder von unten, von neuen, bisher ungenutzten Kräften?

Sie sagen, man kann. Mir fällt zum Beispiel ein Prozess ein, der noch im Gange ist – in Polen etwa. Da ist eine demokratische Bewegung, da gibt es diesen demokratischen Impuls, der ja zum Teil auch die Medien erobert hat; und niemand weiß, auf welche Seite die militärische Gewalt sich stellen wird, sollte es zum bewaffneten Kampf kommen.

Es gibt ja zurzeit auch andere Zusammenstöße, z. B. in El Salvador, in Guatemala, wo die Vereinigten Staaten die Schutztruppen der reaktionären Regimes bewaffnen, zur Ausschaltung der Freiheitsbewegungen. Dort, wie in anderen lateinamerikanischen Staaten – um diesen Teil der Welt gegen die Geschehnisse in Polen zu stellen –, greift die Weltmacht USA ein, um ihre Interessen zu sichern. Wie sie kein sozialistisches Chile dulden konnten, und jetzt auch Kuba noch stärker abzuwürgen versuchen – was übrigens im bürgerlichen Westen kaum Proteste hervorruft –, so wird es dem sozialistischen Block darum gehen, seinen Interessenbereich zu schützen. Wie gesagt, die Interessen der Großmächte sind es, die überall bestimmen.

Aber durchaus verteilt.

Jede Großmacht natürlich in ihrem Hof: Die sowjetische Großmacht verteidigt ihre Interessen in den sozialistischen Ländern, im Osten unseres Kontinents, die amerikanische Großmacht verteidigt ihre Interessen in der amerikanischen Hemisphäre – und beide greifen natürlich weit auf andere strategische Positionen aus.

Wobei die Amerikaner ja sehr viel konkreter in El Salvador eingreifen als die Russen bisher in Polen.

Ja, bisher noch. Man weiß ja nicht – bei der heutigen prekären Situation in Polen –, wie weit die Sowjetunion gehen muss, um ihre Lebensinteressen zu verteidigen. Sie hat, eben von ihrer Machtposition aus, ihre politische Ordnung zu verteidigen, wie der Westen sofort zur stärksten Verteidigung übergehen würde, wenn es bei ihm zu starken sozialistischen oder gar kommunistischen Tendenzen käme.

Sie sagen: Wie weit die Sowjetunion gehen muss in Polen, um ihre, also der Sowjetunion, Interessen zu verteidigen. Da könnte ich natürlich jetzt in Streit kommen über diesen Satz, denn ich meine, dass die Einmischung in einen solchen Prozess durch einen anderen Staat, der seine eigenen Interessen verteidigen will, nicht zu entschuldigen ist, und schon gar nicht zu entschuldigen ist mit einer Erklärung, dass etwa die Amerikaner, wenn wir also eine extrem sozialistische Regierung in der Bundesrepublik bekommen würden, selbstverständlich dort eingreifen würden, um das zu verhindern. Die Hypothese erscheint mir völlig legitim; nur kann man mit ihr nicht etwas erklären oder entschuldigen, was genauso übel ist.

Nein, moralisch sind diese Eingriffe überhaupt nicht zu verteidigen, weder im Falle der ČSSR, noch was vielleicht in Polen sich entwickeln könnte – vom moralischen Gesichtspunkt aus. Wohl aber sind sie zu erklären vom großpolitischen Gesichtspunkt aus, durch die Aufteilung der Welt in politische Blöcke, die nach dem Zweiten Weltkrieg getroffen wurde; die Völker wurden ja überhaupt nicht befragt, die Großmächte etablierten ihre Herrschaft im einen Teil der Welt und im anderen Teil der Welt und stehen seitdem einander gegenüber, gesplittert, getrennt in vielerlei Beziehung, aber immerhin doch zwei Mächte, die ihre Herrschaft mit allen Mitteln verteidigen müssen; denn sowenig wie die USA ihre Vorherrschaft in den Ländern ihrer Interessensphäre freiwillig aufgeben werden, so wenig gibt die Sowjetunion ihre Interessen in den Ländern ihres Machtbereiches auf. Wir mögen noch so sehr gegen die Gewalt sein, vor allem gegen Gewalt im Sozialismus, und sagen: Gewalt, Unterdrückung, Einschränkungen und Verletzungen der Menschenrechte sind mit den Prinzipien des Sozialismus nie zu verbinden, verstoßen, ja betrügen den Sozialismus, schädigen nur unsere Sache – doch: Die Realitäten sind so, und sie treten in Kraft, sobald ein Funke entsteht, der zu Brand und Aufruhr führen könnte. Unsere eigene Einstellung als Humanisten und als kritische Gesellschaftswissenschaftler hilft uns da gar nicht, es wird einfach so sein. Wir haben es gesehen, in Portugal zum Beispiel. Was ist passiert? Eine freiheitliche Bewegung ist da gewesen, unterstützt von der Mehrheit der Bevölkerung. Sozialistische Kräfte waren auf dem Weg, sich durchzusetzen. Innerhalb ganz kurzer Zeit aber kam die Reaktion wieder auf – ich war damals gerade in Lissabon, eine antifaschistische Veranstaltung hätte stattfinden sollen, vor allem gegen Spanien gerichtet, es war noch zu Francos Lebzeiten –, doch zu viel stand auf dem Spiel: der Handel mit Spanien, die Beziehungen zur NATO, zu den USA, und im letzten Augenblick wurden wir in den Regierungspalast gerufen und zum Stillschweigen gemahnt: kein Antifaschismus! Gleich wieder Anpassung an die Mächte des Kapitals. Die Bewegung, die so viele Hoffnungen geweckt hatte, wurde erstickt, mit Hilfe aller Liberalen und mit Hilfe der westlichen Sozialdemokratie.

Ja, wir haben jetzt eine rechtskonservative Regierung dort.

Ja, das ist daraus geworden. In Frankreich, im Jahr 1968, beim Aufstand der Arbeiter und Studenten! – Arbeiter und Studenten: welch ein Aufschwung – griffen die sogenannten staatserhaltenden Kräfte sofort zur Gegengewalt. Die Polizei und die Armee wurden mobilisiert, die Truppen der NATO standen bereit einzumarschieren. Der Aufruhr wurde unterdrückt – damals übrigens mit Unterstützung der Sowjetunion, die keine Revolte, keine revolutionäre Bewegung im Westen zulassen wollte, weil dies auch für ihren Machtbereich gefährlich war. Das Dilemma, in dem wir uns befinden, ist dieses: Sozialismus ist nur denkbar aufgrund freier Wahlen, aufgrund einer demokratischen Entscheidung. Einführung oder Erhaltung des Sozialismus mit Gewalt, mit Waffenmacht ist absolut verwerflich. Nun haben wir aber die Teilung der Welt in Blöcke. Auf der einen Seite wird, oft mit Gewalt, das kapitalistisch-imperialistische Prinzip aufrechterhalten. Auf der anderen Seite wird mit gleichen Mitteln das Prinzip einer sozialistischen Gesellschaftsordnung verteidigt. Die Bewegung der polnischen »Solidarität«, eine stark nationale, religiös gefärbte Bewegung, ist antikommunistisch, antisowjetisch. Das ist ihr ideologisches und historisches Recht. Doch würde dem Ruf nach völliger Freiheit für die polnische Arbeiterbewegung nachgegeben, so würde dies den Zerfall des gesamten sozialistischen Blocks bedeuten. Es ist richtig zu sagen, dass jede Nation über ihre Lebensform entscheiden muss. In der heutigen Lage der schwerbewaffneten Konfrontation zwischen großen Machtblöcken aber würde eine solche Entscheidung, die im Falle Polens eine Hinneigung zum Westen wäre, den Krieg, den Atomkrieg hervorrufen. Übrigens ist damit noch gar nicht gesagt, dass die Forderungen der polnischen Arbeiter nach freien Gewerkschaften und Selbstverwaltung überhaupt vom Westen angenommen werden könnten. Würden die Arbeiter im Westen gleiche Forderungen stellen, ständen die Ordnungsmächte keineswegs auf ihrer Seite! Nein, die einzige Hoffnung ist heute, dass sich der Konflikt in Polen selbst, ohne fremde Einmischung, zu einer Kompromisslösung bringen lässt. Die »Solidarität« lässt sich ohnedies nicht mehr wegdenken, ebensowenig wie sich der tschechoslowakische »Frühling«, der Mai 68, die Geschehnisse in Portugal auslöschen lassen. Dies alles besteht fort. Solche Herde von Unruhen, von Aufbegehren sind Zeichen innerer Veränderungen, die sich überall anbahnen. Ihre Wirkungen lassen sich noch nicht überblicken, vielleicht aber führen sie zu etwas Neuem in diesen heutigen Kämpfen, bei denen es um eine Entscheidung geht zwischen den bis zu den Zähnen bewaffneten Führungsgruppen der Großmächte und den beunruhigten Bevölkerungsmassen. Der Aufruhr richtet sich überall gegen die erstarrten politischen Formen, die Parteihierarchien, den Dogmatismus, das Machtprotzen der Elite. Hier, zwischen denen, die noch längst nicht genügend Einfluss haben, denen noch die umfassenden Verbindungen fehlen, ist etwas im Entstehen begriffen, das sich vielleicht menschliche Vernunft nennen ließe: Vernunft, Besinnung – im Gegensatz zum Gigantismus der Rüstungsrivalen. Wollen wir festhalten an diesem Optimismus, der sich, zugegeben, stets am Rand der Utopie bewegt, so können wir nur Geduld, Ausdauer verlangen, können wir nur alles tun, was möglich ist, um den Wahnsinn der Kriegshetzer aufzuhalten. Wir dürfen uns vom Wahnsinn nicht die Regeln diktieren lassen, die dieser als das Normale ausgibt; müssen uns zurechtfinden in all den Entstellungen, die sich kaum mehr verstehen lassen und die doch ausschlaggebend für uns sind, denn unser Leben hängt davon ab.

Das ist ja der politische Widersinn, der auch so etwas wie den Hitler-Stalin-Pakt in all seinen Gründen und Bezügen immer noch nicht erklären lässt, der natürlich als bare Machtpolitik erklärbar ist, aber in vielem doch nicht, obgleich immer wieder interessegeleitete Gründe vorgetragen werden. Diesen Widersinn spiegelt aber zum Beispiel auch dieser ganze Komplex Vietnam, China, Kambodscha. Wenn man sich erinnert, was er in den sechziger Jahren an Emotionen und Solidaritäten produziert hat, wie undenkbar es in dieser emotional aufgeheizten Situation war, dass dann China in Vietnam einmarschieren, dass Vietnam in Kambodscha einfallen würde, in Kambodscha immerhin das Regime von Massenmördern beendete, dann macht es schon große Schwierigkeiten, diese Widersprüche, diese moralischen Positionen verschiedenster Färbung in eins zu bringen, zu erklären, zu verstehen, und dann noch politischen oder gar moralischen Sinn darin zu entdecken.

Es fordert von uns eine ungeheure Aufmerksamkeit, um zu durchschauen, was da vorgegangen ist. Selbst vertrete ich ja die Ansicht, dass Vietnam aus Gründen der Selbsterhaltung gehandelt hat und es nicht zulassen konnte, dass sich in Kambodscha ein Regime entwickelte, das Vietnam nach vierzig Jahren des

Krieges wieder an den Lebensnerv wollte. Auf diese Weise ist der Einmarsch der vietnamesischen Truppen in Kambodscha erklärbar. Wir mögen sagen: Grundsätzlich hat kein Land das Recht, sich in die Geschäfte eines anderen Landes einzumischen, doch wenn es ums Leben geht, können wir heute, zur Zeit der enormen Machtakkumulationen, nicht umhin zu sagen: Was dient dem Leben und der Existenz eines Landes, was ist notwendig zur Erhaltung des Lebens; und da hat das Land zu entscheiden, ob es verkraften kann, den Feind unmittelbar an seiner Grenze zu haben und sich ständig gefährden zu lassen, oder mit der Gewalt – die wir hassen mögen – einzugreifen. Ich kann mich nicht denen anschließen, die heute moralisch über Vietnam herfallen. Ich glaube, wenn Vietnam nach so vielen entsetzlichen Leiden und Entbehrungen auch noch den Feldzug gegen Kambodscha auf sich nahm, dann hatte es einen sehr starken Grund.

Sie wissen ja selbst, dass es da auch andere Interpretationen gibt, Interpretationen von Leuten, die historisch versiert sind, die vom geschichtlichen »Auftrag« einer indochinesischen Großmacht Vietnam sprechen; und Vietnams Griff nach Laos ist dafür ja auch ein Beleg. Aber ist nicht prinzipiell, wenn man das alles mal außen vor lässt, der präventive Angriff aus Angst, dass es einem schlechtgehen könnte durch den Nachbarn, etwas Schlimmes; so auch, wenn Begin im Irak ein Atomkraftwerk präventiv, damit es keine Bomben herstellen kann, zerbomben lässt?

Es war doch so, dass das, was heute, vor allem von amerikanischer und chinesischer Seite, vietnamesisches Großmachtstreben genannt wird, im Grunde nichts anderes ist als eine Weiterentwicklung der frühen indochinesischen revolutionären Gemeinschaft, entstanden im Kampf gegen die französische Kolonisation; dass Laos und Kambodscha revolutionäre Befreiungsbewegungen hatten, die eng verbunden waren mit der vietnamesischen und auch während des Krieges eng zusammengearbeitet haben; und es gibt heute in Kambodscha starke revolutionäre Kräfte, die sich mit Vietnam solidarisieren – abgesehen davon, dass Vietnam tatsächlich dafür gesorgt hat, dass sich die soziale Lage und die Ernährungssituation im Land verbesserten. Aber die Gefahr ist natürlich immer – und ich glaube, das kann man fast als Regel sagen –, dass, wenn ein Staat eine Macht entfaltet, sagen wir zunächst sogar in Selbstverteidigung, dann sehr leicht andere Züge hinzukommen können; die Macht ist wie eine Kraft, die sich von sich aus ständig vermehrt und um sich greift, bis zum Schluss eine unhaltbare Situation entsteht.

Wir haben jetzt sehr viel über politische Fragen geredet. Wir gingen aus von der Unversöhnlichkeit und dem Hass, wir haben zwar nicht über Ihr Werk geredet, aber ich glaube, wir haben dennoch über die inneren Horizonte dieses Werkes gesprochen. Nun möchte ich noch einmal zurückgehen auf Ihre Anfänge als Autor, als Schreibender, als – ich muss mich korrigieren – Künstler, der sich um jeden Preis zum eigenen Ausdruck bringen wollte; denn Sie haben ja als Maler angefangen. Ihr Werk scheint mir bis hin zur »Ästhetik des Widerstands«, und auch in diesem Buch noch als Prozess demonstriert, eine Suche nach Selbstverständigung zu sein; und das ist aus der Biographie heraus auch zu begreifen. Sie sind, wenn man so will, immer noch Exilant, wenn man's wirklich weit dehnt, ein Heimatloser; und in gewisser Weise waren Sie ja auch einmal sprachlos, wie Sie selbst gesagt haben. Und die Suche nach einer Heimat, nach einem Halt, ist natürlich in der Kunst möglich, und war es, glaube ich, bei Ihnen auch; vor allen Dingen dann auch in der eigenen künstlerischen Arbeit, als Erstes in der Malerei, die ja keine Sprache, weder das Deutsche noch das Schwedische, brauchte, sondern einfach die Farbe, die Form, den Blick. Verstehe ich das richtig?

Genau, das ist so. Denn die ganz frühen Versuche, die eigene Situation auszudrücken, sei es nun in Zeichnungen, in Bildern, in Gedichten, sind die ersten Stellungnahmen zum Verhältnis gegenüber der Außenwelt, die ich als zumindest behindernd erlebt habe, und dann immer mehr auch unterdrückend und beschneidend, und da war die Kunst, waren die künstlerischen Formen doch ein Mittel, die man dem entgegenstellen konnte. In der Malerei, die hauptberuflich zwanzig Jahre meiner Existenz in Anspruch genommen hat, war es das Visuelle, die Vision der Welt, in der man lebt, und ich habe versucht, diese verschiedenen Details der Außenwelt zu fassen und festzuhalten. Man will in dem allgemeinen Zerfließen und in der allgemeinen Haltlosigkeit nach etwas greifen, was einem das Gefühl des eigenen Daseins gibt, und das, glaube ich, ist eine ganz wichtige Funktion der Kunst.

Was waren die Motive Ihrer frühen Bilder?

Es war ursprünglich – noch während der Schulzeit, durch die Kontakte mit einigen Freunden, wir gingen sonntags in die Museen, wir sahen uns die Bilder an, wir spielten Grammophon-Platten, wir lasen Bücher und unterhielten uns darüber – ein inneres Bedürfnis da, nach Formen zu suchen, die von anderen schon mal geschaffen wurden und in denen man sich wiederfinden konnte, denen man nacheifern konnte. Und wir suchten natürlich, wie alle jungen Menschen, nach Meistern, nach Vorbildern; und da gab es sehr viel. Sie müssen bedenken, ich bin aufgewachsen während der Jahre um 1930 bis zum Anbruch des Faschismus, als gerade in Berlin, wo wir damals lebten, ungeheuer viel geschah. Es gab die »Dreigroschenoper«, »Mahagonny«, Döblins »Alexanderplatz«, Ereignisse in Literatur und Kunst – die magischen Realisten, die ersten Begegnungen mit dem Kubismus –, die uns sehr in Anspruch genommen haben. Wir sahen, es gab da eine Welt, die ganz weit über diesen Straßenschlachten stand, und das gab Sicherheit. Wir sahen, man kann sich ausdrücken. Wir lasen van Goghs Briefe, sahen uns van Goghs Bilder an, Gauguin, Nolde, Schlemmer – das waren ganz frühe Eindrücke. Es war die ganze Atmosphäre noch vom Bauhaus, vom Expressionismus, damit wuchsen wir auf. All dies wurde dann abgebrochen vom Faschismus, der dieses alles zum »Artfremden« erklärte. Und unsere Emigration begann schon, indem wir erkannten, dass diese Kräfte, die an die Macht kamen, von alledem, mit dem wir uns beschäftigten, nichts wissen wollten, dass sie es verachteten und sogar kaputtmachten.

Ganz konkret: Was haben Sie gemalt?

Ich malte damals Dinge, die aus diesen Begegnungen hervorgingen. Es war beeinflusst von Nolde, von Feininger, von Klee und noch nicht von Picasso, noch nicht von den konstruktiven, analytischen Kubisten; mehr auch von der expressionistischen Schule her; und erst in der Emigration kam die Begegnung mit den alten Meistern, mit Breughel, Bosch und den Italienern des 13. / 14. Jahrhunderts. Bosch und Breughel waren während des Beginns meiner eigentlichen malerischen Tätigkeit meine großen Vorbilder: diese magische Genauigkeit im Realismus, diese reiche dramatische Welt, dieses Welttheater – das sind Dinge, die in meinen frühen bildnerischen Arbeiten immer wieder vorkamen, da kam es her. Dagegen spielte in der Literatur damals noch die eigentliche romantische Schule, bis zu Hesse, eine große Rolle, aber auch die Genauigkeit in der Schilderung von Vorgängen, von Landschaften und Städten und menschlichen Beziehungen, wie sie Hesse in seinen Büchern entwickelt hat – das lief in der Literatur parallel zur Malerei. Erst während späterer Jahre in der Emigration erweiterte sich das ständig, kamen z. B. Joyce, Breton und die Surrealisten hinzu.

Die gesamte künstlerische, literarische und malerische, Moderne haben Sie damals zur Kenntnis genommen. Haben Sie sich damals auch schon um die Diskussion der sozialistischen Positionen gekümmert, die ja auch eine Kulturdiskussion war, z. B. in der ›Linkskurve‹?

Damals noch gar nicht. Die theoretischen Dinge kamen erst hinzu, nachdem ich das Trauma der Emigration verarbeitet hatte und die subjektivistischen Positionen geklärt worden waren. Danach war ich fähig, mich mit theoretischen, politischen, sozialen Fragen auseinanderzusetzen, obgleich der Grund für dies alles ja längst angelegt, längst ausgebildet war, aber er hatte noch nicht die theoretische Formulierung gefunden.

Ich habe das eben an den Bildern gesehen, als ich mir den Katalog mit Ihrer Malerei anschaute; und da sind ja alle diese Themen tatsächlich schon zu einer frühen Zeit, also in den 40er Jahren, angeschlagen.

Das ist ganz unbewusst gewesen, der ganze sogenannte Zeitgeist ist in diesen Bildern – schon aus dem Ende der 30er Jahre – enthalten, die Zerstörung der Welt, die Drohung des Krieges, die Bedrohtheit der Menschen, das ist in den frühen Bildern ganz intuitiv erlebt.

Mehr als nur Zeitgeist, meine ich.

Ja, es hat eher etwas Visionäres, das ist richtig. Dieser magische Realismus, der damals eine Art »Formsprache« war, hat diese Dinge ausgedrückt. Es geht ständig um vertriebene Menschen, um geknechtete Menschen, um den Kampf aus der Unterdrückung heraus – das ist alles drin, das sind ganz frühe, fundamentale Erlebnisse gewesen. Und erst Ende der 40er, Anfang der 50er Jahre, als man anfing, etwas Luft um sich herum zu verspüren, und man sich wieder umsah in der Welt – wir saßen doch jahrelang eingesperrt in diesem kriegsbedrohten Schweden –, da erst, nachdem wir anfingen zu reisen – erste Reise nach Paris, erste Reise nach Berlin wieder nach dem Krieg, das waren große Erlebnisse, die sich natürlich dann niederschlugen in der ganzen Art des Reagierens –, da kamen hinzu die großen politischen Auseinandersetzungen, die stattfanden, die allmählich ins Bewusstsein drangen.

Haben Sie hier, während Sie in Schweden waren, Anschluss gehabt an die Entwicklung der künstlerischen Moderne, die ja in Deutschland nicht weiterwirken konnte?

Das lief die ganze Zeit weiter. Ich hatte ja meine künstlerische Arbeit, die schwer erkämpft war während der Kriegsjahre, und ich musste währenddessen alle möglichen anderen Arbeiten zum Broterwerb machen; aber die Auseinandersetzung mit der Kunst, mit den Möglichkeiten der Kunst, der Literatur, der Musik, des Theaters, die ging weiter. Ich kam damals recht früh in Kontakt mit den schwedischen Autoren der 40er Jahre, die ja auch eine Schule waren, die sich von den herkömmlichen Autoren in Schweden unterschied, weil sie sich international orientierte; es kamen die französischen Symbolisten und die Surrealisten hinzu.

Das kam im Laufe der 40er Jahre hier bei uns an und wurde natürlich eingearbeitet, natürlich auch in Gesprächen und Kontakten mit Künstlern, wie z. B. Endre Nemes, der auch hier mit mir in Stockholm lebte. Es gab da ständige Diskussionen über die künstlerische Form – damals eben vor allen Dingen um die Malerei, während schon Ende der 40er Jahre bei mir das Schreiben wieder begann. Ich schrieb damals auf Schwedisch und kam dann allmählich, zu Anfang der 50er Jahre, wieder zur deutschen Sprache zurück, nachdem ich meine ersten Kontakte in Deutschland wieder etabliert hatte und, dadurch angeregt, versuchte, mir die deutsche Sprache zurückzuerarbeiten. Das war ein ganz langwieriger Prozess, der sich über die ganzen 50er Jahre erstreckte, bis dann 1960 mein erstes Buch, das ich 1952 schon schrieb, »Der Schatten des Körpers des Kutschers«, publiziert wurde. Damit begann eigentlich erst richtig meine schriftstellerische Arbeit.

Und dann hörten Sie als Maler ganz abrupt auf?

Ja.

Sie haben also nicht beides nebeneinander gemacht?

Nein. Ich habe mich noch eine Weile mit Collagen beschäftigt, habe die Collagen zum »Kutscher« und zu »Abschied von den Eltern« gemacht. Aber die Malerei war, aus rein praktischen Gründen, nicht mehr möglich, weil sie zu viel Zeit beanspruchte; ich hatte so vieles, was ich als Schreiber darstellen wollte, dass der Tag einfach zu kurz für beides war. Man kann ja solch ein Handwerk nur ganztägig machen: Entweder ist man Maler, oder man ist Schriftsteller. Man kann als Maler nebenbei ein Prosagedicht oder ein Gedicht schreiben, aber man kann nicht sowohl Schriftsteller als auch Maler sein – jedenfalls meinem Temperament liegt es nicht; ich muss dann das Ganze nehmen. Und als ich dann anfing, mich ernsthaft mit größeren Kontinuitäten beim Schreiben zu befassen, blieb einfach kein Raum mehr für die Malerei.

Es gibt ja Maler-Schriftsteller, Schriftsteller-Maler, wie auch immer, die die Malerei jeweils als die andere Möglichkeit, als die andere Ausdrucks-Form suchen.

Das ist bei mir nicht so. Ich hatte früher überhaupt keinen Zweifel daran, dass ich Maler war, ich lebte als Maler, und was ich schrieb, waren Nebenprodukte; die Malerei war das Primäre. Und dann befriedigte mich die Malerei allein nicht mehr, schon während der 50er Jahre. Es kamen dann der Film, der Experimentalfilm, die Collage als Ausdrucksmittel hinzu, auch schon das Theater, ich fing schon am Ende der 40er Jahre an, meine ersten Dramen zu schreiben, und sie ließen eine größere Beweglichkeit zu, die ich in der Malerei nicht mehr fand. Und das hing natürlich zusammen mit der ganzen Situation, man wollte sich orientieren nach allen Richtungen hin, man fing an, aus dem Exil, aus der geschlossenen Situation herauszukommen und sich mit viel umfassenderen Dingen auseinanderzusetzen, und da entsprach das Medium des Schreibens meinem Ansinnen mehr.

Sie sind dann ja auch ein bedeutender Theaterautor geworden, und im Theater vereinigt sich das Visuelle mit dem visionären Gedanken, das Bildnerische mit dem Literarischen.

Diese dramatischen Situationen auf der Bühne finde ich ja auch, wenn ich meine alten Bilder ansehe, die sind darin ja auch enthalten. Es sind oft Szenerien, die Welttheater genannt wurden, oder dramatische Situationen: Figuren stehen auf diesen Bildern manchmal wie auf einer Bühne in bestimmten Beziehungen zueinander, es gibt da Ereignisse, die eine Totalität ausdrücken, wie etwa auf mittelalterlichen Gemälden diese Stationsbilder, auf denen verschiedene Ereignisse fortlaufend auf derselben Tafel geschildert werden, die mit unseren heutigen Mitteln im Film oder auf der Bühne ausgedrückt werden können.

Wie das mittelalterliche Simultantheater.

Das gehört auch dazu. Es gibt diese Bilder, die z. B. die Kreuzigung darstellen, ihre verschiedenen Stationen auf einem Bild, und man überschaut verschiedene Stadien in einer großen Situation. Und das ist interessant als Sprengung der Zeitdimension. Das waren noch Übergänge. Aber dann befriedigte mich das alles nicht mehr; für mich ist heute die Malerei ganz in sich abgeschlossen, ich gehe eigentlich gar keine Wege mehr dahin, es wäre für mich ein Zurück zu Ausdrucksformen, die mir nicht mehr richtig entsprechen. Für mich ist heute das Theater, die Bühne, eine Weiterentwicklung dieses visionären Sich-Vorstellens.

Das Ende der Malerei und der Beginn, in einer Sprache zu schreiben, die Sie sich zu dem Zeitpunkt neu erobert hatten. Sie haben eine Reihe Namen von Malern genannt, denen Sie gefolgt sind. Es gibt ja auch Schriftsteller, die wichtige Stationen waren in Ihrer Selbstverständigungsphase, wenn man so sagen darf. Persönlich ganz gewiss Hermann Hesse und als Autor dann doch ganz stark Kafka.

Sehr stark. Kafka, vor allem durch die Erlebnisse des Exils. Das fing auch schon in Prag an, während der Akademiejahre, wo die Atmosphäre Kafkas in dieser Stadt noch so zu spüren war, dass man eigentlich auf Schritt und Tritt auf Kafka stieß. Und Kafka hat mich – und viele andere – lange Jahre in der Welt, in der wir lebten, in dieser völlig absurden, ausweglosen und hoffnungslosen Welt, sehr beeindruckt. Bis dann nach dem Krieg, als sich die Perspektiven öffneten, Eindrücke kamen, die von ganz anderer Art waren, z. B. Henry Miller, der einen Umbruch darstellte – es war, als würden die Fenster aufgerissen; man sieht auch bei ihm einen Menschen in einer recht hoffnungslosen Situation und in einer höllischen Welt, der ist aber ungeheuer aktiv und beißt sich am Leben fest.

Sie haben in »Fluchtpunkt« geschrieben, dass Kafka für Sie die »Demütigung vor der Herrschaft« war, aber da eben kein Wort zu viel, keine Redundanz, kein Geschwätz, vor Kafka verblassten sozusagen alle anderen Bücher – Martin Walser hat das übrigens auch einmal gesagt, fast mit denselben Worten; und dann kam für Sie mit Henry Miller die Revolte, das Anrennen gegen die Herrschaft.

Und das wiederum gepaart mit Sartre. Gleich nach dem Krieg fingen wir an, Sartre zu lesen, bei dem diese rohe Revolte, die Revolte, die aus dem kam, worüber wir gesprochen haben, Hass und Wut, persönliche Befreiung, schon eingegliedert wurde in eine wissenschaftliche Weltanschauung. Und dann kam dazu natürlich sehr bewusst Brecht, Brechts Art, die Realität zu klären, in sie einzugreifen und sie verändern zu wollen, dies alles kam hinzu, lief parallel mit der Beschäftigung mit politisch-theoretischen, soziologischen und damals auch sehr viel psychologischen Schriften. Und dann gab es natürlich auch starke Eindrücke wie Hans Henny Jahnn, der das Epische auf eine ganz neue Art und ungeheuer greifbar und konkret dargestellt hat. Jahnn war Ende der 40er Jahre, Anfang der 50er Jahre auch ein überwiegender literarischer Eindruck.

Wenn man Ihre Malerei ansieht, kann man bei gewissen Bildern trotz aller Eigenständigkeit der Verarbeitung der Stoffe doch ganz bestimmte Anlehnungen sehen. Man sieht Kubin, man sieht Breughel, man sieht Kubistisches, man sieht Picasso. Ich sehe das in Ihrer Literatur gar nicht. Dennoch hat man den »Schatten des Körpers des Kutschers« häufig verglichen mit Nathalie Sarraute und dem Nouveau Roman in seiner detailgenauen Beobachtung. Aber dieses Buch war doch schon 1952 geschrieben und, wenn ich richtig mutmaße, doch ganz ohne den genannten Einfluss.

Ja, sogar noch ehe ich Beckett gelesen hatte. Beckett kam dann ein Jahr später dazu, als Bestätigung. Ich glaube, dass mein eigener, persönlicher Entwicklungsgang mit all den Anlehnungen an Meister und an Vorbilder sich in der Malerei vollzogen hat, während ich in den 50er Jahren, als ich ja doch schon über dreißig war, immer selbständiger wurde und dann, als das Schreiben dominierte, eine Vorstellung von einem eigenen Ich hatte, was ich früher noch nicht so definieren konnte. Deshalb, glaube ich, ist beim Schreiben weniger von Anlehnung zu spüren. Und die absurde, surrealistische Phase in meinen ganz frühen Dramen und im »Schatten des Körpers des Kutschers« hat sich aus diesem Experimentieren mit der Form ergeben und nicht eigentlich aus Anlehnung an andere, obgleich der Surrealismus natürlich als Form eine große Rolle gespielt hat.

Nun sind ja »Der Schatten des Körpers des Kutschers« und später das »Gespräch der drei Gehenden« Texte, die abgelöst sind von jeder autobiographischen Erfahrung. Zentrale autobiographische Texte sind dann »Abschied von den Eltern« und »Fluchtpunkt«. Wenn ich das, was ich eben über die fehlenden Anlehnungen in Ihren literarischen Arbeiten gesagt habe, ein wenig revidieren darf: In »Fluchtpunkt« habe ich ähnliche Züge entdeckt – und zwar in der Entwicklung im ganzen Buch wie auch im Ausblick – wie in Hamsuns »Hunger«. Ich weiß nicht, ob diese Beobachtung richtig ist, aber ich spürte in beiden Büchern dasselbe Lebensgefühl.

Das ist richtig. Hamsuns »Hunger« gehört ja auch, neben Dostojewskij und einigen anderen hervorragenden Werken, zu den Büchern, die initiale literarische Erlebnisse waren.

Der »Fluchtpunkt« endet ja auch gleichsam mit der Befreiung zum Künstler, zum Schriftsteller: »Jetzt kann ich alles schreiben, jetzt habe ich die Mittel, ich habe die Sprache gefunden.« Nun ist auch die »Ästhetik des Widerstands« wieder eine neue Selbstsuche, ein neuer Selbstverständigungstext. War das damals nur ein vorläufiges Ergebnis im »Fluchtpunkt«?

Vielleicht kann man es so sagen, dass diese beiden autobiographischen Bücher Ausdruck der individuellen Befreiung waren, der Suche, ein Versuch, den Weg zu schildern, den der Schreiber gegangen ist, und zu analysieren, was ihm während dieser Emigrationsjahre persönlich, auch privat widerfahren ist; während die »Ästhetik des Widerstands« ein ganz neuer Ansatz ist, nämlich die ganze Zeit um dieses Ich herum zu fassen, diesen Prozess nicht mehr zu sehen als einen individualistischen Werdegang, sondern als den Werdegang der Person eines aufnehmenden Ichs im Kreis von enorm vielen Menschen und Geschehnissen, eigentlich auch wieder ein Welttheater, ein Weltbild drumherum, und das natürlich durchtränkt von den politischen und sozialen Erkenntnissen, die sich während der 60er Jahre ergeben haben.

In »Fluchtpunkt« sind schon manche Keime gelegt zur »Ästhetik des Widerstands«. Der vielleicht wichtigste in der Figur von Hoderer, also dem Psychologen Hodann, der so etwas wie die geheime graue Eminenz der »Ästhetik des Widerstands« zu sein scheint. Aber es sind in »Fluchtpunkt« auch noch andere Dispositionen angelegt, die Sie dann erst im Theater verwirklicht haben. Das Theater ist für Sie doch eine Art Vorzeigeinstrument – um was eigentlich wie anders zu zeigen und zu gestalten als das, was Sie in der Prosa geschrieben haben?

Weil auf dem Theater die Vorgänge natürlich immer schon geschildert werden in einer Objektivität. Subjektivistisches Theater ist vielleicht möglich und wird auch heute hin und wieder versucht. Aber die dramatische Form, die mir vorschwebte, ist eine Form gewesen, in der Figuren im Zusammenhang mit den Aussagen und Bewegungen von anderen Figuren stehen, eine Form der Konfrontation, und dies wird auf der Bühne eben sehr handgreiflich darstellbar, viel handgreiflicher, körperlicher, als das in einem Roman möglich ist. Man hat ja auf der Bühne die einzigartige Möglichkeit, Dinge direkt auszusprechen und dazu die Bewegungsverläufe zu geben, was ja das Theater so stark macht und was mich immer wieder zur Bühne zieht; denn da bestehen die Möglichkeiten, innere Fragen und vor allen Dingen gerade bei mir die Antagonismen, die Gegensätze, rein körperlich in verschiedenen Figuren darzustellen.

Und zwar sehr manifest und objektiv, weil das Theater ja eine sehr zwingende Form ist; Sie können – kurz gesagt – auf dem Theater keine komplizierten Relativsätze bilden wie in der Prosa.

Ja.

Aber auch da gibt es ein Stück wie den »Turm«, ein ganz frühes Stück, das meiner Meinung nach nicht nur expressionistisch, sondern auch sehr subjektivistisch ist. Das Theaterstück, das Sie dann zu Weltruhm gebracht hat, ist der »Marat / Sade«. Was wollten Sie damals, als Sie den »Marat / Sade« auf die Bühne brachten, vor allem vorzeigen?

Eben dieses Gegensatzpaar, Marat und Sade; der eine, der aktive Mensch, der politisch eingreifen will, und auf der anderen Seite der subjektiv denkende Mensch, der sich nur auf die eigenen Regungen verlassen will, der an politische Veränderungen wenig glaubt und der den Subjektivismus und das Ich an die erste Stelle stellt. Im Grunde ist das ja ein Konflikt, der heute sehr lebendig ist und der heute in der literarischen Diskussion fast vorherrscht; die Figur, die Sade vertritt, ist heute die dominierende Figur, sie steht für die, die sich zu der sogenannten Innerlichkeit hingezogen fühlen.

Jedenfalls im Westen.

Ja, das ist darin angedeutet. Sade sagt, es komme auf nichts anderes an als darauf, sich selbst zu verwirklichen – eigentlich ein egoistischer Zug, der aber auch, was die Kunst betrifft, eine große Befreiung beinhalten kann; denn es ist ja sehr wichtig, dass man manchmal auf alles pfeift, was rundherum passiert, und dass man sagt: Ich habe dieses einzige Leben, und daraus will ich so viel machen wie möglich und will so viel eigene Erfahrungen gewinnen wie möglich. Während die Gegenstimme von Marat sagt: Es kommt auf dein Ich, auf deine persönlichen Dinge nicht an, sondern es kommt darauf an, dass erst einmal die Gesellschaft verändert wird um dich herum. Dieser Konflikt zieht sich ja bis heute hin.

Also gleichsam Soziologie gegen Psychologie.

Ja, man kann es so nennen.

Sie haben das »Marat / Sade«-Stück ein paarmal umgeschrieben nach der Uraufführung, und wenn ich es recht sehe, haben Sie die Position der Marat-Figur verstärkt, denn im Stück selbst ist Marat ja doppelt der Unterlegene: De Sade ist der Inszenator des Stücks, de Sade lebt noch, Marat hat die Revolution nicht überlebt, und de Sade lebt, zwar im Irrenhaus, aber noch zur Zeit der Restauration.

Das sind Perspektiven, die sich ständig verändern. Ich habe damals nach den ersten Aufführungen gesehen, dass de Sade zu großes Gewicht erhält und zu sehr dominieren kann und auch nach bestimmten ideologischen Vorstellungen hin zu sehr dominierend dargestellt werden kann, während Marat leicht in die Enge getrieben wird und weggespielt werden kann und alle seine Revolutionsgedanken dadurch bagatellisiert werden. Und nach diesen Eindrücken habe ich versucht, die Figur Marats ein bisschen selbständiger werden zu lassen, damit sich Marat trotz der überwältigenden Übermacht de Sades durchsetzt, weil das, was Marat sagt, zumindest genauso wichtig, wenn nicht wichtiger ist, als das, was de Sade vertritt.

Weil dies ja auch für Sie selbst später immer wichtiger wurde.

Eben. Gerade während der 60er Jahre haben sich ja die politischen Auseinandersetzungen ständig verschärft, und gegen Mitte der 60er Jahre sind sie dann durch den Vietnamkrieg und durch viele andere politische Engagements in den Vordergrund getreten.

Im »Marat / Sade« geschieht ja nichts, was auf Katharsis oder Moralisierung zielt; es wird auch eigentlich keine moralische Position vertreten; es ist ein Diskussionsstück, ein Stück im politischen Widerstreit. In der »Ermittlung« beziehen Sie dann aber ganz eindeutig eine entschieden moralische Position. Das ganze Stück ist gleichsam eine große Katharsis. Dann folgen die eindeutig politischen Stücke: »Der Gesang vom lusitanischen Popanz«, der »Viet Nam Diskurs« und »Trotzki«. Das ist ja doch eine deutliche Entwicklung: vom Diskussionsstück über das Theater als Katharsis, also ein sehr stark moralisches Stück, zum politischen Theater.

Natürlich spiegeln sich darin die Zeitereignisse. Wir standen damals in der Bewegung gegen den Vietnamkrieg, wir haben uns eingesetzt für die Völker der Dritten Welt, die ihren Befreiungskampf begannen. Es gab Mitte der 60er Jahre bis ungefähr 1970 ein starke Bewegung, mit der man sich identifizieren konnte; wir standen damals nicht mehr allein, sondern es war eine ganz starke, in unseren Augen sehr positive Bewegung zu einer gesellschaftlichen Veränderung nicht nur in unserem Lebenskreis, sondern in der ganzen Welt. Wir lasen damals Fanon, wir lasen und verfolgten, was in Lateinamerika, in Afrika, in Indochina geschah. Das waren Dinge, die uns wirklich prägten.

Was interessant ist, dass Sie jetzt aus der Ich-Form des Erzählens in die Wir-Form gekommen sind.

Ja, ich hab's auch gemerkt.

Wir. Wer sind diese »wir«?

Das ist das Erlebnis, dass man nicht allein steht. Das Exil war die zwanghafte Situation: Man wird auf sich selbst zurückgeworfen, man muss mit sich selbst fertig werden, um überhaupt überleben zu können, um den Fraß, die Miete für die nächste Woche auftreiben zu können. Das waren ganz elementare Dinge, die uns völlig in Anspruch nahmen. Aber als dann der Krieg vorbei war, kam eine ganze Reihe von Hoffnungen auf, dass sich dieses Europa und die ganze Welt vielleicht doch noch zum Besseren ändern könnten. Das haben wir noch geglaubt bis in den Kalten Krieg hinein. All dies brachte uns auch in Kontakt mit den politischen und sozialen Bewegungen.

Nun sind ja Ihre Positionen schon etwas früher auszumachen als etwa zur Zeit der außerparlamentarischen Opposition, die erst nach 1966 mit der Bildung der Großen Koalition eingesetzt hat. Gab es da vorher schon »Kampfgenossen«, wenn ich das mal so sagen darf, und welche sind dann nach 1966 hinzugekommen?

Es gab natürlich zu Anfang der 60er Jahre, nachdem ich mein eigenes Wirklichkeitsbild erweitern konnte, schon starke Beziehungen zu und Verständnis für politische Bestrebungen in die Richtung des Sozialismus. Und dadurch ergaben sich Kontakte zu diesen Bewegungen. Wir wurden zum ersten Mal aufmerksam darauf, was überhaupt in der sogenannten Dritten Welt geschah. Wir waren schon vor 1965 ungeheuer interessiert und engagiert im Konflikt in Vietnam. Wir lernten kennen, was in Kuba geschah – ich war schon Mitte der 60er Jahre in Kuba. Und vor meiner Reise, die ich 1968 zusammen mit meiner Frau nach Vietnam machte, waren die Vorstellungen und das Bewusstsein von den Ereignissen dort schon klar. Das wurde dann ganz fundamental gefestigt in Vietnam durch das Erlebnis dieses kämpfenden Volkes, durch die Schwierigkeiten dieser Menschen, durch die Art, wie sie sich zur Wehr setzen – das waren Eindrücke, die sich bis heute halten. Deshalb spreche ich immer so für Vietnam, weil Vietnam nicht nur ein Land der Dritten Welt ist, das sich gegen Eroberer zur Wehr setzt, sondern ein Volk mit Menschen, die ganz bestimmte Gesichter haben, ein Volk, in dem ich viele Freunde gefunden habe, viele Menschen, die mir heute noch sehr nahestehen und die ich deshalb, in ständigem Kontakt sowohl persönlich als auch brieflich, genau sehe; ich kenne die Motive dieser Menschen, deshalb steht mir dieses Land so nah; wie auch vieles in Kuba noch. Aber das ist wieder ein anderes Kapitel.

Wurde die Parteinahme für den Sozialismus durch Vietnam ausgelöst oder nur noch stärker bekräftigt? Sie haben ja immer in Schweden gelebt, und Sie leben jetzt auch vor allem in Schweden. Sie haben in den 60er Jahren aber eine Zeitlang in Berlin gewohnt, und das ist ja ein etwas anderes Pflaster als Stockholm.

Völlig anders.

Vor allem im politischen Sinne.

Natürlich. Aber es bestanden doch auch damals schon die Ansätze des politischen Bewusstseins, der Wille bei gewissen Menschen, sich mit der Vergangenheit auseinanderzusetzen, sowohl im Westen als auch im sozialistischen Deutschland; es gab da Menschen, mit denen ich in ständige Diskussionen kam über die Verhältnisse, unter denen wir leben. Und in diesen Diskussionen hat sich dieses Bild natürlich mehr und mehr verdeutlicht. Und das politische Engagement wurde dann zu Anfang der 60er Jahre stärker und stärker, auch durch die Zusammenarbeit mit Freunden in der DDR, wo mein Stück dann inszeniert wurde, in Rostock. Und durch das ständige Erlebnis der geteilten Welt, des Westens und des Ostens, und der Konflikte, die daraus entstehen müssen, und dadurch, dass man – wie ich als neutraler Schwede – immer zwischen diesen Konflikten steht, wurde auch bei mir der Drang verschärft, mich für eine Seite zu entscheiden. Ich konnte nicht ständig zwischen den Stühlen sitzen, sondern musste entscheiden: Was ist mir näher, auf welcher Seite sehe ich Entwicklungsmöglichkeiten, wo, in welcher gesellschaftlichen Grundhaltung kann ich eher eine allmähliche Veränderung erkennen? Ist sie unter dem Sozialismus oder ist sie unter dem liberalen Kapitalismus des Westens zu finden? Da kristallisierte sich eigentlich in ganz kurzer Zeit eine ganz bestimmte Wirklichkeitsauffassung heraus.

Sie sagen: Ich musste mich für eine Seite entscheiden – Sie haben sich ja für eine Seite entschieden, wenn ich richtig informiert bin, sind Sie Mitglied der schwedischen KP –; aber Sie haben doch trotzdem immer wieder Schwierigkeiten mit dieser Seite. Sie sind doch nicht von dem Zuschnitt, dass Sie sich rückhaltlos auf eine Seite stellen und Ihr Werk ganz in diese Richtung führen.

Keinesfalls. Indem die marxistische Gesellschaftswissenschaft bei mir eine solche Rolle zu spielen begann, begann auch die Notwendigkeit der ständigen Kritik, die ja zum Marxismus gehört; denn ohne das kritische Bewusstsein ist der Marxismus leblos. Und alle Klassiker des Marxismus haben immer wieder unterstrichen, wie ungeheuer wichtig das ist; in dieser Hinsicht muss die Kritik ständig lebendig gehalten werden, auch auf die Gefahr hin, dass man sich ständig stößt an der einen und an der anderen Seite: Wenn ich's dem einen recht mache, mache ich's verkehrt für den anderen. Dann ergibt es sich, dass man ständig zwischen zwei Lagern steht und dass man dennoch stets eine Sache vertritt; man darf sich in diesem Parteiergreifen keinesfalls selbst nivellieren, sondern muss unentwegt untersuchen, was richtig und was falsch ist an der Sache, für die man doch im Großen und Ganzen eintritt. Es geht um Grundideen, um Grundgedanken, auf welche Weise eine gesellschaftliche Veränderung zu erreichen ist, und man ist ständig wach für die Fehler, die dabei gemacht werden. Gerade die »Ästhetik des Widerstandes« ist ja eine ständige Auseinandersetzung mit den Fehlern und mit den Missgriffen und mit den direkt missglückten und schauerlichen Ereignissen, die im Namen dieses Sozialismus begangen wurden.

Das ist doch eigentlich die Position des Intellektuellen par excellence. Ich sehe darin auch so etwas wie einen Prozess der permanenten Revolutionierung. Und das ist doch genau Trotzkis Programm, dem Sie ja auch ein Stück gewidmet haben, mit dem Sie aber gerade bei denen Anstoß erregt haben, für deren Seite Sie sich entschieden haben, was zu fast demütigenden Niederlagen Ihrerseits geführt hat durch jene, für die Sie sich engagierten.

Das ist klar, dieses Risiko muss man ständig auf sich nehmen. Nun hatte ich ja die, sagen wir mal, vorteilhafte Situation, dass ich nicht innerhalb des einen Blocks und nicht innerhalb des anderen Blocks lebe, sondern immer noch meine Situation des Exils aufrechterhalte. Ich lebe weiter in Schweden und habe dadurch die Möglichkeit, objektiv zu sehen, was hier und was dort geschieht, und nicht nur Europa, sondern die ganze Welt können wir von hier aus überblicken, und wir können dazu Stellung nehmen, und wir können uns kritisch einsetzen überall, wo unser Gewissen es fordert.

Ist das nicht eine relativ bequeme Situation, die von den existentiellen Bedingtheiten des Sozialismus nicht erfasst wird, dessen lediglich geistige Position Sie beziehen? Denn die existentielle Erfahrung mit dem »real existierenden Sozialismus«, der einem wirklich an die Knochen geht, fehlt Ihnen doch. Sie wissen ja, wie viele DDR-Schriftsteller in der Bundesrepublik leben. Ist in Ihrer Situation nicht auch ein bisschen Gratismut enthalten?

Das wird mir hin und wieder vorgeworfen: Du lebst da in deinem Schweden, und wenn es dir nicht mehr passt, kannst du dich zurückziehen, du bist fernab vom Schuss, warum fährst du nicht nach Chile, warum fährst du nicht nach Vietnam und kämpfst mit dem Gewehr in der Hand, und warum lebst du nicht in der DDR oder in der Sowjetunion? Das ist eine fundamentale Angelegenheit, die damit zusammenhängt, dass ich in erster Linie ein Mensch bin, der ausdrücken will, was um ihn herum passiert, und dieses Ausdrucksbedürfnis setzt voraus, dass man sich nirgendwo ganz fest bindet und einsperrt. Wenn ich in der DDR leben würde, wäre ich ganz bestimmt früher oder später in Konflikte geraten, die an meine schriftstellerische Existenz gerührt hätten. Und deshalb kann ich mich auch sehr gut identifizieren mit den Kollegen, die in diese Situation gekommen sind. Und mir würde das widerfahren in der Tschechoslowakei, mir würde es fast überall widerfahren, es würde mir auch in den USA widerfahren und auch in der Bundesrepublik. Wenn ich in der Bundesrepublik lebte, würde ich bestimmt in ein viel stärkeres Feuer geraten sein und angegriffen worden sein als hier in Schweden, wo es einen traditionsgemäß demokratischen Bezirk gibt, in dem man atmen und sich frei ausdrücken kann. Wenn man in einem System lebt, das einen einzwängt und das einem an die Gurgel geht, dann verschlägt es einem oft die Stimme; wir kennen ja alle die Sklavensprache, die in diesen Ländern oft geschrieben wird. Und das wollte ich einfach nicht.

Wenn Sie in der Bundesrepublik leben würden, sagten Sie, würden Sie noch stärker attackiert als bisher. Aber Sie sind doch als Autor präsent in der Bundesrepublik und haben deshalb auch einige Attacken hinnehmen müssen. Glauben Sie wirklich, dass die Gefahr für einen Schriftsteller wie Sie der stärkere Angriff ist? Oder ist nicht die Gefahr für Schriftsteller und Intellektuelle in der Bundesrepublik, dass sie zwar alles sagen können, dass sie aber nicht ernst und auch kaum mehr wahrgenommen werden?

Das ist eine große Gefahr. In der Bundesrepublik wurde mir seit Mitte der 60er Jahre von vielen meine politische Stellungnahme sehr, sehr stark angekreidet, und sehr häufig wurde meine schriftstellerische Tätigkeit bagatellisiert, seitdem ich anfing, auch politische Konsequenzen daraus zu ziehen; man sagte, dass alles, was ich seit den autobiographischen Büchern oder seit dem »Marat / Sade« geschrieben hätte, nicht mehr die Qualität und den Wert dessen habe, was ich damals noch in der subjektivistischen Phase gemacht habe. Aber ich glaube, man muss da sehr viel tiefer gehen. Das hängt natürlich auch mit dem eigenen Charakter zusammen. Ist man ein Mensch, der auf die Barrikaden geht und auf den Barrikaden kämpft in gewissen Situationen? Oder ist man ein Mensch, der reflektiert, der um sich herum eine gewisse Entspanntheit braucht, um überhaupt arbeiten zu können? In meinem bisherigen Leben ist es so gewesen, dass ich das Zweite brauche. Ich kann mir aber auch sehr gut denken, dass es Situationen gibt, in denen man ganz anders handelt, und dass es Länder gibt, in denen ich mich, lebte ich dort, ganz anders verhalten hätte, das ist selbstverständlich. Aber man hat nur ein einziges Leben, und von diesem Leben, von diesen Erfahrungen kann ich ausgehen. Das Erlebnis des Vertriebenwerdens, des Exils, ist so stark und hat so vorgeherrscht, dass ich auch den Gedanken, nach Deutschland definitiv zurückzukehren, nicht mehr gehabt habe. Deutschland war für mich, obgleich die Sprache weiterhin als Arbeitsinstrument besteht, nicht das Land, ob es nun die Bundesrepublik ist oder die DDR, in dem ich mich zu Hause fühle. Ich habe nie das richtige Bedürfnis gehabt, auch nicht in den Zeiten, in denen ich in Deutschland lebte, dort wieder ansässig zu werden.

Sie haben ja auch eine schwedische Familie.

Es sind Grunderlebnisse, die so tief gehen, dass man einmal damit abgeschlossen hat. Ich glaube, Wolfgang Hildesheimer und Erich Fried ist es ähnlich ergangen, und da kann man nur sagen: So sind meine Erfahrungen gewesen, ich habe mich danach verhalten, und mein Leben ist nach diesen Richtlinien verlaufen. Und man kann nicht sagen: was wäre, wenn.

Ich würde auch nie einem Schriftsteller, der zur politischen Veränderung aufruft aus sehr guten und einsehbaren Gründen, vorwurfsvoll sagen, er solle die Waffe in die Hand nehmen und kämpfen. Nur halte ich es für legitim und für richtig zu fragen: Gerät man nicht in eine zwiespältige, ja schizoide Position, wird man nicht vielleicht sogar unglaubwürdig als Schriftsteller, wenn man entschieden für ein ganz bestimmtes politisches System eintritt und die existentiellen Erfahrungen, die dieses politische System für die, die darin leben, bereithält, nicht macht?

Ja, wenn man nicht zu dem Ergebnis gekommen ist, dass das Schreiben oder dieses künstlerische Handwerk eben auch eine Waffe ist, mit der man kämpft. Und wir sind nach Vietnam gegangen, wir haben uns für Vietnam eingesetzt, wir haben viel aufs Spiel gesetzt und uns der Gefahr ausgesetzt, um zu schildern, was da vorgeht, und das wirkt bis in die heutigen Tage weiter, und ich trete immer für diese Überzeugung ein. Ich würde nach Afrika oder nach Lateinamerika gehen aus ähnlichen Beweggründen; genau wie ich gegen Erscheinungen in der DDR bin, die meine Vorstellungen von der Notwendigkeit der künstlerischen Tätigkeit gefährden. Gerade weil ich *nicht* in der DDR lebe, dort aber viele freundschaftliche Kontakte habe, ist es mir auch gewährt, Wahrheiten auszusprechen, an die ich dort nicht rühren dürfte. Ich verteidige Menschen, die einem Zwang ausgesetzt werden und die behelligt werden in ihrer Arbeit als Künstler. Überall, wo es auch auftritt, würde ich mich dagegen wehren, und ich habe eben dieses Mittel: Ich kann darüber schreiben – und damit greife ich ein; unter anderen Verhältnissen könnte ich eingreifen in einen direkten Kampf. Aber das wäre ein anderes Medium.

Ich habe mir dazu zwei Sätze notiert aus den »Notizbüchern«. Da steht, und zwar wird ein ganzes Heft damit eingeleitet: »Weh dem Land, das seinen Kritikern einen Maulkorb anlegt«; und: »Freiheit, das ist die Freiheit der Andersdenkenden«, fast mottohaft für Ihr Schreiben. Nochmals zu Ihrer Position in den 60er Jahren, zur Gewinnung Ihres politischen Standpunkts. Sie waren ja Mitglied der Gruppe 47. Haben Sie da auch Kontakt gefunden, und Gleichgesinnte?

Sowohl positive Kontakte als auch negative Kontakte. In den »Notizbüchern« gibt es ja recht viel Material darüber. Bei der Gruppe 47 habe ich auch erfahren, wie weit das Dasein des Exilierten einen für immer entfernt hat von denen, die dageblieben sind, dass wir doch einen ganz anderen Hintergrund haben und uns auf ganz andere Weise entwickelt haben als viele von denen, die auch zu meiner Generation gehören, die aber nicht vertrieben wurden. Ich glaube, das ist dann ein grundsätzlicher Unterschied. Da haben sich einige Freunde herangebildet, die die Gedanken, die ich habe, auch teilten; wir konnten uns verstehen, während es andere gab, die eben das Verständnis für diese Linie, die ich vertrete, nicht hatten. Ich glaube, das ist sehr verschieden. Und das verändert sich ja auch im Laufe der Jahre. Walser, Enzensberger, Lettau, das sind Autorenkollegen – Frisch natürlich auch, in erster Linie –

Der ja nie in der Gruppe war ...

... aber immerhin dazugehörte, generationsmäßig – mit denen es sehr viel Gemeinsames gab. Aber das sind Dinge, die sich erst im Laufe der Jahre herauskristallisiert haben, die sich teilweise verstärkt haben und teilweise sich wieder verlieren, natürlich auch aus praktischen Gründen, ich lebe eben fernab und habe nicht den täglichen Kontakt.

Fehlt Ihnen das Kollegengespräch, das Werkstattgespräch mit Autoren?

Ungeheuer, ja, ungeheuer. Denn ich lebe in einem schwedischen Milieu, ich spreche schwedisch mit meiner Familie, mit meinem Kind, meine Freunde sind Schweden. Ein bisschen ist diese schizophrene Situation schon da, aber das sind Dinge, mit denen man sich abfinden muss.

Die anderen Berührungspunkte im politischen Bereich, Berlin in den Spätsechzigerjahren, z. B. die außerparlamentarische Opposition – hat die Sie auch hineingezogen in ihre Debatten?

Gegen Ende der 60er Jahre, durch die Vietnambewegung, hatte ich starke Kontakte mit Berlin, mit der APO und mit vielen Vertretern der studentischen Opposition. Das ging bis 1970, als dann dieser Wendepunkt entstand, als der Begriff des »Rechten« und des »Linken« sich polarisierte und ich mit dem »Trotzki«-Stück in die Schusslinie geriet zwischen rechts und links.

Gerade das »Trotzki«-Stück – warum?

Ich glaube, es war wohl so, dass die Linke von ihrem stark revolutionären Standpunkt aus mich damals plötzlich für einen Konterrevolutionär hielt, weil ich die Figur von Trotzki überhaupt bearbeitete, während die Rechte den Weltrevolutionär Trotzki als gefährlich erachtete und mich deshalb angriff.

Als Vierte Internationale.

Ja.

Gerade vom »Trotzki« ging für Sie doch so etwas aus wie die Bewegung hin zum Prozess des Schreibens an der »Ästhetik des Widerstands«. Ich sagte ja, in »Fluchtpunkt« gibt es da schon so ein paar Berührungspunkte; aber ich meine dann im »Trotzki« doch ganz deutlich die Ausgangsposition für die »Ästhetik« gefunden zu haben: das Bewusstsein über einen politischen Weg, der eindeutig sein sollte, um wirksam zu sein, aber der selten eindeutig sein konnte und dann kaum eindeutig war in der Geschichte – und das ist doch im Grunde die »Ästhetik des Widerstands«.

Das ist das Thema. Und auch die Welt der vielen Gestalten – das Universum um den revolutionären Denker herum –, die auftauchen in Figuren, diese ständigen Widersprüche und Auseinandersetzungen und Feindseligkeiten – das ist die Welt, die dann in der »Ästhetik« zur Sprache kommt.

Die »Ästhetik des Widerstands«: Ich meinte, dass sich dieses Buch unter anderem auch aus dem »Trotzki«-Stück herausgebildet hat. Woraus, wie und wohin entwickelten sich denn diese Gedanken tatsächlich, die dann zur »Ästhetik des Widerstands« führten? Wie fing das Ganze an, als Ihnen zum ersten Mal bewusst wurde, dass dieses Thema zu einem Buch werden würde?

Wahrscheinlich erst einmal aus der Grundfrage, über die wir ja vorhin auch gesprochen haben: Kann man sich als Schreiber irgendwo an einen Schreibtisch zurückziehen und da nur immer reflektieren und sich äußern zu bestimmten Themen, an denen man eigentlich doch vorbeigeht, weil man nicht direkt körperlich daran teilnimmt? Dieser Konflikt war wahrscheinlich einer der Anlässe, einmal zu untersuchen, wie das denn ist für einen Menschen, der tatsächlich in dem Kampf steht, und nicht nur als Reflektierender. Natürlich sind das Erfahrungen, die sich während der 60er Jahre herausgebildet haben in den direkten Kontakten mit kämpfenden Menschen, die entweder auf den Barrikaden oder in Befreiungskriegen stehen und über die ich schon geschrieben hatte – Revolutionäre, Taktiker oder Theoretiker. Und nun der Versuch, diese ganzen Dinge, die ich durchformuliert hatte und zu denen ich Stellung ergriffen hatte, mir noch näher heranzuziehen an den eigenen Leib und meine eigene Vergangenheit, meine eigenen Erfahrungen, meine Erlebnisse zu verrücken in die Dimension des unmittelbar Teilnehmenden. Natürlich kann man sagen, das ist eine Konstruktion; aber gleichzeitig ist es auch keine Konstruktion, denn erlebt habe ich alles. Ich habe es nur nicht erlebt als Mensch, der in Konzentrationslagern saß oder der direkt im illegalen Kampf war, sondern als einer, der all das mit angesehen hatte, der viele von diesen Menschen getroffen und sich immer mit diesen Sachen auseinandergesetzt hatte. Ich habe erlebt, wie nahe einem das alles ist: Man braucht nur um die nächste Ecke oder in ein anderes Zimmer zu gehen, und schon stößt man ganz konkret auf diese Gefahren, auf diese ständigen Bedrohungen; wir sind diesen Gefahren ja stündlich ausgesetzt. Das sind wohl die Gedanken gewesen, die diesen Mechanismus in Gang gesetzt haben. Und dann die große Frage: Was ist denn eigentlich geschehen während dieser Jahre? Wie, auf welche Weise hat man gekämpft, was hat man getan, um zu versuchen, zu einem Ergebnis zu gelangen, das einmal aus dieser Hölle herausführen könnte? Und da wollte ich zuerst überhaupt nur den reinen antifaschistischen Widerstand schildern. Der erste Titel war nur: »Der Widerstand«, und das Buch sollte den Kampf der Antifaschisten während der Kriegsjahre umfassen. Während der Arbeit an diesem Thema wuchs das dann ganz schnell, verzweigte sich und wurde größer. Der eigentlich zündende Anlass zum Buch war, bei einem Besuch in Berlin, eine Wiederbegegnung mit dem Pergamon-Altar; vor diesem Fries entstand, genau wie es da geschildert wird, das Initial-Erlebnis zu dem ganzen Buch: der ewige Klassenkampf, die, die oben sind, die, die unten sind, das ständige Gewühl zwischen den Kräften, die um eine Befreiung ringen, und das verzweigte sich eben in Kämpfe zu allen Zeiten der Welt.

Das ist übrigens auch ein Keim, der schon im »Fluchtpunkt« steht: die Faszination vor dem Pergamon-Fries.

Ist schon da, ja. Das war also der unmittelbare Anlass. Und während der Arbeit zeigte es sich, dass es für mich in meinem persönlichen Leben, in meinen Erfahrungen nicht immer nur um politische Veränderung ging, sondern ständig auch um den kulturellen Kampf. Ich suche Ausdrucksmittel, ich suche nach Dingen, mit denen ich mich identifizieren kann und die mir für meinen eigenen geistigen Werdegang Material geben. Und so ist es vielen Menschen gegangen, mit denen ich immer wieder in Berührung komme: Sie suchen nach etwas, was ihnen als Mensch Werte gibt, die sie nicht nur in politischen Organisationen finden, sondern die viel weiter gehen und die mit dem Erlebnis der Kultur, sei es nun Kunst, Literatur, Musik, zusammenhängen.

Es ist aber kein Buch der Identifikation, obwohl von sehr vielen Identifikationen dort die Rede ist, sondern es ist, wenn ich es richtig beurteile, ein Buch der Offenheit, das Sozialismus als einen offenen Prozess, der immer vorwärtsgetrieben werden muss, und zwar diskursiv, darstellt. Sie haben in den »Notizbüchern« geschrieben, dass der erste Band das Buch der Orientierung sei, die Zeit der Orientierung, der Eroberung der Ausdrucksmittel, also der künstlerischen, der sprachlichen Gestaltungsfähigkeit dieser

Wunschfigur, die dort der Ich-Erzähler ist; dass der zweite Band dann die Ästhetik als Werkzeug der Erkenntnis einsetzt und den Erzähler in den Prozess seiner Individuation als Schreiber und als politische Figur setzt; und dass der dritte Band den Blick von dieser Ästhetik ab- und den Geschehnissen zuwendet, also die Umsetzung der gewonnenen Ästhetik: auch so etwas wie der Rückzug des Erzählers als Gestaltungsproblem und nun die Darstellung durch den Autor gleichsam als ein neuer Pergamon-Fries in Prosa.

Für mich ist ja auch während des Schreibens jeden Tag das Bewusstsein von der Welt um mich herum vorhanden gewesen, und ich habe ja auch in meinem täglichen Leben immer wieder Abzweigungen eingeschlagen, indem ich mich beteiligt habe an irgendwelchen direkten Aufgaben, ob das nun die Frage Vietnam oder afrikanische oder lateinamerikanische Probleme betraf. Ich hatte längst nicht mehr das Gefühl, in meiner abgeschlossenen Kammer zu leben; sondern ich stehe in einer Welt, die unaufhörlich auf mich eindringt und mich zwingt, aufs Neue Stellung zu ergreifen, teilzunehmen – das ist um das Buch herum, in meinem täglichen Dasein als Schreiber, vorhanden, und das wird direkt überführt auf die Situation dieser fiktiven Ich-Figur, die ja auch ständig diesem Andrang ausgesetzt ist, dem Andrang von Figuren, von Geschehnissen, Auseinandersetzungen, von furchtbaren Fehden und Gefahren; und diese beiden Welten, also die eingekapselte Welt und die größere Welt drumherum, die unsere tägliche Welt ist, werden geschildert, und das alles versuche ich durch diese Vielfalt der Ereignisse zusammenzudrängen und darzustellen als eine ständige Forderung, die auf die Ich-Figur einwirkt. Sie muss sich immer wieder umsehen und herauszufinden versuchen, was da drumherum eigentlich geschieht, und muss sich gleichzeitig mehr und mehr suchen und eigene Ausdrucksformen finden. Es wird ja auch immer die Frage gestellt: Wie kann ich das ausdrücken? Das ist, glaube ich, eine zentrale Frage, die das ganze Buch durchzieht, die Frage, die ich vor vielen Jahren hatte.

Im dritten Band wird sie aber so nicht mehr gestellt.

Nicht mehr im dritten Band, nein, aber immer wieder in den beiden ersten Bänden. Der letzte Band arbeitet aus diesen Erfahrungen heraus, und da sind die Erfahrungen dann von solchen Dimensionen und auch von so fürchterlicher Art, dass der Ich-Erzähler mehr und mehr zurücktritt und wieder ganz anonym wird, was er ja von Anfang an gewesen ist.

Wenn ich es recht begreife, verstehen Sie doch diese Darstellung der Zeit von 1937 bis 1945 nicht als eine abgeschlossene Zeit, sondern, was sich im Begriff der »Ästhetik des Widerstands« ausdrückt, als einen beispielhaften Geschichtsvollzug, der sich ständig wiederholt, gleichsam als eine manifest gewordene, aber permanent sich vollziehende Geschichte der Klassenkämpfe.

Ja, und deshalb eben auch das große konditionale Kapitel am Ende, wo beim Augenblick des Kriegsschlusses die Perspektive gezogen wird auch im Rückblick auf die damalige Zeit: Was hat man damals für Illusionen gehabt, wie hat man sich damals die Entwicklung vorgestellt, und was kommt danach – also die Erfahrungen des Erzählers von heute, und die werden umgesetzt in Erfahrungen des damals Suchenden, und auf diese Weise wird der Blick direkt auf die Gegenwart gerichtet, obgleich das Ganze innerhalb dieser geschlossenen Zeitperiode bleibt.

Also kein positives Ende, kein Roman mit einem als historisch ausgegebenen positiven Ergebnis.

Nein, weil wir nicht in einem positiven Zustand leben. Ich versuche die Wurzeln aufzuzeigen von all dem, was sich heute abspielt um uns herum.

Was am Schluss des dritten Bandes im Konditional steht, also die Utopie auf eine Besserung, geht nicht aus dem gesamten Prozess des Romans hervor.

Nein, abgesehen von dem immer wieder zur Sprache gebrachten Gedanken, dass es nur mit einer Einheit, mit einer gegenseitigen Verständigung geht – und dieser Gedanke der Einheit, der Gedanke vom Zusammenschluss großer Menschenmengen ist ja heute von allerhöchster Aktualität. Deshalb wird dieses Thema auch immer wieder angerührt. Warum ist diese Einheit missglückt? Weil wir uns befehdeten, anstatt uns miteinander zu verständigen, weil es uns nicht geglückt war, eine einheitliche Front zu schaffen gegen die Gefahr, die damals die größte war, deshalb ist es nicht gelungen, und deshalb war das Ende des Krieges kein Sieg, der eine positive Entwicklung eingeleitet hätte, sondern nur der Anfang einer neuen verheerenden Entwicklung.

Eigentlich ist doch die Entwicklung noch schlechter geworden, hat sich die Welt doch noch weiter auseinanderdividiert und ist doch auch die Geschichte der Klassenkämpfe noch schrecklicher, auch innerhalb des kommunistischen Blocks, noch schlimmer geworden.

Ja, die Bedrohung, die heute über uns hängt mit der Neutronenbombe und den Atom- und Wasserstoffbomben, ist natürlich vom Ausmaß her noch viel furchtbarer als die Bedrohung vor Beginn des Zweiten Weltkriegs. Diese Gefahren sind ungeheuer groß, und sie werden wiederum nicht genügend bekämpft, weil eben die Einheit gegen diese Gefahr nicht vorhanden ist, weil sich diejenigen, die gegen diese destruktive Entwicklung sind, untereinander zerreiben, anstatt nach einer Einigung zu streben. Aber eines sollte klar sein: Man darf auch nicht in diesen Fatalismus fallen, der heute wieder – ich glaube, wir haben anfangs schon darüber gesprochen – vorherrschend ist, dass nämlich die meisten Menschen heute in einem noch größeren Maß sagen: Wir sind Gewalten ausgesetzt, die so ungeheuer sind, dass wir sowieso nicht dagegen ankommen, und wir können eigentlich nichts anderes tun, als an einen Untergang zu glauben, die Welt geht sowieso unter, es wird zu einem verheerenden Vernichtungskrieg kommen, die ganze Erde wird zerstört werden. Aber das sind doch keine Perspektiven, die irgendeine Arbeit am Leben halten können.

Obwohl die Gesellschaften, wenn ich's recht sehe, ja doch so leben, nach dem Stichwort: après nous le déluge, nach uns die Sintflut.

Aber es könnte ja angesichts dieser Welt nun ein Vorwurf sein gegen dieses Buch, das Kunst und Politik, künstlerische und politische Positionen so unmittelbar miteinander verbindet: Was ist noch realistisch, was ist noch real an einem solchen Konzept von Kunst und Politik?

Aber dieser Einwand ist auch sehr begrenzt, denn es geht ja doch darum: Wenn wir versuchen, uns vorzustellen, was sich ändern könnte, dann liegt eine mögliche Lösung schon in den pädagogischen Bezirken, dort, wo die Menschen aufwachsen. Mit welchen Gütern, mit welchen Vorstellungen kommen sie in Berührung? Wie können sie sich entwickeln, auf welche Weise können sie ihr Denken befreien, wie können sie ein Bewusstsein davon erlangen, dass sie eingreifen können, dass sich Werte erringen lassen? Und nur diese Menschen, die so weit gekommen sind, dass sie im Besitz dieser kulturellen Güter – nennen wir's mal so, es ist ja ein abgegriffener Begriff, aber man kann es doch so zusammenfassen: die Güter, die uns befähigen, Ausdruck zu geben von unserer Situation –, die also im Besitz dieser Werte sind, können dann auch eingreifen und etwas verändern. Und deshalb immer wieder: Du musst lesen, du musst dich bilden, du musst dich auseinandersetzen mit den Dingen, die auf dich zukommen, du musst Stellung ergreifen, du darfst nicht sitzen und alles nur auf dich zukommen lassen, du darfst dich vor allen Dingen nicht dem Gedanken hingeben, dass Mächtige über dir sind, die doch alles bestimmen. Das sind die Grundgedanken, und deshalb immer wieder das Thema: Wo, zu welchen Zeiten haben sich Menschen gegen anscheinend unübersteigbare Widerstände hinweggesetzt? Ob während der frühen Sklavenaufstände, ob zur Zeit des Pergamon-Frieses oder ob zur Zeit der Französischen Revolution oder der Russischen Revolution oder der Revolution von 1918 in Deutschland – immer wieder kommt es auf diesen Trieb an, dass Menschen da sind, die sich zur Wehr setzen, und das findet auch heute noch in der ganzen Welt statt. Die lateinamerikanischen Länder liefern heute das Beispiel von Diktaturen, die scheinbar alles unmöglich machen, was Veränderungen will, und trotzdem sind die Gefängnisse überfüllt, die Menschen werden gefoltert, sie nehmen die Folter auf sich, sie gehen in die Berge, sie kämpfen gegen Unterdrücker und gegen Mächte, weil es eine menschliche Kraft ist, die im Grunde genommen diesem merkwürdigen Prinzip Hoffnung folgt. Und es ist ja auch nicht so ohne, dass Sartre in einem Interview, das er ganz kurz vor seinem Tod gegeben hat, gerade von diesem merkwürdigen Prinzip gesprochen hat, von einer absurden Hoffnung, die ganz tief im Menschen liegt und die ihn immer wieder dazu treibt, diese Situation, in der er gefangen ist, verändern zu wollen.

Könnte dann die »Ästhetik des Widerstands« so etwas sein wie ein Lehrbuch zur Sensibilisierung und zur Einnahme einer solchen Position?

Sicher für viele; jedenfalls kann es Anstöße geben für viele Menschen. Das habe ich auch gemerkt aus Briefen, Erwiderungen, die ich bekommen habe, dass sehr viele Menschen nachvollziehen können, was hier versucht wird; dass viele sich in ähnlichen Prozessen befinden. Und ich glaube, es ist doch recht wichtig auch für den Schreiber, dass er spürt, er steht in einem Zusammenhang. Die Problematik, die hier aufgeworfen wird, läuft weiter, und es gibt sehr viele Menschen, die sich heute mit ähnlichen Problemen beschäftigen. Natürlich sind es Menschen, die – und das ist vielleicht ein Nachteil – doch schon recht viel Bildung und Kenntnisse voraussetzen und die vor allen Dingen eine Mentalität besitzen, dass sie sich nicht begnügen mit dem Fertigen, dass sie sich nicht abfinden mit den Gegebenheiten, sondern dass sie selber etwas schaffen wollen, was noch nicht vorhanden ist. Denn die Situation, in der sich der Ich-Erzähler befindet, hat sich nicht grundlegend geändert.

Es wachsen viele junge Menschen heute wieder so ähnlich heran.

Ja, ja.

Es ist natürlich – und das relativiert, was ich sagte von der »Ästhetik« als einem Lehrbuch zur Sensibilisierung und Positionierung – auch ein großes Problem für die breite Rezeption dieses Romans, dass er ja nicht leicht zu lesen ist. Die »Ästhetik des

Widerstands« ist ein Monument, fast tausend Seiten komplexe, zu großen Blöcken aufgetürmte Seiten, und man muss sich schon wiederholt hineinknien, um sie zu verarbeiten. Insofern drängt sich doch die Frage auf: Haben Sie überhaupt eine breite Wirkung damit beabsichtigt, oder war es doch im Wesentlichen auch – ich will jetzt nicht das alte Wort aufgreifen von der »Wunschbiographie«, das, glaube ich, nicht stimmt – und ist es nicht vor allen Dingen auch wiederum ein Zeugnis der eigenen Selbstverständigung, ohne den Blick aufs Publikum geschrieben?

Ich glaube, es ist schwer, sich mit den Beweggründen auseinanderzusetzen, die einen zum Schreiben bringen, denn das ist ein sehr komplizierter Prozess. Selbstverständigung ist natürlich drin, aber es ist gleichzeitig auch ein Stellungergreifen zu ganz großen historischen Ereignissen; es ist auch der Versuch zu schildern, wie man in den Ereignissen steht, wie man unendlich viele Dinge, die um einen herum passieren, ständig auf sich wirken lässt und wie man darauf reagiert und was man selbst für eine Haltung einnimmt in dieser Vielfalt des Geschehens. Jedes Stück darin ist ja schon zusammengedrängt aus ganz vielen Themen, und deshalb sind ja auch diese großen Blöcke ganz bewusst als Stilprinzip eingesetzt, um zu zeigen, wie ungeheuer dicht alles ist und wie unmöglich es ist, da herauszukommen. Es gibt da nichts Fragmentarisches, es bleibt dem Ich kein Ausweg, sich irgendwohin zu flüchten, sondern man steht ständig mitten im Gedränge der Ereignisse und der Fragen und der Probleme; und genauso erlebe ich es in meinem Leben, und in dieser Beziehung ist es ein Selbstporträt, denn so ist das Leben, das mir, und wahrscheinlich auch vielen anderen, widerfährt. Wir stehen, wenn wir ganz ehrlich sind, mitten in einem ungeheuerlichen Gedränge von Forderungen.

Eine der Hauptfiguren, vielleicht so etwas wie die graue Eminenz der »Ästhetik des Widerstands«, ist der Psychologe Max Hodann. Ich sprach Sie ja schon eingangs unseres Gespräches auf die Abwesenheit von psychologisierenden Darstellungen in Ihrem Werk an. In der gesamten »Ästhetik des Widerstands« gibt es ja keine psychologisierenden Passagen. Warum nicht? Gerade in den Ar-

gumenten von Hodann taucht immer wieder eine psychologisch motivierte Verständnishaltung auf, gerade er vertritt gegen den Dogmatismus die Offenheit als Prinzip, das Humanistische im Sozialismus; mit der Psychologisierung der Figuren hätten Sie doch eine noch umfassendere Erklärungsebene einziehen können in das gesamte Geflecht dieser Prosa. Warum haben Sie das nicht gemacht? Vielleicht um die Wucht des Faktischen im Roman nicht zu unterminieren durch verständnisheischende Erklärungen von politischen Verhaltensweisen?

Nun war ja Hodann tatsächlich so eine Art von Mentor für mich. Er war der Mensch, der sich meiner angenommen hatte hier in den schweren Emigrationsjahren in Stockholm, eigentlich derjenige, der mir auch im Buch als Figur am nächsten steht, den ich aus eigenen Erlebnissen heraus sehr gut schildern kann, weil ich ihn in diesen Situationen ständig erlebt habe, und der auch gerade mir gezeigt hat, dass er trotz seiner verheerenden Krankheit und trotz seiner schwierigen Lebensverhältnisse immer offen war für die Fragen und die Probleme anderer, der ständig geholfen hat, obgleich er sich selbst kaum helfen konnte. Er war ein ganz großer Mensch, ich wollte ihm ein Denkmal setzen, vor allem, weil Hodann ja auch in der Geschichtsschreibung der sozialistischen Länder – vor allem in der DDR – sehr schlecht wegkommt, er wird da geschildert als der Überläufer, der Verräter – was er ja gar nicht war. Das wollte ich zurechtrücken. Es war mir sehr wichtig, dass dieser Mensch, der für mich eine ganz große Kraft und Würde hatte, auch dasteht als eine zentrale Figur in dem ganzen Buch.

Aber trotzdem noch einmal die Frage: Warum keine Psychologisierung?

Ich glaube, das hat sich aus dem Stil ergeben. Bei einem Stil dieses epischen Zuschnitts, der eine Totalität umfassen will, gibt es keinen Raum für psychologische Verfeinerungen. Allerdings sind die unterschwellig vorhanden. Man spürt natürlich in den Schilderungen bei Hodann schon, welchen Dingen er ausgesetzt ist und was für Schwierigkeiten er hat in seiner Familie, in seiner politischen Einstellung mit seinen Genossen, in seiner ganzen Situation als Arzt, der hier seinen Beruf nicht ausüben konnte; alle diese Dinge liegen natürlich drunter und stellen Fragen an den Leser: In was für einer psychischen Verfassung hat sich dieser Mensch befunden? Auch eine Figur wie Funk, der identisch ist mit Wehner, versuche ich darzustellen als einen aufrechten Kämpfer, als Antifaschisten, der von seinen früheren Genossen ungerecht behandelt wurde, die ihn teilweise verleumdet und ihm jedenfalls Dinge zugeschrieben haben, die nicht mit der Wirklichkeit übereinstimmen. Auch bei ihm war mir wichtig, einen politischen Aktivisten zu schildern, der gezwungen ist, sich im Untergrund zu verstecken, und der unter ganz unerträglichen Verhältnissen lebt. Ich glaube, da liegt sehr viel Psychologisches drunter, es wird nur nicht zur Sprache gebracht; es ist da als Thema und als eine Melodie, die darunter läuft; aber es hätte den ganzen Roman verschoben, wenn ich auf psychologische Beweggründe eingegangen wäre. Deshalb habe ich ja auch den Epilog – ich habe ein Epitaph geschrieben auf Hodann, das ja psychologische Elemente enthält, gewisse Dinge werden darin psychologisiert – aus dem Roman herausgenommen, obwohl ich sehr daran gehangen habe, denn es ist eine Schilderung von Hodann, die vielleicht wichtig gewesen wäre als Ausklang, aber es passte nicht zum Stil, nicht zur Form des Ganzen.

Es gibt ja Kritiker, die der »Ästhetik des Widerstands« mangelnde Lebendigkeit und Starre vorwerfen. Es kann sein, dass dies ein Urteil ist, das sich eben auf diese Abwesenheit von Psychologisierung bezieht.

Es gibt ja immer Kritiker, die in einem Kunstwerk etwas anderes suchen als das, was drin ist. Darauf kann man eigentlich gar nicht eingehen. Es wird eben eine ganz bestimmte Form vorausgesetzt, und diese Form hat sich aus dem Inhalt ergeben, sie wird ganz konsequent durchgeführt und entspricht meiner künstlerischen Auffassung, und genau diese Form wird auch angeboten. Und wer sich damit auseinandersetzt, hat von dieser Form auszugehen und nicht nach irgendetwas anderem zu suchen; diese Form also muss untersucht und kritisiert werden –

aber man kann nicht fragen: Warum hast du nicht was anderes gemacht?

Das Buch heißt »Ästhetik des Widerstands.« Roman. Manche Kritiker sind verblüfft gewesen und haben gefragt: Warum steht da nicht »Traktat«?

Oder »roman d'essai«, wie Andersch geschrieben hat.

Da stehen also drei Wörter: Ästhetik, Widerstand, Roman; Widerstand ist klar, ist der Stoff, ist das Thema. Roman ist die Form. Ästhetik meint nun die Beschreibung der Form, das Gesetz der Form. Sie ist manifest geworden in diesem Roman. Es wird ja in diesem Buch nicht gefachsimpelt über eine bestimmte Ästhetik – aber versuchen wir das einmal, oder ich möchte Sie bitten, einmal zu versuchen, diese Ästhetik zu beschreiben.

Eine Ästhetik, die sich nicht befasst mit den traditionellen Begriffen der Ästhetik, nämlich mit der Lehre des Schönen, des Harmonischen, des Formvollendeten, des Abgeklärten, des Fertigen, des Vorbilds, sondern eine Ästhetik, die in sich alles enthält, was dem Kampf des Menschen entspricht, nämlich dem Kampf, sich auf eine höhere Bewusstseinsebene hinzubewegen. Es werden Menschen geschildert, die im politischen Kampf stehen, die aber diesen politischen Kampf als zu eng empfinden und diesen Kampf erweitern wollen und einsehen, dass zu diesem Kampf, dem politischen Kampf, dem Kampf um eine politische Erneuerung, unbedingt gehören muss die kulturelle Umwandlung, die Bereicherung des Menschen an kulturellen Gütern oder Werten. Wir müssen uns den Zugang zur Literatur, zur Kunst, zum Ausdruck gleich welcher Form gleichzeitig mit dem Weg zur politischen Organisation erobern. Der Widerspruch und die Vielfalt dieses Widerstands werden dadurch hervorgehoben, dass zwei so entgegengesetzte Begriffe wie Widerstand, also revolutionäres, tatkräftiges Eingreifen, und Ästhetik miteinander verflochten werden, und mit Ästhetik ist alles angesprochen, was sich im Kopf vollzieht und auch wieder der Situation des Autors entspricht – auf der einen Seite greift er ein, nimmt teil an den politischen Ereignissen, auf der anderen Seite sitzt er da, grübelt, teilweise in Melancholie und in Hoffnungslosigkeit versunken, aber er macht weiter, er macht seinen Kram, reflektiert, versucht, irgendetwas zu formulieren: die Situation des Künstlers. Und dies immerwährend angesichts der Möglichkeit, dass er jeden Augenblick da herausmuss, dass in jedem Augenblick die Alarmsirenen heulen können, dass er etwas tun muss. Diese Situation erleben wir. Und heute als bewusste Künstler sind wir ja in diese Situation völlig eingesponnen.

Darf ich das mal fortspinnen und dabei wieder zurückkommen auf meine Frage nach der Abwesenheit von Psychologisierungen, weil ich glaube, dass da ein ganz wichtiger Grund liegt für das Charakteristische Ihres Buches und der dort erarbeiteten Ästhetik, dass also im Mangel an Psychologisierung etwas für diese Ästhetik Spezifisches und Konstituierendes zum Ausdruck kommt: Die Obsessionen – Sie sprachen von der Situation des Künstlers – oder die Bedrängungen, psychischen Deformationen vieler Menschen in den westlichen Zivilisationen finden ja heute häufig Ausfluss auf den Couchen der Psychoanalytiker. Meine Schlussfolgerung nun ist zugegebenermaßen spekulativ: Aber verhindert nicht gerade dieser Prozess des sich Entladens im Individuum das Aufbauen eines Widerstands, weil nämlich das sich aufstauende Widerstandspotential, gleichsam durchs Gespräch gelöst, abgeleitet wird? Und ist nicht gerade Ihr Versuch, diesen Widerstand gegen solche psychologischen Verfahren zu aktivieren, ein essentieller Anteil dieser spezifischen Ästhetik?

Das ist bestimmt zutreffend. Ich glaube, ich kann das gar nicht erweitern, so ist es einfach, da kann ich Ihnen nur zustimmen.

Sie haben in den »Notizbüchern« einmal geschrieben: »Kunst ist klassenlos, sie richtet sich an jeden, der sie aufzunehmen vermag.« Ist die »Ästhetik des Widerstands« als Buch aber nicht viel zu hermetisch, um in diesem Sinne klassenlos zu sein? Schafft sie nicht durch sich selbst schon wieder einen hohen ästhetischen Wert, der mit dem Material eines ungeheuren Leidens erkauft worden ist, der manifest geworden ist und deshalb nicht jene Wirkung haben kann, die Sie ihm gern geben möchten?

Ich glaube, dass es heute diese Klassenlosigkeit gibt, und zwar wird sie vertreten von Menschen, die in gewissem Sinn noch unter dem Begriff einer Utopie stehen, nämlich unter dem, was Brecht »die Menschen des wissenschaftlichen Zeitalters« genannt hat. Und dieses Buch wendet sich an Menschen, die dieses wissenschaftliche Zeitalter in sich schon vorbereitet haben und nach Begriffen dieses wissenschaftlichen Zeitalters leben. Und das sind natürlich Vereinzelte. Man kann auch nicht sagen, das Buch wendet sich direkt an sozialistische Parteien oder an Kommunisten oder an irgendwelche Menschen, die mit irgendeiner radikalen politischen Position in einer Organisation verbunden sind; sondern es wendet sich zunächst an Menschen, die einmal dahin gelangt sind, dass sie denken wollen, dass sie sich fortentwickeln, sich fortbilden wollen. Und mit »Bildung« meine ich nicht irgendeinen scholastischen Begriff, sondern Bildung als Erkenntnis der Vorgänge in der Welt: Wie weit erkennen wir heute, was auf anderen Erdteilen geschieht, wie weit nehmen wir daran teil, was haben wir für Möglichkeiten, uns dafür einzusetzen, was für Kräfte sind da, die sich heute gegen die Gefahren sammeln und die gemeinsam etwas tun, um diese Gefahren abzuwenden? An solche Menschen wendet sich das Buch in erster Linie. An Menschen, die auch im Rückblick auf die schon einmal vollzogenen Kämpfe während des Antifaschismus sich auf die heutige Situation besinnen und herausfinden, dass es sich im Grunde immer noch um dieselben Probleme handelt wie früher, die sich natürlich weiter fortentwickelt haben; aber wir finden diese Probleme in den sozialistischen Ländern, wir finden sie in den kapitalistischen Ländern, wir finden sie überall, wo Herrschaftssysteme zum Dogmatismus ausarten, wo Herrschaftssysteme Gewalt anwenden gegen ihre eigenen Bevölkerungen. Und an diesen Problemen muss ständig gearbeitet werden. Und ich glaube, wenn man überhaupt von einer Art Mission – wir haben ja keine Mission – oder von irgendeinem Sinn spricht, dann ist es dieser grundlegende Gedanke, dass wir beim Denken an diese Zeit und beim Denken an diese Menschen, die damals gekämpft haben, unsere Aufmerksamkeit den Menschen zuwenden, die heute immer noch und wieder kämpfen, um diese ganz großen Gefahren abzuwenden. Und darin ist vielleicht eine Art von Parallele oder eine Art von Hinweis zu finden auf den Sinn dieses Buches.

Und auf den Sinn Ihrer Arbeit während dieser zehn Jahre.

Während dieser zehn Jahre und weiterhin in den Jahren, die mir noch zur Verfügung stehen; denn der Prozess läuft weiter, und alle Arbeit, die man als Künstler leistet, ist ja ein einziger durchgehender Prozess. Man durchläuft Entwicklungsstadien, man gewinnt neue Einsichten, aber man kann nur eine einzige Linie ziehen. Und was ich in den kommenden Jahren noch machen werde, wird sich im Wesentlichen nicht unterscheiden von dem, was ich seit meiner Kindheit gemacht habe.

Man hat Ihnen ja vorgeworfen, Sie hätten in den »Notizbüchern« maßlos über Ihre Kritiker hergezogen. Ich habe nur ganz wenige Sätze auf fast 1000 Seiten gefunden, in denen Sie sich mit Kritikern auseinandersetzen, in verständlicher Reaktion auf deren zum Maßstab gewordene Verständnislosigkeit. Darf sich ein Autor nicht wehren?

Das waren nur einige Kritiker, die sich persönlich getroffen fühlten, und das wird dann natürlich sofort ungeheuer aufgebauscht. Ein Schriftsteller, der Angegriffene, darf sich ja nicht zur Wehr setzen, das ist ja auch so eine Sitte.

War denn die Resonanz auf die »Ästhetik des Widerstands«, jetzt beim dritten Band, so, wie Sie sie erwartet haben, oder fiel sie günstiger aus?

Viel günstiger. Ich hatte nach der Reaktion auf den zweiten Band kaum noch mit einer so positiven Aufnahme gerechnet. Ich habe dann aber den Eindruck gewonnen, dass sich viele nach dem dritten Band noch einmal mit dem ganzen Werk auseinandergesetzt und dann herausgefunden haben, dass es doch einige

Qualitäten enthält. Und in der Beziehung finde ich, dass die Aufnahme bisher sehr, sehr positiv war. Und zu den positivsten Reaktionen gehört für mich, dass das Buch jetzt in der DDR erscheinen wird.

Mit allen drei Bänden und ungekürzt?

Mit allen drei Bänden und ungekürzt, jetzt zum Frühjahr 1982. Das ist ein ganz großer Schritt auch in der inneren Auseinandersetzung zwischen den verschiedenartigen Auffassungen; denn es wird in der »Ästhetik des Widerstands« ein Geschichtsbegriff vertreten, der keineswegs mit der Geschichtsschreibung in der DDR übereinstimmt. Und trotzdem wird jetzt erkannt, dass hier Dinge zur Sprache gebracht werden, die auch wichtig sein könnten für ein sozialistisches Land. Da sehe ich einen sehr großen Fortschritt und Möglichkeiten zu einer weiteren Zusammenarbeit; die sehr fruchtbar werden kann.

Ich habe vor kurzem in den »Weimarer Beiträgen« einen Beitrag gelesen über die »Ästhetik des Widerstands«. Darin schien mir schon eine gewisse Aufweichung der verhärteten Positionen angedeutet.

Es gibt ja seit vielen Jahren, seitdem es das Buch gibt, eine Gruppe von Intellektuellen, die sich sehr dafür eingesetzt haben, und es scheint so, dass es diesen Freunden gelungen ist, die ideologischen Diskussionen tatsächlich so weit zu führen, dass man nun anerkennt, dass solche Gegenstimmen notwendig sind und im Grunde genommen ganz dem Prinzip des Marxismus entsprechen.

Was machen Sie jetzt? Es ist ja ein langer Zeitraum, den Sie da mit diesem Buch verbracht haben – zehn Jahre.

Ich habe mich, gleichsam zur Auflockerung nach dieser doch sehr großen Arbeit, wieder an ein dramatisches Thema gemacht und in ziemlich kurzer Zeit ein Stück geschrieben, das ich jetzt mit meiner Frau zusammen hier am Stockholmer Dramatischen

Theater inszenieren werde. Das Theater als Medium hat sich nach dieser langen Vereinsamung am Schreibtisch durchgesetzt; ich habe jetzt das Bedürfnis, wieder konkret Figuren vor mir zu sehen, sie nicht nur zu erdenken, sondern sie auch materiell auf der Bühne zu schaffen.

Was ist das für ein Stoff?

Das Stück heißt »Der neue Prozess«, und es ist ein kleiner Anklang da an den »Prozess« von Kafka, es werden die Namen, es werden die Figuren übernommen, aber sonst ist es ein völlig eigenständiges Stück, ein ganz und gar eigenes Stück, das mit dem Roman von Kafka, den ich ja schon einmal dramatisiert habe, nichts zu tun hat, es spielt in unserer Gegenwart; ein sehr dramatisches, ein sehr großes Stück, das viele Anforderungen an die Schauspieler und an das Theater stellt, das ich jetzt auf die Bühne zu bringen versuche.

Kommt das Stück auch in der Bundesrepublik heraus?

Ich will jetzt erst einmal die Arbeit am Stück hier abwarten und sehen, welche Erfahrungen es bringt. Es ist ja immer so bei meinen Stücken: Auf der Bühne erst sieht man es, dann werden gewisse Sachen geändert, es werden Striche gemacht, es kommt Neues hinzu. Und nach diesen Erfahrungen wird es dann auch als Text im Deutschen erscheinen.

Und Sie inszenieren selbst.

Ich werde es hier zusammen mit meiner Frau inszenieren, die Bühnenbildnerin ist; wir haben das Stück gemeinsam erarbeitet, und wir werden es mit dem Ensemble, das ich sehr gut kenne, mit hervorragenden Schauspielern in Stockholm inszenieren.

Ist es das erste Mal, dass Sie ein eigenes Stück selbst inszenieren?

Ich habe das schon einmal gemacht, als damals der »Lusitanische Popanz« hier herauskam; und ich habe unzählige Male dabeigesessen, wenn Regisseure meine Stücke inszenierten, ich habe da sehr viele Erfahrungen gesammelt. Und es juckte mich in den Fingern, selbst einmal zu versuchen, wie das eigentlich ist, geschriebene Figuren umzusetzen in dargestellte Figuren.

Ein Stück wie die »Ermittlung« wurde sehr häufig gespielt, als es herauskam, aber es war dann plötzlich weg. Der »Marat / Sade« war ein Welterfolg, war dann aber auch lange von den Bühnen verschwunden, und die anderen Stücke wurden ja kaum mehr nachgespielt. Das »Trotzki«-Stück haben Sie nach der Uraufführung selbst zurückgezogen und nicht mehr zur Aufführung freigegeben. Hat sich das etwas verändert?

Der »Marat / Sade« wird von einer ganz neuen Generation unter neuen Gesichtspunkten mit sehr interessanten Konzeptionen neu gespielt, auch die »Ermittlung« wird wiederaufgenommen, und ich nehme an, dass auch von den anderen Stücken wieder einige gespielt werden. Im Theater führt ja die ständige Suche nach etwas Neuem dazu, dass Stücke, die sich schon gesetzt haben, in Vergessenheit geraten, aber unter ganz bestimmten Konstellationen plötzlich wieder aktuell werden. Ich kann mir sehr gut denken, dass von den früheren Stücken plötzlich auch wieder etwas aufkommt, was der Zeit entspricht und von neuen Gesichtspunkten her wieder inszeniert werden kann.

Auch der »Viet Nam Diskurs« und der »Lusitanische Popanz«? Oder sind die durch die geschichtliche Entwicklung gleichsam erledigt?

Der »Viet Nam Diskurs« ist kaum gespielt worden. Das ist ein schwieriges Stück, das, außer in der Aufführung von Buckwitz in Frankfurt, leider nie eine richtige Darstellungsform gefunden hat. Und »Trotzki« hat mir nicht richtig zugesagt, weil ich vom Dramatischen her große Mängel empfunden habe; aber das ist ein Thema, das mir immer noch sehr naheliegt und das ich gerne wieder neu bearbeiten würde, um den Stoff, der sehr wichtig und immer noch sehr aktuell ist, noch einmal in einer neuen, besseren dramatischen Form darzustellen.

Für mich ist es eines Ihrer interessantesten Stücke. Man hat Ihnen ja eine Zeitlang vorgeworfen, sie hätten das Stück gesperrt, weil es Ihnen Schwierigkeiten mit der DDR eingetragen hat.

Nein. Ich habe mich von dem Stück schon nach der Uraufführung abgewandt; das Debakel, das damals entstand, hat mir so die Lust an dem Stück genommen, dass ich damit gar nichts mehr zu tun haben wollte. Und dann fand ich eben, dass darin die authentischen Gegenfiguren zum Trotzki fehlen. Und wenn ich die finde, kann ich es vielleicht noch einmal neu konzipieren.

Vielleicht dann, wenn Sie den »Neuen Prozess« erarbeitet haben, als nächste Arbeit?

Möglich.

GESPRÄCH
MIT JUREK BECKER

Berlin, 11. November 1983

»Nein, normal würde ich das nicht nennen.«

Herr Becker, wenn es so heißt »er erlebte seine Kindheit im Ghetto und im Konzentrationslager« – Sie waren offenbar zwei Jahre im Ghetto –, bedeutet das offensichtlich, dass es in Łódź ein jüdisches Ghetto gegeben hat. Wurde das dann 1939 gleichsam in ein Konzentrationslager verwandelt?

Oh nein, das war ganz anders. Es hat übrigens nicht nur in Łódź ein Ghetto gegeben, aber meines Wissens war das Ghetto von Łódź das größte Ghetto, das es überhaupt gegeben hat. Größer als das Warschauer wohl. Ich bin ein Kind jüdischer Eltern, und nach dem Einmarsch der Deutschen in Polen wurde ein großer Teil von Łódź als Ghetto eingerichtet. Ich bin also dort mit gut zwei Jahren reingekommen, meines Wissens mit mehreren hunderttausend Juden. Es lebten fast 200 000 oder 300 000 Juden in diesem Ghetto, und ich war dort bis Ende 1943. Ende '43 kam ich mit meiner Mutter in ein Konzentrationslager, das nur für Frauen und Kinder eingerichtet wurde, das hieß Ravensbrück. Mein Vater blieb noch im Ghetto, er war ein arbeitsfähiger Mann. Und irgendwann später, wann genau, weiß ich nicht, kam ich, aus Gründen, die ich nicht kenne, in ein anderes KZ, das hieß Sachsenhausen.

Getrennt von Ihrem Vater?

Getrennt von meinem Vater, mit meiner Mutter zusammen. Was mit meinem Vater war, wusste ich bis zum Ende des Krieges nicht. Und mit meiner Mutter war ich in Sachsenhausen, bis die Russen kamen, also bis zum 8. Mai '45. In dieser Zeit starb meine Mutter dort, und mein Vater, der später nach Auschwitz kam und überlebte, fand mich mit Hilfe einer amerikanischen Suchorganisation, der UNRRA, und blieb mit mir in Berlin.

Was später ja auch das Thema von »Der Boxer« wird.

Es hat zumindest damit zu tun.

Und im Ghetto starben damals über 300 000 Juden.

Das kann ich nicht sagen.

Das ist belegt. Wenn man Sie heute nach Erinnerungen des Zweijährigen im Ghetto, dann anschließend des Vier-, Fünfjährigen im Konzentrationslager fragt: Gibt es da welche, über die Sie heute reden können?

So gut wie keine. Das hat verschiedene Gründe, über die ich, wie Sie sich denken können, auch viel nachgedacht habe. Es gibt äußerliche Gründe, die man ganz schnell nennen kann. Schnell bei der Hand ist zum Beispiel der Grund »Verdrängung«. Man sagt das so schnell – und ich mag mich damit nicht abfinden. Verdrängtes kann man ja mit einiger Mühe, bei einiger Intelligenz und mit einiger Anstrengung hochholen. Ich schaffe das nicht, wie sehr ich mich auch bemühe.

Ein wesentlicherer Grund ist wahrscheinlich der, dass mein Vater, der bis 1972 gelebt hat, es abgelehnt hat, mit mir auch nur ein Wort darüber zu reden. Das heißt, Reflexionen über diese Zeit waren bei mir ausgeschlossen – mit wem denn? Aber ich habe mir einen Grund zusammengedacht, der noch plausibler klingt. Ein Indiz dafür habe ich, das mir ziemlich stark zu sein scheint: Ich habe an das Ghetto noch lebendigere Erinnerungen als an das Konzentrationslager. Das heißt, die Zeit, in der ich ja noch kleiner war, scheint mir ein paar Zentimeter näher zu sein als die Zeit danach. Ich spreche manchmal mit Leuten, die sich ziemlich präzise erinnern, was mit ihnen gewesen ist, als sie fünf, sechs, sieben Jahre alt waren. Und ich mochte mich nicht damit abfinden, dass ich blöder oder vergesslicher bin als die. Und bei den Überlegungen, warum ich mich nicht daran erinnern kann, ist mir die Vermutung gekommen: Da gibt es so wenig zu erinnern. Es ist sehr wenig Material da, an das man sich erinnern könnte.

Damit meine ich zum einen: Die Tage waren von größter Ereignislosigkeit. Ein Tag glich dem andern wie nur möglich. Sie dürfen sich das nicht so vorstellen, dass ich jeden Tag Zeuge von Erschießungen oder Gräueltaten gewesen wäre. Ich lebte in einer Baracke, ich lungerte da irgendwo rum, immer passierte dasselbe, die Ereignisse waren identisch. Sogar, was ich nicht weiß, aber was ich für denkbar halte, sogar wenn jemand weggeholt wurde und dabei möglicherweise schrie, war das auch ein alltäglicher Vorgang, der dann immer wieder passiert ist. Kein Hügel in der Erlebnislandschaft. Dann müssen Sie bedenken, ein Kind von vier, fünf, sechs ist ja sehr angewiesen auf ein intellektuelles Hin und Her. Darauf, dass mit ihm kommuniziert wird, dass er irgendwie Objekt von Erklärungen ist, dass ihm einer die Welt mit Fingern oder mit Worten zeigt.

Ja, mit wem sind Sie zum Beispiel ...?

Das gab es bei mir nicht. Mein Gott, wer soll denn Zeit gehabt haben? Im Konzentrationslager?

Aber es war doch auch ein Kinderkonzentrationslager. Waren da nicht Altersgenossen?

Also, ich fühle mich überfragt von so einer Frage, da ich es einfach nicht weiß. Dass meine Mutter mich nicht erzogen haben kann, da sie den ganzen Tag arbeiten oder irgendwas tun musste – ich weiß nicht, ob das Arbeit oder Beschäftigung genannt werden kann – und abends sicher tot hinfiel und keine Hand hochgekriegt hat, halte ich für sehr wahrscheinlich. Ich kann es nicht beweisen, ich weiß es nicht. Aber ich vermute, dass mein Leben damals fast nur aufs Überleben ausgerichtet war. Auf ein Stück Brot, auf ein bisschen Wärme – ich meine physische Wärme, ein paar Grad mehr, nicht menschliche Wärme. Und ich habe, vermute ich, wie ein kleines wildes Tier gelebt, dessen graue Zellen nicht frei waren für Erkenntnisse und zum Belegtwerden. So schließe ich, dass es nichts zum Erinnern gegeben haben kann. Und eigentlich habe ich erst danach ein intellektuelles Leben angefangen. Weswegen ich mich an das Ghetto ein bisschen besser erinnere: Da gab es ja noch eine Art von sozialen Beziehungen und Kommunikation. Deswegen scheint mir das näher zu sein, auch wenn ich da sehr viel jünger war.

Sie haben aber doch mit dem ersten Roman – ich greife jetzt ein bisschen vor – diese ganze Welt zurückgerufen in Ihre Erinnerung und dann in die Literatur gebracht. Das muss doch ein Bewältigungsprozess gewesen sein.

Wie kommen Sie denn darauf, dass ich das in meine Erinnerung zurückgerufen habe? Mitnichten. Das ist ein völlig erfundenes Buch. Das ist ein Buch, das von etwas handelt, das mich natürlich sehr beschäftigt hat.

Ich meinte damit natürlich nicht den Verlauf, die Story, aber doch das Klima.

Wenn Sie so wollen, ist das ein Versuch gewesen, ein Gedankenloch zu füllen, ein Erinnerungsloch zu füllen. Aber: fehlgeschlagen. Das kann ich Ihnen gleich rundheraus sagen.

Sie haben damals polnisch gesprochen. Sie sind sozusagen Pole.

Bis zum Kriegsende habe ich nur polnisch gesprochen, ja.

Und Sie kamen dann, mit Ihrem Vater, nach Ost-Berlin in den russischen Sektor und gingen da auch zur Schule. Das heißt, Sie lernten dort Deutsch und besuchten gleichzeitig die Schule?

Ich kam 1946, da war ich fast neun Jahre alt, das erste Mal in eine Schule, in eine erste Klasse.

Und Sie haben dann den normalen Schulverlauf...

Nein, normal würde ich das nicht nennen. Schon diese Situation: Ich komme mit neun Jahren in eine erste Klasse mit lauter Sechsjährigen, bin so etwa 25 Zentimeter größer als die anderen und kann als Einziger weit und breit nicht richtig reden.

Das ist ja keine normale Ausgangssituation. Das heißt, der Grund dafür, dass ich nicht ganz dicht im Koppe bin, liegt ganz eindeutig auf der Hand. Es muss mir offenbar an Intelligenz gebrechen in den Augen der anderen. Ich bin älter und kann nüscht.

Das heißt: Sonderstellung.

Das heißt Sonderstellung, und zwar eine sehr unangenehme.

Inwiefern?

Ich glaube, das ist bis heute für mich richtig geblieben. Ich meine nicht damit, dass sich diese Sonderstellung fortgepflanzt hätte, das absolut nicht. Aber dass ich innerhalb dieser Situation möglicherweise eine Haltung eingenommen und gefunden habe, dass sich darin auch vielleicht Charakterzüge entwickelt oder ausgeprägt haben, die ich bis auf den heutigen Tag nicht losgeworden bin.

Also eine erzwungene Individuation, wenn man so will, die dann auch zu einem ausgeprägten Individualismus führte?

Möglicherweise. Sie müssen daran denken, dass ich ein Objekt ständiger Hänselei war, was überhaupt nichts mit Antisemitismus, dass die kein Judenkind mochten, zu tun hatte. Mein Vater hat es zwar so interpretiert, aber es stimmt einfach nicht. Ich war der Längste in der Klasse und der Dümmste, ich sage das jetzt zum letzten Mal.

Wenn die anderen Kinder sich mit ihren Sachen beschäftigten, mit denen sich eben Sechsjährige beschäftigten, wenn die ihre Rennautos den Rinnstein entlangschoben, habe ich mich mit Vokabeln und mit Grammatik und Syntax befasst. Nicht etwa, weil ich so ein kluges und frühreifes Kind gewesen wäre, das so früh schon ein gravierendes Interesse an Sprache hatte, sondern weil ich dieser beschissenen Situation entkommen wollte, ich wollte aus diesem Handicap raus. Und es gab keine andere Möglichkeit. Die Sprache, die extrem intensive Beschäftigung mit Sprache, war für mich, schon als ich neun Jahre alt war, die einzige Tür, aus einem Nachteil herauszukommen.

Das war also schon ein besonderer, wenn auch erzwungener Bezug zur Sprache. Und doch auch ein sehr bewusster, um sich mit Sprache zumindest gleichzumachen.

Manchmal rede ich mit jemandem, und der erzählt mir etwas. Und ich habe das Gefühl, eigentlich erzählt er mir nicht, sondern es erzählt aus ihm heraus. Er stellt sich nur als Resonanzkörper zur Verfügung. Und mir kommt der Gedanke: So ist das nie bei mir. Es erzählt nie aus mir, sondern ich muss das immer machen.

Mühsam.

Ich weiß ja nicht, wie mühsam das bei anderen funktioniert. Vielleicht ist das mühsam, ich habe keine Maßstäbe dafür.

Aber selbst doch eine andere Bewusstheit im Verhältnis zur Sprache.

Ich merke, dass ich, während ich Ihnen hier etwas erzähle, einen gewissen Teil meiner Konzentration auf die Produktion von Sätzen, also auf das Wie verwenden muss. Ich habe die Sprache nicht mit der Muttermilch eingesogen wie andere. Ich habe sie als Fremdsprache, also als sehr bewussten Vorgang, gelernt, und wahrscheinlich hat das mein Verhältnis zu ihr geprägt. Wahrscheinlich macht das meine Sprache kalt, fürchte ich.

Sprechen Sie noch polnisch?

Nein. Ich kann außer Deutsch nur Fremdsprachen, verstehen Sie? Ich habe keine – bei weitem keine –, die mir mehr oder ebenso zur Verfügung stünde wie Deutsch.

Es ist aber vielleicht auch irgendwo eine Frage der besseren Beherrschung von Sprache, wenn Sie immer diesen Gedanken haben, dass Sie das produzieren müssen.

Also darauf muss ich ja nicht unbedingt eine Antwort geben, ich weiß es nicht.

Wann haben Sie, oder haben Sie überhaupt, diesen Gleichstand in Ihrer Klasse oder in Ihren Klassen eingeholt? Oder gab es diesen Unterschied bis zum Abitur?

Nein, in der Abiturklasse war ich der Jüngste. Das sage ich voller Stolz. Ich habe in der ersten Zeit so rangeklotzt, dass ich gar nicht mehr aufhören konnte damit. Und in der 7. oder 8. Klasse war ich unter Gleichaltrigen.

1957 müssen Sie dann Abitur gemacht haben.

1955.

Es heißt, dass Sie 1957 Philosophie zu studieren begonnen haben. Und in den Jahren dazwischen?

In den Jahren dazwischen war ich bei der kasernierten Volkspolizei. Das kann ich erklären. Es gab in der DDR noch keine Wehrpflicht. Ich hatte mich nach dem Abitur an der Universität für Germanistik beworben und bin nicht angenommen worden. Da wurde mir gesteckt, dass es leichter geht, wenn man zwei Jahre bei der kasernierten Volkspolizei ist. Und das habe ich gemacht. Eine durchaus normale, eine Dutzendhaltung von jungen Leuten damals in der DDR. Mein Vater hat mir das bis zu seinem Tod nicht verziehen.

War er Antimilitarist?

Nein, das war er nicht. Er fand bloß, dass die anderen das tun müssten, nicht ich. Ich hätte meine Jahre schon abgebrummt. Das war sein gravierendes Motiv dabei. Die Institution kasernierte Volkspolizei hat er in keiner Weise angezweifelt. Das Dumme daran war, dass ich, während ich bei der KVP war, erkannt habe, was für ein Fehler es gewesen wäre, Germanistik zu studieren. Und ich wollte dann gar nicht mehr Germanistik studieren. Und als ich fertig war, habe ich mich dann für Philosophie beworben, und das wäre kein Problem gewesen auch ohne diese zwei Jahre. Aber so kam das.

Aber warum dann von der Germanistik weg?

Ich war mir mittlerweile nicht darüber klargeworden, aber der Wunsch, mal zu schreiben, war deutlicher geworden, als er es vorher war. Und ich sagte mir, so etwas wie Germanistik studiert man wohl, wenn man Germanist werden will, was ich ganz und gar nicht wollte. Und ich erkannte auch, dass mein Verhältnis zum Schreiben, wenn es überhaupt eines werden würde, ein sehr untheoretisches werden würde, ein sehr pragmatisches. Und dann kannte ich ja auch welche, die Germanistik studiert hatten oder gerade dabei waren, und die Prozedur imponierte mir nicht sehr und gefiel mir auch nicht.

Es ist eher ein Studium zur Verhinderung von Schreiben und von Literatur.

Das ist ein sehr hartes Urteil, aber ähnliche Gedanken hatte ich schon mal, ja.

Sie erwähnten, dass Sie damals den Drang hatten zu schreiben. Haben Sie auch schon geschrieben?

Ich habe mit keinem Wort gesagt, dass ich den Drang hatte. Ich erwähnte, dass es mir so durch den Sinn ging, dass es mir als Möglichkeit in den Kopf kam, zu schreiben. Ich hatte bis dahin ein einziges Mal etwas geschrieben, woran ich mich erinnern kann. Egal, wie lächerlich das klingen wird, was ich Ihnen gleich erzählen werde: Ich halte es tatsächlich für einen ziemlich wichtigen Grund, warum ich Schriftsteller geworden bin. Ich war zehn oder elf Jahre alt, und Sie können sich ja vorstellen, wie perfekt ich die Sprache da beherrscht habe, nachdem ich mit neun angefangen hatte, Deutsch zu lernen. Sagen wir zu meinen Gunsten, ich war elf. Und mein Vater lebte damals mit einer Frau zusammen, deren Eltern zu dieser Zeit Goldene Hochzeit hatten. Und ich habe zur Goldenen Hochzeit dieser beiden Personen – der Mann hieß August, und die Frau hieß Dora – ein Gedicht gemacht. Das Gedicht können Sie sich denken. Ich weiß es zwar nicht mehr, aber ich kann es mir sehr gut vorstellen. Dieses Gedicht hat mein Vater behandelt, als wäre es aus purem Gold. Er hat ungefähr ein Jahr lang allen Leuten, die zu uns zu Besuch kamen, dieses Gedicht vorgelesen, hat sie alle malträtiert damit, und ich als Autor stand strahlend daneben und wurde immer gestreichelt. Und dieses permanente Lob hat mir auf irgendeine Weise das Gefühl vermittelt, dass ich mit einer seltenen Gabe gesegnet bin, dass ich etwas kann, was andere wahrscheinlich nicht können.

Ja, aber das ist doch wunderbar, wenn einem ein Vater vermitteln kann, dass man etwas kann.

Ich sage das ja auch nicht, um meinen Vater abzuwerten.

Nein, im Gegenteil ...

Ganz generell habe ich die Vermutung, dass Eltern mit Lob eine Waffe in der Hand halten, die so scharf ist, wie sie das gar nicht ahnen, die nach meiner Vermutung zum Beispiel viel stärker ist als Tadel, zumal als inflationierter Tadel. Ich glaube, dass mit Lob Kinder in Richtungen zu drehen und zu wenden sind, wie die meisten sich das gar nicht vorstellen können.

Aber da waren Sie elf ...

Dann gab es eine große, große schöpferische Pause, ja.

Es heißt, Sie sind 1957 in die SED eingetreten. War das so ein üblicher Eintritt, wie man halt eintritt? Hing das mit dem Studium zusammen? Oder war das ein sehr bewusster Eintritt?

Ich glaube, das war ein sehr bewusster Eintritt. Ich glaube, ich wollte da rein. Wenn ich sage, es war ein bewusster Eintritt, hat das mit meiner schulischen Erziehung zu tun, aber auch mit meinem Vater, der, ich würde sagen, ein sehr archaischer Kommunist war. Kein theoretisch fundierter, aber jemand, dem das, was man Klassenstandpunkt nennt, ein sehr wichtiges Phänomen gewesen ist. Jemand, der mir die Welt ziemlich schwarz und weiß mit relativ wenigen Grautönen erklärt hat, was aufgrund seiner Erfahrungen ja sehr verständlich und kaum anders denkbar ist.

Leuchtete Ihnen diese Erklärung der Welt denn ein, zumal Sie ja diese Jugenderfahrungen hatten?

Ja, ich habe auf sehr lange Zeit keinerlei Diskrepanzen mit meinem Vater darin gespürt. Es gab wohl welche, die aber weniger politischer Natur waren. Das heißt, ich bin auf eine Weise erzogen worden, die mir diesen Eintritt in die Partei wie eine Selbstverständlichkeit erscheinen ließ und nicht wie eine Karrierenotwendigkeit, was ein großer Unterschied ist. Und bei vielen meiner Freunde war das so. Ich will Ihnen ein Detail aus der Zeit nennen. Als ich das Abitur gemacht habe, wäre mir nicht in den Sinn gekommen, Westradio zu hören. Das schien mir etwas ganz Verwerfliches und ablehnenswert zu sein. Und ich habe versucht, bei anderen, bei denen ich das vermutet habe, Einfluss geltend zu machen, dass sie mit diesem schändlichen Tun aufhören. Das ist so eine kleine Fotografie von mir damals.

Vielleicht kommen wir ja später noch darauf, aber irgendwann müssen die Erfahrungen mit der Partei Sie dann zu einer gewissen kritischeren Haltung geführt haben. Das taucht doch in dem, was Sie als Schriftsteller geschrieben haben, auch auf. Aber darauf kommen wir wahrscheinlich noch zu sprechen. Mich interessieren auch solche Fragen: Gibt es literarische Erfahrungen damals schon? Sie haben Deutsch sehr spät gelernt, und auch die Lektüre setzte entsprechend später ein.

Ihre Ansicht, dass ich Deutsch spät gelernt hab, ist ja sehr richtig. Aber die Schlussfolgerung, dass ich die Lektüre entsprechend später begonnen habe, ist falsch. Ich glaube sogar, dass ich im Grunde früher als andere zu lesen begonnen habe.

Vielleicht gerade dadurch, dass Sie ein ganz anderes Verhältnis zur Sprache haben.

Richtig. Die Beschäftigung mit Sprache hat mir auch Lektüre notwendig gemacht. Ich kann ja die Konjugation nicht nur in Form eines Verbs lernen.

Na sicher, aber es gibt Fibelsätze und es gibt literarische Texte.

Ich hatte Lust zu lesen, und mein Vater machte mir auch Lust zu lesen. Mein Vater war ein Vielleser. Trotzdem kann ich Ihnen nicht darauf antworten, was für literarische Einflüsse es aus jener Zeit gäbe, ich kann es erklären:

Ich weiß, dass der Bücherschrank meines Vaters vollgestopft war, ich weiß, dass ich dort völlig unzensiert rangehen durfte, und ich bin mir sicher, dass diese Zeit voll von Lektüre gewesen ist, die ich nicht verstanden habe, die weit über meinen Kopf hinwegging. Ich kann Ihnen sagen, ich habe mit elf Jahren Dostojewskij und Thomas Mann gelesen. Und Heine. Was da so herumstand. Nicht etwa, weil ich so mit besonderen Gaben gesegnet wäre; es gab nichts anderes dort. Das war's, was anderes konnte ich nicht haben. Ich las also Texte, die ich einfach nicht verstehen konnte. Ich habe auch nicht etwa so getan, als ob ich sie verstehe. Mein Vater hat nicht etwa mit mir darüber kommuniziert, der hat sich eigentlich gar nicht um mich gekümmert in der Beziehung. Ich war, was die Lektüre anging, völlig mir selbst überlassen und hatte naturgemäß keinen, mit dem ich darüber reden konnte. Meine Klassenkameraden hatten wirklich noch nicht Dostojewskij gelesen. Und obwohl diese Lektüre weit über meinen Horizont ging, wie ich glaube, habe ich da in einer Atmosphäre gelebt, die irgendwie wichtig für mich geworden ist. Es kam hin und wieder so ein Brocken vorbei, den ich aufschnappen konnte, oder es brannte hin und wieder ein Lichtlein, in dem ich etwas gesehen habe. Ich kam an manchem vorbei, an dem andere Kinder nicht vorbeigekommen sind. Und es ist auch der Ehrgeiz gewachsen, mehr zu verstehen, und ich habe merkwürdig kontinuierlich gelesen, das heißt, im Lesen sehe ich eigentlich die einzige ununterbrochene Kontinuität meines Lebens. Ich glaube, ich habe mich mit nichts so pausenlos, oder so einschnittlos, befasst wie mit Büchern. Und das ist sicher ein sehr wichtiger Grund gewesen, zum Schreiben zu kommen.

Aber es gibt doch sicher, auch wenn die Lektüre so immens war und so vielfältig, ganz bestimmte Autoren, die Sie besonders beeindruckt haben oder zu denen Sie eine besondere Beziehung entwickelt haben? Ich meine jetzt gar nicht die ganz frühe Zeit, sondern durchaus die Jahre bis zum 20. Lebensjahr.

Oh ja, ich kann Ihnen wohl ein paar Autoren nennen, an die ich mich erinnere, als ich 14, 15 war, aber das sind ganz selten solche, von denen ich mich heute beeindruckt fühle. Ich weiß nur, dass ein Eindruck da war. Ich weiß zum Beispiel, dass ich zwei Jahre im Banne des Buches »Fabian« von Kästner stand. Ich will nicht sagen, dass ich mich heute nur wundern kann, was ich daran mal gefunden habe, es kommt mir auch heute noch wie ein durchaus imposantes und lesenswertes Buch vor, aber wie eines, von dem keine Faszination mehr auf mich ausgeht. Oder ich weiß, dass ich einmal von Gorki sehr viel mehr beeindruckt war, als ich es heute bin. Ich finde es übrigens gut, in einer bestimmten Phase von Gorki sehr beeindruckt zu sein. Ich möchte diese Eindrücke nicht missen. Ich weiß auch, dass viel Faszination für bestimmte Autoren später kam. Das heißt, dass ich Bücher von Autoren las, die mir nichts bedeutet haben, die ich fast überlas, und die später vielleicht die wichtigsten für mich geworden sind. Auch solche Eindrücke gibt es.

Sie haben dann seit 1960 auch geschrieben und publiziert. Darüber gibt es aber eigentlich relativ wenige Belege.

Darüber bin ich sehr froh. *[Lacht.]*

Deswegen möchte ich natürlich besonders gern etwas darüber wissen. Was waren damals die Themen, was waren die Stoffe?

Ich kann Ihnen eine Ahnung davon geben, wie das losging. Ich studierte Philosophie, und es gab an unserer Fakultät ein Studentenkabarett, und da machte ich mit. Und irgendwann ergab es sich, dass ich für dieses Kabarett Texte schrieb. Also, das war eine ganz private Angelegenheit, die hatten keine öffentlichen Auftritte oder so. Und da kamen irgendwann einmal Leute vom damals und auch heute noch berühmtesten Kabarett der DDR, der »Distel« in Ost-Berlin. Die hörten das, fanden das ganz gut und fragten, wer die Texte schrieb. Da habe ich die Hand hochgehoben mit roten Backen, und sie haben mich gefragt, ob ich ihnen nicht vielleicht ein paar Texte schreiben kann. So habe ich, während ich noch Student war, für sie Texte geschrieben. Das war also, wenn Sie so wollen, das erste Mal, dass ich für Geld geschrieben habe.

Und dann gab es in der DDR – ich weiß nicht, ob es hier mal was Vergleichbares gegeben hat – eine Filmserie, die hieß »Das Stacheltier«. Das war ein kleiner kabarettistischer Sketch, der immer vor dem Hauptfilm lief. Die Leute freuten sich furchtbar darauf, das ging bis zur Folge 500 oder so, lief also ewig und war immer eine scharfe satirische Nummer. Als ich dann beim Kabarett war, lernte ich die Leute kennen, die das gemacht haben, und so schrieb ich für einen Film das erste Mal im Prinzip Kabarettnummern. Und dann wähnte irgendjemand, dass vielleicht Größeres in mir steckte, und man ließ mich für einen 30-Minuten-Fernsehfilm ein Skript versuchen. So wurde ich an den Haaren in diese Maschine hineingezogen.

Empfanden Sie das damals auch so? Hineingezogen zu sein?

Überhaupt nicht. Ich freute mich darüber.

Sie wollten das also auch selbst.

Ich sah eigentlich meine Zukunft darin. Und das machte es mir leicht, sehr viel leichter, von der Uni geschmissen zu werden. Das machte mir keine Existenzängste.

Sie sind von der Uni geflogen?

Ja, ich bin exmatrikuliert worden. Das war 1960. Nach dem soundsovielten Parteiverfahren befanden die Universität und ich, dass wir einfach zu wenige Berührungspunkte miteinander hätten.

Kamen durch Ihr schlechtes Verhältnis zur Universität Parteiverfahren zustande?

Nein, ich hatte dort einigen Ärger. Ich weiß nicht, ob der interessant genug ist, jetzt hier dargelegt zu werden ...

Sie können vielleicht ganz kurz erwähnen, wo es die ersten Reibungspunkte mit der Partei gab.

In der Zeit, während ich studierte, wenn ich mich recht entsinne, im Jahr 1958 oder 1959, beschloss die Partei, deren Mitglied ich war, dass die Landwirtschaft der DDR vollgenossenschaftlich, das heißt kollektiviert, werden soll.

Also in LPGs überführt werden sollte.

Das heißt, der Privatbauernsektor sollte drastisch abgebaut werden, bis er bei Null angelangt ist. Was ja heute der Fall ist. Und ich fand ja auch, dass das eine richtige Forderung war. Ich studierte Philosophie, war voll mit historischem und dialektischem Materialismus, und es leuchtete mir völlig ein. Und die Partei schickte ihre Mitglieder, von denen ich eines war, als Agitatoren aufs Land. Auch die Universitäten übersäten das Land mit Agitatoren, die über die Bauern herfielen. Ich war in einem Dorf, ich weiß gar nicht mehr, wo das war, und war zwar aus meinen Vorlesungen überzeugt, dass es für einen sozialistischen Staat wichtig ist, dass seine Landwirtschaft kollektiviert wird. Trotzdem hielt ich es auch für richtig, dass dies auf der Grundlage der Freiwilligkeit zu geschehen habe. Die Methoden, die angewendet wurden, kamen mir jedoch so fragwürdig vor, dass ich abreiste, dass ich abhaute. Das zum Beispiel führte zu einem Parteiverfahren.

Das heißt, Sie haben auch damals schon den Sozialismus immer mit einem Element der Freiwilligkeit begriffen.

Oh ja, das schien mir wie eine unverzichtbare Ingredienz. Ein anderes Beispiel: Wir studierten in einer Vorlesung und in einem Seminar die politische Ökonomie des Kapitalismus, also »Das Kapital« von Marx. Das kam mir wie eine höchst überzeugende Lektüre vor, und dieser Eindruck hat bis heute angehalten. Als dieser sehr beeindruckende Unterricht vorüber war, gab es ein Jahr lang Vorlesungen, die hießen »Politische Ökonomie des Sozialismus« und fanden an der wirtschaftswissenschaftlichen Fakultät statt. Der Professor, der die Vorlesungen hielt, hieß Robert Naumann. Diese Vorlesung kam mir ziemlich schwachsinnig vor. Das meinte ich schon mit meiner wenigen Erfahrung als Student beurteilen zu können. Nun habe ich mich nicht dafür starkgemacht, dass dem das Wort verboten wird, aber ich habe Unterschriften dafür gesammelt, dass diese Vorlesung für uns Philosophen nicht obligatorisch sein sollte.

Ich kann Ihnen das heute ganz locker sagen, ich habe wirklich nicht gewusst, dass Robert Naumann Mitglied des Zentralkomitees des SED war. Das gab ein furchtbares Theater, als da so ein blöder Student plötzlich Unterschriften gegen eine Vorlesung von einem ZK-Mann sammelte. Das war auch so ein Ärger. Ich wollte, dass das freiwillig gehandhabt wird.

Aber auch wenn ich in den Methoden, die die Partei anwendete, oft oder sehr oft Fragwürdiges und Kritikwürdiges sah, war doch etwas in mir vorhanden, das ich Solidarität nennen würde und das total verhindert hat – mir wäre gar nicht der Gedanke gekommen –, eine Meinungsverschiedenheit, die sich in einem Parteiverfahren gegen mich manifestierte, an das, was man hier die Öffentlichkeit nennt, zu tragen, an irgendwelche Westglocken zu hängen, verstehen Sie? Das wäre mir wie eine antisozialistische Haltung vorgekommen.

Diese frühen Arbeiten für Film, Fernsehen und so weiter haben Sie dann unabhängig gemacht? Sie konnten also von dem, was Sie als Schriftsteller oder als Lieferant von Texten verdienten, leben?

Ja, was ja in der DDR relativ leicht ist. Ich konnte natürlich kein luxuriöses Leben führen, aber von den Einkünften, von Kabaretttexten in der ersten Zeit oder von Fernsehspielen, konnte ich relativ gut leben. Sie wissen, dass die Grundausgaben, die man in der DDR hat, also Miete und Fahrpreis und Brot und Butter, relativ gering sind. Und jemandem, der 1000 Mark im Monat verdient, geht es ziemlich gut. Also dem geht es relativ gut im Vergleich zu einem, der hier 1000 Mark verdient. Hier verdienen zwar sehr wenige nur 1000 Mark, aber es ist kaum damit auszukommen.

Das heißt, ich war relativ früh ein selbständiger, ein freiberuflicher Autor.

In ihrem zweiten Roman, »Irreführung der Behörden«, schildern Sie die Geschichte Gregor Bienecks, der zum Schriftsteller wird, eine Karriere als Schriftsteller macht und dann an einen Punkt kommt, an dem er nicht mehr sicher ist, was er eigentlich treibt. Treibt er den Beruf eines Gebrauchsschriftstellers, oder kommt er irgendwann einmal an den Punkt, ein »wirklicher« Schriftsteller zu werden? Da gibt es ja die Kritik Lolas anlässlich einer Erzählung Bienecks, er, Bieneck, solle doch mit seiner Arbeit die Zukunft erreichen. Ist das auch eine zumindest autobiographisch fundamentierte Geschichte?

Ohne Frage habe ich damit zu tun. Ohne Frage wäre dieses Buch ohne Unzufriedenheit mit mir selbst und mit meiner Arbeit nicht zustande gekommen. Aber auch ohne Unzufriedenheit mit sehr vielem, was in der DDR geschrieben wurde, woran ich zum Glück nicht beteiligt war. Das heißt, diese Unzufriedenheit floss da mit ein.

Natürlich, es wird nicht behauptet, dass das ein autobiographischer Bericht ist. Aber dass er ein gewisses Klima schildert.

Aber es hat schon sehr viel damit zu tun, dass ein Unbehagen, das ich da an einer Person exemplifiziere, mit eigenem Unbehagen verbunden ist.

Gregor Bieneck will seinen Roman schreiben und aus der Gebrauchsschriftstellerei – ich nenne das einmal so – heraus. Kann man vielleicht vergleichsweise sagen – bei aller Problematik dieser Art von Vergleich von Leben und Literatur –, dass Ihr erster Roman »Jakob der Lügner« für Sie so eine ähnliche Funktion gehabt hat, dass dies Ihr großes Thema war, unbedingt schreiben zu wollen? Oder wie kam es zu diesem Buch?

Ich glaube nicht, dass man das sagen kann. Zu diesem Buch – jetzt werden Sie eine unwürdig simple Geschichte hören, ist es sehr zufällig gekommen. Ich habe Filmdrehbücher geschrieben. Zu meiner Schande muss ich gestehen, dass ich hin und wieder ein Filmdrehbuch vor allem deswegen geschrieben habe, weil ich mit dem vorigen fertig war. Und unter anderem schrieb ich im Jahr 1966 ein Filmdrehbuch, das hieß »Jakob, der Lügner«. Ich sprach mit einigen Regisseuren darüber, ich hätte da so eine Idee. Wie es zu dieser Idee kam, kann ich Ihnen vielleicht später erzählen, weil das eine ganz interessante Geschichte ist. Aber ich schrieb jedenfalls ein Filmdrehbuch, ermutigt durch ein paar anerkennende Worte – und das wollte keiner haben. Niemand hat sich dafür interessiert. Also, was heißt niemand? Die DEFA nicht. Das ist die staatliche Filmgesellschaft der DDR, eine andere gibt es nicht.

Mit bestimmten Gründen?

Das habe ich vergessen. Desinteresse. Das Drehbuch war mir zu schade zum Wegwerfen. Ich dachte, »Na ja, alles können die mir ja auch nicht ablehnen«, und ich habe im Zorn oder im Affekt einen Roman daraus gemacht. Dabei habe ich mir nicht im Geringsten Gedanken darüber gemacht, was das ist, ein Roman. Ohne jemals darüber reflektiert zu haben, was Prosa für eine Angelegenheit oder für ein Ding ist. Ich habe einen Satz geschrieben, dann habe ich ihn einen Meter von mir weggehalten und dann fand ich ihn irgendwie ganz gut, oder er war links oder rechts ein bisschen kopflastig oder schwanzlastig, also habe ich ihn ein bisschen verschoben wie eine Bettwurst, bis mir das in etwa gefallen hat, und so ist ein Roman entstanden. Mein erster. 1968 oder '69 war er fertig. Und dieser Roman ist ein paar Jahre später ein Film geworden. Das war nicht mehr das ursprüngliche Drehbuch, natürlich hatte sich das inzwischen verändert.

Auf diese Weise ist mein erstes Buch zustande gekommen. Es hatte ziemlich großen Erfolg, erschien in ziemlich großen Auflagen und wurde in viele Sprachen übersetzt, und da dachte ich, na ja, so geht das eben. *[Lacht.]* Und jetzt bringe ich halt noch ein Buch. Heute glaube ich, dass ich nach meinem zweiten Buch das erste Mal angefangen hab, mir Gedanken über Prosa zu machen. Bis dahin habe ich mit der rechten Hand und einem wahrscheinlich vorhandenen ursprünglichen Talent – also, das trau ich mich schon zu sagen, sonst geht es eben nicht –, aber eben ziemlich unbedarft zwei Bücher geschrieben.

Aber gerade »Jakob der Lügner« ist doch ein ungeheuer raffiniertes Buch.

Ich bin ja auch ein raffinierter Kerl.

Das will ich ja nicht abstreiten. Ich glaube, das Buch zeichnet sich durch eine raffinierte, aber keine ästhetisch aufgesetzte Problematik aus, es ist wirklich ein durchgestaltetes Buch. Fast würde ich meinen, das am meisten durchgestaltete, das Sie geschrieben haben, mit einer so großen Problematik: der doch ungeheuer obsessiven Situation des Konzentrationslagers und darin der Figur dieses Jakob in seinem sozialen Umfeld – die Lüge sozusagen in der Funktion zur Befreiung. Das ist ja fast eine Rechtfertigung des Erzählens, sozusagen die Urrechtfertigung für Literatur.

Ich kann Ihnen etwas dazu sagen. All das, was Sie jetzt nennen, hat nichts mit einer theoretischen Beschäftigung mit dem Phänomen Literatur, sagen wir mit einer germanistischen Beschäftigung mit dem Phänomen Literatur zu tun. Ich habe vorhin erwähnt, dass ich eine Weile ziemlich viel gelesen habe, also immer auch unter dem Einfluss von Literatur stand. Es gibt ja Einflüsse, die mich nicht nur einnehmen für ein Buch, sondern die eine Aversion in mir auslösen. Eine bestimmte Literatur über den Krieg, über Ereignisse darin, über Judenverfolgung hat mich fuchsig gemacht, hat mich mit den Jahren rasend vor Zorn gemacht.

In welcher Art zum Beispiel?

Jetzt sage ich Ihnen was sehr Kompliziertes. Es handelt sich dabei um eine Literatur, die mein Vater sehr gemocht hat. Eine, in der die auf den ersten Blick erkennbaren Mörder den auf den ersten Blick erkennbaren Opfern gegenüberstehen. Man kennt ja die Historie, man weiß, wie das ausgegangen ist. Diese Art von Literatur, die also im Grunde keine Literatur ist, sondern immer nur einen Stein auf einen anderen auf ein Monument fügt, das längst dasteht für die Opfer, die eine Erinnerung wachhalten will. Und eigentlich gar nichts weiter. Die einer Sensibilitätsmarktlücke folgt.

Weil diese Literatur die Opfer ja nie erreicht.

Die hatte nach dem Krieg natürlich Hochkonjunktur, auch in der DDR. In der DDR vor allem. Ich meine in Relation zur Bundesrepublik. Mein Vater mochte sie, meinem Vater schien dieses Denkmal wichtig zu sein. Mein Vater wollte, dass man sich immer daran erinnert. Mein Vater dachte, die Darstellung von Gräueltaten zum Beispiel löst von ganz allein Erschütterung aus. Bei ihm natürlich, logisch.

Ja, weil er es selber erlebt hatte.

Er hatte sozusagen den Knopf, auf den nur gedrückt werden musste, damit die Rührung losging und damit die pathetischen Gefühle kamen. Ich hatte diesen Knopf nicht. Und mich störte auch das Gedenken in Form des Zelebrierens. Ich sehe in diesem Gedenken keinen großen Sinn. Damals schon nicht. Ich sehe keinen Sinn im sich Erinnern, wenn man eine Vergangenheit wie ein Insekt betrachtet, das im Bernstein eingeschlossen ist.

Also museal, wenn sie nicht lebendig bleibt – nicht nur als Erinnerung, sondern als Verpflichtung.

Ich finde, das Erinnern muss gegenwärtige Motive haben, das muss auf bestimmte Weise mich in den Stand versetzen, mit heutigen Umständen besser fertig zu werden.

Oder gegenwärtige Konsequenzen zu ziehen.

Ich will Ihnen ein Beispiel nennen. Das hat damit zu tun, wie es überhaupt zu dem Buch »Jakob, der Lügner« kam. Eines Tages, als mein Vater sich damit abgefunden hatte, dass ich wahrscheinlich Schriftsteller werden würde und nicht der Arzt, der ihm vorschwebte, hat er mir eine Geschichte erzählt. Er hat mich sozusagen damit ins Vertrauen gezogen. Er hat mir gesagt:»Du, ich habe einen Mann gekannt, über den müsstest du schreiben.« »Was war das für ein Mann?«, fragte ich. »Es war ein großer Held. Der hatte im Ghetto ein Radio versteckt. Und damit hat er Radio London und Radio Moskau gehört und hat Nachrichten an die Leute weitererzählt. Und irgendwann ist das durch Spitzel an die Gestapo verraten worden, und man hat diesen Mann erschossen.« Mein Vater fand, über diesen Mann müsse ich schreiben. Er sagte, er war ein großer Held, und man müsste ihm ein Denkmal setzen. Und ich fand auch, dass dieser Mann ein großer Held war, aber ich hatte nicht die geringste Lust, über ihn zu schreiben. Nicht, weil er mir langweilig erschienen wäre, sondern weil schon eine Million Mal über ihn geschrieben worden ist. Eigentlich immer, wenn ich über diese Zeit gelesen habe, habe ich genau über diesen Mann gelesen. Ich habe eigentlich bis dahin noch über keinen anderen etwas gelesen gehabt. Ich fand, dieser Mann sei schon überrepräsentiert in der Literatur, die es über das Thema gab, und ich habe diese Geschichte vergessen. Bis sie mir ein paar Jahre später einfiel mit einem entscheidenden Unterschied. Ich habe genau diese Geschichte erzählt, nur, dass dieser Mann kein Radio hatte, die anderen aber dachten, er habe eines. Und er ist dieser Erwartung gefolgt.

Ich habe Ihre Frage nicht vergessen. Ich habe Ihnen eben von meiner Aversion gegen eine bestimmte Art von Literatur berichtet. Ich hatte natürlich auch ästhetische Überlegungen bei diesem Buch, die zum Beispiel in der Frage bestanden, ob es ein Thema gibt, bei dem es sich verbietet, in komödienhafter Form vorzugehen. Ob es ein Thema gibt, an dem gemessen die Komödie gleich Blasphemie ist. Ich wollte das gerne rauskriegen. Ich wollte wissen, ob es Themen gibt, bei denen man sozusagen von vornherein die Hände falten und den schwarzen Rock anziehen muss. Dann ist mir natürlich irgendwann die Idee durch den Kopf gegangen, in der Rolle dieses Mannes auf sehr geheimnisvolle Weise die Möglichkeiten von Literatur zu beschreiben. Das ist mir ja nicht unterlaufen, das ist schon ein kompositorischer Bestandteil des Ganzen gewesen.

Das gehört sozusagen zum Plot.

Das gehört zum Plot. Worauf ich hinauswollte: Ich hatte mir nicht drei Minuten Gedanken über Sprache gemacht. Bis auf einige wenige Klangfarbengeschichten, die ich Ihnen in einer Minute erzählen kann. Also, ich wollte eine bestimmte Diktion in die Sprache reinbringen, habe auf ein Imperfekt verzichtet und immer nur im Perfekt geschrieben. Das färbt Sprache auch. Das sollte sozusagen eine kleine jüdische Klangfarbe hineinbringen, ohne jiddisch zu sein.

Das ist ja auch handwerklich.

Ich glaube aber nicht, dass ich da ein Verhältnis zu Sprache hatte, das ich heute ein in jedem Detail bewusstes und durchgearbeitetes nennen würde. Es scheint mir heute so, als hätte das einer geschrieben, der hin und wieder sprachlich mal alle Fünfe gerade sein lässt. Nun können Sie natürlich sagen, Sie sitzen da am längeren Hebel, ach, hättest du doch nie damit aufgehört. Sie werden lachen, diesen Vorwurf kriege ich hin und wieder zu hören. Nur, er nützt mir ja nichts.

Nein. Man kann dem Autor nie das beste Buch als Verpflichtung vorhalten, immer daran anzuknüpfen. Wobei ich jetzt eigentlich gar keine Wertung einbringen möchte. Aber das ist ja die alte

Sache, dass man etwa von Grass immerzu verlangt, er sollte die zweite »Blechtrommel« schreiben.

Stellen Sie sich vor, Grass, der inzwischen neun oder zehn Bücher geschrieben hat, hätte zehnmal die »Blechtrommel« geschrieben. Wie öde das wäre!

Grauenhaft. Der zweite Roman, »Irreführung der Behörden«, scheint mir – jetzt, nachdem, was Sie erzählt haben, allerdings relativiert – der Versuch zu sein, in einer sozialen Rolle als Schriftsteller über das Schreiben mehr Bewusstsein zu suchen. Also das Schreiben in einer gesellschaftlichen Funktion oder in der Spannung zwischen der gesellschaftlichen Bindung und der eigentlichen Aufgabe des individuellen Schriftstellers zu sehen.

Das haben Sie schön gesagt. Ich kann das nicht so theoretisch erklären. Wenn Sie ein Buch so werten oder wenn Sie das aus einem Buch herausdestillieren, sage ich nicht, dass das unstatthaft wäre. Aber es ist natürlich nie mein Ausgangspunkt.

Nein. Es ist Interpretation, selbstverständlich. Ich stecke nicht im Buch.

Ich fange nicht mit einem solchen Theorem an. Ich fange eigentlich, wenn ich ein Buch zu schreiben beginne, mit einem Ton im Ohr und mit der Ahnung einer Geschichte an. Natürlich auch mit gewissen Vorstellungen von Mitte und Ende, wobei die Erfahrung mich lehrt, dass diese Vorstellungen meist weniger wert sind, als sie am Anfang zu sein schienen. Ich komme in der Regel anderswohin, als ich es mir ursprünglich vorgestellt habe. Aber ich erfinde jetzt mal etwas: Auch wenn ich ein Buch schreibe, das im Nachhinein als ein Plädoyer für die Gleichberechtigung von Frauen in unserer Gesellschaft interpretiert wird, so wird niemals mein Ausgangspunkt sein: So, jetzt schreibe ich ein Buch über die Gleichberechtigung der Frauen. Oder über deren Notwendigkeit.

Nein, wenn man keinen soziologischen Traktat schreibt.

Eine Geschichte, die ich erzähle, ist ja nicht nur ein Vehikel, um meine Ansichten an den Mann zu bringen und um meine Überzeugungen zum Leser zu transportieren. Wenn es das wäre, wäre es sehr dünne. Natürlich gibt es solche Bücher, vielleicht habe sogar ich, Gott behüte, solche geschrieben. Das kommt mir aber nicht wünschenswert vor. Ich hatte bei der »Irreführung der Behörden« Lust, eine Geschichte zu erzählen, wie jemand etwas wird, in diesem Fall Schriftsteller. Aber eigentlich nicht, wie er das wird, sondern das Vorher und das Nachher und den Prozess des Werdens dabei eigentlich auszuklammern.

Ja, die gesamte Entwicklungsgeschichte von Gregor Bieneck wird in dem Roman ganz kurz erzählt, fast datenhaft.

Das, was im Grunde der Romanstoff ist, sind sechs oder acht Seiten in dem Buch. Ich hatte auch Lust, das zu schreiben, weil mir das ziemlich exemplarisch vorkam. Ich weiß heute nicht, ob es so ist. Aber ich bildete mir damals ein, durchaus Autoren zu kennen und beobachtet zu haben, die mit sehr hehren Gefühlen und mit sehr großen und hohen Idealen diesen Beruf ergriffen haben und dabei verkommen sind.

Die dann später viele vergessen haben.

Die anfingen, nach Gehör zu schreiben. Da es mir aber so klar zu sein schien, wie das vor sich geht, wollte ich das nicht schildern, sondern ich wollte schildern, wie der Autor, der erkennt, dass er so geworden ist, damit fertig wird oder nicht fertig wird. Darüber wollte ich schreiben. Vor allem auch deswegen, weil ich es ein bisschen an mir erkannt habe.

Das wollte ich fragen. Bei diesem Buch denke ich jedenfalls ganz besonders, dass darin auch eigene Erfahrungen eine große Rolle spielen.

Oh ja, ich hatte eines Tages ein Gefühl des Unglücks darüber, am Schreibfließband zu stehen. Oder, was heißt Unglück? Das ist wahrscheinlich ein zu hochgestochenes Wort. Es gefiel mir nicht, ich empfand Unbehagen dabei. Auch wenn das bankkontomäßig ganz gut ging, musste ich doch erkennen, dass ich einen anderen Beruf hatte, als ich mir ursprünglich vorgenommen hatte. Einer, der Schornsteinfeger werden will und eines Tages feststellt, er ist Uhrmacher, der kann sich natürlich sagen, okay, es ist auch ein Beruf, aber er hat sein Vorhaben nicht erfüllt. Und ich wollte eigentlich etwas anderes tun.

In diesem Buch stecken auch einige Nebenthemen, die damals in der DDR durchaus nicht unbedingt mit Zustimmung gelesen worden sind. Jedenfalls nicht von Parteimitgliedern. Es hieß da etwa, dass der Individualismus des Autors gegen eine Solidarität steht, die zum Beispiel als Maske für Dummheit dient. Es ist ja deutlich auch ein Roman gegen die Anpassung, zumindest gegen das Problem der Anpassung.

Ein Buch über Opportunismus.

Ein Buch über Opportunismus. Und interessanterweise taucht in einem Gespräch am Ende des Buches zwischen Lola und Gregor die Problematik des Zweifels auf. Dass das Zweifeln ein wichtiges Element der Literatur ist, wird hier – so manifest jedenfalls – zum ersten Mal thematisiert. Das Thema zieht sich ja ganz deutlich durch Ihr Werk, bis zu Simrock, der in »Schlaflose Tage« der Zweifler an sich selbst ist. Dieses Thema ist doch sicherlich kontrovers diskutiert worden?

Oh ja, das Buch ist in der DDR nicht nur sehr freundlich aufgenommen worden, es hatte auch einige Schwierigkeiten. Es ist auch relativ restriktiv aufgelegt worden. Hier glaubt man zu oft, dass in der DDR nur solche Bücher gedruckt oder verlegt werden, die die Parteimeinung wiedergeben. Das ist ganz und gar nicht der Fall. Die Partei ist da schon bereit, eine gewisse Grenze zuzugestehen, über die allerdings nicht hinausgeschritten werden darf, was Kritik angeht. Und dieses Buch hatte in den Augen der damaligen Kulturpolitiker den zur Verfügung stehenden Raum noch nicht überschritten. Dass das Buch von der offiziellen DDR kühl aufgenommen wurde, mag ein Grund dafür sein, dass es hier sehr warmherzig aufgenommen wurde. Das hat man ja öfter.

Es ist ja sehr typisch für das Verhältnis zwischen den beiden deutschen Staaten, dass das, was in dem einen Staat von der Regierungsseite oder von den offiziellen Stellen nicht geliebt wird, im anderen Teil besonders hochgehoben wird. Wenn ich mich richtig erinnere, haben Sie doch für dieses Buch den Nationalpreis bekommen?

Oh nein. Aber den Bremer Literaturpreis habe ich dafür bekommen.

Das auch – den Bremer Literaturpreis explizit für dieses Buch. Aber ein Jahr, nachdem das Buch da war, haben Sie den Nationalpreis bekommen.

Das war nach dem Film »Jakob, der Lügner«.

Ach so, das hat also mit diesem Buch überhaupt nichts zu tun?

Ganz im Gegenteil.

Aber das Buch hat die Preisverleihung auch nicht verhindert.

Das ist richtig.

Wie ist denn das Interesse an diesem Buch unter Kollegen in der DDR gewesen? Da sind ja auch einige Kollegen gleichsam mit angesprochen gewesen.

Nun, ist das so: Meine Freunde dachten darüber so wie ich, und meine Nicht-Freunde haben spitzmündig darauf reagiert, aber sie waren ja schon vorher nicht meine Freunde. Das heißt, es gab eigentlich nur die erwarteten Reaktionen. Glauben Sie nicht, dass man im Verband oder in irgendwelchen Runden endlos über Neuerscheinungen diskutiert hätte. Ganz und gar nicht. Das waren mehr zufällige Reaktionen.

Aber wenn solche Passagen darin sind, wie wenn Lola sagt: »*Heute lässt du nie Zweifel an den Ansichten der anderen aufkommen, in keiner deiner Geschichten. Du berechnest alle Einwände im Voraus und umgehst sie.*« *Und wenn Gregor dann antwortet:* »*Und wenn ich nun eingesehen hätte, dass ich mit meinen Zweifeln mehr Schaden als Nutzen anrichte?*« *Kann man denn mit Zweifeln wirklich mehr Schaden als Nutzen anrichten, außer vielleicht für sich selbst in einer solchen Situation? Ist der Zweifel nicht immer nützlich?*

Nee, dagegen würde ich mich sogar erbittert wehren. Ich halte den Zweifel zwar nicht für eine menschliche Eigenschaft, die gewissermaßen permanent und ohne Pause in Anwendung gebracht werden müsste. Aber ich halte es für katastrophal, den Zweifel auszuschließen, den Zweifel an bestimmten Ansichten als nicht gehörig oder als nicht erlaubt zu erklären. Aber den Zweifel als einzige Denkmethode und als die dominierende bestimmten Erscheinungsformen gesellschaftlichen Lebens gegenüber anzuwenden, das funktioniert, glaube ich, nicht. Ich glaube, dass permanentes Zweifeln auch mit Zögern zu tun hat. Ich glaube, dass der, der sich zu einer Aktion entschließt, auf gewisse Weise mit einem Zweifel fertig geworden sein sollte. Was nicht bedeutet, dass er sich nie wieder des Zweifels bedienen wird.

So eine Art von Dialektik zwischen Glauben und Zweifel, Zweifel und Glauben?

Der Zweifel allein führt in keine Richtung.

Selbstverständlich. Aber hier geht es ja darum, dass der Zweifel sozusagen eliminiert ist.

Das ist eine Methode, über die Lola sich aufregt.

Mit Recht. Und Gregor denkt noch: »*Soll ich versuchen, ihr zu erklären, wie unerfreulich dieser Versuch ausfallen würde, wollte ich ein Buch unter die Leute bringen, in denen von meinen Bedenken und Zweifeln die Rede ist?*« *Und sagt dann auch an einer anderen*

Stelle: »Hast du schon einmal daran gedacht, dass ich deinen Forderungen nicht gewachsen sein könnte?«

Das ist die Physiognomie eines Opportunisten.

»Dass ein Bedeutenderer als ich kommen muss«, und so weiter ... Er hat mit seiner Profischriftstellerei inzwischen ein sehr gutes Auskommen erreicht und bleibt sozusagen dabei stehen.

Ja. Das ist das Innenleben eines Anpassers, das da geschildert wird.

Ich hatte das natürlich auch so verstanden, dass Sie sich in diesem Buch mit Ihrer eigenen Rolle und mit einem gewissen eigenen Erfolg auseinandersetzen.

Ich glaube nicht, dass ich mich da schildere. Ich schreibe da von etwas, mit dem ich auch zu tun hatte. Und ich glaube, dass ich vermittels dieses Buches besser mit etwas fertig geworden bin.

Womit?

Nachdem ich dieses Buch geschrieben hatte, ist mir auf eine merkwürdige Weise klargeworden, dass ich mich da mit meinen eigenen Waffen besiegt habe. Ich habe noch niemals in einem Buch so viel Rücksicht auf bestehende Forderungen und auf ein gesellschaftspolitisches Umfeld genommen wie gerade in diesem Buch, das eben davon handelt. Wenn Sie so wollen, war die Erkenntnis, wie leicht ein Autor sich selbst überlisten kann, indem er sich vormacht, etwas expressis verbis zu beschreiben, für mich ein Nebeneffekt, mit etwas geradezu aufzuräumen. Und ich vermute, das ist mir zumindest in Buchform nie wieder passiert. Das ist, wie ich es heute sehe, für mich der größte literarische Gewinn aus diesem Buch.

Man hätte es aber auch genau andersherum verstehen können. Nicht so, dass sich einer mit seinen Waffen selbst geschlagen hat, sondern dass er, indem er dieses Buch darüber schrieb, damit fer-

tig wurde und sich selbst erkannt hat und dazu sozusagen seinen Pfahl in den Boden gerammt hat.

Mein Einwand dagegen ist, dass der Autor nicht weit genug gegangen ist. Es ist sicher nicht sehr opportun, mein eigenes Buch so kritisch zu bewerten. Wahrscheinlich sollte ich das nicht tun. Nur fürchte ich, dass das einzige Buch, das ich über Anpassung geschrieben habe, mein einziges angepasstes Buch ist.

Wann haben Sie das gemerkt? Sehr spät erst oder sehr bald, nachdem es erschienen ist?

Sehr bald danach.

Das nächste Buch war »Der Boxer«. Der geht ja wieder in die Vergangenheit. Vergangenheit – Gegenwart. Das Verhältnis des Sohnes, der in einem KZ war, wo er von seinem Vater mit Hilfe von Organisationen gefunden wurde.

Ich glaube nicht, dass das das zentrale Thema des Buches ist.

Nein, das ist aber sozusagen die Geschichte, die dem zugrunde liegt, und die ähnelt ja Ihrer Geschichte.

Ja. Dieses Buch »Der Boxer« habe ich beschlossen zu schreiben, als mein Vater gestorben war. Hören Sie da bitte jetzt nicht heraus, dass ich ihm ein Denkmal setzen wollte. Was mich in erster Linie dabei beschäftigt hat, war, dass ich so oft gehört habe, dass jemand durch eine bestimmte Vergangenheit geprägt ist, dass er eine Vergangenheit nicht loswird und die Vergangenheit sein Jetztsein mitbestimmt. Ich wollte einmal darüber schreiben, wie so etwas vor sich geht. Was bedeutet das, eine Vergangenheit nicht loszuwerden? Bedeutet das, dass man immer daran denken muss oder dass man jede Nacht davon träumt oder dass das Folgen in den tagtäglichen Aktionen hat? Gibt es eine Art von Schädigung im Verhalten, die nicht rückgängig zu machen ist? Die einfach irreparabel ist? Und gibt es Leute – das war mir ein sehr wichtiges Thema dabei –, die, weil ihr Verhalten ein Fehlverhalten nach den Normen der allermeisten ist, von Kritik ausgenommen werden dürfen, sozusagen unter einer Glasglocke leben? Die haben etwas Schweres hinter sich, die dürfen nicht kritisiert werden. Die haben schon genug erfahren. Ist das so? Gibt es einen Anspruch darauf, nicht kritisiert werden zu dürfen? Oder ist das nicht eine Art Todesurteil, jemandem den Anspruch zuzubilligen, dass er nicht kritisiert werden darf? Dass er außerhalb von Bedenken steht?

Ihn sozusagen der Lebendigkeit zu entziehen.

Richtig. Das ist für mich ein Thema gewesen. Und ich fürchte, dass auf diese Weise mein Vater sehr viel früher gestorben ist, als er es tatsächlich ist. Das war ein Ausgangspunkt. Ich will nicht sagen, ich habe vorwiegend darüber geschrieben, aber das war für mich eine sehr zentrale Überlegung.

Aber der Erzähler, der berichtet, was Aaron, also der Vater, ihm erzählt, weiß ja auch nie, woran er ist. Er muss ja auch sehr lebendig sein, um aus dem vielen, was ihm erzählt wird, zu destillieren, was wahr sein könnte, was erfunden ist, wie sein Bewusstsein die alte Geschichte heute gebildet hat. Was ist überhaupt Realität?

Das hat zweierlei Bedeutungen. Einmal ist das ein wichtiger Teil der ästhetischen Komposition des Buches, auch, dass hier zwei Sprachen aufeinanderstoßen. Zum anderen aber ist es eine tatsächliche Schwierigkeit, im Sichbefassen mit Vergangenheit Vergangenheit aufklären zu wollen. Dass du immer Löcher stopfen musst, dass du immer wieder entscheiden musst, was du glaubst und was du nicht glaubst. Dass du einmal deine Zuneigung oder dein Vertrauen hingibst und es das nächste Mal verweigerst. Und nicht aus dem Entscheiden rauskommst, wann du dich wie verhältst. Das heißt, es kam mir vor, als könne ich hier zwei Fliegen mit einer Klappe schlagen: einmal diese tatsächliche Schwierigkeit sozusagen ins Bild setzen und zum anderen eine Erzählweise finden, die mir genehm ist.

Das passt ja auch in die damalige Zeit. Uwe Johnson schrieb die »Jahrestage«, von Böll gab es das »Gruppenbild mit Dame«, es gab die »Christa T.«. Man nannte das einmal Mutmaßungsprosa, das heißt die Problematik des Berichtens eines Erzählers wird in das Buch selbst hineingezogen, die Ästhetik also gleich mitdiskutiert.

Es ist Ihr gutes Recht, dies in einen Kontext zu setzen. Dadurch, dass ich nicht Germanistik studiert habe, habe ich das nicht gewusst.

Aber Sie sind doch Leser.

Ich habe zum Beispiel, solange ich in der DDR lebte, nie Johnson gelesen. Ich habe nie ein Buch von Johnson gehabt. Christa Wolf habe ich natürlich gelesen. Ich kann Ihnen gar nicht sagen, ob ich damals »Gruppenbild mit Dame« kannte.

Aber Frisch zum Beispiel.

Frisch habe ich immer gelesen, das ist richtig. Den »Stiller« hatte ich schon vorher gelesen.

Darin ist ja auch so eine Haltung, die Frage nämlich, welche Rolle Vergangenheit in unserem Bewusstsein für die Gegenwart spielt.

Ich will mit keinem Wort sagen, dass die Literatur, die ich lese, ohne Folgen für meine Schreibe bleibt. Das halte ich für ausgeschlossen. Ich kann Ihnen nicht vorrechnen, auf welche Weise diese Einflüsse sich manifestieren. Ich kann nicht sagen, weil ich das und das gelesen habe, sieht dieser Satz so und so aus. Das entzieht sich meiner Kenntnis. Aber ich bin mir sicher, dass es da Wechselwirkungen gibt.

Ich wollte Sie auch nicht etwa dahin bringen, dass Sie sagen, ich habe diese Vergangenheiten in meiner Lektüre, und jenes interessierte mich ästhetisch. Ich glaube in der Tat, dass »Der Boxer« sehr viel mehr aus Ihrer eigenen Erfahrung mit Ihrem Vater, wie Sie es jetzt auch geschildert haben, geschrieben wurde. Einfach auch, um

mit diesem Problem fertig zu werden, das Sie selbst angesprochen haben. Wie ist die Deformation durch die damalige Geschichte gewesen? Wie ist sie sozusagen literarisch zu vermitteln?
   Sicher, Sie haben gesagt, man darf den, der gelitten hat, nicht der Lebendigkeit entziehen. Aber einer, der überlebt hat und auf diese Weise überlebt hat, trägt ja auch irgendwo die Aufgabe der Toten mit.

Er ist ein bisschen tot.

Ja, er ist ein bisschen tot. Er ist getötet worden durch die Vergangenheit.

Dass es bei bestimmten Individuen einen größeren Anspruch auf Toleranz – sozusagen ein einklagbares Recht – als bei anderen gibt, halte ich für zweifellos. Was abgelehnt werden muss, ist aber das immer wiederholte Sich-Zurückziehen hinter diesen Toleranzanspruch, das Sich-nicht-Stellen. Das bezeichne ich ja als den Tod vor dem Tod. Ich habe solche Leute in der DDR getroffen. Ich kann mir kein Urteil erlauben, ob auch hier solche anzutreffen wären, wahrscheinlich ist es so. In dem Buch ist davon die Rede. Die sind irgendwie von Beruf Opfer des Faschismus gewesen. Sie haben davon nicht ihren Lebensunterhalt bestritten, das meine ich nicht. Aber sie haben ihren geistigen Lebensunterhalt davon bestritten, dass sie Opfer sind.

Vielleicht ist ja auch die Fähigkeit erloschen, sich zu stellen.

Ich will das nicht ausschließen. Aber ich halte es für einen schrecklichen Dienst, den man einem Menschen erweist, dem nachzukommen, das heißt sich danach zu richten, das zu akzeptieren.

Ja, und es darf kein Gesetz aufgestellt werden, das sozusagen besagt: Ich habe dieses erlebt, also hast du mich nicht zu berühren.
   Um auf ästhetische Fragen zurückzukommen: In »Jakob, der Lügner« wurden von Jakob Lügengeschichten mit sozialer Funktion erzählt, in »Irreführung der Behörden« wird geschildert, wie eine Autorfigur verunsichert wird und mit ihrer Schriftstellerei in

das Fahrwasser einer stromlinienförmigen Gebrauchsschriftstellerei gerät, also auch ins Genehme verfällt. Und im »Boxer« wird die Ungewissheit über das Überlieferbare, über das Vermittelbare an Vergangenheit ja auch ästhetisch realisiert.

Wir haben vorhin kurz über den Zweifel gesprochen, der im politischen Leben da ist. Aber in einer solchen Prosa ist natürlich auch das Zweifeln an dem, was vermittelbar ist, eine ästhetische Kategorie. Nun habe ich den Eindruck, dass Sie die Produktivität dieser Ästhetik des Zweifels gerade in den beiden Büchern »Irreführung der Behörden« und »Der Boxer« deutlich gemacht haben und dass nun in dem nächsten Buch, »Schlaflose Tage«, diese Frage des Zweifelns aus der Ästhetik herausgenommen und ganz in eine Figur versetzt wird. In die Figur des Karl Simrock, der ja ganz massiv vom Zweifel ereilt wird. Er ist Sozialist, überzeugter Sozialist, und behauptet die fortschrittlichen Elemente des Sozialismus gegen den entlarvten Dogmatismus, er lebt seinen Zweifel. Aber nicht, indem er nur zweifelt, sondern indem er versucht, eine andere Art zu handeln daraus abzuleiten. Ist das richtig?

Ohne Frage ist »Schlaflose Tage« dasjenige unter meinen das Büchern, das am meisten im Direktgang geschrieben ist. Es ist auch – ich will das gar nicht verleugnen – ein in der Aufregung geschriebenes Buch, ein im Zorn geschriebenes Buch. Das braucht heutige Leser nicht zu interessieren, das hat sehr viel mit der Situation zu tun, in der ich sehr deutlich gesteckt habe. Es ist das Buch, das einen Nachteil hat, was, wie ich hoffe, keinen meiner anderen Texte betrifft: Es ist ein bisschen das Buch, dem man ein wenig den Schaum vor dem Mund seines Autors ansieht.

Aber sehr kühn geschrieben.

Das ist ja der Grund. Stellen Sie sich mal vor, ich hätte das nicht gemacht. Weil ich diese Situation natürlich erkannte, weil ich wusste, was mit mir ist, weil ich mir sagte: Obacht, Jurek. Im Grunde kam ich mir zu aufgeregt für ein Buch vor. So habe ich mir eine Konstruktion gemacht, die mir nahezu chirurgisch erschien, die sich Mühe gab, die Kühle in den Vordergrund zu spielen und nicht in Affekte zu verfallen. Aber es ist von etwas auf unmittelbare Weise die Rede, was ich, wenn überhaupt, in anderen Büchern nur ahnen zu lassen versuche, ohne es zu erörtern.

Also sozusagen Programmmusik?

Okay.

Weil Sie ja selbst gesagt haben, dass Sie, wenn Sie ein Buch zu schreiben beginnen, eine Ahnung haben, einen Satz, einen Klang. Und das Buch entwickelt sich im Schreiben unter Umständen in eine ganz andere Richtung, als Sie es geplant haben.

Gut, die Situation, die Sie da angesprochen haben, war ja, um es noch einmal zu wiederholen, Anfang 1977 der Ausschluss aus der SED wegen des Biermann-Protests und im selben Jahr dann der Austritt aus dem Schriftstellerverband. Wann haben Sie denn den Roman »Schlaflose Tage« geschrieben? War das vorher, war das nachher, oder waren Sie mittendrin? Das Buch ist ja 1978 erschienen, und zwar zunächst nur in der Bundesrepublik.

Im Frühjahr '76 habe ich angefangen, dieses Buch zu schreiben. Dann passierte im November '76 diese Geschichte mit dem Biermann-Protest. Vorher gab es schon wegen Kunze Krach im Verband. Ich kann Ihnen das gar nicht genau erklären – nachdem Ereignisse eingesetzt haben, die mich sehr emotionalisiert haben, schien mir das bisher an dieser Geschichte Geschriebene fragwürdig zu sein. Es schien mir zu zaghaft oder zu behutsam. Es ging zu behutsam mit Mängeln um, von denen ich fand, dass deutlicher auf sie hingewiesen werden musste. Nicht so behutsam jedenfalls, dass sie gar nicht bemerkt würden, dass sie noch den Bemängelten akzeptabel erschienen. Oder dass sie ein gewisses Verständnis dafür hätten. Das heißt, ich habe das Buch 1977 eigentlich noch einmal angefangen.

Und dann haben Sie sich erst diesen Plan gemacht?

Ja. Zu dem Zeitablauf: Der Biermann-Protest war im November '76. Vorher ich war im Vorstand des Schriftstellerverbands in

Berlin. Kunze war aus dem Verband ausgeschlossen worden, und ich wusste davon nichts, obwohl ich ja im Vorstand war. Natürlich machte ich deswegen Theater. Das ist keine sonderliche Liebeserklärung Kunze gegenüber gewesen. Sondern ich habe mir gesagt: Es ist dreist, auch wenn ich Distanz zu ihm empfinde, wenn ich ihn nicht mag. Wo komme ich denn hin, wenn alle, die ich nicht mag, aus dem Verband ausgeschlossen werden? Da bleibe ich am Ende alleine übrig. Was ist das dann noch für ein Verband? Das war schon eine Geschichte, die mich in gewisse Konfrontation mit dem Verband und auch mit der Partei gebracht hat. Dann ereigneten sich diese Biermann-Angelegenheiten, und ich wurde Anfang '77, mit einigen anderen zusammen, aus der Partei ausgeschlossen. Es war mir nicht sonderlich angenehm, ich wollte nicht aus der Partei ausgeschlossen werden, aber es war logisch. Da betreibt die Partei eine bestimmte Politik, und eines ihrer Mitglieder sperrt sich, gibt böse Interviews und sperrt sich mit aller Kraft dagegen – zu den Interviews werde ich noch was sagen. Da trennt man sich von ihm. Das verstand ich.

Dann wurde ich auch aus dem Vorstand des Verbands in Berlin ausgeschlossen. Das verstand ich schon nicht mehr, das hatte, fand ich, schon nichts mehr mit dieser Logik, die ich eben apostrophiert habe, zu tun. Da ist einer im Vorstand und macht sich für einen Schriftsteller stark, und dafür fliegt er aus dem Vorstand. Kurz danach gab es eine Mitgliederversammlung, und ich wollte, dass dabei mein Ausschluss aus dem Vorstand rückgängig gemacht wird. Das habe ich verlangt. Und als das nicht passiert ist, bin ich aus dem Verband ausgetreten. Also nicht aus Protest gegen irgendetwas, es ging um eine ganz konkrete Geschichte. Die Versammlung kam mir domestiziert vor, und ich mochte da nicht mehr sein.

Ich sagte, ich habe Interviews gegeben. Interviews im Westen über etwas, was im Osten stattgefunden hat. Ich empfand dann eine Solidarität, die es mir absurd hätte erscheinen lassen, mit bestimmter Kritik und mit bestimmten Aversionen an das, was man hier die Öffentlichkeit nennt, zu gehen. Ich hatte in jener Zeit das Gefühl, das sichere Gefühl, dass »etwas unter uns behandeln« gleichbedeutend ist mit »etwas unter den Teppich kehren«. Ich hatte das Gefühl, dass dieses Unter-uns-Behandeln im Grunde kein Behandeln, sondern ein Ventil ist. Ich lasse da einen bestimmten Dampf ab, der verpufft in der Atmosphäre, mir ist so zumute, als hätte ich etwas kritisiert und als hätte ich mich starkgemacht gegen etwas. Doch nichts ändert sich.

Das fing damit an, dass die, die diese Biermann-Geschichte geschrieben haben, sich durch den Kopf gehen ließen, ob sie das im Westen veröffentlichen – einen Brief an den Staatsratsvorsitzenden der DDR im Westen veröffentlichen, was ist denn das für ein merkwürdiger Postweg, zumal der Brief erst ein paar Stunden früher beim Adressaten angekommen ist? Das geschah ganz gewiss aus der Überlegung heraus, dass außer dem Schreiben dieses Briefes und vielleicht einer freundlichen Unterhaltung darüber nichts weiter stattfinden würde. Aber ein Affront muss einmal deutlich gemacht werden, er muss einmal gezeigt werden. Und ich wäre glücklich darüber, wenn das in der DDR gegangen wäre, das heißt, wenn eine solche Geschichte in der DDR publizierbar wäre. Aber es war sehr eindeutig nicht der Fall.

Haben Sie denn da zum ersten Mal gemerkt, dass die Solidarität dieser Art eben auch eine Solidarität des Verschweigens sein kann? Oder kamen Ihnen nicht schon einmal früher in den 70er Jahren solche Ideen, so dass Sie mit der Partei oder mit dem Verband in Konflikt gerieten? Denn die Bücher, die Sie geschrieben haben, müssten eigentlich darauf hindeuten, dass der Individualist, der Schriftsteller Jurek Becker eher in Konflikt geraten wäre.

Dass diese Solidarität, von der ich sprach, auch zu Entscheidungen führte, die mir nicht recht oder die mir nicht genehm, die mir vielleicht sogar zuwider waren, das ist keine Frage. Ich glaube nicht, dass mein Opportunismus der Hintergrund dafür war. Ich war die ganzen Jahre, als er in Ost-Berlin lebte, mit Biermann befreundet. Wir haben zusammen Philosophie studiert und kannten uns seitdem. Ich bin da dauernd hingegangen, und er hat mir und anderen seine Lieder vorgesungen. Das, was mit Biermann geschah, fand ich doch unmöglich. Ich habe mich nie dagegen engagiert, ich habe niemals die Klappe aufgerissen und gesagt, wie könnt ihr das mit dem machen? Oder: Ich setze mich ins selbe Boot wie er, wenn ihr das mit dem macht, dann müsst ihr das auch mit mir machen. Ich habe es nie gemacht.

Warum nicht?

Kann ich Ihnen sagen. Wir haben vorhin kurz erwähnt, dass jeder für sich abwägen muss, welche der Umstände, die ihm nicht gefallen, er für gravierend genug hält, um im Zusammenhang damit sozusagen die Vertrauensfrage zu stellen, die ein Entweder-oder bedeutet. Dabei ist ja nicht zu übersehen, dass eine solche Entscheidung nichts an Biermanns Situation geändert hätte, sondern nur an meiner. Ich hätte auf Möglichkeiten von Einflussnahme, wozu auch das Publizieren gehört, verzichtet. Und es man kalt klingen, wenn ich sage: Das war es mir nicht wert. Nicht nur im materiellen Sinne, das meine ich nicht damit. Ich hatte Pläne, ich wollte etwas machen. Das bestimmt auch irgendwie heute noch mein Verhältnis zur DDR. Von dieser Solidarität, von der ich sprach, gibt es ja unübersehbare Reste bei mir. Was ich jetzt sage, werden Sie möglicherweise als einen Anflug von Größenwahn betrachten. Die DDR kommt mir unter anderem auch wie das Resultat meiner Bemühungen vor. Ich habe mich ja tatsächlich viele Jahre dafür bemüht und gemacht und mich eingesetzt und war mit lauterem Herzen dabei. Und dann kommt ein Punkt, an dem ich enttäuscht bin. Da trete ich drei Schritte zurück und finde das Ganze schlimm. Es gefällt mir nicht. Die Enttäuschung gewinnt die Oberhand. Und ich bringe es nicht fertig, mir die Hose sauberzuklopfen und die Jacke abzubürsten und zu sagen, okay, es gefällt mir nicht, ich will nichts mehr damit zu tun haben. Das schaffe ich nicht. Ich wünsche mir schon noch Möglichkeiten der Einflussnahme, das heißt des Publizierens. Das ist die Einflussnahme, die ein Autor haben kann. Der Teilnahme seiner Gedanken am Wettbewerb der Ansichten. Ich habe in einem Interview einmal so einen albernen Satz gesagt: »Was mich an der DDR fasziniert und immer gepackt hat, war die Möglichkeit, mich einzumischen.« Und dafür möchte ich auch in der DDR sein. Auch heute noch. Wenn es darum geht, die Klappe zu halten, dann halte ich die lieber auf den Bahamas. Was sonst reizt mich denn da?

Die Wirkung von Literatur in der DDR ist ja sehr viel größer als bei uns in der Bundesrepublik zum Beispiel.

Größer? Das weiß ich nicht. Aber auf alle Fälle sehr anders und auch folgenreicher.

Ja, das meine ich ja mit Wirkung.

Das wird so leicht dahingesagt. Ich bezweifle, dass es in der DDR ein für Literatur günstigeres Klima gibt.

Von den Lesern her bestimmt.

Seien Sie vorsichtig! Seien Sie vorsichtig! Ich übersehe ja nicht, dass in der DDR die Schriftsteller sehr viel mächtigere Leute sind als hier. Deswegen guckt ihnen ja die Partei auch so genau auf die Finger und verhält sich ihnen gegenüber manchmal auch so unsympathisch, weil das, was die schreiben, Folgen hat. Deswegen setzt sehr früh die Schere an. Aber Sie dürfen dabei nicht übersehen, woher diese große Wirkung von Literatur kommt. Die liegt ja nicht daran, dass die Bevölkerung der DDR aus Literaturnarren besteht, in die ein Literaturbedürfnis irgendwie implantiert ist. Ich vermute, dass Literatur in der DDR unter anderem eine Aufgabe zu erfüllen hat, die nicht Sache von Literatur sein kann. Der Umstand, dass Literatur die letzte Öffentlichkeit ist, in der es einen Austausch von Meinungsverschiedenheiten gibt, den es in der Presse, im Fernsehen nicht gibt, ist dafür verantwortlich, dass man im besonderen Maße gierig und neugierig auf Literatur ist. Das ist zwar angenehm, weil es Neugier weckt, aber es ist unangenehm, weil eine Erwartung damit verbunden ist, die Literatur nicht erfüllen kann. Die wird nicht um ihrer selbst geliebt – was heißt, um ihrer selbst? Nicht um irgendwelche hehren ästhetischen Bedürfnisse zu erfüllen. Schriftsteller sehen dieses Bedürfnis, das also, sehr grob gesagt, vielleicht ein Bedürfnis nach Lebenshilfe genannt werden könnte, und sie geben sich Mühe, sich dem nicht zu entziehen. Die Bücher bzw. die Inhalte dieser Bücher, die in der DDR geschrieben werden, haben sehr viel mehr mit den Problemen ihrer Leser zu tun, als dies in der Bundesrepublik der Fall ist. Wenn man in der DDR als Leser ein Buch in die Hand nimmt, begibt man sich nicht in ein anderes Land, auf ein exotisches Terrain.

Wenn ich sage, Schriftsteller versuchen, dem zu entsprechen oder sich dem nicht zu entziehen, dann sage ich damit gleichzeitig, sie versuchen damit nicht immer etwas, was sie eigentlich für richtig hielten, was ihre Bücher angeht. Ich will Ihnen ein Beispiel geben. Ich halte es für legitim, dass ein Schriftsteller darüber schreibt, wie ihm zumute ist, wenn ihm Paula in einem bestimmten Licht, in einer bestimmten Stimmung, in einer bestimmten Landschaft die Hand auf den Rücken legt. Mir ist hier bewusst geworden: In der DDR hätte ich mich das gar nicht getraut. Und zwar nicht, weil ich es für falsch hielte, sondern weil ich befürchtet hätte, dass Leser sagen werden, nun hat er aufgegeben. Jetzt hat er aufgehört zu kämpfen.

Es ist zu privat.

Das heißt, ich kam mir, in der letzten Zeit, in der ich in der DDR lebte, vor wie vor einer Weiche: Entweder ein Autor zu sein oder eine Art Widerstandskämpfer zu werden. Ich hatte das Gefühl, ich muss mich für eine dieser zwei Karrieren entscheiden. Sie können natürlich sagen: »Na hör mal, du kannst doch als Autor über das schreiben, was dir so wichtig ist. Warum willst du denn Texte künstlich privatisieren?« Darum geht es nicht. Ich habe zum Beispiel gemerkt, dass Texte, die ich in jener Zeit geschrieben habe, meinen eigenen Vorstellungen von guter, von ordentlicher Literatur nicht entsprochen haben.

Inwiefern?

Sie kamen mir zu pamphletistisch vor, mitunter unwürdig simpel, mitunter überdeutlich, was ja eine wichtige Eigenschaft ist, wenn es um eine politische Auseinandersetzung geht. Da willst du von sehr vielen eindeutig verstanden werden und äußerst dich entsprechend unzweideutig.

Also war da die Verantwortung des Schriftstellers tangiert?

Richtig, es ist etwas verlorengegangen in den Texten, was ich für ein ganz wesentliches Ingrediens von Literatur halte: ein Geheimnis. Ich hatte auch gar nicht den Kopf dafür, weil mir in dieser Auseinandersetzung etwas überwichtig geworden ist, denn es hat ja mein Leben und meine Existenz betroffen. Und wenn ich mir heute die Texte aus jener Zeit anschaue, gefallen sie mir nicht. Diesem Bedürfnis nachzukommen hat für mich eindeutig negative Folgen gehabt, so schien es mir.

Die Beziehung von Schriftsteller und Publikum in der DDR wird vor allen Dingen auch dadurch bestimmt, dass das große Meinungsspektrum, das im Westen etwa durch Presse und Medien läuft, da nicht präsent ist. Dass die differenziertere Meinungsbildung eben durch die Literatur geleistet werden muss.

Ich kann das vielleicht so erklären: In der DDR gibt es eine einzige Zeitung mit hundert verschiedenen Namen: Die heißt »Sächsisches Tageblatt« und »Der Morgen« und »Neues Deutschland« und »Die Fußballwoche«, aber sie hat einen Chefredakteur. Alle diese Zeitungen haben einen Chefredakteur, der gleichzeitig der Chefredakteur aller Fernsehstationen und aller Rundfunkstationen ist und streng darauf achtet, dass in keinem der ihm unterstehenden Publikationsorgane eine andere Meinung als seine zum Ausdruck kommt. Bücher dagegen sind möglicherweise das letzte Terrain, das er noch nicht untergekriegt hat. Da findet noch was statt. Das hat er noch nicht im Griff. Er möchte es, aber es ist nicht zu schaffen. Es wimmelt zu sehr darin. Und es findet tatsächlich eine Art von Auseinandersetzung mit Wunschvorstellungen, mit Zielvorstellungen, mit Gegenwart statt, wie sonst kaum wo in der DDR – ich will nicht sagen, wie sonst nirgendwo. Um deutlicher zu machen, was ich vorhin mit der Aussage meinte, dass die Erfüllung dieser Erwartung nicht unbedingt gut für Literatur sein kann: Es entsteht ein übergroßes Bedürfnis nach Kritik. Es entsteht ein übergroßes Bedürfnis nach Unbotmäßigkeit. Die Leute sind auf eine Weise, die mir eigentlich nicht sehr genehm ist, sensibilisiert, zwischen den Zeilen zu lesen.

Die Ausformulierung des Autors durch das Publikum?

Richtig. Wenn im Theater Anspielungen gemacht werden, dann ist das Publikum auf eine Weise wach, dass man Angst kriegt. Man hat plötzlich das Gefühl, es geht eigentlich um diese Anspielungen, und das dazwischen ist die Holzwolle, in der die Dinger stoßfrei verpackt sind. Das ist eine Atmosphäre, in der ich mich nicht wohl fühle, in der Literatur nicht sehr gut gedeiht.

Sie sagten, Sie standen vor der Weiche, als Schriftsteller entweder Widerstandskämpfer zu bleiben oder eben wieder mehr nur Schriftsteller zu werden. Sie haben dann ja, ausgelöst durch die politischen Verhältnisse, wenn man so will, die zweite Weiche genommen und sind in den Westen gegangen. Wie war das für Sie, als Sie hierherkamen? Gab es Schwierigkeiten? Hat man versucht, Sie zu vereinnahmen? Gab es Anpassungsschwierigkeiten? Sie waren ja erst ein Jahr in den USA.

Na klar gab es solche Schwierigkeiten. Aber ich bin ja weniger erst einmal in ein fremdes Land gezogen als in ein Zimmer. In ein Zimmer, in dem die Sachen standen, mit denen ich vorher gelebt habe und in dem ich gearbeitet habe. Ich habe mich in der ersten Zeit ziemlich abgeschottet. Ein bisschen erleichtert wurde meine Situation durch den merkwürdigen Umstand, dass die allermeisten Leute, mit denen ich in der DDR befreundet war, auf einmal in West-Berlin saßen. Das heißt, ich war auf irgendeine Weise en bloc verschoben worden, umgezogen. Mein ollster Freund ist Manfred Krug. Mit dem habe ich mich vorher jeden Tag getroffen, und den habe ich nachher jeden Tag gesehen. Da gab es keine Zäsur.

Über Versuche der Vereinnahmung haben wir schon gesprochen. Ich lebte ja in einer Situation, in der ich ein großes Bedürfnis hatte, Äußerungen über die DDR zu machen. Ich habe also erfahren, dass ich dafür Beifall von denen bekam, die ich nicht sehr mochte. Natürlich hat mir dieser Beifall zu denken gegeben. Und natürlich habe ich mit der Zeit versucht, mich dagegen auf irgendeine Weise abzusichern, das heißt meine Antipathien oder Sympathien, nicht nur was DDR-Verhältnisse angeht, deutlich zu machen, sondern auch, was bundesrepublikanische Verhältnisse angeht. Denn wenn Sie – egal wo Sie leben – ein halbwegs politisches Wesen sind, kommen Sie gar nicht umhin, die einen mehr zu mögen und die anderen weniger und die Pläne der einen für besser zu halten als die Pläne der anderen. Und das muss auf irgendeine Weise deutlich gemacht werden.

Wie fühlen Sie sich denn jetzt hier? Als DDR-Schriftsteller auf Urlaub oder als DDR-Bürger auf Urlaub, als DDR-Bürger im Exil, als West-Berliner oder als Bundesrepublikaner?

Das möchten Sie gern wissen ... Auch wenn das ein alter Hut ist: Das ist die Frage eines Ornithologen an einen Vogel. Ich weiß das nicht. Ich kann Ihnen nicht erklären, ich fühle mich so und so, und mir ist so und so zumute. Es gibt vieles, was mir gefällt, es gibt vieles, was mir nicht gefällt, das ist aber keine Besonderheit, das war schon vorher so. Ich habe Beziehungen zu Leuten in der DDR, und ich sehe, dass sich diese Beziehungen verändert haben. Zu einigen sind sie gehalten worden, zu einigen sind sie dünner geworden oder abgerissen. Das heißt, sie sind Verlust. Ich habe hier Beziehungen zu Leuten bekommen, die vorher nicht da waren. Das ist ein Gewinn. Ich weiß, dass ich, wenn ich je wieder in der DDR wohnen werde, diese Beziehungen vermissen werde. Das heißt, es wird mir etwas fehlen, was ich jetzt hier habe.

Was neu dazugekommen ist.

Ich werde dann wohl etwas bekommen, was mir heute fehlt, aber ich werde sozusagen nie mehr ein normaler DDR-Bürger sein, wie für mich auch der Zug, normaler Westdeutscher zu sein, schon lange abgefahren ist.

Ich fragte danach, wie Sie sich fühlen, auch hinsichtlich Ihrer Kritikfähigkeit. Selbstverständlich gefallen einem an verschiedenen Orten, an denen man lebt, Dinge, oder sie gefallen einem nicht. Ich fragte das aber ein bisschen auch deswegen, weil Sie 1980 einen Band mit Erzählungen und Prosatexten mit dem Titel »Nach der ersten Zukunft« publiziert haben. Gerade die Formulierung »erste Zukunft« war doch ein Hinweis darauf, dass hier, jedenfalls für eine gewisse Zeit, ein Schlussstrich gezogen worden ist. Der Band versammelt ja auch neue Erfahrungen, amerikanische Erfahrungen, und greift wiederum, etwa in der Erzählung »Die Mauer«, eine alte Erfahrung aus dem KZ auf. Es scheint mir ein Band zu sein, der nicht nur vom Titel her sagt: Hier habe ich jetzt mal alles gesammelt, was bis dahin war, und jetzt fängt es irgendwo neu an, weil es auch irgendwo neu anfangen muss. Denn die Erfahrungen, die man hier macht – in Amerika, West-Berlin, der Bundesrepublik oder in Frankreich, Spanien, England oder wohin Sie reisen –, vermitteln auch dem Schriftsteller eine andere Erkenntnis oder vermitteln ihm einfach andere Erfahrungen, aufgrund deren er unter Umständen auch anders schreibt. Was man vielleicht an Ihrem letzten Buch »Aller Welt Freund« beobachten kann.

Ich halte es für völlig zweifellos, dass die Umgebung, in der ein Autor lebt, Folgen für die Art und Weise seiner Hervorbringungen hat. Wie sich das vollzieht, wie diese Einflussnahme vor sich geht, weiß ich nicht. Ich hatte schon seit vielen Jahren vor, das Buch »Aller Welt Freund« zu schreiben. Aber ich habe es nicht geschrieben. Wenn ich es in der DDR geschrieben hätte, würde es sicher anders aussehen, als es jetzt aussieht. Aber ich weiß nicht, wie anders. Ich kann die beiden Varianten nicht aneinanderhalten und vergleichen und die Überschneidungen oder die Unschärfen betrachten. Ich habe es dort ja faktisch nicht geschrieben. Es wird mir immer ein Geheimnis bleiben, worin dieser Unterschied liegt. Und ich will ihn auch gar nicht wissen. Das hat nichts damit zu tun, dass ich nicht über meine Situation nachdenken will, dass ich so viel wie möglich davon im Unbewussten halten werde, halten möchte. Aber ich glaube, es gibt eine Art von Selbstbeschäftigung, eine Art, über sich selbst zu theoretisieren, die ich als behindernd empfinde.

Ich glaube, La Fontaine oder Krylow hat eine Fabel geschrieben über einen Tausendfüßler, der durch einen Wald geht. Eine Schnecke verknallt sich in ihn, himmelt ihn an und sagt: »Du, ich bewundere dich schon so lange. Wie graziös du das machst, du hast so viele Gliedmaßen und du koordinierst das so wunderbar. Und du kommst nie durcheinander. Das finde ich schon toll. Wie machst du das?« Und der geschmeichelte Tausendfüßler sagt: »Darüber habe ich noch nie nachgedacht. Warte mal, ich muss mal nachdenken.« Und dann denkt er nach und kann nicht mehr laufen. Wo liegt der Sinn eines solchen Beschäftigens mit sich selbst? Solange das geht, bin ich schon zufrieden.

Also Kleists »Marionettentheater«, vielleicht auf etwas andere Weise?

Ja.

Ich hatte nur den Eindruck, dass vielleicht die westliche Erfahrung Ihre Wahrnehmung als Schriftsteller und auch Ihr Schreiben beeinflusst hat – und zwar, ich sage mal ganz grob, hin zu einer pessimistischeren Haltung. Der Roman »Aller Welt Freund« beginnt ja mit einem missglückten Selbstmord. Nun wird dieser Selbstmordversuch allerdings fast komisch dargestellt anhand der Verschwörungstheorie Kilians, der sich von allen umstellt fühlt und sich deswegen umbringen will, bis er schließlich zu der Erkenntnis kommt: Wieso eigentlich? Die verschwören sich alle gegen mich, um mich umzubringen. Wieso nehme ich denen die Aufgabe ab? Darin steckt doch eine etwas pessimistischere Haltung als etwa in der von Simrock. Kilian sagt zum Beispiel, er möchte nicht, dass man ihm eine Angst ausredet, die tausendfach begründet ist. Mir scheint das eher eine westliche als eine östliche Angst zu sein. Obwohl ich nicht weiß, wo dieser Roman spielt. Ob er im Osten oder im Westen spielt, wird eigentlich nirgendwo deutlich.

Die eine Sache ist, dass ich in den letzten Jahren einige Erfahrungen gemacht habe, die ich als nicht gerade ermutigend empfinde. Die zweite ist, dass ich nicht leugnen kann, dass meine Zuversicht einmal größer gewesen ist, als sie es heute ist. Das heißt nicht, dass sie erstorben wäre, dass nichts mehr davon existiert, aber ich war einmal hoffnungsvoller. Ich war einmal zuversichtlicher. Und gewiss schlägt sich das in dem, was ich schreibe, auf irgendeine Weise nieder. Der Satz, den Sie gerade zitierten: »Ich möchte nicht, dass man mir eine Angst ausredet, die tausendfach begründet ist«, zielt ja auf einen Realitätsgewinn. Sie dürfen den Verlust an Zuversicht nicht verwechseln mit dem Verlust an Illusion. Es kann ja eine Art von Zuversicht geben, die mit Hirngespinsten, mit irrealen Hoffnungen zu tun hat. Ich vermute, dass einiges davon von mir abgefallen ist – möglicherweise hatte ich solche. Ich komme mir heute realistischer denkend vor als vor Jahren einmal.

Auch sensibilisierter?

Kann ich nicht sagen. Ich hoffe, das geht immer weiter. Ich hoffe, ich werde tagtäglich sensibilisiert, bis es einfach nicht mehr weitergeht. Ich kann nicht entscheiden, wie das jetzt der Fall ist.

Aber ich glaube doch, dass Sie heute noch sagen würden, Sie sind ein Sozialist.

Das glaube ich auch. Das ist wahr, das behaupte ich von mir.

Kann ein Sozialist Pessimist sein?

[Mehrere Sekunden Pause.]

Das ist weder mit Ja noch mit Nein zu beantworten. Jemand, der Sozialist ist, hat bestimmte Vorstellungen von den Entwicklungsmöglichkeiten einer Gesellschaft. Sie gründen auf Beobachtungen und auf Theorien, die er für stichhaltig und überzeugend hält. Ein Verlust an Zuversicht kann von zweierlei herrühren: einmal aus der Überlegung oder aus der Erkenntnis, dass etwas nicht so leicht ist, wie man sich es vorgestellt hatte. Das ist eine tausendmal schwerere oder kompliziertere Angelegenheit, als man es je geahnt hätte. Ein anderes ist der Gedanke, dass vielleicht Umstände eintreten, die es gar nicht so weit kommen lassen, die eine Entwicklung anhalten, die nichts mit gesellschaftspolitischen Konstellationen zu tun haben. Zum Beispiel ist es irrelevant, ob ich von der Richtigkeit oder von der Notwendigkeit einer sozialistischen Gesellschaftsordnung überzeugt bin, ob ich mir dahingehende Hoffnungen mache, wenn es, bevor es so weit ist oder bevor die Chance dazu da ist, eine ökologische oder eine militärische Katastrophe gibt. Das heißt, andere Gründe machen diese meine Hoffnungen überflüssig. Und es gibt durchaus Gründe, Befürchtungen solcher Art zu haben.

Wie kann man dann als Schriftsteller eigentlich in einer solchen Situation noch schreiben? Grass hat ja in der Feltrinelli-Rede gesagt, dass man heute als Schriftsteller eigentlich nur noch mit Schwierigkeiten schreiben kann, weil die Literatur keine Zukunftserwartungen mehr habe. Und Günter Kunert sagt, dass die ökologische Krise dermaßen fortgeschritten ist, dass es nicht fünf vor zwölf, sondern Viertel nach drei ist. Also eine absolut pessimistische Haltung. Er sagte, wir können es gar nicht mehr aufhalten, es nimmt seinen notwendigen Gang. Aber Kunert schreibt weiter.

Vielleicht, weil er nichts anderes kann. Das ist keine Kritik an Kunert.

Nein, nein. Ich verstehe, was Sie meinen.

Ich glaube, dass sehr viele Schriftsteller schreiben, weil das die einzige Betätigung ist, der sie sich gewachsen fühlen. So, wie viele Tischler deswegen Tische machen. Sie gucken sich ihre Tische an, und die gefallen ihnen besser, als wenn sie Fahrräder machten. Die sind den Fahrrädern, die es gibt, nicht gewachsen.

So kann man das, glaube ich, nicht einfach sagen. Denn im Schreiben werden ja auch Inhalte vermittelt an jemanden, der sie liest. Vielleicht sogar lesen soll. Also, ich rede jetzt auch von der Wirkungsabsicht der Literatur.

Sie fragen mich mit anderen Worten, warum ich schreibe?

Das ist eine blöde Frage, ich weiß.

Das haben Sie ja sehr wortreich beschrieben.

Es gibt Schriftsteller, die heute ganz deutlich sagen, sie haben keine Zukunft mehr, und die trotzdem schreiben.

Ich sage das ja nicht.

Nein, ich frage nur, wie Sie, der Sie sich Sozialist nennen, aber aus westlichen Erfahrungen heraus eher pessimistisch geworden sind, das verkraften.

Das Schreiben erklärt sich zum einen aus einer Beziehung zu Sprache. Das ist eine Dimension, über die wir jetzt zwar nicht reden, aber die unbedingt erwähnt werden muss. Das heißt, eine Beziehung zu einem Material, das du auf gewisse Weise bearbeiten möchtest.

Wie ein Handwerker.

Eine andere Sache betrifft das Vermitteln von Inhalten. Wenn Literatur überhaupt etwas Tröstliches haben kann, dann liegt das für meine Begriffe darin, dass sie mir hilft, die Situation, in der ich stecke, besser zu begreifen. Darin, mir etwas bewusster zu machen, was mir wie ein Schicksal oder wie übermächtig schien, wie von Kräften ausgelöst, mit denen ich nichts zu tun habe und die weit über meinen Kopf hinweggehen. Ich vermute also, dass Bücher, wenn sie Leuten überhaupt helfen können, dies vorwiegend auf die Weise tun, dass diese Leute sich über ihre Situation bewusster und klarer werden. Sie suchen also eine Entsprechung aus dem Buch. Das ist sehr schwer zu erklären, aber als ich Shakespeare gelesen habe, bin ich mit mir selber besser zu Rande gekommen. Obschon die Situation, in der Shakespeare gesteckt hat, ja bestimmt nicht mit meiner identisch ist. Büchner hat mir geholfen, mit mir besser fertig zu werden, besser zu verstehen, in was für einer Welt ich lebe. Ich meine also nicht, dass es die plumpe 1:1-Entsprechung geben muss, natürlich gibt es da eine Übersetzung, für die ein intelligenter Leser die Formel, den Schlüssel finden muss. Trotzdem scheint mir das ein sehr wichtiges Ingrediens von Literatur zu sein.

Bei vier Prozent der Leser in einer Gesellschaft oder in einem Volk von ungefähr sechzig Millionen?

Na, was willste machen? Schreiben bedeutet unter anderem auch, Leserambitionen, Leserwünsche und Lesererwartungen nicht zu ignorieren, es hat sich auf irgendeine Weise nach ihnen zu richten, aber sie nicht als etwas Unwandelbares hinzunehmen. Schreiben ist vielmehr der Versuch, auch auf diese Ansichten und Erwartungen Einfluss zu nehmen. Jedenfalls ein Schreiben, wie ich es verstehe. Also eine Bewegung zu ermöglichen, die sicher deprimierend langsam vor sich geht, entnervend langsam. Wenn ich eine bessere Methode wüsste, würde ich damit sofort beginnen. Aber ich weiß keine.

Das ist immerhin schon mehr als das, was Sartre geschrieben hat über die Literatur, nämlich dass Literatur stellvertretendes Handeln und Erkennen für die anderen ist. Das heißt, in dem, was Sie gesagt haben, steckt schon immer auch die Erwartung, dass es nicht nur stellvertretendes Handeln ist.

Es geht darüber hinaus.

In dem Sinne nämlich, dass Literatur auch eine Handlungsimplikation für die anderen hat?

Das glaube ich.

GESPRÄCH MIT WOLFGANG HILDESHEIMER

Poschiavo, 18. August 1984

»Ich habe immer das getan, was ich tun wollte.«

Wolfgang Hildesheimer, Sie haben sich entschieden, nicht mehr schreiben zu wollen. Für einen solchen Entschluss kann es ja die unterschiedlichsten Gründe geben. Welcher war für Sie der entscheidende?

Bewusst war wohl der entscheidende Grund, dass ich das Gefühl hatte, dass Schriftsteller die Wirklichkeit nicht mehr wiedergeben können, weil die Wirklichkeit des Schriftstellers eine ganz andere ist als die der Physiker, der Biotechniker, Genetiker, der Naturwissenschaftler überhaupt. Ich hab das Gefühl, die Wirklichkeit, wie sie sich im Stillen jetzt vollzieht, ist nicht mehr die Wirklichkeit des Schriftstellers. Wir beschreiben eine Welt von gestern. Die Konstellationen des Romans, überhaupt die Form des Romans reicht nicht mehr aus, das darzustellen, was tatsächlich geschieht. Wobei natürlich zu fragen wäre, ob der Roman tatsächlich die Wirklichkeit wiedergeben muss; er muss es natürlich, wenn auch in abgewandelter, verfremdeter Form. Ein weiterer Grund für meinen Entschluss war, dass ich – und das ist natürlich mit dem ersten Thema eng verflochten – das Gefühl hatte, dass wir gar keine Zukunft mehr haben, dass wir um unser Nachleben betrogen sind. Ein weiterer Grund: Wenn ich mit 67 Jahren heute ein großes Buch anfinge, wie etwa »Mozart« und »Marbot«, könnte ich plötzlich in eine Panik geraten, dass ich das Buch nicht mehr beenden kann. Es muss gar nichts Fatales geschehen, es muss also kein furchtbarer Schicksalsschlag sein, wie ein Krebs oder eine tödliche Krankheit; es braucht bloß der Anfang einer Schwächung im Gehirn zu sein, der mich veranlasst, meine Gedanken nicht mehr so ordnen zu können, wie ich es gewohnt war, ich also die Kontrolle über etwas verliere, was ich immerhin doch bisher ganz gut kontrollieren konnte. Ich weiß, dass ich das Gefühl schon seit dem »Mozart« hatte, ich wollte da schon nichts mehr schreiben; plötzlich aber hatte ich das Gefühl, wenn nicht kontrapunktisch zu dem, was ich tagsüber tue, irgendein großes Thema mein Leben beherrscht, dass ich unter diesen Umständen eigentlich nicht leben mag. Dieses Gefühl war nach »Marbot« anders. Ich habe nach »Marbot« beschlossen, nichts mehr zu schreiben oder zumindest mein Schreiben auslaufen zu lassen, noch zu edieren, was noch da war, und ich stelle fest, dass ich den Entschluss heute gutheiße, und zwar sowohl bewusst als auch unbewusst, auch physisch. Es geht mir gut. Und nun allerdings stelle ich fest, dass, wenn ich schreiben wollte, ich es vermutlich auch gar nicht mehr könnte. Ob und inwieweit das primär gewesen ist, kann ich natürlich selbst nicht feststellen.

Das ist natürlich ein ganzes Bündel von Gründen, vielleicht sollte man mal auf einzelne Punkte näher zu sprechen kommen. Zum Beispiel: Konnte denn die Literatur die Naturwissenschaft überhaupt je erfassen, seit die Naturwissenschaft sich dermaßen spezialisiert hat? Und ist das ein Grund zu sagen: Weil die Literatur diese Bereiche nicht mehr erreichen kann, deshalb schreibe ich nicht mehr?

Ich weiß nicht, wie stichhaltig mein Grund ist, jedenfalls hat er mir dieses mein Verhalten diktiert. Natürlich hat die Literatur früher auf die Wissenschaften keine Rücksichten genommen, aber seit das Gebiet der Wissenschaften sich so ungeheuer erweitert und potenziert und unser Leben beherrscht und in Zukunft noch zunehmend beherrschen wird, hat die Literatur, haben die Geisteswissenschaften für mich Fluchtcharakter gewonnen. Es sind natürlich wunderbare Erinnerungen und tatsächlich das einzig wirklich Humane, was man mit Würde betreiben kann. Trotzdem hat es für mich etwas Lähmendes, dass ich hier Literatur mache, während in Wirklichkeit sich Menschen darauf vorbereiten müssen, dass das Leben sehr bald ein Kampf ums Überleben sein wird.

Ist es denn dafür nicht gleichgültig, ob Sie Literatur schreiben oder Collagen machen?

Ja, der künstlerische Ausdruck ist dem Künstler – um dieses Wort mal zu benutzen – eben lebenswichtig, lebensnotwendig. Man muss etwas tun, weil man den Zwang fühlt, etwas zu tun; und ich fühle im Augenblick den inneren Zwang, mich mit meinen Händen zu beschäftigen und natürlich, nicht zuletzt, aus dem Leben, so wie es ist – und es ist fürchterlich –, zu fliehen. Es ist fürchterlich, und seine Fürchterlichkeit wird sehr bagatellisiert. Wir werden so als Endzeitpropheten bezeichnet, die Geschäfte mit der Angst machen usw.; und diese elende Verniedlichung, diese ›terrible simpflification‹ ist letztlich dem Verdrängen der anderen zuzuschreiben – die anderen verdrängen diese Zukunft.

Man kann sie ja auch mit den Erkenntnissen nicht erreichen.

Nein, aber man kann doch immerhin statistisch darstellen. Da die Menschheit seit meiner Geburt um das Doppelte angewachsen ist und sie kurz nach der Jahrhundertwende wieder das Doppelte vom heutigen haben wird, kann man sich ja ausrechnen, dass, wann die Welt so sein würde, wir nicht mehr knien könnten, um eine Stecknadel, die uns entfallen ist, aufzuheben. Natürlich wird es so weit nicht kommen, aber ein solches Ende kann logischerweise nur durch andere Katastrophen verhindert werden, die auch nicht ganz schön sind.

Günter Kunert zum Beispiel sagt: Der ganze Zyklus der Natur ist gestört, die Gifte, die durch den Menschen, durch die Industrie in den Zyklus der Natur gekommen sind, sind aus ihr gar nicht mehr zu entfernen, insofern komme es gar nicht mehr zu einer Überbevölkerung; die Katastrophe sei schleichend.

So ist es. Das elende Diktum der Leute, dass es immer solche Veränderungen gab, zum Schlechten hin, dass das einfach zyklisch bedingt sei, ist einfach lächerlich. Die Leute wissen nicht mehr, wovon sie reden. Sie realisieren nicht, dass, was heute geschieht in der Natur, irreversibel ist. Und das wird verdrängt; die Optimisten – schon Schopenhauer hat gesagt, dass der Optimismus eine ruchlose Lebensauffassung sei – wissen wirklich nicht, wovon sie sprechen. Und sehen Sie, das Gefühl habe ich beim Schreiben: Wenn ich am Schreibtisch sitze, dann ergreift mich sofort das Entsetzliche, oder ich bin absolut gelähmt, mir wird auch schwindlig – das sind natürlich alles psychosomatische Reaktionen – und deshalb geht es nicht mehr. Während ich beim Malen – jetzt mache ich Collagen – sofort in die Welt dieser Bilder flüchte. Irgendwie liegen sie in einem Bereich, der von unserer Wirklichkeit nicht mehr getroffen wird. Natürlich ist es eine falsche Schönheit, aber diesen Vorwurf muss ich auf mich nehmen. Ich strebe tatsächlich Schönheit an.

Es ist vielleicht das Einzige, das noch zu bewahren ist. Ich will noch einmal auf diese Endzeit-Problematik zu sprechen kommen. Vielleicht ist in den Köpfen mancher wacher Intellektueller ja doch so einiges zusammengekommen: Zum einen: Der Planet ist entdeckt, der ist rund geworden, da gibt es nichts mehr zu entdecken als, wie man sagt, die inneren Kontinente – das berührt auch die Frage der Innerlichkeit: Wie kann Innerlichkeit entstehen, wann wird plötzlich Literatur zur Flucht? Zum anderen: Die Erkenntnis, dass die menschliche Rasse sterblich ist, dass die Sonne einmal ein roter Riese werden wird, ist ja auch noch nicht so alt, sondern ist eigentlich erkannt in unserer Generation. Das setzt doch auch der Theologie, der Religion ganz andere Akzente auf. Auch das sind wichtige Erkenntnisse für das kollektive Bewusstsein, an dessen Entwicklung die Schriftsteller ja mitarbeiten. Und deshalb auch die Frage: Kann man vor solchen Fragen einfach verstummen? Darf man verstummen? Müssen nicht gerade wir, wenn wir diese Erkenntnisse haben – und weil diese Erkenntnisse von den Politikern ja nicht angenommen und schon gar nicht umgesetzt werden –, als Individuen und als Intellektuelle einigermaßen redlich und wahrhaftig – auch vor uns selbst – Erkenntnisarbeit mit unseren Mitteln, Sprache und Literatur, leisten?

Ja, aber das hängt von der Art der Begabung des Schriftstellers ab oder von seiner Konstitution und seinem Ausdruckswillen. Es gibt große Doppelbegabungen, publizistisch und lyrisch, wie zum Beispiel Enzensberger, der neben allem anderen auch ein homo politicus ist: Der spürt allem sofort nach. Das war nie meine Sache. Ich habe in gewisser Weise immer außerhalb meiner Zeit gelebt, und die Erkenntnis, dass alles schiefgeht, ist bei mir auch schon alt.

Aber Sie haben dennoch geschrieben – Spielweisen absurder Literatur.

In Wirklichkeit prüfe ich ja immer noch, ob es etwas zu schreiben gäbe. Und wenn ich jetzt wieder in etwas eintauchen würde, sagen wir, ich hätte eine Idee eines Buches, wenn ich mir vorstelle, dass ich da jahrelang dran arbeiten würde – und gegen Ende würde ich immer krank –; dieser Gedanke befriedigt mich überhaupt nicht.

Das ist aber natürlich bei vielen Schriftstellern so.

Richtig.

Jeder hinterlässt irgendwann einmal, wenn er stirbt, ein Fragment ...

Aber irgendwie sind alle optimistischer als ich ...

Und was ist mit Schriftstellern wie Koestler, der nun krank war, oder Jean Améry, die dann irgendwann einen ganz bewussten Schlusspunkt gesetzt haben – aus Verzweiflung über diese Welt; die gesagt haben, wenn ich Literatur schon nicht mehr schreiben kann, wenn ich mit Literatur der Welt nicht mehr beikomme, dann kann ich aber auch mit dem Reden über Literatur oder über diese Verhältnisse nicht mehr irgendetwas ändern?

Da haben Sie natürlich ganz recht. Nur, was mich wundert, ist, dass das tatsächlich dieses Gefühl überwogen hat, denn selbst extremer Pessimismus schließt ja nicht aus, dass man nicht das Leben doch in vielen Momenten tatsächlich sehr genießen kann. Es ist uns Gott sei Dank nicht gegeben, uns mit dem Entsetzlichen länger zu befassen als zwanzig Minuten auf einmal. Und ich meine, wenn ich an meinen Collagen arbeite, vergesse ich das. Dann bin ich glücklich. Ich finde immer wieder Auswege aus der Realität für mich selbst. Aber wie lange kann man die überhaupt noch finden? Das Baumsterben hat selbst in diesem Tal schon sehr begonnen, und es ist möglich, dass in zwanzig Jahren hier in diesem Tal kein Baum mehr steht. Das muss man sich mal vorstellen.

Die Ausmaße der Katastrophen sind grauenhaft. Ich sage mir aber immer wieder: In diesen Katastrophen muss ja der Mensch auch als Einzelner und als Gesellschaftsmitglied einigermaßen verantwortungsvoll überleben.

Das müssen Sie natürlich anderen Leuten sagen. Die sollten es tun.

Und was sollte der Schriftsteller, der Intellektuelle, der Künstler tun, der nicht einen zweiten Beruf hat wie Sie? Muss er weiterschreiben? Muss er in die Politik gehen?

Das ist ein ganz anderes Thema. Günter Grass, den Sie so gut kennen wie ich, hat mal gesagt: »Schriftsteller ist man ja sowieso nur von Mal zu Mal.« Das ist ein Satz, den ich oft zitiert habe. Dieses Gefühl, dass man immer wieder ein Buch anfangen muss, bloß weil man nun mal Schriftsteller ist, das ist mir völlig fremd. Schriftstellerei ist auch etwas, was man nicht erlernen kann. Es gibt natürlich Leute, die sich das Schreiben so angewöhnt haben, dass sie nach jedem Buch denken: »What next?«

Die meisten ...

Wohl die meisten – aber ich ...

... weil sie davon leben müssen.

Ich glaube nicht, dass es unter den wirklich bedeutenden Schriftstellern welche gibt, die sich dessen klar sind, dass sie eben schreiben müssen, um zu überleben. Im Allgemeinen ist oder war es doch so, dass sich bei den Schriftstellern, während sie an einem Werk schrieben, bereits das neue gebildet hat, vielleicht als ein Thema, das ursprünglich diesem Werk angehören sollte, das sie aber dann zum Ausgangspunkt für ein nächstes Werk gewählt haben. Aber das hat aufgehört.

Aber noch einmal die Frage: Soll der Schriftsteller denn überhaupt – oder angesichts der gegenwärtigen Lage – in die Politik gehen?

Wenn er es kann, ja, wenn er, wie Günter Grass, seinen Ruhm benützt, um tatsächlich Politik zu machen, dann ist das völlig legitim. Nur, natürlich kann er das beides nicht in einem kombinieren. Ezra Pound hat den Satz gesagt: Wer nicht sich selbst, sondern seiner Zeit Ausdruck zu geben versucht, ist verdammt. Das heißt, Sie können Weltanschauliches nur ventilieren, wenn es unbewusst kommt, als ein Teil Ihres inneren Mikrokosmos. Sie können aber nicht ein Thema aufgreifen und sagen, darüber schreibe ich jetzt. Das muss schiefgehen.

Sie sagten einmal, und das finde ich richtig, der Schriftsteller sei nichts Besseres als irgendein anderes Mitglied dieser Gesellschaft. Er ist aber auch nicht schlechter. Nun geht er in die Öffentlichkeit, er braucht die Öffentlichkeit. Das ist ein ganz normaler Prozess. Aber wenn er nun die Öffentlichkeit zur Verfügung hat, läuft das auf andere Weise als bei einem Normalbürger – also hat er wohl doch eine besondere Verantwortung.

Ja, er hat wohl eine Verantwortung in der Gesellschaft. Was den Staat betrifft, sieht die Sache doch wieder ganz anders aus; es gibt auch sehr viele Schriftsteller, die sagen, bei diesem Staat mache ich gar nicht erst mit. Letztlich ist natürlich auch Enzensberger einer von denen, die sagen, hier mache ich nicht mit. Er benützt seine enorme politische Begabung dafür, Pamphlete zu veröffentlichen, die immer, meiner Meinung nach, den Nagel auf den Kopf treffen, aber die Position, die er einnimmt, nämlich außerhalb der Gesellschaft stehen, die wird darin gar nicht so deutlich. Er ist eben einfach kein Mitmacher. Und ich meine, ich bin auch kein Mitmacher ...

Enzensberger war ja auf andere Weise engagiert als Grass, und auch Walser hat sich ja sehr lange politisch engagiert, auch in der Nähe von politischen Parteien, wie Günter Grass. Man hat ja doch in den 50er und 60er Jahren geglaubt, man könne durch Literatur eingreifen in den gesellschaftlichen Prozess. Diese Illusion ist ja wohl vorbei.

Ich glaube ja immer noch an die Bewusstseinsschärfung durch Literatur. Ich meine, es schärft das Bewusstsein, das man dann einsetzen kann, wie man will. Da hat die Literatur schon eine Aufgabe gehabt.

Also eine sehr vermittelte Aufgabe. Es ist ja damals die Rede gewesen vom Ende der bürgerlichen Literatur, auch gerade von Enzensberger und solchen Leuten, mit dem deutlichen Hinweis darauf, jetzt müsse endlich gehandelt werden; oder Literatur müsse so geschrieben sein, dass sie unmittelbar in den Wirkungszusammenhang eingreift – und das war ja nun eine Illusion, die sehr deutlich sich herausgestellt hat dann in den 70er Jahren, einfach durch den Gang der politischen Ereignisse. Aber ist die Literatur nicht auch an ihrer Aufgabe, das Bewusstsein zu schärfen, gescheitert? Ist sie nicht in Resignation verfallen?

Sie hat resigniert, ja, und es ist ja nicht von ungefähr, dass viele jüngere Autoren jetzt auch Autobiographien schreiben oder Autobiographisches verarbeiten. Meiner Meinung nach ist dieser Rückzug auch ein Akt der Resignation, der Verzweiflung darüber, dass sie sich an sich selbst anlehnen müssen, dass sie sich an sich selbst aufrichten müssen, weil die aktuelle Wirklichkeit furchtbar ist.

Bleibt die Literatur deswegen resignativ, weil, wenn sie optimistischer würde, sie eingedenk ihrer Intellektualität nur noch zynisch sein könnte?

Eben. So ist es. Das ist auch meiner Meinung nach das Thema von Sloterdijk. Und ein Werk wie seines betrachte ich natürlich als wichtig, eine Bilanz und doch eben kreativ auf seine Art. So was ist meiner Meinung nach um Wesentliches wertvoller, als ein Roman jemals sein könnte.

Ich habe das Buch auch fasziniert gelesen, habe aber gewisse Einwände. Mir ist das Ganze zu regressiv; Sloterdijk arbeitet und operiert natürlich mit der ganzen Kenntnis des aufklärerischen Prozesses, bis in die kleinste Verfältelung der Gegenwart, und kehrt dann zurück weit vor die Aufklärung, um gleichsam zu einer neuen Naivität aufzufordern. Aber wir können doch heute schlecht eine Position einnehmen, in der wir sagen, es hat die Aufklärung nicht gegeben; denn meiner Meinung nach hat sich der europäische Schriftsteller prinzipiell und immer durch die Tradition der Aufklärung – in der er ja als freier Schriftsteller überhaupt erst entstanden ist, sich emanzipiert hat von den Höfen – definiert. Und nun plötzlich kommt er an einen Punkt, an dem das alles gar nicht gewesen sein soll, an dem er plötzlich anfängt, an dem Ast zu sägen oder schon ihn durchgesägt hat, auf dem er sitzt, auf dem er geworden ist.

Richtig. Es hat die Aufklärung zwar gegeben, aber sie ist gescheitert. Daran leiden wir eben heute alle entsetzlich, das ist eben die Misere. Die Aufklärung ist gescheitert an der Dummheit. Sie hat nichts erreicht, sie hat uns nur bewusstgemacht dafür, dass es Aufklärung geben könnte, bewusstgemacht, was hätte sein können und was dann doch nicht geschehen ist und was wieder regressiv geschehen ist, das heißt, wie wir wieder zu früheren Stadien zurückkehren. Das ist eben das Schreckliche, dass wir nichts gelernt haben, und das ist natürlich ...

Hängt das mit der menschlichen Natur zusammen?

Das hängt mit der menschlichen Natur zutiefst zusammen.

War also die Aufklärung nur eine Illusion? Oder trat sie zu moralisierend in Erscheinung und hat zu wenig auf das Spielerische auch gesetzt, den Menschen zuwenig in seiner kreatürlichen Selbstentfaltung begünstigt, ihn von vornherein, ja selbst bei Lessing, fast ausschließlich unter moralische Kautelen gestellt?

Ich bin völlig dieser Meinung. Sie haben mir eben schmerzlich bewusstgemacht, was hätte sein können. Und es ist nicht zuletzt unsere Machtlosigkeit, die Machtlosigkeit der Intellektuellen, die uns lähmt. Und es gehört schon ein besonderer Enthusiasmus dazu, sich davon nicht lähmen zu lassen und immer noch zu glauben, man könne wirken. Ich habe das Gefühl, es ist absolut wirkungslos.

Das ermutigt natürlich nicht besonders, dann weiterzuarbeiten ...

Nein, überhaupt nicht. Ich habe mich auch letzthin geweigert zu Jugendlichen zu sprechen, weil ich, wenn ich ehrlich sein muss, einen Pessimismus predige, der sie vielleicht lähmt. Was sollen sie tun? Man muss ja gewisse Ideale aufrechterhalten, sonst kann man nicht leben. Ich kann inzwischen auch ohne sie leben, aber wenn ich an einen Jugendlichen denke, der so denkt wie ich – ich habe auch von solchen Briefe gekommen –, dann denke ich, habe ich vielleicht doch einen Fehler gemacht, meinen Pessimismus allzu laut zu proklamieren, ich wusste natürlich nicht, dass ich da in einer Wunde rühre, die bloß des Anrührens bedurfte, um zu platzen.

Was würden Sie denn einem jungen Menschen heute sagen, der Schriftsteller werden will zum Beispiel?

Das ist es ja eben. Ich glaube nicht, dass die Situation heute noch so ist, dass ein junger Mensch einen wirklich fragt, was er tun soll, um Schriftsteller zu werden. Möglicherweise gibt es das noch, aber das ist natürlich weltfremd. Dem würde ich natürlich auch sagen, dass Schriftsteller kein Beruf ist. Es sei denn, dass er tatsächlich von Buch zu Buch immer einen wachsenden oder zumindest immer den gleichen Erfolg haben und Leute erreichen wird.

War dieser Erfolg, den Sie so ähnlich ja hatten als Autor, für Sie selbst eine sehr große Befriedigung?

Ja. Meine Entwicklung war, wenn ich es selbst so sagen kann, doch ziemlich organisch. An einem bestimmten Punkt habe ich eingesehen, dass man mit der Satire oder dem Humor überhaupt nicht mehr weiterkommt, und bin ernster geworden, was viele Leute sehr bedauert haben. Diese Entschlüsse vollziehen sich nicht bewusst, sondern das ist eine unbewusste Entwicklung, die einfach fortschreitet. Später hätte ich nicht mehr die Möglichkeit gehabt, eine »Lieblose Legende« zu schreiben, die Satire hat es mir verschlagen. Und jetzt, notwendigerweise, muss man meiner Meinung nach durch den dauernden Wechsel von einem Modus zum anderen zum Nichtschreiben kommen. Warum sollte der Tod erst die Entwicklung unterbrechen, wieso sollte man nicht vorher sagen: Ich bin fertig? Ich habe immer das getan, was ich tun wollte.

NACHWEIS DER ERSTDRUCKE

Heinrich Böll (Köln, 20.6.1971): Im Gespräch: Heinrich Böll mit Heinz Ludwig Arnold. München: edition text + kritik, 1971
Günter Grass (Berlin, 28.11.1970): Text + Kritik, Heft 1: Günter Grass (^{3}1971)
Martin Walser (Nußdorf, 1972): Bisher ungedruckt
Hans Magnus Enzensberger (Berlin, 11./12.9.1973): Bisher ungedruckt
Max Frisch (Zürich, 24.–27.11.1974): Heinz Ludwig Arnold: Schriftsteller im Gespräch mit Heinz Ludwig Arnold. Bd. I (= HaffmansTaschenBuch 93). Zürich: Haffmans Verlag, 1990.
Friedrich Dürrenmatt (Neuchâtel, 7./8.3.1975): Friedrich Dürrenmatt: Gespräch mit Heinz Ludwig Arnold. Zürich: Arche, 1976
Günter Wallraff (Köln, 18.3.1975): Heinz Ludwig Arnold: Gespräche mit Schriftstellern. München: Beck, 1975
Peter Handke (Paris, 29.9.1975): Text + Kritik. Heft 24/24a (^{3}1976)
Rolf Hochhuth (München, Herbst 1976): Bisher ungedruckt
Peter Rühmkorf (Hamburg, 13.12.1976): Heinz Ludwig Arnold: Als Schriftsteller leben. Hamburg: Rowohlt, 1979
Helmut Heißenbüttel (Göttingen, 6.5.1981): Heinz Ludwig Arnold: Schriftsteller im Gespräch mit Heinz Ludwig Arnold. Bd. II (HaffmansTaschenBuch 94). Zürich: Haffmans Verlag, 1990. Zuvor in Auszügen in: Heinz Ludwig Arnold (Hg.): Literaturbetrieb in der Bundesrepublik Deutschland. Ein kritisches Handbuch. München: edition text + kritik, 1981
Peter Weiss (Stockholm, 19.9.1981): Alexander Stephan (Hg.): »Die Ästhetik des Widerstands« (= suhrkamp taschenbuch materialien). Frankfurt am Main: Suhrkamp, 1983

Jurek Becker (Berlin, 11.11.1983): Bisher ungedruckt
Wolfgang Hildesheimer (Poschiavo, 18.8.1984): Bisher ungedruckt

Sämtliche in diesem Band abgedruckten Gespräche liegen zugleich vor als Originaltonaufnahmen (MP3-CD), erschienen im Quartino Verlag.